Manual del controler

Manual del controler

Funciones, procedimientos y responsabilidades

Janice M. Roehl-Anderson
Steven M. Bragg

EDICIONES DEUSTO S·A·

Única traducción autorizada al castellano de la obra: *The controller's function: the work of the managerial accountant* (ISBN 0-471-12529-6), publicada en lengua inglesa por la editorial John Wiley & Sons, de Nueva York.

Alameda de Recalde, 27
48009 Bilbao

Traducción: Gloria Hillers de Luque

Diseño de la cubierta: Emirimalé, s.c.p.

Composición: Fotocomposición Ikur, S. A.

Impresión y encuadernación: Grafos, S.A. Arte sobre papel
Zona Franca. Sector C, calle D, nº 36. 08040 Barcelona
ISBN: 84-234-1446-9
Depósito legal: B-42.931-96

Impreso en España
6K

Índice

Prólogo a la edición española

Día a día observamos que en la presente década nos encontramos dentro de un contexto empresarial, donde una de las principales características es la existencia de numerosos procesos de cambio y transformación de los negocios.

Hechos como la liberalización de los mercados y la globalización de la economía, la aparición de nuevas tecnologías, el mayor poder de negociación de clientes, etc., han originado y están originando incrementos sustanciales y crecientes de los niveles de competitividad empresarial, que hace que los cambios se produzcan cada vez con mayor velocidad y de manera más radical.

Si en épocas anteriores, donde la dinámica de cambio empresarial era más pausada y menos acentuada, la figura del controler representaba un papel clave en las organizaciones, en la actualidad y relacionado con los nuevos y mayores riesgos que se originan en los mencionados procesos de cambio, podríamos decir que dicha figura se convierte necesariamente en un «protagonista» más del cambio empresarial, en lo que se refiere tanto al control y monitorización de dicho cambio como al soporte en la toma de decisiones.

En este sentido, el papel del controler debe presentar una clara extensión de su ámbito de actuación, donde además de las funciones «tradicionales», como el establecimiento y seguimiento de presupuestos, control del cash-flow, gestión de costes, planificación financiera, análisis de proyectos de inversión, etc., deben incluirse otras funciones orientadas a monitorizar el rendimiento del negocio, a controlar en definitiva el *performance management* de los procesos (tiempos, costes, calidad y niveles de servicio), así como otros aspectos como los niveles de satisfacción de clientes y el cambio de la cultura empresarial.

Asimismo, y debido a las mismas razones que argüíamos anteriormente, también se han producido cambios en la orientación del rol del controler. Características de un controler «tradicional» como el control, la reacción y la *expertise* funcional, tienden a cambiar en la nueva orientación del papel del controler, donde la función de control se convierte en «apoyo y asesoramiento», la reacción en «anticipación» y la *expertise* funcional en «conocimiento profundo del negocio».

En este sentido, en el presente manual se describen con claridad y suficiente grado de detalle las funciones del controler, respondiendo plenamente al papel del mismo en el actual contexto empresarial. Adicionalmente a describir los aspectos tradicionales que contiene la función del controler, incluye capítulos donde se tratan temas relacionados con aspectos tecnológicos como cliente-servidor, EDI, *groupware* además de temas relacionados con la gestión del cambio cultural de las organizaciones.

Jaime Hortelano López
Socio de Ernst & Young Consultores

Prólogo

La labor del controler ha evolucionado desde registrar las transacciones que se producen en una empresa hasta participar en un número creciente de funciones que contribuyen directamente al éxito de una organización. Además, al controler se le exige actualmente que gestione las diversas funciones contables de forma más directa, que realice las tareas con mayor rapidez, y que lo haga con menos recursos. Aunque existe abundante bibliografía sobre cómo realizar las operaciones contables habituales, muy pocos asesoran al controler sobre la multitud de funciones asignadas ahora a este cargo. Este libro proporciona una información completa sobre los retos a los que se enfrentan los controlers en los años noventa.

Dentro de las partidas contables más corrientes del balance y de la cuenta de resultados, proporcionamos asesoramiento de gestión en lugar de instrucciones referentes a cómo llevar a cabo las operaciones. Existen numerosos y excelentes textos sobre contabilidad que abarcan la mayor parte de estas operaciones con detalle; en un libro de esta dimensión no se pueden resolver cuestiones específicas relacionadas con transacciones. En cambio, nos ocupamos de los avances que se han producido, en numerosos campos, que afectan a la gestión de estas funciones tradicionales del controler. Por ejemplo, enumeramos los pasos necesarios para crear un sistema de inventario permanente *on line*, que permite al controler evitar, o por lo menos reducir, el barullo del inventario físico de fin de año. Además, proporcionamos una visión general de cómo reducir la duración del proceso de cierre de fin de mes (y de fin de año), permitiendo con ello a la dirección estar informada, con mayor rapidez, de los resultados del último período. De un modo similar, estudiamos el efecto sobre la función del controler del cálculo de costes basado en actividades, las células de fabricación, el intercambio electrónico de datos y multitud de otros nuevos temas.

Además de las áreas tradicionales de la contabilidad que se resumen en el balance y la cuenta de resultados, tales como el efectivo en caja, el pasivo y los recursos propios, este libro proporciona también una visión general de las funciones de control interno y de planificación comercial. En los capítulos sobre control interno, se describen situaciones características de fraude —cómo descubrir el fraude y cómo evitarlo— así como los objetivos de control que hay que utilizar cuando se diseña un sistema de control. La parte del libro correspondiente a la planificación económica trata de la planificación estratégica, de la planificación financiera a largo plazo y de la elaboración del presupuesto anual.

El controler debe también estar cualificado en el campo de la informática, especialmente en los aspectos relacionados con la instalación y el mantenimiento de la aplicación de contabilidad, con la recogida de datos y los sistemas de control interno. Por consiguiente, hemos incluido capítulos sobre temas tales como la selección del sistema de contabilidad, la planificación de la recuperación de «catástrofes» y los sistemas de intercambio electrónico de datos.

Por último, incluimos una breve visión general de varios temas periféricos de los que son responsables los controlers de muchas empresas pequeñas: la contratación de varias clases de seguros, el cumplimiento de las obligaciones fiscales de la empresa y los sistemas de evaluación del rendimiento empresarial.

Reconocimientos

En un entorno económico rápidamente cambiante, era esencial que el contenido de este volumen fuera exacto, actualizado y pertinente. Por consiguiente, además de los capítulos escritos por los dos coautores, estos otros autores, enumerados alfabéticamente colaboraron escribiendo los capítulos que se indican:

David Bassett, asesor
BEST Consulting, Kirland, Washington
Capítulo 21, Informática de cliente-servidor

Sandra Borchardt, gerente senior
Oficina de Boston de Ernst & Young LLP
Capítulo 22, Sistemas automatizados de contabilidad financiera
Capítulo 24, Integración de paquetes de *software*

Melissa W. Bragg, gerente
Oficina de Denver de Ernst & Young LLP
Capítulo 27, El diseño gráfico en las empresas

Hans Hultgren, presidente
Integrated Systems Group, Inc., Denver
Capítulo 26, *Groupware (software* para el trabajo en equipo)

Sara Moulton, gerente
Oficina de Denver de IBM
Capítulo 29, La gestión del cambio

Jeffrey L. Sturrock, ejecutivo de cuentas
Texas Instruments, Dallas
Capítulo 25, Intercambio electrónico de datos

Janice Roehl-Anderson quisiera agradecer a Dios sus bendiciones innumerables. Además, le gustaría agradecer a Nelma Mannes sus extraordinarias habilidades administrativas y a June Moyer por su gran talento para las tareas de edición, cualidades que ambas han demostrado en la preparación de este libro. Además, y lo que es más importante, debe dar gracias a Fritz Anderson por su interminable paciencia y apoyo moral.

Estamos en deuda con la editorial Wiley y con su personal de producción, y especialmente con nuestros editores, Sheck Cho y Joanne Palmer, por su ayuda al encaminar este libro a través del proceso de edición.

Acerca de los autores

Janice M. Roehl-Anderson, Máster en Administración de Empresas, es socia de Ernst & Young LLP, pertenece al Grupo de Consultoría en Tecnología de la Información de la oficina de Denver, y tiene más de quince años de experiencia contable y relacionada con sistemas de información. Está especializada en seguridad de los sistemas de información; análisis, diseño y puesta en marcha de sistemas de contabilidad financiera y de costes; planificación de sistemas de información a largo plazo y auditorías de gestión de la información. Antes de entrar en Ernst & Young, Roehl-Anderson estuvo en la división de contabilidad de US West. Ha terminado con éxito el examen necesario para ejercer de auditor de cuentas.

Steven M. Brack, CPA, CMA, CIA, CCP, CPM, CPIM y MBA, es el director de finanzas y administración de Isolation Technologies, donde es responsable de todos los sistemas de contabilidad, finanzas e informáticos. Antes de entrar en Isolation Technologies, fue gerente de consultoría en Ernst & Young y auditor de Deloitte & Touche.

Capítulo 1

La labor del controler

Introducción

Una de las principales herramientas de que dispone la dirección para hacer plenamente productivos sus esfuerzos es la contabilidad moderna. Es al jefe de contabilidad, al controler, más que a ningún otro directivo, al que el máximo ejecutivo debe dirigirse a menudo en busca de orientación para la dirección, control y protección de la empresa. El controler no es el comandante de la nave —ésa es tarea del director general—; pero debe parecerse al que guarda las cartas de navegación. El controler debe mantener informado al capitán de hasta dónde ha llegado la empresa, dónde se encuentra, a qué velocidad navega, la resistencia que encuentra, las variaciones del rumbo, los escollos peligrosos que tiene que salvar y adónde indican las cartas que el director general debe ir a continuación para llegar a puerto sin peligro.

Ralph Waldo Emerson dijo una vez: «No hay nada más terrible que la ignorancia en acción». Y fue Henry Gantt quien afirmó que «no es moral decidir basándose en una opinión lo que puede determinarse en base a hechos». En la empresa moderna no hay lugar para el ejecutivo que confía en la suerte. Para tener éxito, los directivos deben conocer y utilizar los instrumentos de orientación y control de que disponen. La contabilidad moderna y la estadística son los medios que permiten a los ejecutivos empresariales planificar, dirigir y controlar las actividades que se extienden más allá del alcance de su propia observación y supervisión personal. No cabe duda de que los ejecutivos que están mejor informados acerca de las operaciones de su empresa están en la mejor situación para adoptar las medidas positivas que contribuyan a gestionarla provechosamente.

El controler tiene cuatro funciones diferenciadas:

1. *Planificar.* El controler gestiona el proceso de determinación de qué hay que hacer, cuándo hay que hacerlo y cómo hay que hacerlo. Este es un proceso iterativo, pues los objetivos de la empresa pueden cambiar en función de la revisión continua de sus recursos, de las condiciones económicas y de la actuación de los competidores. El controler actúa como coordinador de las distintas fases de la planificación e integra los diversos componentes del plan, incluyendo la previsión de ingresos con su correspondiente periodificación. El controler es el responsable de comprobar la sensatez de los componentes del plan (por ejemplo, si el plan de producción está dentro de la capacidad de las instalaciones, y si parecen razonables las ventas por vendedor).
2. *Organizar.* El controler debe conseguir el personal, las instalaciones, el equipo, y el material necesario para llevar a cabo la parte del plan correspondiente al departamento de contabilidad. El aspecto clave es conseguir personal cualificado.
3. *Dirigir.* El controler debe asegurarse de que las personas, el equipo y los materiales funcionan de forma coordinada para llevar a cabo el plan. El elemento clave es la comunicación, de manera que el controler y todo el personal conozcan cómo encajan las piezas, y puedan corregir inmediatamente los problemas que se planteen.
4. *Medir.* El controler debe establecer estándares, crear un sistema de medición y medir e interpretar los resultados reales comparándolos con el estándar para toda la empresa. Esto puede implicar una medición cada cierto número de horas (por ejemplo, para medir la productividad de un trabajador) o una vez al mes (como cuando se miden las variaciones de volumen). El controler debe ser capaz de definir tendencias e interrelaciones para ayudar al equipo directivo. Por último, deben tomarse medidas para corregir las desviaciones.

El controler debe tener una relación de igual a igual con todos los demás ejecutivos funcionales de primer nivel. Un controler suficientemente cualificado no tendrá ninguna dificultad en mantener la relación adecuada con los demás ejecutivos y puede incluso disfrutar de una posición importante, sólo inmediatamente inferior a la del director general.

Definición de las funciones del controler

En la relación que se incluye a continuación se detallan las funciones de las que es responsable el controler:

— El establecimiento y la supervisión de todos los apuntes contables de la empresa.
— La preparación e interpretación de los estados financieros e informes de gestión de la empresa.
— La auditoría continua de todas las cuentas y registros de la empresa.
— La recopilación de los costes de producción.
— La recopilación de los costes de distribución.
— La realización y valoración de todos los inventarios físicos.
— La preparación y presentación de las declaraciones de impuestos y la supervisión de todos los aspectos relacionados con los impuestos, incluso la realización de un programa efectivo de gestión tributaria que incluya todas las actividades de la empresa, así como la definición de normas y procedimientos para el cumplimiento de todas las leyes, reglamentos y regulaciones aplicables de carácter fiscal.
— La preparación e interpretación de todos los registros e informes estadísticos de la compañía.
— La preparación, como director del presupuesto, conjuntamente con otros directivos y jefes de departamento, de un presupuesto anual de todas las actividades de la empresa, para presentarlo al consejo de administración antes de comenzar el ejercicio económico. La autoridad del controler con respecto al veto de los compromisos o gastos no autorizados por el presupuesto la fijará periódicamente el consejo de administración.
— La revisión del progreso financiero de la empresa, comparando los resultados con los presupuestos aprobados. Esta tarea incluye la recomendación de medidas correctoras a los ejecutivos correspondientes.
— La determinación de que los bienes actuales de la empresa están correcta y suficientemente contabilizados y asegurados.
— La iniciación, preparación y emisión de modos de proceder normalizados, correspondientes a todas las cuestiones y procedimientos contables, y la coordinación de los sistemas de toda la empresa, incluyendo los registros, informes y procedimientos administrativos y de oficina.
— El mantenimiento de registros adecuados de las compras autorizadas y la determinación de que todas las cantidades gastadas con arreglo a las mismas están correctamente contabilizadas.
— La determinación de que las transacciones financieras aprobadas en las actas del consejo de administración o del comité ejecutivo han sido correctamente ejecutadas y registradas.
— El mantenimiento de registros adecuados de todos los contratos y arrendamientos.
— La aprobación para el pago de todos los cheques, pagarés y otros instrumentos negociables de la compañía, que hayan sido firmados por el tesorero u otros altos cargos autorizados por los estatutos sociales de la

empresa, o designados periódicamente por el consejo de administración.
- — El examen de todos los justificantes para la retirada de valores de la caja fuerte de la empresa, y la determinación de que tales retiradas se efectúan de conformidad con los estatutos o reglamentos establecidos periódicamente por el consejo de administración.
- — La preparación o aprobación de normas y procedimientos estándar, para asegurar el cumplimiento de órdenes o reglamentos emitidos por organismos oficiales.
- — La preparación de normas y procedimientos para la generación de informes contables, tributarios, presupuestarios, de planificación económica, de medición del rendimiento y financieros.
- — La revisión de los aspectos financieros de la adquisición o de la enajenación de bienes o inversiones.
- — La relación con los auditores externos de la empresa.

Debido a su estrecha relación con los registros contables, el controler suele ser responsable de la función tributaria. En relación con las actividades de auditoría, el controler debe mantener una apropiada relación con los auditores externos, aunque algunas veces el jefe de auditoría interna pueda depender del director financiero o del director general. Normalmente, el controler es responsable de la conservación de los registros y puede participar en las actividades inherentes a las relaciones con los inversores o a las relaciones públicas financieras. En las pequeñas empresas, el jefe de contabilidad suele ser el responsable de la gestión de riesgos. En algunos casos, el controler es responsable también del sistema informático de la empresa, sin embargo, en los casos en los que la tecnología de la información es esencial, la dirección suele establecer el puesto de jefe de informática para administrar esta función.

Características y cualidades

El controler debe tener ciertas características y cualidades con el fin de desempeñar correctamente su función:

- — *Proporcionar información*: El controler es un ejecutivo de *staff* cuya función principal consiste en desarrollar un sistema organizado de cuentas, normas, registros y procedimientos y proporcionar datos que puedan ser analizados e interpretados por los ejecutivos que toman las decisiones necesarias para alcanzar los objetivos de la empresa. El controler debe demostrar un alto grado de iniciativa y prever las necesidades de información de los demás ejecutivos, así como ser capaz de responder a las peticiones concretas de información en los plazos solicitados. Además, es importante que tenga creatividad y que posea la flexibilidad necesaria para hacer frente a condiciones y requisitos cambiantes.

— *Comprender las operaciones:* Aunque la responsabilidad de dirigir las operaciones se asigna a otros ejecutivos funcionales, los controlers deben ser capaces de comprender los problemas a los que se enfrentan los ejecutivos para poder ser eficaces, y ayudar a la resolución de los mismos. Es importante que los controlers comprendan qué clase de datos e informes necesitan los demás ejecutivos para llevar a cabo sus funciones de acuerdo con lo planificado. Los controlers deben proporcionar análisis y hacer recomendaciones con una completa comprensión de los métodos, procedimientos y objetivos de los diversos ejecutivos funcionales. Es una grave equivocación que los controlers no intervengan en las cuestiones y problemas cotidianos de las unidades operativas. En todas las empresas hay que resolver muchos problemas, y la mayoría de los ejecutivos confían en las soluciones si se presentan y analizan los datos necesarios. Los controlers están en una posición única para prever estas necesidades y ganarse la confianza de los demás ejecutivos.

— *Comunicar con claridad:* Para ser útil, la información debe transmitirse de un modo fácilmente comprensible por aquéllos a quienes está destinada. No importa cómo se suministre la información, siempre que se comprenda y utilice. En algunos casos, en lugar de exposiciones narrativas son preferibles diagramas o gráficos, mientras que en otras situaciones bastará con un informe verbal. En todos los casos, la regla debe ser la sencillez. No deben suministrarse datos o informes a menos que todas las partes que los reciben comprendan con claridad su finalidad. El controler debe comprender la necesidad de los datos, preparar la información necesaria y analizar y suministrar las interpretaciones precisas para minimizar las tareas de los demás ejecutivos.

— *Analizar la información:* El controler debe poseer la capacidad para transformar los hechos y datos estadísticos en tendencias e interrelaciones. En el entorno empresarial actual, es indispensable que las tendencias se identifiquen rápidamente y se estudien las medidas que han de adoptarse. Un análisis comparativo de las ventas con respecto a períodos anteriores no es suficiente para reorientar al personal de ventas o de otras actividades. Deben conocerse las tendencias actuales y futuras para maximizar la utilización de los recursos y mejorar la rentabilidad.

— *Elaborar proyecciones:* Los controlers deben ser exactos en sus conclusiones y en sus informes. Sin embargo, deben tener también la posibilidad de evaluar el futuro. Pueden utilizar los datos históricos para proyectar el futuro; pero deben evaluar con precaución los posibles cambios en las condiciones del entorno.

— *Proporcionar información oportunamente:* La mayoría de las empresas tienen la posibilidad de acotar sus problemas importantes. Sin embargo, las empresas que tienen éxito emprenden las acciones necesarias en el momento adecuado. Por tanto, los controlers deben preparar y suministrar la información con la mayor rapidez posible. Las empresas son dinámicas y las condiciones son siempre cambiantes, por lo que deben hacerse análisis con rapidez. Una información muy detallada es inútil si llega con un día de retraso. Los datos son perecederos y si se suministran demasiado tarde no sirven para nada.
Los controlers deben ser capaces de «vender» sus ideas y su capacidad analítica, junto con sus otras funciones. La información debe suministrarse de un modo claramente comprensible. En la mayoría de los casos, los ejecutivos quieren saber de forma inmediata cuándo pueden lograr ahorros significativos o cuándo están a punto de perder todos los beneficios ganados hasta la fecha. Los controlers no deben esperar al informe mensual, ni enterrar los datos más significativos en multitud de detalles. El controler debe utilizar la imaginación y la habilidad para asegurar la aceptación y utilización de su producto.
— *Seguimiento:* Los controlers deben realizar un seguimiento de sus análisis e interpretaciones. Los ejecutivos están normalmente muy ocupados y tienden a posponer las cuestiones que no requieren una atención inmediata. Si los registros revelan claramente unos resultados insatisfactorios o unas tendencias desfavorables, aunque de consecuencias de menor importancia, deben ser objeto de atención y seguimiento hasta que los ejecutivos tomen las medidas correctoras correspondientes. Lo que reduce finalmente el coste, mejora las operaciones y aumenta los beneficios no es lo que los controlers ven en su estudio de la organización sino lo que los ejecutivos hacen. Los controlers no tienen capacidad para forzar una decisión, pero pueden mantener informados a los ejecutivos sobre la situación hasta que se emprenda una acción correctora.
— *Ganarse la confianza de los demás:* Los controlers deben ganarse la confianza de los demás ejecutivos suministrando información exacta y oportuna con una actitud positiva. Los controlers tienen éxito cuando otros ejecutivos acuden a ellos en busca de orientación y consejo.
— *Ser justo e imparcial:* Es necesario que los controlers informen de todos los hechos pertinentes, aun cuando tengan que dar informes desfavorables sobre una función, un ejecutivo o un empleado. Una de las funciones del controler es medir el rendimiento de todas las actividades de la empresa e informar con exactitud. Debe preservarse la integridad de la función para que sea útil.
— *Facilitar información eficaz y eficiente:* Aunque se den cuenta del propósito de su tarea, los controlers deben darse cuenta también de las

limitaciones existentes. La información estadística, por exactamente que haya sido recogida, analizada e interpretada no es un sustituto de la aptitud ejecutiva. Es de un tremendo valor para la empresa y, en igualdad de circunstancias, la empresa que cuente con los ejecutivos mejor informados aventajará a sus rivales. Sin embargo, hay muchas cuestiones en las que el controler puede aportar poco. El éxito o el fracaso del negocio puede depender de la sagacidad de las inversiones, del ingenio tecnológico o de cuestiones de estilo en relación con las cuales el controler sólo es capaz de realizar una pequeña aportación.

Además, el valor de los datos contables y estadísticos debe ponderarse en relación con el coste. Puede ser interesante saber cada mes cuántas unidades de cada uno de los diez productos más importantes se venden a un cliente determinado o por un vendedor particular; pero a no ser que esta información se utilice para aumentar las ventas hasta un punto que justifique el coste de conseguir estas cifras, el esfuerzo no merecerá la pena. Si los resultados pueden obtenerse mediante una prueba ocasional en vez de realizar un análisis continuo, la actividad contable se realiza ineficientemente.

Cualificaciones

Entre las cualificaciones de un controler eficiente, figuran:

— Una excelente base técnica en contabilidad y finanzas y la comprensión y el conocimiento completo de los principios contables.
— La comprensión de los principios de planificación, organización y control.
— Una comprensión general de la industria en la que compite la empresa y de las fuerzas sociales, económicas y políticas implicadas.
— Una comprensión completa de la empresa, incluso de sus tecnologías, productos, normas, objetivos, historia, organización y entorno.
— La aptitud para comunicarse con todos los niveles de dirección y una comprensión básica de los demás problemas funcionales relacionados con la tecnología, la producción, el aprovisionamiento, las relaciones laborales y el márketing.
— La aptitud para expresar ideas con claridad por escrito o mediante exposiciones verbales.
— La aptitud para motivar a los demás con el fin de lograr una acción y unos resultados positivos.

Los controlers deben tener la aptitud técnica para desarrollar las tareas asignadas así como para supervisar y dirigir a su personal; pero deben tener también, entre sus cualidades, la honradez y la capacidad de comunicar, si quieren triunfar. Los controlers deben ser justos, razonables y sinceros con todos los que se relacionan, si quieren conseguir que el resto de la organización valore su actividad.

Los controlers deben ser capaces de colaborar con personas de todos los niveles, respetar las ideas y opiniones de los demás y tener la suficiente creatividad para hacer frente a todas las dificultades.

El dinamismo del mundo empresarial actual hace que sea esencial que los controlers estén al día en todos los aspectos de su actividad. Esto puede lograrse mediante cursos de actualización en diversos organismos y universidades y perteneciendo a asociaciones profesionales. La mayoría de las organizaciones proporcionan literatura especializada en la que se analizan las cuestiones y problemas con los que actualmente se enfrentan las empresas. Además, para los problemas que requieren una revisión más profunda, los colegios profesionales proporcionan seminarios para una comprensión más amplia. En cualquier caso, los controlers deben implicarse en las cuestiones de actualidad relacionándose con otros miembros de la profesión.

Delegación de responsabilidad y autoridad

Debido a la naturaleza de sus obligaciones, los controlers tienen una gran responsabilidad personal ante la dirección, ante los accionistas y ante las instituciones gubernamentales, en cuanto a los datos y cifras emitidos por el departamento de contabilidad. Ninguna delegación de autoridad puede traspasar esa responsabilidad a otras personas. Sin embargo, cualquier delegación de obligaciones debe ir acompañada de una explicación exhaustiva de los principios contables y de los objetivos empresariales deseados.

He aquí algunos ejemplos del trabajo que puede y debe ser delegado:

1. Todos los aspectos relacionados con el funcionamiento habitual del departamento de contabilidad pueden delegarse en el jefe del departamento; solamente las cuestiones no cubiertas por los procedimientos o por las normas establecidas han de remitirse al controler. En lo que respecta al departamento de contabilidad, el controler deberá revisar todos los cambios en el presupuesto, salarios, personal adicional, nuevos procedimientos, normas contables o cambios básicos en los informes de gestión; todos los demás aspectos operativos podrían ser delegados.
2. Todos los estudios especiales de costes relacionados con gastos importantes o aspectos básicos de gestión, tales como la adquisición de una nueva fábrica o el cambio de un producto importante, deberán ser gestionados por el controler. En cambio, los cálculos habituales de los

TABLA 1.1. **El antiguo director en comparación con el nuevo director**

El antiguo director	El nuevo director
Sigue la estructura jerárquica	Trata con quien sea necesario para conseguir que se realice el trabajo
Piensa en sí mismo como director o jefe	Piensa en sí mismo como líder de un equipo, como consultor interno o como maestro
Toma la mayoría de las decisiones sin ayuda de nadie	Invita a los demás miembros del grupo a participar en la toma de decisiones
Se guarda la información para sí mismo	Comparte la información
Trata de dominar una única disciplina, como la contabilidad o el márketing	Trata de dominar una amplia gama de disciplinas de gestión
Exige que se trabaje muchas horas	Exige ante todo resultados

costes, tales como los costes de fabricación o los costes de componentes, podrían delegarse en el contable de costes.

El nuevo tipo de director

El director autocrático de otros tiempos solía decir a la gente lo que tenía que hacer, cuándo tenía que hacerlo y cómo debía hacerlo. Sin embargo, la estructura organizativa con menor número de niveles jerárquicos está más difundida hoy en día y puede aplicarse al departamento de contabilidad. El líder de una organización así no tiene tiempo para dirigir los detalles del departamento y debe en cambio recurrir a la delegación de facultades en los empleados: proporcionando al personal la capacidad y la autoridad para tomar decisiones por sí mismo. Este sistema requiere que el controler sea más bien un facilitador que un comandante general. La diferencia entre los dos estilos se describe en la tabla 1.1.

Estructura del departamento de contabilidad

Ninguna estructura organizativa satisface todas las necesidades; ningún plan es el ideal. Ciertas agrupaciones funcionales han resultado prácticas y factibles. El problema fundamental consiste en decidir cómo pueden agruparse las funciones para obtener los resultados más efectivos en un entorno concreto, lo que puede incluir el tamaño y la naturaleza de la empresa, la experiencia de los ejecutivos y del *staff,* el personal, la ubicación física, la concepción de la dirección y los objetivos empresariales. Teniendo en cuenta estos aspectos, en la figura 1.1 ofrecemos un ejemplo de un organigrama característico de un departamento de contabilidad. Este organigrama puede variar significativamente. Por ejemplo, muchas empresas trasladan el sistema de información de gestión al campo de responsabilidad del director de informática. Además, una gran parte del trabajo relacionado con el cálculo de impuestos y de planificación fiscal puede subcontratarse con expertos en tri-

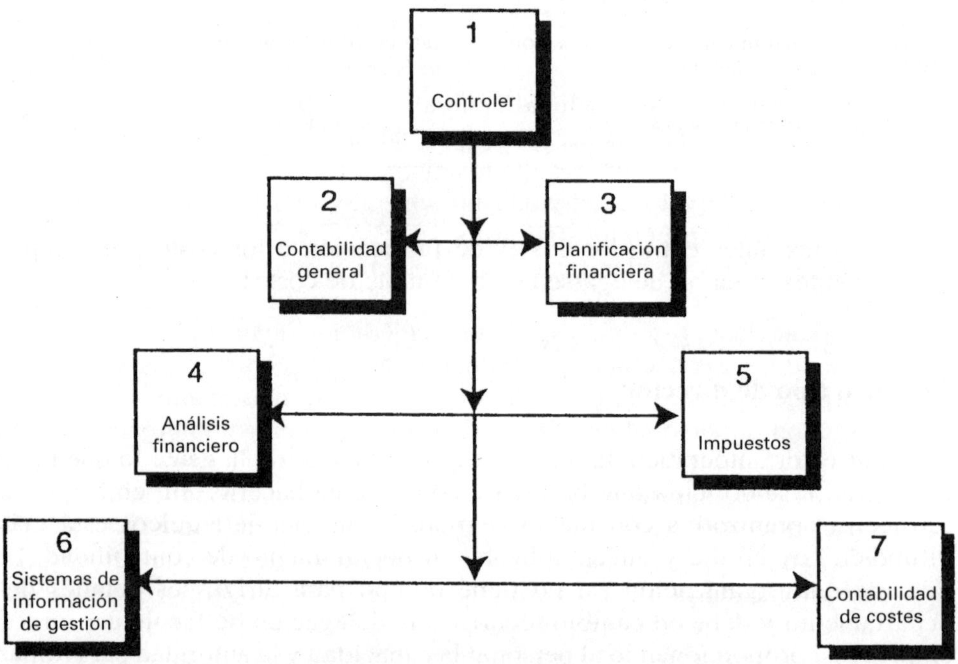

FIGURA 1.1. **Organigrama del departamento de contabilidad**

butación. Por último, la contabilidad de costes y la contabilidad general pueden dispersarse entre los *staffs* regionales que dependen de los directores locales. En el ejemplo, las tareas han sido asignadas como sigue:

— *Contabilidad general:* Entre sus responsabilidades figuran el libro mayor, las cuentas a cobrar, las cuentas a pagar, la nómina y la preparación de informes financieros.

— *Planificación financiera:* Entre las obligaciones se incluyen la planificación económica, las previsiones, los presupuestos y la definición de estándares.
— *Análisis financiero:* Entre las obligaciones figuran los estudios especiales, el análisis económico y el análisis de las adquisiciones.
— *Impuestos:* Entre las responsabilidades figura el cumplimiento de las obligaciones fiscales.
— *Sistemas de información de gestión:* Entre los deberes figuran el diseño del sistema, los procedimientos y otras aplicaciones informáticas.
— *Contabilidad de costes:* Entre las responsabilidades figuran el registro de los costes, la contabilidad de materiales, la contabilidad de la mano de obra directa y la contabilidad de los gastos generales.

A continuación se incluyen algunos comentarios relacionados con esta estructura:

— A los grupos de contabilidad general y contabilidad de costes les concierne fundamentalmente el registro de las transacciones y la generación de informes sobre resultados históricos. Si el volumen de transacciones y el nivel de actividad no son muy elevados, estas funciones podrían incluirse en un solo grupo.
— Las funciones de planificación financiera y de control se segregan de las actividades de contabilización, lo cual permite al *staff* concentrarse en identificar costes excesivos, en la medición de resultados, en el análisis de las desviaciones y recomendar medidas correctoras. En la mayoría de los casos, el personal tendrá un perfil más analítico y colaborará con el personal de fábrica o el operativo para comprender plenamente el significado de las desviaciones respecto al plan.
— En las empresas de gran dimensión, se necesita personal capaz de realizar estudios especiales relacionados con determinados problemas, como por ejemplo un cambio en la localización de las instalaciones, las decisiones de fabricar o comprar, y el análisis económico de posibles absorciones de otras empresas.
— Deberá crearse un departamento separado con el fin de contar con suficientes recursos para diseñar sistemas contables, preparar procedimientos y la coordinación con el personal del centro de tratamiento de datos para los sistemas que tengan aplicaciones informáticas. Además, habrá que asegurarse de que los sistemas están correctamente integrados entre sí.
— En algunas empresas, los impuestos y los seguros son responsabilidad del controler. Estas dos funciones deben estar separadas debido su carácter especializado y a la necesidad de poseer habilidades diferentes.
— Según el tamaño de la empresa, puede establecerse un departamento separado de auditoría interna. La función de auditoría interna debe

estar completamente separada de las otras responsabilidades contables y probablemente deberá depender de un ejecutivo distinto del controler.

— Cuando se trata de una empresa pequeña o mediana, las funciones de gestión de las oficinas, tales como las comunicaciones, el correo, el archivo y los servicios de reproducción dependen del controler. A medida que la empresa crece, estas tareas deben delegarse o rediseñarse de manera que las funciones principales del controler puedan estar mejor orientadas.

Dentro de una empresa, puede haber varios niveles de controler. En la sede central de la empresa, está el controler corporativo, mientras que cada división puede tener un controler de división y cada fábrica un controler de fábrica. En la mayoría de las organizaciones, el controler depende directamente del director local; por ejemplo, el controler de fábrica depende del director de fábrica, el controler de división depende del director de división y el controler corporativo depende del presidente o del director financiero. Los tres niveles de controlers mencionados tienen básicamente las mismas responsabilidades funcionales que las que tiene el controler corporativo en todo el ámbito de la empresa.

La división característica de la responsabilidad entre un controler y la función de tesorería en una empresa mediana o grande es la que se indica en la tabla 1.2.

Otra cuestión que el controler debe considerar es la centralización o descentralización de la función contable. Muchos controlers prefieren una orga-

TABLA 1.2. **Las responsabilidades del controler y del tesorero**

Responsabilidades del controler	Responsabilidades del tesorero
Contabilidad general	Control del efectivo y de los saldos bancarios
Contabilidad de costes	Relaciones con los bancos
Elaboración de presupuestos y planificación financiera	Financiación
Análisis del funcionamiento del negocio	Gestión del crédito
Análisis financiero	Gestión del riesgo
Impuestos nacionales, regionales y locales	Supervisión de los fondos de pensiones
Sistemas empresariales	

nización centralizada porque se consideran más capaces de controlar las actividades contables. Sin embargo, en muchos casos, las economías de escala no se han materializado o han sido anuladas por otros costes a priori no identificados. El conocer las ventajas de cada sistema puede ayudar al controler a decidir la estructura organizativa apropiada.

Las ventajas de la descentralización son:

— Desde un punto de vista psicológico, la descentralización tiende a aumentar la iniciativa de la dirección local. Se es más consciente de las responsabilidades de control.
— La organización local de los datos evita algunas excusas de inactividad o de actuación deficiente porque «el informe llegó demasiado tarde» o porque «el informe era erróneo». Este factor es en parte psicológico en lo que se refiere a sus ventajas.
— Pueden eliminarse actividades y/o datos duplicados, especialmente cuando la sucursal o la fábrica retiene los registros con el fin de poseer información actualizada o para la «verificación» del informe de la oficina principal. Por supuesto, si se conservan los registros para contar con datos actualizados, esto puede indicar que los registros erróneos estaban centralizados.
— En circunstancias normales, pueden obtenerse los resultados con mayor rapidez. Cuando toda la explotación está bajo control local, deberán hacerse todos los esfuerzos posibles para conseguir los datos en tiempo oportuno, lo cual debe contribuir a un mejor control del coste.
— La responsabilidad contable distribuida a nivel local es un medio de capacitar al personal para los ascensos y, por lo general, tiene como consecuencia una mejor organización.
— El personal competente puede preparar tan pronto los datos para la utilización por la oficina principal como pueda hacerlo la organización central. Con un contable objetivo en este puesto de trabajo, quizá pueda conseguirse una mejor información sobre los hechos. La descentralización no tiene por qué ser un medio de negar los datos necesarios para el control por los ejecutivos. Por ejemplo, las copias de los informes que van a la dirección de división podrían ir también a la dirección de la sede central.
— La descentralización no impide la uniformidad. Añade cierta flexibilidad y permite la aplicación de normas y prácticas contables a través del empleo de formularios y procedimientos estándar.

Las ventajas de la descentralización son por lo general los inconvenientes de la centralización. Sin embargo, algunas ventajas de la organización centralizada son:

— Existe una mayor flexibilidad en la utilización del personal y de las instalaciones existentes, incluyendo la posibilidad de hacer frente a puntas de trabajo.
— La centralización permite la utilización de equipos informáticos que podría no estar justificada en una situación descentralizada.
— La centralización puede permitir la utilización de un personal más cualificado, especialmente en el escalón de los directivos más altos, debido a un mayor nivel de responsabilidad.

El grado en que estas ventajas pueden no materializarse en una organización descentralizada depende en gran parte del tamaño de la unidad local.

Ética

Con la globalización de los negocios, la competencia se ha hecho más intensa. El hacer frente a esta competencia puede haber originado algún deterioro en la ética de los negocios. Algunos directivos pueden sentirse sometidos a una mayor presión para lograr los objetivos del plan anual de la empresa o para alcanzar otros objetivos a corto plazo. Además, la absorción de sociedades, las reducciones de tamaño de las fábricas o de las empresas y la venta de grandes segmentos de las divisiones, han influido para que los directivos traten de parecer buenos gestores.

Decidir qué conducta es la correcta es bastante sencillo cuando los actos que se consideran son ilegales, cuando la elección entre el comportamiento moral y el inmoral es obvio y cuando los hechos importantes y pertinentes son conocidos. Pero en muchos casos, no se conocen todos los hechos o se trabaja en zonas grises. Además, con el paso del tiempo, lo que antes se consideraba un comportamiento inaceptable se convierte en aceptable. ¿Cómo debe la alta dirección de la empresa determinar qué es una conducta aceptable? Algunas sugerencias son:

— mantener debates entre los niveles más altos de dirección para detectar los diversos puntos de vista;
— reconocer claramente las consecuencias para los empleados, los inversores, el público y la competencia de cualquier decisión ética de una acción;
— evaluar cualquier decisión ética que sea motivo de duda en relación con el interés propio de la empresa frente a cuestiones de mayor amplitud;
— ponderar las decisiones éticas en relación con los valores percibidos como tradicionales de la empresa.

Si los procedimientos anteriores no dan por resultado decisiones generalmente aceptadas sobre qué es una conducta ética, los directores generales tendrán que elegir basándose en su capacidad y juicio.

Una vez que la dirección ha llegado a un acuerdo general acerca de lo que constituye una conducta empresarial ética, las decisiones deben darse a conocer y hacerse cumplir. Un programa así debe incluir estos pasos:

— *Crear un código de ética y unas normas de conducta:* En el código, debe explicarse el punto de vista de la dirección acerca de la conducta inmoral. Deben definirse las actuaciones que se espera que se produzcan y se debe ser igualmente explícito acerca de la conducta inaceptable. Algunos temas ilustrativos son:

- el código de ética,
- las normas de conducta,
- los conflictos de intereses,
- las comidas y las diversiones,
- el uso del coche de empresa,
- los regalos y las entregas de dinero,
- la conservación del activo,
- las aportaciones a partidos políticos,
- los ajustes contables de fin de año,
- las actividades operativas de fin de año,
- la consecución de los objetivos del plan anual de la empresa,
- la seguridad en el lugar de trabajo,
- la seguridad del producto,
- la discriminación de los empleados,
- la eliminación de los residuos peligrosos,
- el cumplimiento de la normativa de la Comisión Nacional del Mercado de Valores y otras leyes y regulaciones sobre valores,
- los usos comerciales restrictivos,
- el permiso para el servicio militar u otros servicios de carácter estatal.

— *Comunicar el código de ética y las normas de conducta a los empleados.* Los empleados deben tener un claro conocimiento de los actos concretos. La información podría transmitirse a través de reuniones, programas de formación y de perfeccionamiento, sesiones de orientación para los empleados recientemente contratados, vídeos y manuales del empleado.

— *Hacer cumplir el código y las normas de conducta.* Los procedimientos pertinentes pueden ser revisados por los auditores, y puede crearse un departamento interno para recibir quejas. Sobre todo, es esencial que el cumplimiento sea uniforme. Si los empleados se dan cuenta de que los ejecutivos son tratados de un modo más indulgente que los otros, será más difícil hacer cumplir el código.

Resumen

En este capítulo, hemos descrito las funciones de planificación, organización, dirección y medición del trabajo del controler. Además, hemos enumerado una serie de tareas que generalmente se adscriben al cargo de controler, aunque algunas de ellas se distribuyen entre las funciones tributaria y de tesorería en una empresa más grande. Además, con el fin de que sirva de ayuda para la contratación de un controler, hemos enumerado las cualificaciones clave que debe poseer un controler, enunciando algunos conceptos tales como la formación académica, las habilidades directivas, y el conocimiento de los sistemas de control. Además, puesto que las empresas están pasando del estilo de dirección autoritario al estilo de apoyo, los dos métodos de dirección han sido comparados y contrastados. Hemos analizado también la organización del departamento de contabilidad y su relación con el departamento de tesorería. Por último, hemos comentado la necesidad de definir en qué consiste una conducta ética por parte del controler, junto con una larga lista ilustrativa de temas éticos.

Capítulo 2

El control interno

Introducción

Quizá la función más importante del controler sea crear y mantener el sistema de control financiero de la empresa. Esto implica documentar la estructura de control existente, eliminar los controles superfluos y añadir nuevos controles para cubrir los riesgos potenciales que surjan de las nuevas situaciones empresariales. Con el fin de evaluar correctamente los riesgos, el controler debe conocer a fondo los tipos generales de fraude y cómo evitarlos. Este conocimiento debe extenderse a los controles legalmente requeridos sobre el activo, tales como los enumerados en la Foreign Corrupt Practices Act*. En este capítulo se hace una exposición general de todos estos temas.

Interés de la dirección

Los directivos de las empresas están orientados hacia la consecución de beneficios. Por tanto, el ejecutivo está naturalmente interesado por las prácticas o procedimientos, incluyendo los controles, utilizados para dar a conocer este objetivo empresarial.

---

* Ley norteamericana que penaliza a quienes sobornan a funcionarios de gobiernos extranjeros o al personal extranjero y que exige mantener registros adecuados y controles internos a todas las sociedades que cotizan en Bolsa. *(N. de la T.)*

La publicidad dada a los delitos de guante blanco, tales como la publicación de estados financieros fraudulentos, los sobornos y las comisiones confidenciales, ha contribuido a aumentar el interés por las normas y procedimientos empresariales. Todos estos aspectos se tratan en este capítulo principalmente en cuanto se relacionan con la labor de los ejecutivos financieros de la empresa, especialmente con la del controler.

Elementos básicos

Existe un gran número de normas y procedimientos que pueden establecerse para alcanzar los objetivos concretos de una organización. Este conjunto de procedimientos se denomina la estructura de control interno. Técnicamente, pueden utilizarse procedimientos de control en todas las funciones y en todas las actividades de la empresa. En este capítulo, nos ocuparemos de aquellos controles que tienen como objetivo asegurar el registro correcto de las transacciones (ingresos, gastos, activo, pasivo y capital social), y, por tanto, la información correcta de las mismas, junto con la salvaguardia del activo de la empresa. Los objetivos de control pertinentes, que estudiaremos más adelante en este capítulo, son la preocupación básica del controler. El controler debe ser consciente de los distintos tipos de controles que deben estar interconectados para crear un sistema de control que salvaguarde suficientemente el activo de la empresa: controles contables, controles administrativos y controles operativos.

Los controles contables se definen como el modelo organizativo y todos los métodos y procedimientos relacionados con la salvaguardia del activo y la fiabilidad de los registros financieros. Por lo general, incluyen controles tales como los sistemas de autorización y aprobación; la separación de la responsabilidad sobre el mantenimiento de registros y la preparación de la información contable, de los responsables de las operaciones o la custodia del activo; los controles físicos sobre el activo, así como la auditoría interna. Estos son los controles sobre los que tradicionalmente estaba interesado el contable independiente.

Los controles administrativos comprenden el modelo organizativo y todos los métodos y procedimientos que se relacionan con la eficiencia operativa y la adhesión a las normas de gestión, y que usualmente sólo conciernen indirectamente a los registros financieros. Entre ellos figurarían los análisis estadísticos, los estudios de tiempos y movimientos, los informes sobre el rendimiento, los programas de formación de los empleados y el control de la calidad.

El control operativo concierne al establecimiento de las normas y directrices básicas mediante las cuales se dirigirá la empresa como medio para alcanzar los objetivos económicos.

Dada la reciente ampliación de la definición tradicional de los controles, y las distintas opiniones sobre este tema, para facilitar su estudio se ha dividido en cuatro partes la estructura del control interno de una empresa:

— entorno de control,
— factores externos,
— sistema contable,
— procedimientos de control.

ENTORNO DE CONTROL

El entorno de control de una empresa es el ambiente societario en el que los controles contables (y de otro tipo) existen y en el que se preparan los estados financieros. Refleja el compromiso de la dirección con un sistema efectivo de control interno. El entorno de control ha adquirido recientemente una mayor importancia en el análisis general de los controles. Representa el esfuerzo colectivo de muchos factores, entre los que se incluyen:

— *La filosofía de la dirección y el estilo operativo.* Este factor concierne «al tono que existe en la alta dirección» e incluye una amplia gama de temas que influyen en el entorno de control, entre ellos:
  - el hincapié que se haga en la consecución de los objetivos de beneficios, las metas o los presupuestos;
  - la actitud básica acerca de la asunción de riesgos;
  - la actitud acerca de la necesidad de mantener controles;
  - la actitud acerca de la importancia de la inviolabilidad de los estados financieros, tanto de los internos como de los publicados.
— *Estructura de la organización.* ¿Cómo se gestiona la organización, planificación, dirección y control de las operaciones? ¿En régimen descentralizado? ¿Existe un fuerte control central? ¿Tiene una persona o grupo de personas el control de la empresa?
— *Funcionamiento del consejo de administración y de sus comités.* ¿Ejerce el consejo una influencia directa o sigue en gran parte los dictados del director general? ¿Examina o discute las normas y procedimientos importantes? ¿Existe un comité auditor compuesto de consejeros externos? ¿Supervisa las normas y procedimientos contables, incluso los controles? ¿Se reúne independientemente con los auditores externos y con los auditores internos?
— *Métodos para asignar la autoridad y responsabilidad.* ¿Se discuten aspectos tales como los estándares éticos, los conflictos de intereses y la respuesta frente a los competidores?
— *Métodos de dirección y control.* Esta categoría afecta a la esencia del control operativo –cómo delegan los directivos la autoridad en otros,

y supervisan efectivamente todas las actividades de la empresa– e incluye:

- el sistema de planificación, tanto a corto como a largo plazo;
- el sistema de medición, comparando la actuación real con la planificada y la comunicación de los resultados a las personas adecuadas;
- los métodos para adoptar medidas correctivas oportunas con el fin de llevar la actuación real por lo menos a los niveles presupuestados;
- los métodos para preparar procedimientos, modificar sistemas y vigilar los sistemas y procedimientos.

—*La existencia y eficacia de una función de auditoría interna.* Están incluidas en la función de auditoría la debida autorización, la estructura y el estatus de la organización, un personal adecuadamente cualificado y los recursos suficientes.

—*Las normas y procedimientos sobre el personal.* En esta categoría, se incluyen las normas y procedimientos para contratar, capacitar, evaluar, ascender y retribuir al personal de manera que se disponga de un conjunto apropiado y suficiente de empleados y permita llevar a cabo las obligaciones que se les asignan.

—*Influencia de factores externos.* Aunque los factores externos están en gran parte fuera del control de una organización, la manera en que la dirección vigila y hace frente a la influencia de los órganos legislativos y reguladores, los acontecimientos internacionales, las tendencias económicas y el modo en que cubren los requerimientos externos, está relacionado con la consecución de los objetivos de la empresa.

La forma en que la dirección hace frente a estos factores revela la actitud global del consejo de administración y de la alta dirección en lo que concierne a la ética y a la importancia de los controles apropiados. Cualquiera que investigue en busca de un fraude podrá utilizar los anteriores elementos de control para estrechar el campo de búsqueda. Por ejemplo, si un departamento adopta una actitud deficiente hacia los controles, entonces un auditor podría considerar que ese departamento es un área de alto riesgo.

Los controlers, como jefes de contabilidad, deben comprender cómo operan realmente estos factores en sus áreas de responsabilidad. Es decir, una cosa es tener normas y procedimientos por escrito y otra es saber que se siguen. La dirección puede defender ciertas normas, y sin embargo perdonar las desviaciones. En el entorno de control, la atención del controler debe dirigirse a las mismas cuestiones que examinaría un auditor independiente.

Si los directivos de segundo nivel observan que la estructura del control interno es un tema debatido entre los miembros de la dirección de la empresa, comienzan a considerarlo como un tema fundamentalmente financiero o contable y no como de interés para ellos. Dado que se han realizado numerosas evaluaciones por auditores internos o externos, los directivos no se sienten estrechamente relacionados con el gobierno de la empresa, ni con el logro de los objetivos empresariales, tales como la rentabilidad, el crecimiento y la adhesión a las normas sobre ética. En este momento es necesario, y muchas empresas ya lo están haciendo, formar a la dirección operativa acerca de su papel en el sistema de control.

Una empresa, en el empeño por formar a todos los jefes de departamento, celebró una serie de seminarios de un día de duración para el personal profesional y de gestión de la organización. En estas reuniones, el director del departamento presentó los objetivos económicos del mismo y se celebró una discusión colectiva. Los «mecanismos de control», o las actuaciones requeridas para alcanzar los objetivos de cada departamento fueron revisados en cuanto a su efectividad. Se evaluó la relación de los elementos de control interno con la consecución de los objetivos departamentales.

Aunque los elementos pueden diferir según las organizaciones, estos son los segmentos de control considerados por la empresa del ejemplo anterior como significativos para su dirección operativa[1]:

- —Los controles organizativos: normas sobre el personal, un modelo de organización y cultura empresarial.
- —El desarrollo de sistemas y control de los cambios.
- —El control de autorizaciones y de la generación de informes; planificación y elaboración de presupuestos; rendición de cuentas.
- —Los controles de los sistemas contables.
- —Los controles protectores: protección del activo y prevención de riesgos no intencionados.
- —Los controles de supervisión de la dirección: información sobre supervisión y de gestión.
- —Los controles de la documentación: normas y procedimientos formales; documentación de sistemas.

El objetivo del enfoque era implicar a toda la dirección en el proceso educativo y hacer uso del sistema de control de la empresa para alcanzar los objetivos departamentales.

Factores externos

Otro aspecto del entorno de control que ahora recibe un mayor reconocimiento es el de la influencia de los factores externos. Estas influencias externas, como se ha dicho anteriormente, están en gran parte fuera del control de

[1] Paul G. Makosz y Bruce W. McCuaig, Gulf Canada Resources, «Is everything under control? A new approach to corporate governance», *Financial Executive*, enero-febrero, 1990, p. 26.

la empresa; pero la manera en que la dirección les hace frente puede influir en el modo de alcanzar los objetivos. Hasta hace poco, los factores externos recibían escasa atención en la evaluación de los sistemas de control. El Consejo para Normas de Auditoría de Estados Unidos, en una declaración sobre evaluación de los riesgos del control interno, afirmaba que existen varias «influencias externas que afectan a las operaciones y los modos de proceder de una entidad, tales como los exámenes por los organismos reguladores de los bancos»[2].

Cuando se mencionan los factores externos, a menudo lo primero que acude a la mente son los poderes legislativos y los organismos reguladores y sus leyes o declaraciones. En un informe preparado para la Comisión Treadway relacionado con la generación de informes financieros fraudulentos, sus autores dijeron que «el alcance de las obligaciones de la auditoría interna para examinar y evaluar el control debe ampliarse a todos los puntos afectados por la organización, incluso a ciertas entidades externas»[3].

El informe agrupaba las entidades externas en estas tres categorías generales: organismos reguladores, clientes y proveedores. Lo que aquí nos interesa son los proveedores y clientes importantes.

Considérese, en primer lugar, el creciente auge de la fabricación *«just in time»* (JIT). Un buen sistema de fabricación JIT se basa en la existencia de una estrecha relación entre el comprador y el proveedor, con un número limitado de proveedores dignos de confianza que entregarán los materiales a tiempo. Además, un proveedor entregará lotes de menor tamaño, utilizando el control estadístico de la calidad para mantener un producto de alta calidad, exento de defectos y reducir o evitar de ese modo el coste de la inspección de las unidades que entran. En efecto, la inspección de entrada se transfiere a la organización del proveedor, y un importante punto de control se traslada a un emplazamiento externo. Cuando sucede tal transferencia, los auditores internos del fabricante, conjuntamente con el personal de compras y de fabricación, deben por lo menos considerar la necesidad de revisar la suficiencia y eficacia del sistema externo de inspección.

Análogamente, con la expansión del intercambio electrónico de datos (EDI) entre los grandes proveedores, así como entre los proveedores y los grandes clientes, el concepto del control externo adquiere más importancia. Si, por ejemplo, ciertas condiciones predeterminadas generan de forma automática grandes órdenes de compra o de venta, desaparecen algunos de los mecanismos de control habituales, y aparece una problemática que antes no

---

[2] Consejo para Normas de Auditoría, «Consideration of the internal control structure in a financial statement audit», Sas nº 55 (AICPA, abril de 1988), párrafo 9.

[3] Michael J. Barrett y R.N. Carolus, «Control and internal auditing», *The Institute of Internal Auditors Report on Fraud,* Institute of Internal Auditors, septiembre, 1986, p. 65.

existía. De esta forma, entre un fabricante y un gran distribuidor minorista, ¿quién tiene la autoridad para estructurar una transacción, situarla en un sobre electrónico, enviarla y recibir el mensaje? En tales circunstancias, el control de la transacción se convierte en responsabilidad de la asociación entre vendedor y comprador y no de una única parte.

Ahora hay muchas circunstancias en las que las nuevas tecnologías hacen necesaria una revisión de los puntos de control externo. Algunas veces, este examen puede formar parte de un acuerdo para poner en marcha un sistema *just in time*. En otros casos, puede no existir un acuerdo jurídico; pero la parte compradora y la vendedora establecen una estrecha relación de trabajo que facilita el acceso del auditor interno a determinados puntos de control externo.

Sistema contable

Otro elemento de la estructura del control interno es el sistema contable. La apropiada dirección del sistema contable es una de las principales obligaciones del controler. Un sistema contable eficaz comprende los principios, métodos y procedimientos, así como los registros, que:

— identificarán correctamente y registrarán todas las transacciones válidas;
— describirán las transacciones puntualmente y con suficiente detalle para permitir su adecuada clasificación para la generación de informes financieros;
— determinará el período de tiempo en el que se produjeron las transacciones de manera que permita registrarlas en el adecuado período contable;
— medirá el valor de la transacción de un modo que permita registrar el exacto valor monetario en los estados financieros;
— permitirá la adecuada presentación de las transacciones y el nivel de detalle requerido en los estados financieros.

Procedimientos de control

Los procedimientos de control son también una parte de la estructura de control interno. En la mayoría de las empresas, el ejecutivo responsable de que los procedimientos de control sean los adecuados es el controler. Por tanto, más adelante, en este capítulo estudiaremos los procedimientos considerados esenciales para un apropiado sistema de control. Aquí bastará con decir que los procedimientos incluyen la adecuada segregación de deberes, los registros adecuados y los procedimientos apropiados para la autorización de las transacciones.

Evaluación del sistema de control

Con el aumento de la actividad fraudulenta por parte de algunos ejecutivos, como por ejemplo la publicación de estados financieros fraudulentos, las comisiones confidenciales y los sobornos, adquiere una creciente importancia la suficiencia de los sistemas de control. Sin embargo, tal determinación no suele hacerse con rapidez o fácilmente. Probablemente es deseable un enfoque analítico y detallado. En las secciones siguientes vamos a estudiar algunas medidas representativas en el campo de los procedimientos, algunos elementos esenciales del sistema de control y sugerencias para la asignación de responsabilidades para las diferentes fases del control.

La dirección debe llevar a cabo las siguientes actividades para evaluar los controles internos. En primer lugar, debe detectar las principales actividades y riesgos a que está expuesto cada componente operativo de la empresa y definir objetivos de control relacionados con dichas actividades. En segundo lugar, debe describir, quizá mediante flujogramas, y comprender los diversos sistemas utilizados para procesar las transacciones, salvaguardar el activo y preparar los estados financieros. Esta información se utiliza después para evaluar el sistema, prestando particular atención a los posibles puntos débiles importantes, con el fin de cerciorarse de que el sistema proporciona una seguridad razonable de que puede alcanzarse el objetivo de control.

Detectar las actividades, riesgos y objetivos de control

Un modo de determinar las actividades principales y objetivos de control de una empresa es separar la empresa típica en cuatro componentes operativos básicos y definir los objetivos de control de las diversas actividades de cada componente. Los componentes que se sugieren son: ventas, producción o servicios, finanzas y administración. Ejemplos de objetivos de control son:

- *Objetivos de control de ventas.* Que se han generado las facturaciones correctas para los productos expedidos o servicios prestados, que se ha comprobado la solvencia del cliente antes de aprobar los pedidos y que las devoluciones de los clientes han sido aprobadas.
- *Objetivos de control de la producción o servicios.* Que tienen lugar las mermas mínimas en el proceso productivo, que se fabrican las cantidades correctas de productos y que se minimizan los robos.
- *Objetivos de control de las finanzas.* Que las entradas de efectivo se depositan el mismo día de su recepción, que la caja chica sólo se permite con la adecuada autorización, y que los créditos incobrables se autorizan debidamente antes de eliminarse del mayor de cuentas a cobrar.
- *Objetivos de control de la administración.* Que las compras de equipo de oficina solamente se realizan con la autorización debida, que las

vacaciones sólo se toman con el permiso previo y que la contratación sólo tiene lugar después de la adecuada autorización.

Otro enfoque consiste en detectar los tipos de transacciones comunes a la mayoría de las empresas. Cada flujo de transacciones es una agrupación de acontecimientos afines, y la atención se centra en si existe un control apropiado sobre cada fase de la transacción a través del sistema de tramitación. Algunos de los ciclos de transacciones sugeridos son el de ingresos, el de producción, el de pagos y el temporal (los acontecimientos económicos originados por el tiempo, tales como un devengo de intereses). En todo caso, cualquiera que sea el enfoque utilizado, da por resultado la determinación de las principales funciones y los objetivos de control para cada una.

Al revisar las operaciones, las transacciones o los ciclos deberá tenerse en cuenta la posibilidad o riesgo de pérdida (o error en los estados financieros) en un esfuerzo por minimizar el robo, por ejemplo, y de proporcionar una alerta precoz de otras pérdidas potenciales, incluso de:

— pérdida o destrucción de activos;
— fraude o desfalco;
— sanciones o infracciones reglamentarias;
— costes excesivos o ingresos insuficientes;
— contabilización inaceptable;
— registro erróneo;
— expropiación.

Comprensión de los sistemas de control

El flujograma de las operaciones contables debe ser claro, de manera que el personal del controler pueda estudiar sus posibles deficiencias. Esta revisión debe realizarse desde la perspectiva de lo que un ejecutivo considera que debiera hacerse, teniendo en cuenta las cosas que pueden salir mal y el reconocimiento de las cuentas que podrían estar afectadas. Todos los aspectos relacionados con el control de dichas operaciones deberán estar documentados.

Cuando se revisen los flujogramas para identificar deficiencias de control, deberán tenerse presentes los siguientes objetivos generales de control:

1. *Autorización.* ¿Fue autorizada la operación por la dirección? Esto podría ponerse de manifiesto de un modo general estableciendo las normas correspondientes, los límites para la firma de contratos, los límites de las inversiones, las listas de precios estándar, etc. O, en una situación dada, puede ser necesaria una autorización específica.
2. *Contabilización.* Las operaciones deberán registrarse en la cuenta apropiada, en el momento apropiado (fecha límite de cierre contable apropiada), con la descripción apropiada. No deberán registrarse ope-

raciones ficticias y deberán evitarse las descripciones erróneas o incompletas.

3. *Salvaguardia.* El activo fijo no deberá estar bajo la custodia física de los responsables de las correspondientes funciones de mantenimiento de registros. El acceso al activo deberá estar limitado a ciertas personas previamente designadas.
4. *Conciliación.* Deberán efectuarse conciliaciones periódicas del activo físico con los registros o con las cuentas de control. Algunos ejemplos son las conciliaciones bancarias, los inventarios de valores y los inventarios físicos de materias primas, el trabajo en curso y los productos terminados con las cuentas de control.
5. *Valoración.* Para los seguros, se tomará la precaución de que el activo esté correctamente valorado de acuerdo con los principios de contabilidad generalmente aceptados, y de que se efectúen los debidos ajustes.

Elementos del control contable interno

Siete elementos básicos son necesarios para alcanzar los amplios objetivos del buen control contable interno: objetivos que incluyen la salvaguardia del activo frente a la pérdida resultante de errores intencionados (fraude) o no intencionados, y producir registros financieros fiables para uso interno y para la generación de informes externos. Estos elementos son:

1. *Un personal competente y digno de confianza, con normas claramente definidas de autoridad y responsabilidad.* Las personas son el ingrediente más importante de un sistema de control. Si los empleados son competentes y dignos de confianza, se generarán estados financieros fiables; aunque falten otros elementos de control. El personal incompetente y poco honrado, aun disponiendo de un sistema teóricamente bueno de controles, presentará estados financieros carentes de utilidad. Por tanto, es de importancia primordial una adecuada evaluación de los empleados.
2. *Suficiente separación de tareas.* Para evitar los errores intencionados o no, son deseables varias separaciones:

   a) *Separación de la responsabilidad operativa del mantenimiento de registros financieros.* En los casos en que un departamento operativo mantenga sus propios registros y prepare sus propios estados financieros, existe la tentación de sesgar los datos para mejorar los resultados. Es conveniente la agrupación de los registros financieros bajo la responsabilidad del controler.

   b) *Separación de la custodia de los bienes.* La separación de la contabilidad respecto de la custodia se realiza para proteger la empresa contra el desfalco. Así, la separación de la custodia del efectivo en caja, respecto del mantenimiento de las cuentas a cobrar, es deseable para reducir la posibilidad de utilizar el efectivo para uso personal y ajustar la cuenta del cliente mediante un abono ficticio.

c) *Separación de la autorización de operaciones respecto de la custodia de cualesquiera activos correspondientes.* Por ejemplo, la persona que autoriza el pago de una factura no debe firmar el cheque con que se paga la misma.

d) *Separación de responsabilidades dentro de la función contable.* Los que llevan el mayor general deben estar separados de los que manejan el mayor auxiliar, o los que manejan los diarios de caja deben estar separados de los que manejan los diarios de ventas.

3. *Procedimientos adecuados para la autorización de las operaciones.* Las autorizaciones pueden ser generales o concretas, según los deseos de la dirección. La dirección puede conceder una aprobación general para las ventas a clientes, estableciendo límites de crédito. O la dirección puede desear aprobar cada contrato que supere una cantidad dada, de diez millones de dólares, por ejemplo.
4. *Registros y documentos suficientes.* Los documentos deben proporcionar la seguridad razonable de que la operación ha sido registrada correctamente y de que el activo está controlado. Por consiguiente, deben existir órdenes de compra, informes de recepción y facturas de los proveedores.
5. *Adecuado control físico sobre el activo y los registros.* Los almacenes correctamente controlados, las cajas de seguridad de los bancos o las cajas de seguridad a prueba de fuego son ejemplos de control físico. Es necesaria una adecuada salvaguardia de los registros contra la destrucción u otras pérdidas.
6. *Procedimientos apropiados para asegurar el mantenimiento de registros adecuados.* Pueden ser deseables procedimientos para asegurar el registro adecuado de todas las operaciones, tales como el empleo de manuales de procedimientos.
7. *Un staff que pueda proporcionar verificaciones independientes.* Puede ser útil la existencia de un *staff* de auditoría interna u otro medio de comprobación.

Niveles de los controles

Al revisar los controles internos, la mayor cantidad de tiempo suele dedicarse a analizar y evaluar el detalle de los controles existentes. Y quizá éste es el modo en que debe hacerse. Sin embargo, dadas las responsabilidades del consejo de administración y de la alta dirección, la finalidad fundamental del sistema es ayudar a alcanzar los objetivos empresariales. De ahí que el sistema de control que tiene que ser revisado deba incluir todos los niveles de planificación y de control correspondientes. Todos estos niveles pueden incluirse en los tres grupos siguientes:

1. *Estratégico. El consejo de administración y la alta dirección, que planifican y controlan:*
   — la estructura organizativa;
   — los objetivos empresariales;
   — los procedimientos de planificación a largo plazo;
   — la toma de decisiones de la política de márketing;
   — la toma de decisiones de la política de dirección;
   — la toma de decisiones de la política financiera.
2. *Táctico. El consejo de administración y la alta dirección, los cuales planifican y controlan:*
   — los planes anuales de beneficios;
   — la política sobre personal ejecutivo (descripciones de aptitudes, comportamientos, sustituciones, etc.);
   — las inversiones de capital;
   — el plan anual de investigación y desarrollo.
3. *Funcional, donde la planificación y el control implican:*
   — los sistemas de aprobación del crédito;
   — el tratamiento de las cuentas incobrables;
   — el procedimiento de facturación;
   — el procedimiento de compras;
   — la autorización de sueldos y salarios;
   — el rendimiento del plan de pensiones.

Ha de estudiarse cuál de los controles de la empresa deberá gestionarse en cada nivel y, además, cuáles requieren una revisión y aprobación a nivel empresarial (en oposición al nivel de división).

Responsabilidad de controles internos adecuados

¿Quién debe ser responsable de la existencia de controles adecuados? Varios grupos tendrán probablemente responsabilidades concretas. Algunas áreas de responsabilidad que se sugieren para distintos niveles de gestión y para los auditores externos, se describen a continuación.

— *Misión del consejo de administración.* El consejo de administración es responsable de la supervisión y vigilancia general, no detallada, de la gestión. El consejo de administración debe hacer lo siguiente:

- Comprender de un modo general cómo funciona el sistema de registro de la contabilidad financiera.
- Convencerse, quizá a través del comité de auditoría, de que existe un sistema de control interno adecuado.
- Cerciorarse de que el sistema es efectivo y suficiente para la apropiada salvaguardia del activo, la emisión de informes finales correctos y el cumplimiento de las regulaciones estatales o locales.
- Verificar que existe un código de ética cuidadosamente preparado para regir la conducta de los empleados de la empresa.
- Asumir la responsabilidad final de la vigilancia del cumplimiento por la dirección y otros empleados de las reglas que rigen la empresa y de que se toman las medidas apropiadas para las infracciones.

— *Misión de la alta dirección de la empresa.* Aunque el consejo de administración puede tener una responsabilidad de supervisión, es la dirección de la empresa la que debe asumir la responsabilidad fundamental sobre el entorno empresarial y la existencia de sistemas efectivos de control interno, la exactitud de los estados financieros y la salvaguardia del activo. Y es este grupo de dirección el que es responsable de la puesta en práctica detallada y del cumplimiento de los sistemas. La alta dirección de la empresa debe hacer lo siguiente:

- Determinar los riesgos inherentes al negocio y la posibilidad de que se produzcan errores e irregularidades.
- Proporcionar el entorno conveniente, incluyendo normas, directrices y otras comunicaciones, para implantar los controles necesarios.
- Dirigir a los responsables de las decisiones empresariales, y a quienes técnicamente deben intervenir, para crear y mantener un sistema de control interno documentado y emplear la apropiada revisión legal del sistema.
- Hacerse responsable ante los accionistas de los estados financieros.

— *Misión de la dirección financiera.* Los directores financieros de rango superior tienen las mismas responsabilidades sobre los controles internos que los demás directivos de primer nivel y operativos. Sin embargo, los responsables financieros y especialmente el controler, tienen una mayor responsabilidad por los controles contables internos efectivos, dado su supuesto profesionalismo y experiencia en el campo de los controles. En este área de la contabilidad es donde se realizan el mayor número de comprobaciones y saldos.

Específicamente, en relación con los controles contables internos, el controler debe tener estas obligaciones:

- Conocer los requerimientos técnicos de un buen y adecuado sistema de control contable interno. Instalar y mantener un sistema efectivo.
- Cerciorarse de que el sistema existe y funciona.
- Hacer cumplir las normas y procedimientos.
- Asumir la responsabilidad ante el director general y ante la dirección financiera de primer nivel de la fiabilidad de los estados financieros.

— *Misión del auditor interno.* La existencia de un departamento cualificado de auditoría interna, en una empresa mediana o grande y a menudo en empresas más pequeñas, es un elemento importante del sistema de control interno. El auditor interno se convierte en los ojos y oídos de la dirección para averiguar la situación del sistema de control interno, especialmente de los controles contables internos. El auditor interno debe asegurar a la alta dirección: 1) que existe un sistema adecuado en cada centro de beneficios; 2) que los sistemas son efectivos para los fines a que están destinados; y 3) que las deficiencias se comunican a los responsables de adoptar medidas correctoras.

— *Misión del auditor independiente.* El auditor independiente no forma parte del sistema de control contable interno de la empresa. Sin embargo, esta persona debe evaluar el sistema para cerciorarse de su fiabilidad, como base para expresar su opinión sobre los estados financieros. Este auditor está en situación de dar al consejo de administración una opinión independiente y objetiva concerniente a la suficiencia de los controles contables internos, teniendo en cuenta la experiencia de la firma y los sistemas de otras empresas.

Por consiguiente, las obligaciones del auditor independiente pueden resumirse como sigue:

1. Revisar el sistema de control interno para determinar el grado de fiabilidad de las pruebas de auditoría que han de realizarse sobre los estados financieros y comunicar los hallazgos importantes al nivel apropiado de gestión: comité de auditoría, alta dirección o dirección financiera.
2. Proporcionar manuales de instrucción sobre métodos y técnicas para revisar, comprobar y evaluar los controles internos.
3. Realizar programas de formación del personal de la empresa que haya sido seleccionado para revisar y modificar los controles internos.

Aparte de estas responsabilidades, al auditor independiente, dadas las actuales tendencias de la Comisión de Valores y Bolsa, quizá se le requiera para que colabore en las declaraciones de la dirección acerca de la suficiencia de los controles contables internos.

El fraude

La palabra «fraude» se utiliza como sinónimo de «desfalco», «malversación de fondos» y «estafa». Para los fines de este estudio, el fraude es una *tergiversación financiera intencionada o la apropiación indebida de fondos*. El fraude no es una equivocación involuntaria, como podría serlo una estimación contable incorrecta, la aplicación de un coste a una cuenta errónea o una pérdida de una etiqueta de inventario durante un recuento físico.

TIPOS MÁS FRECUENTES DE FRAUDE

El fraude es un tema complejo. En él pueden intervenir diferentes tipos de individuos y diferentes actividades. Algunas de sus clases son el fraude de gestión, el fraude cometido por un empleado, el fraude informático y el fraude en la presentación de informes financieros. El controler puede tener curiosidad por conocer cuáles son los tipos de fraude que ocurren con mayor frecuencia. Más adelante enumeramos algunos de los más frecuentes. Esta lista no debe considerarse completa porque los tipos de fraude sólo están limitados por la imaginación del delincuente. (Para una lista permanente de los casos de fraude, consulte la sección de «Mesa redonda» del *Internal Auditor,* la revista del Institute of Internal Auditors.)

— *Generar facturas de empresas inexistentes*. Los empleados pueden facturar a la empresa los servicios de una empresa inexistente. Esto es fácil si el personal de cuentas a pagar no revisa los servicios, para comprobar si han sido efectuados, o los materiales para comprobar si se han recibido. El fraude se detecta auditando las aprobaciones de las facturas. Además, el auditor puede revisar la secuencia numérica de las facturas recibidas del proveedor para ver si la mayoría de las facturas del proveedor tienen como destino la empresa.

— *Utilizar los teléfonos*. Los empleados pueden utilizar las líneas telefónicas de las empresas para sus llamadas personales. Este fraude se detecta revisando las facturas del teléfono para comprobar los números objeto de las llamadas.

— *Pagar facturas personales*. Los empleados pueden hacer que la empresa pague sus facturas privadas o hacer que la empresa pague por artículos que fueron pedidos por los empleados a través de la empresa. El fraude se detecta auditando las facturas recibidas, y sólo puede evitarse mediante aprobaciones rigurosas de todos los gastos.

— *Alterar los importes de los gastos aprobados*. Los empleados pueden alterar los informes de gastos después de que los supervisores los hayan aprobado. Este fraude es difícil de detectar, pero los auditores pueden ser capaces de encontrar los números alterados o borrados en dichos informes. Este tipo de fraude puede evitarse enviando los informes de gastos directamente al departamento de cuentas a pagar, después de que los supervisores los hayan aprobado, de manera que los empleados que originalmente presentan los informes no tengan un acceso ulterior a estos documentos.

— *Manejar fraudulentamente las ofertas entre compradores y proveedores.* Los compradores pueden estar influidos para aceptar ofertas con precios elevados a cambio de comisiones ocultas de los proveedores. Este fraude se detecta comparando los importes de la oferta ganadora con los precios de mercado y revisando el número de ofertas rechazadas debido a causas falsas. Por ejemplo, pueden ser rechazadas ofertas más baratas marcando la fecha de recepción como posterior a la fecha en que debidamente se echó al correo (y puede ser auditada comparando la fecha de la firma del ofertante en el registro de visitantes con la fecha indicada por el departamento de compras en la oferta).
— *Presentar múltiples recibos de gastos.* Los empleados pueden presentar recibos de pagos realizados con tarjetas de crédito en un mes para su reembolso y luego presentar el recibo definitivo para el reembolso en un mes diferente. Este fraude se detecta comparando los informes de gastos que se presentaron durante un período de varios meses.
— *Cancelar las clases de formación reembolsadas.* Los empleados pueden cancelar las clases que les ha pagado la empresa y embolsarse su importe (o hacer que las clases las pague una segunda entidad y quedarse con el importe). Este fraude se detecta obteniendo permiso para revisar los registros financieros de la escuela o universidad, de cada empleado. El fraude puede sin embargo producirse a pesar de que la empresa sólo pague contra un justificante de la terminación de las clases, porque una segunda entidad puede todavía pagar por dichas clases.
— *Vender bienes de la empresa.* Los empleados pueden vender elementos del activo de la empresa en los locales de la empresa y hacer que el cheque se extienda y se les entregue a su nombre. Este fraude se detecta mediante revisiones frecuentes de los registros de activo fijo comparándolos con los activos reales. La prevención puede ser difícil si el autor del fraude es una persona de alto nivel.

Aunque el controler tiene interés en evitar cualquier tipo de fraude, en este capítulo estudiaremos las dos clases que le deben preocupar especialmente: el fraude de gestión y el fraude en la presentación de informes financieros. En cuanto a los otros tipos corrientes, remitimos al lector a los muchos libros y artículos sobre el tema.

Algunas causas

Si un controler conoce las circunstancias que alientan el fraude, puede ser más sensible a los indicios de que se ha producido. En la mayoría de las circunstancias, y por supuesto cuando está implicada la connivencia desleal, no hay modo de asegurar la ausencia de fraude. Pero hay motivos para llegar a la conclusión de que el fraude es el resultado de una combinación de presiones sobre el alto cargo o empleado y de las circunstancias que permiten que el hecho se produzca. Entre las condiciones que crean las bases para el fraude, figuran las siguientes:

— *Controles internos deficientes o un deficiente entorno de control interno:*

- La dirección no penaliza ni persigue a los delincuentes.
- La dirección no da ejemplo de una elevada conducta ética.
- La dirección no subraya la necesidad de que existan unos fuertes controles.
- La dirección no ha dado a conocer las reglas que tienen que regir la conducta ética.
- Los ejecutivos que ocupan altos cargos son vistos gastando una importante cantidad de dinero en los viajes de negocios.
- El director general aprueba cuantiosos gastos efectuados por su personal a pesar de las normas y procedimientos restrictivos.

— *Existencia de fuertes presiones financieras sobre los individuos:*

- Gran endeudamiento personal.
- Comportamiento socialmente inaceptable (por ejemplo, juego, uso de drogas o de alcohol).
- Un modo de vida despilfarrador.
- Altas tasas de inflación no acompañadas por ajustes adecuados en la retribución.

— *Otras fuentes de presión:*

- Objetivos de beneficio poco razonables para la empresa o para una división o filial.
- Alta tasa de rotación del personal directivo.
- Una manera de operar de la dirección y unas decisiones financieras dominadas por un individuo muy agresivo.
- La empresa forma parte de una industria en declive.

— *Circunstancias que contribuyen:*

- Modos de proceder inadecuados en cuanto a la contratación de personal (por ejemplo, falta de comprobaciones de las referencias).
- La vida en un medio ambiente que se degrada.
- Cualidades personales indeseables
- Insatisfactoria vida de hogar.

Adviértase que algunos de los indicios anteriores son difíciles de detectar.

Extralimitación de la dirección

La responsabilidad de un sistema de control interno efectivo corresponde a la dirección. Sin embargo, algunos de los casos más conocidos de actividad incorrecta son los llevados a cabo por un limitado número de los propios directivos. Son estos casos los que están entre los más difíciles de detectar.

Con gran frecuencia, el fraude cometido por la alta dirección es más sutil que los que se producen de un modo ordinario. Implica una extralimitación de la dirección. Estas condiciones se producen cuando los ejecutivos con suficiente autoridad, real o aparente, hacen que los subordinados oculten o registren indebidamente transacciones, o hacen que los documentos se tramiten fuera del procedimiento establecido. Estos ejecutivos están en situación de pasar por encima de los controles. Tales actos pueden dar lugar a una tergiversación importante de los resultados financieros o de la situación financiera o a estafar a la empresa. El controler, junto con los auditores externos e internos, debe estar alerta o evaluar el riesgo de que exista tal posibilidad. La extralimitación por parte de la dirección no se produciría probablemente en circunstancias normales, pero las condiciones siguientes podrían tentar a algunos directivos:

— La retribución de la dirección está directa y sustancialmente afectada por los resultados de explotación, y dichos resultados tienden a ser erráticos.
— La dirección de la unidad de negocio está bajo una extrema presión para que se consigan las beneficios predeterminados.
— La unidad operativa pertenece a una industria que está experimentando un gran número de fracasos económicos.
— La organización ha sido vendida y la dirección se beneficiará del precio, el cual está relacionado con los resultados operativos y con la situación financiera.

Algunas de las áreas en que la extralimitación de la dirección es más común son:

— *Las dotaciones de las reservas.* Las reservas para existencias, las reservas para clientes de dudoso cobro, los impuestos acumulados, las reservas para litigios, entre otras, pueden estar insuficientemente dotadas con el fin de aumentar los beneficios.
— *Las dotaciones a la amortización.* Los tipos de amortización de la maquinaria y el equipo pueden cambiarse.
— *Las ventas.* Pueden haber sido facturadas ventas por anticipado o pueden haberse efectuado expediciones antes de la fecha fijada.
— *El coste de ventas.* El coste de ventas puede haber sido subestimado, produciéndose con ello márgenes más altos (y posiblemente más tarde pérdidas por ajustes de inventario).

— *El aplazamiento de los gastos.* Pueden haberse capitalizado (cargados a una cuenta de activo fijo) con un pretexto u otro, para ser amortizados a lo largo de un período de tiempo.

Auditar para descubrir el fraude

Auditar para descubrir el fraude, especialmente el fraude de pequeña escala, es como buscar la proverbial aguja en el pajar. Existen varias razones por las que es difícil de encontrar:

— *Demasiadas transacciones.* El auditor revisa normalmente sólo un pequeño número de transacciones. Si el fraude sólo se comete en una transacción entre muchas, las probabilidades de descubrirlo son muy pequeñas.

— *Empleo ineficaz del tiempo de auditoría.* Buscar el fraude es una tarea que consume mucho tiempo. Hay centenares, cuando no millares, de modos de desviar o hacer desaparecer bienes de las empresas, y localizar todas las posibilidades llenaría el calendario de trabajo de cualquier *staff* de auditoría interna.

— *Limitación temporal de las auditorías.* Como todos los proyectos bien llevados, las auditorías para descubrir fraudes tienen unos límites concretos de tiempo. Una vez que se ha alcanzado la fecha de terminación, el equipo de auditoría pasa a otra auditoría. Dado que en las auditorías de fraude pueden necesitarse períodos de tiempo considerables para poner al descubierto los asuntos, puede no haber tiempo suficiente para detectar una situación de supuesto fraude.

— *El análisis de las tendencias no es suficiente.* Los casos más pequeños de fraude no se pondrán de manifiesto mediante el análisis de los niveles de gasto a lo largo del tiempo porque los pequeños aumentos de niveles de gasto no parecerán significativos.

— *Los delincuentes conocen los procedimientos.* Los que cometen fraudes pueden saber no solamente el modo de burlar los procedimientos sino que además pueden estar encargados de dichos procedimientos. Si es así, los fraudes pueden ocultarse hábilmente, puesto que quienes delinquen son expertos en los procedimientos de control. El auditor, por otra parte, no está especializado en la detección de fraudes, sino en evaluar los sistemas globales de control y de información. Por consiguiente, desde el punto de vista de la capacitación o aptitud, el delincuente puede superar al auditor.

— *El fraude es difícil de reconocer.* El fraude es difícil de detectar, incluso cuando se busca. El delincuente ha dispuesto probablemente de gran cantidad de tiempo para llevar a cabo el fraude, y ha eliminado o reducido todos los vestigios del delito. Por ejemplo, cuando se realiza una auditoría, ¿cuántos auditores harán el seguimiento de la documentación que falta? La causa de la falta de documentación puede ser un simple error de archivo, pero podría haber sido también traspapelado deliberadamente para ocultar una situación de fraude.

Los párrafos anteriores no están destinados a hacer que el auditor pierda las esperanzas de descubrir un fraude. Hacerlo es difícil, pero no imposible. El problema es ¿qué herramientas puede usted utilizar para identificar rápidamente las posibles situaciones de fraude? Las sugerencias que siguen pueden ser útiles:

— *Vigilar el ambiente*. Tal como se ha dicho varias veces en este capítulo, el ambiente es un factor clave. Si la dirección tiene escasa consideración por los controles, esa actitud se transmite a los empleados. Si la dirección utiliza la empresa para su lucro personal, los empleados pueden considerar que es aceptable que ellos hagan lo mismo. Por supuesto, el ambiente puede ser peor en un área determinada. Si es así, la búsqueda del fraude por parte del auditor debe limitarse a dicha área.
— *Vigilar los controles*. Si el control sobre un área se concentra en el trabajo de una persona, entonces se le ha ofrecido a ese empleado la oportunidad de fraude. El auditor no sólo debe revisar dichas situaciones, sino también recomendar que se dividan las responsabilidades, con el fin de eliminar cualquier tentación por parte del empleado.
— *Vigilar los estilos de vida de los empleados*. Algunos delincuentes alardean de su riqueza y llevan sus ganancias al lugar de trabajo en forma de automóviles fantásticos o de nuevas prendas de vestir. No sugerimos que el auditor revise la zona de aparcamiento cada día, pero una persona inquisitiva podría querer saber por qué un empleado de contabilidad conduce un costoso automóvil deportivo.
— *Estar disponible*. El fraude puede ser sorprendentemente bien conocido entre los empleados. Para que los empleados le cuenten al auditor la existencia de tales situaciones, es decisiva su disponibilidad. Por consiguiente, el buen auditor de fraudes es el que habla con los auditados frecuentemente, está disponible en el departamento de auditoría y es conocido por su costumbre de no revelar las fuentes.

Presentación fraudulenta de informes financieros

Otro tipo de fraude de particular interés para el controler es el que implica la presentación fraudulenta de informes financieros. Esto ha ocurrido durante muchos años. La posibilidad de la presentación fraudulenta de informes financieros se tuvo en cuenta en la aprobación en Estados Unidos de medidas legislativas tales como la Securities Act de 1933, la Securities and Exchange Act de 1934 y la Foreign Corrupt Practices Act, de 1977.

En octubre de 1985, la Comisión Nacional sobre Presentación Fraudulenta de Informes Financieros, conocida también como Comisión Treadway, se formó a iniciativa del sector privado. Se centra en las empresas que cotizan en Bolsa y se orientó al examen de tres campos:

1. El grado en que la presentación fraudulenta de informes financieros socava la integridad de la información financiera, incluyendo el entorno; las fuerzas que contribuyen a los hechos fraudulentos; y, entre otras cosas, el grado en que pueden ser detectados y evitados.
2. La misión del auditor externo independiente en la detección del fraude.
3. Las características de la estructura de la empresa que pueden contribuir a situaciones de presentación fraudulenta de informes financieros o al fracaso en detectar rápidamente tales hechos.

La Comisión Treadway emitió su informe final en 1987. El informe es muy extenso y debe leerse en su totalidad. Muchas de sus recomendaciones se dirigen a la profesión de auditor, a las escuelas de administración de empresas y a la Comisión de Valores y Bolsa, y no las tratamos aquí. Unos cuantos puntos destacados que afectan directamente a los controlers son:

- La empresa debe tener un comité auditor independiente, suficientemente dotado de personal, y con los recursos necesarios para realizar revisiones concienzudas de sus operaciones.
- El informe anual de la empresa debe incluir un estudio de los controles contables internos de la misma, así como de las actividades de su comité auditor.
- La empresa debe revelar públicamente todas las cuestiones contables importantes discutidas con sus auditores durante los tres años anteriores a un cambio de auditores.
- La empresa debe requerir a sus contables y auditores internos que estudien las cuestiones que rodean las actividades fraudulentas (es decir, los indicios de su existencia y las condiciones que conducen a ellas) como parte de su formación profesional continua.
- La empresa, si cotiza en Bolsa, debe incluir en su informe anual a los accionistas un informe de la dirección firmado por el director general y por el jefe de contabilidad, en el que se reconozcan las responsabilidades de la dirección sobre los estados financieros y el control interno, se comente cómo se satisficieron estas responsabilidades y se proporcione una evaluación por parte de la dirección de la efectividad de los controles internos de la empresa.

SUGERENCIAS PARA EL CONTROLER

La Comisión Nacional sobre Presentación Fraudulenta de Informes Financieros [de EE.UU.] ha proporcionado los criterios mediante los cuales las empresas, los auditores externos, las instituciones de educación superior y otros pueden medirse a sí mismos. El controler debe considerar las siguientes actuaciones:

— Estudiar todo el informe de la citada Comisión Nacional y, especialmente, revisar las veinte recomendaciones para que las empresas que cotizan en Bolsa evalúen la facilidad con que puede producirse la presentación fraudulenta de informes financieros en la empresa del controler. El informe, *Internal Control-Integrated Framework* (citado corrientemente como "Informe COSO") consta de cuatro volúmenes:

  • *Resumen para ejecutivos.* Una descripción general de alto nivel dirigida al director general, a otros altos ejecutivos y al consejo de administración, así como a los legisladores, organismos reguladores, organizaciones profesionales y profesores.
  • *Estructura.* Una definición del control interno y de sus componentes. Proporciona criterios con los que la dirección, los consejos de administración y otros, pueden evaluar un sistema de control pertinente.
  • *Generación de informes para terceros.* Una guía, para las organizaciones que deben publicar sus resultados, sobre el control interno con respecto a la preparación de los estados financieros que se publican.
  • *Instrumentos de evaluación.* Conjunto de instrumentos que pueden ser útiles para llevar a cabo una evaluación de un sistema de control interno.

— Sugerir al director general que todos los altos directivos revisen el informe de la Comisión Treadway y consideren cuáles son sus responsabilidades y dónde pueden surgir problemas especiales.
— Disponer lo necesario para que el departamento de auditoría interna evalúe e informe puntualmente sobre los controles internos.
— Examinar y hacer recomendaciones a la autoridad apropiada sobre si las actuaciones de la alta dirección se corresponden o no con el código de conducta de la organización.
— Asegurarse de que el personal de contabilidad comprende tanto la interrelación entre los estados financieros como el posible efecto de unos principios contables alternativos aceptables.
— Fomentar el perfeccionamiento del personal profesional cualificado en la función contable, así como en la contabilidad interna.
— Fomentar la objetividad por parte del auditor interno, y hacer lo necesario para que éste tenga acceso directo al director general y al comité de auditoría.

Evolución del concepto del control interno

Tal como se consideró en el informe de la Comisión Treadway y en su seguimiento, el informe del Comité de Organizaciones Patrocinadoras (COSO), el concepto de control interno se ha ampliado respecto al incluido en la literatura contable existente anteriormente. En la década de los treinta y de los cuarenta, el control interno parecía concentrarse en los controles contables y en los controles administrativos, de manera que se salvaguardara el activo de la empresa mediante la reducción de los robos, así como del fraude interno. Más tarde, la atención se centró en el cumplimiento de las leyes y reglamentos, porque ciertas direcciones se implicaron en pagos ilegales a representantes extranjeros, en sobornos o en modos de proceder similares. Por último, en la década de los ochenta, la atención se amplió una vez más para abarcar la presentación fraudulenta de informes financieros. Ahora, según el informe COSO, una revisión del control interno deberá extenderse a toda la serie de actividades empresariales relacionadas con la consecución de diversos objetivos económicos (tales como alcanzar los objetivos del plan empresarial anual) y con las tareas inherentes a dicha consecución. Para muchos, ha parecido que la revisión de los controles internos no distingue suficientemente entre dichos procesos y los demás aspectos de la función de dirección empresarial. Para ser justos, sin embargo, debiera decirse que el informe COSO intenta aclarar que tales actividades de dirección, como la de establecer objetivos, llegar a decisiones empresariales y llevar a cabo los planes de la dirección, son actividades que deben estar integradas con el sistema de control interno, pero no formar parte del mismo. En el mundo competitivo actual, la existencia de operaciones efectivas y eficaces está relacionada con la supervivencia de la empresa y con el aumento del valor para los accionistas.

Definición revisada y ampliada del control interno

Según el informe COSO, el control interno se define, en sentido amplio, como un proceso o grupo de procesos efectuados por el consejo de administración, la dirección y otro personal de una empresa, y que está destinado a proporcionar una seguridad razonable, en lo que se refiere al logro de los objetivos, en cada una de las siguientes tres vertientes:

1) la efectividad y eficacia de las operaciones;
2) la fiabilidad de los informes financieros;
3) el cumplimiento de las leyes y de los reglamentos pertinentes.

En esta definición hay varios conceptos intrínsecos. En primer lugar, el control interno no es simplemente un hecho aislado, sino más bien una serie de actuaciones que impregnan las actividades de una organización. Son inherentes al modo en que la dirección dirige la empresa. El control interno está entrelazado con las actividades operativas de una empresa y existe por razones fundamentales.

En segundo lugar, el sistema proporciona una seguridad solamente razonable —no absoluta— a la dirección y al consejo de administración, de que los objetivos especificados se están consiguiendo. No puede proporcionar la seguridad absoluta porque los sistemas fracasan y los controles pueden ser burlados por la connivencia de dos o más individuos. Además, la dirección tiene la posibilidad de anular el sistema de control interno.

En tercer lugar, el control interno lo llevan a cabo personas, ya sea el consejo de administración, la dirección u otro personal. Las personas establecen los objetivos y ponen en vigor los controles. Por el mismo motivo, los controles internos afectan a la actuación de las personas implicadas, y estas personas pueden dejar de comprender, de comunicar correctamente o de actuar invariable y coherentemente.

En cuarto lugar, los controles internos están orientados a los objetivos y los hay de muchas clases. Los tres conceptos que acabamos de definir conciernen: 1) al uso efectivo y eficaz de los recursos, incluyendo la salvaguardia del activo o la realización del plan empresarial; 2) la preparación de estados financieros públicos fiables, y 3) el seguimiento y la observancia del cumplimiento de las leyes y regulaciones pertinentes.

Se habrá observado que la definición del control interno es amplia, lo que facilita el uso de subconjuntos de definiciones y actividades del control interno, de manera que las concernientes a aspectos especiales (tales como el control contable o el control presupuestario) pueden centrarse en dichas preocupaciones, y establecer subdefiniciones coherentes. El sistema de controles en unidades o actividades particulares de negocios de la organización puede ajustarse. La definición es amplia, demasiado, porque ésta es la manera en que la alta dirección considera a menudo el tema de los controles.

Los componentes del control interno

El informe COSO determinó una separación del control interno en cinco componentes, todos los cuales están interrelacionados y deben existir en grado suficiente para que el sistema de control interno funcione correctamente y para que se logren los objetivos de la empresa. Estos componentes son:

— el entorno de control,
— la evaluación de los riesgos,
— las actividades de control,
— la información y comunicación,
— la vigilancia.

La evaluación de los riesgos.—La evaluación de los riesgos es la determinación y el análisis de los riesgos pertinentes para alcanzar ciertos objetivos establecidos. Constituye la base de la determinación del modo en que debe ser gestionado el riesgo. Así, la fijación de objetivos —que no es una función del control interno— es una condición previa para la evaluación del riesgo, la cual es una función del control interno.

Dada la definición del control interno, pueden establecerse tres amplias clases:

1. Los objetivos de las operaciones, que pertenecen a la efectividad y eficacia de las operaciones de la empresa. Los objetivos de las operaciones pueden ir desde objetivos de rentabilidad, hasta los de las divisiones, departamentos e incluso los de las actividades tales como tramitar los pedidos o preparar las facturas de clientes.
2. Los objetivos de la presentación de estados financieros, que se relacionan con la preparación de estados financieros públicos fiables y la prevención de la presentación fraudulenta de los mismos.
3. Objetivos de cumplimiento, que se relacionan con la adhesión a las leyes y regulaciones a las que la empresa ha de ajustarse.

Una vez fijados los objetivos, deben establecerse los procedimientos para realizar un seguimiento de la actuación, en relación al cumplimiento de los objetivos y al mantenimiento de los riesgos dentro de unos límites aceptables.

En cuanto a la evaluación de los riesgos, cuando los controles internos se limitaban más bien a salvaguardar el activo y a intereses similares, los objetivos pertinentes parecen haber tenido una naturaleza más estrecha (tal como procurar que todas las facturas de ventas se registraran en cuentas a cobrar) en lugar de los actuales objetivos amplios de dirección (tales como los objetivos de beneficios).

Las actividades de control.—Las actividades de control son las normas y los procedimientos que contribuyen a asegurar que se toman las medidas necesarias para hacer frente a los riesgos que implica el logro de los objetivos de la empresa. Las actividades de control se producen en toda la organización: en todos los niveles y para todas las actividades y situaciones. Además de una revisión por la alta dirección de la actuación de la empresa, incluyen una amplia gama de actividades: revisar la actuación del sistema completo y de los departamentos, requerir ciertas autorizaciones o aprobaciones, efectuar conciliaciones, verificar ciertas condiciones, segregar obligaciones, restringir el acceso a ciertas áreas o activos, etc.

La información y la comunicación.—Para que la dirección sea efectiva, es esencial que se determine, se asegure o capte toda la información importante y pertinente, y se comunique de forma apropiada y dentro de un período de tiempo suficiente, de manera que los que intervienen puedan llevar a cabo sus obligaciones. La información debe ser pertinente, oportuna y exacta y estar preparada en un formato que sea utilizable, comparable y accesible. Puede ser financiera o no financiera, y puede relacionarse con alguna norma u objetivo, con operaciones internas o externas, o con condiciones específicas. En una palabra, la información que ha de estar disponible debe ser la que facilite la toma de decisiones y la correspondiente presentación de informes.

La información, no sólo ha de estar disponible, sino que debe también comunicarse de manera que capte la atención de los interesados y se consiga que la utilicen. Quizá sea necesario comunicar los datos a más de un individuo: a niveles superiores e inferiores; a los que tienen a su cargo funciones afines; y a los acreedores, proveedores, organismos reguladores, propietarios y otros agentes externos.

La vigilancia.—El componente final de un sistema efectivo de control consiste en la vigilancia. Este proceso de vigilar, observar o comprobar el sistema de control interno permite una evaluación de la calidad de la actuación del sistema. La vigilancia puede llevarse a cabo de un modo continuo, observando los hallazgos o resultados de cada revisión regular y periódica de cada elemento: por ejemplo, cada día, cada mes o cada trimestre. O bien, puede realizarse como una evaluación separada. Si ha de ser o no necesaria una evaluación especial dependerá del grado y naturaleza de los cambios que ocurran, de la magnitud de los riesgos, de la aptitud de las personas que pongan en práctica los controles y de los acontecimientos que se pongan de manifiesto a través del seguimiento continuo. Quizá serán necesarios ambos tipos de seguimiento. La vigilancia debe extenderse, según lo exijan las circunstancias, a todos los elementos del sistema de control interno (entorno de control, evaluación de riesgos, control de actividades, información y comunicación). Deberá informarse de las deficiencias o infracciones importantes, bien a la alta dirección o bien al consejo de administración.

EFECTIVIDAD DEL CONTROL INTERNO

El controler, y por supuesto la dirección de una sociedad que cotice en Bolsa o de cualquier otra organización, debe preguntarse a menudo «¿Cómo podemos juzgar que el sistema de control interno de nuestra organización es efectivo?» Debido a que el sistema de control interno se define como un proceso triple orientado a objetivos, el informe COSO y otros escritos han proporcionado la norma siguiente:

El control interno puede considerarse efectivo en cada una de las tres clases, respectivamente, si el consejo de administración y la dirección tienen la seguridad razonable de que:

- — conocen hasta qué punto se están alcanzado los objetivos operativos de la empresa;
- — se preparan de un modo fiable los estados financieros que se publican;
- — se cumplen las leyes y regulaciones pertinentes.

Las conclusiones en lo que se refiere a la efectividad del sistema de control sólo pueden obtenerse, para cada uno de los tres objetivos, cuando los cinco componentes (entorno de control, evaluación de riesgos, actividades de control, información y comunicación, y vigilancia) están presentes y están funcionando correctamente. De una organización a otra, cada componente puede funcionar de un modo algo diferente. Además, los componentes pueden complementarse entre sí en diferentes grados, o pueden diferir en la forma en que tratan un riesgo particular. Determinar si un sistema de control interno concreto es efectivo o no, es, por consiguiente, un juicio subjetivo y debe incluir una revisión de los componentes, además de los objetivos. Un miembro de la dirección puede saber qué riesgos han sido evaluados, pero quizá no se dé cuenta de que se ha pasado por alto un riesgo importante. Son necesarias la vigilancia continua y la evaluación periódica. En su cuarto volumen, *Instrumentos de evaluación,* el informe COSO contiene un examen de la efectividad del sistema de control interno, e incluye una excelente guía para evaluar dicho sistema y sus diversos componentes. Deben también resultar útiles las listas de los puntos de enfoque, los objetivos y los riesgos. Los ejemplos son solamente ilustrativos, y no indicativos de todas las cuestiones que han de ser consideradas en una situación particular.

Otros temas de que trata el informe COSO son la responsabilidad del control interno de los miembros de la dirección, de los auditores externos y de otros grupos interesados que informan a partes externas, y las limitaciones sobre el control interno. Los pedidos de ejemplares de *Internal Control-Integrated Framework* los tramita la AICPA y el Institute of Management Accountants.

La Foreign Corrupt Practices Act

Tal como se dijo antes en este mismo capítulo, la gestión empresarial responsable ha centrado su interés desde hace mucho tiempo en que funcionen adecuadamente los controles internos. En 1977, después que la Oficina del Fiscal Especial para el Caso Watergate y la Comisión de Valores y Bolsa, revelasen el uso de recursos de empresas norteamericanas para apoyar a partidos políticos nacionales y para el soborno de funcionarios de gobiernos extranjeros, el Congreso promulgó la Foreign Corrupt Practices Act. Los comentarios sobre algunos acontecimientos indicaban que algunos de los pagos fueron ilegales y otros, sospechosos. Algunos se realizaron a través del uso de fondos no registrados en los libros, así como de métodos que burlaban los sistemas de controles contables internos. Como consecuencia de la Ley, se establecieron ciertas normas contables para las empresas que cotizaban en Bolsa. Fundamentalmente, la Provisión de Normas Contables, es el segmento de la Ley por el que el controler debe estar particularmente interesado si su empresa está sujeta a ella. La Ley exige que la empresa mantenga con razonable detalle «libros, registros y cuentas» que reflejen exacta y objetivamente las operaciones de la empresa y la enajenación de activos, y mantenga un sistema adecuado de control interno. Más específicamente, la Ley exige que:

— la empresa mantenga libros que reflejen exactamente las operaciones y enajenaciones de activo;
— la empresa establezca controles internos que proporcionen una seguridad razonable de que:
  - las operaciones tienen lugar tal como han sido autorizadas por la dirección,
  - las operaciones se registran de modo que permita a la empresa elaborar estados financieros y justificar el activo,
  - la dirección autoriza el acceso al activo,
  - el activo disponible se compara periódicamente con los registros contables y se investigan las variaciones.

Aunque en las publicaciones actuales de temas empresariales se dice muy poco acerca de esta sección de la Ley, ésta sigue en vigor y el controler, especialmente el de una empresa multinacional, debe ser consciente de su existencia y cumplir lo establecido en ella. El controler debe tener presente continuamente que el mantenimiento de registros financieros no es en realidad separable de los sistemas contables internos que generan los registros y que el funcionamiento de todo el sistema de control interno debe vigilarse constantemente. Una minoría de ejecutivos expertos podría algunas veces tener la tentación de anular o eludir el sistema y hacer que los registros se crearan de manera que parecieran enteramente adecuados incluyendo a una persona adiestrada que no fuera sospechosa y que no conociera la desviación respecto de la rutina usual.

Resumen

En este capítulo, hemos revisado los elementos fundamentales de la estructura del control interno, incluyendo los controles contables, administrativos y operativos. Además, hemos estudiado las distintas maneras en que el entorno empresarial influye en los sistemas de control; entre los asuntos determinantes figuran el estilo de la dirección, la estructura organizativa y la existencia de una función de auditoría interna. Hemos ofrecido posteriormente un examen general de las distintas maneras de detectar los riesgos del control y cómo crear objetivos de control para áreas tales como ventas, producción, finanzas y administración. Específicamente, hemos tratado el motivo por el que hay que tener objetivos de control en los aspectos de autorización, registro, salvaguardia, conciliación y valoración. Luego hemos enumerado los elementos clave de un sistema de controles contables internos; éstos incluyen la separación de la custodia respecto de las obligaciones y responsabilidades operativas, y que son de especial interés para el nuevo controler que realice un estudio inicial de la función contable. También hemos revisado la misión de los diferentes niveles de dirección para hacer cumplir los controles y cómo los sistemas de control pueden fracasar si no se cuenta con la ayuda apropiada de todos los niveles de dirección. Por último, hemos revisado los casos y causas concretas de fraude; así como los modos de descubrirlo; éstos están destinados a ser utilizados por el controler para detectar las clases generales de fraude, pero no debe considerarse una lista completa de las maneras en que se pueden burlar los sistemas de control.

Capítulo 3

La planificación y el plan estratégico

Introducción

En este capítulo se examinan los distintos elementos del plan estratégico y se describe de un modo general el proceso de planificación. Se revisan algunas de las cuestiones básicas que surgen en el proceso de planificación y se consideran los elementos de la planificación estratégica, por ejemplo, la formulación de la misión, los factores que hay que tener en cuenta cuando se eligen objetivos y estrategias y los modos posibles de gestionar el proceso de planificación. En los dos capítulos siguientes se examina el plan estratégico y se estudia el plan a largo plazo y el presupuesto anual.

Visión general del plan estratégico

La planificación estratégica empieza con el presente y se extiende tan lejos en el futuro como resulte útil para los fines de la planificación. La finalidad de la planificación estratégica es establecer las líneas directrices y normas de la empresa que sirvan de base para la planificación más detallada: el plan de desarrollo y el plan operativo. El plan estratégico se centra en las necesidades, amenazas y oportunidades con que se enfrenta la empresa. Determina las decisiones clave que deben tomarse y usualmente establece directrices y límites de tiempo para tomarlas. El proceso orienta a la empresa en las decisiones acerca de la gama actual de productos, así como de las generaciones futuras de productos y mercados. Este proceso de reflexión y comunicación contribuye a asegurar que los planes y decisiones de las diferentes unidades impulsan a la empresa hacia unos mismos objetivos comunes y consensuados.

El plan debe contener estos seis elementos:

1. *Una declaración de propósito:* La determinación del propósito del plan da al lector el motivo para la actuación requerida. En la declaración se expone el objetivo. El propósito del plan estratégico puede ser amplio; pero, a medida que los planes se hacen más detallados, también deben ser más específicos los motivos para las medidas propuestas.
2. *Las acciones que es necesario llevar a cabo:* El propósito de la formulación del plan es tomar decisiones, y el plan debe estipular qué clase de medidas hay que tomar. De nuevo, cuanto más detallado sea el propósito más específicas deben ser las acciones: desde los términos generales del plan estratégico, hasta el máximo nivel de detalle de un plan operativo.
3. *Los recursos que hay que utilizar:* La tarea fundamental de la dirección es utilizar todos los recursos prudentemente. Entre los recursos de una empresa figuran no solamente los fondos, sino también las personas, la fábrica y el equipo, el *know how* técnico y otros conocimientos patentados. En los planes, debe indicarse qué recursos se necesitan y si están o no disponibles o deben adquirirse para evitar una asignación conflictiva o un uso subóptimo de estos recursos.
4. *Los objetivos que hay que alcanzar:* Los objetivos definen el nivel de consecución esperado de las medidas tomadas. Los objetivos responden a la pregunta ¿qué ha de resultar de la actividad?
5. *Los plazos que hay que respetar:* El progreso hacia los objetivos debe medirse no sólo por el grado de consecución sino también en cuánto tiempo.
6. *Las hipótesis realizadas.* Las condiciones subyacentes importantes de las que depende el plan deben ponerse en conocimiento de quienes aprueban las recomendaciones. Si estas condiciones no se producen, el ejecutivo responsable debe conocer esta situación en los puntos de verificación planificados, de manera que pueda emprenderse una acción correctora e incluso un cambio en los planes.

Buena parte de la planificación se realiza utilizando el conjunto más probable de acontecimientos contenido en las suposiciones. Este conjunto de acontecimientos puede denominarse la situación hipotética más probable. Sin embargo, la empresa debe estar preparada para el caso de que dichos acontecimientos no tengan lugar. De ahí que también sean necesarios los planes alternativos. Por consiguiente, la dirección debe conocer los resultados financieros que se obtendrían si se produjeran ciertos acontecimientos posibles, pero menos probables. La dirección financiera debe tener cierto conocimiento de las necesidades máximas de financiación para el caso de que los acontecimientos tengan lugar de manera distinta a la esperada. Dadas estas condiciones, algunas direcciones preparan planes financieros suplementarios para ofrecer una serie razonable de posibilidades. Aunque el acento puede recaer en el caso más probable, deberá realizarse un análisis suficiente de otras situaciones hipotéticas de manera que se conozcan todas las consecuencias financieras.

El plan estratégico suele presentarse al consejo de administración de forma resumida, y normalmente se incluyen los siguientes aspectos:

— la comparación con el plan del año anterior;
— las principales suposiciones de la planificación;
— la estrategia de crecimiento;
— los objetivos económicos;
— las fortalezas, debilidades, oportunidades, problemas y amenazas identificadas;
— los objetivos de beneficios para el negocio existente;
— los programas y las estrategias para las nuevas actividades;
— los resúmenes financieros de los factores principales, de las tendencias y de la rentabilidad de los activos.

Recuerde tener presente, mientras revisa los aspectos prácticos del proceso de planificación, que es difícil alentar el pensamiento y la planificación a largo plazo, porque la mayoría de las empresas recompensan a sus empleados basándose en los resultados a corto plazo. Así, la planificación a largo plazo no dará resultado sin un plan de incentivos a largo plazo. Además, la planificación estratégica lleva aparejados factores en gran parte no cuantificables, tales como la experiencia, el instinto, las previsiones y la suerte. Por último, esté alerta porque la mayoría de los planes a largo plazo llevan aparejados demasiadas suposiciones y demasiadas estimaciones aproximadas. Un buen plan no requiere detallar hasta el enésimo grado.

Sistema de planes

En esta sección, estudiaremos cómo los distintos tipos de planes actúan conjuntamente. Pero primero definiremos la terminología de planificación. Un plan es un modo predeterminado de proceder. Un plan estratégico es el plan formal de la empresa para alcanzar sus objetivos con unas normas, estrategias y medidas detalladas. El proceso de planificación es el proceso de pensamiento que tiene lugar antes de formular un juicio sobre un modo de proceder, para el cual se han tenido en cuenta las alternativas factibles. La estructura integrada de la planificación tiene tres componentes:

1. En la cumbre, o vértice, está el *plan estratégico*. En él se trata de describir en términos generales las características y objetivos de la empresa. Tal como se detalla más adelante en este capítulo, el plan debe incluir una clara declaración del propósito básico de la empresa («La misión de la empresa») un conjunto de objetivos para alcanzar este propósito («Formular objetivos a largo plazo»), y una lista detallada de las estrategias necesarias para alcanzar los objetivos («Formular estrategias a largo plazo»). El plan debe incluir también una declaración de los supuestos necesarios para alcanzar los objetivos, tales como un supuesto aumento continuo del producto nacional bruto o de la tasa de inflación desde el principio al fin del período de planificación.
2. Del plan estratégico emana el *plan de desarrollo,* que se refiere al desarrollo de nuevos productos, servicios y mercados. En él los esfuerzos se dirigen a:

   — establecer las condiciones que fomenten la creación de nuevos productos y mercados;
   — reunir los datos pertinentes para determinar los campos de mayor potencial de rendimiento para los recursos de la empresa. Este esfuerzo implica también el establecimiento de los procedimientos necesarios para detectar las zonas de crecimiento menos convenientes;
   — determinar las necesidades de recursos y el calendario preciso para poner en marcha el programa.

   El plan de desarrollo incluye un plan de desinversión para la venta, fusión o cierre de partes de la empresa. Incluye también un plan de diversificación para desarrollar nuevos productos para nuevos mercados, ya sea mediante desarrollo interno, fusión o absorción.

3. También procedente del plan estratégico surge el *plan operativo* que se centra en gran parte en la generación actual de productos y en los mercados existentes. Es detallado en cuanto a su naturaleza y en él se especifican los planes por funciones individuales, lo que en esencia se convierte en el plan anual.

El ciclo de planificación

El ciclo de planificación de una empresa es normalmente un proceso interactivo, y aproximadamente sigue este camino:

— Fijar objetivos preliminares.
— Analizar el entorno interno y externo en los que se espera operar durante el período de planificación.

— Hacer suposiciones acerca de este entorno y de la posición actual de la empresa.
— Realizar un análisis de mercado para determinar o confirmar el enfoque de márketing más eficaz.
— Diseñar un plan de márketing (teniendo en cuenta los nuevos productos y mercados y la situación de los mercados y productos actuales) para cada año del ciclo de planificación.
— Crear un plan anual de apoyo al mercado (estrategia de ventas, personal requerido, publicidad y promoción de ventas, etc.).
— Formular estimaciones anuales de ventas por productos, zonas y vendedores basándose en el plan de apoyo al mercado.
— Completar las necesidades organizativas y de personal en el resto de la empresa basándose en la estimación de ventas y detallar los costes por períodos mensuales de planificación.
— Planificar las necesidades de activo fijo (instalaciones), determinando por año el importe del gasto.
— Preparar el plan financiero (efectivo en caja, generación de efectivo, ingresos y situación financiera, por período).
— Llegar a conclusiones en cuanto a si el plan es o no satisfactorio. Si no lo es, se empezará de nuevo el proceso hasta que se formule un plan aceptable.
— Aprobar el plan estratégico. Una vez hecho esto, las secciones apropiadas sirven de base para formular un plan anual detallado.

Una parte importante del ciclo de planificación es el *análisis del entorno* puesto que es el fundamento de la dirección estratégica de la empresa. El entorno de la empresa incluye dos aspectos:

1. *El entorno externo*. Las influencias ajenas a la empresa que son o serán factores determinantes de sus actividades. Entre estos factores figuran:

   — *el económico:* la fase del ciclo económico, el nivel de actividad económica general, la entrada de nuevos competidores, la fase del ciclo de la industria y los tipos de cambio de divisas;
   — *el técnico:* los nuevos productos del mismo tipo o de una clase distinta que sirven a la misma necesidad, los nuevos procesos y bienes de equipo;
   — *el político:* la legislación que afecta al producto o a la actividad, la jurisprudencia y los actos administrativos que afecten al cumplimiento de la ley;
   — *el social:* las costumbres sociales cambian, y lo que puede ser aceptable en un país puede no serlo en otro.

2. *El entorno interno.* Las fuerzas internas de la empresa que serán fuerzas significativas precisamente por la forma en que funcionarán. Deberán tenerse en cuenta los siguientes factores:

— *Los puntos fuertes y débiles de la empresa,* lo cual implica: *a)* conocer las funciones y las áreas en que actúa bien la empresa, *b)* saber qué opinión merecen los puntos fuertes en comparación con los de los competidores, y *c)* llegar a conclusiones sobre si los puntos fuertes pueden o no mejorarse y si pueden o no superarse los puntos débiles. Algunos de los indicadores que han de examinarse son:

- la aceptabilidad del producto;
- la cuota de mercado;
- el enfoque de márketing;
- la situación de los productos patentados;
- los costes de fabricación;
- el control de la calidad;
- la disponibilidad del producto;
- la situación de las patentes;
- el éxito en investigación y desarrollo;
- las fuentes de materias primas;
- la situación del mercado exterior;
- la capacidad de la fábrica;
- la solidez financiera;
- el discernimiento y destreza de la dirección;
- la flexibilidad y capacidad para cambiar.

— *Los factores que contribuyen al éxito,* lo cual significa saber a qué características particulares es atribuible el éxito de la empresa. Pueden ser características tales como el buen control de la calidad, el rápido tiempo de respuesta a los pedidos, la personalidad de los representantes, una buena tecnología, etc.

— *Situación de cada producto en cada segmento de mercado:* en este grupo podrían incluirse:

- el conocimiento de la fase del ciclo de vida de cada producto (embrionario, de crecimiento, maduro, en declive);
- el conocimiento de cada segmento de mercado en cuanto a la cuota de mercado y a la tasa de crecimiento, según la matriz del Boston Consulting Group:

  * un segmento *«estrella»:* alta cuota de mercado, alta tasa de crecimiento;
  * una *«fuente segura de beneficios»:* alta cuota de mercado, tasa lenta de crecimiento, generación importante de efectivo;

* un *«negocio mal administrado»:* baja cuota de mercado, alta tasa de crecimiento; probablemente un consumidor de efectivo hasta que el producto esté más desarrollado;
* un segmento *«desastre»:* baja cuota de mercado, bajo crecimiento; un candidato a la desinversión.

Los que conocen el mercado y el producto deben ser capaces de llegar a decisiones objetivas acerca de uno y otro. El conocimiento de los factores internos y externos anteriores es importante para decidir sobre la misión de la empresa y la estrategia necesaria para alcanzar los objetivos empresariales.

Tareas de planificación

El director general es el responsable ante el consejo de administración de los planes estratégicos de la empresa. Por consiguiente, el director general es el principal planificador a largo plazo. Sin embargo, en el proceso de planificación a largo plazo deben intervenir la mayoría de los miembros de la dirección. Por tanto, dependerá de las circunstancias de la empresa *quién* no habrá de intervenir en la planificación. Podría intervenir solamente el director general; o el director y su *staff;* o un comité compuesto por representantes de cada una de las principales disciplinas o de cada uno de los principales grupos operativos; o incluyendo un departamento separado de planificación permanente que proporcionaría el liderazgo y la coordinación del proceso, con el suficiente apoyo por parte de los directivos de línea y *staff.*

Cuál de dichas opciones se impondrá dependerá de factores tales como:

— *La fase de evolución de la planificación en la empresa.* Si la planificación es informal y esporádica, lo más probable es que el director sea el planificador principal, con una ayuda limitada de los demás.
— *La actitud del director general,* que puede determinar la amplitud o profundidad de la actividad de planificación. Para que la planificación sea eficaz, es indispensable el apoyo procedente de esta fuente.
— *El tamaño de la empresa.* Por lo general, cuanto más grande es la empresa, más probable es que haga planes formales a largo plazo.
— *La naturaleza de los mercados de la empresa.* Los proveedores de artículos militares, por ejemplo, a menudo planifican más que los fabricantes de artículos de gran consumo.

En general, es deseable un grupo equilibrado de planificación que contenga representantes de varias disciplinas; entre estas disciplinas deben figurar márketing, tecnología, finanzas, recursos humanos e investigación. Independientemente de los antecedentes, los requisitos esenciales del planificador son la flexibilidad y la creatividad.

La misión del controler es evidente en las últimas fases para realizar la conversión de las estrategias en proyecciones financieras para el período de planificación. Sin embargo, hay que realizar también una labor en las primeras fases de la planificación estratégica en las siguientes áreas:

— *La misión de la empresa.* La misión se determina basándose en un conocimiento completo de los puntos fuertes y débiles de la empresa y de multitud de opiniones subjetivas. Si se utilizan suposiciones financieras o económicas erróneas, el controler deberá ponerlas de manifiesto y suministrar sugerencias alternativas.
— *Los objetivos de la empresa a largo plazo.* El controler debe realizar cualquier análisis para los objetivos a largo plazo basándose en los datos o cálculos financieros.
— *Preparar estrategias.* El controler deberá realizar el análisis financiero relacionado con algunas de las estrategias. Entre las áreas que hay que analizar, figuran el efecto sobre los beneficios de las diferentes alternativas o relativas a la eficacia de los costes, las estimaciones utópicas de ganancias en las absorciones propuestas, las suposiciones económicas indebidamente optimistas, una tasa de inflación excesiva o las estimaciones de coste demasiado bajas.

El calendario y el período de planificación

Para conseguir un sólido plan, ya sea estratégico o a corto plazo, en un plazo de tiempo razonable, es conveniente preparar un calendario de acontecimientos. Con respecto al plan estratégico, éste puede emitirse en el momento del anuncio por el director general de la actividad de planificación estratégica anual. A continuación, ofrecemos una muestra de un calendario de acontecimientos. En este caso, el ciclo para el plan estratégico está separado del ciclo de planificación a corto plazo con el fin de distribuir más uniformemente el tiempo dedicado a la actividad de planificación. Las fechas clave del plan son las siguientes:

31 de mayo:	Distribución por el director general de las directrices generales a los jefes de división y otras partes interesadas.
31 de julio:	Recepción de los planes de división por el jefe de planificación.
30 de septiembre:	Finalización de la revisión y análisis de los planes de división por el *staff* de la empresa.
31 de octubre:	Preparación de la situación consolidada o la situación financiera de la empresa.
30 de noviembre:	Revisión con la alta dirección y el consejo de administración.

Aunque las fechas citadas indican el plazo límite aceptable para la finalización de la actividad, en realidad existe una comunicación continua entre los planificadores de la empresa y los de las divisiones, y a menudo el director financiero ideará las situaciones hipotéticas alternativas que se necesiten para los planes financieros a largo plazo.

La planificación estratégica se cita algunas veces como «planificación a largo plazo». Pero, ¿con qué antelación deberá planificar una empresa? ¿Cuáles son algunos de los factores que han de tenerse en cuenta para seleccionar el período apropiado para el que hay que planificar? Cada empresa tiene características que deben detectarse para determinar el período de tiempo de la planificación. Evidentemente, una empresa debe planificar sólo con el grado de antelación que sea útil. Las encuestas sobre este tema indican que entre las empresas que realizan planificación a largo plazo, el período más corriente es el de cinco años; aunque existe la tendencia a distanciarse más hacia el futuro.

Algunos de los factores que sirven de guía para la selección del intervalo de tiempo apropiado para la planificación son:

- *El tiempo de ciclo necesario para el desarrollo del producto:* Incluye el intervalo de tiempo desde que se dispone de los datos para un nuevo producto hasta que se completan el diseño, la fabricación y la distribución. Una empresa puede tardar tres meses mientras que otra puede requerir varios años.
- *El ciclo de vida del producto:* Constituirá un factor a tener en cuenta el período estimado que ha de transcurrir antes de que el producto se considere obsoleto.
- *El tiempo de desarrollo del mercado:* Este período variará enormemente, desde varios años para un producto industrial complicado hasta quizá sólo varias semanas para, por ejemplo, la moda femenina.
- *El tiempo de desarrollo de las materias primas y componentes:* Algunas industrias extractivas, tales como la minería del hierro o la petrolera pueden requerir una década de planificación por anticipado. Las empresas de productos forestales pueden considerar un período que supere la expectativa de vida de su dirección actual.
- *El tiempo para la construcción de las instalaciones:* Para muchas fábricas, se necesita un mínimo de dos años para el proyecto, la construcción de la fábrica y del equipo.
- *El período de recuperación del capital invertido:* Debe ponderarse el período durante el cual se recuperará la inversión en bienes de producción. La recuperación de la inversión puede variar desde varios meses en un caso muy especulativo y rentable (como el de ciertos productos químicos) hasta quizá más de una década (para algunos servicios públicos). Debe prestarse atención a las condiciones que prevalecerán

durante este período de recuperación para centrarse en la probabilidad de recuperar la inversión y de obtener un rendimiento adecuado de la misma.

A algunas empresas les resulta práctico actualizar anualmente el plan estratégico. En efecto, se suprime un año y se añade un año nuevo. Cada año, a medida que surgen nuevas percepciones del negocio o nuevas oportunidades o amenazas, se estudian los nuevos factores y se incorporan al proceso de planificación y al plan resultante. Sin embargo, los cambios en las condiciones no deben ser la excusa para la revisión del plan cuando, además de esos cambios, el grupo operativo no está alcanzando sus objetivos. Puede determinarse el efecto de la desviación y del resultado esperado a fin de año (o de otro período) sin cambiar el plan, cuantificando los resultados finales designados para el año y la desviación respecto del presupuesto (plan).

La misión de la empresa

Una de las tareas principales de la alta dirección es formular el propósito básico de la empresa. Esto requiere una reflexión profunda sobre los aspectos fundamentales del negocio. La misión sirve de guía del proceso de planificación estratégica. ¿Cómo se formula la misión? En las empresas pequeñas la misión está condicionada por la forma de pensar y los valores del director general. Pero en las empresas grandes se realiza más eficientemente mediante consulta e intercambio de ideas entre los miembros de la dirección (aunque la opinión del director general sigue siendo importante). ¿Por qué? Porque cualquier cambio básico en la naturaleza del negocio puede tener ramificaciones para los métodos operativos, la interrelación de las personas y el empleo de destrezas.

No existe ningún contenido uniforme en las declaraciones de misión, y éste varía desde grandiosas declaraciones de principios, que representan los valores del director general, hasta directrices muy detalladas y concretas. El exceso de detalle puede ser contraproducente, y las declaraciones vagas pueden no ser útiles para formular objetivos y estrategias. Un término medio sirve mejor al propósito de la misión.

Por consiguiente, ¿qué factores son importantes para la supervivencia y el crecimiento de la empresa? Los temas siguientes, que pueden ser determinados o refinados mediante reuniones de planificación, deberán tenerse en cuenta cuando se prepare una declaración de misión:

— producto o gama de productos;
— mercado y cuota de mercado;
— rentabilidad de las ventas, del activo o del patrimonio de los accionistas;

— crecimiento en las ventas, en la cuota de mercado, en las gamas específicas de productos, en los beneficios, en los beneficios por acción, en los puestos de trabajo o en los mercados servidos;
— investigación y desarrollo;
— productividad o eficiencia;
— flexibilidad en los métodos de investigación y desarrollo, satisfacción de las necesidades de los clientes en lo que se refiere a la entrega de pedidos, y responder a las medidas adoptadas por los competidores;
— imagen de la empresa;
— observancia de un código de conducta;
— desarrollo del equipo directivo.

Teniendo en cuenta los factores anteriores, se incluyen tres ejemplos de declaraciones de misión de una empresa:

1. Ser el proveedor predominante de componentes electrónicos para la fuerza aérea de los Estados Unidos.
2. Ayudar a nuestros clientes a conseguir planes de prestaciones sociales eficientes a través de un márketing efectivo de conceptos innovadores y especialmente diseñados destinados a reflejar la solidez de la empresa cliente.
3. Mantener un negocio viable y creciente mediante el diseño, desarrollo, fabricación y márketing de productos y servicios diseñados bajo pedido para satisfacer las necesidades de un conjunto seleccionado de empresas eléctricas y de la construcción.

Tenga presente que la utilización principal de una declaración de misión es servir como guía para las decisiones sobre políticas a desarrollar y para proporcionar orientación. Por consiguiente, debe ser específica, y no una declaración grandiosa. Además, puede ser importante la designación cuidadosa, es decir, si el producto o servicio se define en términos amplios o se describe de un modo más limitado. La selección de las palabras utilizadas en la redacción de la declaración es importante. Así, una declaración de que la empresa Y está en el negocio de las comunicaciones podría tener un efecto completamente distinto que especificar líneas de negocios más concretas, tales como prensa escrita, televisión o radio. Y recuerde que la misión debe, por lo general, incluir el alcance de las operaciones. Aunque la misión determinará la línea de negocios, el alcance delimitará el mercado (por ejemplo, el de Estados Unidos en lugar del mercado mundial). Una declaración realista del propósito estará influida probablemente por estos tres factores:

1. La aptitud básica y las características de la empresa (por ejemplo, la destreza de la dirección, los recursos de capital, la capacidad operativa, el activo físico, el emplazamiento geográfico, la disponibilidad de personal especializado, las fuentes de materias primas, etc.).

2. Las expectativas de quienes tienen algo en juego en la firma: la dirección, los accionistas, los acreedores, los empleados, los proveedores y los clientes. El peso relativo de la influencia de cada grupo ayudará a conformar la importancia relativa de los diferentes elementos de la misión.
3. El entorno externo esperado en el futuro (por ejemplo, la regulación, las tendencias sociales, las tasas de inflación y la fase del ciclo económico).

Formular objetivos de largo alcance

Una vez que se ha determinado la misión de la empresa, deben establecerse los objetivos a largo plazo. El establecimiento de los objetivos es un proceso interactivo, estrechamente emparejado con la determinación de las estrategias. Una cosa influye en la otra. En cualquier caso, la experiencia demuestra que unos objetivos a largo plazo satisfactorios deben ser:

— *Adecuados:* Un objetivo debe respaldar la misión y el propósito básico de la empresa. El hecho de alcanzar el objetivo debe impulsar a la empresa en la dirección de satisfacer su propósito.
— *Factibles:* Los objetivos deben ser viables. No tiene ninguna finalidad útil establecer un objetivo utópico. Cualquier objetivo debe establecerse teniendo en cuenta el entorno previsto: conducta de los competidores, progresos técnicos, viabilidad política, etc.
— *Compatibles:* Cada objetivo debe ser compatible con los demás. Por ejemplo, el objetivo para el producto A o para la unidad estratégica de negocio X debe estar en armonía con los objetivos del conjunto de la organización.
— *Medibles:* Los resultados reales deberán medirse comparándolos con los planificados durante un intervalo de tiempo especificado. Así, si el objetivo es «alcanzar un nivel de ventas de cien millones de dólares para el año 2000», entonces la consecución es fácilmente determinable. Los objetivos pueden cuantificarse en dinero, unidades, coste, coeficiente o porcentaje. Solamente cuando el objetivo se ha formulado de un modo concreto y para períodos específicos de tiempo puede medirse objetivamente su consecución.
— *Flexibles:* Los objetivos no deben modificarse fácilmente; ni deben ser inalterables. Cuando se producen contingencias importantes imprevistas, deben ser modificables para ser más realistas.
— *Motivadores:* Otra característica importante de un objetivo apropiado es su fuerza de motivación. Los objetivos no deben ser tan fácilmente alcanzables que su consecución sea segura. Tampoco deben ser dema-

siado difíciles de alcanzar. Deben fijarse a un nivel tal que los que hayan de ser juzgados por ellos estén por lo general de acuerdo en que pueden alcanzarse. Esto implica que quienes han de lograr un objetivo deben poder expresar su opinión en el momento de su establecimiento. Los miembros de la dirección que intervienen deben considerarlo como un compromiso que tiene que cumplirse con el esfuerzo adecuado.

En la práctica, la mayoría de las empresas sólo tienen unos cuantos objetivos de planificación a largo plazo. En teoría, sin embargo, los objetivos pueden fijarse para cada función y para cada departamento de la empresa. Normalmente, muchos de los objetivos se expresan económicamente y se relacionan con el volumen de ventas, la rentabilidad y la cuota de mercado. Pero pueden crearse medidas para cualquier número de factores que hayan de modificarse: el contenido de mano de obra, la participación de minorías en la plantilla, la diversificación de las habilidades del personal técnico o de investigación, las tasas de rotación de la mano de obra, la productividad, los gastos en investigación y desarrollo, etc. En la tabla 3.1 se indican algunos objetivos ilustrativos a largo plazo para la empresa en su conjunto.

TABLA 3.1. **Ejemplos de objetivos a largo plazo de una empresa**

	Para alcanzar en el año	
Objetivo	2000	2005
Volumen total de ventas (millones de dólares)	560	1.200
Porcentaje de ventas en el exterior	20 %	25 %
Porcentaje de nuevos productos	15 %	30 %
Beneficio operativo (% sobre ventas)	17 %	22 %
Tasa de rendimiento:		
del total del activo	10 %	12 %
del capital neto	19 %	25 %
Beneficios por acción (dólares)	2,50	4,25
Múltiplo del precio sobre el beneficio neto	11	15
Contenido de mano de obra de los productos	25 %	22 %
Minorías (porcentaje del personal)	10 %	12 %

Los responsables de fijar los objetivos de la empresa deben darse cuenta de que los objetivos importantes están estrechamente relacionados con los objetivos de segundo nivel. Así, el rendimiento de los fondos propios tiene que estar apoyado por un objetivo apropiado de margen bruto y un objetivo de rotación del activo, así como por un ratio de apalancamiento satisfactorio. Para el objetivo de margen, a su vez, debe tenerse en cuenta un objetivo de combinación de productos, un objetivo de volumen de ventas y, quizá, un objetivo de aumento de la productividad.

Establecer objetivos realistas a largo plazo no consiste simplemente en hacer que un ejecutivo, un director general o un grupo definan una cifra u objetivo. Sin duda alguna, el proceso podría empezar con sugerencias hechas por dichas fuentes; pero es más satisfactorio disponer de algunos puntos de referencia identificables que puedan ser reconocidos por quienes hayan de alcanzar el objetivo. ¿Cuáles son esos puntos? ¿Cómo pueden determinarse? Algunos de los modos de efectuar esa determinación son:

— *Utilice la experiencia anterior, explorando las tendencias:* En algunos casos, utilice los resultados del último año y ajústelos con arreglo a la mejora experimentada. Este método debe emplearse con cautela, puesto que los niveles de rendimiento anteriores pueden ser muy deficientes en relación con el resto del sector industrial en que se encuentre la empresa; utilizar tal rendimiento anterior como objetivo futuro puede situar a la empresa en desventaja competitiva.
— *Ajuste los resultados pasados para tener en cuenta las expectativas de eficacia:* Debe prestar atención especial a los cambios esperados, tanto internos como externos, tales como: la obsolescencia del producto, las regulaciones oficiales, el desarrollo de nuevos productos, la actuación de los competidores, las previsiones de ventas para el sector, etc.
— *Analice la actuación de los competidores:* Con informes de los competidores, pueden realizarse análisis de sus resultados. El rendimiento del activo, el porcentaje de margen bruto, las tendencias del volumen de ventas, el dinero gastado en investigación y desarrollo, los gastos de ventas, los datos de competidores individuales, o los datos de grupos de competidores pueden utilizarse como base para calcular el rendimiento deseado de algún concepto cuantificable.
— *Emplee análisis de entornos, situacionales y estratégicos:* En el estudio analítico de las operaciones, se pondrán de manifiesto ciertas relaciones comparativas. El efecto de expandir las más productivas o efectivas puede juzgarse o calcularse en cuestiones tales como el volumen de ventas (por ejemplo, el efecto de la publicidad, el uso de cierto canal de distribución, los precios variables). El mejor método empleado en un área podría aplicarse a otras áreas. A su vez, estos hechos podrían afectar al objetivo.

En cualquier caso, hay varias bases y análisis estadísticos de apoyo de distintos tipos que pueden ayudar en la selección de objetivos adecuados de planificación a largo plazo.

Formular estrategias a largo plazo

Una vez determinada la misión básica y los objetivos de planificación a largo plazo, el paso siguiente consiste en buscar las estrategias más adecuadas para alcanzar los objetivos. Tal como se utiliza aquí, la palabra «estrategia» significa el modo o los medios con los que la empresa despliega sus recursos humanos y financieros así como su activo físico para lograr el propósito empresarial.

Se ha escrito mucho acerca de la determinación y evaluación de las estrategias. Sin embargo, en gran parte, este proceso es un arte, y la elaboración de una estrategia de éxito suele incluir también a la buena suerte. En la planificación estratégica, suele ponerse el acento en los productos, los mercados y el márketing. En el desarrollo de estrategias de éxito, es deseable que se haga uso de las personas con talento creativo de la empresa para que sugieran las estrategias más ingeniosas y completas posibles. Esta tarea de desarrollo puede asignarse a individuos con talento o a grupos de márketing, planificación, u otros departamentos que tengan un conocimiento razonable de las operaciones.

Entre las fuentes que pueden proporcionar pistas para posibles alternativas, figuran:

— el examen de los informes y registros de la empresa;
— la observación y estudio de las operaciones de la empresa, incluyendo sus puntos fuertes y débiles conocidos o pretendidos;
— el examen de las empresas de la competencia o comparables;
— el estudio de la situación y de las alternativas con personas que estén familiarizadas con la industria y la empresa o que se hayan encontrado con problemas similares, tales como asesores, educadores, miembros del consejo de administración y grupos de expertos.

Una vez preparada la lista de estrategias alternativas, éstas deben ser seleccionadas por personas entendidas (quizá por el director general y otros miembros de la alta dirección) para eliminar las estrategias poco prácticas. Luego deberán evaluarse cualitativa y cuantitativamente las restantes estrategias. Entre los factores cualitativos figuran el efecto sobre la gama de productos o unidades organizativas o sobre la imagen de la empresa. Las medidas cuantitativas pueden incluir el margen de contribución, la eficacia en costes, el rendimiento del activo, la cuota de mercado y el beneficio operativo.

Este arte de determinar la estrategia requiere una buena comprensión de los puntos fuertes y débiles de la empresa, un buen criterio e intuición, y estar bien dispuesto a examinar algunas ideas nuevas.

Concretamente, la elaboración de la estrategia exige:

— Comprender la situación actual de la empresa y dónde la llevará si sigue esas normas y estrategias. Esto implica la determinación de factores tales como:

  • los productos principales;
  • los mercados principales;

- los puntos fuertes y débiles importantes de la empresa en comparación con los de la competencia;
- las principales estrategias actuales;
- conocer la contribución económica (por ejemplo el cash flow y el beneficio operativo) de los distintos segmentos por productos, mercados y centros de beneficios.

— Comprender los objetivos de la empresa y cómo pueden diferir los resultados si se continúa con la actividad actual.

— Identificar algunas de las estrategias que pueden o podrían integrarse en la planificación estratégica y seleccionar las de carácter práctico para su estudio:

- *Estrategias de producto:* Diseñar productos, desarrollar nuevos productos, añadir nuevos productos mediante compra o absorción, obsolescencia de los productos y ciclo de vida de los productos.
- *Estrategias de mercado:* Añadir o abandonar mercados; cambiar de canales de distribución, métodos de venta, precios, condiciones de venta, métodos de distribución, medios de publicidad y métodos de promoción.
- *Estrategias de fabricación:* Emplazamientos de fábricas, subcontratación, fuentes extranjeras, técnicas de fabricación, contenido de materiales y control de calidad.
- *Estrategias de investigación y desarrollo:* Afiliaciones a universidades, asociaciones temporales de empresas, cesión de licencias y compra de derechos.
- *Estrategias financieras:* Financiación de existencias, condiciones de crédito, estructura de la deuda, planes de participación de los empleados en el capital de la empresa, emisiones de acciones, sistemas de control, sistema de planificación, protección contra la inflación, modos de proceder en cuanto a operaciones en el exterior y en cuanto al arrendamiento en lugar de la compra de activo fijo.
- *Estrategias de recursos humanos:* Estructura de la organización, estilo de dirección, descentralización, reducción del tamaño, normas de reclutamiento, programas de formación, niveles de sueldos y salarios y sustitución de ejecutivos.

— Evaluar cada una de las estrategias propuestas y juzgar cómo contribuirán a alcanzar los objetivos de la empresa.

De la lista de los tipos básicos de estrategias, pueden deducirse algunas estrategias alternativas. Sin embargo, la lista que sigue proporciona algunos ejemplos específicos de las estrategias emprendidas. Las estrategias que deben emplearse o cambiarse dependen evidentemente de los problemas que haya que superar. Las estrategias se pueden enmarcar en las típicas agrupaciones de estrategias de productos, estrategias de mercado y eficacia operativa.

Productos:

1. Cambiar el tipo de envasado para atraer a los clientes de mediana edad.
2. Sustituir los envases por otros más pequeños para atraer a las personas mayores que viven solas.
3. Añadir un producto afín para el que se utilizaría el mismo canal de distribución y los mismos métodos que para los demás productos.
4. Abandonar la gama Y, que no proporciona un margen de contribución positivo.
5. Modificar el producto de manera que sirva para una función no pensada hasta ahora.
6. Considerar la posibilidad de utilizar marcas de distribuidor en una zona determinada.

Mercados y márketing:

1. Entrar en el creciente mercado europeo a través de una asociación temporal de empresas.
2. Cambiar los precios para hacer frente a la competencia de la cadena «R».
3. Aumentar la publicidad local para cubrir la TV en los mercados W, X e Y.
4. Emplear agentes en lugar de representantes de ventas en la zona del noroeste.
5. Reducir la actividad de promoción del producto «T» en el mercado debido a que está en la fase de declive de su ciclo de vida.

Eficacia operativa:

1. Adoptar el método de control de existencias «just in time» en Los Ángeles y San Francisco.
2. Establecer un almacén en Denver.
3. Hacer cumplir las condiciones de venta con el fin de aumentar la rotación de las cuentas a cobrar.
4. Enajenar la filial de Kansas City debido a las pérdidas y a la falta de perspectivas de crecimiento.
5. Vender el edificio de oficinas de Chicago. En el mercado actual, caracterizado por sus precios altos, reducir las necesidades de espacio y trasladarse a un emplazamiento menos costoso.

Resumen

En este capítulo, hemos estudiado los distintos elementos del plan estratégico, incluyendo los diferentes planes que, en su conjunto, constituyen la planificación estratégica: el plan estratégico, el plan de desarrollo y el plan de operaciones. También hemos examinado el proceso de planificación, empezando con la fijación de objetivos y considerando cuestiones tales como el análisis del mercado y las estimaciones de ventas, para terminar el proceso con la aprobación del plan por la dirección o el consejo de administración. También hemos abordado la importancia del análisis del entorno para la validez del plan estratégico. Por último, hemos considerado diversas ideas relacionadas con los aspectos prácticos del desarrollo de un plan estratégico, como la misión de los distintos miembros de la dirección en el proceso de planificación, la oportunidad del proceso y el desarrollo de objetivos a largo plazo y de estrategias de apoyo.

Capítulo 4

El plan financiero a largo plazo

Introducción

El capítulo anterior proporcionaba una visión general de la planificación estratégica, en éste, el plan estratégico se hace más específico a través de ejemplos numéricos entre los que se pueden destacar los temas siguientes, que son elementos del plan a largo plazo:

— la tendencia de los ingresos y beneficios;
— las inversiones de capital;
— los cash flows y necesidades de financiación;
— las estadísticas clave;
— el análisis de los riesgos;
— el desglose por unidades de negocio, gamas de productos y zonas geográficas;
— la situación financiera.

Planteamiento y propósito

Los elementos del plan empresarial que se describieron en el capítulo anterior no abordaban los medios a través de los cuales puede llevarse a cabo el plan. Se fijaron los objetivos, pero no se estudió cómo la empresa podía pasar de su situación actual a la futura. El plan a largo plazo indica las tasas de crecimiento previstas desde el presente hasta la situación objetivo, así como las inversiones y el capital necesario. El plan está respaldado por un conjunto de estadísticas clave que indican los cambios necesarios en áreas tales como la cobertura de las condiciones de los contratos de préstamo y la liquidez.

El plan a largo plazo incluye también un análisis en profundidad de los riesgos. Se enumeran los riesgos de cambios significativos en los ingresos y los beneficios junto con las probabilidades de que se produzcan dichos cambios. Partiendo de este análisis, es posible inferir el riesgo de que la empresa no alcance sus objetivos y hacerse una idea general del riesgo de pérdidas económicas que se está dispuesto a asumir para alcanzar los objetivos.

Por último, el plan debe incluir los planes de las filiales que clasifican las ventas y los beneficios proyectados por unidades estratégicas de negocio, gamas de productos y zonas geográficas, lo que ayuda a determinar dónde residen en el plan los mayores riesgos y las oportunidades del plan.

El plan a largo plazo difiere significativamente del plan anual (tal como se describe en el capítulo siguiente). Las diferencias figuran en la tabla 4.1.

TABLA 4.1. **Diferencias entre el plan anual y el plan a largo plazo**

Tareas	Plan a largo plazo	Plan anual
Enumera los costes por cuentas individuales	No	Sí
Incluye los presupuestos (de compras, mano de obra, etc.) de las filiales	No	Sí
Se utiliza para la comparación mensual con los resultados reales	No	Sí
Tiene presupuesto de efectivo en caja	Sí	Sí
Tiene presupuesto de cuenta de pérdidas y ganancias y de balance	Sí	Sí

Después de examinar la tabla, se puede llegar a la conclusión de que el plan a largo plazo no es tan extenso ni tan detallado como el plan anual, y así es. El plan a largo plazo incluye las necesidades a largo plazo y las estadísticas clave, y en él no figuran los costes detallados. El plan está destinado a ser fácilmente modificado por el análisis del tipo «qué sucedería si», y para ese propósito es mejor un modelo relativamente sencillo acompañado de gráficos.

El *propósito* del plan a largo plazo es proporcionar a la dirección un análisis «a medio pulir» de si es o no factible su plan económico, y los riesgos y necesidades de financiación que lleva consigo. Además, el plan a largo plazo puede presentarse a los inversores con el fin de reforzar el precio de las acciones. Finalmente, el plan se utiliza para ayudar a los prestamistas a determinar el riesgo que lleva aparejado prestarle a la empresa.

En ausencia de un director financiero, el controler es responsable del plan a largo plazo. En el plan, se cuantifican los objetivos y estrategias enumerados en el plan económico, y el análisis numérico lógicamente cae dentro del dominio del controler.

Sin embargo, la aportación de información para el plan a largo plazo debe proceder de todos los departamentos. Por ejemplo, todos los departamentos deben presentar demandas de capital. El departamento de ventas debe aportar cifras mínimas o máximas de los ingresos esperados por producto. El departamento técnico debe aportar información sobre el margen estimado por producto.

Tendencias de los ingresos y beneficios

En el plan económico se detallará un nivel de ventas objetivo que ha de alcanzarse en una fecha especificada o una tasa media de crecimiento. En el plan a largo plazo debe especificarse el crecimiento previsto para cada año. Este crecimiento no tiene que ser una curva de tendencia constante de un año a otro. En cambio, el plan debe enlazar niveles de ingresos para los nuevos productos que llegan al mercado, las nuevas unidades de negocio que se crean o las nuevas zonas geográficas a las que se llega.

Análogamente, la tendencia de los beneficios debe ligarse a los costes previstos de creación de nuevos productos, de inversiones de capital, de campañas de márketing o de otros costes relacionados con el crecimiento. El formato de esta sección del plan deberá ser gráfico, con respaldo numérico si es necesario. En las figuras 4.1 y 4.2 ofrecemos ejemplos de dichos gráficos. Cada ejemplo muestra los ingresos y los beneficios reales de los últimos años, así como las proyecciones en el período del plan empresarial.

Inversiones de capital

En el plan a largo plazo deberá incluirse una relación de las inversiones de capital necesarias para alcanzar los ingresos y beneficios propuestos como objetivo. La estimación de inversión debe también incluir las necesidades de capital circulante (efectivo invertido en cuentas a cobrar y existencias, menos el importe de las cuentas a pagar). Existe una creciente tendencia en la industria a eliminar el capital circulante mediante la reducción de existencias y cuentas a cobrar. Si la empresa piensa seguir dicha estrategia, ese objetivo

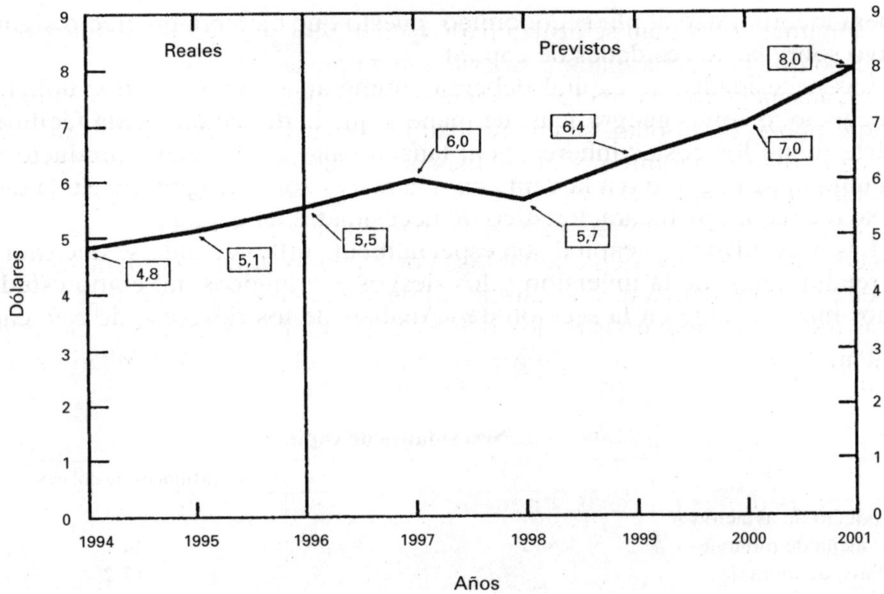

FIGURA 4.1. **Las ventas netas consolidadas del plan estratégico de Hi-Tech Corporation para 1997-2001 (en miles de millones de dólares)**

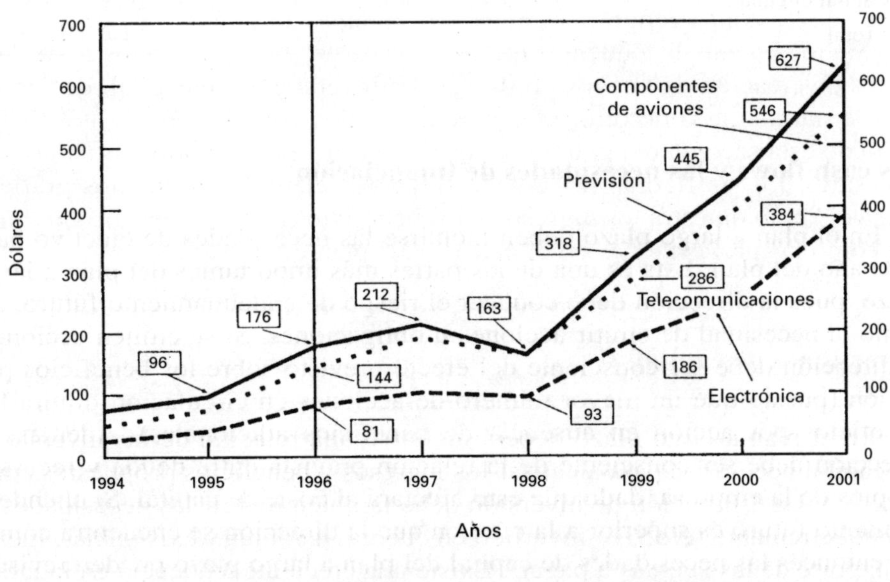

FIGURA 4.2. **Ingresos netos consolidados de Hi-Tech Corporation por unidades estratégicas de negocio. Plan estratégico para 1997-2001 (en millones de dólares)**

deberá incorporarse al plan económico, puesto que ejercerá un efecto significativo sobre las necesidades de capital.

Las necesidades de capital deberán enumerarse por productos, unidades de negocio, o zonas geográficas, de manera que la dirección pueda fácilmente determinar los costes inherentes al lanzamiento de un nuevo producto o a una unidad de negocio o a la venta en una nueva zona geográfica. En la tabla 4.2 se recoge un plan característico de necesidades de capital.

Las necesidades de capital son especialmente útiles cuando se determinan los rendimientos de la inversión y los riesgos estratégicos, tal como estudiaremos más adelante en la sección de «Análisis de los riesgos», de este capítulo.

TABLA 4.2. **Necesidades de capital**

	Millones de dólares
Producto de aviación A	
Cadena de montaje	34,1
Nave de montaje	17,2
Capital circulante	43,0
Total	94,3
Producto de comunicaciones B	
Cadena de montaje	11,0
Nave de montaje	14,1
Capital circulante	29,3
Total	54,4

Los cash flows y las necesidades de financiación

En el plan a largo plazo deben incluirse las necesidades de efectivo para cada año del plan. Ésta es una de las partes más importantes del plan a largo plazo, pues la dirección debe conocer el riesgo de endeudamiento futuro, así como la necesidad de emitir acciones u obligaciones. Si se emiten acciones, la dirección debe ser consciente del efecto previsto sobre los beneficios por acción (puesto que un mayor número de acciones en circulación diluirá los beneficios por acción en ausencia de beneficios adicionales). Además, la dirección debe ser consciente de la relación prevista entre deuda y recursos propios de la empresa, dado que esto afectará al coste de capital. Si el endeudamiento futuro es superior a la cifra en que la dirección se encuentra cómoda, entonces las necesidades de capital del plan a largo plazo pueden revisarse para determinar de dónde proceden. Por ejemplo, si se requieren 150 millones de dólares de deuda o de recursos propios adicionales durante el período de vigencia del plan a largo plazo y las necesidades de capital son las que indica la tabla 4.2, entonces la dirección puede revisar las ventajas del producto de aviación A, con más detalle, puesto que dicho producto es responsable de la mayor parte de las necesidades de capital.

Las suposiciones de rentabilidad del producto son un componente clave de los cash flows proyectados. El plan estratégico debe contener hipótesis con respecto a la competencia esperada, que puede reducir los márgenes, y a la calidad interna o a otras iniciativas, que pueden aumentar los márgenes. La figura 4.3 muestra los beneficios por acción según varios supuestos hipotéticos. Esta clase de diagramas es muy útil para la dirección, puesto que las deci-

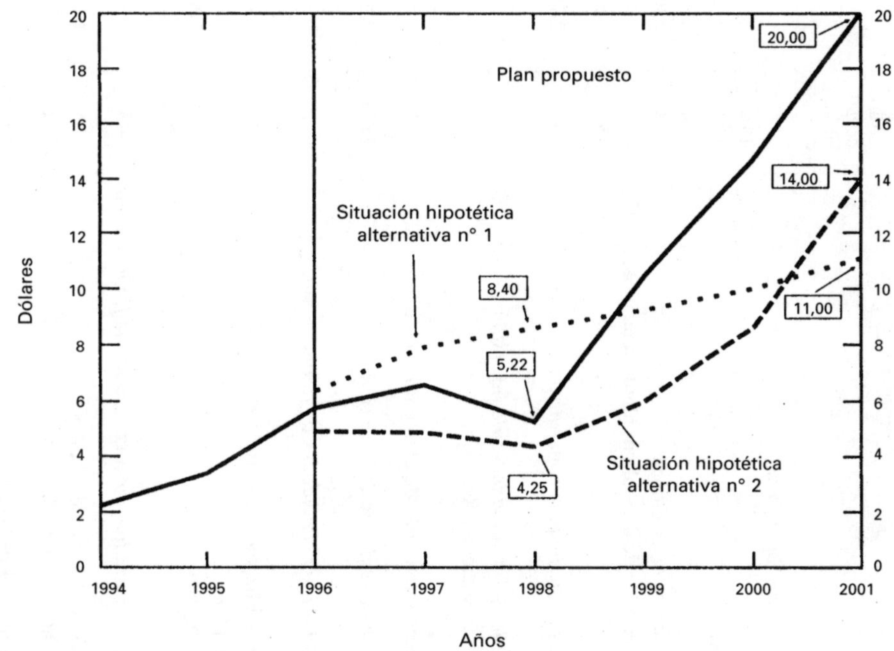

FIGURA 4.3. **Los beneficios por acción de la Hi-Tech Corporation: tres situaciones hipotéticas. Plan estratégico para 1997-2001**

siones concernientes a la adición o eliminación de productos afectarán directamente a los beneficios por acción. La tabla 4.3 muestra un cálculo simple de los cash flows para el plan a largo plazo.

TABLA 4.3. **Estado de cash flows consolidado de Hi Tech Corporation. Plan estratégico para 1997-2001 (en millones de dólares)**

	Año actual (último publicado)	Año del plan				
		1997	1998	1999	2000	2001
Cash flows procedentes de actividades operativas						
Beneficios netos	176	212	163	318	445	627
Depreciación y amortización	174	214	244	240	250	200
Impuestos diferidos, etc.	4	4	—	—	—	—
Capital circulante procedente de operaciones	354	430	407	558	695	827
Aumento (disminución) en partidas de capital circulante relacionadas con las operaciones	255	149	(221)	(7)	(55)	(45)
Cash flows netos procedentes de actividades operativas	99	281	628	551	640	872
Cash flows procedentes (utilizados por) actividades de inversión						
Participación en el capital de la sociedad X	—	—	—	—	—	(800)
Inversiones de capital	(118)	(420)	(100)	(50)	(50)	(50)
Ingresos procedentes de ventas y retiradas de elementos del activo	1	—	20	—	—	—
Cash flows netos utilizados en actividades de inversión	(117)	(420)	(80)	(50)	(50)	(850)
Cash flows procedentes (utilizados por) actividades de financiación						
Dividendos declarados						
Cambio (reducción) de la deuda bancaria a corto plazo	(52)	(53)	(53)	(58)	(58)	(63)
Adiciones a la deuda a largo plazo	116	(135)	(200)	(150)	—	—
Reducción de la deuda a largo plazo	—	500	—	—	—	—
	(21)	(42)	(50)	(250)	(240)	(350)
Cash flows netos procedentes (utilizados por) actividades de financiación	43	270	(303)	(458)	(298)	(413)
Aumento (disminución) de efectivo y sus equivalentes	25	131	245	43	292	(391)
Efectivo en caja y equivalentes al comienzo del año	172	197	328	573	616	908
Efectivo en caja y equivalentes al final del año	197	328	573	616	908	517

Estadísticas clave

El plan a largo plazo debe incluir estadísticas globales que indiquen los cambios en el valor de mercado de la empresa, los cambios que puedan representar un incumplimiento de las condiciones pactadas en los contratos de préstamo y los cambios que puedan aumentar el riesgo de la empresa hasta niveles inaceptables.

A continuación se enumeran algunos de los ratios más comunes (para las fórmulas de los ratios, consulte el capítulo 18, «Indicadores de rendimiento y tendencias»).

— *Rendimiento porcentual del activo medio:* Este ratio es una buena medida de lo bien que la empresa utiliza su activo para lograr el mayor rendimiento posible. La dirección debe modificar el plan a largo plazo para maximizar este ratio, puesto que para obtener el mayor rendimiento posible del activo medio es necesario un uso efectivo del costoso capital. Ver figura 4.4.

— *Rendimiento porcentual del capital social:* Con este ratio se estima el rendimiento de la inversión para el accionista. Es útil para calcular el efecto del plan económico sobre los rendimientos futuros de los accionistas. Ver figura 4.5.

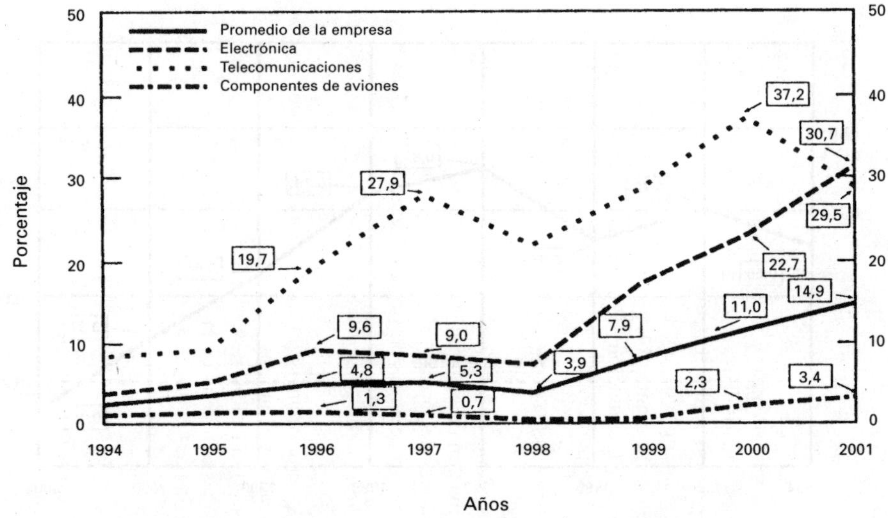

FIGURA 4.4. **Porcentaje de rendimiento del activo medio de Hi-Tech Corporation. Plan estratégico para 1997-2001**

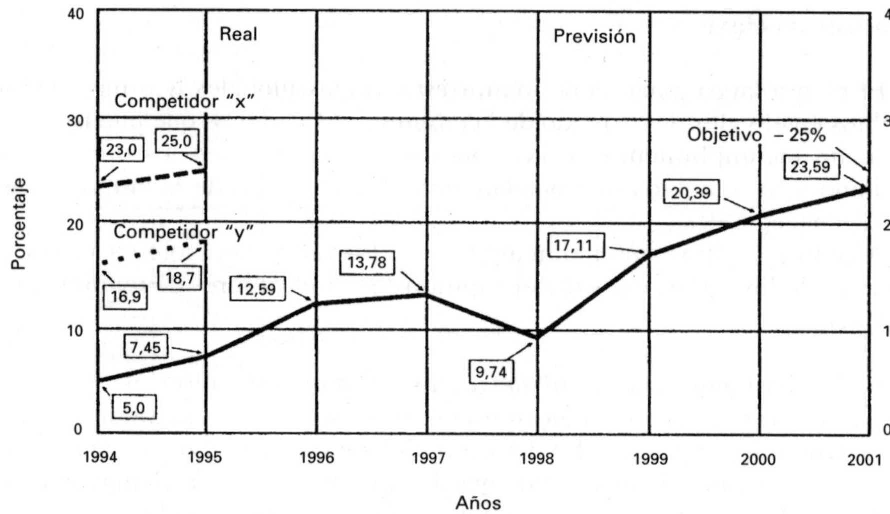

FIGURA 4.5. **Porcentaje de rendimiento del capital social de Hi-Tech Corporation. Plan estratégico 1997-2001**

— *Relación entre la deuda a largo plazo y el activo neto:* Este ratio se utiliza en los contratos de préstamos. La dirección debe tener cuidado de elaborar un plan a largo plazo que no infrinja las cláusulas contenidas en sus contratos de préstamos. Ver la figura 4.6.

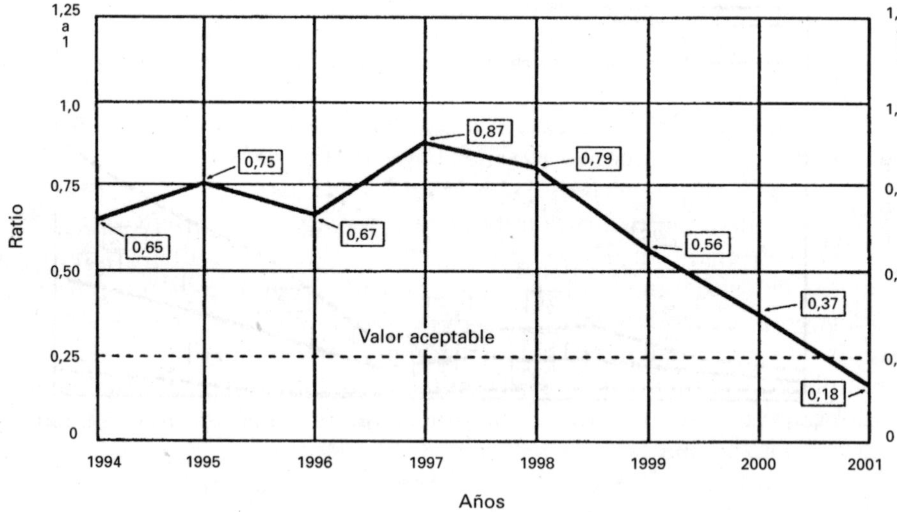

FIGURA 4.6. **Relación entre la deuda a largo plazo y el activo neto del plan estratégico 1997-2001 de la Hi-Tech Corporation**

—*Relación entre el activo realizable y el pasivo exigible:* Este ratio se utiliza en los contratos de préstamo. La dirección debe tener cuidado de elaborar un plan a largo plazo que no infrinja las cláusulas contenidas en dichos contratos. Ver figura 4.7.

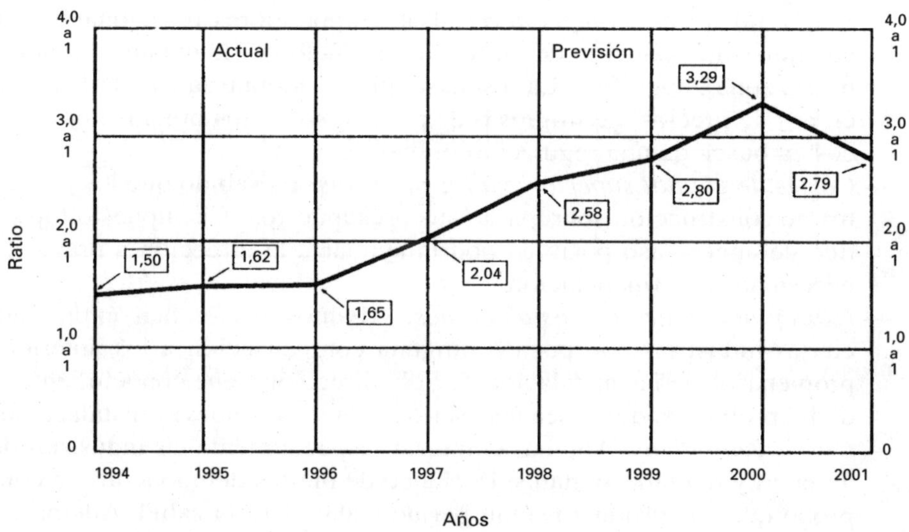

FIGURA 4.7. **Relación entre el activo realizable y el pasivo exigible del plan estratégico 1997-2001 de la Hi-Tech Corporation**

—*Número de veces que los beneficios superan los gastos generales de fabricación:* Este ratio es una medida del riesgo. Una cantidad excesiva de gastos pone a la empresa en una difícil situación de liquidez si los ingresos o márgenes son más bajos de lo previsto.

Los ratios pueden utilizarse también para apoyar los objetivos específicos dentro del plan económico. Por ejemplo, si la dirección quiere reducir las necesidades de capital mediante la minoración del capital circulante, entonces los ratios apropiados que habría que vigilar serían el período medio de cobro y la rotación de existencias (Para los detalles, ver capítulo 18, «Indicadores de rendimiento y tendencias»). Si el capital circulante asciende actualmente a 50 millones de dólares y la dirección quiere reducirlo en un 50%, puede ser necesario alcanzar una tasa de rotación de existencias de 20 rotaciones por año. La dirección debe entonces encontrar el modo de alcanzar el objetivo de rotación de existencias o identificar otro medio de reducir el capital circulante, como por ejemplo, cobrar con mayor antelación las cuentas a cobrar o aplazar las cuentas a pagar.

Análisis de los riesgos

En el plan a largo plazo, debe incluirse una evaluación en profundidad de los riesgos que se producirán como consecuencia del plan económico. Esta evaluación debe incluir alguno de los temas siguientes:

— *Respuesta de los competidores:* Los competidores reaccionarán ante cualquier introducción de un nuevo producto o a la expansión en una nueva zona geográfica. La respuesta puede adoptar la forma de reducciones de precios, de litigios o de presión sobre los organismos públicos en busca de una regulación oficial.
— *Costes de capital superiores a los previstos:* Es sabido que los proyectos de construcción sobrepasan sus presupuestos. Un supuesto hipotético de «peor caso posible» podría ayudar a la dirección a prever las necesidades de financiación.
— *Expropiación de las instalaciones:* Algunos países han expropiado ciertas industrias con poca o ninguna compensación a los anteriores propietarios de las instalaciones. Si la dirección tiene conocimiento de dicho problema, quizá sea necesario reubicar sus nuevas instalaciones.
— *Costes ecológicos:* Algunas empresas, especialmente las industrias del amianto y del tabaco, han sido blanco de pleitos debido a que se comprobó que sus productos eran perjudiciales para la salud. Además, la dirección debe conocer los productos o procesos que generen importantes residuos químicos, puesto que los pleitos o las multas que imponga la Administración pueden destruir los beneficios procedentes de la venta del producto.
— *Fluctuaciones de las ventas:* Algunas veces, las proyecciones de las ventas son inexactas. La dirección debe ser consciente del «mejor» y «peor» escenario posible. El peor escenario puede tener como consecuencia pérdidas importantes para la empresa, y el mejor (como recientemente han experimentado varios fabricantes de ordenadores personales) puede requerir la construcción de instalaciones adicionales de producción.
— *Escasez de materias primas:* Algunas materias primas escasean (los chips para ordenadores) o están estrechamente controlados por el productor (el petróleo por la OPEP en los años setenta). Si es así, las proyecciones de ventas pueden no alcanzarse debido a la incapacidad de la empresa para fabricar suficiente producto para satisfacer la demanda.
— *Deterioro de los márgenes:* Pueden llegar al mercado productos de la competencia que originen el deterioro de los márgenes debido a las reducciones de precios. La empresa debe intentar de algún modo detectar este riesgo procedente de competidores, tanto nacionales como

internacionales, y establecer una serie de probables reducciones porcentuales del margen para incluirlas como elementos esenciales en el plan a largo plazo.

— *Progresos tecnológicos:* Los progresos en la tecnología pueden hacer que un producto quede obsoleto (por ejemplo, las reglas de cálculo quedaron obsoletas cuando surgieron las calculadoras). Aunque estos progresos pueden ser difíciles de predecir, en la literatura especializada pueden encontrarse algunas noticias de tecnología experimental que permitirán a la empresa predecir un debilitamiento del mercado. Por ejemplo, el mercado de alquiler de películas de vídeo está previsto que decline al terminar el siglo debido a que las empresas de televisión por cable ofrecerán un servicio de alquiler de películas a petición del espectador.

La sección de evaluación de riesgos del plan a largo plazo es una de las partes más importantes del plan. Algunas de estas informaciones pueden investigarse durante la preparación del plan económico (ver el capítulo anterior); pero en el plan a largo plazo se intenta cuantificar el coste inherente a cada uno de los factores antes anotados. Fortalecida con esta información, la dirección puede modificar el plan económico según sea necesario para reducir tanto el riesgo de la empresa hasta un nivel aceptable como para aumentar al máximo sus beneficios.

Desglose por unidades de negocio, gamas de productos y zonas geográficas

En el plan a largo plazo, deben incluirse el desglose de las inversiones de capital, los ingresos, el margen y los beneficios, de manera que la dirección pueda determinar de dónde puede esperar sus mayores rendimientos así como su mayor riesgo de pérdida. A continuación se detallan los desgloses característicos:

— *Unidades de negocio:* En el plan económico, se suelen clasificar las ventas y los beneficios por unidades de negocio. Un desglose de esta clase puede poner de relieve problemas previstos en unidades de negocio concretas que la dirección puede corregir.

— *Gamas de productos:* En el plan económico se puede incluir el lanzamiento de un nuevo producto. Si es así, debe incluirse un resumen de los costes inherentes al nuevo producto (por ejemplo, los costes de márketing, publicidad, investigación y desarrollo y capital). Debe ir acompañado de un comentario en el que se evalúen los niveles de ventas máximos y mínimos esperados, la probabilidad de excesos de costes de capital y las posibles respuestas de los competidores a la introducción del nuevo producto.

—*Zonas geográficas:* El plan económico puede comprender la expansión a nuevas zonas geográficas. En este caso, deberá detallarse el coste de las campañas de publicidad y márketing. Si las nuevas zonas están en otros países, la empresa quizá tenga que construir instalaciones de producción en dichos emplazamientos; si es así, deberá figurar también el coste de capital. Por último, deberá incluirse el coste del capital circulante motivado por la expansión. Deberán utilizarse todas estas cifras en un resumen que incluya una evaluación del riesgo de factores tales como la expropiación de las instalaciones, los niveles de ventas mínimo y máximo esperados y los posibles excesos en el coste del capital.

Situación financiera

En el plan a largo plazo, deberá incluirse una cuenta de pérdidas y ganancias así como un balance previsional para cada año del plan a largo plazo. Esta información no es sólo para uso interno. Los prestamistas quieren disponer de esta información para determinar el riesgo empresarial cuando aprueban una solicitud de préstamo; los inversores desean esta información para determinar sus posiciones de inversión en la empresa.

El plan a largo plazo deberá simplemente ampliar la cuenta de pérdidas y ganancias y el balance normal desde el primer año hasta el último de los que abarque el plan. En las tablas 4.4 a 4.6 ofrecemos ejemplos de dichos estados financieros.

Algunas empresas incluyen un resumen de los aspectos financieros más relevantes en sus estados financieros habituales. Entre los aspectos destacados, suelen figurar estimaciones de la cartera de pedidos, ventas, beneficios, una síntesis de los gastos clave y el rendimiento del activo o de los recursos propios. En la tabla 4.7 se incluye un ejemplo de este tipo de informe. Por último, las partidas que más preocupan a los inversores son los beneficios previstos por acción y los beneficios netos previstos. Como tales, suelen representarse gráficamente para atraer la atención de los inversores hacia ellos. En las figuras 4.8 y 4.9 se exponen en forma de gráficos ejemplos de beneficios por acción y de beneficios netos previstos.

Resumen

En este capítulo, hemos expuesto la estructura global y el contenido del plan a largo plazo. Es esencialmente un análisis cuantitativo del plan económico. El controler elabora el plan a largo plazo después de haber terminado el primer borrador del plan económico. Luego, la dirección revisa el análisis

TABLA 4.4. **Balance consolidado a fin de año de Hi-Tech Corporation. Plan estratégico 1997-2001 (en millones de dólares)**

	Real		Al final de cada año del plan				
	31/12/95	31/12/96 (último publicado)	1997	1998	1999	2000	2001
ACTIVO							
Activo circulante							
Efectivo y equivalentes	172	197	328	573	616	908	517
Cuentas a cobrar	576	614	640	510	550	650	600
Existencias	1.037	1.320	1.400	1.200	1.300	1.200	1.200
Anticipos							
Total	46	44	40	40	40	40	40
Activo a largo plazo	1.831	2.175	2.408	2.323	2.506	2.798	2.357
Participaciones minoritarias (sociedad X)							
Activo fijo	—	—	—	—	—	—	800
Menos: amortización acumulada	2.407	2.522	2.942	3.022	3.072	3.122	3.172
Neto	792	966	1.180	1.404	1.644	1.894	2.094
Otros activos	1.615	1.556	1.762	1.618	1.428	1.228	1.078
Total	75	80	80	80	80	80	80
Activo total	1.690	1.636	1.842	1.698	1.508	1.308	1.958
	3.521	3.811	4.250	4.021	4.014	4.106	4.315

TABLA 4.5. *(continuación)*

	Real		Al final de cada año del plan				
	31/12/95	31/12/96 (último publicado)	1997	1998	1999	2000	2001
PASIVO							
Pasivo circulante							
Efectos bancarios a cobrar	319	435	300	100	—	—	—
Parte corriente de la deuda a largo plazo	21	21	—	50	50	50	50
Cuentas a pagar	563	590	610	540	590	500	500
Partidas acumuladas	187	212	200	160	170	190	170
Hacienda Pública acreedora	17	34	43	37	65	90	100
Otro pasivo circulante	26	27	28	15	20	20	25
Total	1.133	1.319	1.181	902	895	850	845
Deudas a largo plazo							
Deuda prioritaria: existente	863	842	800	750	500	300	—
Deuda prioritaria: nueva	—	—	500	500	500	450	400
Otras deudas a largo plazo	142	140	110	110	110	120	120
Total	1.005	982	1.410	1.360	1.110	870	520
Impuestos sobre beneficios diferidos	47	50	40	30	20	10	10
Fondos propios							
Capital desembolsado	310	310	310	310	310	310	310
Reservas	1.026	1.150	1.309	1.419	1.679	2.066	2.630
Total fondos propios	1.336	1.460	1.619	1.729	1.989	2.376	2.940
Total pasivo y fondos propios	3.521	3.811	4.250	4.021	4.014	4.106	4.315

TABLA 4.6. **Cuenta de resultados consolidada de Hi-Tech Corporation. Plan estratégico 1997-2001 (en millones de dólares)**

	Real		Año del plan				
Concepto	Año pasado	Este año (último publicado)	1997	1998	1999	2000	2001
Ventas netas	5.052	5.500	6.000	5.700	6.400	7.000	8.000
Gastos de explotación							
Fabricación	4.461	4.815	5.204	4.995	5.420	5.791	6.544
Márketing	40	41	39	40	42	46	52
Investigación y desarrollo	50	55	120	114	128	140	160
Gastos generales y administrativos	41	39	37	38	42	43	44
Total	4.592	4.950	5.400	5.187	5.632	6.020	6.800
Margen de explotación	460	550	600	513	768	980	1.200
Otros gastos							
Gastos financieros	181	223	200	190	180	100	50
Otros (netos)	111	15	15	(10)	10	10	10
Total	292	238	215	180	190	110	60
Beneficios antes de impuestos	168	312	385	333	578	870	1.140
Impuesto sobre beneficios	72	136	173	170	260	425	513
Beneficio neto	96	176	212	163	318	445	627

TABLA 4.7. **Aspectos financieros destacados de Hi-Tech Corporation. Plan estratégico 1997-2001 (en millones de dólares excepto en los datos por acción)**

Concepto	Real		Año del plan				
	Año pasado	Este año (último publicado)	1997	1998	1999	2000	2001
Nuevos pedidos	3.800	3.600	2.500	8.470	6.400	7.500	8.200
Pedidos pendientes de servir (a fin de año)	5.650	3.750	250	3.020	3.020	3.520	3.720
Ventas netas (consolidadas)	5.052	5.500	6.000	5.700	6.400	7.000	8.000
Ingresos netos							
Importe	96	176	212	163	318	445	627
Porcentaje de las ventas	1,9%	3,2%	3,5%	2,9%	5,0%	6,4%	7,8%
Por acción	3,09	5,66	6,79	5,22	10,16	14,22	20,00
Inversiones de capital	115	115	420	100	50	50	50
Gastos de investigación y desarrollo	50	55	60	57	64	69	70
Valor contable por acción (a fin de año)	43,03	46,93	51,87	55,38	63,57	75,91	93,78
Rendimiento sobre el capital medio en %	7,45%	12,59%	13,78%	9,74%	17,11%	20,39%	23,59%
N° de acciones ordinarias en circulación (miles) a fin de año	31.050	31.110	31.210	31.220	31.290	31.300	31.350

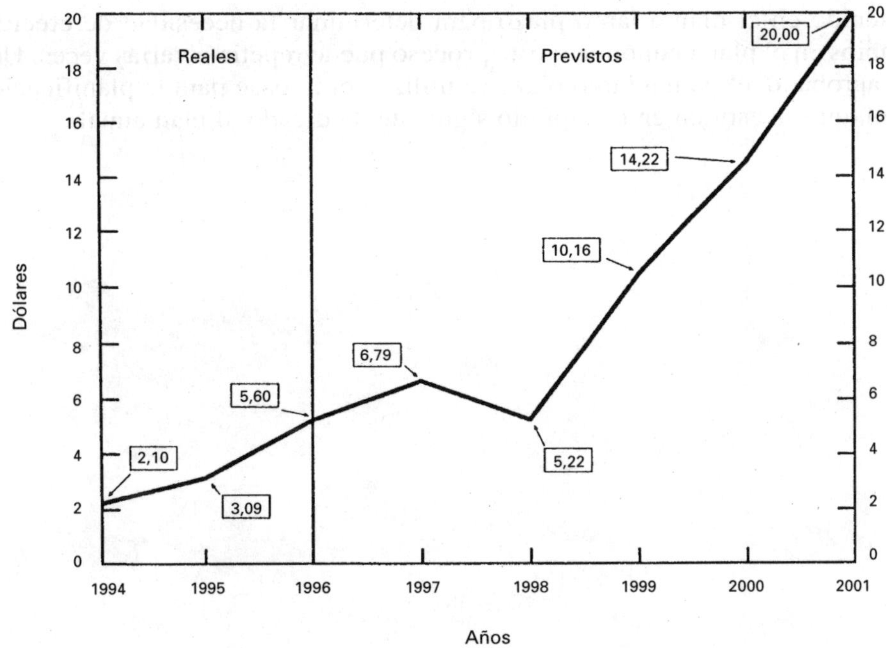

FIGURA 4.8. **Beneficios por acción de Hi-Tech Corporation. Plan estratégico 1997-2001**

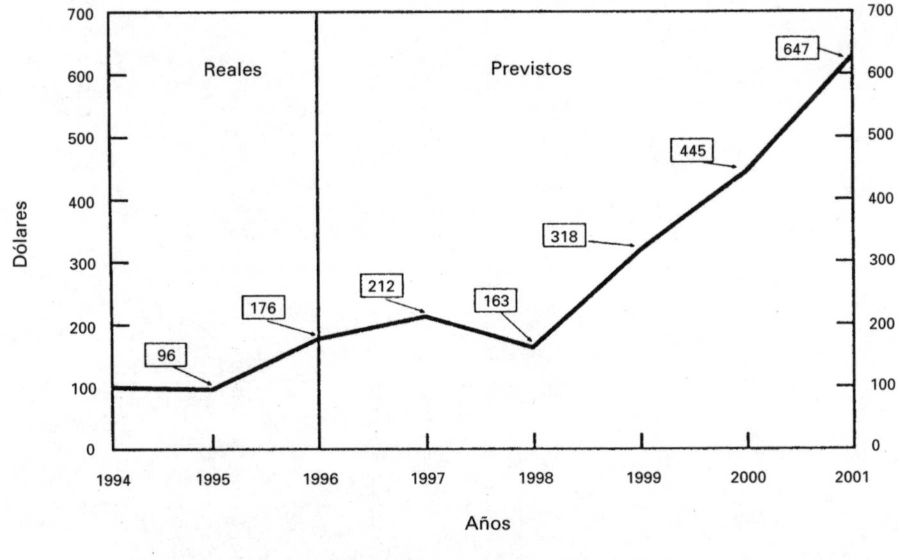

FIGURA 4.9. **Beneficios netos consolidados de Hi-Tech Corporation. Plan estratégico 1997-2001 (en millones de dólares)**

contenido en el plan a largo plazo para determinar la necesidad de efectuar cambios en el plan económico; este proceso puede repetirse varias veces. Una vez aprobado, el plan a largo plazo se utiliza como base para la planificación anual, que se estudia en el capítulo siguiente, dedicado al plan anual.

Capítulo 5

El plan anual

Introducción

La finalidad de este capítulo es explicar el procedimiento de elaboración del presupuesto y cómo los planes de las filiales se entrelazan para formar el presupuesto completo. Dado que el proceso de elaboración del presupuesto de capital es una parte compleja del presupuesto global, se estudia en el capítulo 14, «Activo fijo». Después de un examen general del proceso de planificación, hacemos hincapié en el proceso de planificación de las ventas, puesto que su exactitud determina la exactitud del presupuesto final de una empresa. Por último, describimos una herramienta básica para la evaluación de la razonabilidad de un presupuesto: el análisis del punto de equilibrio. La descripción incluye el efecto de los cambios en la combinación de ventas, del precio de venta y del coste del producto sobre el nivel de equilibrio de la empresa.

Necesidad de disponer de planes

La finalidad fundamental de la elaboración del presupuesto empresarial es encontrar el rumbo más rentable a través del cual puedan dirigirse los esfuerzos de la empresa para satisfacer su objetivo fundamental de servicio. Guiada por el presupuesto, la dirección trata de mantener la empresa lo más cerca posible del rumbo trazado.

Aunque es fácil hablar en teoría de la deseabilidad de la elaboración de un presupuesto, las ventajas no siempre son manifiestas. Las condiciones cambian rápidamente en los negocios, la conducta de los clientes y los competidores no puede estar totalmente controlada, y una vez conocida, una empresa debe actuar en consonancia, independientemente de cualquier programa previamente desarrollado. Los planes, cuando se hacen de modo inteligente, requieren un estudio y una investigación exhaustivos, y esto constituye un proceso costoso. ¿Cuáles son, pues, las ventajas concretas que han de conseguirse?

Las ventajas de la preparación de un presupuesto residen en tres campos de la actividad empresarial: en primer lugar, directamente en la *planificación;* en segundo lugar, en la fase de *coordinación;* y por último, en el área de *control.* Estas actividades son cada una de ellas de muy amplio alcance y contienen varias ventajas adicionales o detalladas.

Muchas de estas ventajas concretas están muy estrechamente relacionadas con las tres razones fundamentales para la elaboración de presupuestos. Considerando cada una de las razones de un modo más detallado, ofreceremos las ventajas de la planificación económica y de la preparación del presupuesto.

PLANIFICACIÓN

1. *Basar la actuación en una investigación concienzuda.*—Quizá la ventaja fundamental de la elaboración sistemática del presupuesto es que adiestra a los ejecutivos a estudiar sus problemas en una fase temprana e infunde en la organización el hábito del estudio cuidadoso antes de tomar una decisión. Este hábito no es fácil de conseguir. El estudio intensivo es para muchos un ejercicio desagradable. La mayoría de nosotros preferimos posponer las decisiones difíciles hasta que la necesidad nos obligue a actuar. Pero las empresas, lo mismo que los individuos, tienden a convertirse en oportunistas. Esperan hasta que la decisión no puede aplazarse y luego reaccionan, a menudo sin tiempo para estudiar cuidadosamente los problemas, en la dirección que representa el modo más fácil de escapar de las dificultades.

Si los ejecutivos, desde el director general hasta el jefe de fábrica, saben que sus planes deben presentarse formalmente y que se les asignará la responsabilidad de su ejecución, pueden verse incentivados a realizar un estudio intensivo, y con antelación, de los problemas inmediatos.

Este hábito de hacer planes beneficiará a todas las actividades: las necesidades financieras, el nivel de existencias, las instalaciones de fabricación, la producción, las compras, la publicidad, las ventas, la promoción de ventas, el desarrollo de nuevos productos, la expansión de la organización y las relaciones laborales.

2. *Conseguir la ayuda de toda la organización para determinar el cami-*

no más provechoso.—Cuando los presupuestos se elaboran con la suficiente antelación y con arreglo a un calendario regular, se dispone de la oportunidad de conseguir la ayuda de los jefes de taller, el personal de ventas, los directores de delegaciones, los jefes de departamento y todos los jefes operativos. En algunos negocios, las sugerencias y la opinión de dichas fuentes son esenciales para el desarrollo de los mejores planes operativos y, en la mayor parte de las empresas, tal ayuda es muy deseable. Los planes finales deben expresar la opinión combinada de toda la organización, eliminando con ello los sesgos de cada uno de los departamentos.

3. *Servir como declaración de política.*—Nada limita tanto el entusiasmo de una organización como la incertidumbre. El procedimiento presupuestario proporciona un vehículo a través del cual se examinan de nuevo periódicamente las directrices fundamentales y se exponen los principios que han de guiar a la organización. Las directrices fundamentales, y no la conveniencia temporal, deben ser los factores que guíen a una empresa, y la organización debe ser instruida con arreglo a las mismas.

4. *Definir los objetivos.*—El personal de la empresa hará lo que digan los ejecutivos cuando se dé cuenta de que éstos tienen un plan de actuación sensato y definen los objetivos que tienen en mente. Tales objetivos deben expresarse claramente y, hasta cierto punto, deben mantenerse como los objetivos que tiene que conseguir toda la organización. Sin embargo, los objetivos no deben ser producto de la esperanza sino más bien la consecuencia lógica de unos planes cuidadosamente proyectados.

5. *Estabilizar el empleo.*—Ningún empresario puede desatender el bienestar del personal de la empresa. La época en que los trabajadores podían ser despedidos cuando no eran necesarios pertenece al pasado. Ciertamente, la responsabilidad de la empresa con los trabajadores debe estar equilibrada con la responsabilidad ante los inversores, y debe tenerse en cuenta el bienestar de unos y otros; pero en el programa empresarial debe considerarse la estabilidad del empleo. Una elaboración inteligente de los presupuestos en lugar de una regulación de tipo «gubernamental» ofrece la mayor esperanza de proporcionar estabilidad de empleo.

6. *Hacer más eficaz el uso del equipo.*—Durante la planificación, se pondrá de manifiesto el coste excesivo de la capacidad no utilizada. Además, al evaluar los planes que maximizan el beneficio, intervendrá como factor inevitablemente el máximo uso de las instalaciones disponibles. Normalmente el resultado será la eliminación de parte de los costes del exceso de capacidad relacionados con el uso antieconómico de las instalaciones.

La fase de coordinación

1. *Coordinar el esfuerzo humano dentro de la estructura empresarial.*—En algunos aspectos, ésta es la finalidad más importante de la elaboración de los

presupuestos. En muchas empresas, existe una clara falta de coordinación de los esfuerzos. Solamente cuando el esfuerzo de todas las divisiones se coordina adecuadamente puede conseguirse toda la fuerza de una actuación unida. Si surgen situaciones imprevistas que modifican las actividades de una división, el mecanismo para un rápido reajuste del programa en otras divisiones afectadas por ello, debe estar disponible.

El éxito de la elaboración del presupuesto empresarial debe medirse, no tanto porque los resultados definitivos se han acercado a los previstos, sino por el grado en que todos los ejecutivos están familiarizados con las acciones inmediatas y con las partes que les conciernen. No debe existir ninguna incertidumbre, para que la organización funcione a toda máquina.

2. *Relacionar las actividades de la empresa con la tendencia general prevista en las condiciones del entorno empresarial.*—Los beneficios suelen ser el resultado de cambios en las condiciones fundamentales de la eficiencia competitiva. Las empresas pasan por períodos de actividad alta y baja, y hay frecuentes indicios de los movimientos de un determinado negocio. Estos indicios deben observarse y los planes de la empresa deben reflejar valentía o prudencia, según la tendencia esperada.

3. *Dirigir el capital y el esfuerzo a los canales más rentables mediante un programa equilibrado y unificado.*—Antes de gastar dinero, debe hacerse un estudio serio de la cantidad que puede gastarse provechosamente, de dónde debe proceder esa cantidad, de cómo debe gastarse y de los resultados que es razonable esperar. Una cierta cantidad de fondos debe dirigirse hacia el equipo y las existencias, y otra cantidad a la promoción de las ventas; pero estas cantidades deben guardar un adecuado equilibrio. No debe intentarse ningún proyecto más ambicioso que aquel para el cual se dispone de capital; no deben fabricarse más productos que aquellos que puedan venderse provechosamente, y no debe prepararse ningún programa de ventas más allá de lo que se necesite para la producción planificada. Cuando un equilibrio tal de los factores se dirige hacia un objetivo claro, aunque rara vez pueda alcanzarse plenamente en la práctica, su consecución será más probablemente el resultado de una cuidadosa planificación previa. Sin tal planificación, es probable que las existencias no guarden proporción con las ventas ni con las necesidades de producción, pueden concederse a los clientes cantidades excesivas de crédito y es probable que surjan irregularidades en el uso de las instalaciones de producción.

4. *Poner de manifiesto los puntos débiles de la organización.*—Cuando se elaboren los planes y se delegue la responsabilidad de su ejecución, se pondrán de manifiesto los puntos débiles de la organización. Los ejecutivos no aceptarán la responsabilidad a menos que las líneas jerárquicas estén delineadas de manera que no existan obstáculos en la ejecución de su tarea. Cuando sea necesario definir una responsabilidad conjunta, debe preverse por anticipado un procedimiento ordenado de actuación conjunta. Ninguna actividad de

gestión revela con tanta rapidez la debilidad de una organización como el procedimiento de elaboración sistemática del presupuesto.

EL CONTROL

1. *Controlar los gastos específicos.*—Algunos gastos están sujetos a un control muy concreto. Puede decidirse, por ejemplo, que deben invertirse 200.000 dólares en la ampliación de la fábrica, que 100.000 dólares deben ser asignados para varios proyectos de promoción de las ventas de un nuevo producto, que, durante el período considerado, deberán venderse 1.000 unidades del nuevo producto y que estas unidades deberán fabricarse a un coste de 200 dólares cada una. Suponiendo que los planes se han basado en un estudio cuidadoso y que se ha tenido en cuenta la opinión de toda la organización, se han sentado las bases para cierto grado de control. La inversión en la fábrica puede ceñirse rígidamente a los límites prescritos a pesar de que el entusiasmo de los directivos de producción vaya más allá de ese límite. De igual modo, el gasto para la promoción de ventas puede ceñirse categóricamente al plan predeterminado. Sin duda, pueden no tener lugar los pedidos de las 1.000 unidades. En tales casos, el presupuesto proporciona cierto grado de control. Los gastos están limitados y dirigidos hacia las acciones más prometedoras. Si las condiciones externas ajenas a la voluntad de la dirección cambian, el programa ha de revisarse inmediatamente. Si tales condiciones no cambian y el fracaso de la ejecución reside en la organización, el presupuesto sirve de herramienta muy clara de control. El hecho de que no se cumplan las expectativas de ventas y de producción proporciona una señal para definir medidas correctoras.

2. *Evitar el despilfarro.*—La investigación de cada uno de los gastos contemplados y su justificación constituirá un modo eficaz de evitar el despilfarro.

El sistema de planes

Al más alto nivel, el presupuesto anual es el método mediante el cual la empresa pone en práctica su plan a largo plazo. Los objetivos expuestos en el plan a largo plazo se utilizan como base para el presupuesto anual, dadas las

TABLA 5.1. **El presupuesto de ventas**

Producto	Nº unidades	Precio unitario venta	Total ventas
R	20.000	33,00	660.000
S	30.000	54,50	1.635.000
T	50.000	21,25	1.062.500
U	5.000	78,50	392.500
Total	105.000		3.750.000

restricciones tales como las limitaciones de financiación, las cuestiones legales y las circunstancias económicas generales. En el proceso de preparación del presupuesto, se tienen en cuenta y se interrelacionan los ingresos, los costes, el nivel de actividad, las instalaciones, los recursos financieros y el personal. Se analizan e interrelacionan la conveniencia de los niveles y tipos de costes y gastos, y se utilizan modelos para predecir el efecto financiero de decisiones alternativas. Así, la elaboración del presupuesto es un proceso reiterativo que ayuda al directivo a revisar los planes hasta que se llega a un plan aceptable.

El presupuesto contiene los siguientes presupuestos parciales:

1. *Presupuesto de ventas.*—La previsión de ventas es el punto de arranque para la preparación del presupuesto. La tabla 5.1 muestra un presupuesto de ventas abreviado.

2. *Presupuesto de producción.*—Una vez acordada la estimación de ventas, el paso siguiente consiste en determinar las cantidades de productos terminados que deben producirse para satisfacer las necesidades tanto de ventas como de existencias. La tabla 5.2 es un ejemplo de este cálculo.

3. *Presupuesto de compras.*—Una vez fijados los niveles de producción, la siguiente tarea que hay que llevar a cabo es determinar las cantidades de materias primas necesarias para satisfacer las necesidades de producción y de existencias.

TABLA 5.2. **El presupuesto de producción**

Descripción	Producto R	Producto S	Producto T	Producto U
Cantidad requerida para la venta	20.000	30.000	50.0000	5.000
Existencias finales deseadas	5.000	5.000	10.0000	500
Necesidades totales	25.000	35.000	60.0000	5.500
A deducir:				
Existencias iniciales	3.000	2.000	8.0000	1.000
Producción requerida	22.000	33.000	52.0000	4.500

TABLA 5.3. **Necesidades de materias primas**

Materias primas	Productos terminados				Necesidades totales en unidades
	R	S	T	U	
AA	11.000	33.000	—	9.000	53.000
BB	22.000	—	52.000	9.000	83.000
CC	11.000	66.000	104.000	4.500	185.500

Para ello es necesario, en primer lugar, multiplicar las unidades de producción por las unidades de cada materia prima que se necesitan para producir cada unidad, tal como se indica en la tabla 5.3.

Luego, después de haberse calculado la utilización, puede fijarse el valor de las compras necesarias a partir de las existencias que se poseen. El valor en dólares se determina basándose en los precios de coste unitarios esperados que suministrará el departamento de compras.

El presupuesto de compras se elabora fundamentalmente con el formato indicado en la tabla 5.4.

TABLA 5.4. **Presupuesto de compras**

Materias primas	Necesidades					Precio unitario	Presupuesto de compras
	Producción	Existencias finales	Total	Menos: existencias iniciales	Cantidad que ha de comprarse		
AA	53.000	2.000	55.000	3.000	52.000	4,00	208.000
BB	83.000	5.000	88.000	10.000	78.000	2,00	156.000
CC	185.500	20.000	205.500	20.000	185.000	1,00	185.500
Total							549.500

Con frecuencia, es necesario agrupar las compras por tipología de materiales en lugar de enumerar cada uno de ellos. En particular, este modo de proceder se utiliza cuando los precios unitarios son pequeños.

4. *Presupuesto de mano de obra.*—Otro presupuesto que depende del presupuesto de producción es el de mano de obra directa. La exactitud de este presupuesto depende en gran parte de la exactitud de las necesidades de mano de obra (análisis detallado de la mano de obra necesaria para fabricar un producto) para cada producto. Además, si la lista de materiales del producto no es exacta, se requiere más mano de obra para montar el producto, lo que repercute en el presupuesto de mano de obra. Por último, el contenido de mano de obra está muy influido por la duración prevista de la serie de producción, la cual, a su vez, depende del tiempo de preparación del equipo. Dado que el controler no estará probablemente cualificado para evaluar la exactitud de la mano de obra, será prudente reunir un equipo de técnicos experimentados para revisar periódicamente la exactitud de los tiempos de preparación y la duración estimada de las series de producción. El presupuesto se calcula tal como se indica en la tabla 5.5.

5. *Presupuesto de gastos de fabricación.*—Los gastos totales de fabricación para el nivel de producción esperado deben determinarse basándose en

TABLA 5.5. **Presupuesto de mano de obra**

Producto	Cantidad	Horas estándar de mano de obra por unidad	Total horas de mano de obra estándar	Presupuesto de mano de obra directa (a 6 dólares por hora estándar)
	22.000	1,0	22.000	132.000
S	33.000	2,5	82.500	495.000
T	52.000	0,5	26.000	156.000
U	4.500	2,5	11.250	67.500
Total			141.750	850.500

la actividad de cada tipo de gasto o cada departamento o centro de costes. La estimación final, que arbitrariamente se ha supuesto de una forma muy simple en el 50% de la mano de obra directa, se resume en la tabla 5.6. Un presupuesto más exacto tendría elementos que variarían con el volumen de producción. Por ejemplo, los gastos variables tales como los suministros tendrían un presupuesto diferente según la cantidad de producto fabricada. Algunas empresas emplean también el presupuesto escalonado en el que se determinan presupuestos diferentes en función del nivel de producción.

TABLA 5.6. **El presupuesto de gastos de fabricación**

Descripción	Importe
Mano de obra indirecta	125.000
Seguridad social e impuestos sobre la nómina (40 %)	50.000
Provisión para compensación por vacaciones no disfrutadas	43.250
Electricidad, agua, etc.	52.000
Suministros	25.000
Reparaciones y mantenimiento	67.000
Amortización	47.000
Impuesto sobre bienes inmuebles	10.000
Seguros sobre bienes inmuebles	6.000
Total	425.250

6. *Presupuesto de existencias*.—En este momento se dispone de toda la información necesaria para calcular la inversión en existencias. El valor de las existencias de productos terminados se calcula tal como se indica en la tabla 5.7. Un procedimiento similar se sigue con respecto a las materias primas, los suministros y los trabajos en curso. El valor total de las existencias se resume luego como en la tabla 5.8.

Deben adoptarse las siguientes medidas para la elaboración de los presupuestos de las principales cuentas de materiales y suministros:

TABLA 5.7. **Cálculo de las existencias de productos terminados**

Producto	Cantidad	Coste unitario	Total ventas
R	5.000	14,00	70.000
S	5.000	28,50	142.500
T	10.000	8,50	85.000
U	500	35,50	17.750
Total			315.250

— Determinar las unidades físicas de materias primas requeridas para cada producto que ha de fabricarse durante el período presupuestario.
— Acumular éstos en el total de unidades físicas de cada tipo de materia prima necesaria para todo el programa de producción.
— Determinar para cada partida de material la cantidad de que debe disponerse periódicamente para que el programa de producción marche sin dificultades con un margen razonable de seguridad. El cálculo de la cantidad mínima disponible debe incluir la cuantía de la «cantidad de pedido más económica».
— Deducir las existencias de materiales que se espera estén disponibles al comienzo del período presupuestario para determinar las cantidades totales que han de comprarse.
— Preparar un programa de compras que asegure que todas las cantidades estarán disponibles en el momento en que se necesiten. El programa de compras debe activar factores tales como el «tamaño económico de pedido», los costes del transporte y el margen de seguridad contra retrasos.
— Verificar las existencias presupuestadas resultantes mediante índices estándar de rotación.
— Traducir las necesidades de existencias y de compras en unidades monetarias, aplicando los precios esperados de los materiales para las cantidades presupuestadas.

Como mejor pueden estimarse las existencias de productos realmente en proceso de producción entre los puntos de aprovisionamiento, es aplicando los índices estándares de rotación a la producción presupuestada. El control sobre las existencias de trabajos en curso puede ejercerse mediante la comprobación continua de los índices de rotación. Donde se haya puesto de manifiesto que es excesiva la capacidad de producción de los procesos, departamentos o fábricas, éstos deben investigarse uno por uno.

El presupuesto de existencias de productos terminados debe basarse en el presupuesto de ventas. Si, por ejemplo, se espera que durante el período presupuestario van a venderse 500 unidades del artículo A, debe determinarse el

TABLA 5.8. **El presupuesto de existencias**

Estimación de existencias finales al 31 de diciembre de 19XX	
Materias primas	38.000
Suministros y componentes	4.000
Trabajos en curso	97.500
Productos terminados	315.250
Total	454.750

número de unidades que deben mantenerse en inventario para apoyar dicho programa de ventas. Cuando se revisan las existencias con fines de control, no es prudente controlar basándose en la cantidad total de existencias, puesto que los niveles de existencias de cada una de las cuentas forzosamente tienen que ser o demasiado altos o demasiado bajos: cada partida importante de existencias debe revisarse por separado en cuanto a su razonabilidad.

7. *Presupuesto de gastos de ventas, generales y administrativos.*—Los demás gastos de la empresa se estiman a través de la elaboración detallada de presupuestos y se resumen por departamentos. Se resumen en la tabla 5.9, que muestra un presupuesto de tipo administrativo en el que se suponen unos costes relativamente fijos, lo cual es útil cuando el nivel de gastos no está influido por el nivel de ventas a corto plazo, sino más bien por el nivel de producción a largo plazo (según la industria, algunas ventas pueden tardar un año en ultimarse), y se compone fundamentalmente de costes de personal. Los gastos generales y administrativos pueden evaluarse en base a la comparación con los gastos del año anterior, al porcentaje que representan sobre las ventas y en base a la comparación con el promedio del sector industrial de que se trate.

8. *Presupuesto de investigación y desarrollo.*—El presupuesto de investigación y desarrollo difiere de otros presupuestos porque la cantidad de fondos que se le asignan puede ser muy subjetiva. La dotación de fondos puede basarse en los siguientes criterios:

- la cantidad de fondos disponibles;
- los presupuestos de los proyectos existentes de investigación y desarrollo;
- las actividades de investigación y desarrollo de los competidores y la necesidad de la empresa de igualar dicho nivel de gastos;
- las necesidades de investigación y desarrollo identificadas en el plan estratégico.

TABLA 5.9. **El presupuesto de gastos de ventas, generales y administrativos**

Conceptos	Gastos de de ventas	Gastos generales y administrativos	Gastos financieros
Sueldos de los ejecutivos	74.000	90.000	—
Sueldos del personal de ventas	198.000	—	—
Comisiones de los agentes	17.500	—	—
Prestaciones complementarias al salario	108.800	36.000	—
Espacio publicitario	50.000	—	—
Créditos incobrables	—	10.000	—
Gastos de viaje	220.000	9.500	—
Alquileres	12.000	3.000	—
Suministros	21.000	7.000	—
Intereses	—	—	1.900
Descuentos sobre ventas	—	—	18.000
Total	701.300	155.500	19.900

Una vez que se ha determinado la cantidad total que se invertirá en investigación y desarrollo, los fondos deben asignarse a los proyectos individuales, y el controler debe ayudar a crear presupuestos para esos proyectos.

9. *Presupuesto de bienes de capital.* En la tabla 5.10 se recoge un presupuesto de inversiones de capital basado en un examen detallado de las necesidades de instalaciones y de la disponibilidad de efectivo.

TABLA 5.10. **Presupuesto de bienes de capital**

Presupuesto de inversiones de capital para el año que termina el 31 de diciembre de 19XX	
Edificios	120.000
Maquinaria y equipo	132.500
Total	252.500

10. *Presupuesto del coste de ventas.* Se dispone ahora de la información necesaria para preparar una cuenta provisional de pérdidas y ganancias. Primero, por supuesto, se calcula el coste estimado de los productos vendidos, tal como se indica en la tabla 5.11.

11. *Presupuesto de tesorería.* Éste es una proyección de las entradas y desembolsos de efectivo previstos y el resultante saldo de caja. Este presupuesto se utiliza por las siguientes razones:

— para señalar los máximos o las fluctuaciones estacionales de la actividad de la empresa que necesitan mayores inversiones en existencias y cuentas a cobrar;

— para indicar el tiempo y la cuantía de los fondos necesarios para satisfacer las obligaciones que vencen, los pagos de impuestos y de dividendos o intereses;

TABLA 5.11. **El presupuesto del coste de ventas**

Coste estimado de ventas	
Materias primas	
Existencias a 1 de enero de 19X5	52.000
Más: compras (tabla 5.4)	549.500
Total disponible	601.500
Menos: existencias a 31 de diciembre 19X5	38.000
Transferencia a trabajos en curso	563.500
Mano de obra directa (tabla 5.5)	850.500
Gastos de fabricación (tabla 5.6)	425.250
Cargos totales al coste de producción	1.839.250
Más: trabajos en curso a 1 de enero de 19XX	97.500
Total	1.936.750
Menos: trabajos en curso a 31 de diciembre de 19XX	97.500
Transferencia a productos terminados	1.839.250
Más: existencias de productos terminados en 1 de enero de 19XX	202.500
Total	2.041.740
Menos: existencias de productos terminados a 31 de diciembre de 19XX (tabla 5.8)	315.250
Coste estimado de ventas	1.726.500

— para ayudar a planificar el crecimiento, incluso los fondos necesarios para las inversiones de capital y el capital circulante;
— para indicar, antes de que surjan las necesidades, la cuantía y el plazo de la financiación ajena y permitir, de ese modo, asegurar las condiciones más ventajosas de los préstamos;
— para determinar la cuantía y el plazo de los fondos disponibles para inversión;
— para planificar la reducción de la deuda representada por obligaciones u otros préstamos;
— para hacer posible que la empresa saque provecho de los descuentos por pronto pago y aumente sus beneficios.

El presupuesto de tesorería se crea proyectando cada elemento de coste que implique efectivo. Es muy útil para controlar el cash flow mediante la comparación de la actuación real y la prevista. En la tabla 5.12 ofrecemos un presupuesto de tesorería.

El *origen de fondos* son los cobros anticipados, las ventas al contado, los cánones, los alquileres, los dividendos, las ventas de activos, las desinversiones y la nueva financiación. Estas cuentas pueden predecirse con una exactitud razonable. Por lo general, las fuentes más importantes a las que se puede recurrir son los cobros anticipados y las ventas al contado. La experiencia y

TABLA 5.12. **El presupuesto de tesorería**

Partida	Total del año
Efectivo en caja y equivalentes al inicio del período	1.330.000
Entradas de efectivo (origen de fondos)	
Procedente de operaciones:	
Cobros a cuenta	47.946.000
Ventas al contado	1.730.000
Intereses a cobrar	205.000
Ingresos de seguros	360.000
Diversos	240.000
Total procedente de operaciones	50.481.000
Procedente de otras actividades:	
Emisión de acciones ordinarias	2.000.000
Préstamos a corto plazo	4.725.000
Emisión de deuda a largo plazo	1.000.000
Total procedente de otras actividades	7.725.000
Total entradas de efectivo	58.206.000
Total efectivo disponible	59.536.000
Desembolsos de efectivo (aplicación de fondos)	
Para operaciones:	
Cuentas a pagar y pagos diferidos	24.089.000
Nóminas	13.700.000
Intereses	2.170.000
Impuestos sobre beneficios	7.185.000
Total para operaciones	47.144.000
Para otras actividades:	
Reembolso de deuda a largo plazo	3.496.000
Dividendos	2.600.000
Inversiones de capital	3.500.000
Total para otras actividades	9.596.000
Total desembolsos de efectivo	56.740.000
Efectivo en caja y equivalentes al final del período	2.796.000

un conocimiento de las tendencias indicarán qué parte de las ventas totales se efectuarán probablemente al contado. Por ejemplo, supongamos que un análisis de la experiencia de cobros para las ventas de junio revela los datos de cobro que se indican en la tabla 5.13.

Si pudiera esperarse que las ventas en junio del año siguiente siguieran la misma pauta, la aplicación de los porcentajes a las ventas a crédito estimadas para junio determinaría la distribución mensual probable de los cobros. El mismo análisis aplicado a cada mes del año daría por resultado una base razonablemente fiable para la previsión de los cobros. Estos factores empíricos deben modificarse, no sólo por las tendencias manifestadas a lo largo del tiempo, sino también por la estimación de las circunstancias económicas generales, tal como se reflejan en los cobros, así como los cambios contemplados en términos de ventas u otras políticas de crédito.

Si se dispone de un presupuesto operativo completo, el departamento de control debe tener poca dificultad en reunir los datos en una estimación de los *desembolsos de efectivo*. Los desembolsos usuales de efectivo de una empresa consisten en la nómina, los materiales, los impuestos, los dividendos, los gastos de viaje, otros gastos operativos, los intereses, las compras de equipo y la recompra de acciones.

TABLA 5.13. **Distribución de las pérdidas por créditos incobrables**

Descripción	% del total de ventas a crédito
Cobrado en junio	2,1
julio	85,3
agosto	8,9
septiembre	2,8
octubre	0,3
Descuentos por pronto pago	0,5
Pérdidas por créditos incobrables	0,1
Total	100,0

El presupuesto de tesorería desempeña un papel esencial en el proceso de elaboración de los presupuestos porque es una comprobación de todo el programa de formulación de presupuestos. Y si se alcanzan los objetivos del presupuesto operativo, los resultados se reflejarán en la situación de caja. Si no se consiguen los resultados presupuestados, el tesorero quizá tenga que buscar fuentes adicionales de financiación.

Los presupuestos parciales convergen, o se acumulan, en el conjunto de estados financieros previsionales, que se describen a continuación:

1. *El estado de ingresos y gastos previstos:* en la tabla 5.14 puede verse un ejemplo de una previsión de ingresos y gastos. En la práctica, este estado podría detallarse por gamas de productos, zonas geográficas o canales de distribución.
2. *El estado de origen y aplicación de fondos previsto:* en la tabla 5.15 puede verse una muestra del estado de origen y aplicación de fondos. Este estado es extremadamente útil para determinar la viabilidad de una empresa. Si el controler ve que se requiere más efectivo del que están generando las operaciones para varios períodos futuros, el presupuesto puede necesitar un aumento ulterior para incrementar el cash flow.
3. *El balance de situación previsional:* el efecto final de toda la planificación se refleja en el balance de situación previsto al cierre del período presupuestado. Por lo general, dicho balance de situación se prepara de forma comparativa con la situación real o esperada al comienzo

TABLA 5.14. **El estado de ingresos y gastos previstos**

Ventas netas (tabla 5.1)	3.750.000
Coste de las ventas (tabla 5.11)	1.726.500
Beneficio bruto	2.023.500
Gastos de explotación:	
Publicidad y ventas (tabla 5.9)	701.300
Gastos generales y administrativos (tabla 5.9)	155.500
Total gastos de explotación	856.800
Beneficio de explotación	1.166.700
Otros ingresos: descuentos en compras	5.000
	1.171.700
Otros gastos:	
Gastos financieros (tabla 5.9)	1.900
Descuentos en ventas (tabla 5.9)	18.000
	19.900
Beneficios antes de impuestos	1.151.800
Impuestos sobre beneficios (40 %)	460.720
Beneficio neto	691.080

TABLA 5.15. **Estado de origen y aplicación de fondos previsto**

Saldo de caja al 31.12.19XX		460.000
Ingresos de efectivo estimados:		
Cobros de cuentas a cobrar	3.672.50	
Ingresos por venta de acciones ordinarias	500.00	
Producto neto de pagarés	50.000	
Total ingresos estimados		4.222.500
Total efectivo disponible		4.682.500
Desembolsos de efectivo estimados:		
Cuentas a pagar por materiales y suministros	580.600	
Cuentas a pagar por otros conceptos	428.000	
Pagarés	300.000	
Sueldos y salarios	1.330.000	
Impuestos sobre beneficios diferidos	785.050	
Otras partidas	202.050	
Gastos financieros	1.900	
Dividendos	210.000	
Bienes de capital	252.500	
Total desembolsos estimados		4.090.100
Saldo de caja estimado para el 31 de diciembre de 19XX		592.400

del período presupuestado, así como al cierre. El balance de situación y el correspondiente estado de beneficios no distribuidos se ilustran en las tablas 5.16 y 5.17.

TABLA 5.16. **El balance de situación previsional**

	Real 31 diciembre 19XX		Estimado 31 diciembre 19XX	
ACTIVO				
Activo circulante				
Caja		460.000		592.400
Partidas a cobrar	250.000		322.500	
Menos: Provisión para créditos de dudoso cobro	15.000	235.000	20.000	302.500
Existencias:				
Materias primas	52.000		38.000	
Suministros	4.000		4.000	
Trabajos en curso	97.500		97.500	
Productos terminados	202.500	356.000	315.250	454.750
Anticipos		3.000		3.000
Total activo circulante		1.054.000		1.352.650
Activo fijo				
Terrenos	25.000		25.000	
Edificios	375.000		495.000	
Maquinaria y bienes de equipo	625.000		757.500	
Total	1.025.000		1.277.500	
Menos: Dotación a la amortización	210.000	815.000	257.000	1.020.500
Total activo		1.869.000		2.373.150
PASIVO				
Pasivo circulante				
Cuentas a pagar		60.000		80.400
Efectos a pagar		300.000		50.000
Sueldos y salarios devengados		30.000		55.000
Impuestos sobre beneficios diferidos		370.400		46.070
Otras partidas diferidas		28.000		80.000
Total pasivo circulante		788.400		311.470
Fondos propios				
Capital social		250.000		350.000
Prima de emisión		500.000		900.000
Beneficios no distribuidos		330.600		811.680
Total fondos propios		1.080.600		2.061.680
Total pasivo		1.869.000		2.373.150

TABLA 5.17. **Estado de beneficios no distribuidos previsto**

A 31 de diciembre de 19XX	330.600
A sumar: Beneficios netos estimados para el año 19XX	691.080
Total	1.021.680
Menos: dividendos a pagar en 19XX	210.000
Saldo estimado en 31 de diciembre de 19XX	811.680

El ciclo de planificación anual

A continuación, describimos una visión de conjunto del proceso de elaboración de un plan en una empresa con varias divisiones operativas.

En primer lugar, la dirección de la empresa emite unas directrices específicas concernientes al plan, destinadas a las divisiones operativas y a los ejecutivos de carácter corporativo involucrados en el proceso de planificación. Las directrices están destinadas a asegurar que:

— las medidas tomadas durante el año sean coherentes con la política y estrategia corporativa, tal como se haya decidido en el plan estratégico;
— las hipótesis financieras sean coherentes y realistas (por ejemplo, los tipos impositivos, las tasas de inflación, los niveles de inversión de capital).

Cuando se reciben, los planes de las divisiones se consolidan para formar la visión global de la empresa. Los planes de división se preparan por funciones (es decir, ventas, producción, recursos humanos, etc.). Luego, el plan consolidado y el de cada división se evalúan en la sede central. Puede ser necesaria alguna reiteración para conseguir un plan aceptable. En realidad, después de que el personal de contabilidad prepara cada uno de los presupuestos detallados, las cifras se comparan con la experiencia pasada y se examinan verificando las relaciones significativas. Se mantienen reuniones con los directores funcionales o con los jefes de departamento para aclarar cualquier circunstancia que aparentemente se salga de lo corriente.

Cuando la alta dirección y el consejo de administración considera satisfactorio el marco global, se le notifica a la división el plan aprobado. De cualquier forma, cuando el plan se presente al consejo de administración para su aprobación deberá incluir una síntesis de las estadísticas clave, de las principales hipótesis de partida y de la evaluación de los riesgos.

Una vez aprobado el presupuesto, la empresa entra en una nueva fase. Es necesario alcanzar el objetivo del presupuesto, por lo que éste se convierte en un instrumento de control. Para este fin, los resultados operativos reales del período se comparan con el presupuesto. Se analizan las desviaciones y se ponen en marcha medidas correctoras siempre que sea necesario. Con gran frecuencia, la presión económica y competitiva desvían los resultados de la empresa respecto de su plan. Si es así, hay que revisar el presupuesto.

Misión del controler

El controler desempeña un papel importante para ayudar a la dirección en las fases de desarrollo del plan. Debe:

— Facilitar las directrices financieras fundamentales con arreglo a las cuales debe elaborarse el plan, incluyendo:

- los compromisos de capital posibles;
- los tipos impositivos, incluidos los correspondientes al impuesto sobre la renta, impuestos indirectos sobre ventas e impuestos sobre bienes inmuebles;
- las bases para estimar las cuentas a pagar, los niveles de existencias, las cuentas a cobrar, etc.;
- los tipos de interés;
- la orientación sobre los métodos contables que han de utilizarse.

— Proporcionar el formato estándar para todos los estados financieros importantes, incluyendo los formatos para la información detallada, de manera que pueda efectuarse un análisis apropiado. Todo esto es necesario para hacer posible el análisis de los datos y la consolidación de los estados financieros.

— Analizar los componentes del plan para comprobar la fiabilidad y razonabilidad de la información.

— Analizar las áreas que parezcan cuestionables desde el punto de vista financiero, de manera que puedan hacerse sugerencias para mejorar la rentabilidad.

— Consolidar los estados financieros para construir el balance de situación global de la empresa.

— Evaluar el plan global comparándolo con los objetivos o las evaluaciones financieras, y recomendar los cambios apropiados.

— Sintetizar todos los aspectos importantes del plan con el fin de presentarlo a la alta dirección para su aprobación.

Planificación de las ventas: la base de todos los planes económicos

La previsión de ventas es el fundamento de todo el sistema de planes: el plan de producción, el de márketing, el de I + D, el de gastos administrativos, el de dotaciones y medios, el de capital circulante, y el de financiación. El plan de ventas es tan fundamental, que la empresa debe elaborar el mejor plan de ventas posible con el fin de preparar el resto de planes de forma adecuada.

El jefe de ventas analizará a menudo el mercado desde tres puntos de vista, y estimará las ventas de acuerdo con dicha consideración:

1) las ventas de productos o servicios existentes a clientes existentes;
2) la venta de productos o servicios existentes a nuevos clientes;
3) la venta de nuevos productos a clientes tanto existentes como nuevos.

Todas estas ventas pueden ser necesarias para evitar un descenso natural de las ventas a lo largo de un período de tiempo, y para alcanzar el objetivo de ventas de la empresa a largo plazo.

Las fases para el desarrollo del plan de ventas a muy corto plazo

Las fases de la planificación que se enumeran seguidamente se utilizan normalmente cuando se dispone de una estimación del nivel de ventas futuras en el sector industrial de que se trate, cuando existen datos externos fiables y cuando los ejecutivos que intervienen están acostumbrados a recibir análisis de ventas y beneficio bruto.

— El jefe de ventas requiere la siguiente información inicial para elaborar el plan de ventas:
  - hojas de trabajo en el formato adecuado para proporcionar la estimación de ventas mensual y por productos o vendedores para el año de la planificación;
  - ventas del último año, por vendedor, en unidades monetarias y físicas;
  - datos del sector industrial sobre las ventas totales esperadas para el próximo año;
  - cualesquiera otros análisis basados en información externa, realizados por el departamento de investigación de mercado o por el economista o el controler, que den alguna pista en cuanto a las circunstancias económicas esperadas para el siguiente año del plan;
  - cualesquiera otros datos que el jefe de ventas necesite para ayudar a la preparación de las estimaciones de ventas;

• un análisis que indique el efecto de las promociones de ventas planificadas sobre las ventas estimadas y los motivos que pueden provocar un descenso de los resultados por debajo de los niveles previstos en el plan de ventas.

— El director de ventas suministra una estimación detallada (por ejemplo por productos, vendedores o zonas) de las ventas para el año de la planificación. Teóricamente, el director de ventas contará con el asesoramiento del personal de ventas. Durante el proceso, el director de ventas asesorará a su personal sobre aspectos tales como el aumento porcentual de ventas esperado, el efecto estimado de las campañas de promoción y las acciones de los competidores.
— A nivel de alta dirección, las estimaciones se consolidan y se determinan los totales de la empresa. En la tabla 5.18 figura el plan de ventas resumido.
— La razonabilidad del nivel de ventas propuesto se discute con la dirección ejecutiva.
— Cuando se aprueba provisionalmente el presupuesto de ventas (un proceso iterativo), se suministran los datos a los demás ejecutivos funcionales para que desarrollen las partes que les corresponden del plan anual. Pueden tener lugar varias iteraciones, basándose en cuestiones tales como los ajustes por capacidad, las actuaciones de los competidores y la posible falta de materias primas, hasta que se acuerda un plan operativo.
— El presupuesto operativo y el presupuesto de capital, junto con los estados financieros correspondientes, se consolidan y comprueban para conseguir un resultado financiero aceptable. Puede ser necesaria una nueva iteración si surgen problemas de carácter financiero.
— Cuando el consejo de administración aprueba el plan, cada componente del mismo se convierte en un compromiso para el período del plan por parte del ejecutivo responsable.

TABLA 5.18. **El plan de ventas por zonas**

			Trimestre			
Zona de ventas	Este año	Total	1	2	3	4
Oeste	212.400	230.000	46.000	63.720	79.040	41.240
Rocosas	75.000	78.750	15.750	23.620	31.500	7.880
Suroeste	134.600	150.750	37.690	45.200	45.200	22.660
Centro	53.400	56.100	14.000	16.900	16.900	8.300
Medio Oeste	171.300	186.700	33.600	65.300	50.000	37.800
Sureste	91.400	95.100	19.000	28.500	21.000	26.600
Total	738.100	797.400	166.040	243.240	243.640	144.480

Métodos para determinar la previsión de ventas

Los métodos utilizados para obtener la previsión de ventas incluida en el plan de ventas influirán en la calidad de la información. Deben ponderarse tanto los factores internos como los externos. Los factores externos tales como las condiciones económicas generales, las tendencias de la industria, el potencial total del mercado y las reacciones de los competidores, son ajenos a la voluntad de quienes dirigen la empresa; pero pueden afectar considerablemente al potencial de ventas. Entre los factores internos —las circunstancias dentro de la empresa— figuran la capacidad de producción, la calidad del producto, la experiencia e historia de las ventas, las campañas especiales de publicidad y la política de fijación de precios.

En esta sección, se estudian algunos de los métodos más frecuentemente utilizados para estimar las ventas. El sistema utilizado dependerá de varios factores relacionados entre sí:

—*El tiempo:* el intervalo de tiempo disponible y la frecuencia de los datos.

—*Los recursos necesarios o disponibles:* los recursos humanos, el equipo informático, el nivel de sofisticación financiera y el coste.

—*Input de datos:* los datos que se necesitan y la uniformidad, disponibilidad y variabilidad de los mismos.

—*Resultados:* fiabilidad, nivel de detalle, posibilidad de detectar los cambios de tendencia y posibilidad de identificar los cambios de orientación que han tenido lugar.

En las secciones siguientes, se describen las técnicas de previsión más frecuentemente utilizadas.

Métodos estadísticos.—Se basan en aplicar una técnica estadística a una serie de números pertinentes para conseguir una previsión de ventas para un sector industrial o una empresa. Esta previsión se modifica posteriormente en función del efecto esperado de las actividades de ventas, las campañas promocionales, etc. para llegar a un plan de ventas para la empresa. Entre estas técnicas se encuentran las siguientes:

—*El análisis de series temporales:* Utilizando el método de los mínimos cuadrados, una serie existente de valores se convierte en una tendencia y se extrapola para un período de tiempo futuro. El análisis tiene en cuenta los movimientos cíclicos y los patrones estacionales para realizar la previsión.

—*El análisis de correlación:* Se identifica una serie con la que las ventas de la empresa, o las ventas de una gama particular de productos, parecen correlacionarse o marchan simpáticamente. Las ventas anuales del producto se trazan como función del índice y, basándose en el factor principal, se calculan para el período de planificación.

Métodos críticos (no estadísticos).—El método crítico implica conseguir estimaciones de varios grupos. Algunas veces, por ejemplo, se utilizan las estimaciones del personal de ventas. Al *staff* de ventas se le facilitan las cifras de ventas reales en volumen y unidades monetarias de los últimos años. Basándose en esa información y en su conocimiento personal de las zonas y de los clientes dicho *staff* establece sus estimaciones. Este método tiene la ventaja de utilizar la opinión de personas expertas, además de dejar que el personal de ventas tenga voz en la formulación de la previsión. Por otra parte, el personal de ventas tiende a proporcionar previsiones optimistas, el *staff* de ventas puede no ponderar correctamente el efecto de los indicadores económicos generales y, por último, las estimaciones pueden minimizarse de forma deliberada, si la retribución se basa en la consecución de las cuotas que se calcularán a partir de la previsión de ventas.

Adicionalmente, pueden hacerse *encuestas entre los clientes*. El *staff* de ventas puede solicitar a sus clientes estimaciones de compras para el año siguiente. Esto se utiliza cuando no son fiables otros métodos de previsión. Es útil cuando el número de clientes es pequeño, de manera que unos cuantos suponen una gran proporción del negocio de la empresa. Sin embargo, este método consume tiempo y los usuarios pueden no mostrarse demasiado colaboradores.

Por último, pueden prepararse *combinaciones con las opiniones de los ejecutivos*. El *staff* ejecutivo está familiarizado con la industria y con el escenario de ventas de la empresa. Este método consiste en conseguir las estimaciones de un grupo de ejecutivos y luego combinar las opiniones. Sin embargo, si los ejecutivos no conocen realmente el mercado, la opinión no será más que una gran conjetura basada en unos pocos hechos.

Otros métodos.—En el caso de determinados tipos de productos, se conoce bien el mercado global. Además del volumen total de la industria en unidades físicas y monetarias, se conoce su tasa de crecimiento, y a menudo la asociación sectorial ha determinado las ventas estimadas para uno o dos años siguientes. En cualquier caso, el responsable del plan sabe qué *cuota de mercado* ha obtenido la empresa en el pasado. Esta cuota de mercado se ajusta posteriormente para tener en cuenta el efecto estimado de las campañas especiales de ventas, o la actividad competitiva estimada se aplica al mercado total proyectado, para obtener la cuota de mercado de la empresa sobre las ventas estimadas del sector industrial para el año siguiente.

La técnica del *análisis de utilización final* depende de poder disponer de una buena estimación del mercado total del producto final o productos para los que los artículos de la empresa sirven como partes o elementos componentes. Si utilizamos la industria de la automoción como ejemplo, si las ventas unitarias esperadas de automóviles se conocen o han sido estimadas, entonces la empresa suministradora puede estimar las ventas probables de su producto durante el período de planificación. Este mercado y el negocio estimado de repuestos, pueden combinarse para obtener las expectativas de ventas. Este método guarda una estrecha relación con el procedimiento de encuestar a los clientes.

En el *análisis de la gama de productos* se utiliza el hecho de que, a menudo, los productos importantes se venden a través de canales de distribución o métodos de ventas diferentes y las ventas y la actividad comercial pueden gestionarse por gamas de productos. En estas circunstancias, los análisis internos de ventas de una empresa por productos y por zonas geográficas, pueden ser el punto de arranque para determinar la estimación de ventas, complementada por alguna de las otras técnicas para llegar al plan de ventas.

La técnica de *simulación del mercado* implica el uso de un ordenador y la construcción de un modelo matemático del mercado. La revisión del *input* en función de los diferentes factores que influyen en el mercado permite el cálculo de varias estimaciones de ventas.

Estos tres grupos de indicadores resultan de valor práctico para crear previsiones de mercado:

1. *Indicadores económicos:* Series que usualmente alcanzan máximos o mínimos de forma anticipada al resto de la actividad económica general. Algunos indicadores económicos son:

   — *La duración de la semana media de trabajo:* A los empleadores les resulta más económico aumentar el número de horas trabajadas cada semana antes que contratar más empleados. Estas semanas laborales más largas pueden preceder a una mejora general en uno o más meses, o pueden coincidir con el cambio.
   — *El número de prestaciones por desempleo:* El número de personas que incrementan las listas de parados reflejan el cambio de la actividad presente o prevista. Cuanto menor es el número de los que incrementan las listas, mejor. Este índice suele mejorar antes de que se produzca un punto de inflexión en la actividad económica.
   — *El aumento de nuevos pedidos de artículos de consumo:* Cuando se reciben nuevos pedidos, se compran materiales y suministros, se contratan trabajadores y aumenta la producción. Las recuperaciones se han producido casi cuatro meses después de los aumentos de nuevos pedidos.
   — *El aumento de los precios de las acciones:* Un aumento del índice de las 500 empresas de Standard & Poor indica por lo general unos beneficios reales y esperados más elevados. Los avances en el mercado de acciones han precedido a la mejora de la actividad económica entre tres y ocho meses.
   — *El número de viviendas cuya construcción ha empezado en el período:* Desde el momento en que se concede un permiso de construcción hasta que empieza ésta, pasan varios meses. Los aumentos

en el número de permisos de construcción han precedido a las recuperaciones entre cero y diez meses.
— *El número de nuevos pedidos de instalaciones y equipo:* Cuando se reciben dichos pedidos, aumenta la actividad en la construcción y fabricación. Estas señales han precedido a la reactivación en casi seis meses, pero también han seguido a dicho cambio en hasta nueve meses.
— *El cambio neto de existencias:* Cuando las empresas esperan un aumento de las ventas, tienden a reforzar sus existencias disponibles. Este índice ha precedido a las recuperaciones económicas entre cero y ocho meses.

2. *Indicadores coincidentes:* Series que tienden a moverse con el conjunto de la actividad económica. Algunos indicadores coincidentes son el número de empleados en actividades distintas de las agrícolas, la renta personal y las ventas del sector industrial y del sector de distribución.
3. *Indicadores retrasados:* Series que alcanzan los puntos de inflexión después de que el conjunto de la actividad económica haya cambiado. Algunos indicadores de este tipo son: la relación entre el crédito al consumo y la renta personal, el tipo de interés preferente cargado por los bancos y la duración media del desempleo.

Muchos profesionales de la previsión de ventas realizan un buen trabajo de predicción de las ventas nacionales, pero tienen dificultades con las proyecciones internacionales. Entre las razones que explican este hecho figuran las siguientes:

— *Investigación insuficiente de mercado:* Algunas veces, los ejecutivos de márketing piensan que la experiencia en un mercado es transferible *ipso facto* a otros.
— *La tendencia a la excesiva normalización:* En lugar de alentar la adaptación local, algunos vendedores creen que el mismo producto o envase es aplicable a todos los mercados.
— *Inflexibilidad en todo el programa de márketing:* Se imponen los mismos programas a todas las unidades de negocio. Sin embargo, la experiencia ha demostrado que algunos aspectos son inaceptables en los mercados locales. Aunque es deseable cierta orientación central, la adopción forzada, sin escuchar los argumentos locales, destruye el entusiasmo local.
— *La falta de suficiente seguimiento:* Aunque pueden existir impresionantes programas de puesta en marcha, se pierde el impulso porque no se vigila el proceso local.

Si una empresa está alerta a las ventajas de la globalización y está deseosa de sacar partido de las economías de escala en márketing, fabricación, investigación y desarrollo, distribución y compras, tiene que evitar las deficiencias que acabamos de mencionar.

Fuentes útiles de información para la previsión

No existe ningún conjunto preciso de indicadores económicos generales que le digan al personal responsable de las previsiones cuál será el volumen de ventas en el siguiente período. Sin embargo, algunos indicadores se utilizan como componentes de los modelos de previsión empresariales. El controler debe conocer las fuentes externas de datos para la previsión de ventas, en el caso de que parte de esta información se utilice para el modelo de previsión de su empresa.

Una lista parcial de fuentes de información es la siguiente:

1. *Fuentes oficiales:*
   — Ministerio de Industria y Comercio;
   — Ministerio de Trabajo y Seguridad Social;
   — Ministerio de Agricultura, Pesca y Alimentación.
2. *Bancos comerciales* (departamentos de previsión económica).
3. *Otras fuentes:*
   — asociaciones sectoriales;
   — gobiernos regionales;
   — Banco de España;
   — universidades (departamentos económicos y escuelas de negocios);
   — servicios financieros que proporcionan datos económicos mediante el pago de una tarifa;
   — revistas de información comercial, tales como *Forbes, Fortune, Business Week* y *Management Accounting;*
   — bibliotecas.

Diagrama del punto de equilibrio

La estructura de beneficios de una empresa se presenta a menudo en forma del diagrama de punto de equilibrio. La dirección utiliza este diagrama para comprender la interrelación del coste, el beneficio y el volumen. La figura 5.1 se basa en las siguientes suposiciones: que los precios permanecerán inalterados; que los costes fijos seguirán siendo los mismos hasta que se alcance la capacidad máxima de la fábrica; que los costes variables variarán en proporción directa al volumen; y que los impuestos sobre beneficios serán del 50% de todos los beneficios antes de impuestos. La figura 5.1 presenta claramente la siguiente información para la dirección:

— Los costes fijos de la empresa ascienden a 450.000 dólares mensuales.
— Con arreglo a la legislación fiscal vigente, y con las instalaciones actuales, el beneficio neto máximo es de 25.000 dólares al mes o de 300.000 dólares al año.
— A los precios actuales, se requiere un volumen mensual de ventas de 100.000 dólares o de 50.000 unidades para alcanzar el punto de equilibrio. No se incluye ninguna provisión para dividendos para los accionistas.
— Para obtener un nuevo beneficio de 10.000 dólares al mes se requiere un volumen de ventas de 140.000 dólares mensuales.
— La capacidad de la fábrica expresada en dólares de ventas a los precios y procesos existentes es de 200.000 dólares por mes.

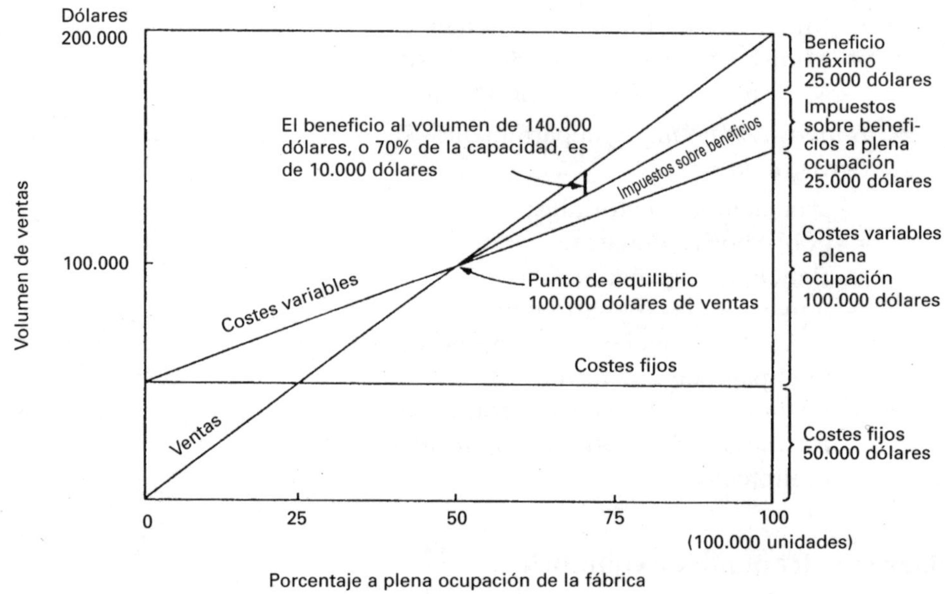

Figura 5.1. **Diagrama del punto de equilibrio que ilustra la interrelación de costes, volumen y beneficios**

El beneficio neto se mide por la línea vertical entre los ingresos por ventas y los impuestos sobre beneficios. Éstos han sido calculados solamente a partir del punto de equilibrio.

No es necesario trazar un diagrama para encontrar el punto de equilibrio de una empresa, ya que puede hacerse con el cálculo siguiente:

$$\text{Punto de equilibrio} = \frac{\text{Sumatorio de gastos fijos}}{\text{Ratio de ingresos variables sobre ventas}}$$

Cualquier controler que haya sido responsable de la tarea de determinar un punto de equilibrio global para la empresa y luego haya determinado el punto de equilibrio por gamas de productos, se habrá sentido quizá confuso por el hecho de que la suma de los puntos de equilibrio individuales no suele ser igual al punto de equilibrio global. Esto se debe a que se ha basado en una combinación específica de volumen de ventas de productos. Los puntos de equilibrio individuales de las distintas gamas de productos deben ponderarse para tener en cuenta la proporción que representan sobre las ventas totales con el fin de obtener el punto de equilibrio total de la empresa.

El controler puede utilizar el análisis del punto de equilibrio para encontrar respuestas a las siguientes cuestiones:

Seleccionar los productos más rentables.—Utilice el análisis para determinar el beneficio marginal de los distintos productos de la empresa, de manera que se obtenga el máximo beneficio. Sin embargo, el controler debe también incluir como elemento esencial el coste de las cuentas a cobrar y de las existencias que puedan necesitarse para unos productos y no para otros.

El precio mínimo de venta.—El precio mínimo de venta es el coste variable. Dicho coste determina el nivel mínimo y cualquier cantidad por encima de éste supone una aportación a los gastos fijos.

Los costes unitarios a diferentes niveles de volumen.—Supongamos, por ejemplo, que la dirección desea saber cuál sería el coste unitario a varios niveles de volumen de ventas, permaneciendo fijos los precios. En la ilustración que sigue, cabe suponer que el precio de venta es de 2 dólares por unidad. ¿Cuál sería el coste unitario si las ventas aumentaran hasta 240.000 dólares? Se supone que las ventas actuales se componen de 50.000 unidades y que el coste unitario actual es de 2,40 dólares, consistiendo en 0,80 dólares de costes fijos y 1,60 dólares de costes variables. El volumen propuesto es de 120.000 unidades (240.000 dólares / 2 dólares). El nuevo coste unitario sería:

$$\frac{\text{Costes fijos}}{\text{Volumen de unidades propuesto unitario}} + \text{Coste variable actual}$$

$$= \frac{40.000}{120.000} + 1{,}60$$

$$= 1{,}933 \text{ dólares}$$

A un volumen de ventas de 240.000 dólares, el coste unitario es de 1,933 dólares.

Conveniencia de la ampliación de la fábrica.—Si una empresa desea ampliar sus instalaciones antes de conseguir unas ventas mayores, el análisis del punto de equilibrio es muy útil para señalar los riesgos inherentes a la ampliación de una fábrica. El análisis del punto de equilibrio mostrará la cifra adicional de ventas necesaria para cubrir el coste de las nuevas instalaciones, así como el máximo beneficio que puede obtenerse utilizando toda la capacidad productiva de la nueva instalación. Como resultado de este análisis, la dirección puede llegar a estar más interesada en contratar fuera la producción o realizar una ampliación por etapas.

Uso más rentable de los materiales escasos.—Supongamos, por ejemplo, que sólo una parte de las existencias necesarias para un producto químico, común a cinco productos, está disponible. ¿Cómo debería distribuirse el producto químico «X», teniendo en cuenta solamente el mayor beneficio neto para la empresa? Se supone que los ritmos de producción son aproximadamente los mismos y que todos los productos se fabrican en las mismas instalaciones. La solución es evidente si examinamos el ejemplo de la tabla 5.19.

El producto 2 produce el mayor beneficio por kilo de «X» y éstas necesidades deben satisfacerse en primer lugar, a igualdad de los demás factores.

TABLA 5.19. **Beneficio marginal por kilo de producto**

Producto	Por unidad: Precio de venta	Por unidad: Coste variable	Por unidad: Contribución marginal a los ingresos	Kilos de «X» por kilo de producto	Beneficio marginal por kilo de «X»
1	2,00	1,00	1,00	0,5	2,00
2	2,50	1,50	1,00	0,3	3,33
3	4,00	2,50	1,50	0,5	3,00
4	3,00	1,00	2,00	1,5	1,33
5	5,00	2,50	2,50	2,0	1,25

Cambios en la composición de las ventas

La mayoría de las empresas tienen varias gamas de productos y, cada una de ellas, contribuye de forma diferente a los gastos fijos. Los cambios en el punto de equilibrio, así como el beneficio de explotación, pueden ser el resultado de cambios en la combinación de productos vendidos, aunque los precios de venta no cambien y el valor total de ventas satisfaga las expectativas. Tales resultados pueden producirse también a causa de cambios en los canales de distribución, o de ventas a diferentes segmentos de clientes, si la reorganización afecta a la contribución del producto, y no sólo los costes variables. Cuando se utiliza un diagrama del punto de equilibrio, la suposición subyacente es que la proporción de cada producto vendido, o las ventas a través de cada canal de distribución, no varían. Con mucha frecuencia esto no es así. El descenso proporcional no es el mismo para todos los productos. Los tramos de precios más altos, por ejemplo, pueden declinar con mucha mayor rapidez que los otros. Tales cambios deben tenerse en cuenta al evaluar los datos.

El efecto de un cambio en la combinación de ventas se ilustra en los cálculos que figuran en la tabla 5.20. Suponga la siguiente proporción de ventas entre tres productos, los costes variables indicados, los costes fijos y los beneficios indicados.

TABLA 5.20. **Efecto sobre los beneficios de un cambio en la composición de las ventas**

Producto	Ventas %	Ventas Importe	Costes variables	Ingresos marginales sobre costes variables: Importe	Ingresos marginales sobre costes variables: % de las ventas netas
A	40,00	4.000,00	2.600,00	1.400,00	35,00
B	50,00	5.000,00	4.000,00	1.000,00	20,00
C	10,00	1.000,00	875,00	125,00	12,50
Total	100,00	10.000,00	7.475,00	2.525,00	25,25
Costes fijos				1.200,00	
Beneficio de explotación				1.325,00	

El punto de equilibrio puede calcularse como sigue:

$$\frac{1.200}{0,2525} = 4.752 \text{ dólares}$$

Sin embargo, si las ventas aumentan en los artículos de margen más alto, el punto de equilibrio disminuirá. En la tabla 5.21 se ilustra este cambio.

El punto de equilibrio puede calcularse como sigue:

$$\frac{1.200}{0,28625} = 4.192 \text{ dólares}$$

Este punto de equilibrio ha descendido en 560 dólares como consecuencia de los cambios en la composición de las ventas.

Cambios en el precio de venta

Parece evidente que un cambio en el precio de venta afecta al punto de equilibrio y a la relación entre ingresos y costes variables. El controler debe saber también que, un cambio en el precio de venta, puede tener un efecto todavía mayor sobre los ingresos marginales, que un aumento similar en los

TABLA 5.21. **Efecto sobre el punto de equilibrio de un cambio en la composición de las ventas**

Producto	Ventas		Costes variables	Ingresos marginales sobre costes variables	
	%	Importe		Importe	% de las ventas netas
A	60,00	6.000,00	3.900,00	2.100,00	35,00
B	35,00	3.500,00	2.800,00	700,00	20,00
C	5,00	500,00	437,50	62,50	12,50
Total	100,00	10.000,00	7.137,50	2.862,50	28,625
Costes fijos				1.200,00	
Beneficio de explotación				1.662,50	

TABLA 5.22. **Efecto de un cambio de precio sobre el volumen del punto de equilibrio**

	Precios actuales de venta		Con reducción del 10% en el precio de venta		Aumento equivalente de los costes variables	
Ventas	50.000	100,00	45.000	100,00	50.000	100,00
Costes variables	20.000	40,00	20.000	44,44	22.222	44,44
Ingresos marginales	30.000	60,00	25.000	55,56	27.778	55,56
Costes fijos	15.000	30,00	15.000	33,33	15.000	30,00
Beneficio de explotación	15.000	30,00	10.000	22,23	12.778	25,56
Volumen del punto de equilibrio	25.000		27.000		27.000	

costes variables. Por ejemplo, en la tabla 5.22, un descenso del 10% en los precios de venta, equivale a un aumento de un 11,1% en los costes variables, por lo que se refiere al punto de equilibrio y a los ingresos marginales.

Las ventas se redujeron en un 10% de 50.000 dólares hasta un nivel de 45.000 dólares. Como los costes variables no cambiaron, estos costes como porcentaje de las ventas representan un 44,44%, es decir, un aumento del 11,1%. Calculando los costes variables revisados como porcentaje de las ventas netas basadas en los 50.000 dólares originales de ventas, se obtiene un coste variable de 22.222 dólares, es decir, un 11,1% más alto que el coste variable original.

Cambios en el coste

Un aumento o una disminución del coste fijo cambia el beneficio de explotación en una cantidad equivalente, mientras que el punto de equilibrio cambia en un porcentaje parecido. Para aclarar, supongamos un caso en el que los costes fijos se reducen en 10.000 dólares, o un 33,3%. En la tabla 5.23 pueden verse el beneficio de explotación y los puntos de equilibrio.

En el ejemplo, con una reducción de 10.000 dólares en los costes fijos, el beneficio de explotación aumentó por supuesto en 10.000 dólares. Además, los costes fijos se redujeron en un 33,33%, y por consiguiente el punto de equilibrio disminuyó en un 33,3%, desde un volumen de ventas de 75.000 dólares a 50.000 dólares.

TABLA 5.23. **Efecto de los cambios en los costes sobre el nivel de ventas del punto de equilibrio**

	Actuales		Costes fijos reducidos en 10.000 dólares	
	Importe	% de las ventas netas	Importe	% de las ventas netas
Ventas netas	200.000	100	200.000	100
Costes variables	120.000	60	120.000	60
Ingresos marginales	80.000	40	80.000	40
Costes fijos	30.000	15	20.000	10
Beneficio de explotación	50.000	25	60.000	30
Ventas en el punto de equilibrio	75.000		50.000	

En este cálculo, se supone que no tiene lugar ningún cambio en los costes variables; pero en la práctica un cambio en los costes fijos puede ir acompañado de un cambio en los costes variables. Por ejemplo, la instalación de un dispositivo que economiza mano de obra puede aumentar los gastos de amortización y mantenimiento y reducir los costes de mano de obra directa y los correspondientes gastos de la nómina. Si se analiza un aumento en los costes fijos, deberá estudiarse la probabilidad de un aumento del volumen de ventas. Además, habrán de examinarse alternativas tales como subcontratar o alquilar espacio y equipo en lugar de comprarlo. La adquisición de activo fijo disminuirá la posibilidad por parte de la empresa de disminuir sus costes, en el caso de que un menor volumen de ventas hiciera precisa tal medida.

En cualquier esfuerzo de reducción de costes no deberán pasarse por alto las oportunidades para la reducción de los gastos fijos. Una reducción de los costes fijos aumenta el margen en cualquier nivel de ventas y, al reducir el punto de equilibrio, la empresa puede soportar un mayor descenso de ingresos antes de que aparezcan pérdidas.

Los cambios en los costes variables unitarios afectan también al punto de equilibrio. La mayoría de los programas de reducción de costes se centran en torno a esta categoría, porque aquí existen muchas oportunidades de reducción de costes. Por ejemplo, los cambios en el tipo de material utilizado o en el precio de compra del material, o en la cantidad de productos defectuosos o mermas, pueden afectar a los costes variables. Los cambios en los procesos de fabricación, en las tarifas de la hora de mano de obra, en la disposición de la fábrica o en los métodos de formación de los trabajadores, o la introducción de un sistema de incentivos, pueden afectar a los costes de mano de obra. Las circunstancias económicas generales pueden influir en la posibilidad que tiene una empresa de reducir los costes variables. Muchas veces, el menor volumen de ventas permite un mantenimiento más eficaz del equipo en los períodos de inactividad. Adicionalmente, en tales períodos, el índice de rotación de la mano de obra y los precios de los materiales suelen disminuir. Por supuesto, tales circunstancias pueden obligar a reducciones de los precios de venta, lo cual afectará negativamente a los beneficios de la empresa.

Resumen

En este capítulo, hemos señalado la necesidad de crear y mantener un presupuesto anual. Además, hemos prestado atención especial a los diferentes niveles de planes, tales como los presupuestos de ventas, producción y compras, que se necesitan para crear un presupuesto anual integrado, así como a la sincronización necesaria para gestionar con éxito el proceso de planificación anual. Se ha determinado la misión clave del controler en el proceso de planificación, así como las fuentes clave de información que el controler debe utilizar para analizar las deficiencias del plan. En su misión de análisis, el controler puede utilizar los diagramas del punto de equilibrio, así como las revisiones de la composición de las ventas, del precio y del coste de los productos para obtener un plan anual más rentable.

Capítulo 6

Las ventas

Introducción

La gestión de las ventas es un campo dinámico que se enfrenta constantemente con nuevos problemas. El controler ejerce una gran influencia sobre la resolución de estos problemas. Una amplia revisión del coste de ventas y distribución puede ayudar a los ejecutivos de ventas a tomar decisiones prudentes, coherentes con los objetivos de la empresa.

Al controler se le puede solicitar que proporcione información acerca de cualquiera de los siguientes temas:

— *Producto:* ¿Qué producto ha de venderse y en qué cantidad? ¿Ha de ser de la máxima calidad en su campo, o inferior? ¿El producto ha de ser un producto especializado, o un producto básico?

— *Fijación de precios:* ¿A qué precio debe venderse el artículo? ¿Seguirá la empresa la política que consiste en responder a cualquier tipo de competencia en precios? ¿Cuáles son las condiciones de venta?

— *Distribución:* ¿A quién ha de venderse el producto? ¿Lo venderá la firma directamente al consumidor final o a través de intermediarios, como por ejemplo los mayoristas? ¿Qué canales de distribución deberán utilizarse?

— *Método de venta:* ¿Cómo habrán de venderse los artículos? ¿Tendrá que ser por petición personal, o a través de publicidad, o por catálogo? ¿Qué campaña de promoción de ventas se va a emplear?

— *Organización:* ¿Cómo se seleccionará al personal de ventas y cómo será formado? ¿Cuál va a ser el esquema organizativo básico? ¿Habrá delegaciones? ¿Gestionarán los supervisores de ventas todas las gamas de productos o se especializará cada uno de ellos? ¿En qué departamentos se dividirá la organización de ventas? ¿Cuántos vendedores serán necesarios?
— *Planificación y control:* ¿Cómo se establecerán las zonas de ventas? ¿Se utilizarán los estándares de ventas como patrones de medida del rendimiento? ¿Cómo será retribuido el personal de ventas, con sueldo fijo, con comisión o con primas? ¿Qué controles se utilizarán?

En este capítulo, estudiaremos la misión del controler en relación con el departamento de ventas, así como los análisis característicos que hay que realizar sobre las ventas, los aspectos relacionados con la aplicabilidad de estándares al *staff* de ventas, con la fijación del precio de los productos y los informes que son útiles para describir el comportamiento de los ingresos por ventas, de los márgenes y de los costes.

La misión del controler

Las habilidades del controler en contabilidad y en el análisis de las ventas son útiles para ayudar a los ejecutivos de márketing en los siguientes campos:

— *Problemática del producto:* La selección inicial del producto o consideración de los cambios en la gama, tamaños y colores deberá basarse, por lo general, en la opinión conjunta del director de ventas (por motivos de márketing), del director de fábrica (problemas de producción) y del controler (aspectos relacionados con el coste). El controler deberá indicar el margen probable del producto, así como el efecto del volumen sobre el margen o el efecto de los cambios en la calidad, composición y proceso de fabricación sobre el coste de fabricar o vender. Mediante la revisión continua de las tendencias de las ventas, el controler puede ser capaz de detectar tendencias desfavorables que pudieran requerir una reorientación de la actividad de ventas o un cambio en el producto.
— *Problemática de precios:* En muchas empresas, los procedimientos de fijación de precios no se revisan con carácter periódico. El procedimiento de fijación de precios puede no ser sensible a los aumentos de costes. Aunque el coste no es el único factor determinante, debe tenerse en cuenta para maximizar el rendimiento de la inversión. El contro-

ler debe ser capaz de proporcionar toda la información de costes disponible. Para desarrollar la estructura de precios, deben tenerse en cuenta los costes totales, los costes marginales o incrementales, los gastos pequeños que implican un desembolso de efectivo, o las diferencias de coste. Esto es válido para las ofertas competitivas o para establecer una lista de precios para las ventas de carácter poco frecuente.

En un análisis del volumen de ventas y de los precios correspondientes, puede ponerse de manifiesto que a menudo se producen desviaciones desfavorables por parte de vendedores con demasiado margen de maniobra para la fijación de precios. Evidentemente, los cambios en los costes de producción deberán comunicarse a los ejecutivos de ventas para la revisión de precios. Además, debe prestarse ayuda para fijar descuentos por volumen para diferentes cuantías de pedidos.

— *Problemas de distribución:* El controler debe preparar el análisis de costes, así como una revisión de los datos estadísticos si se producen tendencias desfavorables. El controler debe también profundizar en las diferencias en el coste de ventas por canales de distribución, así como por clientes y tamaño de pedido. La opinión del controler es necesaria en cuestiones tales como:

- el pedido mínimo aceptable;
- la limitación del esfuerzo de ventas en los clientes de gran volumen que sólo compran productos de bajo margen;
- la conveniencia de servir determinados segmentos de clientes a través de intermediarios, pedidos por teléfono, venta por correo, etcétera;
- la interrupción de los esfuerzos de venta agresivos en clientes cuyo volumen de venta anual es demasiado bajo;
- la mejor localización de delegaciones comerciales.

— *Problemas relacionados con el método de venta:* El controler puede ayudar al jefe de ventas proporcionándole información sobre costes históricos y preparando supuestos hipotéticos de costes alternativos para varios métodos de venta. Por ejemplo, dichos análisis pueden incluir el efecto de la distribución de muestras, la utilización de distintas campañas de publicidad y los costes de un test de mercado.

— *Problemas de organización:* Debido a que la función de la dirección de ventas es dinámica, son necesarios cambios organizativos para satisfacer nuevas necesidades. Al efectuar estos cambios, la información relacionada con las ventas potenciales por productos o zonas de venta puede ayudar en la asignación de un nuevo destino a los vendedores existentes o en la contratación de otros nuevos.

— *Problemas de planificación y control:* El controler puede desarrollar una actividad en cualquiera de los campos siguientes:

- *Presupuestos y cuotas de ventas.* La información detallada acerca de la distribución de las ventas por zonas, productos y clientes, junto con el conocimiento del jefe de ventas de los cambios y tendencias de los productos, proporcionan la información básica necesaria para la elaboración del presupuesto de ventas, las cuotas y los estándares. El controler puede también proporcionar apoyo en relación con la realización de previsiones de ventas y estudios de mercado.
- *El presupuesto de gastos de distribución y la definición de estándares.* Los gastos históricos, tal como están registrados en el departamento de contabilidad, proporcionan información necesaria para elaborar los presupuestos y estándares para la medición y el control de la actividad de ventas.
- *Informes periódicos de ingresos y gastos.* Éstos pueden prepararse por zonas, productos, métodos de venta, clientes, vendedores o divisiones operativas. A medida que aumenta el nivel de detalle pueden aparecer deficiencias concretas.
- *Análisis especiales para revelar problemas de rendimiento.* Informes especiales tradicionalmente utilizados son el plan de incentivos de ventas (para ver qué plan motivará al personal para vender los productos más rentables), los gastos de delegaciones y almacenes, los gastos relacionados con la ampliación de la clientela y la retribución de los vendedores en comparación con las ventas realizadas y con la estructura de retribución del sector. El controler es además responsable de que se sigan procedimientos adecuados y de que la planificación y el control de las ventas sea excelente desde el punto de vista económico.

Análisis de las ventas

Para cualquier empresa está inequívocamente claro que la información sobre ingresos y gastos medios por ventas no es suficiente. Dicha información general es poco valiosa para tomar decisiones importantes de márketing y para dirigir las actividades de ventas. Los datos deben ser específicos y estar directamente relacionados con el problema que se examina.

Tipos de análisis de ventas necesarios

Hay muchos tipos de análisis de las ventas. Algunos análisis describen el comportamiento pasado de las ventas, mientras que otros ponen de manifiesto determinadas tendencias en comparación con el pasado, la relación con el presupuesto y con el beneficio bruto, los gastos de ventas o el beneficio neto. Los análisis pueden expresarse en unidades físicas o monetarias. Los análisis normales más utilizados son los análisis por producto, zonas, canales de distribución, métodos de venta, clientes, volumen de pedidos, condiciones de venta, organización y vendedor. Estos análisis pueden efectuarse no sólo en relación con las ventas, sino partiendo del beneficio bruto hasta el beneficio después de deducir los gastos directos de venta, o finalmente hasta el beneficio neto del segmento analizado. Pueden ser útiles otros análisis relacionados con las ventas no realizadas, tales como los pedidos no cumplimentados, las cancelaciones o las ventas perdidas.

El controler puede considerar que el jefe de ventas necesita algunos de estos análisis, mensualmente o con otra periodicidad: por ejemplo, las ventas por zonas, por gamas de productos o por vendedores. Otros análisis pueden hacerse sólo en el marco de una investigación especial, cuando se espera que la tabulación revelará circunstancias fuera de lo normal. En cualquier caso, corresponde al controler diseñar e implantar procedimientos y registros de datos de tal manera (por ejemplo, reorganizando el plan de cuentas) que se disponga de la máxima información con un mínimo esfuerzo. Es axiomático que en muchas situaciones cuanto más rápidamente obtenga la empresa la información, mejor será su posición competitiva.

Deducciones de las ventas

En cualquier análisis de ventas, no puede pasarse por alto la importancia de las deducciones de ventas o conceptos que reducen la cifra de ventas. Aunque los análisis en profundidad pueden realizarse sobre las ventas netas, el rastro para identificar el origen de una cifra de beneficio inferior a la normal reside en estas deducciones: alto coste del transporte, descuentos especiales u ordinarios. Estos factores pueden poner de manifiesto por qué los precios unitarios parecen demasiado bajos. En particular, puede ser útil preparar un análisis de las deducciones subdividido por tipo de responsabilidad: la división de fabricación, por los productos defectuosos; el departamento de tráfico, por descuentos erróneos en los transportes; y la división de ventas, por descuentos para retener clientes.

Condiciones típicas descubiertas por los análisis de las ventas

Muchas empresas descubren que una gran proporción del volumen de ventas se concentra en una pequeña parte de la gama de productos. De igual modo, un pequeño porcentaje de los clientes proporcionará la mayor parte del volumen de negocio. Tales circunstancias reflejan el hecho de que sólo se le puede atribuir la mayor parte del negocio, a una pequeña parte de la actividad de ventas. Esta información puede resultar útil para potenciar la concentración de la actividad de ventas y la consiguiente reducción de los gastos de venta o la reasignación del personal de ventas a diferentes clientes o zonas. Cuando el análisis del producto revela unas condiciones insatisfactorias, puede ser conveniente simplificar la gama de productos. Aunque no es necesario limitar la gama a los artículos de gran volumen, muchos jefes de ventas empiezan a darse cuenta de que no es necesario mantener todas las variedades. Los ejecutivos inteligentes dejarán para sus competidores los tamaños o colores especiales y se concentrarán en los artículos más rentables.

El controler puede profundizar en un área específica para identificar problemas concretos. Por ejemplo, el controler advierte que las ventas ascienden a 20.000 dólares menos que lo esperado para el período. Profundizando hasta el nivel siguiente de detalle, el problema se define con más claridad como causado por la región del Noreste. Profundizando hasta el siguiente nivel de detalle, el controler descubre que el vendedor X de la región del Noreste no ha alcanzado su objetivo de ventas. Un nivel de detalle adicional puede revelar que el vendedor X no vende algunos artículos de la gama de productos. Este tipo de análisis permite al jefe de ventas corregir el problema del descenso de ventas con medidas concretas.

Otros usos del análisis de las ventas

El controler puede realizar numerosos análisis sencillos de las ventas para orientar la actividad de ventas. He aquí algunos de ellos:

— *Planificación de las ventas y fijación de cuotas:* Un elemento esencial para realizarlo de forma correcta es la experiencia pasada.

— *Control de existencias:* Para planificar correctamente las existencias, una empresa debe estar familiarizada con las ventas pasadas y con las tendencias futuras más probables desde el punto de vista de las fluctuaciones estacionales y del tipo del producto.

— *Determinación de ventas estándar:* También en este aspecto es un elemento esencial la experiencia pasada.

— *Mejora de la distribución del esfuerzo de ventas:* Puede que la empresa esté concentrando su esfuerzo en un campo demasiado limitado. El examen del potencial de ventas, de las condiciones de la competencia y de los costes puede revelar la conveniencia de una mayor cobertura. Alternativamente, el análisis puede poner de manifiesto que la zona no está totalmente cubierta.

— *Mejora del esfuerzo de ventas en los productos:* Un estudio de las ventas y de su potencial puede revelar que el esfuerzo de ventas se concentra en determinados productos, descuidándose otros más provechosos. Además, la comparación de las ventas por productos con períodos anteriores puede revelar tendencias.

— *Mejora del esfuerzo de ventas por clientes:* El análisis de las tendencias de compra de los consumidores permitirá identificar los tipos de productos comprados por cada cliente. Adicionalmente, la comparación con las ventas de un período similar del año anterior revelará si la empresa está progresando hacia la consecución de la cantidad máxima de negocio rentable del cliente. El análisis por cuentas de clientes, junto con información complementaria, y el cambio de impresiones con el jefe de ventas, puede poner de manifiesto que ciertas cuentas no pueden proporcionar un volumen rentable, aunque mejoren. Esto puede aconsejar una mejor utilización del esfuerzo de ventas en otros clientes.

El análisis de las ventas y del beneficio bruto

Los esfuerzos de ventas deberán dirigirse y centrarse en el volumen rentable. Para conseguirlo, a los ejecutivos de ventas deben proporcionárseles todos los datos relacionados con el beneficio. Por consiguiente, el análisis de ventas debe incluir un análisis detallado del beneficio bruto. Por ejemplo, el informe de un vendedor debe recoger, además de las ventas, el beneficio bruto comparativo por períodos. Aunque un beneficio bruto elevado no implica necesariamente un beneficio neto elevado (puesto que el coste de ventas puede ser excesivo), no deja de ser un indicador.

Pueden producirse variaciones en el beneficio bruto debido a factores en gran parte controlados por el ejecutivo de ventas, como por ejemplo, cambios en el precio de venta, en la combinación de productos vendidos, en las devoluciones o en el volumen, o debido a factores controlados por el ejecutivo de producción, como son los cambios en la eficacia de fabricación. Estos hechos deben tenerse en cuenta cuando se estudien las variaciones en el nivel del margen bruto. Las causas de las variaciones deberán dividirse entre aquellas que son responsabilidad del ejecutivo de ventas y las que lo son del ejecutivo de producción. La mejor medida del rendimiento de las ventas será el beneficio bruto estándar. Cuando el estándar elimina el factor de eficacia en la fabricación, el departamento de ventas es totalmente responsable del resultado, incluyendo la variación en el volumen.

Estándares de ventas

Un estándar es un indicador científicamente desarrollado. El estándar de ventas más utilizado es la cuota, o cantidad monetaria o en unidades físicas de ventas asignada a una división comercial. La cuota puede incluir otros aspectos, tales como el beneficio bruto, nuevos clientes, los cobros o los gastos de viaje, convirtiéndose en un indicador compuesto del rendimiento. Es frecuente que los jefes de ventas no aprecien los estándares de ventas porque consideran que el resultado final es sustituir el liderazgo comercial por estadísticas impersonales. Sin embargo, los estándares de ventas permiten descubrir un rendimiento deficiente, son la base para recompensar el éxito y permiten fijar objetivos estimulantes para cada vendedor. Los requisitos fundamentales para desarrollar herramientas para el ejecutivo de ventas son los tres siguientes:

1. *Los estándares de ventas son el resultado de una investigación y un análisis detallado de la actuación pasada, teniendo en cuenta las circunstancias que se espera que prevalezcan en el futuro.* Los estándares de ventas representan la opinión de los mejor cualificados para evaluar lo que constituye una actuación satisfactoria. Los ejecutivos de ventas deben proporcionar una opinión crítica de la actividad del departamento de ventas. La visión sobre las condiciones económicas globales o del entorno debe reflejar el juicio combinado del *staff* ejecutivo, incluido el director general, el jefe de ventas y el controler.
2. *Los estándares de ventas deben ser indicadores justos y razonables de la actuación.* No hay nada más desincentivador como una cuota de ventas, o cualquier otro estándar, fijado a un nivel demasiado alto. La experiencia demuestra que dichos estándares se ignorarán. Los estándares deben ser alcanzables para un vendedor representativo de su personal de ventas.
3. *Los estándares de ventas tienen que revisarse de vez en cuando.* Debido a que las circunstancias de ventas cambian frecuentemente, hay que actualizar también el patrón de medida.

El ejecutivo de ventas deberá estar bien informado acerca del método que se emplea para calcular la cuota y debe estar convencido de que la cuota que se le asigna está justificada con arreglo a las circunstancias vigentes. Sólo si esto ocurre, el vendedor se esforzará en alcanzar la cuota.

La experiencia práctica con la utilización de cuotas de ventas, como con todos los estándares, revelará que los ejecutivos de ventas reaccionan ante ellas de modos algo distintos, especialmente al principio. Algunos trabajan de forma más eficiente, mientras que otros se desalientan. Algunos directores de ventas hacen mucho hincapié en este elemento humano al fijar sus cuotas.

La objeción que algunas veces se formula —la de que los esfuerzos se reducen una vez que se han alcanzado las cuotas— rara vez es válida si el rendimiento se recompensa de forma adecuada. La dificultad principal surge cuando las cuotas se sobrepasan como consecuencia de unas circunstancias fortuitas en las que el ejecutivo de ventas no ha tenido influencia o en las que el mérito atribuible al vendedor es dudoso. La solución en este caso reside en una extrema honradez en el manejo de los casos individuales y la creación de confianza en el conocimiento e integridad de los ejecutivos de ventas.

EJEMPLOS DE ESTÁNDARES DE VENTAS

Los estándares de ventas pueden expresarse en términos de esfuerzo, de resultados o de la relación entre el esfuerzo y el resultado. Por ejemplo, a un vendedor se le puede exigir que haga tres visitas al día o quince visitas a la semana. Si se efectúan las visitas, se ha alcanzado el estándar. De nuevo, como resultado de estas visitas, deben recibirse diez pedidos por cada quince visitas efectuadas. Otro estándar es conseguir un volumen determinado de dólares en una zona, independientemente del número de visitas efectuadas o del porcentaje de pedidos por visita.

Aunque la aplicabilidad de los estándares de ventas puede variar en función del sector industrial o la tipología de canales de comercialización, los estándares que el controler puede revisar con el responsable de ventas son los siguientes:

— *Estándares de esfuerzo:*
- número de visitas por período;
- número de visitas efectuadas a clientes potenciales;
- número de delegaciones y distribuidores que han de establecerse;
- número de promociones que deben utilizarse.

— *Estándares de resultados:*
- porcentaje de posibles clientes a los que debe realizarse una venta;
- número de clientes a los que deben presentarse o venderse nuevos artículos;
- número de nuevos clientes que han de lograrse;
- volumen de ventas en dólares que hay que conseguir;
- número de unidades físicas que hay que vender;
- cifra de beneficio bruto que ha de obtenerse;
- cifra de beneficio que ha de obtenerse;
- cantidad que ha de venderse a clientes individuales;
- ventas por producto en dólares o en unidades físicas;
- margen bruto objetivo;
- tamaño medio de pedido que ha de conseguirse;
- relación entre gastos de ventas y ventas brutas.

— *Estándares que expresan relación entre esfuerzo y resultado:*
- número de pedidos recibidos por visita efectuada;
- número de nuevos clientes que ha de conseguirse por visita efectuada a clientes probables;
- número de solicitudes de información o pedidos que ha de recibirse por unidad o por dólar de esfuerzo promocional adicional;
- relación entre los gastos directos de venta y el volumen o el beneficio bruto;

- relación entre los costes de administración o supervisión de ventas y el volumen o el beneficio bruto.

Revisión de los estándares de ventas

Algunos indicadores de rendimiento del departamento de ventas pueden establecerse con un alto grado de exactitud. El número de visitas que debe hacer un vendedor, el porcentaje de clientes potenciales a quienes deben efectuarse ventas y las unidades físicas que deben venderse a cada cliente, ilustran las acciones que normalmente pueden medirse con exactitud. Sin embargo, los resultados de un vendedor están, en numerosas ocasiones, influenciados por circunstancias ajenas a su voluntad, por lo que el nivel objetivo debe revisarse si se producen cambios importantes en dichas circunstancias. Cuando a un vendedor se le concede cierta libertad para la fijación de precios, el beneficio bruto puede variar en función de condiciones competitivas ajenas a su control. Las huelgas, las sequías y las inundaciones pueden afectar de pronto a las posibilidades de venta en una zona determinada. Para que los estándares de ventas sean medidas eficaces de la actuación de ventas, deben revisarse de forma inmediata si cambian las circunstancias. Una medición descuidada de la actuación no tarda en originar desaliento, resentimiento y desinterés por la tarea.

Método para expresar los estándares de ventas

Las cuotas deben desglosarse en sus elementos detallados. Esto contribuye a indicar al representante de ventas dónde, cómo y a quién deben venderse los artículos. A modo de ejemplo, una empresa puede adjudicar a cada uno de su ejecutivos de ventas una cuota con el siguiente nivel de detalle:

— La proporción de la cuota asignada a cada gama de productos.
— La parte de la cuota que representa un aumento esperado del volumen de negocio de nuevos clientes.
— La parte de la cuota que representa un aumento esperado del negocio entre antiguos clientes.
— La parte de la cuota que ha de obtenerse en ciudades grandes o pequeñas.
— La parte de la cuota asignada a determinadas clases de puntos de venta o segmentos de clientes.
— La parte de la cuota que ha de conseguirse de fuentes especiales.
— La distribución de la cuota entre los meses del año.

Aunque un plan así implica un trabajo considerable, tiende a equilibrar el esfuerzo de ventas y ayuda al ejecutivo a orientar su trabajo con mayor eficacia.

Hay que darse cuenta de que tales planes requieren un análisis detallado de la actuación pasada por parte del personal del controler. Además, ese nivel de detalle refleja la existencia de un programa bien elaborado. Muchas empresas, especialmente las de mediano y pequeño tamaño, formulan las cuotas sólo en términos generales: tantos dólares de ventas o tantas unidades en total. Cuando las cuotas son relativamente nuevas, el controler debe proceder con cautela y preparar gradualmente un mayor nivel de detalle de manera que los ejecutivos de ventas puedan orientarse de forma gradual. Sólo cuando se dispone de los datos y el personal de ventas se da cuenta de las ventajas de una planificación detallada, puede ser más útil la fijación de cuotas estándares.

Es frecuente que la cuota no pueda expresarse directamente en dinero o en unidades físicas. Por ejemplo, una venta de cien dólares de artículos de la clase A puede tener más mérito que un importe parecido de artículos de la clase B, o una venta a un nuevo cliente puede tener más mérito que una venta similar a un cliente antiguo. En tales casos, la cuota puede expresarse en unos puntos que ponderen el valor de los diferentes tipos de actuación en ventas. Así, puede decidirse que una venta de cien dólares de artículos de la clase A equivale a diez puntos, mientras que cien dólares de artículos de la clase B equivaldrían solamente a cinco puntos. El sistema de «puntos» puede igualmente extenderse para incluir otros tipos de servicio, tales como las visitas a clientes potenciales, la realización de demostraciones o el cobro.

El requisito final para que los estándares sean eficaces es un adecuado método de retribución como recompensa de una buena actuación.

Informes de ventas

Corresponde al controler proporcionar a los ejecutivos de ventas los datos sobre las mismas. Sin embargo, una cosa es suministrar la información y otra comprobar que se ha entendido y se ha actuado en consonancia. Para asegurar su comprensión, el controler debe adaptar el informe al lector. La información que necesita el director general será distinta de la que tenga que recibir el jefe de ventas, y los informes para los ejecutivos de ventas diferirán todavía más. La amplitud de la información requerida y la forma de presentarla dependerán de las aptitudes del individuo, de sus obligaciones, del tipo de organización y de los principios por los que se rija la dirección de ventas.

Algunos jefes de ventas pueden utilizar con eficacia enormes cantidades de datos estadísticos, mientras que otros prefieren resúmenes. Por consiguiente, el controler deberá elaborar unos informes que satisfagan las necesidades individuales. El uso de diagramas, gráficos y resúmenes mejorará considerablemente la presentación de los datos de ventas a la dirección de ventas. En muchos casos, un informe de tipo narrativo en el que se citen las cuestiones o problemas importantes será la herramienta más eficaz. Según la gravedad del problema, o cuando se recomienden actuaciones importantes, puede ser conveniente convocar una reunión. Corresponde al controler asegurarse de que la información suministrada se entiende y puede utilizarse correctamente.

Los aspectos que pueden incluirse en un informe de ventas pueden cubrir cualesquiera de los siguientes conceptos:

— los resultados reales de ventas, con cifras mensuales o acumuladas del año hasta la fecha del informe;
— las ventas presupuestadas, tanto para el período como el acumulado anual hasta la fecha del informe;
— la comparación de las ventas reales realizadas por la empresa con las cifras de su sector industrial, incluyendo el porcentaje sobre el total;
— el análisis de las variaciones entre las ventas presupuestadas y las reales y los motivos de las diferencias;
— relaciones entre ventas y costes, tales como el coste por pedido recibido;
— los estándares de ventas: la comparación de las ventas reales y la cuota por vendedor;
— información sobre precios unitarios de venta;
— información sobre el beneficio bruto.

Estos datos pueden expresarse en unidades físicas o en dólares. Aparte de los resultados de ventas, reales o estándares, puede incluirse información relativa a pedidos, cancelaciones, devoluciones o ventas perdidas.

Los directores de ventas de primer nivel deben recibir información resumida. Por ejemplo, para el jefe de ventas una información apropiada es la comparación entre las ventas reales y las planificadas por gamas de productos o zonas. Son útiles los informes sobre tendencias que indican el crecimiento o la disminución de las ventas para las categorías principales. Además, un informe sobre la cartera de pedidos proporciona al jefe de ventas información acerca de la dirección probable de las ventas a corto plazo. Una información de ese tipo es la que muestra la tabla 6.1.

TABLA 6.1. **Informe sobre la cartera de pedidos**

Descripción	Cartera de pedidos 30/6/XX	Cartera de pedidos				Valor de las ventas en dólares
		Pedidos recibidos	Pedidos anulados	Pedidos servidos	Unidades	
Vehículos						
Tipo A	50	25	5	10	60	120,0
Tipo B	100	—	5	20	75	262,5
Tipo C	150	50	—	5	195	838,5
Tipo D	60	10	—	5	65	97,5

Para garantizar el control, el responsable de cada división o área comercial debe conocer sus resultados. Como consecuencia, cada división, distrito, área, delegación y vendedor debe tener a su disposición la información pertinente. Cuando los informes corresponden a niveles inferiores de dirección, la información puede ser demasiado amplia. Para evitar informes demasiado extensos, el controler puede utilizar informes de «excepción». Con este método se eliminan los datos donde la actuación fue satisfactoria y sólo se detalla la que no alcanzó niveles aceptables. En dicho informe, se enumerarían solamente los vendedores que estuvieron un 5% o más por debajo del presupuesto, o solamente aquellos clientes en los que se produjo una pérdida. Este tipo de informes puede incluir solamente los costes directos o incorporar los gastos generales asignados a la unidad analizada. En la tabla 6.2 puede verse un informe de excepción para los vendedores.

TABLA 6.2. **Informe de excepción. Rendimiento de los vendedores**

Descripción	Ventas reales	Importe por debajo del presupuesto	%
Actuación satisfactoria	827.432	112.610	15,8
Actuación por debajo del presupuesto			
Abernathy	32.016	1.760	5,2
Bristol	17.433	1.390	7,4
Caldwell	19.811	1.320	6,2
Fischer	24.033	1.470	5,8
Gordon	8.995	480	5,1
Inch	27.666	1.820	6,2
Long	4.277	600	12,3
Mather	39.474	3.800	8,8
Owens	43.189	4.400	9,6
Subtotal	216.894	17.040	7,9
Total del distrito	1.044.326	95.570	9,2

Determinación del precio de un producto

El controler puede ejercer cierto control contable preventivo, en el proceso de fijación de precios, poniendo de manifiesto las consecuencias de determinadas formas de actuar, antes de tomar decisiones imprudentes. Esta actividad de control está estrechamente relacionada con la planificación del beneficio: la influencia de los precios en los beneficios de las empresas es evidente, y los mejores controles sobre los costes y los gastos no producirán un beneficio si los precios de venta se fijan incorrectamente. El controler puede llevar a cabo las siguientes funciones en relación con la determinación del precio de los productos:

— ayudar a establecer una política de fijación de precios coherente con los objetivos de la empresa;
— suministrar un análisis del coste unitario como uno de los elementos a considerar en la determinación del precio;
— calcuar el impacto que tendrán los cambios de precios propuestos sobre los beneficios y evaluar escenarios alternativos;
— conseguir información sobre la política de precios de los competidores;
— analizar los datos históricos sobre precios y volúmenes para identificar tendencias que puedan afectar a los cambios de precios propuestos;
— determinar, para conocimiento de la dirección, cómo un cambio en los precios, en el *mix* de productos y en el volumen, etc., afectará a la cifra de beneficios.

El coste como base para la determinación de los precios

A largo plazo, ninguna empresa puede vender la totalidad o la mayoría de sus productos a un precio inferior al coste. Por tanto, es indispensable contar con suficiente información de costes. A corto plazo, el papel desempeñado por la estructura de costes depende de las circunstancias. Por ejemplo, si el producto se fabrica bajo pedido, los costes serán más importantes. Además, si la competencia es débil o si la empresa es líder en precios, entonces la información sobre costes desempeñará un papel más importante que si existen las situaciones opuestas.

Surge entonces la siguiente pregunta: «¿qué tipo de información de costes se necesita?». El enfoque puede variar en función de los objetivos que una empresa se plantee. Un enfoque de costes puede ser adecuado para una decisión a corto plazo y otro enfoque completamente diferente si se trata de decisiones a largo plazo. Además, para la determinación de precios, el enfoque tradicional usual del coste histórico puede no satisfacer las necesidades. Dicho con brevedad, el controler debe ser consciente de los distintos métodos de determinación de los costes y de las limitaciones de cada uno de ellos, y seleccionar el enfoque más adecuado para los objetivos de carácter inmediato.

Antes de revisar las técnicas alternativas de determinación de costes existentes, se incluyen algunas observaciones generales que consideramos de utilidad. En primer lugar, los precios hacen referencia al futuro. Por tanto, los costes que tienen que utilizarse para determinar los precios deben referirse al futuro. Debe prestarse una atención especial a los niveles de costes que se espera que prevalezcan en el período objeto de estudio. Deberán tenerse en cuenta los costes probables de las materias primas y de la mano de obra. En las estimaciones de costes, deberán reflejarse los futuros cambios en los procesos de fabricación.

Evidentemente, debe tenerse en cuenta la inflación, y deberá obtenerse la mejor información disponible para detectar qué índices futuros de inflación cabe esperar. En esta previsión, el controler debe utilizar, en la medida de lo posible, herramientas avanzadas de muestreo estadístico, los métodos de simulación, las técnicas de análisis de decisiones y el análisis del nivel de precios. Debe examinarse también el coste de reposición de la capacidad productiva o de los bienes de capital. Los precios deben garantizar la futura sustitución de estos activos productivos a los costes previstos.

El controler debe ayudar a determinar el precio de venta que producirá el mayor beneficio neto a largo plazo. Un beneficio muy elevado a corto plazo puede atraer a competidores o incentivar una intervención pública.

El procedimiento básico consiste en que el controler obtenga del jefe de ventas una estimación del número de unidades que pueden venderse a varios niveles de precios. Posteriormente se calcula el coste unitario y el coste total a los correspondientes niveles de producción. Puede determinarse entonces el volumen al cual puede obtenerse el mayor beneficio total.

Por último, deben tenerse en cuenta todos los costes relacionados con el producto, no solamente el coste de fabricación. Si los costes de fabricación se calculan minuciosamente, pero los gastos de ventas u otros gastos se aplican como un porcentaje global sin tener en cuenta los gastos y el esfuerzo directamente aplicables al producto, no se conseguirán los resultados esperados.

Aunque se utilizan numerosos métodos de determinación de costes, hay cuatro enfoques que merecen su estudio:

1. *Método del coste total.*—Según este método, para fijar los precios, se determina el coste del producto, y a esta cifra se le añade el margen de beneficio deseado. En la tabla 6.3 se expone este cálculo. El método del coste total

TABLA 6.3. **Método del coste total**

	Coste de la unidad del producto A y precio de venta
Costes y gastos	
Materias primas	10,00
Mano de obra directa	4,00
Gastos generales de fabricación	6,00
Coste total de fabricación	20,00
Gastos de investigación y desarrollo (10 % del coste de fabricación)	2,00
Gastos de ventas y publicidad (20 % del coste de fabricación)	4,00
Gastos generales y administrativos (10 % de los gastos generales de fabricación)	0,60
Coste total	26,60
Margen de beneficio deseado (25 % del coste total)	6,65
Precio de venta propuesto	33,25

tiene la ventaja de su facilidad de cálculo y que permite recuperar todos los costes. Sin embargo, no distingue entre costes directos y costes totales (aspecto crítico para las decisiones de determinación de precios a corto plazo) y se ignora la posibilidad de utilizar precios superiores para obtener un mayor rendimiento.

2. *Método del coste directo.*—Con este enfoque sólo se reconocen los costes incrementales de un producto, es decir, los costes directamente asociados al producto en los que no se incurriría si éste no se fabricase o vendiese. Cualquier precio de venta superior a este mínimo representa una aportación a los gastos fijos. Aplicando este principio al producto A descrito en el método del coste total se producen los resultados que figuran en la tabla 6.4.

TABLA 6.4. **Método del coste directo**

	Producto A: coste unitario y precio de venta
Costes y gastos	
Materias primas	10,00
Mano de obra directa	4,00
Gastos variables de fabricación	1,50
Gastos variables de ventas	1,50
Gastos variables administrativos	0,30
Total coste variable o incremental	17,30
Gastos fijos imputables al producto	2,50
Total costes directos	19,80

Si el producto tuviera que venderse por un precio equivalente al coste incremental o a un precio inferior, el beneficio de la empresa sería similar e incluso superior si no fabricara o vendiera dicho producto. Sin embargo debe tenerse en cuenta la posibilidad de que la retirada del producto pueda causar la pérdida de otros negocios.

Este método de determinación del coste se utiliza frecuentemente cuando pueden realizarse ventas adicionales a precios reducidos (por ejemplo, para minoristas que venden los productos con su propia marca), cuando existe un exceso de capacidad de fabricación y cuando estas ventas adicionales no crean problemas en el mercado habitual de la empresa.

Los costes marginales se utilizan solamente para decisiones a corto plazo. El peligro de la utilización de este método reside en la tendencia a asegurar un volumen cada vez mayor de ventas de forma incremental, con un efecto final de deterioro del mercado y una gran parte del volumen de negocio que no permite recuperar su proporción de los costes totales. En estas circunstancias, no se produce un beneficio en los productos a los que se les fija un precio que sólo cubre sus costes.

3. *Método del rendimiento del activo.* Este método pretende maximizar el rendimiento del activo empleado. Se centra en el capital invertido en las ins-

talaciones de producción o comerciales o en el capital circulante. Puede utilizarse la fórmula siguiente para calcular el precio de venta necesario para producir un rendimiento determinado del activo empleado:

$$\text{Precio unitario} = \frac{\dfrac{\text{Coste} + (\%\ \text{rendimiento deseado x activo fijo})}{\text{Volumen anual de ventas en unidades}}}{1 - \%\ (\text{rendimiento deseado}) \text{ x } (\text{activo variable en } \%\ \text{del volumen de ventas})}$$

En esta fórmula, el coste incluye el coste total de fabricación, de ventas, los gastos administrativos y de investigación. El rendimiento porcentual representa la tasa de rendimiento que se desea obtener sobre el activo empleado. El activo fijo incluye las instalaciones y el equipo. El activo variable representa el activo circulante que es función del volumen y de los precios. Aplicando algunas suposiciones, puede calcularse el precio unitario del producto A de este modo:

$$= \frac{\dfrac{2.660.000 + 0,20 \text{ x } 300.00}{100.000}}{1 - 0,20 \text{ x } 0,30}$$

$$= \frac{2.720.000 \ / \ 100.000}{1 - 0,06}$$

$$= \frac{27,20}{0,94} = 28,936 \text{ dólares}$$

La prueba se calcula como sigue:

Ingresos y costes	
Ventas (100.000 unidades a 28,936 dólares)	2.893.600
Costes	2.660.000
Ingresos antes de impuestos	233.600
Activo empleado	
Variable (30 % de 2.893.600 dólares)	868.080
Fijo	300.000
Total activo empleado	1.168.080
Rendimiento del 20 % sobre el activo empleado de 1.168.080 dólares	233.600

En una empresa multiproducto, se plantea un problema cuando se asigna el capital empleado a las distintas gamas de productos. Ese problema puede resolverse asignando activos a cada gama. En la tabla 6.5 se recogen algunos métodos que pueden utilizarse para prorratear el activo entre las diferentes líneas de productos.

TABLA 6.5. **Métodos utilizados para asignar diversos tipos de activos a gamas de productos**

Partida del activo	Métodos posibles
Efectivo	En proporción al coste total del producto
Cuentas a cobrar	En proporción a las ventas, y realizando ajustes para tener en cuenta diferencias significativas en las condiciones de venta
Materias primas	En proporción a la utilización real o esperada
Trabajos en curso	En proporción a la utilización real o esperada
Productos terminados	En proporción al coste de fabricación
Activo fijo	En proporción a los costes de transformación (mano de obra y gastos generales variables de fabricación) o a las horas de mano de obra

4. *Método del coste de referencia.*—Este método es considerablemente distinto de los otros métodos de determinación de costes. En este método el equipo de diseño de nuevos productos determina el precio a que debe venderse el producto y, posteriormente, diseña un producto con un coste que se adapte a dicho nivel de precios. La misión del controler es intervenir en la determinación del coste inicial, antes de que se fabrique el producto, para asegurarse de que los costes planificados permiten un margen de beneficio suficiente. El controler intervendrá también en los estudios posteriores de coste para verificar que los costes reales coinciden con los costes planificados.

La anterior exposición sobre la determinación de los precios de los productos se refiere al establecimiento de precios para clientes no relacionados y bajo condiciones de libre competencia. Un aspecto especial de la determinación de los precios de los productos se refiere a los precios internacionales de transferencia: el valor asignado a los artículos o servicios producidos en un país para su utilización o beneficio de una empresa afín de otro país.

Los precios de transferencia, que deben reflejarse en los planes de ventas e ingresos netos planificados, tanto de las empresas productoras como de las empresas receptoras, deberán establecerse de forma conjunta entre los responsables de ventas y un miembro del departamento del controler. El motivo para esto es que la normativa fiscal regula aspectos tales como los costes reales o esperados, el capital empleado, las funciones desempeñadas por cada parte y los riesgos implicados. Es esencial una adecuada contabilidad de costes.

La determinación de los precios de los productos es compleja y comprende la evaluación de muchas variables. Es responsabilidad del controler proporcionar toda la información necesaria y presentarla a la dirección para su estudio. Deben tenerse en cuenta los distintos métodos de determinación de costes y debe aplicarse el que más se adapte a las circunstancias particulares de cada empresa. Además de la información de costes, deberán incluirse para su revisión por la dirección otros factores para la determinación de los precios de los productos:

— El rendimiento del capital invertido o del activo empleado.
— El activo empleado y su rotación.
— El porcentaje utilizado de la capacidad de la fábrica.
— El porcentaje que representa cada producto sobre la cartera de productos.
— La cuota de mercado.
— Precios de los competidores y cuotas de mercado.

Resumen

En este capítulo, hemos realizado una exposición pormenorizada de la contribución del controler a la función de ventas, incluyendo los aspectos relacionados con los costes de los productos, la distribución y la determinación de los precios. La misión del controler como analista de la función de ventas puede tener un efecto considerable sobre los beneficios de la empresa, puesto que los cambios en los precios de los productos, en los sistemas de distribución y en la estructura de las comisiones tienen un efecto importante sobre los beneficios de la empresa. Además, consideramos los usos y abusos de los estándares de ventas para la motivación o desmotivación del personal de ventas para vender la combinación más rentable de productos. Hemos incluido a modo ilustrativo un gran número de estándares que el controler puede utilizar para motivar al personal de ventas. Por último, hemos destacado las ventajas e inconvenientes de diversos métodos de determinación de los precios de los productos. Entre estos métodos figuraban la determinación del coste total, la determinación del coste directo, el rendimiento del activo y la determinación del coste de referencia.

Capítulo 7

Los gastos de distribución

Introducción

Los costes de hacer llegar los productos manufacturados a los clientes se han hecho relativamente más significativos en los últimos años, pues, por lo general, ha disminuido el coste de fabricación. De hecho, para algunas empresas, los costes totales de distribución superan a los costes de producción o de aprovisionamiento.

Aunque en la mayoría de las empresas el esfuerzo se ha concentrado en el análisis y el control de los costes de producción, los costes de distribución no han estado disponibles en una forma utilizable o no se han comunicado a la dirección de márketing para la toma de decisiones. A los ejecutivos responsables de la distribución de los productos se les debe dar a conocer los diversos componentes del coste, para permitirles planificar con eficacia e implantar un sistema de distribución apropiado. El controler debe preparar los mecanismos de control, obtener los datos e interpretarlos, y comunicar la información a los ejecutivos de márketing. Para ser eficiente, el ejecutivo de márketing debe comprender la información del control contable y utilizarla para elaborar mejores planes de márketing. Los crecientes costes de distribución pueden ser efectivamente controlados, e incluso reducidos, si el controler colabora con la dirección de ventas y de márketing en la preparación de mecanismos de control.

Todo controler que aborde el control del coste de distribución se encontrará con que los problemas suelen ser mucho más complejos que los correspondientes a lós costes de producción. En primer lugar, los factores psicológicos requieren más atención. Al vender, las actitudes del comprador y del vendedor son variables, y la reacción de los competidores no puede pasarse por alto. Esto constituye un claro contraste con la producción, donde el trabajador es por lo general el único elemento humano. Además, en las actividades de márketing, los métodos son más flexibles y más numerosos que en las de producción, y pueden utilizarse varios servicios y canales de distribución. Tales circunstancias hacen que las actividades de márketing sean más difíciles de normalizar que las de producción. Además, los cambios constantes en los métodos de venta o en los canales de distribución son factores que dificultan la obtención de la información básica. Incluso cuando se obtiene la información, debe tenerse mucho cuidado en su interpretación. Cuando los costes indirectos o imputados son importantes, los análisis pueden requerir un enfoque más orientado hacia el análisis de coste marginal o incremental. La mayor parte de este capítulo está dedicada al análisis y control detallados de los costes de distribución.

Definición

Los costes de distribución son los costes correspondientes a todas las actividades que se realizan desde el momento en que los productos son fabricados (o comprados, en el caso de una empresa no manufacturera) hasta que llegan al cliente: el coste de almacenamiento, márketing, venta y expedición del producto. En esta sección, estudiaremos los gastos que normalmente están bajo el control del ejecutivo de márketing o de ventas. Comprenden los siguientes tipos de gastos :

— *Gastos directos de venta:* todos los gastos directos originados por la actividad de generación de pedidos, incluyendo los gastos directos de los vendedores; los de la dirección y supervisión de ventas; los de las delegaciones de ventas; los del servicio posventa, y los gastos relacionados con la recepción de pedidos.
— *Gastos de publicidad y promoción de ventas:* todos los gastos de publicidad en medios de comunicación, los de las promociones de ventas, los de desarrollo de la estrategia de márketing y los de publicidad general.
— *Gastos de transporte:* todos los gastos de transporte de las mercancías enviadas a los clientes y de las devoluciones, así como los costes de gestión y mantenimiento de las instalaciones de expedición de productos.
— *Gastos de almacenamiento:* todos los costes de almacenamiento, mani-

pulación de existencias, preparación de pedidos y embalaje y expedición.

— *Gastos de investigación de mercado:* gastos de los diversos estudios y proyectos, incluyendo los de administración del departamento, emprendidos para comprobar u obtener información sobre los diversos productos, mercados, canales u otros medios de distribución.

— *Gastos generales de distribución:* todos los demás gastos relacionados con las funciones de distribución, gestionados por la dirección de ventas, que no estén incluidos en las partidas anteriores. Pueden comprender los gastos generales de la dirección de ventas, los de reclutamiento y formación, y los de las funciones de *staff* tales como contabilidad, si corresponden.

La misión del jefe de ventas

El jefe de ventas es responsable de conseguir el volumen de ventas objetivo de los productos apropiados y de la planificación y control de los costes de distribución. Éstos pueden parecer dos objetivos diametralmente opuestos. Sin embargo, se trata de un problema de equilibrio. Si se gasta más dinero en la actividad de distribución, ¿qué recibe la empresa a cambio? Normalmente, el jefe de ventas está bajo presión para aumentar las ventas a la vez que reduce los gastos correspondientes a su departamento. Así, debe saber si los costes de distribución son realmente demasiado altos y, en el caso de que lo sean, exactamente dónde: ¿Qué vendedor? ¿Qué zona? ¿Qué gasto? La actividad de ventas debe orientarse cuidadosamente y esto sólo puede hacerse con la correcta información contable procedente del controler. El jefe de ventas debe contar con un análisis de los costes de distribución como base para su trabajo.

Controlar los costes de distribución

Un procedimiento habitual para controlar el coste de *producción* consiste en comparar los gastos reales con los gastos estándar o presupuestados y ejercer una presión continua sobre los gastos reales hasta que estén en línea con el presupuesto. Hasta cierto punto, esto puede hacerse con los costes de distribución, especialmente con los de naturaleza rutinaria, repetitiva y no relacionados directamente con las ventas, tales como la tramitación de los pedidos y el almacenamiento. Sin embargo, este enfoque no es eficaz cuando se trata de los gastos de ventas.

El enfoque de control adecuado para los gastos de ventas consiste en conseguir una mayor actividad de distribución y mejores resultados por el mismo dinero. El coste unitario de ventas puede reducirse efectivamente logrando un mayor volumen con el mismo personal de ventas, ya sea consiguiendo pedidos más grandes o bien más clientes. Esto no impide que, en muchos casos, será necesario reducir los costes; sin embargo, destaca el efecto que tienen unos menores costes de distribución sobre el volumen de ventas. Buena parte de la actividad de control del controler debe realizarse de un modo preventivo, de forma que los márgenes y los costes de distribución puedan utilizarse para poner en marcha otras medidas que permitan conseguir mejores resultados.

Analizar los costes de distribución

Hay varios modos de analizar los costes de distribución:

— *Por la naturaleza del gasto u objeto del desembolso:* Esta información se registra en el libro mayor y puede obtenerse fácilmente información sobre las cifras de gasto o como porcentaje de los ingresos. Sin embargo, el controler debe profundizar en su análisis para decirle al jefe de ventas por qué ciertos gastos son demasiado altos, quién es responsable del nivel excesivo de costes y qué puede hacerse para mejorar la situación.

— *Por el margen de contribución:* Éste se calcula deduciendo de los ingresos por ventas aquellos costes directos en que se incurre para conseguir las ventas analizadas. Los gastos no deducibles de los ingresos al calcular el margen de contribución son los no afectados por la decisión que se revisa. Se utiliza para las decisiones tácticas a corto plazo; pero no es conveniente utilizarlo para las decisiones a largo plazo porque no incluye como elemento esencial la recuperación de los costes totales, que comprende los gastos generales de fabricación. Este método tiene las siguientes ventajas:

- mide el aumento inmediato del beneficio total de la empresa como consecuencia de la transacción objeto de revisión;
- facilita la decisión de la dirección porque los costes que han de modificarse están ya separados de los costes no afectados;
- evita errores y controversias que surgen como consecuencia de las imputaciones de costes;
- sencillez de aplicación, puesto que los costes directos se identifican más fácilmente que los costes totales, aunque haya que realizar imputaciones;
- los datos se obtienen más rápidamente y con menos esfuerzo.

— *Por funciones o actividades realizadas:* Este tipo de análisis requiere los siguientes pasos:

- Designar las funciones o actividades objeto de medida, tales como las visitas de ventas, las expediciones desde el almacén o los envíos por correo.
- Segregar el coste de las funciones/actividades para su medición. Esto puede hacerse ya sea a través de cuentas específicas en el mayor general, ya sea a través de imputaciones.
- Establecer unidades de medida de la actividad. Por ejemplo, el número de kilos expedidos podría ser el punto de referencia de los gastos de expedición o el número de visitas de vendedores podría servir como unidad de medida de los gastos directos de ventas externas.
- Calcular el coste unitario de la actividad dividiendo el coste total controlable de la actividad o función por el número de unidades.
- Definir medidas correctoras si se producen variaciones significativas en el coste.

—*Haciendo coincidir los ingresos con las funciones:* Con esto se hacen coincidir los gastos con los ingresos correspondientes, de manera que el controler pueda calcular los resultados de una actividad específica de distribución. Esta clase de análisis requiere imputaciones de costes directos e indirectos. Los costes directos son bastante evidentes, pero los indirectos son muy difíciles de imputar a los distintos conceptos de coste. El controler deberá actuar de forma prudente y dedicará una cantidad considerable de tiempo a clasificar los costes indirectos en diferentes conceptos y utilizará diferentes bases de imputación para prorratear los costes de una manera lógica entre los mismos. El grado de sofisticación de la imputación puede depender de si el análisis es a corto o a largo plazo. Para el análisis a largo plazo han de incluirse todos los costes. De ese modo, todos los costes imputados pueden identificarse. Si, por otra parte, las decisiones son de alcance limitado y para un período corto de tiempo, tales como la venta a un cliente que venderá los productos con marca propia el año próximo, entonces sólo será necesario tener en cuenta los costes directos. Si se desea dirigir la actividad de ventas de forma eficaz, es necesario realizar todos estos tipos de análisis para que el jefe de ventas disponga de la información necesaria.

Tipos de análisis

Hoy en día se cuenta con suficiente experiencia en el análisis del coste de distribución para demostrar su importancia. Aunque el grado de refinamiento puede variar en diferentes empresas, el enfoque general es como sigue:

— Determinar qué tipo de análisis se requiere para una situación determinada, como por ejemplo, un análisis por sistema de envío.
— Clasificar los costes de distribución en costes directos e indirectos.
— Seleccionar y aplicar los criterios de imputación a los gastos indirectos. Esto incluye una clasificación y un tratamiento apropiado de los costes variables, en oposición a los costes fijos.
— Preparar el análisis y el comentario para el ejecutivo apropiado. Para identificar la relación existente entre costes y beneficios es necesario llevar a cabo la siguiente secuencia de actividades:
  - determinar el beneficio bruto por segmento;
  - acumular los costes directos por segmento y deducirlos del beneficio bruto con el fin de obtener el beneficio después de gastos directos;
  - prorratear los coste indirectos para obtener el beneficio neto final;
  - preparar los análisis detallados que sean necesarios para identificar las situaciones que sea preciso corregir.

En las secciones que siguen estudiaremos los pasos necesarios para efectuar análisis detallados por zonas, productos, clientes y tamaño del pedido.

ANÁLISIS POR ZONAS DE VENTAS

Una zona de ventas es cualquier área geográfica utilizada por una empresa para la planificación, la orientación o el análisis de las ventas. El lugar en el que se venden los artículos ejerce una influencia importante sobre el beneficio neto, porque existen diferencias sorprendentes entre zonas con respecto al potencial de ventas, al margen bruto y al beneficio neto. Si los artículos se venden a los mismos precios f.o.b. desde un punto central, el beneficio bruto no varía. Sin embargo, si en el precio del producto va incluido el coste de transporte, el margen bruto es diferente en función de la cuantía de dichos gastos. Además, los costes totales de distribución (incluyendo los de márketing y ventas) son diferentes según las zonas. El coste de vender en una ciudad densamente poblada como Nueva York es diferente del coste de vender en Tejas occidental. Debido a esta diversidad de condiciones, los ejecutivos deben contar con un análisis de los costes de distribución por zonas geográficas. Tal información permite al jefe de ventas reorganizar el esfuerzo de ventas cuando sea necesario y enfocar el esfuerzo comercial hacia las zonas más rentables.

Dado que el análisis por zonas se utiliza cuando se cubre un área geográfica extensa, un fabricante que sirva un mercado nacional se beneficiaría considerablemente de ese tipo de análisis, mientras que una tienda al por menor probablemente no. El tipo exacto de análisis por zonas que se necesita depende del problema y tipo de organización. Si un ejecutivo de una zona es responsable de los costes y de los resultados, entonces es conveniente realizar un análisis completo por área de responsabilidad. Si se trata de un problema relacionado con el coste de vender en una población pequeña frente a una gran ciudad, debe hacerse dicha segregación.

Una vez descubiertas las deficiencias a través del análisis, deben adoptarse medidas correctoras. He aquí algunas alternativas:

— Reorganizar las zonas para alinear el esfuerzo realizado con las oportunidades comerciales.
— Reorganizar los límites de las zonas para reducir los gastos de venta y conseguir una mejor cobertura de clientes.
— Modificar la asignación de vendedores a zonas.
— Reforzar la atención prestada a las líneas de productos o clientes más desatendidos de una zona.
— Cambiar el método de venta o el canal de distribución (por ejemplo, cambiar de vendedor a agente).
— Cambiar la localización de los almacenes dentro de la zona.
— Eliminar las zonas no rentables.
— Cambiar la política de publicidad o de gastos de la zona.

Análisis por productos

En la economía actual, el diseño, el estilo o el tipo de producto que vende una empresa cambian de forma continua. De ahí que una empresa, tarde o temprano, tenga que enfrentarse con el problema de seleccionar el tipo de productos que desea vender. ¿Deberá vender el mejor o el más barato de la gama? ¿Potenciará el uso de un nuevo plástico? ¿Deberá introducir un motor de avión silencioso? Para responder a este tipo de preguntas es necesario realizar un doble análisis. En primer lugar, a través de un análisis de mercado, es necesario identificar qué desean los clientes y qué precio están dispuestos a pagar. Posteriormente, mediante un análisis de costes, hay que determinar si la empresa puede fabricar y vender el artículo y obtener un beneficio. Por estos motivos, es conveniente realizar un análisis por producto.

Numerosas empresas suelen ampliar la gama de productos con el fin de aumentar el volumen de ventas. Algunas veces, los nuevos productos encajan en la gama actual y permiten obtener ciertas economías. Sin embargo, es frecuente que los nuevos productos requieran nuevos servicios. Por este motivo, también, es necesario realizar un análisis por producto para determinar el coste de vender así como el beneficio neto.

En general, el esfuerzo comercial debe dirigirse hacia los productos que pueden generar un mayor beneficio neto, y es necesario llevar a cabo un análisis de costes para saber exactamente qué productos son éstos. Con ello, no queremos decir que una empresa deba abandonar un artículo de bajo margen. Es posible que esté contribuyendo con algo más que su coste directo, o que sea necesario para la comodidad del cliente. Además, las posibilidades de vender un artículo de alto margen a un cliente pueden ser reducidas. Por ejemplo, puede no existir la oportunidad de vender un tipo de cola que produce un gran beneficio, en lugar de un producto de pintura de bajo margen, a un fabricante de pinturas. En la actividad comercial es necesario tener en cuenta otros factores adicionales y no sólo los costes; pero estos factores deben observarse y mantenerse dentro de unos límites razonables. El análisis del coste de distribución por producto es, por tanto, útil para la orientación de la actividad de ventas.

Al realizar un análisis de costes por producto, a muchos controlers les puede parecer que el beneficio neto de toda una gama de productos no es lo suficientemente elevado o, incluso, que se están produciendo pérdidas. Cuando se ponen de manifiesto tales circunstancias, se suelen adoptar medidas para aumentar ese margen porque la firma quizá no esté en situación de abandonar toda una gama de productos. Esto no es más que otro modo de decir que el análisis es un medio para controlar los costes, porque es posible que los costes de fabricación o distribución sean demasiado altos.

Por último, el análisis del coste por producto ayuda a fijar los precios de venta, cuando la empresa está en situación de utilizar el coste como base para la determinación de los precios. Es conveniente realizar este análisis conjuntamente con la determinación del diferencial máximo de precios para unos clientes determinados.

Para muchos controlers, es evidente que debe efectuarse un análisis por producto de los costes de distribución, cuando las características de la mercancía, o sus métodos de distribución, son tales que una base uniforme de imputación no refleja el esfuerzo o el coste de vender. En este caso, los kilos o las unidades de venta o los dólares de venta pueden ser una medida razonable de los gastos de ventas. Sin embargo, hay numerosas circunstancias en las que tal prorrateo es inexacto o induce a error:

— *Si existen diferencias en la duración o la intensidad del esfuerzo comercial requerido:* El producto A que se vende a 0,60 dólares puede requerir el triple de esfuerzo que el producto V que se vende a 0,30 dólares. Ni las ventas en dólares, ni las unidades vendidas, serán una base acertada. Es posible que un producto exija un mayor grado de asistencia técnica y sufra reclamaciones más frecuentes cuando se compara con otro. Los vendedores especializados pueden dedicarse a un producto y el personal de la gama general puede ocuparse de otro. Todas estas circunstancias dan lugar a diferentes costes de ventas y deben quedar reflejadas en el análisis.
— *Si existen diferencias en el método de venta:* Evidentemente, si un producto se vende exclusivamente por correo y otro a través de vendedores, el coste de las ventas no puede prorratearse por dólares de ventas o por unidades de ventas.

— *Si existen diferencias en el tamaño de los pedidos:* Cuando un producto se vende por kilos y otro se vende por camiones cisterna, muchos de los costes de distribución pueden ser diferentes.
— *Si existen diferencias en los canales de distribución:* Un producto puede venderse directamente a minoristas, mientras que otro se distribuye a través de mayoristas. En este caso también, existe una diferencia en los costes de distribución.

El análisis por producto pondrá de manifiesto, generalmente, deficiencias para las que pueden tomarse medidas correctoras, tales como las siguientes:

— reorientar el esfuerzo comercial a líneas más rentables o alinear el esfuerzo con el potencial de ventas;
— ajustar los precios de venta;
— eliminar ciertas gamas, tamaños de envases, colores, etc., no rentables;
— añadir nuevas gamas de productos relacionadas con la familia de productos actual, compartiendo de ese modo los gastos fijos de distribución;
— cambiar el método de venta o el canal de distribución;
— cambiar el tipo, la cantidad y la intensidad de la publicidad;
— revisar el envasado, el diseño, la calidad, etc.

ANÁLISIS POR CLIENTES

Cuesta más vender a algunos tipos de clientes que a otros y más a un cliente dentro de un tipo que a otro. Algunos clientes requieren más servicios, tales como almacenamiento, reparto o financiación. Otros clientes exigen un precio diferente, especialmente cuando intervienen factores como el tamaño del pedido o el volumen anual de compras. De nuevo, el tipo de productos difiere entre unos tipos de clientes y otros. Todas éstas son razones por las que es necesario realizar un análisis por clientes, con el fin de medir la diferencia de beneficio neto. Además de su utilización en la orientación del esfuerzo comercial, estos análisis sirven para fijar precios y controlar los costes de distribución.

En la mayoría de las empresas, los análisis por clientes no se realizan de forma continua. El director de ventas puede estar interesado en conocer si se gana dinero con un cliente determinado, o si deben contemplarse cambios solamente en ciertos grupos de clientes. En estas ocasiones, pueden llevarse a cabo análisis especiales.

Aunque los análisis pueden realizarse por clientes individuales, especialmente cuando se trata de grandes clientes, normalmente los análisis se referirán a ciertos grupos o clases. Los dos factores básicos para seleccionar la clasificación que ha de utilizarse son: la cantidad de servicios de distribución requeridos (éste es un factor fundamental para que se produzcan diferencias en los costes de distribución) y la viabilidad de segregar los costes de distribución. Las clasificaciones que han resultado ser más útiles son éstas:

— volumen de compra anual;
— tamaño de los pedidos;
— localización;
— frecuencia de las visitas de los vendedores;
— tipo de agente (minorista, mayorista o intermediario);
— clasificación de solvencia de los clientes.

Uno de los enfoques aplicados para efectuar un análisis por tipos de clientes, consiste en agrupar los clientes de una misma categoría y determinar los costes totales para dicho grupo. Sin embargo, esto puede consumir mucho tiempo. Otro método utiliza un procedimiento de muestreo, por el que se seleccionan los clientes más representativos de cada clase y se determina el coste de servirles. Una modificación de este sistema consiste en realizar un análisis muy detallado en algunas áreas y un muestreo en otras.

Se apreciará que relativamente pocas partidas de costes de distribución pueden asignarse directamente a determinados clientes y que deben efectuarse imputaciones. Serán necesarios datos estadísticos de varias fuentes, tales como el número de visitas efectuadas a los clientes, el tiempo dedicado a los mismos, o el número de pedidos.

Surgirán ocasiones en que ha de tomarse una decisión acerca de si debe continuarse la relación con un cliente concreto o si debe cambiarse el método de venta. Por ejemplo, cambiar las visitas a clientes por llamadas telefónicas puede dar como resultado retener valiosos negocios, al tiempo que se asegura un margen de contribución acorde con las necesidades operativas normales.

El análisis por clientes proporciona información de gran valor para el jefe de ventas. Da una idea clara del número de clientes en varios tramos de volumen y el valor medio de los pedidos. Al utilizar esta información para poner en marcha acciones correctoras, debe tenerse en cuenta el volumen de productos necesario para cubrir los costes fijos de producción. La información facilitará los datos para el estudio por los ejecutivos de las siguientes cuestiones:

— suspensión de la relación con ciertos grupos de clientes;
— ajustes de precios;
— necesidad de mayores márgenes para ciertos grupos;
— cambios en el método de venta.

Análisis por tamaños de pedido

Otro tipo de análisis se realiza por tamaño de pedido. Una de las causas de que aparezcan costes de distribución elevados y ventas no rentables son los pedidos pequeños: no porque el pedido sea pequeño, sino porque los ingresos no son lo suficientemente altos como para cubrir todos los costes correspondientes a las transacciones y obtener un beneficio. Hay muchos casos en que no pueden rechazarse los pedidos pequeños. Sin embargo, pueden adoptarse medidas correctoras para controlar el problema. El primer paso que debe dar el controler es obtener los datos necesarios a través de un análisis de los costes de distribución por tamaño de pedido.

El problema es más importante en unas empresas que en otras, especialmente cuando los costes de tramitación de los pedidos son relativamente elevados o de carácter fijo.

El procedimiento para analizar los costes de distribución por tamaño de pedido es similar al de otros análisis. Es necesario clasificar los costes de tramitación de pedidos en costes fijos y costes variables. En este caso, ciertos costes serán siempre fijos, independientemente del tamaño del pedido, otros variarán con el volumen monetario y otros con el volumen físico. Los cinco pasos que han de seguirse son:

1. Determinar el tamaño de pedidos que deben estudiarse (por ejemplo, por debajo de 25 dólares, de 26 a 50 dólares, etc.).
2. Clasificar los costes de acuerdo con los que varían con la cuantía del pedido (por ejemplo, el embalaje), los que son uniformes para pedidos de todos los tamaños (por ejemplo, la contabilización de las facturas) y los que deben ser considerados como gastos generales (por ejemplo, los costes de la publicidad y la supervisión).
3. Detectar los factores que determinan la cantidad de gastos variables imputables a los pedidos de diferentes cuantías (por ejemplo, valor en dólares, peso o grado de manipulación).
4. Aplicar los factores de variabilidad a los gastos variables y añadir los costes uniformes, con lo que se obtiene el coste directo de cada tamaño de pedido.
5. Distribuir los gastos generales mediante algún factor adecuado, como por ejemplo los kilos o el valor monetario, para obtener el coste total del pedido.

Otros análisis de utilidad

También pueden resultar útiles los siguientes análisis:

— *Por canales de distribución:* Es útil cuando es posible elegir entre varios canales de distribución, con el fin de dirigir las ventas hacia el canal más rentable. Este análisis hay que hacerlo de forma esporádica, cuando se produce un cambio de tendencia en las variables de coste.
— *Por métodos de venta:* Son aplicables los mismos comentarios que en el caso del análisis por canales de distribución.

— *Por vendedores:* Con el fin de medir el rendimiento de los vendedores desde el punto de vista del beneficio y dirigir mejor su actividad.
— *Por organizaciones o divisiones operativas:* Útil cuando existen varias divisiones comerciales. Este análisis se utiliza para medir la actuación del ejecutivo de cada división. Ejemplos de este tipo de análisis son los análisis por departamentos en unos grandes almacenes, por tiendas en una empresa que tenga una cadena de tiendas, o por filiales en una organización manufacturera.

Al hacer recomendaciones basadas en el análisis del coste de distribución, antes de tomar una decisión, deben tenerse en cuenta todos los efectos posibles sobre cada una de las actividades de la empresa. Cuando se decide si ha de abandonarse o no una zona determinada, deberá considerarse el efecto neto sobre los beneficios, el impacto sobre el nivel de ocupación de la fábrica con los mismos gastos fijos y las diferencias resultantes en el coste unitario.

Establecimiento del presupuesto de distribución

Los gastos de publicidad y promoción de ventas suelen planificarse y controlarse en base a proyectos. Como consecuencia, algunos consejos de administración prefieren aprobar estos proyectos de un modo similar al presupuesto de inversiones. Los motivos para esta clase de aprobación son diversos. Para muchas empresas (los minoristas o los fabricantes de artículos de gran consumo como Procter & Gamble o como Coca Cola Inc., por ejemplo) los gastos de publicidad y promoción constituyen una partida de gasto muy importante. Además, es difícil medir la efectividad de la publicidad y de las campañas de promoción, y sus resultados pueden ser menos inmediatos y menos directos que los de otros tipos de esfuerzos de márketing, tales como la venta directa. Por último, las actividades de publicidad y promoción suelen agruparse en un departamento separado o subcontratarse con una agencia exterior, a diferencia de otras actividades comerciales.

La finalidad de la publicidad varía con las circunstancias. Aunque la finalidad general es apoyar los objetivos de márketing, entre los objetivos más específicos figuran los siguientes:

— educar a los consumidores en el uso del producto o servicio;
— reducir el coste de otras actividades comerciales;
— aumentar las ventas;
— establecer o mantener marcas registradas o marcas comerciales;
— generar nuevos mercados;
— hacer frente o superar a los competidores;
— mantener los precios;
— introducir nuevos productos o servicios;

— crear una opinión favorable entre el público;
— evitar la legislación desfavorable.

Para establecer un presupuesto de publicidad y promoción se utilizan los dos métodos que se explican a continuación:

1. *El método de asignación a tanto alzado.* Este método implica autorizar el gasto de publicidad y promoción en función de algún otro factor. Su ventaja es la sencillez. Aunque carece de base científica, puede tratarse de una relación, percibida como existente a largo plazo, entre los gastos de publicidad y el nivel de ventas. Con arreglo a este plan, el importe total que ha de gastarse podría basarse en:

   — un porcentaje de las ventas planificadas o presupuestadas;
   — un porcentaje de las ventas del año anterior o quizá un promedio de varios años anteriores;
   — una cantidad fija por unidad de producto que se espera vender;
   — un aumento porcentual arbitrario sobre el gasto del año anterior;
   — un porcentaje del beneficio bruto del producto del año anterior o del año de planificación;
   — un porcentaje del beneficio neto del año anterior o del año de la planificación.

2. *La cantidad estimada como necesaria para alcanzar ciertos objetivos.* Según este método, las estrategias y los planes de acción se determinan de manera que pueda estimarse el coste de cada acción y obtener un coste total para el año. En algunos casos, el beneficio marginal o el beneficio bruto de las unidades adicionales que se estima vender, puede compararse con los gastos en publicidad, para determinar si el proyecto parece razonable desde el punto de vista económico. Esto puede hacerse basándose en un gasto y cantidad de publicidad incremental para determinar en qué punto, si lo hay, el coste incremental unitario de la publicidad sobrepasa al beneficio marginal, una vez deducidos todos los costes directos. En la tabla 7.1 se muestra ese tipo de análisis.

Debemos conocer si la empresa está siendo dirigida eficientemente, y esto requiere definir unos patrones de medida: *los estándares*. El punto de arranque puede ser un análisis completo de la actividad pasada. Mediante este análisis, podemos determinar si los vendedores han efectuado 1.000 visitas en una zona determinada, a un coste de 5 dólares por visita, y con ciertos resultados de ventas. Pero quedan sin responder las preguntas acerca de cuántas visitas podría haber realizado el personal de ventas y cuál debería haber sido el coste por visita. Además, estos elementos deben verificarse si se quiere ejercer un control eficaz de la actividad de ventas. Podemos saber que

1.000 pedidos han sido tramitados a un coste administrativo de 0,50 dólares por pedido; pero también necesitamos saber cuál habría sido el coste si el trabajo administrativo se hubiera dirigido eficientemente. Dicho con brevedad, necesitamos estándares mediante los cuales poder juzgar el rendimiento de la distribución e identificar sus deficiencias.

Sería absurdo afirmar que todas las actividades de distribución pueden normalizarse. En realidad, nunca es posible normalizar totalmente las actividades productivas. Sin embargo, es posible establecer estándares para un gran número de actividades de distribución. Después de todo, si no hay nadie que sea competente para juzgar qué esfuerzo de distribución es necesario para conseguir ciertos resultados y cuánto costará hacerlo, la dirección estará sin duda en una situación difícil.

TABLA 7.1. **Gastos incrementales de publicidad y margen de beneficio**

Bloque incremental	Gastos incrementales en publicidad	Unidades adicionales que se estima van a venderse	Ingresos estimados por unidad marginal	Coste incremental de publicidad por unidad	Incremento (disminución) del beneficio por unidad	Margen total
1	0	20.000	1,00	—	1,00	20.000
2	25.000	30.000	1,20	0,83	0,37	11.100
3	25.000	70.000	1,30	0,36	0,94	65.800
4	25.000	50.000	0,90	0,50	0,40	20.000
5	25.000	50.000	0,80	0,50	0,30	15.000
6	25.000	30.000	0,70	0,83	-0,13	-3.900
7	25.000	30.000	0,60	0,83	-0,23	-6.900
8	25.000	20.000	0,50	1,25	-0,75	-15.000
9	25.000	10.000	0,40	2,50	-2,10	-21.000

Si son numerosos los factores de coste y rendimiento que no están bajo un control constante, el objetivo de beneficios marcado por la dirección es casi seguro que no se alcanzará. Pero tal control implica estándares. Las horas de trabajo del almacén nunca parecen ser demasiadas en valor absoluto; resultan ser demasiadas cuando se miden comparándolas con las que debieran ser, dadas determinadas condiciones, es decir, sólo cuando se aplica un estándar.

Los estándares del coste de distribución pueden ser de carácter general o expresarse en unidades que midan la actuación individual. Los estándares de coste de carácter general son los siguientes:

— coste de las ventas en porcentaje de las ventas netas;
— coste por dólar de beneficio bruto;
— coste por unidad vendida;
— coste por transacción de ventas;

— coste por pedido recibido;
— coste por cuenta de cliente.

Estos estándares son indicadores útiles de las tendencias para toda la actividad de distribución y, además, pueden aplicarse a cada uno de los productos, zonas, delegaciones o departamentos.

Sin embargo, estos estándares generales no indican necesariamente puntos débiles en términos de responsabilidad individual. Si es necesario controlar los costes, debe medirse la actuación de los individuos. Por consiguiente, el controler ha de fijar estándares para los costes controlables de cada una de las partidas o funciones de coste. Por ejemplo, los estándares para el almacén podrían ser el coste por artículo manipulado o el coste por expedición. Los estándares para el personal de ventas directas podrían ser el coste por kilómetro viajado o el coste por día.

CÓMO FIJAR LOS ESTÁNDARES DE DISTRIBUCIÓN

El *primer* paso para fijar los estándares del coste de distribución es clasificar los costes de acuerdo con las funciones y actividades que reflejan la responsabilidad individual. El coste de funciones tan importantes como la venta directa, la publicidad, el transporte, el almacenamiento, el crédito y cobro y la financiación, puede separarse en la mayoría de las empresas y someterse a un estudio y control individualizado. Los costes de las funciones importantes deben clasificarse, además, para cada una de las actividades relevantes. Por ejemplo, los costes del departamento de crédito y cobro pueden separarse en aprobaciones de crédito, contabilización de los cargos, contabilización de los abonos y redacción de las reclamaciones de cobros.

El *segundo* paso consiste en seleccionar las unidades de medición a través de las que puedan expresarse los estándares. La unidad de medida puede aplicarse al esfuerzo empleado, al coste, a los resultados alcanzados o a la relación entre estos factores. Por ejemplo, se espera que cada vendedor efectúe cierto número de visitas al día. Esto constituye una medida del esfuerzo realizado; la unidad de medida es la visita. El coste de introducir los pedidos en el departamento de pedidos puede medirse en relación con el número de pedidos o líneas de pedido introducidas. Esta es una medida de los costes, y la unidad de medida es el pedido o la línea de pedido. Se espera que los vendedores produzcan cierto número de pedidos o consigan cierto número de nuevos clientes. Esta es una medida de resultados, y las unidades de medida son los pedidos y los nuevos clientes. Finalmente, a los vendedores se les puede exigir que mantengan sus costes directos dentro del 8% de su volumen de ventas. En este caso, la medida concierne a la relación de los costes individuales con su volumen de ventas, y la base de medición es la relación entre una cosa y otra.

Aunque no se disponga de unidades específicas de medida para todas las actividades de distribución, deben seleccionarse algunas antes de aplicar los estándares. Cuando no se disponga de unidades específicas, habrán de utilizarse unidades de medida compuestas. Por ejemplo, el coste total del departamento de cobros puede medirse en función del número de cuentas que se gestionan o puede medirse el coste total de publicidad por su ratio con el volumen de ventas en dólares.

El *tercer* paso consiste en analizar la experiencia pasada con respecto a las actividades realizadas y sus costes, con vistas a seleccionar la mejor experiencia y el mejor procedimiento. Esto puede suponer un estudio intensivo de cada uno de los métodos operativos similar al realizado para la preparación de estándares de producción.

El *cuarto* paso consiste en considerar los efectos sobre los costes de los cambios esperados en las circunstancias externas y en el plan de ventas. Si se espera una mayor resistencia a la actividad comercial, deben estimarse las implicaciones sobre costes tales como los de la publicidad y la venta directa. Si el programa exige un aumento del crédito para las compras a plazo, debe estimarse el efecto sobre el coste de financiación.

El paso *final* consiste en resumir la opinión de los ejecutivos cuya experiencia y formación les cualifica para juzgar cuáles son las medidas de una actuación satisfactoria.

Los estándares producirán numerosos solapamientos. Así, un coste estándar podría aplicarse a la función de almacenamiento en su conjunto. Dentro de esta función general, pueden aplicarse muchos estándares de coste individuales que se relacionen con actividades específicas, tales como los costes administrativos de la tramitación de pedidos y la preparación del pedido.

Tenga presente que deben establecerse diferentes estándares para diferentes zonas, productos, canales de distribución, clases de clientes, departamentos, etc., en donde prevalezcan condiciones diferentes.

INFORMACIÓN ADICIONAL NECESARIA PARA UTILIZAR LOS ESTÁNDARES

Para utilizar eficazmente los estándares, las empresas tienen que registrar y mantener información sobre conceptos completamente diferentes a la información contable usual. Los datos que siguen son ilustrativos de los conceptos que han de registrarse:

— análisis de ventas en unidades físicas;
— número de transacciones de ventas clasificadas por tamaño, hora del día, etc.;
— número de ofertas de precio realizadas;
— número de pedidos clasificados por tamaño, período en el que fueron recibidos, etc.;
— número de líneas de pedido escritas;
— número medio de vendedores;

— número de días-vendedor;
— número de visitas a clientes antiguos y nuevos;
— número de días de viaje de los vendedores;
— número de kilómetros de viaje de los vendedores;
— número medio de clientes clasificados por localización, volumen anual, etc.;
— número de horas de trabajo de los vendedores, del personal de publicidad y presentación, de los trabajadores de almacén, de los conductores de camión, del personal de reparto, de los trabajadores de mantenimiento y de los empleados administrativos;
— número de devoluciones y descuentos clasificados por causas;
— número de unidades de espacio de publicidad o de tiempo utilizado en los distintos medios de comunicación;
— número de objetos de publicidad enviados por correo: cartas, circulares, desplegables, calendarios, etc.;
— número de objetos de material publicitario distribuidos: anuncios para escaparates, material publicitario para tiendas, insertos, etc.;
— número de muestras distribuidas;
— número de demostraciones realizadas;
— número de nuevos clientes conseguidos;
— número de expediciones;
— análisis de expediciones en unidades físicas;
— valor de las expediciones expresado en dólares;
— número de unidades de expedición expresado en toneladas-kilómetro;
— número de entregas;
— número de paquetes entregados;
— número de kilómetros recorridos por los camiones;
— número de reclamaciones tramitadas referentes a expediciones;
— volumen físico de las mercancías manipuladas en los almacenes;
— volumen medio de existencias físicas mantenidas;
— índices de rotación en dólares y en unidades físicas;
— número medio de cuentas;
— número de facturas;
— número de líneas de factura;
— número de remesas recibidas;
— número de cartas de crédito enviadas;
— número medio de días de venta pendientes de cobro;
— cantidad media de cuentas a cobrar;
— número de paquetes postales manipulados;
— número de envíos por correo;
— número de cartas escritas.

Muchos de los conceptos anteriores pueden clasificarse, además, por zonas, productos y departamentos para proporcionar toda la información necesaria.

Dicha información será útil para muchos fines en la dirección de la actividad de distribución, y es esencial para un programa de estándares. En el pasado, muchas empresas descuidaron la obtención y la utilización de dicha información. No es infrecuente encontrar una empresa que tenga contabilizados una información muy completa de una máquina de producción, como por ejemplo la fecha de compra, coste, horas trabajadas, horas de inactividad, y coste de mantenimiento. Sin embargo, esa misma empresa puede haber estado empleando un vendedor cuyo coste total ha sobrepasado considerablemente el coste y el mantenimiento de la máquina, pero acerca del cual se ha mantenido muy poca información detallada. El informe de actividad de los vendedores puede proporcionar algunos de estos datos.

En muchas empresas, los datos de distribución son muy escasos. Para que el programa de distribución se dirija acertadamente debe recogerse más información.

Resumen

En este capítulo, nos hemos ocupado del tema crítico de trasladar el producto hasta el cliente. Dado que en algunas industrias los costes de distribución son superiores a los costes de producción, éste es un campo clave. Hemos definido los segmentos de coste de distribución —venta directa, publicidad, transporte, almacenamiento y prospección de mercados— y hemos definido la misión del jefe de ventas y el control de este tipo de gasto. Hemos examinado luego una serie de métodos para analizar el gasto de distribución, incluyendo el análisis por zonas, productos, clientes y tamaños de pedido. Por último, nos hemos ocupado de los diversos tipos de estándares que pueden utilizarse para controlar el presupuesto de gastos de distribución, tales como el número de solicitudes de información recibidas, el valor de las expediciones expresado en dólares, y el número de paquetes entregados. Es esencial un estricto control de la distribución, puesto que su coste puede representar una elevada proporción de los gastos totales de la empresa.

Capítulo 8

Materiales y mano de obra directa

Introducción

El coste de un producto puede descomponerse en coste de materiales y mano de obra directa, gastos fijos, costes de distribución y gastos generales y de administración. Este conjunto de costes pueden representar un porcentaje significativo del coste total de un producto; sin embargo, tradicionalmente, el coste de materiales y de mano de obra directa han sido los elementos de coste más elevados en la mayoría de productos. Por tanto, el controler debe prestar mucha atención a los sistemas de control que permiten realizar un seguimiento permanente de este tipo de costes.

El tema de este capítulo es el control de los costes de materiales y mano de obra directa. Además, se incluyen numerosas referencias al efecto de los sistemas *«just in time»* (JIT) sobre los sistemas de control de costes, y se cuestiona la necesidad de algunos de los sistemas de control más habituales (¡y extendidos!), tales como los utilizados para el seguimiento de la mano de obra directa. En este capítulo, se incluye también un análisis de los efectos perjudiciales sobre los resultados de producción de algunos informes tradicionalmente utilizados sobre desviaciones y por qué se producen estos resultados.

Objetivos

El sistema de contabilidad de costes de fabricación es una parte integral del sistema informático de gestión. Al analizar los sistemas de determinación de costes, el controler debe comprender el propósito del sistema de contabilidad de costes de fabricación y relacionarlo con los problemas de la producción o de la gestión operativa. Para que el sistema se utilice eficazmente, los objetivos deben estar claramente definidos. Los objetivos principales del sistema de costes pueden variar de una organización a otra. Sin embargo, pueden resumirse como sigue:

— *Para el control de los costes.* El control de costes es uno de los usos fundamentales de la contabilidad de costes de fabricación y del análisis de costes. Los principales elementos de coste —mano de obra, materias primas y gastos de fabricación— deben separarse por productos, por tipos de coste y por responsabilidades. Por ejemplo, el número real de componentes utilizados para el montaje de la sección de un avión, como, por ejemplo, un ala, puede compararse con la lista de materiales y poner en marcha medidas correctoras cuando sea apropiado.

— *Para planificación y evaluación del rendimiento.* Estrechamente relacionado con el control de costes está el uso de la información de costes para la planificación eficaz y la evaluación del rendimiento. Parte de la información que se emplea con fines de control de costes puede utilizarse para las operaciones de planificación y fabricación. Por ejemplo, los estándares utilizados para el control de costes de fabricación pueden utilizarse para planificar estos costes en períodos futuros, teniendo en cuenta la experiencia anterior con respecto a los estándares establecidos. El análisis de costes puede utilizarse como parte del proceso de planificación para determinar el efecto probable de las diferentes alternativas. Una vez más, puede realizarse una comparación de cuánto cuesta fabricar un determinado componente y su precio de compra a un tercero con el fin de tomar la decisión sobre fabricarlo internamente o comprarlo. El análisis de costes puede utilizarse en numerosas facetas del proceso global de planificación.

— *Para la determinación de precios.* La información de costes es muy valiosa para establecer los precios de venta. El coste de fabricación de un producto no es necesariamente el único determinante de su precio, puesto que el margen bruto deseado y el precio que el mercado está dispuesto a aceptar son también factores fundamentales. A medida que las empresas se dan cuenta de que la mano de obra y los materiales son costes relativamente fijos, la dirección intentará que el diseño del producto se adapte a un precio, coste y margen bruto específicos; el controler deberá participar en este proceso para asesorar a la dirección con respecto a los costes directos e indirectos.

— *Para la valoración de las existencias.* Uno de los objetivos clave de un sistema de determinación de costes es el establecimiento de un coste unitario del producto y la valoración de las existencias. Éste es un requisito previo para la determinación exacta del coste de los artículos vendidos en la cuenta de pérdidas y ganancias. El sistema de costes de fabricación debe tener en cuenta este elemento e incluir suficiente información de costes para realizar esta valoración.

La misión del controler

Una responsabilidad fundamental del controler en el área de costes de producto es asegurar que los sistemas de costes de fabricación cubran las necesidades y requerimientos de los ejecutivos de producción. El controler es el investigador de costes y es responsable de que la dirección de fábrica reciba la información de costes suficiente, en el momento adecuado y con un formato apropiado, para realizar las actividades de control y planificación. Es fundamental que la información de costes sea exacta y que a la dirección de producción se le proporcione una clara interpretación de los hechos. No es suficiente una mera presentación de lo ocurrido: la información sobre costes debe presentarse de forma comprensible, puesto que muchos ejecutivos de producción no conocen en profundidad el tema. El controler debe ayudar a la dirección de fábrica a utilizar los datos de costes, con el fin de conseguir un proceso de decisión efectivo. Es necesario adoptar una adecuada filosofía de control de costes en todos los niveles de responsabilidad. El personal del controler debe entender el proceso de fabricación, cómo se fabrican los productos y relacionar las cifras de coste con los distintos productos. Esto exige un gran esfuerzo y cooperación entre el personal del controler y el de fábrica.

Para cumplir con estas obligaciones y proporcionar un buen servicio a la dirección de producción, el controler debe asegurarse de que el sistema de costes se ha diseñado de forma correcta y de que se han puesto en marcha los procedimientos adecuados para recoger y registrar la información sobre costes. El sistema de costes debe ser flexible, de manera que pueda modificarse a medida que varíen las necesidades de la dirección de producción. Estos cambios pueden referirse al suministro de información adicional de costes en circunstancias especiales o cuando se analicen varias alternativas de costes. Cuando se analizan las desviaciones y se informa de condiciones que se desvían de lo previsto, los directivos de producción pueden cambiar los métodos o sus necesidades sobre información de costes. Deberá ponerse el acento en los campos que sea necesario mejorar y dedicar menos tiempo a las operaciones que siguen el estándar establecido.

Desgraciadamente, con el sistema JIT, los directivos de fabricación necesitan retroinformación con respecto al coste con una frecuencia superior al mes. Los productos JIT se fabrican con muy o ningún tiempo de espera y, por tanto, se producen en ciclos muy inferiores a los de un sistema de fabricación en serie. Como consecuencia, si se produce un problema de costes, como por ejemplo, un número excesivo de horas de mano de obra directa necesarias para terminar una pieza, entonces el sistema contable no informaría a los responsables de línea hasta mucho después de que el problema se hubiera planteado.

Afortunadamente, uno de los principios del sistema JIT es la necesidad de reducir las existencias y, como consecuencia, los problemas de fabricación se hacen muy visibles sin necesidad de ningún informe sobre costes del producto. Un subconjunto del sistema JIT es la fabricación celular (en grupo) en la que las máquinas están dispuestas generalmente en forma de herradura y un operario las utiliza para hacer una pieza, pasándola de una máquina a otra. Como consecuencia, no se genera trabajo en curso, o en un volumen muy reducido, al que seguirle la pista, y las piezas defectuosas son visibles de forma inmediata para la dirección, porque no pueden ocultarse bajo el trabajo en curso. Basándose en esta clase de enfoque de fabricación, los directivos de línea pueden prescindir de los informes, salvo de los informes de producción diaria concernientes a las cantidades reales frente a las cantidades presupuestadas que satisfacen los estándares de calidad.

La fabricación JIT sitúa al controler en la posición singular de buscar algo sobre lo que informar. Puesto que los costes de mano de obra y materias primas son ahora fijos en gran parte, la atención del controler debe centrarse en planificar el coste de los productos nuevos y en realizar el seguimiento de los costes planificados en comparación con los costes reales. Puesto que en el entorno de la fabricación JIT las desviaciones de costes suelen ser pequeñas, el controler debe evaluar el esfuerzo necesario para realizar un seguimiento de las variaciones en la mano de obra y los materiales directos en comparación con las ventajas que proporciona disponer de dicha información.

Otro campo en el que el controler puede invertir provechosamente su tiempo es el seguimiento del número de actividades que aumentan el tiempo del ciclo de un producto o el coste de las actividades sin valor añadido del proceso de fabricación. La dirección puede ponerse a trabajar para disminuir la frecuencia de estos elementos, reduciendo con ello los costes inherentes a los mismos. He aquí una lista limitada de tales elementos:

— número de movimientos de materiales;
— número de códigos de componentes utilizados por la empresa;
— número de cambios en la maquinaria necesarios para fabricar un producto;
— número de productos vendidos por la empresa, incluyendo el número de opciones ofrecidas;
— número de localizaciones utilizadas para distribuir el producto;
— número de avisos de cambios en el diseño del producto;
— número de piezas reelaboradas.

Además, en un proceso de valor añadido, el controler puede iniciar una auditoría operativa para identificar si en él existen cuellos de botella, mejorando con ello su capacidad. Por ejemplo, diseñar un producto a medida es evidentemente un valor añadido; las auditorías internas podrían recomendar un nuevo *hardware* o *software* de diseño de productos con objeto de que el departamento técnico pueda diseñar el doble de productos con la misma plantilla.

Si se utiliza un sistema JIT, existen varios indicadores del rendimiento, utilizados de forma habitual, y de los que el controler debe tener cuidado de no informar:

— Si existe un informe sobre eficiencia de las máquinas, los directivos de línea tenderán a producir una cantidad excesiva de trabajo en curso, con el fin de mantener sus máquinas funcionando a la capacidad máxima.
— Si existe un informe sobre desviaciones en el precio de compra, el personal responsable de los materiales se sentirá tentado a comprar grandes cantidades de materias primas, con el fin de conseguir descuentos por volumen, aumentando con ello las existencias.
— Si existe un informe sobre el número de trabajadores fijos, el director de fabricación se sentirá tentado a contratar trabajadores temporales no capacitados que podrían producir más piezas defectuosas que los operarios fijos mejor capacitados.
— Si la firma incluye un factor de mermas en un coste estándar del producto, los directivos de línea no adoptarán ninguna medida correctora a menos que la producción defectuosa exceda del nivel presupuestado, incorporando con ello las mermas al proceso de producción.
— Si existe un informe sobre desviaciones en la mano de obra, los contables invertirán un tiempo considerable en un área que tiene costes relativamente fijos y no dedicarán tiempo suficiente a áreas que requieren más análisis.
— Si existe un informe sobre absorción de gastos generales de fabricación con arreglo al coste estándar, la dirección tenderá a producir en exceso para absorber más gastos generales de fabricación de los que realmente se producen, incrementando con ello el beneficio y las existencias y reduciendo el efectivo disponible.

Tipos de análisis de costes

A menudo surge la cuestión acerca de qué tipo de datos de coste han de presentarse. ¿Exactamente qué costes de producción deben analizarse? Esto dependerá, por supuesto, de la finalidad para la que vaya a usarse dicha información de costes, así como de la experiencia en costes de los que utilizan dicha información.

Los costes unitarios o los costes totales pueden agruparse de muchísimas maneras. La clasificación de primer nivel puede ser cualquiera de las siguientes: producto o clase de producto, operación, departamento, máquina o centro de máquinas, proceso, pedido del cliente, trabajador responsable o elemento de coste.

Cada una de las categorías de primer nivel puede subdividirse de varias maneras. Por ejemplo, los costes directos (variables) pueden diferenciarse de los «costes continuos» (aquellos en los que se incurriría se sirva o no un pedido determinado). De nuevo, los costes de producción podrían dividirse entre los que son directos y los que son indirectos; es decir, los imputables directamente a la operación y los prorrateados. Así, el material utilizado para dar forma a una vasija podría ser directo, mientras que la energía consumida para accionar la prensa sería un gasto indirecto. Algunas veces, el análisis de los costes diferenciará entre aquellos que varían con el volumen de producción y los que son constantes para el nivel de gama de producción usual. Por ejemplo, la mano de obra directa consumida puede estar relacionada directamente con el volumen mientras que la amortización permanece inalterada. El controler debe utilizar su criterio y experiencia para decidir qué tipo de análisis es necesario para presentar los hechos fundamentales.

La combinación de componentes del coste de un producto ha pasado de caracterizarse por el predominio de la mano de obra y de los materiales al predominio de los gastos generales de fabricación, ya que la amortización, la gestión de los materiales y el tiempo de diseño tecnológico representan actualmente una mayor proporción del coste de un producto tipo. Debido a este cambio, el controler comprobará que las conclusiones que se obtengan del análisis de los elementos de coste de un producto dependerá principalmente del modo en que se imputen los gastos generales de fabricación. La determinación de costes basada en actividades (sistema ABC) se usa mucho en este campo. Para más información sobre dicho método de determinación de costes, véase el capítulo 9.

Tipología de sistemas de costes

La experiencia en la determinación de costes en varias industrias ha dado lugar a distintos tipos de sistemas de costes que se adaptan a los diferentes tipos de actividades de fabricación. Un sistema habitual de determinación de costes denominado «costes por pedido» se utiliza normalmente para fabricar productos en base a un pedido concreto de un cliente o producto singular. Por ejemplo, el montaje o las operaciones de soldadura de un trabajo o contrato determinado se recogen en un código diferenciado de pedido. Otro sistema de determinación de costes muy utilizado se denomina «sistema de costes por procesos». Según este sistema, se imputan los costes a un centro de costes en lugar de a un pedido determinado. Todos los costes de producción de un departamento se agrupan y el coste departamental por unidad se determina dividiendo los costes totales del departamento por el número de unidades elaboradas por éste. Los sistemas de costes por procesos se utilizan frecuentemente en la elaboración de alimentos, el refino de petróleo, la fabricación de pinturas, etc.

No existen dos sistemas iguales de contabilidad de costes. Hay muchos factores que determinan la clase de sistema que hay que utilizar, tales como la cartera de productos, la ubicación de la fábrica, la diversidad de productos, el número de pedidos de clientes específicos y la complejidad del proceso de fabricación. Puede ser aconsejable combinar ciertas características de ambos tipos de sistemas en determinadas situaciones. Por ejemplo, en una fábrica siderúrgica, el sistema principal puede ser un sistema de coste por procesos; sin embargo, las actividades menores tales como las de mantenimiento pueden seguir el régimen de coste por pedido. El controler debe analizar concienzudamente todas las operaciones para determinar el sistema que mejor satisfaga todas las necesidades.

Actualmente hay dos cuestiones que afectan a los sistemas de determinación de costes en base a pedidos y por procesos que el controler debe conocer:

1. Los sistemas de fabricación JIT permiten al controler reducir o suprimir el mantenimiento de registros necesario para la generación de informes de costes por pedido. Dado que el sistema JIT tiende a eliminar las desviaciones en la planta de producción al eliminar el trabajo en curso que normalmente servía para ocultar los problemas, las desviaciones son demasiado pequeñas como para que merezca la pena recogerlas en un informe de costes por pedido. Como consecuencia, el tiempo necesario para obtener la información que permita determinar los costes por pedido quizá no compense ya la mayor exactitud, y el controler deberá considerar la posibilidad de utilizar el coste por pedido planificado como coste real de los mismos.
2. Una de las diferencias fundamentales entre el sistema de determinación de costes por proceso y por pedido es la existencia (taller dedicado a la fabricación de pequeñas cantidades de artículos especiales) o ausencia (flujo del proceso) de trabajos en curso. Dado que instalar un sistema de fabricación JIT implica intrínsecamente la reducción o eliminación de los trabajos en curso, el sistema de determinación de costes por pedidos JIT puede no variar mucho de un sistema de determinación de costes por procesos.

Medición de los costes de los materiales directos

La expresión *materiales directos* se refiere a los materiales que pueden ser cargados clara o específicamente a un producto, proceso o trabajo particular y que se convierten en un componente del producto terminado. La definición ha de aplicarse de un modo práctico, pues si los materiales no pudieran cargarse de una forma directa o si fueran una partida insignificante del coste, se clasificarían probablemente como *materiales indirectos* y se imputarían junto con otros gastos de fabricación al producto de un modo lógico. En los materiales directos debe incluirse también el coste del embalaje necesario para la entrega de las mercancías al cliente, así como cualesquiera pérdidas normales debidas a piezas defectuosas, evaporación, deterioro o merma. Las cantidades excesivas de productos defectuosos deberán cargarse directamente a la cuenta de gastos generales de fabricación.

En su sentido más amplio, la planificación y el control de los materiales es simplemente el abastecimiento de la cantidad y calidad precisas de materiales en el momento y lugar requeridos por el proceso de fabricación. De ahí se deduce que el material obtenido no debe ser excesivo en cuanto a la cantidad y debe estar plenamente justificado y ser utilizado como estaba previsto. El alcance de la planificación y control de los materiales es amplio y debe cubrir muchos campos, tales como los programas y especificaciones; las compras, la recepción y manipulación; las existencias, la utilización; y el material defectuoso, los desperdicios y la recuperación. En cada una de estas fases, el controler tiene ciertas responsabilidades y puede contribuir a conseguir un funcionamiento eficaz.

Debido a que los materiales suponen una parte importante del coste en la mayoría de las industrias manufactureras, su utilización eficaz es un factor importante para el éxito o el fracaso económico de la empresa. La planificación y el control apropiado de los materiales con el correspondiente sistema adecuado de contabilidad tiene ventajas en cuanto:

— reduce el uso ineficaz o el desperdicio de materiales;
— reduce los retrasos de producción por falta de materiales;
— reduce el riesgo de robo o fraude;
— reduce la inversión en existencias;
— reduce la inversión necesaria en instalaciones de almacenamiento;
— proporciona unos estados financieros provisionales más exactos;
— ayuda a los compradores gracias a un programa de compras mejor coordinado;
— proporciona una base para una adecuada fijación de precios de los productos, y
— proporciona unos valores más exactos de las existencias.

Controlar los costes de los materiales directos

Antes de describir el sistema de control de costes de los materiales directos, debemos definir dichos costes. Los costes de los materiales directos incluyen el precio de factura para los materiales directos, los costes del transporte de entrada, los impuestos y tasas sobre las ventas y el coste de los palets de entrega u otros contenedores de transporte. Todos los descuentos deben restarse del coste de los materiales, mientras que los pagos por cesión de licencias o royalties deben añadirse al coste.

Con respecto a los materiales, lo mismo que con otros costes, el control en su forma más simple supone la comparación de los resultados reales con la unidad de medida —los resultados estándar— y la rectificación de las tendencias desfavorables. Sin embargo, no es simplemente una cuestión de decir «se utilizaron 350 metros de material y la cantidad estándar es solamente de 325» o «el precio estándar es de 10,25 dólares, pero el coste real para la empresa fue de 13,60 dólares cada uno». Existen otros muchos ajustes: es necesario revisar los estándares y hay que encontrar mejores métodos, o hay que realizar comprobaciones y controles antes de incurrir en el coste. El núcleo, sin embargo, sigue siendo el uso del estándar como unidad de medida. Aunque la aplicación de sistemas de control variará en diferentes empresas, algunas de las consideraciones que debe tener en cuenta el controler se describen a continuación.

Compras y recepción:

— Establecimiento y mantenimiento de verificaciones internas para asegurar que los materiales pagados se reciben y se utilizan para los fines a que están destinados. Puesto que ahora algunas compras se reciben con arreglo al sistema JIT, el controler se puede encontrar con que los materiales se pagan en base al volumen de producción de la empresa en un período determinado, eliminando gran cantidad de papeleo inherente a un gran número de recepciones de pequeñas cantidades.
— Auditoría de los procedimientos de compra para determinar que se reciben ofertas cuando corresponde. En el sistema de fabricación JIT, sin embargo, se utiliza un número reducido de proveedores a largo plazo, de manera que el controler se puede encontrar con que las ofertas están limitadas a los proveedores de servicios tales como los de mensajería y las reparaciones de fotocopiadoras.
— Estudios comparativos de los precios pagados por las mercancías con los precios o índices del sector industrial correspondiente a la empresa.
— Medición de las tendencias de precios de las materias primas. Muchos contratos de suministro JIT exigen a los proveedores reducciones de precio a intervalos regulares; el controler deberá conocer las condiciones de estos contratos y deberá auditar la oportunidad y el importe de los cambios.

— Determinación de las desviaciones de precios de las compras habituales a través de la comparación de los costes reales y los estándar. Esto puede referirse a las compras en el momento de efectuar el pedido o en el momento de la recepción. El mismo enfoque puede utilizarse para revisar los pedidos de compra del período, con el fin de asesorar a la dirección por anticipado acerca del efecto sobre los costes estándar. En un entorno JIT, la mayoría de los costes se fijarán contractualmente con un número reducido de proveedores, de manera que el controler podrá revisar los precios aplicados para identificar desviaciones con respecto a las tarifas acordadas.

Utilización:

— Comparación de las cantidades reales con las estándar utilizadas en la producción. Una desviación puede ser el resultado de una cantidad incorrecta en la lista de materiales del producto, componentes que no están en su sitio, robos o que se han contabilizado como existencias una cifra incorrecta.
— Preparación de fórmulas de coste estándar para subrayar las partidas de coste importantes y como una parte del programa de reducción de costes.
— Preparación de informes sobre robos, producción defectuosa y desechos en comparación con el estándar. En un entorno JIT no se permite ninguna producción defectuosa y por supuesto no se incluye en el presupuesto como un estándar.
— Cálculo de los costes de fabricación en comparación con los costes de comprar.

Esta relación recoge solamente algunos de los métodos de que dispone el controler para realizar el control de los costes de materiales.

Controlar las cantidades de materiales directos

Pueden establecerse estándares de utilización de materiales por al menos tres procedimientos:

1. mediante estudios técnicos para determinar la mejor clase y calidad de material, teniendo en cuenta los requisitos de diseño del producto y los métodos de producción;
2. mediante un análisis de la experiencia pasada para la misma operación u otras similares;
3. realizando series de prueba en condiciones controladas.

Aunque puede utilizarse una combinación de estos métodos, la mejor práctica suele ser la realización de estudios técnicos. A las pérdidas teóricas debe añadirse una provisión para las pérdidas que es inviable eliminar. En esta decisión, la experiencia pasada desempeñará un papel importante. Basarse únicamente en la experiencia anterior no es deseable ya que ciertas pérdidas pueden perpetuarse. Este estudio técnico, combinado con la realización de series de prueba, debe proporcionar estándares bastante fiables.

Los estándares de cantidad se basan en ciertos métodos de producción y en las especificaciones del producto. Cabría esperar, por consiguiente, que los estándares de cantidad debieran modificarse cuando cambian estos factores, si los cambios afectan a la utilización del material. Para que el patrón de medida sea un instrumento eficaz de control, debe relacionarse con la función que se mide. Sin embargo, el ajuste no es necesario llevarlo a cabo a través de un cambio en el valor de las existencias a menos que sea importante.

En el mejor esquema de control de la cantidad de material, la empresa sabe por adelantado cuánto material debe utilizar en el trabajo, obtiene información periódica de los resultados obtenidos en comparación con el estándar durante la realización del trabajo, y adopta medidas correctoras donde es necesario. El supervisor responsable del consumo de materiales, así como su superior, deben conocer estos hechos. A un nivel inferior de supervisión, los detalles de cada operación y proceso deben estar en manos de quienes pueden controlar el consumo. En los niveles superiores, por supuesto, solamente es necesario conocer los resultados globales.

El método que ha de utilizarse para comparar el consumo real con el estándar diferirá en cada empresa, dependiendo de varias condiciones. Algunos de los factores más importantes que deberá tener en cuenta el controler a la hora de aplicar los procedimientos de control al consumo de los materiales son:

— el método de producción que se utiliza;
— el tipo y valor de los materiales;
— el grado en el que la dirección utiliza los informes de costes para su control.

Uno de los factores más importantes es la naturaleza del proceso de producción. En un sistema de producción bajo pedido o de lotes (como una operación de montaje en una fábrica de aviones, donde ha de producirse una cantidad determinada), el procedimiento es muy simple. Se emite una orden de producción, y una lista de materiales o «petición estándar» que indica la cantidad exacta de material necesaria para terminar el pedido. Si los componentes se estropean o se pierden, se necesita obtener repuestos mediante una petición no estándar. Normalmente, el jefe de taller debe aprobar esta solicitud y, como consecuencia, una utilización excesiva puede detectarse de forma inmediata.

Si la producción sigue un proceso continuo, entonces puede hacerse periódicamente una comparación de los materiales utilizados en relación con el producto terminado. En este caso, las medidas correctoras quizá no sean rápidas, pero pueden tomarse medidas para evitar pérdidas futuras.

Del mismo modo que el proceso productivo es un factor esencial para determinar el plan de contabilidad de costes, también lo es para seleccionar el método utilizado para detectar las pérdidas de material. Si es necesario localizar las pérdidas hay que realizar inspecciones en determinados puntos del proceso de fabricación. En estos puntos, puede contarse o pesarse el material rechazado y calcular su coste, si es necesario. Cuando existen fases diferenciadas en el proceso de fabricación, el controler tendrá que convencer al grupo de producción de la necesidad y deseabilidad de establecer puntos de recuento para fines de control. Una vez establecidos los controles, la principal contribución del contable consiste en resumir e informar de las pérdidas respecto del estándar.

Otro factor que afecta al sistema utilizado para informar sobre la utilización del material es el tipo y valor de la propia partida. Un principio fundamental del control de costes es centrarse principalmente en las partidas de gran volumen. Por este motivo, los valiosos motores de los aviones, por ejemplo, se identifican mediante el número de serie y se contabilizan con exactitud. Las partidas con menor valor unitario, o no fácilmente identificables, se controlarán a través de informes periódicos menos exactos.

A menudo, la dirección no está directamente interesada en el control de costes monetarios sino solamente en el control de las desviaciones de volumen. No hay diferencias en los principios utilizados, solamente en su aplicación. En esta situación, el controler debe procurar que la dirección esté informada de las pérdidas expresadas en unidades físicas. En este caso, el informe de costes sería meramente un resumen de las pérdidas. A menudo, la experiencia demostrará, sin embargo, que cuando el controler da una información en dólares, los otros miembros de la dirección serán más conscientes del nivel de costes.

Independientemente del método utilizado para generar los informes, la esencia de cualquier programa de control es el seguimiento con respecto al estándar y la adopción de medidas correctoras.

Una variedad en la forma de utilizar volúmenes estándar e informes sobre desviaciones de materiales es la generación de informes sobre desviaciones en los sistemas *«just in time»* (JIT). Uno de los pilares básicos del concepto JIT es que solamente se pide lo que se necesita, y esto implica que no se desperdiciará lo que se use, lo que implica, además, que no se producirán desviaciones en los materiales. Por supuesto, incluso en empresas de categoría internacional que utilizan el sistema JIT como Motorola y Toyota, existe producción defectuosa; sin embargo, hay mucha menos de la que encuentra en una empresa que no utiliza el sistema JIT. Por tanto, el controler debe examinar el coste de recoger la información sobre desviaciones en comparación con su utilidad para corregir un pequeño número de causas de producción defectuosa. La conclusión puede ser que el sistema JIT no requiere muchos informes sobre desviaciones de materiales, si es que requiere alguno.

Al comparar los costes reales y estándar de materiales, la utilización de estándares de precio permite la separación de desviaciones derivadas de una utilización excesiva, de aquéllas derivadas de cambios en los precios. Sin embargo, por lo general, los estándares de precios de materiales utilizados para la valoración de existencias no pueden considerarse una guía satisfactoria para medir la actuación del departamento de compras. Los precios de materiales están afectados por tantos factores externos a la empresa que los estándares sólo representan un indicador de los precios que se están pagando en comparación con los que se esperaba pagar.

Sin embargo, una revisión de las desviaciones en precios puede revelar algunos datos significativos. Unos precios excesivamente altos pueden revelar la realización de pedidos urgentes porque alguien no ha planificado correctamente las compras. O pueden revelar una expedición por transporte urgente cuando hubiera valido una expedición ordinaria. De nuevo, puede no haberse seleccionado el proveedor de menor coste debido a las ventajas que nos ofrecen los excelentes métodos de control de calidad utilizados en un taller competidor. Es necesario tener en cuenta el coste total de producción y el efecto sobre el mercado, no sólo el precio de compra de una partida concreta. Una regla general para los controlers es que es necesario determinar la causa exacta de cualquier variación de precio antes de poder obtener conclusiones válidas.

Un efecto negativo de contabilizar las desviaciones en los precios de compra es que el departamento de compras puede renunciar a mantener relaciones de estrecha colaboración con determinados proveedores con el fin de obtener el coste más bajo del componente a través del procedimiento de licitación. La licitación de piezas es la némesis de unos proveedores próximos (un pilar del sistema JIT), puesto que éstos saben que serán retirados de la lista de proveedores por buena que sea su entrega o calidad, a menos que oferten el coste más bajo.

En la práctica, la responsabilidad sobre la fijación de los estándares de precio varía. Algunas veces, el departamento de costes asume esta responsabilidad basándose en una revisión de los precios de años anteriores. En otros casos, el personal de compras proporciona una estimación de los precios esperados que está sujeta a una comprobación completa y analítica por parte del personal de contabilidad. Probablemente, el sistema más satisfactorio es el que implica un esfuerzo combinado de estos dos departamentos.

Cuando los productos son muy costosos y relativamente reducidos en número, puede ser útil proporcionar periódicamente a la dirección tanto los cambios de los precios estándar, como una indicación acerca del efecto de los cambios de precios sobre el coste estándar del producto. Tales informes pueden generar ideas acerca de cambios de materiales en los procesos o especificaciones.

Medir los costes de la mano de obra directa

La contabilización y el control de la mano de obra son tareas importantes. A medida que la automatización y el uso de robots se extiende más, lo que en otro tiempo se denominó mano de obra directa puede ya no ser importante. Pero la mano de obra sigue siendo un coste significativo. De igual modo, los costes que están directamente relacionados con los costes de mano de obra han aumentado a pasos agigantados: vacaciones más largas, planes de bienestar social más adecuados, planes de pensiones y unas mayores aportaciones a la Seguridad Social. Estas prestaciones complementarias al salario representan actualmente aproximadamente del 40 al 50% de muchas nóminas. Por estos motivos, el coste de mano de obra es un coste importante. Los objetivos de la contabilización de la mano de obra son dos:

1. La determinación rápida y exacta del importe de los salarios devengados por los trabajadores.
2. El análisis y la determinación del coste de mano de obra en la forma en que necesite la dirección (por ejemplo, por productos, por operaciones, por departamentos o por clases de mano de obra) para las tareas de planificación y control.

La utilización de los sistemas de fabricación JIT ha cuestionado la necesidad de informar sobre las desviaciones en la utilización de mano de obra directa. Esta desviación gira en torno a la cantidad de producto que se fabrica con una determinada cantidad de mano de obra; así, una variación positiva en la utilización de mano de obra puede lograrse fabricando más producto del necesario. Un principio fundamental del sistema JIT es que sólo se produce la cantidad necesaria, por tanto, el sistema JIT y la generación de informes sobre desviaciones en la utilización de mano de obra son elementos contradictorios. Si se utiliza el sistema JIT, el controler debe considerar la posibilidad de eliminar este tipo de información sobre desviaciones.

Controlar los costes de la mano de obra directa

Lo mismo que ocurre con el control del coste de materiales directos, hemos de definir qué se considera coste de mano de obra directa antes de estudiar la forma de controlarlos. La mano de obra directa es la que puede asociarse con la prestación de un servicio, la terminación de un proyecto o la fabricación de un producto. Tales costes incluyen las actividades de montaje, inspección, elaboración y embalaje. Cuando se estima el coste de un gran proyecto, la mano de obra directa incluirá normalmente muchos tipos de costes que, en otros sistemas de producción se consideran gastos generales de fabricación. Esto se debe a que casi todos los puestos de trabajo, tales como los de conserjería y mantenimiento, pueden relacionarse directamente con el proyecto. El tiempo no productivo que no puede relacionarse con un servicio, producto o proyecto concreto formará parte de los gastos generales de fabricación. Por ejemplo, el tiempo de descanso de un operario que está trabajando en un producto puede imputarse a dicho producto; sin embargo, el tiempo invertido en la limpieza de una fábrica que produce múltiples productos debe imputarse a gastos generales.

El coste de la mano de obra se compone de una serie de elementos que se imputan como mano de obra directa o como gastos generales de fabricación. Los criterios que rigen esta imputación son que un elemento debe imputarse a mano de obra directa si el coste se produce porque la empresa utiliza mano de obra directa para producir un servicio, producto o proyecto. Dicho de otro modo, la mayor parte de las prestaciones complementarias al salario de un trabajador no se producirían si no se utilizara mano de obra directa y, por tanto, dichos costes deben imputarse a dicha clase de mano de obra. Normalmente los costes de las prestaciones complementarias del salario que se incluyen el coste de mano de obra directa son los siguientes:

— las primas de productividad (tanto individuales como colectivas);
— las aportaciones a la Seguridad Social;
— el coste de las compensaciones por vivienda;
— el seguro de enfermedad;
— el seguro de vida colectivo;
— las vacaciones retribuidas;
— la compensación por vacaciones no disfrutadas;
— las aportaciones a los planes de pensiones;
— el seguro de accidentes de trabajo;
— el seguro de desempleo.

La imputación de estos costes a mano de obra directa o a gastos generales de fabricación puede variar en función de la situación de cada una de las empresas, por lo que el controler deberá pedir a los auditores externos su opinión sobre esta cuestión.

En el control de los costes de mano de obra directa, como ocurre con la mayoría de los costes de fabricación, la responsabilidad final debe recaer en la supervisión de línea. Sin embargo, a este grupo debe prestársele ayuda para medir los resultados, y deben ejercerse ciertas funciones policiales o represivas. En esto residen las obligaciones fundamentales de la organización del controler. Entre los medios a disposición del jefe de contabilidad para el control de la mano de obra figuran los siguientes:

— implantar procedimientos para limitar el número de trabajadores incluidos en nómina al número recogido en el plan de producción;
— proporcionar información con anterioridad a la planificación para uti-

lizarla en la determinación de la dotación estándar de mano de obra mediante el cálculo de las horas-hombre estándar necesarias para el programa de producción;

— informar del estándar de rendimiento por hora, diario o semanal de la mano de obra y del real. Estos informes no serían necesarios en un entorno JIT;
— poner en marcha procedimientos para la distribución exacta de los costes reales de mano de obra, incluyendo los puestos de trabajo más significativos, con el fin de proporcionar análisis informativos del coste de mano de obra. Esta información no sería necesaria en un entorno JIT;
— suministrar datos sobre la experiencia pasada en lo que respecta al establecimiento de estándares. Esta información no sería necesaria en un entorno JIT;
— mantener registros adecuados sobre los estándares de mano de obra y estar alerta por si es necesario revisarlos;
— suministrar otros informes complementarios sobre mano de obra, tales como éstos:
    • número y coste de las horas extraordinarias, con el fin de controlarlas,
    • coste del pago de salarios de comparecencia por tiempo no trabajado para medir la eficiencia de los responsables de exigir la presentación por antigüedad sindical,
    • costes contractuales comparativos (convenios antiguos versus nuevos),
    • promedio de horas trabajadas por semana, salario neto medio y datos similares para las negociaciones colectivas,
    • análisis detallado de los costes de la mano de obra por encima o por debajo del estándar (esta información no sería necesaria en un entorno JIT),
    • datos estadísticos sobre la rotación de mano de obra, antigüedad en el servicio y costes de formación,
    • tiempo sindical (coste del tiempo dedicado a asuntos sindicales).

El entorno de fabricación JIT introduce cambios significativos en los costes de mano de obra directa que el controler debe conocer. Cuando una instalación manufacturera pasa de una fabricación en serie a células de fabricación, el nivel de eficiencia de la mano de obra desciende porque los cambios en la maquinaria son más frecuentes. Una técnica importante del sistema JIT consiste en reducir el tiempo de preparación de la maquinaria a niveles mínimos, pero incluso el mínimo tiempo de preparación que pueda conseguirse en un sistema celular superará a los tiempos cero de preparación de las grandes series de producción de una cadena de montaje. Por tanto, si la dirección está pensando en pasar a un sistema de fabricación celular, el controler debe esperar un aumento en el presupuesto de horas de mano de obra. Además, si el coste de mano de obra no aumenta, el controler deberá revisar si el personal técnico ha cambiado las secuencias de mano de obra (horas estándar requeridas para producir un producto detalladas por habilidades necesarias y por departamentos) para aumentar el número de cambios esperados.

El siguiente examen de los estándares de mano de obra no es aplicable al entorno de fabricación JIT, especialmente aquel en el que se utiliza un sistema celular (es decir, en «células» que agrupan distintas máquinas herramientas). Los estándares de utilización de mano de obra pueden mejorarse aumentando el volumen de producción para un determinado nivel de mano de obra, y esto se considera bueno en un entorno de fabricación en serie. Sin embargo, en el sistema JIT, no se considera aceptable producir grandes cantidades de piezas. En dicho sistema, un buen resultado consiste en producir la cantidad exacta de piezas que se necesitan, y hacerlo con la calidad que está dentro de los niveles de tolerancia actuales. Una vez que se ha producido la cantidad correcta de piezas, el *staff* de mano de obra directa suspende la producción; esto crea desviaciones desfavorables de utilización de la mano de obra. Por tanto, medir una fábrica que utiliza el sistema JIT con una desviación en la cantidad utilizada de mano de obra iría contra el propósito del sistema, puesto que se alentaría al director de producción a producir más piezas de las necesarias y no prestaría atención a la calidad de las mismas.

La mejora del rendimiento de la mano de obra y la reducción y control paralelos de los costes requieren estándares de mano de obra: estándares de tiempo operativo y los correspondientes estándares de coste. La fijación de los estándares de rendimiento de la mano de obra es una tarea muy analítica que requiere conocimientos técnicos del proceso productivo así como el conocimiento de los métodos de estudio de tiempos. Ésta puede ser la responsabilidad de un departamento de estándares, de un departamento de planificación de la producción, o de un departamento de control de costes. Ocasionalmente, se encuentra bajo la jurisdicción del controler. El establecimiento del tiempo de operación estándar exige la determinación del tiempo necesario para finalizar cada operación cuando se trabaja en condiciones normales. De ahí que este estudio incluya las condiciones de trabajo, incluso la planificación de materiales, el procedimiento de planificación de la producción, así como la distribución en planta del equipo y de las instalaciones. Una vez considerados todos estos factores, los técnicos pueden fijar un estándar.

Cuando se utilizan estándares de tiempo para medir el rendimiento de la mano de obra, el personal de contabilidad debe trabajar en estrecha colaboración con los técnicos especializados de producción o con los responsables de fijar los estándares. Los estándares de coste correspondientes deben ser uniformes. En la obtención de la información de costes ha de tenerse en cuenta cómo se han fijado los estándares y cómo se analizan las desviaciones.

Por lo general, los estándares de rendimiento no se revisan hasta que se produce un cambio en el método o en el proceso. Dado que los estándares sirven de base para el control, el personal de contabilidad debe estar alerta por si se producen cambios en la fábrica de los que no se informa para la revisión de los estándares. Si el proceso revisado requiere más tiempo, el personal de producción, por lo general, se asegurará de que su estándar se modifica. Sin embargo, si el nuevo proceso requiere menos tiempo, es comprensible que no se informe rápidamente del cambio. Cada supervisor desea hacer su trabajo de la mejor forma posible. Se podría potenciar una rápida comunicación de reducciones de tiempo a través de una revisión periódica de los cambios en las horas o costes estándar de mano de obra. Dicho de otro modo, el rendimiento actual de las horas reales de mano de obra en comparación con un estándar debe ser una medida de la actuación; otra medida son las reducciones del tiempo estándar, comparadas además con un objetivo para el año.

Debiera ser responsabilidad del controler procurar que cambien los estándares cuando cambia el proceso para que los informes sobre los resultados sean correctos. Si el sistema de incentivos está relacionado con estos estándares, se acentúa la necesidad de ajustar los cambios de proceso. A menudo, el análisis de las desviaciones, sean favorables o desfavorables, servirá para recomendar revisiones de las que todavía no se ha informado.

Aunque las revisiones de estándares se efectuarán con frecuencia con fines de control, puede no ser práctico ni deseable cambiar los estándares de coste de los productos. Las diferencias pueden tratarse como desviaciones de coste hasta que alcancen una magnitud suficiente para justificar una revisión del coste.

El control efectivo de la mano de obra a través del uso de estándares requiere una generación frecuente de informes sobre el rendimiento real y el estándar. Además, el informe sobre las desviaciones debe ser por responsabilidades. Por este motivo, el informe sobre rendimiento se prepara para cada jefe de taller así como para el supervisor de fábrica. El informe puede expresarse o no en dinero. En él se pueden comparar las horas-hombre o las unidades de producción en lugar de las unidades monetarias, pero siempre ha de compararse la actuación real con la estándar.

En el entorno JIT, los departamentos de fabricación están estrechamente interrelacionados y el volumen de trabajo en curso es mínimo de forma que no puede ocultar los problemas originados por una reducida mano de obra. Dicho de otro modo, si un área está insuficientemente dotada de personal, entonces los puestos de trabajo posteriores, se quedarán rápidamente sin trabajo. Por tanto, la medida más crítica de la mano de obra directa en el entorno JIT es un informe del personal ausente, entregado rápidamente a los directivos de producción al comienzo del día de trabajo, de modo que éstos puedan reconstruir la plantilla para cubrir todos los departamentos y entrar en contacto con el personal que falta.

Por lo general, los sueldos que paga una empresa están determinados por factores externos. El estándar de sueldo utilizado suele ser el que se paga normalmente para el puesto de trabajo o categoría tal como la establece el convenio colectivo. Si los estándares se fijan con arreglo a esta política, no deben surgir desviaciones significativas a causa de los sueldos base que se pagan. Hay, sin embargo, algunas desviaciones en los sueldos que pueden producirse y que son controlables por la dirección. Algunos de estos motivos, que deben exponerse para tomar medidas correctoras, son:

— exceso de horas extraordinarias sobre el número previsto en el estándar;
— uso de categorías superiores para el puesto de trabajo;
— no conseguir implantar un régimen de retribución por incentivos, tal como pagos adicionales cuando se alcanzan los objetivos;
— uso de una composición de plantilla diferente a la estándar (número mayor de categorías superiores y un número menor de las más bajas, o viceversa).

La aplicación del sueldo estándar para el puesto de trabajo no plantea ningún gran problema. Por lo general, esto lo realiza el departamento de contabilidad después de obtener los sueldos del departamento de personal. Cuando en el estándar se contempla la posibilidad de trabajar horas extraordinarias, es necesario, por supuesto, consultar al departamento de producción para determinar la cantidad probable de horas extraordinarias para el nivel de producción al que se fija el estándar.

En algunas empresas, pueden planificarse previamente las necesidades de mano de obra. El grado en que esta planificación previa tiene lugar depende de la industria y de las condiciones particulares dentro de cada empresa. ¿Son las condiciones económicas suficientemente estables como para que pueda efectuarse una planificación razonablemente exacta? ¿Puede el departamento de ventas indicar con una exactitud razonable cuáles serán las necesidades a corto plazo? Una aplicación útil de la planificación previa podría ser la de un taller mecánico donde se fabrican millares de piezas. Si se conocen las necesidades de producción, las horas de trabajo estándar necesarias pueden calcularse y convertirse en necesidades de mano de obra. Las horas estándar trabajadas pueden almacenarse en un ordenador por habilidades requeridas y por departamentos (es decir, una secuencia de mano de obra). Después de evaluar el trabajo real de producción, puede determinarse el factor de eficiencia conseguido. Así, si para la producción planificada se necesitan 12.320 horas estándar de trabajo, pero se espera una tasa de eficiencia del 80%, entonces deben programarse 15.400 horas reales de trabajo, lo cual requiere una dotación de 385 trabajadores (a 40 horas semanales durante una semana). Esto puede refinarse ulteriormente por habilidades, o se puede analizar el ahorro que supondría autorizar horas extraordinarias. Deben tomarse medidas para asegurar que sólo se autoriza el número de horas necesario para el nivel de producción. Cuando las necesidades cambien, deberán revaluarse las horas-hombre estándar.

En un entorno de «planificación de las necesidades de materiales» (MRP), las secuencias de mano de obra han de ser exactas por lo menos en un 95%, y la empresa debe ceñirse estrictamente a un programa básico de producción. Si el controler trabaja en un entorno de esta clase, las necesidades de mano de obra pueden predecirse fácilmente multiplicando las correspondientes secuencias de mano de obra por las clases y cantidades unitarias indicadas en el programa básico.

Los planes de incentivos salariales

En un intento de aumentar la eficiencia, una serie de empresas han introducido planes de incentivos salariales, con buenos resultados. El controler interviene a través del departamento de nóminas, el cual debe calcular el efecto monetario de dicho plan. Sus responsabilidades con respecto al sistema es mejor dejarlas en manos de expertos en la materia. Sin embargo hay un aspecto de un plan de incentivos que está relacionado con el proceso de determinación de costes y debemos tenerlo en cuenta. Cuando se introduce un plan de incentivos salariales en una fábrica que ya se rige por costes estándar, surge un problema acerca de la relación entre el nivel de rendimiento estándar a partir del que se obtienen incentivos y el nivel de rendimiento estándar utilizado con fines de determinación de costes. Además, ¿qué efecto debe tener el plan de incentivos salariales sobre el coste estándar de mano de obra y sobre los gastos estándar de fabricación del producto? Por citar una situación concreta, una empresa puede estar dispuesta a pagar un incentivo a la mano de obra por un rendimiento inferior al considerado en el estándar de coste (pero mucho más alto que la experiencia real). Si se excluye esta prima del coste estándar, el coste de mano de obra para el coste estándar estará infravalorado. Además, puede que no se produzcan ahorros en los gastos de fabricación, puesto que los costes se producen para asegurar un rendimiento a un nivel más bajo que el coste estándar. En estas afirmaciones se supone, claro está, que el coste estándar existente representa unos resultados eficientes incluso en condiciones incentivadas. Por otra parte, si el efecto del plan de incentivos es aumentar de forma sostenida los niveles de producción muy por encima de los contemplados en los estándares de coste, puede ocurrir que el producto se haya sobrevalorado al utilizar los costes estándar actuales y que estos estándares ya no sean pertinentes. ¿Cómo deben fijarse los costes estándar en relación con el plan de incentivos?

Al revisar el plan, pueden hacerse varias generalizaciones. En primer lugar, no tiene por qué existir una relación entre los estándares para el plan de incentivos y los estándares para la determinación de costes. Los primeros están pensados para estimular el esfuerzo mientras que los segundos se utilizan para determinar cuál deberá ser el coste de mano de obra del producto. Uno es un problema de gestión del personal mientras que el otro es estrictamente un problema contable. Con objetivos tan distintos, los niveles de rendimiento podrían lógicamente ser completamente diferentes.

Además, la determinación de costes de la mano de obra para los estados financieros debe diferenciarse del control de la mano de obra. Como hemos visto, el control de la mano de obra puede implicar conceptos no financieros: piezas por hora, kilos por hora trabajados, etc. El control de mano de obra puede conseguirse a través del uso de estándares cuantitativos. Aunque se utilicen los costes, el patrón de medida para el control no necesita ser el mismo que para la determinación del coste del producto. El control se centra en las desviaciones respecto de los estándares de rendimiento y no respecto a las desviaciones del coste del producto.

El examen completo del problema tiene como consecuencia la conclusión de que los estándares de mano de obra para fines de determinación de costes deben basarse en las expectativas normales del funcionamiento de un sistema de incentivos salariales en condiciones de funcionamiento normal. Las ganancias esperadas con arreglo al plan de primas deben reflejarse en el coste unitario estándar del producto. De ello no se sigue necesariamente que el coste estándar del producto vaya a ser más alto que el utilizado antes de la introducción del plan de incentivos. Puede significar, sin embargo, que el coste de la mano de obra directa sea más alto a causa del pago de primas. Sin embargo, debido a la mayor producción y al ahorro de materiales, el coste de fabricación total unitario estándar deberá ser inferior.

Resumen

En este capítulo, hemos estudiado los motivos por los que es tan importante la determinación exacta del coste de mano de obra y de los materiales: para el control de costes, la fijación de precios y la valoración de existencias. Además, hemos prestado una especial atención a la misión variable del contable de costes, puesto que el sistema de existencias JIT reduce o elimina la necesidad de muchas desviaciones de la eficiencia que solían ser la base del trabajo diario del controler. Hemos revisado también las diferencias entre el sistema de costes por pedido y por procesos y cómo los sistemas JIT están convirtiendo el sistema de pedidos en sistemas de coste por procesos. Posteriormente nos hemos ocupado de una serie de sistemas de control relacionados con la compra, la recepción y el consumo de materiales, así como con varios sistemas de seguimiento de la mano de obra. El controler debe tener en cuenta todos estos controles para diseñar sistemas apropiados para una instalación productiva, de manera que se realice un estrecho seguimiento de los costes expuestos a la mayor variación.

Capítulo 9

Los costes generales de fabricación

Introducción

Los costes indirectos o generales de fabricación de una empresa industrial han aumentado significativamente a medida que la actividad se ha hecho más compleja y se utiliza maquinaria y equipo cada vez más sofisticados. A medida que ha aumentado la inversión en maquinaria controlada por ordenador, mejorando la productividad y reduciendo las horas de mano de obra directa, la dirección ha prestado una mayor atención al control de las amortizaciones, el coste de la energía, las reparaciones y el mantenimiento de las máquinas, y cuentas similares.

Los costes generales de fabricación tienen varias características que les diferencian de los costes directos de materiales y mano de obra. Incluyen una amplia variedad de costes tales como la amortización, los impuestos sobre inmuebles, los seguros, las prestaciones sociales complementarias, la mano de obra indirecta, los suministros, la energía y otros servicios públicos, los costes administrativos, los de mantenimiento y reparación y otros costes que no pueden asociarse directamente con un proceso o trabajo. Estos tipos de costes se comportan de modo diferente que los costes directos cuando el volumen de producción varía. Algunos fluctuarán proporcionalmente cuando la producción aumente o disminuya y otros permanecerán constantes o fijos y no serán sensibles al cambio en el número de unidades producidas. Algunos costes puede ser semivariables, manteniéndose constantes para un volumen determinado; sin embargo, pueden variar con los cambios en el volumen, pero no de un modo absolutamente proporcional y probablemente pueden separarse sus componentes fijos de los variables.

En medio de esta plétora de costes fijos, variables y semivariables, el controler debe controlar los costes, así como contabilizarlos por procesos o por trabajos.

En este capítulo ofrecemos una revisión general de cómo el controler puede realizar estas tareas.

La necesidad de controlar los costes generales de fabricación

La diversidad de costes generales de fabricación y la división de responsabilidades en lo que se refiere a su gestión, pueden contribuir a que se incurra en costes excesivos. Además, el hecho de que muchos elementos de coste sean pequeños, desde el punto de vista del consumo o del coste por unidad, fomenta que no exista a menudo un control apropiado. Por ejemplo, es natural aumentar el soporte administrativo cuando aumenta el volumen de producción, pero existe cierta resistencia, y por los general cierto retraso, para eliminar tal ayuda cuando no se necesita. Debe predecirse y preverse cuándo va a disminuir la necesidad y tomar medidas apropiadas oportunamente. Hay numerosos gastos que proceden de cuentas de pequeño coste unitario que pueden ser importantes, pero la suma de todos ellos puede hacer menos competitiva la empresa: un número excesivo de horas de mantenimiento, uso de modelos o suministros especiales cuando serían suficientes los corrientes, uso personal de los suministros o uso indiscriminado de las instalaciones de comunicaciones y reproducción. Todos los tipos de costes generales de fabricación deben evaluarse y deben establecerse controles para lograr una reducción del coste siempre que sea posible.

Aunque estos factores pueden complicar el control de los gastos generales de fabricación, el enfoque básico para este control es fundamentalmente el mismo que el que se aplica a los costes directos: el establecimiento de presupuestos o estándares, la medición de la actuación real frente a dichos estándares y la adopción de medidas correctoras cuando reiteradamente los responsables de cumplir los presupuestos o normas no consiguen alcanzar su objetivo.

Los estándares pueden cambiarse en función de los niveles de volumen. Dicho de otro modo, pueden ser lo suficientemente flexibles como para ajustarse al volumen de operaciones con que está trabajando el supervisor. Hasta este punto, el establecimiento y la aplicación de estándares de costes generales de fabricación puede diferir del procedimiento utilizado para el control de los materiales y mano de obra directos. Además, el controler puede utilizar el cálculo de costes basado en actividades (sistema ABC) para imputar los costes a los productos (u otros elementos de coste, tales como los departamentos de producción o los clientes). El sistema de cálculo de costes basado en actividades es un proceso que consiste en acumular los costes, imputar dichos costes a las actividades y luego cargar el coste de las actividades a los productos o procesos que hacen uso de las mismas. Este enfoque es mejor que el método tradicional de asignar un mismo porcentaje de gastos generales a toda la producción, puesto que la aplicación del sistema ABC tiene como consecuencia una determinación más exacta del coste de los productos.

Responsabilidades del controler

Al diseñar y preparar los informes sobre gastos generales de fabricación, el controler debe prestar atención a las siguientes sugerencias para que el ejecutivo de fabricación encuentre más útil la información:

— El presupuesto (u otro estándar) debe basarse en datos técnicos rigurosos desde el punto de vista de la fabricación, previamente consensuados con el director de fabricación. A medida que los procesos de fabricación cambian, los estándares deben cambiar. La adopción de las técnicas JIT puede requerir, por ejemplo, una alineación diferente de los centros de costes. Además, con el mayor uso de robots u otros tipos de mecanización, la mano de obra directa desempeñará un papel menos importante, mientras que los gastos de fabricación (a través de unos mayores cargos por amortización, quizá más mano de obra indirecta, mayores reparaciones y mantenimiento y energía) serán relativamente más significativos.

— A los supervisores del departamento de fabricación que realizan la planificación y el control real de los gastos debe concedérseles la oportunidad de conocer el sistema en profundidad, incluyendo la forma en que se desarrolla la estructura de los gastos presupuestarios, y de estar de acuerdo globalmente con la objetividad del sistema.

— Es esencial que el plan de cuentas sea práctico, el departamento de costes debe seguir la estructura de la organización de fabricación, y los métodos de imputación han de permitir la correcta valoración de las existencias, así como un control apropiado de los gastos.

— Los costes de fabricación deben imputarse lo más exactamente posible, de manera que el responsable de fabricación pueda determinar los gastos de los distintos productos y procesos. De este tema, nos ocuparemos con mayor detalle más adelante en este capítulo, en la sección «La determinación del coste basada en las actividades: introducción».

— Cuando se utiliza un proceso de elaboración de presupuestos, deben instituirse procedimientos que faciliten la preparación del presupuesto de planificación de la producción de un modo eficaz y oportuno (mediante la provisión de formularios, instrucciones, calendarios, etc., adecuados).

— Cuando se utilizan presupuestos flexibles, se debe determinar o ayudar a determinar la parte fija y variable de los costes.
— Evalúe si los métodos de cálculo de costes proporcionan una acumulación e imputación fiable y aceptable por objetos de coste y si las desviaciones se analizan debidamente.
— Trabaje con los técnicos especializados en programas de producción, que proporcionarán los datos técnicos necesarios para la elaboración de los estándares, tales como las necesidades de mano de obra, las de energía, las interrupciones esperadas y las necesidades de mantenimiento.
— Colabore con el director de fabricación para crear procedimientos de recogida de información, con objeto de imputar los costes a las actividades y hacer el seguimiento de la utilización de dichas actividades por el producto, si se utiliza un sistema de determinación de costes basado en actividades.

El plan de cuentas

Una condición necesaria para un control de costes suficiente, y para una determinación exacta de los costes, es disponer de un plan de cuentas apropiado. El control debe ejercerse en la fuente y, puesto que son personas concretas las que controlan los costes, la clasificación primaria de las cuentas debe hacerse por responsabilidades individuales. Esto requiere, por lo general, un desglose de los gastos por departamentos, productivos o de servicios, del área de fabricación, tales como mantenimiento, energía o herramientas. Algunas veces, sin embargo, resulta necesario refinar la clasificación de los gastos para asegurar un control apropiado o una correcta determinación del coste de los productos, por ejemplo para determinar los gastos reales y los estándares de gastos por centros de costes. Esta decisión acerca del grado de refinamiento dependerá, en gran parte, de si se obtienen unos mejores costes por producto o de si puede lograrse un mejor control de los gastos.

Un centro de costes, normalmente la división más pequeña de los costes, está determinado por una de las dos bases siguientes:

— una o más máquinas similares o idénticas;
— la realización de una sola operación o grupo de operaciones similares o afines en el proceso de fabricación.

La separación de las operaciones o funciones es esencial ya que un supervisor puede tener más de un tipo de máquina u operación en su departamento, y esto afectará al coste. Un producto puede exigir la utilización de maquinaria costosa, y otro quizá sólo necesite operaciones manuales simples. La separación por centros de coste revelará esta diferencia de costes. Se necesitan diferentes porcentajes de gastos generales de fabricación para reflejar las diferencias en los servicios o máquinas requeridos.

Si el controler opta por instalar un sistema de cálculo de costes basado en actividades (sistema ABC), entonces se requerirá un desglose de costes muy diferente. En el sistema ABC se recogen los costes por actividades en lugar de por departamentos. Por ejemplo, con arreglo al sistema ABC, podría recogerse información acerca de los costes por órdenes de cambios técnicos, en lugar del coste de la totalidad del departamento técnico. Si la dirección decide que quiere información tanto ABC como departamental, entonces el controler deberá registrar la información dos veces:

— una por departamentos
— y otra por actividades.

Las cuentas de gastos generales de fabricación que se capitalizan están claramente definidas por los principios de contabilidad generalmente aceptados y se exponen en la tabla 9.1.

La mayor parte del debate sobre el contenido del *pool* de gastos generales de fabricación se refiere al segmento de existencias a las que deben imputarse dichos gastos. Éstos normalmente no se imputan a las materias primas, pero se han expuesto argumentos en favor de las dos cuestiones siguientes:

1. *Costes del transporte de entrada*. Cuando el coste de transportar las mercancías hasta la fábrica se puede relacionar con materiales o cuentas concretas, puede acumularse al coste de dichas materias primas. Si dicha imputación es poco práctica, el coste puede considerarse parte de los gastos generales de fabricación.
2. *Gastos del departamento de compras*. Normalmente, el coste de este departamento se mantendrá estable de un período a otro, independientemente del volumen de recepciones, por tanto, imputar el coste a las materias primas no reflejaría correctamente la relación entre los gastos y el esfuerzo empleado. Este coste puede tratarse más correctamente como gastos generales de fabricación.

La revisión de los aspectos relacionados con los costes generales de fabricación será menos importante cuando un mayor número de empresas adopte los sistemas de existencias JIT. Cuando se reduzcan las existencias, sólo habrá una pequeña cantidad de trabajo en curso o de productos terminados en inventario y, por tanto, la mayor parte de los gastos generales de fabricación pasarán directamente a la cuenta de resultados.

TABLA 9.1. **Imputación de los costes a gastos del período o a cuentas de balance**

Descripción	Costes capitalizables	Gastos
Gastos de publicidad		XXX
Coste de las huelgas		XXX
Amortización y agotamiento del activo	XXX	
Gastos de administración de fábrica	XXX	
Gastos generales y administrativos de explotación		XXX
Impuestos sobre beneficios		XXX
Mano de obra indirecta y sueldos y salarios de supervisión de la producción	XXX	
Materiales y suministros indirectos	XXX	
Gastos financieros		XXX
Mantenimiento	XXX	
Gastos de márketing		XXX
Sueldos y salarios de servicios de producción	XXX	
Otros gastos de distribución		XXX
Contribución al fondo de pensiones		XXX
Prestaciones sociales complementarias del personal de producción	XXX	
Inspección y control de calidad	XXX	
Alquileres	XXX	
Gastos por reparaciones	XXX	
Gastos de investigación y desarrollo		XXX
Mano de obra de reelaboración, producción defectuosa y material averiado	XXX	XXX
Sueldos y salarios del personal relacionado con las operaciones globales		XXX
Gastos de venta		XXX
Impuestos distintos de los de beneficios relacionados con los activos de producción	XXX	
Herramientas y equipo no capitalizados	XXX	
Servicios públicos	XXX	

Fuente: Adaptado de *Analysis: Tax Reform Act of 1986,* Coopers & Lybrand LLP, Nueva York, 1986. p. 176

Costes fijos y costes variables

Otra etapa en el control de los gastos generales de fabricación es la segregación de los costes en dos grupos: fijos y variables. Los costes variables aumentan o disminuyen en proporción directa al volumen de producción, el control se ejerce manteniendo los gastos dentro de los límites determinados para un nivel particular de actividad. Los gastos fijos no varían con el nivel de actividad, sino que permanecen estables a lo largo de un período de tiempo relativamente corto. El control de este tipo de gastos depende del ejecutivo que determina la política con respecto a la inversión en instalaciones, el nivel de existencias y el tamaño de la organización. Se observará que el no diferenciar entre estos dos tipos de costes puede dar como resultado que no se consiga controlar los gastos generales de fabricación. Esto se debe a que no se puede distinguir si los mayores costes son el resultado de unos costes unitarios fijos más altos, como consecuencia de un volumen más bajo, o del fracaso de mantener los costes variables dentro de los límites apropiados.

La separación entre costes fijos y variables permite la utilización de un *presupuesto flexible,* o presupuesto que permite que los gastos varíen con el nivel de actividad del departamento de que se trate. La clase opuesta de presupuesto es el *presupuesto fijo,* que se planifica para un nivel fijo de actividad. El nivel de actividad rara vez permanece estable en la práctica, por tanto, un presupuesto fijo no es muy útil si el volumen cambia.

Otra clasificación de los gastos de fabricación es la de costes semivariables. Estos costes varían con el volumen de producción, pero no en proporción directa a dicho volumen. Para controlarlos, se dispone de dos técnicas. Una de ellas consiste en determinar, para cada coste semivariable, en cada departamento, el coste adecuado para varios niveles de actividad. Por ejemplo, si el nivel de actividad esperado oscila entre el 60 y el 90% de la capacidad, los costes deberán presupuestarse por tramos de un 5% (es decir, para el 65%, para el 70%, etc.). El presupuesto aplicable al volumen real se seleccionará y se podrá realizar una interpolación entre intervalos, si se considera necesario. Posteriormente los costes reales se compararán con el presupuesto y se tomarán medidas correctoras.

La otra técnica para aplicar el control presupuestario a los costes semivariables consiste en separarlos en sus porciones fijas y variables y tratar cada una de ellas de acuerdo a sus características. La porción fija podría considerarse el gasto necesario para el nivel más bajo de volumen esperado, y la diferencia entre éste y el nivel más alto podría tratarse como variable.

Un buen punto de partida para determinar los componentes fijos y variables de los costes es la experiencia pasada. Este examen deberá abarcar, no solamente los costes totales, sino también varias medidas de la actividad. Es necesario determinar cuánto varían los costes, así como el mejor instrumento o factor para medir la actividad. Por ejemplo, la actividad pasada puede estar relacionada con las horas estándar de mano de obra directa, las horas reales de mano de obra directa, o las unidades producidas. El análisis de la experiencia anterior debe complementarse con la utilización de un buen criterio para aplicar las conclusiones a períodos futuros. Los cambios en el nivel de sueldos y salarios, en el coste de los materiales o en el personal de supervisión, por ejemplo, deben tenerse en cuenta para modificar los datos a la hora de definir un estándar.

La relación que se incluye a continuación contiene algunos ejemplos de costes fijos:

— *Costes fijos por decisión de la dirección general:*

- impuestos sobre bienes inmuebles y sobre bienes muebles;
- seguros (de inmuebles y de responsabilidad civil);
- sueldos y salarios de los ejecutivos de producción;
- amortización de patentes.

— *Costes fijos por decisiones de los ejecutivos de producción:*

- sueldos y salarios del personal supervisor de fábrica;
- gastos administrativos de fábrica;
- gastos de seguridad.

Entre los costes variables figuran los siguientes:

— cánones sobre las unidades producidas;
— gastos en pequeñas herramientas;
— suministros;
— gastos de verificación;
— gastos de recuperación de productos defectuosos.

La relación siguiente contiene ejemplos de costes semivariables (es decir, aquellos costes que contienen elementos tanto fijos como variables):

— reparaciones y mantenimiento;
— salarios y otros gastos de las oficinas de fábrica;
— impuestos y seguros sobre la nómina;
— servicios públicos (electricidad, agua...).

Utilización del método del nivel de capacidad

A continuación ofrecemos un ejemplo de separación de los elementos fijos y variables de los costes de fabricación utilizando un método sencillo. Las hipótesis utilizadas en el ejemplo son las siguientes:

1. Al 50% de capacidad, los gastos del departamento de mantenimiento son de 80.000 dólares mensuales, mientras que la experiencia demuestra que a un nivel del 80% de capacidad, el coste es de 128.000 dólares.
2. El factor variable, o patrón de medida, son las horas estándar de producción trabajadas.
3. A un 80% de capacidad, las horas estándar trabajadas son 160.000.

Los costes variables son de 48.000 dólares y la asignación presupuestaria variable es de 0,80 dólares por hora estándar trabajada, calculada como sigue:

Capacidad		
% de actividad	Horas estándar trabajadas	Coste
80 %	160.000	128.000
50 %	100.000	80.000
Variable	60.000	48.000
Coste unitario variable (48.000 dól. / 60.000)		0,80

En una estructura presupuestaria como ésta, la asignación del departamento de mantenimiento para un mes de 120.000 horas estándar de producción trabajada será la siguiente:

Parte fija	80.000
Variable (0,80 x 120.000 - 100.000)	16.000
Total	96.000

Obsérvese que la asignación variable sólo está garantizada para las horas estándar trabajadas que sobrepasen lo que se consideró el nivel más bajo probable de actividad. Sin embargo, el coste completo podría tratarse como variable dentro del mismo presupuesto (120.000 x 0,80 = 96.000 dólares).

Determinación gráfica de los costes fijos y variables

La utilización de sólo unos cuantos puntos para determinar los gastos variables tiene un valor limitado, puesto que sólo se consideran unos cuantos niveles. Si se desea una mayor exactitud, un enfoque apropiado consiste en utilizar un diagrama de dispersión. Por ejemplo, supongamos que se dispone de los datos de la tabla 9.2 sobre costes del departamento de personal.

Estas cifras se registran posteriormente en un diagrama como el de la figura 9.1. El eje vertical representa los costes en dólares y el horizontal, el factor de variabilidad: las horas estándar trabajadas del ejemplo. Una vez registrados los puntos, se puede trazar una línea de ajuste óptimo, de tal manera que la mitad de los puntos queden por encima de ella y la otra mitad, por debajo. Deberán descartarse todos los valores que se desvíen de forma excesiva. Para un análisis más exacto, puede utilizarse el método de los mínimos cuadrados. Ésta es una técnica matemática que permite obtener una línea de ajuste óptimo con más precisión que la que puede lograrse mediante el trazado visual de la misma.

El punto en que la línea de ajuste óptimo cruza el eje vertical indica el coste fijo que podría esperarse si la fábrica estuviera en condiciones de funcionar, pero sin producir nada. El coste total de cualquier nivel de actividad se determina leyendo el diagrama. Por ejemplo, al nivel de 25.000 horas estándar trabajadas, los gastos presupuestados ascenderían a 13.400 dólares. Esta cantidad se compone de 5.500 dólares fijos y 7.900 dólares de costes variables. El coeficiente variable es de 0,316 dólares por hora estándar trabajada.

TABLA 9.2. **Comparación de los costes con la actividad medida en horas estándar trabajadas**

Mes	Horas estándar de fábrica trabajadas	Costes departamentales totales
Enero	20.000	12.200
Febrero	16.000	10.600
Marzo	13.000	9.400
Abril	14.000	9.800
Mayo	17.000	10.400
Junio	19.000	12.000
Julio	21.000	12.400
Agosto	23.000	12.600
Septiembre	25.000	13.600
Octubre	22.000	12.200
Noviembre	18.000	11.800
Diciembre	19.000	11.600

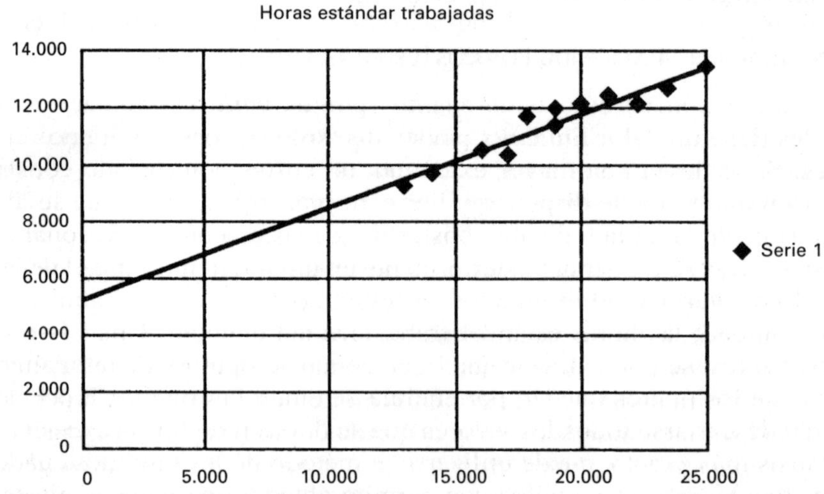

Figura 9.1. **Determinación gráfica de los costes fijos y variables**

La pendiente de la línea del gráfico indica el grado de variabilidad. Así, una línea horizontal representa un coste fijo mientras que una línea que pasa por el origen indica un coste totalmente variable. Algunas veces, al construir un gráfico, los puntos no reflejan una tendencia a agruparse en una línea. Si se da esta situación, o bien ha estado ausente el control de los costes o el factor de variabilidad seleccionado no es el correcto, debe probarse otro factor para determinar la causa.

Un aspecto importante para controlar los gastos generales mediante el análisis de desviaciones es el nivel de actividad seleccionado para fijar los costes estándar. Aunque no tiene ninguna relación directa con la planificación y el control de los gastos de fabricación de cada departamento, afecta a la cuenta de pérdidas y ganancias y al balance. Con respecto a la cuenta de pérdidas y ganancias, hay que determinar el porcentaje de costes de fabricación absorbidos o imputados al producto fabricado, considerando el exceso de gastos como variación respecto del coste estándar. Esta variación o exceso de coste debe clasificarse en función de su causa. Con respecto al balance, el nivel normal de actividad afecta directamente a la valoración de existencias y, por tanto, al coste de ventas incluido en la cuenta de pérdidas y ganancias, por cuanto ayuda a determinar el coste estándar del producto. Debe ser evidente que la parte fija del coste unitario por producto está muy influida por el volumen total de producción supuesto. Igualmente crítico es que la dirección entienda claramente la importancia del nivel seleccionado porque en gran parte determina la variación del volumen.

Por lo general, hay tres niveles en base a los que pueden establecerse los gastos generales fijos estándar de fabricación:

1. *El volumen esperado de ventas para el año, o el período en que se aplicarán los estándares.* Todos los costes se ajustan de un año a otro. Por tanto, ciertas comparaciones de costes son difíciles de realizar. Además, los estados financieros resultantes no dan a la dirección la información que puede considerarse más útil acerca de lo que cuesta un determinado volumen. Los costes estándar serán más elevados en los años de bajo volumen, cuando sería conveniente aplicar precios más bajos para conseguir mayor cifra de negocio, y más bajos en los años de gran volumen, cuando la mayor demanda presumiblemente permitirá subir los precios. Otro punto débil es que, en muchos casos, la estimación de las ventas utilizada como base no será exacta.
2. *Capacidad ideal de la fábrica, que representa el volumen al que una fábrica podría producir si no le faltaran nunca pedidos.* Si se utiliza como base la capacidad ideal de la fábrica, se obtendrá el mínimo nivel de costes. Esto puede inducir a error porque el volumen de ventas no alcanzará, como término medio, este nivel. Por lo general, se producirán grandes desviaciones desfavorables, los gastos no absorbidos.
3. *El volumen normal o medio de ventas, definido aquí como capacidad normal.* Ésta es la utilización de la fábrica necesaria para satisfacer la demanda media durante un ciclo económico o por lo menos durante un período lo suficientemente largo como para equilibrar las variaciones cíclicas y estacionales. Esta base permite la estabilización de los cos-

tes y el reconocimiento de las tendencias a largo plazo en las ventas. Cada base tiene ventajas e inconvenientes; pero la capacidad normal parece ser la más deseable en circunstancias ordinarias.
Cuando se fabrica un sola unidad de medida, la capacidad normal puede expresarse en cantidades de dicha unidad. En aquellos casos en los que existen muchos productos, suele ser necesario seleccionar una unidad común para el denominador. Las horas productivas son una medida práctica. Si se conocen las horas productivas normales de todos los departamentos o centros de costes, la suma de éstas representará el total para el plan. La división de los costes fijos totales entre las horas productivas de la capacidad normal permite obtener el coste fijo estándar por hora trabajada.

Las desviaciones de volumen pueden también dificultar la determinación de costes en un sistema de costes por actividad (ABC). Los costes por actividad se obtienen dividiendo el coste total acumulado en un centro de coste por el volumen estimado de un generador de coste. Si el volumen estimado de un generador de una actividad se desvía excesivamente de la cantidad real, el coste de la actividad imputado a un producto puede alterar significativamente el coste ABC del producto. Por ejemplo, se estima que va a haber 1.000 traslados de material relacionados con un producto determinado en un mes, y el coste total mensual de dichos traslados es de 10.000 dólares, lo que supone 10 dólares por traslado. Si el número real de traslados relacionados con el producto es de 2.000, el coste por traslado que se aplica al producto se reduce a 5 dólares por traslado. Sin embargo, si el sistema ABC recoge información sobre el volumen real de generadores de la actividad para cada período contable, no se producirá la variación de volumen.

Asignación de costes

En la sección siguiente estudiamos los sistemas tradicionales de imputación de costes, la necesidad del cálculo de costes basado en actividades (ABC), los problemas que plantea el sistema ABC y cómo proporcionar información ABC a la dirección. También describimos brevemente una instalación ABC, unos modelos de *software* ABC, con los que se analizan procesos sin valor añadido y se convierten los costes indirectos en costes directos. El sistema ABC es mucho más amplio que este breve análisis, por lo que recomendamos al lector que desee poner en práctica dicho sistema que consulte uno de los numerosos libros disponibles sobre la materia.

La imputación de costes tradicional

Un sistema de imputación de costes tradicional tiene como objetivo asignar todos los costes de producción indirectos a los objetos de coste. Cuando es posible, los costes indirectos se imputan basándose en el uso de dichos costes por los objetos de coste. Si no puede establecerse ninguna relación de utilización, entonces los costes indirectos se imputarán basándose en alguna medida general de imputación.

Un coste se considera *indirecto* si no puede imputarse directamente a un objeto de coste con un mínimo esfuerzo. Por ejemplo, una empresa puede considerar la posibilidad de que el sueldo de un ingeniero sea indirecto, si trabaja en numerosos proyectos a la vez. Sin embargo, otra empresa podría realizar el esfuerzo de hacer el seguimiento del tiempo del ingeniero, de manera que su sueldo pueda imputarse directamente a los objetos de coste. En el primer caso, el sueldo se considera un coste indirecto. En el segundo caso, un coste directo. Ejemplos de costes que generalmente se consideran indirectos son los servicios de reparación y mantenimiento, los suministros como el agua o la electricidad y la amortización.

Un *objeto de coste* es el concepto que se mide. Por ejemplo, el controler puede desear encontrar el coste de un producto, un departamento o un área geográfica de ventas. Cada uno de esos conceptos puede ser un objeto de costes porque el controler debe acumular un conjunto diferente y separado de información de costes acerca de cada concepto.

El método para imputar los costes es el «coeficiente estándar de distribución de los gastos generales de fabricación». Éste es un coeficiente constante por unidad de la base de imputación. Por ejemplo, el importe total que tiene que imputarse es de 100.000 dólares y la base de imputación son las unidades producidas. Si se espera producir 10.000 unidades, se imputarán 10 dólares a cada unidad. Los coeficientes estándares de distribución de gastos generales de fabricación se suelen determinar al comienzo del año, con el fin de evitar las fluctuaciones estacionales en el coeficiente, así como el trabajo extra necesario para volver a calcularlo en cada período contable. La estimación de dicho coeficiente se basa en el importe previsto de costes indirectos dividido por el volumen previsto de la base de imputación. Puesto que el coeficiente se basa en dos estimaciones, es evidente que es frecuente encontrar coeficientes incorrectos. Si el controler estima que el coeficiente estándar de distribución de gastos generales va a ser bastante incorrecto, es conveniente revisarlo a mitad del año. Para los casos de menor importancia de gastos generales subabsorbidos o excesivamente absorbidos, la variación debe tenerse en cuenta en los estados financieros del período corriente.

La base seleccionada debe ser la que mejor asigne los costes. Sin embargo, el «mejor» método es una cuestión de opinión en muchos casos, de manera que la mano de obra indirecta con frecuencia se imputa incorrectamente. Para las organizaciones con elevados costes indirectos, una base de imputación incorrecta puede tener grandes repercusiones sobre el cálculo del coste por producto. Por ejemplo, si se calcula un coste demasiado bajo, la dirección puede tomar medidas para aumentar las ventas de ese artículo, cuando debiera potenciar las ventas de otros productos más rentables.

Un proceso normal de imputación es como sigue:

1. *Acumular los costes de todos los centros de costes de producción y todos los centros de costes de servicios.* Un ejemplo de un centro de costes de producto es un departamento de plegado de chapa. Un ejemplo de centro de costes de servicios es un departamento de mantenimiento.
2. *Asignar el coste de todos los centros de costes de servicios a los centros de costes de producción.* Por ejemplo, el departamento de mantenimiento rellena un formulario en el que se registran los tiempos trabajados, los cuales indican que el 30% de sus costes de mano de obra y materiales se utilizaron para el mantenimiento del departamento de plegado de chapa. Si el coste total asignado al departamento de mantenimiento es de 100.000 mil dólares, entonces 30.000 dólares se cargarán al departamento de plegado de chapa.
3. *El coste total de los centros de costes de producción se asignan a los objetos de coste producidos en dichos centros.* Por ejemplo, si la mitad del tiempo del departamento de plegado de chapa se emplea en producir dispositivos alimentadores para aves, la mitad del coste total de ese departamento se asigna a la producción total de dichos alimentadores.

Algunas veces, los centros de servicios realizan trabajos para otros centros de servicios. Cuando esto ocurre, los costes pueden asignarse de un centro de servicios a otro. El lector debe consultar algún manual sobre contabilidad de costes en busca de ejemplos del método de imputación escalonada. Los centros de servicios tienen invariablemente costes «sobrantes» que no pueden asignarse directamente a otra parte. Un ejemplo de esto es el sueldo del supervisor, que no interviene directamente en proporcionar un servicio a un objeto de coste. En tales casos, el controler dispone de diversas bases para imputar los costes a los objetos de coste. Por ejemplo, las bases corrientes de imputación son: el número de personas, las horas de trabajo, los dólares de mano de obra, las horas de máquina, la superficie en metros cuadrados, el volumen de operaciones (por ejemplo, el número de traslados de material, las piezas pedidas, las órdenes de cambios técnicos) o los ingresos y costes totales (por ejemplo, basándose en el total de dólares de ingresos o gastos).

La determinación del coste basada en las actividades: introducción

Los sistemas de contabilidad de costes tradicionales imputan los gastos generales de fabricación a los productos basándose en la cantidad de mano de obra directa que consumen. Cuando la mano de obra directa era una proporción significativa del valor añadido de producto, el sistema no sesgaba significativamente los costes de los productos. Sin embargo, a medida que la mano de obra directa fue siendo sustituida gradualmente por la automatización, el componente de mano de obra directa bajó, al tiempo que aumentaban los gastos generales de fabricación. Como consecuencia, muchas empresas se encuentran con que la parte de gastos generales está un 300% o más por encima de sus costes de mano de obra directa. Por tanto, un ligero cambio en la cantidad de mano de obra directa del producto produce una variación significativa del coste del producto, ya que la cantidad de gastos generales imputada fluctúa espectacularmente hacia arriba o hacia abajo.

Para combatir este problema de la imputación de los gastos generales, varias empresas empezaron a imputarlos en base a otros factores, más pertinentes que la mano de obra directa. Esto tuvo como consecuencia que se utilizaran simultáneamente múltiples coeficientes de distribución de los gastos generales, y exigió una recogida adicional de datos para diferentes bases de imputación de los mismos. Finalmente, apareció el cálculo de costes basado en las actividades (ABC). El sistema ABC no es un descendiente directo del sistema de coeficientes múltiples de gastos generales de fabricación. Dicho sistema supone que los costes se imputan en base a los recursos consumidos, de modo que se determinan los costes de los recursos y luego se imputan a los productos basándose en la utilización de los mismos. La información ABC se acumula luego en informes por productos, clientes, regiones geográficas u otras agrupaciones.

Un sistema ABC exige la recopilación de una gran cantidad de datos. Los datos de costes han de acumularse en formas normalmente diferentes a las del sistema tradicional de plan de cuentas por departamentos. El controler debe, por tanto, recombinar los costes en «centros de costes». Además, el sistema ABC ha de calcular el coste para varias actividades, y luego tiene que medir el uso que de dichas actividades ha hecho la entidad en cuestión (productos, clientes, regiones geográficas, etc.). Esta recogida de datos se trata con carácter de proyecto, de manera que los costes ABC sólo se obtienen una vez, o se incorpora a un nuevo sistema de determinación de costes que, o bien sustituye al sistema tradicional de costes, o coexiste con él. El sistema ABC debe diseñarse cuidadosamente de manera que la recogida de datos no sea demasiado engorrosa. El equipo ABC debe minimizar el número de centros de coste y de medidas de actividad. Una vez que el sistema ABC está en marcha, el equipo ABC puede analizar la exactitud del modelo y añadir o suprimir selectivamente conceptos que requieran recogida de datos.

La información obtenida a partir de un modelo ABC puede utilizarse para suministrar información sobre costes de productos y para valorar las existencias, así como para controlar los costes que no añaden valor. Una de sus mayores ventajas es ayudar a la dirección a determinar el coste real de los productos, que de otro modo está oculto entre los gastos generales de fabricación y mal imputado a otras partes. Como consecuencia, la dirección posee una mejor información sobre el margen bruto y puede añadir o suprimir más inteligentemente productos u opciones con dicha información. Si la dirección no conoce la información ABC, los beneficios que se obtengan de ello no serán importantes.

La información suministrada por el sistema tradicional de determinación de costes puede estar en conflicto con la información suministrada por el sistema ABC. Si, por ejemplo, los incentivos del equipo directivo se calculan en base a los resultados calculados según el sistema tradicional, probablemente se hará caso omiso de los resultados ABC. Además, si una empresa tiene varias divisiones y el sistema ABC no se pone en práctica en todas ellas, el controler poseerá una información comparativa de costes incompleta. Como consecuencia, la dirección no podrá tomar decisiones en base a las comparaciones de costes.

Creación de un modelo ABC

En este apartado supondremos que los costes sólo se acumulan para informar sobre los costes de los productos. Para crear un modelo ABC, deben completarse los ocho pasos siguientes:

1. *Determinar las actividades.*—Este paso tiene los siguientes componentes:

— *Definir los límites del proyecto.* Un análisis ABC, puede abarcar todos los aspectos de la empresa; pero, un proyecto así puede durar demasiado tiempo y perder el interés de la dirección. El líder del proyecto ABC debe seleccionar un área crítica y limitada como objetivo para el análisis ABC inicial y, posteriormente, extender el proceso. Por ejemplo, en el proyecto inicial podrían incluirse los departamentos técnico y de materiales, pero excluirse el de márketing.

— *Documentar el proceso.* Enumerar todas las actividades dentro de cada área elegida como objetivo. Esta información suele documentarse en un flujograma del proceso de fabricación. Las actividades pueden atravesar los límites departamentales. Por ejemplo, el proceso de solicitud de materiales se inicia con la preparación de una lista de materiales en el departamento técnico antes de que pase al departamento de materiales, donde se produce el verdadero pedido. Los flujogramas deberán ser revisados con el personal clave de las áreas que se estudian, de manera que puedan corregirse los fallos del modelo.

2. *Determinar todos los costes directos.*—Los métodos tradicionales de contabilidad de costes ya registran los costes directos con cierto nivel de detalle, por tanto, éste es un paso fácil si están ya instalados sistemas de contabilidad de costes. Si no es así, hay que determinar los costes de la mano de obra

y los materiales directos de cada uno de los productos. Para la determinación correcta del coste directo, se necesitan rutas de mano de obra y listas de materiales exactas. Si existe un sistema de planificación de las necesidades de materiales, las rutas y las listas de materiales estarán ya disponibles.

3. *Asignar los costes indirectos a los centros de costes.*—Utilizar los flujogramas de los procesos preparados durante el primer paso, para determinar las agrupaciones lógicas de costes. Este paso puede consumir mucho tiempo, pues en el libro mayor los costes están organizados para servir de apoyo a un sistema tradicional de determinación de costes, no a un sistema basado en las actividades que requiere un plan de cuentas distinto. Por tanto, muchas cuentas de mayor tendrán que ser subdivididas en cuentas menores, que luego se resumirán en centros de costes. Una posible lista de centros de costes que podría utilizar una empresa industrial incluye los siguientes:

— cuentas a pagar,
— amortización,
— mano de obra de mantenimiento,
— traslados de materiales,
— dirección de fábrica,
— control de producción,
— compras,
— control de calidad,
— recepción,
— reelaboración,
— piezas defectuosas,
— servicios tales como agua, luz...

4. *Determinar cómo se medirán las transacciones.*—Utilizar los flujogramas de los procesos para determinar las actividades que consumen costes. Estas actividades miden la frecuencia y el volumen de la demanda que un producto o servicio hace de una actividad. Por ejemplo, cada vez que se mueve un producto, se incurre en unos costes por la mano de obra del conductor de la horquilla elevadora y los gastos de amortización de dicha horquilla. Otros ejemplos de unidades de medida de transacciones son:

— número de componentes,
— número de proveedores,
— número de unidades reelaboradas,
— número de traslados de material,
— número de órdenes de compra,
— número de pedidos de clientes,
— número de peticiones de cambios técnicos.

5. *Recoger información sobre transacciones.*—La mayor parte de las empresas aplican el sistema ABC como un proyecto, de manera que las tran-

sacciones sólo se miden una vez. Dichas empresas suponen que el número de transacciones por actividad no varía significativamente a corto plazo y, por tanto, confían en la información ABC en base a datos recogidos solamente una vez. Otro método alternativo, y más exacto, consiste en recoger la información sobre transacciones por actividad de cada período de rendición de cuentas. Hacerlo así requiere sistemas de recogida de información para conceptos a los que previamente no se les siguió la pista. A algunas transacciones es difícil seguirles la pista, por tanto, la dirección debe comprometerse por anticipado con el tiempo y el coste adicionales necesarios para hacerlo.

6. *Calcular los costes de las actividades.*—Dividir los centros de costes entre el número de transacciones de cada actividad para obtener los costes de las actividades. Por ejemplo, el resultado de una actividad puede ser que el departamento de cuentas a pagar pagó 210 facturas en un período determinado. El coste del trabajo del departamento durante dicho período fue de 1.672 dólares, por tanto, el coste por transacción de cuentas a pagar (pagar la factura) fue de 7,96 dólares.

7. *Calcular los costes de los productos.*—Hay varios estratos de costes que añadir a un producto con arreglo al modelo ABC:

- *Añadir los costes directos.* Éstos son los costes de la mano de obra y de los materiales directos que son directamente atribuibles a un producto y que usualmente se obtienen de las secuencias de mano de obra y de las listas de materiales.
- *Añadir los costes de las actividades.* Añadir al coste del producto los costes de todas las actividades de las que se ha determinado el coste. Por ejemplo, si se pagaron 32 facturas para fabricar un producto, el coste de la actividad de compras para dicho producto (utilizando el importe de 7,96 dólares del ejemplo anterior) sería de 7,96 dólares multiplicado por 32, es decir, 254,72 dólares.
- *Añadir otros centros de costes.* Pueden añadirse otros costes procedentes de los centros de costes de áreas tales como márketing y gastos generales y administrativos. Por ejemplo, si se necesitan los costes por áreas geográficas, los costes de publicidad pueden subdividirse por regiones y añadirse al coste total de los productos vendidos en cada región.

8. *Usar la información.*—Revisar los costes de los productos calculados en base al sistema tradicional de determinación de costes, y compararlos con el nuevo sistema de cálculo. Una revisión ABC pondrá de manifiesto costes que en otro caso se habrían perdido en los gastos generales de fabricación. A continuación, enumeramos algunas de las medidas normales que toma la dirección para reducir los gastos generales de fabricación:

— *Reducir el número de opciones de productos.* El coste de diseñar, programar y crear opciones de productos se localiza en los gastos generales de fabricación y puede reducirse disminuyendo el número de opciones.

— *Reducir el número de componentes utilizados.* El coste de diseñar, localizar proveedores y comprar piezas o componentes está incluido en los gastos generales de fabricación y puede reducirse disminuyendo el número de opciones de producto.

— *Reducir el número de traslados de materiales.* El coste de trasladar las piezas se localiza en la parte de gastos generales correspondiente al departamento de materiales y puede reducirse disminuyendo el número de traslados de material (¡lo cual reduce también la duración del ciclo!).

— *Reducir el número de peticiones de cambios técnicos.* El coste de rediseñar componentes, localizar nuevos proveedores y dar curso a las compras se localiza en los gastos generales y puede reducirse disminuyendo el número de peticiones de cambios técnicos.

— *Reducir el número de proveedores.* El coste de localizar y cualificar nuevos proveedores se localiza en la parte de gastos generales correspondiente al departamento de materiales y puede reducirse disminuyendo el número de proveedores.

Observe que la lista de posibles medidas de actuación de la dirección es idéntica a la de actividades utilizada en el sistema ABC. Este sistema está diseñado así para centrar la atención en las actividades del ciclo de producción. Si la dirección reduce el número de actividades, no solamente se reducen los gastos generales de fabricación (tradicional), sino también la duración del ciclo de producción.

Pueden surgir problemáticas especiales cuando se cree un modelo ABC, o el controler puede decidir ampliar un modelo ABC existente para cubrir actividades adicionales. Ejemplos de estas situaciones especiales son el uso del sistema ABC en el proceso de elaboración de presupuestos, la conversión de los costes indirectos en costes directos y la puesta en práctica de una lista de actividades. La relación que se incluye a continuación puede ayudar al controler a resolver los problemas especiales del sistema ABC, así como a mejorar las aplicaciones existentes del sistema:

— *Convertir los costes indirectos en costes directos.* Si los costes indirectos pueden convertirse en costes directos, los costes de los productos serán más exactos. Un campo para dicha mejora es el de convertir una disposición de cadena de montaje en una disposición de fabricación celular. La determinación del coste del producto para una cadena de montaje puede ser inexacta, porque pueden pasar muchos tipos de productos a través de las estaciones de trabajo o departamentos específicos. Como consecuencia, los costes se acumulan por estaciones de trabajo o departamentos y luego se imputan a los productos basándose en las horas de mano de obra u horas de máquina. En un entorno de fabricación celular, un número reducido de trabajadores, que utilizan un grupo de estaciones de trabajo, construye un pequeño número de productos.

Por tanto, los costes son más fácilmente asignables, y los costes de las células de trabajo pueden considerarse directos en lugar de indirectos.

— *Comprar un paquete de software ABC*. Muchas empresas crean sistemas ABC separados de sus sistemas contables tradicionales. Otro enfoque consiste en utilizar campos alfanuméricos, algunas veces incluidos en los paquetes de contabilidad general, para almacenar las transacciones para cada período contable.

— *Revisar los procesos que no añaden valor*. El controler puede realizar una función adicional en la fase de análisis de procesos del sistema ABC y revisar los procesos para identificar actividades sin valor añadido. Una actividad de valor añadido convierte los recursos en productos o servicios. Una actividad sin valor añadido puede eliminarse sin ninguna reducción en la funcionalidad o calidad del producto o servicio. Este paso adicional permite al controler fijar como objetivo la eliminación de las actividades que no añaden valor. Las actividades sin valor añadido pueden clasificarse por orden de importancia, en función del tiempo o el coste requerido para cada una de ellas. Con esta información, la dirección puede entonces darles prioridad para su eliminación o reducción. Ejemplos de actividades sin valor añadido son:

- la inspección,
- la reelaboración de productos defectuosos,
- los traslados de materiales,
- el almacenamiento,
- el tiempo de espera.

En el análisis del valor añadido se identifican las actividades de valor añadido de la empresa. El controler puede destacar esta información y convencer al equipo técnico para que reduzca o elimine los cuellos de botella existentes en dichas operaciones. Este hecho aumenta la capacidad de producción de la empresa.

— *Poner en marcha una lista de actividades*. Para poner en marcha un sistema ABC, la empresa debe crear una lista de actividades que sea similar a la lista de materiales ya utilizada para sus productos. En la primera se enumeran los tipos y cantidades de actividades utilizadas durante la fabricación de un producto. La dirección puede centrar su atención en la lista de actividades para discernir las principales fuentes de costes por actividad, e intentar reducir dichos costes. Además, la lista de actividades es necesaria para acumular los costes por actividad en los informes de costes de cada período, lo mismo que la lista de materiales se utiliza para acumular los costes directos de cada producto.

— *Utilizar el sistema ABC para la elaboración de presupuestos.* El cálculo de los costes por actividad no se utiliza normalmente para la elaboración de presupuestos; pero si el controler desea emplearlo, debe utilizar la lista de actividades y la lista de materiales como datos fundamentales para los costes estándar. Multiplicando la producción planificada por los costes por actividad, recogidos en la lista de actividades, y los costes directos, que aparecen en los albaranes de recepción, se obtienen la mayor parte de los gastos de fabricación previstos para el período presupuestario. La dirección puede utilizar la información sobre costes por actividad presupuestados para reducir el uso que los distintos productos hacen de las actividades, así como para reducir el coste de dichas actividades. Por ejemplo, el coste de pagar una factura de un proveedor de un componente utilizado por un producto de la empresa puede reducirse, ya sea automatizando la actividad para disminuir su coste, ya sea reduciendo el uso de la actividad por el producto, tal como disminuir el número de proveedores, reducir el número de componentes utilizados en el producto o agrupar las facturas y pagar al proveedor mensualmente.

Controlar los gastos generales de fabricación

El método básico para controlar los gastos generales de fabricación es establecer estándares de actuación y operar dentro de los límites de dichos estándares. Pueden seguirse dos caminos para alcanzar este objetivo: uno supone la planificación previa o enfoque preventivo; el otro, el enfoque de informar a posteriori de las tendencias y los resultados desfavorables.

Puede llevarse a cabo una planificación previa en muchas partidas de gastos generales de fabricación, de la misma forma que se estudió en relación con la mano de obra directa. Por ejemplo, la dotación de mano de obra indirecta puede planificarse de forma similar a la dotación de mano de obra directa. El enfoque de planificación previa resultará útil cuando el coste de compra de suministros o materiales de reparación sea importante. Puede resultar deseable mantener un registro de compromisos de compra o responsabilidades para estas cuentas. Cada solicitud de compra, por ejemplo, podría requerir la aprobación del departamento de presupuestos. Cuando se alcanzara el límite presupuestado, no se permitirían más compras excepto con la aprobación de un superior. De nuevo, cuando las existencias son la fuente de los costes, el jefe del departamento puede ser informado mensualmente del coste acumulado y pueden tomarse medidas para suspender nuevas compras, excepto en caso de urgencia, cuando las peticiones se aproximen al límite presupuestado. El controler podrá encontrar medios para ayudar a los ejecutivos de producción a mantenerse dentro de los límites presupuestados proporcionándoles esta clase de información.

La otra función «policial» del controler es la de informar sobre las tendencias y los resultados desfavorables. Esto implica un análisis de las desviaciones en los gastos. En este caso, el problema es algo distinto con respecto a la mano de obra o a los materiales directos, debido a los diferentes niveles de actividad. Así, la desviación debida al volumen de actividad debe aislarse de la controlable por los supervisores departamentales.

La *variación del volumen,* independientemente de la causa, ha de segregarse de las variaciones controlables. La variación del volumen se define como la diferencia entre el gasto presupuestado para la actividad corriente y el coste estándar para el mismo nivel. Surge a causa de que la producción está por encima o por debajo de la actividad normal y afecta fundamentalmente a los costes fijos de la empresa. Las variaciones pueden tener su causa en factores estacionales o en los relacionados con el calendario, como el número distinto de días de cada mes.

Las variaciones controlables pueden definirse como la diferencia entre el presupuesto al nivel corriente de actividad y los gastos reales. Deben fijarse para cada centro de costes y analizarse el detalle necesario para que el supervisor conozca exactamente qué fue lo que causó la situación. Pueden reconocerse por lo menos dos clases generales. La primera es la proporción de *variación del gasto;* esta variación surge porque se gastó más o menos que el estándar para cada hora de máquina, cada hora de funcionamiento u hora de mano de obra estándar. Esta variación debe aislarse para cada elemento de coste de producción. Un análisis de la variación de la mano de obra indirecta, por ejemplo, puede indicar qué parte del exceso de coste se debe a: 1) horas extraordinarias, 2) un número excesivo de trabajadores o 3) el empleo de trabajadores más cualificados que el estándar. El análisis puede detallarse para mostrar el exceso por oficios y por turnos. A modo de otro ejemplo, pueden analizarse los proveedores para poner de manifiesto la causa de la variación cuando: 1) se utiliza una cantidad excesiva de ciertos elementos, 2) se emplea un material o una calidad diferente, o 3) los precios son más altos de lo previsto.

Otro tipo general de variación controlable es la *variación en la eficiencia.* Esta variación representa la diferencia entre las horas reales utilizadas en la producción y las horas estándar admitidas para el mismo volumen. Una pérdida así afecta a todos los componentes de los gastos generales de fabricación. El controler debe analizar las causas, generalmente con la ayuda del personal de producción. La producción perdida podría deberse a fallos mecánicos, material deficiente o insuficiente o mano de obra ineficiente. Tal análisis señala las deficiencias y prepara el camino para las medidas correctoras por parte de los ejecutivos de línea.

El personal de contabilidad debe estar preparado para analizar rápida y exactamente las variaciones en los gastos generales con objeto de mantener informados a los supervisores de fábrica y a la dirección. El análisis de las variaciones debe centrarse en las pérdidas o ganancias de gastos generales de fabricación de los que es responsable la supervisión e incluir aspectos tales como los siguientes:

— El gasto o la proporción de la variación para cada elemento del coste en forma de situación por encima o por debajo del presupuesto para el período de *reporting* y el acumulado anual. La cantidad presupuestada para estos gastos controlables puede calcularse multiplicando las horas de producción por la tarifa estándar por elemento de coste y compararse con la cantidad real.
— La variación departamental relacionada con el nivel de producción.
— El importe de los costes fijos, aunque el supervisor particular puede no ser responsable de que se hayan producido.
— Comentarios aclaratorios acerca de las áreas a mejorar, tendencias y causas de las desviaciones negativas.

No es suficiente presentar simplemente un informe presupuestario a los supervisores de fabricación. Este grupo debe estar informado de las causas de las variaciones. Tiene que realizarse también un seguimiento continuo para procurar que se corrija cualquier situación desfavorable. Esto puede realizarse mediante una revisión y un análisis semanales e incluso diarios de los informes. Las situaciones anormales tales como el exceso de capacitación, las horas extraordinarias, el absentismo y una excesiva utilización de suministros deben aislarse e informar a los responsables que pueden emprender medidas correctoras. Se puede disponer también de datos tales como los registros de reparaciones, los informes sobre utilización de materiales y suministros e información estadística del personal (por ejemplo, su rotación y su asistencia), que son útiles para determinar las variaciones.

Uno de los objetivos del control presupuestario es mantener los gastos por debajo de los ingresos. Con este fin, los factores corrientes de variabilidad son las horas estándar de mano de obra o las horas estándar de máquina: bases afectadas por la cantidad de producción aprobada. Si aparecieran dificultades en la fabricación, se reduciría la asignación presupuestaria de todos los departamentos sobre esa base. El controler podría escuchar los argumentos que le expusiera el jefe de mantenimiento, por ejemplo, en el sentido de que no se penalizara su presupuesto porque la producción fuera ineficiente o de que los planes, una vez aprobados, no pueden cambiarse constantemente porque la producción no alcance las expectativas. Una situación así puede resolverse por lo menos de una de las dos maneras siguientes: 1) Las horas estándar previstas podrían utilizarse como base para la asignación variable, o 2) el jefe de mantenimiento podría ser informado regularmente si la producción, y por tanto la asignación presupuestada estándar, fueran más bajas de lo previsto. La primera sugerencia se desvía algo de los orígenes de ingresos, pero permite una asignación presupuestaria dentro de los límites de los ingresos y no requiere cambios constantes de personal durante períodos cortos de tiempo. La segunda sugerencia permite una mayor coordinación entre departamentos.

Una consideración importante no es la de cómo se introduce flexibilidad en el estándar o presupuesto, sino más bien la de que es introducida. No es esencial que se utilicen diagramas o tablas para determinar el presupuesto asignable de un modo más o menos automático, o si el presupuesto se ajusta mensual o trimestralmente basándose en una revisión especial en relación con el volumen de negocio. Uno u otro método puede emplearse con éxito. El objetivo es conseguir un patrón de medida adecuado, que además mantenga los gastos en el nivel apropiado en relación con la actividad o con los ingresos.

Muchos ejecutivos de producción de determinadas industrias saben por experiencia que ciertas relaciones entre los gastos son críticas para la rentabilidad de una fábrica. Su experiencia les ha llevado a utilizar una serie de estándares o relaciones estándar para los gastos de fabricación. Las asociaciones o revistas sectoriales suelen recoger y distribuir esta información para industrias específicas. En la tabla 9.3 pueden verse algunas de las comparaciones habitualmente utilizadas.

TABLA 9.3. **Estándares operativos utilizados para el seguimiento de los gastos**

Concepto	En relación con
Gastos totales de fabricación	Los costes totales de la mano de obra directa Los costes directos totales
Gastos de mano de obra indirecta	El total de mano de obra directa estándar Por hora de trabajo directo Por hora de trabajo directo real Por hora de máquina Total gastos de fabricación
Gastos de reparación y mantenimiento	Por hora de máquina
Energía	Por hora de funcionamiento
Suministros	Por hora trabajada
Expedición y recepción	Por tonelada manejada
Gasto por tiempo improductivo	Por hora de funcionamiento

INCENTIVOS PARA REDUCIR LOS COSTES

Para el control de los gastos de fabricación, lo mismo que para el control de la mano de obra y los materiales directos, un factor muy importante es la supervisión de línea. Estos empleados están sobre el terreno y observan la producción, y pueden detectar inmediatamente las situaciones deficientes y adoptar medidas correctoras o influir en la utilización de los recursos. Los informes que muestran los resultados de este grupo son de gran ayuda. Sin embargo, la experiencia de muchas empresas ha demostrado que los costes estándar, o los presupuestos que cubren los costes indirectos, son una herramienta de gestión más efectiva cuando están relacionados con algún tipo de incentivo o recompensa económica. Por lo general, este incentivo adopta la forma de un porcentaje del ahorro o se basa en alcanzar un rendimiento por encima de algún estándar predeterminado. Evidentemente, si un supervisor se da cuenta de que se beneficiará de los ahorros obtenidos al mantenerse por debajo del presupuesto, existe una fuerza poderosa para maximizar la eficiencia. Dado que las variaciones fluctuarán de un mes a otro, es aconsejable considerar un plan de incentivos de los supervisores de carácter acumulativo.

Informes de producción

El personal supervisor de la producción se extiende a varios niveles de autoridad y responsabilidad, desde el ayudante del jefe de línea, el jefe de línea, el encargado, el jefe de departamento, el subdirector de fábrica, etc., hasta el director de fabricación. Del mismo modo, el control del supervisor abarca los materiales, la mano de obra y los gastos generales de fabricación, y cada uno de estos componentes tiene aspectos especiales sobre los que hay que informar. Es evidente, pues, que los informes de producción deben abarcar un amplio campo de temas. El control eficaz de la producción sólo es posible cuando los ejecutivos de producción conocen los hechos relacionados con las operaciones de la fábrica, y cuanto más alejado esté el ejecutivo de la producción real, más debe confiar en los informes. Como consecuencia, en la mayoría de las organizaciones industriales se ha creado un sistema de informes para presentar los hechos relevantes de las actividades de producción.

Los recientes progresos de los sistemas informáticos permiten una mejor vigilancia de las operaciones, y con ello disponer de mucha información en tiempo real. Con la utilización de los ordenadores personales, es ahora posible una interesante combinación de comentarios, diagramas y gráficos.

El número de informes sobre variaciones que utiliza la dirección de fábrica disminuirá cuando la fabricación celular se convierta en la forma normal de producción. Dado que para la fabricación celular se utiliza un mínimo de trabajo en curso, el informe mensual de variaciones que proporciona el departamento de contabilidad llegará demasiado tarde para que la información sea útil. Por ejemplo, si una máquina produce una pieza que no cumple las especificaciones, entonces un trabajador de producción que opere en una disposición celular detectará inmediatamente el problema porque la pieza no quedará oculta entre el trabajo en curso. Por tanto, la dirección puede detectar y corregir el problema inmediatamente sin necesidad de un informe.

Los informes diferirán por sectores y empresas de manera que no se podrán utilizar informes normalizados. Sin embargo, pueden dividirse en dos clases generales según su finalidad: 1) informes de control y 2) informes resumidos. Como el nombre da a entender, los informes de control se emiten fundamentalmente para destacar resultados inferiores a los normales, de manera que puedan tomarse medidas correctoras. Estos informes se refieren a incidentes y por tanto suelen ser de carácter detallado y de emisión frecuente. Por otra parte, los informes resumidos muestran los resultados a lo largo de un período de tiempo, como por ejemplo un mes, y son una recapitulación global de la actuación. Sirven para mantener informados a los ejecutivos de la empresa de los resultados de la fábrica y, en la práctica, son un resumen de los informes de control.

Algunos temas indicativos que pueden cubrir los informes son los siguientes:

— *Materiales.* Existencias, deterioro y desperdicios, costes unitarios estándar, material consumido, y utilización real en comparación con la utilización estándar.
— *Mano de obra.* Nómina total, producción unitaria por hora trabajada, producción total en unidades, coste horario de la mano de obra, horas extraordinarias y su coste, costes de las primas de producción y rotación del personal.
— *Gastos generales de fabricación.* Costes reales en comparación con los presupuestados, instalaciones inactivas, costes de mantenimiento, suministros consumidos, coste de los asuntos sindicales y reparaciones subcontratadas.

En un entorno de producción que haya adoptado un sistema de producción *«just in time»* (JIT), los informes ya no incluirán las normas, porque en dichos sistemas se supone que la mayoría de las mejoras de costes pueden manejarse en la fase de diseño, no en la de producción, y que la recogida de la información sobre variaciones cuesta más en esfuerzo que la mejora en resultados. Así, un conjunto de informes del sistema JIT incluiría los siguientes conceptos no relacionados con los estándares:

— rotación de existencias;
— producción unitaria por hora trabajada;
— producción total en unidades;
— rotación del personal;

— costes reales de compras en comparación con los costes previstos;
— exactitud de las existencias;
— exactitud de la lista de materiales;
— exactitud de la lista de actividades.

Los ejecutivos de producción utilizarán correctamente la información relacionada con su actividad siempre que se apliquen ciertas reglas fundamentales:

1. Los informes deberán expresarse en el lenguaje del ejecutivo que haya de utilizarlos y en la forma preferida por él (por ejemplo, diagramas, gráficos, o comentarios).
2. Los informes deberán presentarse con la suficiente antelación como para que sirvan a la finalidad a la que están destinados. Los informes de control son poco útiles si se emiten cuando es demasiado tarde para tomar medidas correctoras.
3. La forma y el contenido del informe han de estar en armonía con la responsabilidad del ejecutivo que lo recibe. Los ejecutivos de nivel medio están interesados en los detalles, mientras que los ejecutivos de nivel superior prefieren resúmenes por departamento, tendencias e interrelaciones.

Resumen

El control apropiado de los gastos generales de fabricación puede diferenciar una empresa rentable de una empresa en liquidación, puesto que los gastos generales de fabricación suponen, normalmente, una gran proporción de los costes totales de una empresa. En este capítulo, hemos estudiado la forma de crear un centro de gastos generales de fabricación partiendo de una lista de gastos y el modo de asignar dichos costes a varias actividades. Hemos ampliado este estudio a un examen de la determinación de costes basada en las actividades y cómo crear dicho sistema partiendo de un sistema tradicional de contabilidad de costes. Hemos demostrado el efecto sobre la rentabilidad de la empresa de los gastos variables en comparación con los gastos fijos, así como la cuantía de los gastos generales de fabricación con las variaciones de eficiencia y de volumen. La combinación de todas esas técnicas debe permitir al controler conseguir el control sobre el segmento de coste representado por los gastos generales de fabricación.

Capítulo 10

Gastos generales y de administración

Introducción

La categoría de gastos conocida como gastos generales y de administración se refiere fundamentalmente a los costes de las distintas funciones de la alta dirección, a nivel de la sede central, que tienen que ver con la determinación de la política global y con la orientación de la empresa. En este capítulo estudiaremos las cuentas incluidas en la categoría de gastos generales y de administración, la imputación de su coste y su control.

Funciones que intervienen

Las empresas grandes y medianas típicas incluirán en la categoría de gastos generales y de administración el coste de los siguientes departamentos:

1. Presidencia del consejo de administración.
2. Dirección general.
3. Organización financiera:
   — dirección financiera;
   — dirección del controler:
      • departamento de contabilidad,
      • departamento de impuestos,

- departamento de planificación y control financiero,
- sistemas de información financiera;

— dirección de tesorería:
- administración de efectivo,
- gestión de riesgos,
- inversiones para el plan de pensiones;

— dirección de auditoría interna:
- auditoría financiera,
- auditoría de sistemas,
- revisiones especiales.

4. Departamento jurídico:
— oficina del director adjunto para asuntos jurídicos;
— oficina del secretario de la compañía;
— litigios;
— relaciones con la Comisión de Valores y Bolsa;
— patentes y marcas registradas.
5. Áreas de la sociedad para la dirección y control de estas funciones principales:
— márketing;
— fabricación;
— investigación y desarrollo;
— recursos humanos;
— sistemas de información de gestión;
— relaciones públicas;
— planificación estratégica.

En la medida en que la finalidad de los departamentos y unidades organizativas anteriores tienen que ver con la determinación de la política global, la planificación, la orientación y el control, probablemente se clasificarán como gastos generales y de administración en la memoria anual de la empresa. Los gastos comparables a nivel de división o de filial podrán o no clasificarse así (aunque los métodos de planificación y control serán probablemente similares a los correspondientes a la actividad de la sociedad).

Tipología de gastos

Las clases de gastos, los llamados gastos naturales, son las mismas que las que se encuentran en el área administrativa de las operaciones de márketing o de fabricación, cono ya se ha estudiado en los capítulos anteriores.

Los gastos operativos departamentales usuales incluirán: los sueldos y salarios, las prestaciones complementarias al salario, los gastos de viaje y representación, las comunicaciones, las reparaciones y el mantenimiento, los alquileres, las cuotas y suscripciones, los gastos por suministro de agua y luz, otros servicios adquiridos, la amortización, los seguros y los gastos distribuidos.

Además, de estos gastos «usuales», hay unas clases «especiales» que no se encuentran en los departamentos operativos normales, pero que son esenciales para la existencia de la empresa o negocio. Incluidos para fines de control y contabilidad estarían: las pagas de incentivos, los honorarios y gastos directos, los honorarios de abogados, los honorarios de auditores, los gastos de la sociedad como tal (por ejemplo, los gastos de constitución), las aportaciones a entidades benéficas, los honorarios de asesores, las pérdidas o ganancias en la venta de elementos del activo, los descuentos por pronto pago y la provisión para créditos de dudoso cobro.

Contabilización e imputación de los gastos de administración

El controler es responsable de la creación y el mantenimiento de un sistema contable que sirva, entre otras cosas, para los fines siguientes:

— hacer posible la generación de informes sobre gastos, con fines externos, de acuerdo con los principios contables generalmente aceptados;
— permitir la acumulación de costes por clases naturales, de tal modo que facilite la planificación y el control;
— acumular los costes por «responsabilidades», de manera que a un individuo concreto se le pueda asignar la responsabilidad de la planificación y el control de determinados costes;
— permitir, cuando sea apropiado, la imputación de los gastos, a través de una base de imputación aceptable, como por ejemplo los beneficios obtenidos, a los objetos de coste, tales como las divisiones, centros de costes o productos que utilicen el servicio;
— conceder la debida importancia a los intereses del control interno.

Los métodos de imputación, y el momento en que deban ser imputados los costes, son una preocupación especial de la planificación y control del activo. Un principio básico de la contabilización por responsabilidades es que los gastos no deben imputarse a un departamento a menos que el supervisor pueda ejercer un control sobre los mismos. Si dicho control está presente, entonces son posibles los siguientes métodos de imputación:

— Imputar los costes en base a la cantidad consumida del recurso por el centro de costes que recibe el servicio. Por ejemplo, si una división utiliza el tiempo de un analista financiero para evaluar la posible absorción de una empresa, entonces el tiempo de dicho analista debe cargarse a la división que corresponda.

— Imputar los costes utilizando una base común de actividad; pero solamente si no es factible el método de imputación directa antes citado. Los costes pueden cargarse con arreglo a muchas bases de actividad, tales como ventas, activo empleado, nómina, número de nuevas contrataciones, metros cuadrados utilizados y número de órdenes de compra emitidas. Es deseable contar con una serie de «centros de coste» a los que se imputen los costes empleando diferentes bases de actividad, *siempre que mejore sustancialmente la exactitud de la determinación del coste,* al realizar el esfuerzo adicional de mantenimiento de registros.

— Imputar las variaciones entre los costes estándar y los reales a los mismos centros de costes, utilizando las mismas bases de imputación que se emplearon para la imputación inicial. Las variaciones pueden imputarse en proporción a los costes imputados previamente, utilizando para ello coeficientes estándar.

— Las imputaciones no deben efectuarse basándose en la capacidad para soportar el coste (por ejemplo, a la división más rentable se le carga la mayor parte de los gastos), puesto que ello puede tener un efecto contraproducente sobre el comportamiento de la dirección.

Si los supervisores no ejercen ningún control sobre los costes que se les imputan, los costes imputados deberán separarse de los ingresos y costes de los que es responsable el supervisor, especialmente si existen objetivos de beneficios e incentivos. En otro caso, los directivos carecerán de incentivo para lograr sus objetivos cuando se les imputan costes sobre los que no tienen capacidad de influir.

Gastos «singulares»

En esta sección examinamos los gastos que de algún modo son característicos de las oficinas centrales y que normalmente no se cargan a los departamentos.

Donativos para fines benéficos.—En la mayoría de las empresas, los donativos para fines benéficos los aprueba el consejo de administración como partida presupuestaria separada. Por tanto, esta relación aprobada, algunas veces añadiéndole un margen para posibles contingencias, constituye la base para la planificación y el control. No plantea ningún problema especial. Habrá casos en que la aportación específica lo sea en beneficio de una división o filial, y podrá cargarse a ésta.

Remuneración según productividad.—Muchas empresas tiene establecidos sistemas de remuneración según productividad para los empleados y la alta dirección, que aumentan el gasto estimado en los gastos generales y de administración (presidencia del consejo). Puesto que la fórmula es conocida, los gastos previstos pueden planificarse y acumularse en base a los factores pertinentes esperados.

Honorarios de auditoría.—El coste de la auditoría anual por auditores independientes puede calcularse, incluirse en los gastos planificados y acumularse. En muchos casos, la parte atribuible a divisiones separadas de la empresa puede cargárseles e incluirse en sus presupuestos.

Honorarios de abogados.—Si está en curso o es inminente algún litigio, puede calcularse y acumularse su coste. Basándose en la experiencia anterior, si es probable que tenga lugar otro litigio, podría hacerse una provisión para imprevistos. De nuevo, si los gastos de letrados se relacionan con una determinada unidad organizativa (y no con la sociedad en su conjunto), entonces la provisión para el devengo y el presupuesto pueden hacerse para dicha unidad.

Intereses e impuestos sobre la renta.—Los gastos por intereses, por estar directamente relacionados con los préstamos, se mantienen dentro de unos límites a través del control del endeudamiento de la empresa. El control de las obligaciones que devengan intereses afecta al control de los gastos por intereses. Cuando se ha establecido el presupuesto financiero de la empresa, la cantidad de gastos por intereses puede calcularse basándose en los préstamos y pagos previstos y en hechos similares.

Hay muy pocos problemas de control en relación con los impuestos sobre la renta. El primer requisito consiste en establecer un plan tributario apropiado para minimizar los pagos de impuestos, para calcular mensualmente la cantidad debida y para efectuar las acumulaciones apropiadas de acuerdo con la práctica contable generalmente aceptada. Otra función del controler es la de revisar cuidadosamente los métodos y las transacciones, obteniendo asesoramiento fiscal cuando sea necesario, para cumplir con todos los tecnicismos y de ese modo obtener la mayor ventaja tributaria. Aparte de esto, las responsabilidades del controler se relacionan con el mantenimiento de los registros requeridos y con la verificación de los datos para justificar las deducciones impositivas, el asesoramiento sobre las transacciones que producen ganancias o pérdidas en la venta de bienes de capital, y la organización de la estructura del capital, así como de las inversiones, para conseguir las máximas ventajas con arreglo a la legislación fiscal. De forma independiente a la problemática fiscal de la empresa, el jefe de contabilidad puede promover activamente leyes tributarias justas directamente o a través de asociaciones.

Gastos imputables al conjunto de la empresa.—Hay numerosos gastos empresariales que deben asignarse a determinados ejecutivos para su control. Por ejemplo, los impuestos estatales y autonómicos sobre el capital social, las licencias fiscales, los honorarios de los agentes financieros, los impuestos que gravan las transferencias de acciones, y los seguros contra robos por empleados. No existe ningún problema especial de control.

Costes excesivos de las instalaciones.—Ocasionalmente, algunas empresas se encuentran en posesión de instalaciones de distribución o producción demasiado grandes para sus necesidades de producción o almacenamiento. Por lo general, dichas instalaciones se construyeron o adquirieron sin un análisis razonable de la demanda potencial para los productos de la empresa o debido a otros errores en el criterio de los directivos. Sea cual sea el motivo, no es lógico gravar con esta carga las operaciones corrientes de fabricación o distribución. Los costes suelen considerarse un gasto administrativo separado hasta que se enajenan los bienes correspondientes. Los gastos permanentes suelen consistir en la amortización, los impuestos, los seguros y cierta cantidad dedicada al mantenimiento. Es una cuestión relativamente sencilla calcular el coste y establecer un presupuesto para cubrirlo. Por lo general, la dirección debe estar alerta para enajenar los bienes en condiciones favorables o alquilarlos.

Pérdidas por créditos incobrables.—Otra partida de gasto peculiar del grupo financiero es la pérdida por créditos incobrables. Evidentemente, esta pérdida no es el único criterio de la eficiencia del departamento de crédito. Algunas pérdidas por este concepto podrían eliminarse, ya sea efectuando solamente ventas al contado o limitando las ventas a crédito a las firmas de mayor solvencia. Dicha política desplazaría el negocio hacia los competidores que están dispuestos a asumir unos riesgos crediticios razonables. En cualquier debate sobre pérdidas por créditos incobrables debe por tanto asumirse que una empresa es competitiva desde el punto de vista de la concesión de créditos. En tales circunstancias, pueden aplicarse algunos indicadores de medida a la pérdida experimentada durante un período de tiempo. Entre ellos figuran:

- el porcentaje de las pérdidas por créditos incobrables respecto de las ventas totales: este indicador de medida ha de utilizarse cuando las ventas al contado son relativamente pequeñas (dicha base evita la necesidad de segregar las ventas al contado de las ventas a crédito para este propósito);
- el porcentaje de las pérdidas respecto de las ventas totales a crédito.

Si está justificado, estas bases pueden refinarse mediante la división por diferentes clases de clientes, métodos o condiciones de venta, o por diferentes zonas geográficas. El control de los gastos, por supuesto, estriba en vigilar eficazmente las cuentas a cobrar para descubrir indicios de morosidad en los pagos.

Otros ingresos y gastos.—La mayoría de las firmas comerciales tienen varias cuentas de ingresos y gastos que no tienen carácter operativo. Entre los ingresos pueden figurar los procedentes de intereses, cánones, alquileres, dividendos y ventas de productos defectuosos. Los gastos incluyen las pérdidas por venta de elementos de activo fijo y los descuentos comerciales.

Basándose en la experiencia y en el conocimiento sobre los cambios previstos, pueden hacerse estimaciones razonables de estas cuentas de ingresos y gastos. En otro caso, se ejerce un control de carácter limitado a través del criterio del empleado a quien se le asignen las cuentas.

Variabilidad de los costes

En la mayoría de las empresas, los gastos generales y de administración no se presupuestan como porcentaje de las ventas, puesto que son relativamente fijos y no varían con las ventas. Sin embargo, muchas funciones de gastos generales y de administración pueden considerarse como costes escalonados. Por ejemplo, el volumen de cuentas a cobrar disminuirá cuando disminuyan las ventas; si se produce una reducción significativa del volumen de ventas, se reduciría el presupuesto de cuentas a cobrar. Sin embargo, hay muchos costes fijos. Por ejemplo, los gastos de los miembros del consejo de administración son fijos, puesto que se producirá el mismo número de reu-

TABLA 10.1. **Desglose de los costes por niveles de variabilidad**

Descripción del coste	Discrecionales	Variables	Escalonados	Fijos
Salarios			XXX	
Prestaciones complementarias			XXX	
Viajes y representación	XXX			
Telecomunicaciones			XXX	
Reparaciones y mantenimiento	XXX			
Alquileres				XXX
Cuotas y suscripciones	XXX			
Servicios de agua, luz, etc.				XXX
Servicios comprados			XXX	
Amortización				XXX
Seguros				XXX
Retribución por productividad	XXX			
Remuneración del consejo de administración				XXX
Honorarios de abogados	XXX			
Honorarios de auditores			XXX	
Donativos a entidades benéficas	XXX			
Honorarios de asesores	XXX			
Pérdidas o ganancias en ventas de activos	XXX			
Descuentos por pronto pago		XXX		
Provisión para cuentas de dudoso cobro		XXX		
Intereses				XXX

niones del consejo de administración, por mucho que pueda variar el volumen de ventas. En la tabla 10.1 se dividen los gastos generales y de administración en costes discrecionales, variables, escalonados y fijos.

Dicha tabla muestra que casi no hay gastos variables que presupuestar. Sin embargo, hay muchos costes discrecionales. Retener los gastos en las cuentas discrecionales puede tener un marcado efecto sobre los beneficios. Por tanto, debe tenerse a disposición de la dirección un análisis separado de los costes de los gastos generales y de administración discrecionales, especialmente si se espera que va a haber un problema de rentabilidad.

Las áreas en que los costes pueden tender a convertirse en costes variables, en lugar de en costes escalonados, son los sueldos de los departamentos de nóminas, contabilidad de costes, estándares, caja y auditoría interna.

Control de costes

Los costes incluidos en la contabilidad pueden controlarse también a través de estándares de rendimiento y de coste. Estos estándares pueden aplicarse a muchas funciones de administración, lo mismo que se han aplicado a las funciones de fabricación y ventas. No son aplicables a todas las actividades de contabilidad, y no proporcionan el mismo grado de exactitud que en la fábrica. Pero en muchas empresas, la posible reducción de costes en ciertas actividades administrativas es suficiente para justificar el esfuerzo del establecimiento de estándares. La aplicación de la fijación de estándares a la medición del trabajo administrativo es un proceso en seis fases:

1. *Observación y análisis preliminar.* Esta fase es fundamental para conseguir una comprensión global del problema y para seleccionar las áreas de actividad que pueden prestarse a la normalización. Además, ayuda a eliminar cualquier debilidad obvia de un procedimiento habitual.
2. *Selección de las funciones para las que han de fijarse estándares.* Sólo deben fijarse estándares para aquellas actividades cuyo volumen lo justifique.
3. *Determinación de la unidad de trabajo.* Debe seleccionarse una unidad en la que pueda expresarse el estándar. Esto dependerá del grado de especialización y del volumen de trabajo.
4. *Determinación del mejor método y fijación del estándar.* Los estudios de tiempos y movimientos pueden aplicarse al trabajo de oficina, con concesión de la suficiente deducción por fatiga y necesidades personales.
5. *Comprobación de los estándares.* Una vez fijados los estándares, deben verificarse para ver si son prácticos.

6. *Aplicación final.* Esto implica la utilización de estándares y la preparación de informes sencillos que puedan ver el supervisor y cada uno de los trabajadores. El empleado debe recibir una explicación completa de los mismos.

En la tabla 10.2 se indican ejemplos de funciones contables y administrativas que se prestan a la normalización y las unidades de trabajo que pueden utilizarse para medir el rendimiento.

Además de los estándares de rendimiento, puede aplicarse un coste unitario por actividad, para medir una función individual o una actividad global. Así, la aplicación de los estándares de coste a las funciones de crédito y cobro puede implicar a varias funciones y unidades de medición, según el grado de mecanización, tal como se indica en la tabla 10.3.

Los posibles ahorros que pueden obtenerse a través de la reducción de los gastos generales y de administración no suelen ser tan grandes como las que se logran en las operaciones de fabricación o de ventas. Esto es normal, ya que los principales gastos de una empresa se concentran en las dos funciones de producción y distribución. Sin embargo, dependiendo de la importancia del porcentaje de margen bruto, para aumentar el beneficio es mucho más eficaz reducir los costes que aumentar los ingresos. La tabla 10.4 muestra los ingresos necesarios para cubrir el coste de una persona con un sueldo de 40.000 dólares.

TABLA 10.2. **Funciones contables y administrativas sujetas a medición**

Función	Unidad de medición estándar
Tramitación de pedidos	Número de pedidos tramitados
Manipulación del correo	Número de objetos manipulados
Facturación	Número de líneas de facturación
Extensión de cheques	Número de cheques extendidos
Contabilización en el mayor	Número de apuntes de mayor
Archivo	Número de documentos archivados
Mecanografía	Número de líneas mecanografiadas
Extractos de cuentas de clientes	Número de extractos
Formulación de pedidos	Número de líneas de pedidos

La tabla 10.4 muestra que es muy interesante para una empresa con márgenes bajos trabajar con esfuerzo para reducir los gastos generales y de administración, hasta el mínimo indispensable, con el fin de mejorar sus beneficios netos.

En la sección anterior, se describieron los distintos estándares que pueden utilizarse para medir el rendimiento en el área de gastos generales y de administración. Los estándares informan a los controlers del nivel actual de eficiencia, pero no ayudan a identificar mejoras. El controler debe estudiar diversos métodos de control de costes, métodos completamente independien-

TABLA 10.3. **Actividades contables y estándares de costes correspondientes**

Actividad funcional	Estándar de coste unitario
Estudio y aprobación del crédito	Coste por orden de venta Coste por operación de venta Coste por transacción de venta a crédito
Registro y archivo de la correspondencia sobre crédito	Coste por orden de venta Coste por carta Coste por operación de venta
Preparación de facturas	Coste por línea de factura Coste por concepto Coste por factura Coste por línea de pedido Coste por pedido
Registro de cuentas a cobrar, incluyendo contabilización de cargos y abonos y preparación de extractos de cuentas de clientes	Coste por cuenta Coste por orden de venta Coste por transacción de venta
Contabilización de cargos	Coste por factura Coste por expedición
Preparación de extractos de cuentas de clientes	Coste por extracto Coste por operación de venta
Contabilización de abonos	Coste por remesa Coste por operación de venta
Calcular comisiones sobre el efectivo cobrado	Coste por remesa
Cobros a domicilio	Coste por cliente Coste por dólar cobrado
Cobros en ventanilla	Coste por cobro

tes de los presupuestos o de los estándares. Los puntos concretos mediante los cuales pueden reducirse los gastos administrativos o de oficina a través de la observación y del análisis son los siguientes:

— *Ordene la zona*. El primer paso para encontrar los desperdicios es poder verlos. Por tanto, ponga orden en el área de gastos generales y de administración trasladando los ficheros antiguos al archivo e instituya una política de mesas limpias.

TABLA 10.4. **Ingresos necesarios para soportar costes específicos**

Nivel de sueldo	Margen bruto	Ingresos requeridos
40.000	90%	44.444
40.000	80%	50.000
40.000	70%	57.143
40.000	60%	66.667
40.000	50%	80.000
40.000	40%	100.000
40.000	30%	133.333
40.000	20%	200.000
40.000	10%	400.000

— *Elimine los documentos duplicados*. Revise los documentos archivados y elimine los que estén duplicados. Por ejemplo, si una factura se ha archivado alfabéticamente, numéricamente y por código de cliente, elimínelas todas menos una. Con esto se reducen los costes de archivo.
— *Elimine informes*. Frecuentemente, los informes se crean para satisfacer una necesidad que sólo se produce una vez; pero luego se siguen generando porque nadie se lo ha notificado a quien los envía. Por tanto, debe establecerse contacto periódicamente con los usuarios de informes, para ver si siguen necesitándolos. Además, la información contenida en los informes permanentes puede algunas veces combinarse en un solo informe.
— *Unifique formularios*. La mayoría de las empresas tienen demasiados formularios. Algunos pueden combinarse, reduciéndose con ello el número de aprobaciones y papeleo requeridos para completar las transacciones.
— *Elimine la multiplicidad de aprobaciones*. El tiempo y el esfuerzo requerido para obtener múltiples aprobaciones para cualquier cosa suele ser mayor que la ventaja obtenida por las aprobaciones adicionales.
— *Elimine la duplicación de tareas*. Frecuentemente las tareas son revisadas por supervisores, lo cual constituye una duplicación de las tareas y debe eliminarse. El motivo de la comprobación suele ser el de que los supervisores busquen y corrijan errores. El modo de eliminar la necesidad de la comprobación es utilizar procesos a prueba de errores. Por ejemplo, el personal puede recibir formación y las tareas pueden automatizarse total o parcialmente.
— *Aplique la automatización*. A medida que lleguen al mercado los avances tecnológicos, utilícelos para reducir las necesidades de personal. Por ejemplo, la extensión de los buzones de voz reduce la necesidad de un recepcionista. Los sistemas de tratamiento de textos permiten a los

directivos escribir sus propios memorandos e informes y reducen la necesidad de secretarias. Los relojes informatizados para fichar reducen la necesidad del seguimiento manual de las horas remuneradas por los empleados por parte del departamento de nóminas.

— *Reduzca la duración del ciclo.* La duración de un ciclo es el tiempo total requerido para completar un proceso. El análisis de la mayoría de los procesos revela que la mayor parte del ciclo está compuesto por el tiempo de espera entre tareas en comparación con el tiempo dedicado a añadir valor al proceso. Establezca diagramas de movimiento de los procesos clave y desglose el tiempo requerido para realizar cada proceso. Luego esfuércese en eliminar el «tiempo muerto» de cada proceso. A medida que disminuyen las duraciones de los ciclos, se reduce la necesidad de personal. Por ejemplo, una empresa ha optado por pagar a los proveedores tan pronto como recibe las facturas. Comparó el coste de pagar las facturas pronto, con el coste de reprocesar el papeleo durante un mes hasta que vencían las facturas. La empresa llegó a la conclusión de que era más económico pagar inmediatamente.

— *Reordene el espacio de trabajo.* Una vez que ha sido depurado el proceso de cierre y hecho más eficaz el papeleo, el controler debe revisar el espacio de trabajo. Si éste puede reorganizarse para reducir el movimiento de papeles hasta un mínimo y reducir el nivel del tráfico cercano (reduciendo con ello las interrupciones), está justificado cambiar de sitio al personal.

— *Revise los costes y emplazamientos de reproducción.* La mayoría de las empresas tienen un número reducido de grandes fotocopiadoras. La revisión del emplazamiento suele poner de manifiesto que las funciones más avanzadas de las fotocopiadoras no son necesarias. Considere en cambio la posibilidad de tener un número mínimo de fotocopiadoras de la gama superior en localizaciones centrales para los usuarios «con poder», y luego compre un gran número de fotocopiadoras económicas de sobremesa para repartirlas por todo el edificio. Las ventajas serán unos menores costes de capital y una gran disminución del tiempo que el personal dedica para llegar a la fotocopiadora más próxima. Además, todas las fotocopiadoras deben comprarse al mismo fabricante con el fin de reducir el número de contactos con proveedores y la complejidad de la administración de los contratos correspondientes.

— *Instale tarjetas de fax de red de área local.* Si su empresa tiene una red de área local, considere la posibilidad de comprar la correspondiente tarjeta de fax para que los empleados puedan enviar y recibir documentos sin tener que abandonar sus estaciones de trabajo. Sin embargo, también se envían de vez en cuando documentos no informatizados, de modo que para esos casos puede quedarse con un escáner de documentos o un fax sencillo.

— *Capacite al personal.* Uno de los mejores modos de reducir errores es formar al personal. Como mínimo, la capacitación debe suponer una formación detallada en los procedimientos corrientes de la empresa. Con gran frecuencia, la dirección anuncia una modificación de un procedimiento en un memorándum y supone que el personal estará al corriente del cambio. Tales cambios de procedimiento suelen fracasar porque no ha tenido lugar una formación de seguimiento. Si el controler quiere evitar costosos errores, ha de impartirse formación. Además, se puede mejorar el personal de bajo nivel asignándole tareas más exigentes a través de formación adicional.

— *Calcule la dotación de personal para cargas de trabajo bajas o de nivel medio.* Reduzca los niveles de personal hasta el punto en que estén siempre ocupados cuando el volumen de transacciones sea normal o bajo. Si aumenta la carga de trabajo, utilice horas extraordinarias o una ayuda temporal. Es necesario tener en cuenta que la eficiencia del personal tiende a disminuir si las horas extraordinarias sobrepasan el 10 % de los períodos ampliados.

— *Contrate en el exterior la realización de algunas funciones.* La contratación externa de funciones de gastos generales y de administración está cada vez más difundida. Algunas funciones donde esto ha resultado eficaz son:

- la nómina;
- el pago de cheques (in situ, pero por banco o cajero automático);
- el servicio de mensajeros;
- los preparativos de viajes.

En las situaciones anteriores, la empresa debe verificar primero que el cambio tendrá realmente como consecuencia un ahorro real para la empresa. Los estudios habituales para decidir si es mejor fabricar o comprar deben efectuarse como parte del proceso original de decisión y luego verificarse periódicamente para averiguar si los ahorros originales se lograron tal como se había planificado.

— *Cierre la administración de manera que coincida con el cierre de la fábrica.* Si se cierran las instalaciones de producción, como ocurre durante las vacaciones, quizás sea posible cerrar también el área de gastos generales y de administración.

— *Solicite la ayuda de los auditores internos.* Haga que el personal de auditoría interna revise las funciones de gastos generales y de administración y sugiera mejoras en los procesos para reducir costes. Una tarea adicional de auditoría consiste en revisar periódicamente los registros telefónicos para ver si existen llamadas telefónicas privadas y para recomendar procedimientos que controlen este problema.

— *Reduzca los gastos de teléfono*. La eliminación del monopolio telefónico de larga distancia ha provocado una gran competencia. Algunas empresas compran grandes bloques de tiempo telefónico a los operadores primarios y lo revenden a precios considerablemente reducidos. Póngase en contacto con el revendedor de tiempo telefónico local y compare las tarifas. Además, el servicio de la línea «900» ahora puede transferirse entre compañías telefónicas sin tener que cambiar el número «900», por lo que el controler puede también hacer comparaciones en este campo.
— *Instituya la compra directa de suministros de oficina*. El coste de una petición interior de un artículo, de encontrar un proveedor, de crear una orden de compra y de recibir el artículo se ha estimado en 150 dólares aproximadamente. Para los suministros de oficina, éste no es un proceso eficaz en relación con el coste. En cambio, los empleados pueden pedir sus propios suministros con un formulario de petición previamente impreso (que contenga artículos previamente aprobados) que se envía por fax a un proveedor también autorizado previamente.
— *Compare los gastos generales y de administración con un punto de referencia («benchmark»)*. Después de que se hayan puesto en práctica todas las recomendaciones anteriores y de que la dirección haya agotado las ideas de reducción de costes, trate de comparar los costes de los gastos generales y de administración de la empresa con los de otras empresas. Algunas veces, ha de intervenir un asesor para gestionar la actividad de *«benchmarking»* como tercero neutral. Contacte con empresas de otro sector industrial, puesto que los mejores pueden estar localizados en otro sector.

Aunque algunos de estos puntos parecen ser de menor importancia para la reducción de costes, los ahorros pueden ser considerables en conjunto.

Al ponerse en práctica las reducciones, puede surgir el argumento de que el personal capacitado necesario para desempeñar las funciones esenciales debe mantenerse a un nivel mínimo. No puede prescindirse de él a causa de una crisis temporal y transferirse a cargos desempeñados por personas menos capacitadas. Sin embargo, cuando los departamentos se reducen a niveles aparentemente mínimos, se pueden combinar departamentos y capacitar al personal para que sea experto en diferentes puestos de trabajo y lograr una reducción adicional de personal.

Por último, el controler debe revisar los costes del área de gastos generales y de administración localizados en cuentas de balance. Las dos cuentas principales son el equipo de oficina y el capital circulante. Una cuidadosa atención a estos campos dará por resultado unas menores necesidades de capital, unos menores costes de amortización y seguros y un mayor rendimiento de la inversión:

— *El equipo de oficina.* Tal como se dijo antes, la combinación de fotocopiadoras puede modificarse en favor de equipos más económicos, y las máquinas de fax pueden ser sustituidas por una tarjeta de fax de red de área local. Además, los equipos obsoletos de teléfono, fotocopiadoras y fax deben eliminarse del activo fijo con el fin de mantener lo más baja posible la valoración del activo asegurable y gravable de la empresa. Por último, en el espacio de oficinas debe darse preferencia a las instalaciones modulares y no a los despachos, porque el mobiliario y los accesorios de las primeras son más económicos y pueden contener mayor número de personas en un espacio de trabajo menor, con lo que se reducen los costes de ocupación.

— *El capital circulante.* El capital circulante que necesita una empresa es el valor de sus existencias y cuentas a cobrar menos la cantidad de sus cuentas a pagar. Existe una creciente tendencia en las empresas a esforzarse en mantener a cero el capital circulante e incluso a tener un capital circulante negativo. El principal elemento bajo el control parcial de la función de gastos generales y de administración es el de las cuentas a cobrar. El controler puede esforzarse en reducir los días de cuentas a cobrar revisando cuidadosamente el proceso de facturación para asegurarse de que los productos se facturan inmediatamente después de su expedición. Además, el controler debe enviar al personal de cobro a los cursos de formación ofrecidos por numerosas firmas de gestión de cobro de créditos tales como Dun & Bradstreet. Por último, la gestión minuciosa de la gestión de cobros asegurará la estrecha vigilancia de las cuentas vencidas y no pagadas.

Resumen

Los gastos generales y de administración comprenden muchos de los costes que no están directamente relacionados con la producción, pero que son necesarios para el funcionamiento de la empresa. Estos costes son especialmente difíciles de controlar, puesto que suponen costes fijos tales como los servicios de luz y agua, los alquileres y los sistemas informatizados de gestión. En este capítulo, hemos definido las clases de costes que se consideran generales y de administración, y luego hemos revisado las distintas fases de variabilidad de dichos costes, al ser fijos, variables, escalonados o discrecionales. Reforzado con esta información, el controler podrá diseñar sistemas de control basados en la última parte de este capítulo, en el cual se enumeraron los pasos requeridos para instalar los controles de los gastos generales y de administración, los métodos para la reducción de costes y una larga lista de estándares de control que pueden utilizarse.

Capítulo 11

Efectivo e inversiones

Introducción

La mayoría de los ejecutivos de las empresas hace ya mucho tiempo que son conscientes de la necesidad de disponer de efectivo. Las facturas de los proveedores han de pagarse en efectivo. Las nóminas deben satisfacerse en efectivo. Recientemente, ha adquirido más importancia la posibilidad de que las empresas generen suficiente efectivo. De ello es testigo la atención a las operaciones de compra *«buyouts»* apalancadas u otras fusiones o absorciones propuestas.

La buena gestión del efectivo es una función financiera básica. Aunque suele ser responsabilidad del director financiero, el controler tiene un papel importante que desempeñar. En este capítulo se examinan las fases de la gestión de tesorería de las que se ocupa el controler o en las que tiene un interés directo.

Objetivos de la gestión de tesorería

El efectivo es un activo particularmente vulnerable porque, sin unos controles apropiados, es fácilmente ocultable y fácilmente transferible. La gestión de tesorería tiene los siguientes objetivos:

- proporcionar efectivo suficiente para las operaciones a corto y largo plazo;
- utilizar los fondos de la empresa eficazmente en todo momento;
- establecer la responsabilidad sobre los ingresos en efectivo y proporcionar salvaguardias adecuadas hasta que los fondos se sitúen en el banco depositario de la empresa;
- establecer controles para asegurar que los desembolsos de efectivo sólo tienen lugar para fines aprobados y legítimos;
- mantener unos saldos bancarios adecuados para apoyar unas relaciones apropiadas con los bancos comerciales;
- mantener unos registros adecuados del efectivo.

Misión del controler

Con respecto a la gestión de tesorería, debe existir una relación de cooperación entre el controler y el tesorero. Los deberes y las responsabilidades variarán según el tipo y la dimensión de la empresa. El personal de tesorería es responsable de la custodia de los fondos de efectivo y administra las cuentas bancarias. El tesorero es responsable de mantener buenas relaciones con los bancos y otros inversores, facilitando los pagos puntuales de intereses y del principal de la deuda e invirtiendo el exceso de efectivo. Además, el tesorero suele ser responsable de las entradas de efectivo y de los procedimientos de desembolso.

El controler puede tener cuatro responsabilidades relacionadas con el efectivo en las empresas lo suficientemente grandes como para separar las funciones de tesorería y de control:

1) preparar previsiones de tesorería;
2) revisar el sistema de control interno con respecto a los ingresos y los pagos en efectivo para asegurar sus suficiencia y efectividad;
3) conciliar todas las cuentas bancarias;
4) preparar informes periódicos de tesorería.

En la lista que sigue se describen las funciones de inversión a menudo desempeñadas por el controler:

- cerciorarse de que se aplican los principios contables apropiados para valorar y registrar las inversiones;
- asegurarse de que se mantienen los registros detallados convenientes para facilitar la adecuada rendición de cuentas de las inversiones;
- comprobar que se emiten los informes adecuados para medir el rendimiento y proporcionar la información contable necesaria para supervisar adecuadamente la gestión de las inversiones;

— efectuar las revisiones que se requieran para cerciorarse de que existe un sistema de control interno suficiente para la protección de las inversiones;
— asegurarse periódicamente de la existencia de las inversiones realizando un inventario físico de los comprobantes de su propiedad.

Las entradas de efectivo

Uno de los objetivos fundamentales de la dirección financiera es la conservación y utilización eficaz del efectivo. Desde el punto de vista de las entradas de efectivo, hay dos fases de control: la aceleración de los ingresos (vea la sección siguiente) y el apropiado control interno de las entradas (tema objeto de la última sección de este capítulo).

Aceleración de las entradas de efectivo

Para acelerar el cobro de las cuentas a cobrar, suelen emplearse dos métodos. Se les denomina sistema *lockbox* (caja fuerte) y concentración en un banco del área.

El sistema *«lockbox»* implica el establecimiento de cuentas de depósito en las zonas geográficas donde se producen ingresos significativos de efectivo, para conseguir que las remesas de los clientes tarden menos tiempo en llegar, preferiblemente no más de un día. Los clientes envían las remesas que han de hacer a la empresa a un apartado de correos cerrado de la región cubierta por el banco. El banco recoge las remesas y deposita el producto en la cuenta de la empresa. Los fondos que exceden de los requeridos para cubrir los costes se transfieren periódicamente a la sede central de la empresa. Los comprobantes que acompañan a las remesas los envía por correo el banco a la empresa. De ese modo, los cobros se aceleran por la reducción del tiempo de tránsito, lo que da por resultado un menor riesgo crediticio. Sin embargo, debe disponerse lo necesario para un adecuado control de la información de los créditos.

Con arreglo al sistema de concentración en un banco del área, las delegaciones locales de la empresa recogen las remesas y las depositan en el banco local. Desde el banco local, usualmente mediante transferencias telegráficas, se transfieren los fondos a una serie de bancos de concentración del área o regionales. Los fondos que exceden de los saldos de compensación se transfieren ipso facto por telégrafo a la sede central del banco de la empresa. Esta técnica reduce el tiempo que el dinero está en tránsito.

Aunque los cheques son el medio predominante de cobro de las cuentas a cobrar, un creciente volumen de negocio tiene lugar a través de la transferencia electrónica de fondos. Además, hay varias combinaciones de métodos e instrumentos que aceleran los cobros. El controler quizá desee examinar algunas de las referencias seleccionadas que tratan de los aspectos de estos métodos diferentes de cobro:

— *lockbox,*
— cheque interbancario,
— transferencia a través de cámara de compensación automatizada,
— transferencia telegráfica,
— giro previamente autorizado.

Las salidas de efectivo

El controler debe mantener un cuidadoso control sobre la puntualidad de los desembolsos para asegurarse de que las facturas sólo se pagan a su vencimiento y no antes. De esa manera, el efectivo puede conservarse para una inversión.

Otra consideración para la programación de los pagos es el uso consciente del efectivo en caja. Conociendo las cuentas en tránsito y el hecho de que ordinariamente los saldos bancarios son mayores que los saldos contables debido a los cheques todavía no compensados, los saldos contables de efectivo pueden planificarse a niveles inferiores. Los ingresos en tránsito pueden equilibrarse con las salidas por pagos.

La relación entre el momento en que se entrega un cheque al perceptor y el momento en que se compensa en el banco (es decir, la flotación del desembolso) contiene tres elementos:

1) el tiempo necesario para que el cheque viaje por correo u otra forma de entrega desde el dador al perceptor;
2) el tiempo requerido para que el perceptor tramite el cheque;
3) el período requerido por el sistema bancario para compensar el cheque (es decir, el tiempo que media desde el depósito por el perceptor hasta el momento en que su importe se carga en la cuenta del dador).

Para controlar esta flotación, suele ser útil averiguar el plazo de tiempo de los cheques de importe elevado para calcular la provisión adecuada para el período de tiempo requerido para su compensación. Muchos bancos ofrecen ahora acceso a sus bases de datos de información sobre cheques compensados, de manera que el controler sabe la cantidad exacta de dichos cheques.

El controler puede mantener también una cuenta de saldo cero. Con este sistema, la cuenta de compensación se mantiene en un saldo cero. Cuando los cheques se presentan al cobro, se ha dispuesto lo necesario con objeto de que el banco esté autorizado para transferir los fondos, desde la cuenta general de la empresa, con el fin de cubrir el pago. El pago puede hacerse mediante giro.

Puede hacerse que el tesorero realice transferencias telegráficas a la cuenta bancaria de saldo cero al notificársele los importes que se presentan para su cobro. Los acuerdos de saldo bancario cero pueden facilitar el control de los pagos a través de una cuenta o de un número limitado de ellas. Este sistema puede facilitar la comprobación rápida de la situación de tesorería de la empresa.

En las cuentas de saldo automático se utiliza la misma cuenta para los ingresos y los desembolsos. Cuando la cuenta tiene un saldo superior a un nivel máximo especificado, los fondos en exceso se transfieren a la cuenta bancaria central. Inversamente, cuando el saldo desciende por debajo de un nivel mínimo, el banco puede exigir su reposición.

Inversión de los fondos a corto plazo

En la mayoría de empresas, el excedente o fondos no necesarios para fines operativos ni para compensar saldos bancarios está disponible para inversión. Un uso prudente de estos fondos puede aumentar los beneficios. Aunque el director financiero dirigirá la inversión de dichos fondos, el controler debe interesarse por una adecuada generación de informes y por el control de las inversiones.

Criterios para la selección de inversiones

Dada la oportunidad de obtener una renta adicional de los fondos temporalmente sobrantes, existen cinco criterios que hay que tener en cuenta cuando se selecciona un instrumento de inversión:

1. *La seguridad del principal.* Un objetivo fundamental debe ser evitar instrumentos que pudieran poner en peligro la inversión.
2. *La estabilidad de la cotización.* Si la empresa tuviera súbitamente que liquidar los valores para obtener liquidez, la estabilidad de la cotización sería importante para evitar una pérdida significativa.
3. *Negociabilidad.* El gestor del dinero debe considerar si los valores pueden venderse, si es necesario, con cierta facilidad y con toda rapidez.
4. *Vencimiento.* Los fondos pueden estar invertidos hasta que surja la demanda de efectivo, quizá tal como se refleje en la previsión de tesorería. De ahí que los vencimientos deban relacionarse con las necesidades probables de efectivo. Las inversiones temporales suelen implicar vencimientos desde unos cuantos días hasta, como mucho, un año.
5. *Rendimiento.* El director financiero, por supuesto, está interesado en optimizar las ganancias o en conseguir, por lo menos, un rendimiento aceptable de la inversión y, por tanto, se preocupa de la rentabilidad.

Éste no es necesariamente el criterio más importante porque las inversiones de escaso riesgo y gran liquidez no proporcionan el mayor rendimiento.

La importancia concedida a cada uno de estos factores dependerá de la manera de pensar de la dirección, de la situación del mercado y de las preferencias de la persona que invierte. ¿Tiende el inversor al conservadurismo o no? Por supuesto, las limitaciones que se le pongan a la operación influirán en la ponderación de cada una. Un ejemplo de directrices para la inversión a corto plazo puede verse en la tabla 11.1.

TABLA 11.1. **Directrices para las inversiones a corto plazo**

Objetivo: Colocar el exceso de efectivo sólo en inversiones a corto plazo de máxima calidad, para conseguir un rendimiento óptimo global, adecuado a las necesidades de liquidez de la empresa.

Liquidez: La liquidez la proporcionarán unos límites mínimo y máximo, como sigue:

1. Por lo menos 80 millones de dólares se invertirán en inversiones a un día y en obligaciones negociables cotizables de los principales emisores.
2. No más del 50% de la cartera total se invertirá en depósitos a plazo u otras inversiones carentes de liquidez, como por ejemplo, el papel comercial, para el que sólo el intermediario y el emisor crean mercado.

Diversificación: La diversificación se obtendrá mediante la determinación de un límite para cada emisor no estatal (tal como se enumera a continuación). Éstos son límites generales, y en cada caso el examen de calidad puede tener como consecuencia la eliminación de un límite inferior para un emisor. Las inversiones a un día o las inversiones con pacto de recompra deben satisfacer los criterios de calidad, pero no están sujetas a límites en cuanto al importe invertido.

1. Gobierno y organismos de los Estados Unidos: no hay límite.
2. Certificados de depósito de bancos nacionales, depósitos a plazo y aceptaciones bancarias: límite de 30 millones de dólares para los bancos con cuentas de capital que superen los 800 millones de dólares (los diez bancos principales); 20 millones de dólares para los bancos con cuentas de capital de 350 a 800 millones de dólares (los 11 segundos bancos); 5 millones de dólares para todos los demás bancos con cuentas de capital superiores a 250 millones de dólares (once bancos).
3. Obligaciones de bancos extranjeros en dólares americanos (o en divisas con total cobertura del riesgo de cambio), cada uno con una cuenta de capital superior a 500 millones de dólares. Con un límite de 15 millones de dólares cada uno si se trata de bancos canadienses y 10 millones de dólares cada uno para otros bancos extranjeros, dentro de un límite total de 75 millones de dólares para los bancos extranjeros no canadienses.
4. Papel comercial nacional con la clasificación P-1/A-1 solamente: límite de 20 millones de dólares para los emisores de deuda a largo plazo prioritaria clasificada como Aa o mejor; 10 millones de dólares para los emisores con una clasificación de deuda de A; y de 10 millones de dólares para las compañías que dominen dos o más bancos comerciales con cuentas de capital que superen los 500 millones de dólares, dentro del límite global del banco principal descrito en el punto 2.

TABLA 11.1. *(continuación)*

5. Papel comercial extranjero garantizado incondicionalmente por un emisor norteamericano de primer orden y con cobertura total del riesgo, dentro del límite descrito en el punto 4.
6. Obligaciones de cajas de ahorro y cooperativas de crédito, cada una con una cuenta de capital que supere los 250 millones de dólares, limitada a 10 millones de dólares cada una.

Procedimiento operativo: Los pagos sólo se efectuarán contra entrega de un título a un banco custodio. Los títulos sólo los entregará el banco depositario contra el pago de la cantidad correspondiente. Las letras aceptadas o reconocimientos de deuda por un banco sólo se aceptarán para entrega en condiciones excepcionales. No se aceptará ninguna letra librada por un agente de bolsa.

Límites de vencimiento: El vencimiento medio de la totalidad del fondo estará limitado a un promedio de 2 años. El vencimiento máximo de cada clase es como sigue:

Gobierno de los EE.UU.	5 años
Deudas municipales	2 años
Certificados de depósito bancarios y aceptaciones bancarias	1 año
Depósitos bancarios a plazo	90 días
Papel comercial	270 días

LIMITACIONES A LA INVERSIÓN

Algunas veces, el consejo de administración o el director financiero pondrán limitaciones al modo en que pueden invertirse los fondos a corto plazo. Entre los aspectos examinados deben incluirse la seguridad máxima, la clasificación crediticia del emisor, el tipo de instrumento, el país y la moneda.

Los instrumentos de inversión varían mucho, y las condiciones del mercado determinarán lo más deseable en cada momento concreto. Los instrumentos característicos del mercado monetario son:

— las letras del Tesoro;
— los pagarés y bonos del Tesoro;
— los certificados de depósito negociables, aunque no pueden hacerse efectivos antes de su vencimiento;
— aceptaciones bancarias;
— emisiones seleccionadas de Estados extranjeros;
— emisiones de organismos federales;
— pactos de recompra;
— papel comercial de primer orden;
— papel de sociedades financieras;
— valores a corto plazo exentos de impuestos.

Valores negociables

Las empresas invierten por lo general en valores negociables por dos motivos. Uno es el empleo rentable del efectivo disponible, que en otro caso estaría ocioso, con el fin de proporcionar un rendimiento a la empresa, mientras espera oportunidades de reinvertir en el negocio (por ejemplo, cuentas a cobrar, existencias, activo fijo, etc.). Estas inversiones temporales suelen hacerse en certificados de depósitos bancarios, pagarés del Tesoro, acciones, etc., y puesto que son fácilmente convertibles en efectivo, se denominan «equivalentes de efectivo». Como tales, se consideran activo circulante de la empresa. Una segunda razón es la de que las empresas pueden optar por invertir el exceso de efectivo en oportunidades que ofrecen un tipo más alto de rendimiento que una inversión en las líneas normales de productos de la empresa. Algunas veces, estas alternativas implican la compra de bonos a largo plazo de alto interés, tanto estatales como empresariales. Algunas veces llevan consigo la adquisición de acciones que representan una participación en otras empresas. Estas inversiones son también en valores negociables, pero puesto que lo que se pretende es mantener la inversión durante un largo plazo, estos activos no son capital circulante de la empresa y no debe informarse de ellos como tal.

Para que un valor se clasifique como negociable, deben existir pruebas de que puede comprarse o venderse fácilmente. Para los fines de la contabilidad, todas las inversiones se clasifican de dos maneras en base a su *finalidad* y su *naturaleza*.

En cuanto a la finalidad de la inversión, ¿es una inversión a corto plazo o con carácter permanente? Esta distinción se basa en el propósito de la dirección. Si la intención es convertir la inversión en efectivo durante el ciclo operativo (definido como de hasta un año), entonces se considera una inversión temporal. La mayoría de las inversiones temporales tienen también un mercado en el que se venden con facilidad y por tanto se denominan valores negociables. Un valor negociable temporal es un activo circulante y, como consecuencia, forma parte del capital circulante. Es importante que las inversiones permanentes no se incluyan en el activo circulante, porque se exageraría el volumen de capital circulante. Tales clasificaciones erróneas pueden tener como consecuencia graves errores en la planificación de la tesorería y en las estrategias de financiación. Todos los valores negociables corrientes han de valorarse al coste para su inclusión en el balance (el precio pagado por el valor más otros gastos incurridos en su adquisición, tales como el corretaje o los impuestos) o al valor de mercado en la fecha del balance (el importe probable por el que el valor podría venderse) si éste es menor.

Las inversiones permanentes deben dividirse además por su naturaleza en:

— Acciones negociables:

- inversiones en filiales no consolidadas, que se contabilizan por el método de contabilización de la participación neta;
- otras inversiones en participaciones de capital que se contabilizan por el método de coste.

— Otras inversiones. Éstas se contabilizan por el método de coste.

MÉTODOS DE CONTABILIZACIÓN DE LA PARTICIPACIÓN NETA Y DEL COSTE

El *método de la participación neta* deberá utilizarse para contabilizar las inversiones cuando el inversor tenga la posibilidad de ejercer una influencia significativa sobre la empresa en que ha invertido, aunque posea menos del 50 % de las acciones con derecho a voto. Esta influencia significativa existe cuando el inversor posee del 20 al 50 % de las acciones de la empresa en que se ha invertido. Cuando una inversión en participación de capital representa menos del 20 % de las acciones de la empresa en que se ha invertido, deberá utilizarse el *método del coste* para contabilizarla. El método del coste requiere que el inversor registre la inversión al coste o al valor de mercado actual si éste es menor. Por supuesto, si una inversión en el capital de una empresa proporciona al inversor el control de la empresa en que invierte (más del 50 % de la propiedad de las acciones con derecho a voto), los estados financieros deben prepararse con carácter consolidado.

El controler puede utilizar el siguiente procedimiento de nueve pasos para contabilizar los valores negociables:

1. Los valores deberán clasificarse en dos carteras: valores corrientes y valores no corrientes. La cartera corriente deberá incluir todos los valores que han de negociarse antes de un año; la cartera no corriente deberá incluir todos los demás valores.
2. Deberá contabilizarse el coste de las cuentas de cada cartera y calcularse el total de la cartera. El coste incluirá la cantidad pagada al vendedor por los valores además de los gastos de la compra, tales como el corretaje y los impuestos que graven la negociación.
3. Deberá determinarse el valor de mercado corriente de cada cartera a la fecha del balance.
4. El valor neto en libros de cada cartera es el de su coste total o el valor de mercado si éste es menor.
5. Las pérdidas no realizadas de la cartera corriente, es decir, las diferencias entre el coste total y el valor inferior de mercado se deducen de la cuenta de resultados del período. El lado del haber del asiento es para una cuenta de valoración de la que se informará como una reducción del coste de la cartera corriente para fines de la presentación del balance.
6. De las pérdidas no realizadas en la cartera no corriente, que se calculan de la misma manera que para la cartera corriente, se informa por separado como una reducción del capital líquido. El abono también se

hace a una cuenta de valoración identificada como una reserva para pérdidas en la cartera no corriente. Si un valor de la cartera no corriente ha sufrido una disminución que se juzga que no es temporal, el valor deberá devaluarse hasta el valor de mercado y la pérdida se incluirá en la cuenta de resultados del período.

7. De las subsiguientes pérdidas o ganancias no realizadas en la cartera se informa del mismo modo, es decir, de la cartera corriente a través de la cuenta de resultados, de la no corriente a través de la sección de capital del balance. Sin embargo, ni una ni otra cartera pueden valorarse nunca por encima del coste total original.
8. Si se transfiere un título de una cartera a otra, el valor que se transfiere es el de coste o el de mercado si éste es menor en la fecha de la transferencia, y se convierte en la nueva base del coste del título.
9. La venta de un título de una u otra cartera por un importe diferente de su coste en libros da lugar a una ganancia o pérdida realizada que se incluye en la cuenta de resultados del período.

Con respecto a los valores negociables, es necesario publicar la siguiente información, bien en los estados financieros o en las notas al pie de los mismos:

—*En la fecha del balance:*

- el coste total de los valores negociables;
- el valor total de mercado de los valores negociables.

Esta información se indica para la cartera a corto plazo, la cartera a largo plazo y el total de ambas carteras, es decir, las ganancias (brutas) totales no realizadas y las pérdidas totales no realizadas de cada cartera y el total de ambas.

—*En cada cuenta de resultados presentada:*

- la ganancia o pérdida neta realizada durante el período;
- la base sobre la que se determinó el coste al calcular la ganancia o pérdida realizada;
- el cambio en la provisión por cambios de valoración que afecte a la determinación de beneficios y a la sección de capital del balance.

Los estados financieros deben ajustarse por las pérdidas y ganancias que se produzcan después de la fecha del balance con anterioridad a su publicación. Sin embargo, los cambios significativos que se produzcan durante este período deben darse a conocer.

Dada la complejidad del problema y los muchos aspectos que entraña, hemos incluido estos comentarios limitados para que los lectores conozcan las directrices. Para la aplicación en sus propias empresas, remitimos a los controlers a las publicaciones del American Institute of Certified Public Accountants y del Financial Accounting Standards Board.

Registros contables de la inversión

Es necesario registrar la información relativa a la compra o venta de valores de forma sistemática. Además de los datos requeridos para las valoraciones al coste, o al valor de mercado si éste es menor, son necesarios registros detallados para proporcionar la información necesaria para gestionar la cartera, así como para establecer y justificar fiscalmente las ganancias o pérdidas.

En algunos casos puede ser suficiente el archivo de facturas o informes del agente de Bolsa. En efecto, estos documentos son la fuente de mucha información. En general, sin embargo, el controler debe establecer una cuenta de control para las inversiones en valores y respaldarla con un libro mayor de títulos-valores, el cual debe contener la siguiente información:

— Información del mayor de acciones:

- descripción de la emisión: nombre, clase, valor nominal, números de los certificados;
- fechas del pago de dividendos;
- registro de la compra: fecha, número de acciones, precio, comisión, impuesto, coste total y agente;
- fecha e importe de los dividendos recibidos;
- registro de la venta o enajenación: fecha, agente, número de acciones, precio de venta o de rescate, comisión e ingresos netos;
- dividendos atrasados;
- pérdida o ganancia.

— Información del mayor de obligaciones:

- descripción de la emisión: nombre, tipo de interés, fecha de vencimiento, fechas de intereses, números de serie y situación tributaria;
- registro de la compra: fecha, agente, precio, intereses acumulados, comisión, impuesto, coste total y valor al vencimiento;
- fecha e importe de los intereses recibidos;
- amortización de la prima o descuento;
- registro de enajenación: fecha, agente, precio de rescate o venta, intereses acumulados, comisión e ingresos netos;
- pérdida o ganancia.

Informes sobre efectivo y valores

En algunas empresas se prepara un simple informe diario de caja para el director general y el tesorero. En él se resumen las entradas y salidas de efectivo, así como los saldos de los principales bancos. En la tabla 11.2 ofrecemos un ejemplo. Desde el punto de vista del control, es deseable saber si los cobros y los desembolsos son mayores o menores que las estimaciones. En la tabla 11.3 se muestra dicha información. Además de comparar la actividad de caja real con la prevista, es también útil comparar periódicamente los saldos contables con los requeridos para hacer frente a los cargos por servicios o a las exigencias de saldos de compensación de los bancos de la empresa. En dicho informe se compara el saldo «objetivo» con los saldos contables reales y bancarios reales. Este tipo de informe permite una utilización efectiva del efectivo al registrar la ausencia de saldos excesivos y al mantener unos saldos bancarios suficientes para compensar justamente a la institución financiera. En la tabla 11.4 puede verse uno de dichos informes.

TABLA 11.2. **Informe diario de caja**

Informe diario de caja
al cierre de la actividad, 16 de junio de 19XX

Saldo, el 15 de junio de 19XX	135.300
Entradas	10.200
Total	145.500
Salidas	15.300
Saldo el 16 de junio de 19XX	130.200

Saldos bancarios, etc.

National City Bank	65.900
Commerce National Bank	22.100
Ohio Trust Company	30.500
Total	118.500
Caja chica y anticipos al personal	11.700
Total	130.200

TABLA 11.3. **Comparación de la actividad real de caja con la estimada**

Informe semanal de caja
de la semana que finalizó el 16 de noviembre de 19XX

Descripción	Mes hasta la fecha	
	Real	Estimado
Saldo inicial de caja	32.511	32.510
Entradas de efectivo		
Organismos oficiales	18.310	18.000
Mayoristas	67.730	65.500
Minoristas	21.100	23.400
Total	107.140	106.900
Salidas de efectivo		
Cuentas a pagar: gastos	12.860	12.300
Nóminas	37.010	36.900
Compras de materiales	19.340	14.300
Impuestos estatales	8.640	8.920
Inversiones de capital	39.990	40.190
Otros	2.030	2.000
Total	119.870	114.610
Saldo final de caja	19.781	24.800
Saldo estimado a final de mes		30.000

La actividad de inversiones en valores de la mayor parte de las empresas industriales será normalmente muy limitada y no será preciso preparar numerosos informes. Los informes periódicos para la dirección deben incluir el nombre de cada clase de valores, su coste, el valor actual de mercado, el rendimiento efectivo y los dividendos recibidos. Para la cartera en su conjunto, el controler deberá informar del coste total, así como del valor de mercado y del tipo de rendimiento. En la tabla 11.5 puede verse un informe característico de la situación de las inversiones en valores.

TABLA 11.4. **Saldos bancarios reales y fijados como objetivo**

Informe trimestral sobre saldos bancarios

Bancos	Real según libros	Objetivo	(Por encima) por debajo del objetivo	Saldos según estado de cuenta bancario
Chase Manhattan	17.440	17.800	360	19.120
Morgan Guaranty	16.850	16.500	(350)	17.180
Bank of America	14.310	15.700	1.390	15.810
National Bank of Commerce	2.890	3.000	110	3.020
Otros bancos locales	490	—	(490)	520
Total efectivo en bancos: EE.UU.	51.980	53.000	1.020	55.650
Filiales: extranjero	8.190	7.000	(1.190)	8.600
Efectivo en caja	760	750	(10)	—
Total efectivo	60.930	60.750	(180)	64.250

TABLA 11.5. **Informe sobre situación de las inversiones**

Clase de valor	Número de acciones	Valor de mercado	Precio de compra	Rentabilidad (%)	Total dividendos del año hasta la fecha
ABC Corporation	500	37.000	31.000	5,2	800
Atlas Construction	100	2.400	2.400	6,3	75
National Co.	1.000	30.000	31.000	6,5	1.000
USA Corporation	1.000	65.500	64.000	7,8	2.000
JPC Corporation	100	1.900	1.875	7,5	70
Security Co.	500	42.000	38.000	5,3	1.000
Total o promedio		178.800	168.275	6,5	4.945

Controles del efectivo y de las inversiones en valores

El efectivo entra en una empresa a través de las fuentes siguientes: cobros por correo, ventas al contado en ventanilla, ventas o cobros realizados por vendedores o representantes y cobros a cuenta en el mostrador. Por supuesto, todas las empresas tienen otras transacciones de efectivo de una naturaleza menos habitual, tales como la venta de elementos de activo fijo, que pueden ser gestionadas por los directivos o requieren procedimientos especiales. La mayoría de los problemas de efectivo se centran en las transacciones enumeradas en la tabla 11.3, porque las entradas de efectivo más infrecuentes o menos voluminosas son fácilmente susceptibles de una simple comprobación.

Independientemente del origen del efectivo, la verdadera base para la prevención de errores o fraudes es el principio de la comprobación interna. Dicho sistema implica que el manejo real del efectivo tiene que estar separado de los registros correspondientes. Requiere que el trabajo de un empleado sea complementado por el trabajo de otro. Ciertos resultados deben concordar siempre. Por ejemplo, el depósito diario de efectivo debe ser el mismo que el cargo a la cuenta de control de caja. Esta comprobación automática del trabajo de un empleado por otro desalienta evidentemente el fraude y localiza los errores. En tales condiciones, los desfalcos se limitan por lo general a los casos de omisión o connivencia desleal.

El sistema de control interno debe diseñarse para cada organización. Sin embargo, hay algunas sugerencias generales que ayudarán al controler a revisar la situación en su propia empresa:

- Todas las entradas de efectivo por correo deben registrarse antes de ser transferidas al cajero. Periódicamente, estos registros deberán comprobarse con los resguardos de ingreso.
- Todas las entradas deberán depositarse intactas diariamente. Este procedimiento también podría requerir que el banco o la persona que realiza el ingreso (otra distinta del cajero) enviara un duplicado del resguardo de ingreso a un departamento independiente, para utilizarlo en las subsiguientes auditorías.
- La responsabilidad por el manejo de efectivo ha de estar claramente definida.
- Separar las funciones de recepción de efectivo de las de desembolso de efectivo.
- Separar el manejo del efectivo del mantenimiento de los registros correspondientes. Los cajeros no deben tener acceso a estos registros.
- Deberá requerirse a los cajeros, agentes y representantes comerciales que den recibos, aunque conserven un duplicado.
- Las conciliaciones bancarias no deberán hacerlas los que manejen el efectivo o lleven los registros. Análogamente, el envío por correo de estados de cuenta a los clientes, incluso el punteo con las cuentas del mayor, deberá hacerlo un tercero. El resumen de los registros de efectivo puede hacerlo también un tercero.

— Todos los empleados que manejen efectivo o registros de efectivo deberán ser requeridos para que tomen vacaciones periódicas, y alguna otra persona deberá encargarse del trabajo durante tal ausencia. Además, en ocasiones no anunciadas previamente, los empleados deberán pasar a desempeñar otros puestos de trabajo para detectar o evitar la connivencia desleal.
— Todos los empleados que manejen efectivo o registros de efectivo deberán estar suficientemente vinculados a la empresa.
— Deberán utilizarse dispositivos mecánicos, y de otro tipo de protección, cuando sean aplicables como medio de comprobación adicional: cajas registradoras, cuyas cintas tendrán que ser leídas por un tercero; comprobantes de ventas duplicados; borradores diarios del libro de caja.
— Cuando resulte práctico, las ventas al contado deberán comprobarse mediante registros de existencias e inventarios físicos periódicos.

Ejemplo de procedimiento para las entradas de efectivo

Puede ejecutarse un sencillo y efectivo procedimiento para las entradas de efectivo, que incluye algunos de los controles mencionados en la sección anterior, y que pueden adoptar la mayoría de las empresas industriales que reciben efectivo por correo. Todo el correo de entrada no dirigido a una persona concreta se abre en la sección de la empresa encargada del correo. Cualquier envío postal que contenga remesas se inscribe en una hoja diaria de remesas preparada por triplicado. El nombre, el número del cheque, la fecha y la cantidad se detallan en el registro. Al cajero se le envía una copia, junto con los sobres y los formularios impresos en blanco que acompañan a las remesas y que se devuelven cumplimentados al remitente; una segunda copia se envía al auditor, al tesorero o al controler; y la tercera copia se conserva en la sección encargada del correo. El efectivo recibido a través de dicha sección lo registra el cajero en un estado diario de caja que indica la naturaleza del efectivo recibido, junto con cualesquiera otras recepciones de otras fuentes. Este registro de efectivo se envía subsiguientemente al departamento de contabilidad para su pase al mayor (los detalles así como el resumen), después de que el cajero haya hecho el asiento de resumen en sus registros. Se prepara por cuadruplicado el resguardo de depósito y el cajero conserva una copia. Tres copias van al banco para que éste acuse recibo, una de las cuales la conserva el banco; otra se devuelve al cajero como prueba de que el banco recibió los fondos; y una tercera se envía al departamento de auditoría o a la oficina del controler. Ésta se compara luego en total, y ocasionalmente en detalle, con el registro diario de efectivo. La hoja de remesa se comprueba selectivamente con los resguardos de depósito. El cajero, por supuesto, no tiene acceso a los registros de las cuentas a cobrar ni al mayor general, y no maneja los desembolsos.

FORMAS HABITUALES DE APROPIACIÓN INDEBIDA DE EFECTIVO

Las siguientes formas habituales de apropiación indebida de efectivo pueden ser una guía para el controler cuando diseñe los sistemas de control.

— *Cobros por correo:*

- Falsear los registros: desviar efectivo e informar del mismo algún tiempo después de haber sido cobrado; usualmente, los fondos recibidos de un cliente se le abonan con cargo a otra cuenta de la cual ha sido desviado el efectivo antes.
- Tomar prestados fondos temporalmente, sin falsear ningún registro, o simplemente no registrando todo el efectivo recibido.
- Indicar descuentos y rebajas mayores que los verdaderos.
- Cancelar la cuenta de un cliente como crédito incobrable y embolsarse el efectivo.
- Retener ingresos diversos, como, por ejemplo, reembolsos de seguros.

— *Ventas al contado:*

- No informar de todas las ventas y apropiarse de efectivo.
- Sumar de menos una nota de ventas y apropiarse de la diferencia.
- Describir falsamente los reembolsos o los gastos.
- Registrar una cantidad inferior al verdadero importe de la venta.
- Apropiarse de los excedentes de caja.

— *Cobros realizados por los vendedores:*

- Conversión de los cheques en efectivo.
- Omisión de ventas.
- Sobrevalorar los importes de los artículos que el comprador entrega como pago parcial de la compra de un artículo nuevo.

— *Desembolsos:*

- Preparar justificantes falsos o presentar dos veces el mismo justificante para el pago.
- Aumentar la cantidad que figura en los cheques después de haber sido firmados.
- Cobrar nóminas no reclamadas o cheques destinados al pago de dividendos.
- Alterar los justificantes de caja chica.
- Falsificar cheques y destruirlos al recibirlos del banco: sustituyéndolos por otros cheques cancelados o por notas de adeudo.

Donde se utiliza un adecuado control interno, la mayor parte de estas formas de actuar no pueden llevarse a cabo sin connivencia desleal.

Además de la segregación de deberes antes descrita, pueden adoptarse otros formas de proceder para disuadir todavía más a los posibles desfalcadores. Uno de estos instrumentos es la auditoría por sorpresa efectuada por el auditor interno, así como por auditores externos. Otro es el seguimiento inmediato de las cuentas vencidas. También es útil informar adecuadamente a los clientes acerca de dónde deben enviar los cheques y una petición específica de que sean pagaderos a la empresa y no a ningún individuo. Una medida de protección es el afianzamiento de todos los empleados, con una comprobación detallada de las referencias. La comprobación especial de los ingresos poco comunes de carácter diverso tenderá a desalentar las irregularidades.

Control de los desembolsos

Una vez que el efectivo se ha depositado en el banco, parecería que el principal problema de salvaguardia del efectivo ha sido resuelto. En efecto, es completamente cierto que el control de los desembolsos de efectivo es una cuestión relativamente simple si se siguen unas cuantas reglas. Una vez aprobada la factura del proveedor para su pago, el paso siguiente suele ser la preparación del cheque para que lo firme un ejecutivo. Si todos los desembolsos están sujetos a esta revisión superior, ¿cómo puede existir algún problema? Sin embargo, es en este punto donde se encuentra el mayor peligro. Todo controler que haya tenido que firmar numerosos cheques sabe que es una tarea fastidiosa: el examen para cerciorarse de que están unidos los informes de recepción, la comprobación del perceptor con la factura, y la comparación de los importes. Debido a que se trata de una tarea monótona, a menudo se realiza de un modo superficial. Sin embargo, esta operación es esencial para el control de los desembolsos. Existen demasiados casos en los que documentos falsos, y justificantes utilizados una segunda vez, han sido el medio de conseguir la firma de un ejecutivo. Para evitar esta práctica es necesario realizar una revisión cuidadosa antes de firmar los cheques, así como otras salvaguardias. Los que firman los cheques deben adoptar una actitud interrogante en toda transacción que parezca dudosa o no se comprenda totalmente. En efecto, la revisión de los documentos unidos a los cheques pondrá a menudo de manifiesto gastos absurdos y deficiencias en otros procedimientos.

Las oportunidades para el uso impropio o incorrecto de fondos son tan grandes, que un controler nunca hará demasiado hincapié en la necesidad de contar con adecuadas salvaguardias en la función de desembolso de efectivo. Para determinar dichas salvaguardias, pueden ser útiles las siguientes sugerencias:

- Excepto las transacciones de caja chica, todos los desembolsos deben efectuarse mediante cheque.
- Todos los cheques han de estar previamente numerados, y todos los números justificados como utilizados o nulos. Se puede eliminar la necesidad de disponer de un stock de cheques preimpresos utilizando un stock de cheques no numerados que se numeran durante la impre-

sión informática. La impresora del ordenador puede incluso imprimir la firma autorizada en el cheque (aunque esto hace necesario aumentar el control sobre el acceso al sistema informático en lugar de sobre el stock de cheques).

- Todos los cheques para desembolsos por importes que excedan de 1.000 dólares deben requerir dos firmas. Actualice periódicamente las fichas de las firmas, de manera que las personas que abandonan la empresa o se trasladan a otros cargos de la misma no estén autorizadas para firmar cheques.
- La responsabilidad por las entradas de efectivo debe separarse de la responsabilidad por los desembolsos. Divida las funciones de efectivo entre varios miembros del personal administrativo. Por ejemplo, la persona que abra el correo no debe ser responsable de los registros de cuentas a cobrar. Además, la persona que apruebe las cuentas a pagar para su pago no debe ser la misma que cree los cheques. La persona que realice la conciliación bancaria no debe intervenir en otras actividades relacionadas con el efectivo.
- Todas las personas que firman cheques o aprueban desembolsos deben estar suficientemente verificadas.
- Las conciliaciones bancarias deben hacerlas quienes no firman los cheques ni aprueban los pagos.
- La contabilización de los apuntes de caja debe estar totalmente separada de la gestión de los desembolsos de efectivo.
- Las facturas debidamente aprobadas y otros documentos justificativos deben ser un requisito previo para efectuar cada desembolso.
- Los cheques para reembolso del fondo fijo de caja o de nóminas deben hacerse pagaderos al individuo y no a la empresa ni al portador.
- Una vez efectuado el pago, todos los documentos justificativos deben ser perforados o inutilizados de otro modo o marcados con la palabra «pagado» para evitar su reutilización.
- En la medida en que sea práctico, deben utilizarse dispositivos mecánicos tales como máquinas para extender cheques.
- Los que realizan desembolsos deben ser obligados a tomar vacaciones anuales o cambiar de turno en los puestos de trabajo.
- La aprobación de los justificantes de pago no debe realizarla quienes son responsables del desembolso.
- Deben requerirse autorizaciones especiales para las transferencias interbancarias, y deberá mantenerse una cuenta puente para las transferencias bancarias.
- Todos los justificantes de caja chica deben estar escritos con tinta o a máquina.
- Puede ser deseable verificar periódica e independientemente la existencia de buena fe en los proveedores de servicios recurrentes utiliza-

dos con regularidad tales como los servicios de mensajería, los abogados y los asesores.

— Haga que la empresa cree un fichero de todos los cheques extendidos y envíelo (preferentemente a diario) a su banco. El banco conciliará entonces los cheques presentados con el fichero de cheques, para ver si algún cheque no ha sido autorizado. El banco puede también ahorrarse este procedimiento teniendo disponible una lista de los cheques compensados cada día, la cual puede entonces conciliar la empresa con su lista de cheques impresos.
— Ponga en un sitio seguro el stock de cheques y revíselo regularmente. Cualquiera puede crear un cheque para sí mismo con un cheque robado.
— Compre un stock de cheques que haya sido tratado con productos químicos especiales que deterioran el cheque si se manipula químicamente o si se fotocopia.

Conciliaciones bancarias

Una fase importante del control interno es la conciliación del saldo del extracto de cuenta bancario con el saldo registrado en los libros de la empresa. Si se realiza correctamente, la tarea es algo más que un listado de cheques pendientes, depósitos en tránsito y adeudos bancarios no contabilizados. Por ejemplo, los depósitos y los desembolsos tal como figuran en el extracto bancario deben conciliarse con los de los libros. Compare además los endosos con el perceptor y compruebe el perceptor con el apunte. Las conciliaciones bancarias deberá hacerlas alguien independiente de cualquier actividad de entradas o salidas de efectivo. El trabajo puede realizarlo el controler o el propio banco. A fin de mes debe prestarse especial atención a los cheques pendientes correspondientes a la impresión anterior y a los depósitos, para detectar la circulación de cheques en descubierto: emitidos sin la correspondiente disminución del saldo de efectivo de la empresa.

Los fondos de la caja chica

La mayoría de las empresas han de hacer algunos pequeños desembolsos. Para satisfacer estas necesidades, se establece un fondo de caja chica o fondo para gastos menores que operan en régimen de anticipo por lo que los saldos son fijos. En cualquier momento, el efectivo más los justificantes no reembolsados debe ser igual al importe del fondo. En las oficinas de las delegaciones o en cada fábrica, pueden ser necesarios fondos de este tipo. Debe facilitarse un procedimiento por el que se indiquen los límites a los desembolsos individuales a través de este canal, las aprobaciones apropiadas, etc. Si es factible, la persona que maneje las entradas o salidas de efectivo no debe manejar la caja chica. Otras salvaguardias incluirían los arqueos de caja por sorpresa, la cancelación inmediata de todos los justificantes de caja chica después del pago y el examen cuidadoso de los reembolsos. Aunque el fondo puede ser pequeño, los gastos pueden ser considerables. El controler no debe descuidar la comprobación de esta actividad.

Nóminas

En la mayoría de las empresas, los desembolsos de la nómina representan una proporción considerable de los pagos en efectivo. Es muy conveniente establecer las salvaguardias apropiadas para este desembolso. La utilización de una cuenta especial para la nómina es un procedimiento muy habitual. Un cheque por la cantidad exacta de la nómina neta total se deposita en la cuenta de nómina contra la cual se giran los cheques para cada perceptor de salarios. Esto tiene ventajas desde el punto de vista del control interno, y puede facilitar la conciliación de las cuentas bancarias.

La preparación de la nómina, por supuesto, debe estar separada del manejo real del efectivo. Son aconsejables auditorías especiales de la nómina para revisar los procedimientos, verificar las tarifas salariales, comprobar la exactitud administrativa y ver el resultado.

Inversiones

Muchas empresas contratan con un banco importante el servicio de depósito de valores, la realización de pagos contra recepción de mercancías y la recepción de fondos contra entrega de mercancías. La modalidad del contrato debe proporcionar las máximas salvaguardias a la empresa.

Debido a que existen oportunidades de fraude, dadas las transacciones telefónicas y las transferencias telegráficas de fondos, debe cuidarse la forma y naturaleza de la confirmación obtenida y de los controles internos utilizados para autorizar los pagos.

Resumen

La liquidez a corto plazo de la empresa es un factor clave para la situación financiera de la misma. Por consiguiente, el control del efectivo es una función crítica del controler. En este capítulo, hemos prestado especial atención a la misión del controler en relación con la función de la tesorería en cuanto al control del efectivo, incluyendo la preparación de previsiones y el control de las entradas y salidas de efectivo. Para mejorar las entradas de efectivo, hemos prestado atención a las distintas técnicas de aceleración de los cobros, así como al efecto de la flotación sobre los desembolsos de efectivo. Para las situaciones en que el controler es responsable de las inversiones a corto plazo, hemos señalado también los criterios que han de utilizarse para seleccionar el vehículo de inversión apropiado, junto con un ejemplo detallado. Hemos señalado también las clases de registros que usualmente se llevan en relación con las inversiones, y hemos suministrado ejemplos de informes utilizados para el control cotidiano del efectivo. Por último, hemos revisado las formas habituales de fraude en relación con el efectivo y una serie de controles que pueden emplearse para detectar o prevenir las apropiaciones indebidas.

Capítulo 12

Cuentas a cobrar

Introducción

Las cuentas a cobrar de clientes son un renglón importante del balance de la mayoría de las empresas, y deben controlarse cuidadosamente para evitar unas necesidades excesivas de capital circulante. Son esenciales unos procedimientos apropiados y unas salvaguardias suficientes, no sólo para el éxito continuo de la empresa, sino también para unas relaciones satisfactorias con los clientes. El control de las cuentas de clientes empieza antes de la decisión de enviar las mercancías, continúa a través de la preparación y emisión de las facturas y termina con el cobro de todas las cantidades debidas. El procedimiento está estrechamente relacionado con el control de entradas de efectivo y con el control de existencias, actuando como conexión entre los dos. En este capítulo, se exponen los medios de medir, gestionar y controlar la función de cuentas a cobrar.

Medición de las cuentas a cobrar

El saldo de cuentas a cobrar de clientes debe comprobarse regularmente para verificar su razonabilidad. Una degradación de la actuación de cobro atraerá la atención de la dirección, posiblemente entrañando muchos de los cambios que se describen más adelante en este capítulo.

Una prueba de las cuentas a cobrar es el número de días de venta pendientes de cobro. La fórmula es la siguiente:

$$\text{Número medio de días de venta pendientes} = \frac{\text{Promedio de cuentas a cobrar}}{\text{Ventas anuales a crédito}} \times 365$$

Por ejemplo:

$$\frac{\text{Promedio de cuentas a cobrar}}{\text{Ventas anuales a crédito}} = \frac{204.510.000\,/12}{122.220.000 - 98.400} \times 365 = 36{,}5 \text{ días}$$

Un aumento del número de días de venta pendientes por encima de 36,5 días, indica un empeoramiento de la situación de las cuentas a cobrar, mientras que un menor número de días de venta pendientes, indica que se está cobrando con mayor rapidez.

Otro indicador de las cuentas a cobrar es su rotación. La fórmula es la siguiente:

$$\frac{\text{Ventas netas}}{\text{C. a cobrar de clientes}} = \frac{122.220.000}{17.070.000} = 7{,}16 \text{ veces}$$

El cálculo muestra que las cuentas a cobrar han sido cobradas, o «rotadas», 7,16 veces durante el año. Un aumento de ese número indica un cobro más rápido de las cuentas a cobrar.

Una operación de cobro bien gestionada debe mantener una cifra de días de venta pendientes que sea alrededor de un tercio superior a las condiciones de venta. Por ejemplo, si las facturas vencen a los 30 días, una cifra aceptable de días de venta pendientes debe ser la de 40 días. Si el ratio indica una actuación deficiente de cobro, deberán comprobarse los siguientes aspectos:

- *Examinar por anticipado los posibles clientes*. Colabore con el departamento de ventas para crear una lista de posibles clientes, y examinar la situación financiera de dichas firmas, antes de entrar en contacto con ellas en lo que se refiere a una venta. Con esto no solamente se evitan futuros problemas de cobro, sino que además se hace un uso más eficaz del tiempo de los vendedores. Sin este esfuerzo, las ventas realizadas a clientes marginales pueden alargar el número de días de venta pendientes.
- *Facturar con prontitud*. ¡Facture tan pronto como envíe! El retraso en la facturación causará un número excesivo de días de venta pendientes. Para evitar este problema usual, revise el proceso de facturación por lo menos una vez al año. Si ve usted que las facturas no se envían a los clientes al día siguiente a la expedición, cambie el proceso de trabajo para lograr este objetivo.

— *Seguir de cerca la pista de los clientes morosos.* Cree un diario de contratos con pagos vencidos y actualícelo religiosamente. Si un cliente le dice que le enviará por correo un cheque el día 15 del mes y no lo recibe, llámele unos cuantos días después para hacerle el seguimiento: ¡no espere demasiado! Si un cliente se da cuenta de que le va a incordiar hasta que reciba el pago, tendrá usted muchas más probabilidades de recibir el efectivo. Los clientes que pagan con rapidez reducen el número de días de venta pendientes. Además, es esencial generar frecuentemente un informe actualizado de la antigüedad de los saldos de clientes, puesto que dichos saldos pueden reconocerse en el momento en que vencen.

— *Revisar las condiciones de venta.* Periódicamente revise las condiciones de venta concedidas a los clientes. Quizá se encuentre usted con que se ofrecen condiciones especiales, posiblemente debido a que los clientes potenciales no se examinaron por anticipado (véase el primer punto). Cuando las ventas se hacen a clientes marginales, algunas veces se utilizan plazos mayores para asegurar la venta. Los plazos largos de pago aumentan el número de días de venta pendientes.

— *Eliminar otras cuentas a cobrar de la cuenta de clientes.* La cuenta de los días de venta pendientes se basa normalmente en la cuenta de clientes (en oposición al informe de antigüedad total de los saldos pendientes). Si en la cuenta se incluyen los pagarés de los ejecutivos o los impuestos por cobrar, la cifra de los días de venta pendientes estará sesgada, mostrando un número excesivo de días.

Funciones del departamento de crédito

El jefe del departamento de crédito deberá ayudar a estimular el negocio a través de una prudente prórroga del crédito, y además manteniendo las pérdidas por créditos incobrables a un nivel razonablemente bajo. El jefe del departamento de crédito es también responsable del cobro de los saldos de clientes. En detalle, las tareas de dicho departamento son las siguientes:

— *Establecer unas normas de crédito.* Esto implica cuestiones tales como la clase de riesgo que hay que aceptar, la rigidez de las condiciones de crédito y las normas que han de seguirse en cuanto a regularizaciones.

— *Investigar el crédito.* Lo cual requiere un procedimiento continuo para tener y analizar información concerniente a la responsabilidad de los clientes actuales y potenciales. La información acerca de los clientes puede obtenerse de:

- las agencias de informes de crédito comercial tales como Dun & Bradstreet;

- las referencias comerciales suministradas por el propio cliente;
- los bancos que mantienen cuentas de préstamos, inversiones y cuentas corrientes con el cliente;
- las agencias de cobros;
- los informes de la Comisión de Valores y Bolsa sobre las empresas que emiten acciones u obligaciones;
- los archivos de informes anuales y memorias de las empresas que cotizan en bolsa.

— *Aprobar el crédito*. Esto requiere un procedimiento mediante el cual el departamento de crédito aprueba definitivamente a los nuevos clientes y la continuación de los antiguos.

— *Establecer límites de crédito*. Normalmente, la aprobación se limita a cierta cantidad, y debe diseñarse un plan para comprobar la ampliación del crédito en este punto, o por lo menos para notificar a la autoridad apropiada cuándo se ha alcanzado el límite. Además, habrá situaciones en las que las condiciones de crédito no puedan concederse, pero la venta todavía pueda realizarse. En estos casos, se puede vender al contado o solicitar garantías suplementarias por parte ya sea de un individuo, ya sea de una segunda empresa, o mediante una carta de garantía.

— *Hacer cumplir las condiciones para el descuento*. Es frecuente que los clientes hagan uso de los descuentos por pronto pago después del tiempo concedido. Debe establecerse una norma y un procedimiento destinados a hacer cumplir las condiciones para aplicar este descuento.

— *Hacer efectivas las cuentas a cobrar*. Deben organizarse gestiones concretas de cobro para los clientes que se retrasan y para los morosos. Esto implica calendarios de cartas de cobro, procedimientos de seguimiento y suspensión de la lista aprobada de clientes. Además, el personal de cobros debe ser actualizado periódicamente en técnicas especiales de cobro (tales como los telegramas para llamar la atención), y enviado a las reuniones de las asociaciones sectoriales, para intercambiar información con el personal de cobro de otras empresas.

— *Ajustar el crédito*. Esto supone la liquidación de cuentas, la participación en juntas de acreedores y la representación en los procedimientos de administración judicial y quiebra. Además, la responsabilidad de la cancelación de créditos incobrables debe empezar en los departamentos de crédito, aunque pueda requerirse la aprobación final del tesorero, o del controler, en interés de un buen control contable interno.

— *Mantener registros de antecedentes sobre créditos*. Deben mantenerse archivos, informes y clasificaciones como parte del análisis crediticio y de la actividad de cobro.

— *Gestionar el proceso de cobro*. Los siguientes puntos contribuyen a un proceso de cobro bien gestionado:

- *Facturaciones rápidas*. La rapidez en la facturación genera un menor número de días de saldos pendientes de clientes, mientras que el retraso en la facturación puede dificultar el cobro.
- *Rápida aplicación del efectivo*. El trabajo del empleado responsable de los cobros mejora considerablemente cuando la información sobre entradas de efectivo se actualiza rápidamente y se envía al personal de cobros. Con esto se evitan visitas innecesarias a clientes supuestamente morosos que en realidad ya han pagado.
- *Fichero de vencimientos*. Este fichero informa al empleado responsable de los cobros de la necesidad de visitar o llamar por teléfono a los clientes en fechas concretas.
- *Cartas de confirmación*. Cuando un acuerdo de cobro es complejo, es mejor resumir las condiciones del acuerdo en una carta y enviársela al cliente, de esa manera no habrá ninguna confusión en lo que respecta al pago.

—*Medir el proceso de cobros*. Se debe conocer la actuación del departamento de cobros, no solamente a través de medidas cuantitativas, tales como el número de días de venta pendientes y el porcentaje de facturas vencidas. Adicionalmente, una revisión de las cancelaciones de créditos incobrables indicará otros problemas tales como, los motivos por los que se concedió un crédito a clientes que posteriormente incumplieron. Si se sigue la pista de estos problemas y se corrigen, el volumen de cuentas a cobrar disminuirá, con lo que mejorarán las medidas cuantitativas de la actuación.

El conocimiento en profundidad del negocio puede poner de manifiesto las razones para la existencia de grandes saldos de cuentas de clientes que no tienen nada que ver con las cuentas de clientes de alto riesgo. Por ejemplo, el número de días de venta pendientes puede estar sesgado por una factura muy elevada, o por un gran número de facturas que se emiten simultáneamente, como ocurre a fin de mes. Además, un acuerdo de *factoring* puede ser causa de un número de días de venta pendientes anormalmente bajo.

El analista de créditos normalmente toma las decisiones sobre créditos con ayuda de los estados financieros de los clientes. Al hacerlo así, los conceptos que hay que examinar son:

—*Ratios*. Estos ratios muestran dónde está inmovilizado el efectivo en la organización de un cliente, con lo que no queda disponibilidad de efectivo para el pago de deudas:

- *Días de venta pendientes*. Si el número de días de venta pendientes de un cliente es mayor que sus plazos de venta más un tercio, entonces está inmovilizado demasiado efectivo en cuentas a cobrar.

- *Relación entre el activo realizable a corto plazo y el pasivo exigible a corto o ratio de liquidez inmediata.* Si este ratio del cliente es menor de 2, la posibilidad de pagar puede verse comprometida.
- *Rotación de existencias.* Si la rotación de existencias del cliente es inferior a la rotación normal de su sector industrial, entonces tiene inmovilizado en existencias una cantidad demasiado elevada de efectivo. La presencia de existencias obsoletas se pone de manifiesto algunas veces por las bajas rotaciones de existencias, acompañadas por un buen ratio de circulante (puesto que el exceso de existencias aparece en el numerador del cálculo del ratio de circulante). Alternativamente, si una empresa tiene buena rotación de existencias, pero un mal ratio de circulante, la empresa puede tener muy poco capital circulante para soportar el nivel de actividad que realiza (lo que se denomina *exceso de actividad comercial en relación con el capital);* si es así, espere niveles de deuda elevados o acuda al banco del cliente en busca de información. Es peligrosa la relación comercial con una empresa de este tipo, porque su gran carga de deuda puede hacerla quebrar rápidamente si desciende su nivel de actividad.
- *Ratio de deuda.* Si el pasivo total del cliente es mayor que el 100% de sus recursos propios, el amortiguador de capital disponible para los pagos a los acreedores es demasiado pequeño.

— *Estacionalidad.* Normalmente, la contabilidad de una empresa se cierra durante la época más baja del año, cuando las existencias están en su nivel mínimo, los saldos pendientes de clientes se han cobrado y la deuda se ha pagado. Si una empresa elige cerrar su ejercicio económico en un mes distinto que el de otras empresas de su sector, sus ratios clave pueden variar espectacularmente respecto de lo que es normal en su sector, aunque quizá opere de un modo similar.

— *Tendencias.* Si es posible, obtenga los últimos tres estados financieros de sus clientes clave, y busque los siguientes signos de peligro que indican dónde se ha utilizado el efectivo y, por consiguiente, no está disponible para pagos:

- disminución de la rotación de existencias;
- aumento del período de cobro;
- aumento del ratio entre el pasivo total y los recursos propios;
- aumento del índice de rotación del capital circulante: esto ocurre cuando las ventas aumentan, pero la cantidad de capital circulante permanece igual. La necesidad de capital circulante es sustituida por lo general por deuda, lo cual aumenta los costes fijos y por consiguiente el riesgo para el acreedor.

Acortamiento del ciclo de cuentas a cobrar

El tesorero está interesado en conseguir que los pagos en efectivo que la empresa recibe pasen al banco de ésta lo más rápidamente posible. El jefe del departamento de crédito y del departamento de contabilidad requieren datos sobre las transacciones que permitan la aplicación de los cobros a la cuenta y factura apropiadas. Como consecuencia, los procedimientos aplicables para acelerar el cobro de efectivo deben tener en cuenta estos dos aspectos. Para acelerar los cobros, se utilizan los siguientes métodos.

Lockbox.—Una *lockbox* (caja fuerte) es una caja en una oficina de correos abierta a nombre del vendedor, pero a la que tiene acceso una persona o entidad responsable de procesar las remesas. Los bancos, y otras personas que procesan remesas, suelen hacerlo de una manera y en un momento del día que permite que los fondos estén más rápidamente a disposición del depositario. Las *lockboxes* ofrecen estas ventajas sobre la gestión de los depósitos en las oficinas del vendedor:

— disponibilidad más rápida de los fondos;
— mayor seguridad en la remesa;
— menores costes de tramitación;
— mayor fiabilidad en la tramitación de los depósitos;
— mayor fiabilidad en la captación de los datos necesarios de las remesas. El tratamiento de imágenes supone registrar el cheque y almacenarlo temporalmente en forma digital. Esto permite al banco procesar inmediatamente el cheque para su compensación, mientras la imagen se utiliza para completar el trabajo requerido por el banco.

Transferencia telegráfica.—Ésta consiste en una serie de mensajes telegráficos entre dos bancos, usualmente a través de un banco de la Reserva Federal, en los que el banco emisor instruye al banco de la Reserva Federal para que cargue el importe en la cuenta del banco perceptor y avise a éste de la transferencia.

Transferencia ACH.—Este sistema, que funciona bajo los auspicios de la National Automatic Clearing House Association, es un método destinado a que los bancos comerciales intercambien pagos electrónicos, sin el elevado coste de la intervención de la Reserva Federal. En la mayoría de los casos, el departamento de nóminas inicia un pago para el abono en la cuenta del banco del perceptor.

Cheque interbancario.—Con arreglo a este sistema, un banco prepara un cheque interbancario, en nombre de su cliente, contra la cuenta de depósito del cliente en otro banco. Es un medio de hacer llegar con mayor rapidez los fondos de las cuentas de depósito a las cuentas de concentración.

Giro previamente autorizado.—Se trata de una letra girada por el perceptor contra la cuenta bancaria del librado. Este método suelen utilizarlo las compañías de seguros, o los prestamistas, cuando el pago es fijo y repetitivo. El librado debe autorizar a su banco para que atienda el giro, el cual puede ser electrónico o adoptar la forma de papel.

La aceleración de los cobros de efectivo es un medio de reducir el importe de las cuentas a cobrar. En realidad, si el personal de ventas interviene en el proceso de cobro, podría considerarse la posibilidad de establecer un incentivo basado en los hábitos de pago de los clientes. Sin embargo, la cantidad de fondos inmovilizados en cuentas a cobrar puede ser consecuencia en parte de procesos anticuados, o lentos, de tramitación de pedidos y de facturación, y no del ciclo de cobros. Para detectar las áreas de mejora, sería útil un examen detallado de los procesos que se emplean desde que se recibe el pedido del cliente hasta el cobro de efectivo, e incluyendo el proceso de servir el pedido. Por ejemplo, en una empresa industrial típica, cada paso del proceso, desde la recepción del pedido del cliente hasta el cobro final, debe estudiarse para identificar cómo acelerarlo. Así, deben analizarse las siguientes actividades para tratar de acelerar el proceso:

— las actividades de recepción de pedidos, tales como la tramitación del pedido del cliente, desde su recepción por correo o por el departamento de pedidos, hasta el departamento de ventas;
— las actividades de tramitación del pedido en el departamento de ventas, tales como la separación de los pedidos del almacén de los pedidos de los clientes;
— las actividades de aprobación del crédito, tales como la segregación de los pedidos que han de procesarse con prontitud, y la separación de los pedidos de clientes de reconocida solvencia crediticia;
— los procesos de expedición de los pedidos, tales como el examen por el expedidor de una lista de saldos de crédito pendientes antes de enviar el producto;
— la circulación de la documentación de pedidos desde el departamento de expedición hasta el de facturación;
— los procesos de preparación y envío de facturas.

A este respecto, teniendo en cuenta la utilización de ordenadores personales y los avances en el *software* que permite integrar al sistema financiero, debe considerarse la ventaja de contar con un sistema informatizado sencillo. Las ventajas son muchas. Por ejemplo, pueden enviarse con mayor rapidez las *facturas y los estados de cuentas mensuales*. Cuanto mayor sea la rapidez con que se envíen las facturas, más rápidamente se cobrarán. Las facturas deben siempre enviarse al día siguiente a la expedición. Además, los *registros actualizados hacen que la información para la dirección sea más exacta*. Los clientes pueden ser incorrectamente apremiados por retraso en sus pagos cuando los fondos pueden haberse recibido ya, pero no haberse registrado. Un sistema informatizado no evitará este problema si los registros no los actualiza el personal administrativo, pero hará más fácil la tramitación. Además, *las facturas pueden enviarse por intercambio electrónico de datos (EDI).* EDI permite a la empresa enviar facturas electrónicamente a una cámara de compensación central informatizada, donde la factura se almacena electrónicamente. Los clientes acceden a la cámara de compensación mediante módem y reciben la factura electrónicamente. Para información acerca de EDI, véase el capítulo 25 «Intercambio electrónico de datos».

Provisiones para clientes de dudoso cobro

La inversión en cuentas a cobrar incluye la dotación de una provisión para las cuentas que se estiman de dudoso obro. Esto puede hacerse de dos maneras cuando se efectúan las ventas. Primero, apartar un porcentaje de las ventas mensuales (o de las ventas a crédito) basado en la experiencia pasada. Segundo, revisar la antigüedad de las cuentas a cobrar y dotar una reserva de fondos para los saldos de cobro improbable. Cuando se elabora el plan empresarial a largo plazo, el método más frecuentemente utilizado es el del porcentaje estimado de las ventas.

El fraude en las cuentas a cobrar y su control

La primera experiencia del controler con el fraude puede ser el examen de «qué es lo que se hizo mal» después de la pérdida de elementos de activo. Para evitar este problema, facilitamos una lista de fraudes característicos en las cuentas a cobrar que el controler puede preparar mediante sistemas apropiados de control, que también se mencionan. Con controles apropiados, debe ser mucho más difícil perpetrar muchos de los fraudes que se enuncian a continuación.

Fraude en las cuentas a cobrar

Los ejemplos que siguen no deben considerarse los únicos tipos posibles de fraude en las cuentas a cobrar: las personas no honradas, continuarán ideando nuevos métodos para retirar dinero de una empresa, por consiguiente, el controler debe permanecer vigilante.

— Expedir materiales a una dirección falsa y no emitir una factura. Por lo general se requiere la connivencia desleal con una persona de contabilidad y otra del departamento de expediciones.
— Emitir una factura a un cliente a un precio elevado y contabilizar la factura con un precio inferior. Al recibirse el pago, el empleado se embol-

sa la diferencia entre el precio pagado y el precio contabilizado. Para ello, un empleado ha de controlar las funciones de facturación y la de entradas de efectivo.

— Aumentar los saldos de las cuentas a cobrar con transacciones falsas, con el fin de solicitar préstamos avalados con los saldos de clientes. Esto puede realizarlo una persona del departamento de facturación.
— Cancelar descuentos y ajustes artificiales. Cuando llega el pago completo, embolsarse la diferencia entre los descuentos y el pago completo. Para ello, un empleado debe controlar las funciones de facturación y de entradas de efectivo.
— Cancelar cuentas a cobrar como créditos incobrables. Cuando llega el pago completo, embolsarse la cantidad cancelada. Para ello, un empleado ha de ejercer el control sobre las funciones de facturación y de entradas de efectivo.

Controles de las cuentas a cobrar

El gran número de expediciones a clientes que se realiza en la mayoría de las empresas comerciales, da lugar al peligro de que no todas las mercancías sean cargadas debidamente a las cuentas a cobrar de clientes. Además, aunque se prepare una factura, al cliente se le puede facturar por una cantidad incorrecta debido a diferencias en la cantidad expedida, en el precio, o a prórrogas. El controler debe instituir procedimientos apropiados para conseguir que se minimicen dichos riesgos. Los procedimientos siguientes pueden ser útiles para controlar estos problemas de las cuentas a cobrar:

— *Comparar con la fuente de información*. Una parte independiente compara las facturas de clientes con las órdenes de envío prenumeradas. Esta comparación comprende tanto la cantidad como la descripción de las mercancías expedidas. Además han de justificarse todos los números de las órdenes de envío.
— *Auditar los precios y las multiplicaciones*. Los precios que figuran en las facturas se comprueban independientemente con las listas de precios establecidas, y se comprueban todas las multiplicaciones y sumas.
— *Comparar los registros detallados con los resúmenes*. Periódicamente, el detalle de las cuentas a cobrar se coteja con el total del mayor general y se concilia, preferentemente por un auditor interno u otra parte independiente.
— *Confirmar los saldos*. Deben hacerse envíos sorpresa por correo de los estados de cuenta mensuales y de peticiones de confirmación, siempre por parte de terceros.
— *Segregar deberes*. Todo el manejo del efectivo debe segregarse del mantenimiento de los registros de cuentas a cobrar.

— *Revisar los ajustes especiales.* Todos los ajustes especiales por descuentos, devoluciones o rebajas deben recibir una aprobación especial.
— *Revisar los créditos incobrables.* Deberá llevarse un registro especial de todos los créditos incobrables cancelados, y realizar un seguimiento de dichas cuentas, para minimizar el peligro de que se reciban los cobros y no se contabilicen.
— *Enviar por correo las facturas, de forma independiente.* Las facturas pueden ser enviadas por correo a los clientes por una unidad separada.

Resumen

Las cuentas a cobrar requieren unos controles especialmente firmes, puesto que el exceso de cuentas a cobrar puede absorber una parte importante del capital circulante y originar desagradables sorpresas en cuanto al cash flow. En este capítulo, hemos descrito varios métodos para medir el nivel de las cuentas a cobrar así como las tareas que puede realizar el departamento de crédito para cobrar los importes con un coste mínimo. Hemos estudiado también una serie de técnicas utilizadas para acortar el ciclo de las cuentas a cobrar, tales como el uso de las *lockboxes* y de transferencias telegráficas. Por último, hemos prestado especial atención a una serie de fraudes en las cuentas a cobrar y varios controles que pueden limitar la exposición de una empresa a dicho fraude. En conjunto, estas técnicas pueden reducir el lapso de tiempo de las cuentas a cobrar pendientes, evitar que se produzcan cancelaciones de créditos incobrables y con ello mantener en un mínimo la inversión de la empresa en capital circulante.

Capítulo 13

Existencias

Introducción

Las existencias pueden ser una de las partidas monetarias más elevadas de las que figuran en el balance. Pueden ser la causa de grandes e inesperados ajustes en los estados financieros de final de año debido a cantidades inesperadas de existencias obsoletas o que se han perdido. En realidad, los que están en favor de los sistemas de fabricación *just in time* (JIT) consideran las existencias como un pasivo, puesto que son costosas desde el punto de vista de los seguros, el espacio de almacén, el coste de sus movimientos, la obsolescencia, las mermas, los costes de su seguimiento y el capital circulante. Con arreglo al sistema *just in time,* el mantener las existencias a un nivel mínimo, reduce todos los costes citados. Dado que unas existencias mínimas, y una contabilización exacta de las mismas, son aspectos críticos en cualquier sistema de fabricación, en este capítulo centraremos la atención en la instalación de sistemas de seguimiento de existencias, que pueden utilizarse luego para identificar problemas de existencias y minimizar su volumen. Adicionalmente estudiaremos la valoración de las existencias, el procedimiento para realizar un inventario físico y el fraude en las existencias.

Sistemas de gestión de existencias

Los sistemas de gestión de existencias son un tema ampliamente debatido a medida que los sistemas *just in time* sustituyen gradualmente a la planificación de las necesidades de materiales y varios sistemas de punto de pedido. En esta sección, se examinará lo siguiente:

Las estadísticas de rotación, que es el punto de referencia más universalmente utilizado para analizar los resultados de un sistema de gestión de existencias.

Una visión general de cada sistema de gestión, así como sus ventajas e inconvenientes.

El coste del mantenimiento de existencias, así como dónde debe radicar la responsabilidad sobre los sistemas de gestión de existencias.

ROTACIÓN

La rotación es la medida más universal de la eficacia en la utilización de existencias de un sistema de fabricación. Se obtiene dividiendo el factor de uso por las existencias medias. Por ejemplo, la rotación de existencias se determinará como sigue:

— *productos terminados:* el coste de los productos vendidos dividido por las existencias medias de productos terminados;
— *trabajos en curso:* el coste de los productos terminados dividido por las existencias medias de los trabajos en curso;
— *materias primas:* los materiales introducidos en la elaboración divididos por las existencias medias de materias primas;
— *suministros:* el coste de los suministros utilizados dividido por las existencias medias de suministros.

El resultado es el número de «rotaciones», y suele medirse en rotaciones por año. Las estadísticas de rotación deben analizarse con cautela, pues varios factores pueden causar un mismo resultado. Una rotación lenta puede indicar una inversión excesiva en existencias, la presencia de existencias obsoletas o una disminución de las ventas. Una rotación muy alta puede indicar una mejor utilización del stock, por la puesta en marcha de un sistema *just in time* o la implantación de un sistema de planificación de las necesidades de materiales, o puede estar causada por mantener una cantidad excesivamente pequeña de existencias, que tiene como consecuencia una pérdida de ventas o unos mayores costes debidos a compras fraccionadas.

La finalidad de la empresa es obtener un beneficio, no rotar las existencias. Evaluar la actuación de una empresa basándose en la rotación no es razonable sin una información más detallada. Si la rotación se utiliza para evaluar los resultados de un nuevo sistema de fabricación, como el de la planificación de las necesidades de materiales o el *just in time,* entonces es útil. Si se utiliza para comparar el resultado entre períodos contables, es útil como indicador de problemas subyacentes o de mejoras que deben investigarse ulteriormente para determinar las causas exactas de los cambios en la estadística.

Puntos de reposición

Cuando se conocen las necesidades, los sistemas de planificación de las necesidades de materiales y el *just in time* indicarán qué cantidad de materiales hay que pedir, y podrá planificarse el nivel de existencias de acuerdo con ello. Cuando existe una mayor incertidumbre, como en el caso del trabajo por lotes, debe estimarse el volumen, y realizar una provisión por posibles errores, mediante el uso de un nivel de existencias de seguridad. El punto de reposición se calcula entonces multiplicando el tiempo de espera previsto, en semanas, por la demanda estimada en unidades por semana, más una cantidad de existencias de seguridad. Los sistemas de punto de reposición tienden a dar como resultado un exceso de existencias y materiales obsoletos, porque se ordenarán automáticamente materiales, aunque la necesidad de ellos esté disminuyendo. Los índices normales de rotación que cabe esperar son de tres a seis rotaciones, aunque esta estadística variará mucho según la industria.

En el momento en que el nivel de existencias alcanza el punto de reposición, se emite un pedido de existencias. Algunos de los medios más utilizados para señalar el momento de reposición son:

- —*Sistema mínimo-máximo*. Este método se utiliza en conexión con el registro de existencias. El nivel mínimo es el punto de reposición; el nivel máximo es la cantidad mínima más la cantidad económica de reaprovisionamiento.
- —*Método de existencias de reserva*. Con arreglo a este sistema, las existencias se dividen en dos partes: una para uso inmediato y otra como reserva. Cuando empieza el uso de la reserva, se formula un nuevo pedido. Este sistema puede implicar el uso de dos arcones (uno con las existencias de reserva) o uno con las existencias de reserva identificadas (por ejemplo, en una nave separada).
- —*Sistema de comprobación visual*. Cuando el director comprueba el nivel de existencias, con conocimiento directo de la actividad del negocio, puede juzgar cuándo ha de formular un nuevo pedido.
- —*Método de reserva*. Con este método, se conocen las existencias disponibles así como las existencias físicas. La primera se define como las existencias pedidas y todavía no recibidas más la existencia física, menos las necesidades no satisfechas. El punto de reposición se basa en las existencias disponibles y no en las existencias físicas.

Planificación de las necesidades de materiales

Con el sistema de planificación de las necesidades de materiales, las existencias se gestionan de un modo diferente. En dicho sistema, se programa la producción a través de un plan maestro. El sistema multiplica entonces las cantidades del plan maestro por la relación de materiales para cada artículo del plan, con el fin de determinar las necesidades brutas de componentes para la producción. Las necesidades brutas se reducen luego en los materiales no asignados actualmente en stock, para obtener la lista de materiales que ha de pedirse. La lista que ha de pedirse se agrupa en lotes de tamaño apropiado y se realiza el pedido. Los índices de rotación característicos que cabe esperar son de seis a quince rotaciones, aunque esta estadística variará de una industria a otra.

El sistema de planificación de las necesidades de materiales mejora las rotaciones de existencias y pone orden en los sistemas de fabricación no sistemáticos, al exigir un elevado nivel de exactitud en los datos. Sin embargo, puede requerir una considerable cantidad de tiempo de tramitación. Además, los sistemas de planificación de las necesidades de materiales se diseñan para trabajar con largos tiempos de preparación, grandes series de producción y ciclos extensos, y en ellos se acepta la producción de componentes defectuosos; los sistemas *just in time,* por otra parte, tienden a conseguir tiempos de preparación cortos, series de producción reducidas y ciclos cortos, así como cero componentes defectuosos. Por último, los sistemas de planificación de las necesidades de materiales dan como resultado un exceso de existencias, puesto que los pedidos se formulan para cuantías estándar de lotes y no para las cantidades exactas requeridas.

SISTEMAS «JUST IN TIME»

Los sistemas *just in time* implican muchos cambios en el sistema normal de fabricación, que dan como resultado existencias enormemente reducidas. El índice de rotación puede elevarse a ochenta, aunque lo característico son veinte rotaciones. Esta estadística variará según las industrias. Algunos de los cambios se describen a continuación.

Compras.—En un sistema habitual, se tramitan las ofertas de muchos proveedores, se acepta la más baja y se pide en grandes cantidades, dejando componentes sobrantes en el almacén para su uso futuro. En un sistema *just in time* se utiliza un pequeño número de proveedores a largo plazo y sólo se pide lo inmediatamente necesario, de manera que no se almacenan componentes extra y los proveedores entregan los componentes directamente en la zona de montaje. En un sistema *just in time* no hay cabida para piezas defectuosas, por lo que los sistemas de calidad de los proveedores se verifican con arreglo a las condiciones de la empresa, para asegurar que los componentes se entregarán cumpliendo con las especificaciones.

Entrega.—En un sistema habitual, se fabrica para almacenar y se entregan los productos terminados cuando se reciben los pedidos. En un sistema *just in time* se enlaza el calendario de producción con los calendarios de entrega de proveedores, reduciéndose con ello sus necesidades de almacenamiento de productos terminados.

Fabricación.—En un sistema habitual, se fabrican largas series de un producto antes de parar, dejar descansar el equipo y producir otra serie larga. En un sistema *just in time* se procura reducir los tiempos de preparación de manera que sea económico producir un solo artículo en una serie de producción. Las máquinas se disponen en grupos denominados células de fabricación, de forma que los trabajos pequeños pasan rápidamente de una máquina a otra, siguiendo una misma ruta. Este proceso reduce las existencias de trabajos en curso. Además se mejora la calidad, puesto que un trabajador es responsable de una pieza a través de varias fases de producción, y puede detectar los problemas de calidad rápidamente antes de que se produzcan muchas piezas. Los *kanbans* son tarjetas de autorización que permiten a un trabajador producir una cantidad fija de piezas para una estación de trabajo situada posteriormente, controlándose con ello la cantidad de trabajos en curso en el sistema.

Almacenamiento.—En un sistema habitual, se reciben las piezas del proveedor, se almacenan y se envían luego a la nave de montaje basándose en la lista de preparación del pedido. El sistema *just in time* evita totalmente el almacén, y los componentes se envían directamente a la nave de montaje.

Calidad.—En el sistema habitual, se acepta un porcentaje fijo de productos defectuosos, y se fabrica en exceso para contar con la variación. En el sistema *just in time* se utiliza un control estadístico de proceso para determinar las tendencias ascendentes o descendentes en las variaciones, prediciendo con ello cuándo sobrepasará el proceso sus límites dentro de las especificaciones. Además, se revisan cuidadosamente los sistemas de calidad de los proveedores para asegurar que los productos recibidos están exentos de defectos.

Inspección.—En un sistema tradicional, se inspeccionan los productos una vez fabricados y se eliminan o se reelaboran los productos defectuosos. En el sistema *just in time* se introduce la calidad en el proceso, de manera que el personal de inspección no es necesario.

Duración del ciclo.—En un sistema tradicional, la duración del ciclo es larga, porque los componentes están en el almacén antes de ser retirados y agrupados para su uso en una serie de producción, donde quedan de nuevo en espera entre las estaciones de trabajo de fabricación, donde permanecen como trabajo en curso. En un sistema *just in time,* se envían las piezas recibidas directamente desde el muelle de recepción hasta la zona de montaje, donde los trabajos en curso se reducen con el empleo de células de fabricación y *kanbans.*

Cuentas a pagar.—En un sistema habitual, no se pagará al proveedor hasta que se reciba la factura y se una a la documentación de recepción enviada por el departamento de recepción. Con arreglo al sistema *just in time,* a los proveedores se les paga en base al número de unidades que el fabricante produce en cada período; el número de piezas que han sido recibidas se calcula multiplicando el número de piezas contenidas en el producto terminado por la cantidad de productos fabricados. El sistema habitual, no funcionaría en un ambiente *just in time,* puesto que sería necesaria una gran cantidad de papeleo para tramitar el mayor número de recepciones de pequeño volumen.

Capital circulante.—Un sistema tradicional requiere capital circulante para las existencias. Algunos sistemas *just in time* se acercan ahora a niveles negativos de capital circulante porque sus necesidades de existencias son muy bajas. Este reto permite a la empresa invertir más provechosamente su cash flow en otras actividades.

Contabilidad de costes.—En un sistema tradicional, se contabilizan las variaciones en la planta de producción, y posteriormente el responsable de costes las sintetiza e informa a los responsables de fabricación. En un sistema *just in time* se hace hincapié en la duración del ciclo y el registro de la información de costes durante la producción alarga el ciclo. Además, los sistemas *just in time* funcionan con tan pocos productos en curso que los problemas de calidad se ponen de manifiesto, y pueden corregirse, mucho antes de que el contable de costes pueda resumir la información sobre variaciones y enviarla al personal de fabricación para adoptar medidas correctoras. Por tanto, en un sistema *just in time* se utiliza una mínima generación de informes sobre variaciones.

Producto/costes.—En un sistema tradicional, se miden las variaciones que afectan al coste de un producto causadas por el sistema productivo. En el sistema *just in time,* se han eliminado la mayoría de las variaciones originadas por el sistema de fabricación, por lo que la atención del responsable de costes se centra en establecer un coste objetivo durante la fase de diseño y asignar a los proveedores los costes objetivo de los diferentes componentes. El responsable de costes informa posteriormente de las variaciones generadas por proveedores que no alcanzan sus objetivos de costes.

Uno de los mayores problemas de un sistema *just in time* es la sustitución del sistema existente. Es tan radicalmente distinto, que puede ser necesario parar totalmente el sistema actual antes de que el nuevo sistema se ponga en marcha correctamente, con lo que se pierde un valioso tiempo de producción. Este problema se evita poniendo en práctica el sistema *just in time* desde el final del proceso, donde se produce la expedición de productos y trabajando hacia atrás, hacia la función de recepción. Además, algunos conceptos del sistema *just in time,* tales como las células de fabricación, pueden ponerse en práctica y encajarse en un sistema existente sin afectar negativamente a los resultados de producción. En cuanto a sus ventajas, los sistemas *just in time* requieren una mínima capacidad informática y poco capital circulante, y pueden crear productos con ciclo muy inferior al de cualquier otro sistema.

El coste de mantenimiento de las existencias

El coste de mantener existencias en inventario es importante. En primer lugar, se requiere capital circulante para pagar las existencias; el coste de los intereses de dicho capital se calcula fácilmente cuando se toma dinero prestado para obtener existencias o capital circulante. Los intereses pueden también imputarse utilizando un tipo proporcional al rendimiento de inversiones alternativas. Además, los fondos utilizados para comprar existencias, ya no están disponibles para otros proyectos, que probablemente sean más valiosos. Hay otros costes del inventario que deben también reconocerse, tales como los seguros, los impuestos, el almacenamiento, la manipulación, los robos, el deterioro y la obsolescencia. El coste total anual puede estar fácilmente entre el 25 y el 40 % del valor de las existencias.

Las existencias originan también un aumento de la duración del ciclo del producto. La duración total del ciclo es el tiempo requerido para fabricar un producto; la reducción de la duración del ciclo aumenta la rapidez con que la empresa llega al mercado, por lo que los pedidos de los clientes pueden gestionarse con mayor rapidez. Cuando los componentes o piezas tienen que ser recibidos, trasladados al almacén, agrupados en conjuntos y luego trasladados a la zona de montaje para la producción, se añade un tiempo crítico al proceso de producción. En los sistemas *just in time,* las existencias se trasladan directamente desde el muelle de recepción a las naves de producción, con lo que se reduce considerablemente la duración del ciclo.

Responsabilidad sobre las existencias

La responsabilidad sobre el inventario de existencias puede asignarse, por lo general, como se expone a continuación, con variaciones basadas en la estructura organizativa y en los productos de la empresa. *Las existencias relacionadas con la fabricación,* tales como las materias primas, los suministros de fabricación y los trabajos en curso deben ser responsabilidad del director de fabricación, para que dicho cargo tenga autoridad total sobre los materiales necesarios para fabricar los productos terminados. *Las existencias relacionadas con las ventas,* tales como los productos terminados, pueden ser responsabilidad del director de fabricación o del responsable de ventas. El motivo para asignar estas existencias al responsable de ventas es que tendrá como resultado una mejor estimación de las necesidades generadas por ventas. Además, el responsable de ventas prestará una mayor atención a la eliminación de artículos obsoletos o de poca venta.

Independientemente de a quién se le atribuya la responsabilidad, la asignación debe ser clara, de manera que las existencias se mantengan a niveles manejables. Debe existir además una coordinación total entre las funciones de compras, técnica y de producción, de manera que sólo se compren las piezas cuando se necesiten, y la compra se base en listas exactas de materiales. El controler rara vez es responsable de las existencias, pero sí lo es de los aspectos relacionados con el control interno y de los métodos de valoración de las existencias.

Seguimiento de existencias

Si se mantiene un inventario permanente con exactitud, no será necesario realizar ningún inventario físico. Un número creciente de empresas están adoptando este método por las siguientes razones:

— *Evita la pérdida de tiempo.* El tiempo del personal no se utiliza eficazmente durante el proceso de inventario físico porque podría dedicarse a otras actividades. Además, se cierran las instalaciones de producción, lo que no permite fabricar productos generadores de ingresos.

— *Mejora el rendimiento en la entrega de productos y reduce los costes de transporte.* La gran exactitud del registro de existencias permite a las empresas comprometer expediciones a clientes con mayor confianza porque los productos pueden fabricarse sin las demoras causadas por la falta de piezas. Además, se evitan los gastos por envíos urgentes motivados por carencia de piezas.

— *Se logra una mayor exactitud en los recuentos permanentes.* Los recuentos de existencias deben realizarlos personal experto —el personal de almacén— y deben hacerlos cuando no tengan otra cosa que hacer, lo cual asegurará una mayor exactitud del recuento. Si se realiza un inventario físico completo de toda la fábrica, la exactitud se reduce debido a los recuentos por personal menos experimentado no perteneciente al almacén y al poco tiempo disponible para realizar el recuento.

— *Se evitan las sorpresas de fin de año.* Muchas empresas han tenido sorpresas desagradables por cambios no previstos en los niveles de existencias que se ponen de manifiesto al final de año. Estas sorpresas pueden evitarse vigilando constantemente los niveles de existencias con el sistema de inventario permanente.

— *Se utiliza la información para reducir las existencias y los costes.* El histórico de transacciones, subproducto de un sistema de inventario permanente, permite al responsable de materiales tomar decisiones informadas con respecto a la supresión de componentes en existencias. Esto es valioso para el controler, puesto que se reducen las necesidades de financiación de existencias adicionales e incluso pueden disminuir cuando las existencias se revenden a los proveedores. Cuando se reducen las existencias, el personal necesario para realizar su seguimiento y los seguros necesarios para su cobertura se reducen también, con lo que mejora el cash flow de la empresa una segunda vez.

El inventario físico puede eliminarse si se dispone de registros exactos y de un inventario permanente. Para poner en práctica dicho sistema, se requieren varios pasos, representando un esfuerzo considerable. El controler debe evaluar los recursos de la empresa antes de embarcarse en este proceso, y ajustar por tanto dichos recursos con el fin de completar el proyecto. Además, el controler debe darse cuenta de que una vez alcanzado un nivel de exactitud elevado, se necesita una vigilancia continua para mantenerlo.

Los pasos necesarios para poner en práctica un sistema de inventario permanente exacto son los siguientes:

— *Seleccionar e instalar un software de seguimiento de las existencias.* Los requisitos fundamentales para el *software* de seguimiento de las existencias son:

  - *Seguir la pista de las transacciones.* Uno de los usos principales de un sistema de inventario permanente es la posibilidad de elaborar una lista de la frecuencia de consumo del producto, que permite al responsable de los materiales aumentar o reducir las cantidades de existencias seleccionadas.
  - *Actualizar inmediatamente los registros.* Los datos del inventario permanente deben estar siempre actualizados porque los que planifican la producción deben saber qué es lo que hay en existencias y porque los responsables de los recuentos periódicos deben tener acceso a datos exactos. La actualización discontinua de los registros no es aceptable.
  - *Informar de los registros de existencias por ubicaciones.* Los responsables de los recuentos físicos periódicos necesitan registros de existencias clasificados por ubicaciones con el fin de contar con más eficacia las existencias.

— *Probar el software de seguimiento de las existencias.* Crear un conjunto de registros característicos del nuevo *software* y realizar una serie de transacciones para conseguir que el *software* funcione correctamente. Adicionalmente, crear un gran número de registros y ejecutar las transacciones de nuevo, para ver si el tiempo de respuesta del sistema desciende significativamente. Si el *software* parece funcionar correctamente, continuar hasta el paso siguiente. En otro caso, resolver los problemas con ayuda del proveedor de *software* o adquirir un paquete de *software* diferente.

— *Formar al personal de almacén.* El personal de almacén debe recibir formación para la utilización del *software* inmediatamente antes de poner en marcha el sistema, de manera que no olviden el usarlo. Hay que introducir un conjunto de registros de prueba en el *software* y hacer que el personal simule todas las transacciones corrientes de existencias tales como recepciones, preparaciones de pedidos, y ajustes al recuento de rotaciones.

— *Revisar la disposición de las estanterías.* Es mucho más fácil mover las estanterías antes de instalar un sistema de inventario permanente, porque en el sistema informático no deben cambiarse las ubicaciones de las existencias. Crear pasillos que sean lo suficientemente anchos para que pasen las carretillas elevadoras y agrupar las estanterías de piezas pequeñas para facilitar su recogida.

— *Crear ubicaciones para las estanterías.* Una ubicación característica de las estanterías es por ejemplo A-01-B-01. El significado de esta clave de ubicación es el siguiente:

A = Pasillo A
01 = Estantería 1
B = Nivel B (numerado de abajo a arriba)
01 = Compartimiento 1 (opcional: subsección de una estantería)

A medida que se avanza por un pasillo, los números de las estanterías deben progresar en secuencia ascendente, con los números impares de las estanterías a la izquierda y los pares a la derecha. Esta disposición permite a quienes tienen que recoger existencias avanzar por el centro del pasillo, recogiendo eficazmente los elementos al basarse en las claves secuenciales de ubicación.

— *Cerrar el almacén.* Una de las principales causas de inexactitud en los registros es la retirada de piezas de almacén por personal ajeno al mismo. Para impedir estas retiradas, deben estar cerradas todas las entradas del almacén. Sólo se permitirá el acceso al almacén al personal del mismo. El resto del personal que entre en el almacén deberá ir acompañado por un miembro de la plantilla del almacén, para evitar la retirada de existencias.

— *Reunir las piezas.* Para reducir el trabajo de recuento de la misma pieza en múltiples ubicaciones, agrupar las piezas comunes en una sola ubicación.

— *Asignar códigos a las piezas.* Hacer que varios miembros del personal con experiencia verifiquen los códigos de todas las piezas. Una pieza con la etiqueta equivocada es una pieza tan inútil como si se hubiera perdido, puesto que la base de datos informática no mostrará que existe. Las piezas con etiqueta equivocada afectan también al coste de las existencias. Por ejemplo, un motor con la etiqueta errónea es más caro que el elemento representado por su número incorrecto de pieza, que lo identifica, por ejemplo, como una bujía.

— *Verificar las unidades de medida.* Hacer que varios miembros experimentados del personal verifiquen todas las unidades de medida. A menos que el *software* permita múltiples unidades de medida, toda la organización debe adoptar una sola unidad de medida para cada partida. Por ejemplo, el almacén puede desear que el fleje se cuente por rollos, pero el departamento técnico preferirá crear más bien listas de materiales con el fleje medido en centímetros en lugar de fracciones de rollos.

—*Poner las piezas en contenedores.* Poner las piezas en contenedores, sellar éstos y etiquetarlos con el número de piezas, la unidad de medida y la cantidad total contenida en su interior. Dejar unas cuantas piezas libres para que estén listas para su uso. Abrir los contenedores solamente cuando se necesiten existencias adicionales. Este método permite a los responsables de los recuentos físicos periódicos verificar rápidamente los saldos de existencias.

—*Contar las piezas.* Contar las piezas cuando no exista una gran actividad en el almacén, como por ejemplo durante el fin de semana. No es necesario realizar comprobaciones complicadas de los recuentos, como se haría durante el inventario físico de fin de año. Es más importante hacer que el inventario permanente sea operativo antes de que la actividad del almacén aumente de nuevo. Cualquier error en los datos se detectará rápidamente durante los recuentos y será eliminado de la base de datos. Los recuentos deben incluir el código de la pieza, su ubicación y la cantidad.

—*Introducir los datos en el ordenador.* Haga que una persona experimentada en introducción de datos introduzca la ubicación, el código de la pieza y la cantidad en el ordenador. Una vez introducidos los datos, otra persona debe cotejarlos comparándolos con los datos originales por si existen errores.

—*Realizar una comprobación rápida de los datos.* Revise los datos en busca de errores. Si todos los códigos tienen el mismo número de dígitos, busque piezas que tengan un número demasiado largo o demasiado corto. Revise las claves de ubicación para ver si las existencias están almacenadas en estanterías no existentes. Busque unidades de medida que correspondan a la pieza que se describe. Por ejemplo, ¿es lógico tener un litro de acero en existencia? Además, si se dispone de los costes de las partidas, imprima una lista de costes totalizados. Los costes excesivos señalan normalmente unidades incorrectas de medida. Por ejemplo, un coste de un dólar por caja de clavos se convertirá en 500 dólares en el informe de existencias si los clavos se enumeran como unidades individuales.

—*Iniciar los recuentos físicos periódicos.* Imprima una parte de la lista de existencias, clasificada por ubicaciones. Utilizando el informe, haga que personal seleccionado cuente los bloques de existencias con carácter continuo. Dicho personal deberá buscar códigos de piezas, unidades de medida, ubicaciones y cantidades exactas. Los recuentos pueden concentrarse en partidas de gran valor o de mucho consumo; pero la totalidad de las existencias deberán revisarse con carácter regular. La parte más importante de esta fase consiste en examinar por qué se produjeron los errores. Si un responsable de un recuento físico periódico encuentra un error, debe investigarse su causa y corregirse después, de manera que la equivocación no se produzca de nuevo.

— *Iniciar auditorías de existencias.* Las existencias deben ser auditadas frecuentemente, quizá hasta una vez por semana. Esto permite al controler seguir la pista de los cambios en la exactitud de las existencias e introducir cambios si la exactitud desciende por debajo de los niveles aceptables. Además, las auditorías frecuentes son un medio indirecto de decirle al personal que la exactitud de las existencias es importante, y que debe mantenerse. El nivel mínimo aceptable de exactitud es del 95%, correspondiendo los errores a equivocaciones en el código de la pieza, en la unidad de medida, en la cantidad o en la ubicación. Este nivel de exactitud se necesita para asegurar una determinación exacta del coste de las existencias, así como para ayudar al departamento de materiales a planificar las compras futuras. Además, hay que establecer un nivel de tolerancia cuando se calcula la exactitud de las existencias. Por ejemplo, si el registro informático de una caja de tornillos da una cantidad de 100 y el recuento real revela una cantidad de 105, el registro es exacto si la tolerancia es del 5% e inexacto si la tolerancia es del 1%. La tolerancia máxima debe ser del 5% y esta cifra podría reducirse para elementos de gran valor o de mucho consumo.

— *Anotar los resultados.* La exactitud de las existencias es un proyecto de equipo, y el personal del almacén se siente más implicado si los resultados de la auditoría se anotan junto a los resultados de las auditorías anteriores.

— *Recompensar al personal.* La exactitud de las existencias economiza mucho dinero a la empresa. Por tanto, merece la pena incentivar al personal para que mantenga y mejore la exactitud con primas periódicas basadas en la consecución de niveles más elevados de exactitud con tolerancias más estrechas.

En la sección anterior, nos hemos ocupado de los pasos básicos necesarios para poner en práctica un sistema exacto de inventario permanente. Sin embargo, hay varios casos especiales que requieren pasos adicionales. Algunos de los más frecuentes son los siguientes:

— *Existencias propiedad de clientes.* Las existencias que son propiedad de clientes no pueden valorarse, puesto que no pertenecen a la empresa. Hay diferentes soluciones para diferentes empresas. Por ejemplo, uno puede evitar asignar un coste a la pieza, asignando diferentes códigos en base a quién es su propietario, o separar los materiales situándolos en una zona donde no se cuentan. En estos casos, tenga cuidado cuando asigne varios códigos de pieza a la misma pieza, pues en los planos técnicos y en las listas de materiales se suelen indicar un solo código para cada pieza.

— *Existencias en consignación.* Una técnica utilizada por los departamentos de materiales para mejorar el proceso de producción consiste en transferir algunos elementos a los proveedores, los cuales tienen entonces la propiedad de sus propias existencias en la zona de producción. Debido a que son propiedad de los proveedores, no deben ser valoradas. Para evitar una valoración incorrecta, estas existencias en consignación han de almacenarse en zonas claramente marcadas, y no deberán aparecer en la base de datos de existencias.

— *Materiales en almacenes de proveedores.* Algunas veces, materiales propiedad de la empresa se conservan en los almacenes de los proveedores o de los clientes. Estas partidas pueden constituir una parte invisible de existencias, y pueden fácilmente escapar a un sistema de seguimiento de existencias por lo demás riguroso. Es responsabilidad del departamento de materiales hacer el seguimiento de estas existencias. Para ello, se utiliza una clave especial de ubicación para los almacenes situados fuera de la empresa y se verifican las cantidades con el cliente o el proveedor como parte del recuento físico periódico y del proceso periódico de auditoría.

— *Existencias en la zona de fabricación.* Estas existencias se definen como las que se mantienen en la zona de fabricación para agilizar el montaje del producto. Normalmente se mantienen sin contar, en cajones, y se reponen con más unidades del almacén cuando los cajones se vacían. El tratamiento más fácil de este material en el sistema informático es evitarlo. Las existencias en la zona de fabricación no son costosas por lo general y, por consiguiente, no ejercen un efecto significativo sobre la exactitud de los estados financieros si se contabilizan como gasto en lugar de capitalizarse en el inventario. Además, el nivel adicional de exactitud del inventario permanente quizá no compense el coste del recuento de las existencias en la zona de fabricación.

  Otro enfoque de esta clase de existencias es devolverlas al almacén en la medida de lo posible. Un examen atento de la rotación de esta clase de existencias revela normalmente que algunas de ellas rotan lentamente. Si es así, dichos elementos pueden volver al almacén y ser solicitados de nuevo más tarde por la planta de fabricación cuando se necesiten. Con esta técnica, se reduce la cantidad de existencias sin contabilizar en la zona de fabricación.

— *Trabajos en curso.* En el sistema de inventario permanente debe realizarse un seguimiento del trabajo en curso porque puede ser lo suficientemente elevado como tener un impacto significativo en los estados financieros. El enfoque más fácil consiste en utilizar la fabricación celular para reducir el volumen de trabajo en curso del proceso de fabricación: si no existe, no hay que contarlo. Sin embargo, debido a que la fabricación celular está más allá del alcance de la mayoría de los controlers, el enfoque siguiente puede ser más apropiado: fomentar la recogida de datos en cada estación de trabajo de la zona de montaje.

La recogida de datos es difícil fuera del almacén, ya que el personal suele tener menos experiencia en el proceso de recogida e introducción de datos. Son posibles varios sistemas, dependiendo del nivel de confianza que el controler tenga en la aptitud del personal para introducir los datos. Un sistema consiste en hacer que cada estación de fabricación registre aquellos elementos que entran en su zona, y dé salida a los elementos que la abandonan. Éste es un proceso que consume tiempo y puede realizarse con mayor rapidez utilizando un sistema de códigos de barras.

Un método diferente podría dar resultado si las listas de materiales fueran exactas. Entonces puede hacerse el seguimiento del avance de los trabajos a través de la fábrica, simplemente introduciendo la fase del proceso en que se encuentra. Si el *software* de seguimiento de las existencias está suficientemente perfeccionado el coste del trabajo en curso se calcula comparando la fase en la que se encuentran los trabajos con la lista de materiales.

El procedimiento para realizar un inventario físico

El inventario físico es un recuento manual de todas las existencias, y se utiliza para obtener la valoración de las existencias que se incluirá en los estados financieros al final del período. Numerosas empresas realizan todavía un inventario físico. Incluso las que utilizan un sistema de inventario permanente, pueden considerar que las existencias situadas fuera del almacén, tales como el trabajo en curso, requieren un recuento físico periódico. Las empresas que utilizan sistemas tan avanzados como el de células de fabricación pueden necesitar un recuento físico del trabajo en curso, a menos que se deje que toda la producción fluya a través del proceso de fabricación, hacia los productos terminados, antes de efectuar el recuento. Es decisiva una planificación previa del inventario. Los puntos que se incluyen a continuación facilitarán el proceso de recuento:

— *Utilizar personal capacitado.* Los que cuentan las existencias deben ser miembros experimentados del personal del almacén, porque ellos están familiarizados con las piezas, así como con sus correspondientes códigos y con las unidades de medida. El personal directivo no debe participar en el proceso de recuento porque no conocen las piezas, los códigos, ni las unidades de medida.

— *Utilizar el «momento apropiado»*. Es difícil contar mientras están en marcha las operaciones de producción. Por consiguiente, la utilización del fin de semana o del tiempo nocturno acelerará el proceso de recuento.
— *Limpiar previamente*. Una zona de recuento desordenada significa que el equipo de recuento debe empezar por encontrar las existencias antes de contarlas. Se economiza tiempo organizando las existencias por anticipado, etiquetando claramente las piezas y las unidades de medida y limpiando las zonas de recuento.
— *Formar al personal*. Los equipos de inventario físico deben estar formados en los procedimientos de recuento, así como en los procedimientos apropiados de corte o separación de ejercicios y en la cumplimentación de formularios. La formación puede requerir instrucciones detalladas por escrito.

- *Cortes*. Los elementos recibidos después del período de corte deben marcarse con la expresión «no contar» y ser separados. Los elementos expedidos deben abandonar el muelle antes del período de corte, o de lo contrario se incluirán en el inventario. Ninguna pieza deberá entrar en el almacén, ni salir del mismo, mientras se esté realizando el recuento.

— *Distribuir el personal*. Asignar ubicaciones de existencias a equipos concretos de recuento.
— *Organizar*. En el proceso de recuento, interviene el personal del almacén, el contable o contables de costes y el personal de contabilidad. Tienen que estar bien organizados para lograr un recuento físico exacto. Debido a los muchos departamentos que intervienen, este trabajo debe dirigirlo una persona con suficiente experiencia y autoridad.
— *Crear un formulario de etiqueta de inventario físico*. La etiqueta de inventario físico se utiliza para registrar el recuento de existencias de cada elemento, y debe incluir campos para el código de la pieza, la descripción, la ubicación, la unidad de medida, la firma del contador y el último trabajo realizado (si se trata de un elemento del trabajo en curso). Las etiquetas deben estar *prenumeradas*.

El proceso de recuento debe incluir los siguientes pasos:

— *Notificar a los auditores*. Los auditores deben ser notificados del momento y lugar del inventario físico. Un equipo de auditoría comprobará los recuentos, observará el procedimiento general y realizará un seguimiento de los recuentos hasta el resumen del inventario.
— *Asignar equipos de recuento a las zonas*. Deberán ser inventariadas las siguientes zonas:

- almacén central,
- inspección de recepción,
- zonas de herramientas,
- zona de productos terminados,
- zonas de trabajos en curso,
- zona de expediciones,
- almacenes externos (por ejemplo, almacenes en contenedores o existencias propiedad de la empresa situadas en otras empresas),
- zonas de reelaboración,
- materiales de embalaje.

Es igualmente importante que no se cuenten los siguientes elementos:

- herramientas y equipo,
- contenedores para manejo de materiales,
- existencias eliminadas del inventario,
- equipo de mantenimiento,
- suministros de oficina,
- artículos que constituyen gastos departamentales (por ejemplo, cola, soldaduras y flejes),
- existencias en consignación.

—*Contar todas las zonas.* Pegar una etiqueta de inventario físico prenumerada a cada zona que haya sido contada, con el fin de demostrar que se terminó el recuento. La etiqueta deberá constar de dos partes, con el fin de que un ejemplar pueda ser retirado y utilizado para resumir el inventario. El recuento suelen realizarlo equipos de dos personas, en los que una cuenta y la otra registra la información.

—*Revisar las zonas ya contadas.* Revisar las zonas ya contadas por si se han omitido recuentos o se han duplicado, y efectuar recuentos de comprobación al azar para ver si son correctas las cantidades, los códigos de las piezas y las unidades de medida. Los elementos de mucho valor deberán comprobarse en un 100%.

—*Etiquetas de control.* Recoger todas las etiquetas y buscar números de etiquetas omitidos o duplicados. Resolver los problemas antes de resumir la información en el paso siguiente.

—*Resumir las etiquetas.* Introducir la información de las etiquetas en el ordenador o registrarla manualmente en una hoja resumen. En ésta deberá incluirse toda la información contenida en las etiquetas, tanto si es un informe automatizado como si es manual. En el resumen deberá incluirse un espacio para anotar el valor de mercado de cada elemento, de manera que el coste de cada uno de ellos pueda ser registrado al precio de coste o al de mercado, si éste es menor, para la generación de los estados financieros.

— *Tratar de hallar discrepancias*. Con cualquiera de las siguientes técnicas pueden identificarse problemas en el inventario:

- comparar los registros de inventario físico con los registros permanentes (si se mantienen tales registros);
- revisar los costes totales por si existen valores monetarios excesivamente grandes. Frecuentemente, las unidades de medida incorrectas son el origen de estos errores;
- revisar los recuentos de unidades por si existen recuentos excesivamente altos. Una vez más, las unidades incorrectas de medida pueden ser las culpables;
- comparar los elementos costosos del inventario con el resumen, para asegurarse de que se han registrado las cantidades correctas y de que sus costes parecen razonables.

— *Revisar el corte*. Incluso en el caso de un recuento excelente de las existencias, el inventario puede estar severamente tergiversado, si se han incluido o excluido existencias sin el correspondiente asiento de venta o de pasivo en los registros contables. Revisar los registros de recepciones y expediciones para examinar varios días antes y después del recuento de existencias, y asegurarse de que existe un asiento contable para cada transacción.

Valoración de las existencias

El método seleccionado para valorar las existencias ejerce un efecto importante sobre los beneficios declarados y la situación financiera de la empresa. Dado que el inventario figura entre las mayores partidas del activo circulante, el método de valoración de las existencias es un factor muy importante para determinar, tanto los resultados de explotación, como la situación financiera de la empresa.

El objetivo fundamental de la elección de un coste base para valorar las existencias es elegir aquel método que, dadas las circunstancias, refleje más satisfactoriamente los beneficios del período. En muchos casos, no puede identificarse el coste específico de las unidades vendidas de un artículo, o tal determinación no es práctica. Por este motivo, se han creado diversos métodos que reconocen las diferencias entre el coste y los precios de venta en función de varias circunstancias. Por ejemplo, el método de último en entrar primero en salir (LIFO) puede utilizarse cuando los precios de venta se ven afectados de forma inmediata por los cambios en el valor de reposición. Deben regir las circunstancias de la empresa o industria de que se trate, pero la utilización de métodos uniformes dentro de un sector industrial permitirá la realización de comparaciones útiles.

El controler debe concienciar a la dirección sobre el efecto que los diferentes métodos de valoración tienen sobre los beneficios. Para ello, se deberán aplicar diversos métodos de valoración de existencias, analizar los resultados e interpretarlos para su consideración por la dirección. El consejo de administración o el director general deberá elegir el método que ha de utilizarse y, por tanto, deberá estar bien informado.

MÉTODOS DE VALORACIÓN DE EXISTENCIAS

Los métodos de valoración de existencias más habituales son los siguientes:

— *Costes netos o específicos*. Con arreglo a este método, las compras no se mezclan sino que se mantienen separadas. La salida o venta se valora al coste exacto del artículo concreto. Dicho sistema no es muy frecuente porque requiere demasiada atención física y detalles contables. Se utiliza algunas veces para valorar las existencias perecederas o unidades que se salen de lo corriente que se compran para un trabajo específico.

— *Primero en entrar, primero en salir (FIFO)*. A este método se le denomina a veces método del coste original. En él se supone que los artículos que primero se reciben son los primeros que salen. Para ilustrar su funcionamiento, supongamos unas existencias iniciales de 50 unidades a 10 dólares cada una, unas compras realizadas el 11 de enero de 10 unidades al coste de 15 dólares, y unas salidas el 3 y el 12 de enero de 40 unidades cada una. La salida del 3 de enero se valoraría en 10 dólares por unidad, dejando un saldo de 10 unidades a 10 dólares cada una. La salida del 12 de enero se valoraría como sigue:

10 unidades, a 10 dólares cada una	100
30 unidades, a 15 dólares cada una	450
Total	550

Las salidas deben valorarse con arreglo a dos bases, puesto que salieron artículos procedentes de dos adquisiciones diferentes.

— *Media aritmética del coste*. La media se calcula dividiendo la suma de los precios unitarios de las existencias por el número de precios diferentes, independientemente de las cantidades con las que se relacionan los precios. Desde el punto de vista matemático no es un método correcto.

— *Media ponderada del coste*. Este procedimiento implica la determinación de la cantidad y valor de las existencias después de cada recepción. El valor total se divide por el total de unidades para obtener el coste unitario medio. Todas las salidas se valoran con arreglo a este coste unitario medio hasta la siguiente recepción, cuando se calcula la nueva media. El precio unitario debe calcularse con suficientes decimales para mantener la exactitud.

Entre los inconvenientes de este método están la necesidad de realizar cálculos detallados y el tiempo que se tarda en reflejar las compras recientes en el promedio. Tiene la ventaja de estabilizar los costes cuando los precios fluctúan.

— *Coste medio variable.* Para este método, se utiliza el precio medio de un período conveniente de tiempo, como, por ejemplo, de tres a seis meses. Es una variedad del método de la media ponderada. Se minimiza el efecto de las fluctuaciones de precios.

— *Coste medio mensual.* El coste total se divide por la suma de las existencias iniciales y las entradas durante el mes para determinar un promedio. Este promedio se aplica a las salidas del período. Este método tiene la ventaja de eliminar parte del trabajo administrativo. El inconveniente es que las salidas no pueden valorarse durante el mes hasta que se determina el nuevo coste medio. Algunas veces este inconveniente se evita utilizando el promedio mensual anterior.

— *Coste estándar.* Tal como su nombre indica, se utiliza un coste predeterminado o estándar. Las variaciones de precios de las materias primas pueden contabilizarse cuando se recibe el material o cuando sale para ser elaborado. El uso de costes estándar elimina esa actividad administrativa. No se necesita ninguna columna de coste en las fichas del mayor, y se evita el cálculo repetido de los costes unitarios.

— *Último en entrar, primero en salir (LIFO).* En este método se supone que la última unidad comprada es la primera que sale. La mecánica utilizada es muy similar a la del método FIFO, excepto en que las salidas se valoran al coste de la compra más reciente. Por ejemplo, supongamos que se compran 100 unidades a 4 dólares cada una y que, más tarde, se compran 50 unidades a 6 dólares cada una. Una salida de 75 unidades se valoraría del modo siguiente:

50 unidades a 6 dólares	300
25 unidades a 4 dólares	100
Total de las 75	400

La finalidad del método es la de expresar lo más aproximadamente posible el coste de las mercancías vendidas al precio actual de mercado. Con este método, se reducen a un mínimo los beneficios no realizados de las existencias.

El método LIFO plantea dos problemas. Primero, el mantenimiento de registros es más extenso que el requerido para otros métodos de valoración. Si las existencias más antiguas no se utilizan nunca, la empresa puede tener estratos de valoración en esas existencias que lleguen a tener muchos decenios de antigüedad. Segundo, si los niveles de existencias descienden a cero al final del período, el efecto sobre los beneficios puede ser enorme, pues los niveles de coste más antiguos pueden extenderse hacia el pasado muchos años, a situaciones en que los costes de los productos serán significativamente diferentes. Por ejemplo, el producto A cuesta actualmente 10 dólares. Si el estrato de coste más antiguo del producto A solamente es de 1 dólar por unidad y se utilizan todas las existencias, el coste de las mercancías vendidas se reducirá a una décima parte de su nivel actual, creando una importante renta gravable.

Si una empresa está utilizando el método de valoración de «último en entrar primero en salir» e instala un sistema de fabricación *just in time,* el controler deberá saber que el coste de ventas porcentual puede variar considerablemente, a medida que las existencias se reducen y se eliminan los estratos de existencias antiguas con costes diferentes.

— *Coste de reposición.* Mediante este método, las existencias se valoran al coste en que se habría incurrido para sustituirlas a los precios actuales y en su situación actual. No es el mismo método que el de «último en entrar primero en salir», pues en éste se utiliza el precio más reciente en libros, que no es necesariamente el coste de reposición. Este método tiene muchas dificultades prácticas, no está aprobado por la Dirección General de Tributos (de los Estados Unidos) y no se considera un principio de contabilidad generalmente aceptado. Si se utiliza para fines internos, debe ajustarse cuando se preparen informes externos.
— *Método de las existencias al por menor.* Este método se utiliza frecuentemente en grandes almacenes, donde las existencias se marcan artículo por artículo al precio de venta en lugar de al precio de coste. Se determina el margen medio o margen comercial para el período, y se deduce de las existencias finales al por menor para averiguar el coste. Es un tipo de valoración media.

En una economía de precios estables, normalmente surgen pocas cuestiones de política de valoración de existencias. Es en los períodos de cambios rápidos en los precios cuando la base de valoración seleccionada puede ejercer una influencia significativa sobre la determinación de los beneficios. Evidentemente, el efecto de los cambios de precios no es uniforme en todos los sectores industriales, ni en todas las empresas. Ciertas características de las existencias determinan el efecto que tendrán los cambios de precios sobre la empresa. Entre ellas están las siguientes:

— *La elasticidad del precio de venta con respecto a cambios en el coste.* Si los precios no guardan una relación inmediata con los costes, el precio de venta que ha de obtenerse por la enajenación de las existencias actuales no estará condicionado por su coste. No existirá ninguna causa para una rebaja.

— *Importancia relativa de la inversión en existencias.* Cuanto mayores son las existencias, mayor es el riesgo y más importante es la disminución del valor si los precios disminuyen considerablemente. Una empresa en la que las existencias constituyan su principal inversión es más vulnerable a los cambios del mercado que una que requiera una gran inversión en equipo e instalaciones para llevar a cabo su actividad.
— *Empleo de una cobertura de precios.* Las pérdidas en las existencias se compensan con las ganancias en las ventas futuras en el mercado de materias primas.
— *Índice de rotación de las existencias.* Si la rotación es rápida, transcurrirá un plazo de tiempo más corto entre la venta de los productos y la compra de los materiales para las ventas adicionales. De ese modo, en períodos de grandes cambios de valor de mercado, la fluctuación en el valor de las existencias no será tan notable.

AL COSTE O AL VALOR DE MERCADO, SI ÉSTE ES MENOR, Y LA DOTACIÓN PARA PÉRDIDAS DE INVENTARIO

En algunos casos, está justificada una desviación de la base de coste. Esto ocurre cuando la utilidad de los productos enajenados en el negocio habitual es menor que el coste. La pérdida de valor puede producirse a causa de daños, deterioro, obsolescencia, cambios en el nivel de precios y otras causas. Dicha pérdida debe contabilizarse como un gasto del período en el que se produce. En estos casos, los productos deberán valorarse al precio de mercado, que será menor que el de coste. El valor de mercado de un artículo es el coste actual de su sustitución. Una excepción a esta regla se produce cuando los productos pueden venderse todavía a un precio fijo, como el que figuraría en un contrato a largo plazo con un cliente.

La mayoría de las empresas dotan una provisión para pérdidas de inventario, para el caso en que las existencias resulten obsoletas o se deterioren a lo largo de un período de tiempo. La provisión suele establecerse en forma de porcentaje de las existencias, y se basa en el histórico de pérdidas de la empresa o del sector industrial de que se trate. La provisión se deduce de las existencias en el balance. Cuando se producen las pérdidas, se deducen de la provisión para pérdidas. Dado que las pérdidas reales pueden estar ocultas en el balance, debe informarse a la dirección de cada pérdida que se produzca en el caso de que sea necesaria alguna medida correctora.

El controler debe realizar una revisión continua de los procedimientos y transacciones para conseguir que las existencias se valoren correctamente. Esto incluirá procedimientos de notificación cuando los materiales resulten invendibles, y debe comprender la creación de un consejo de revisión de materiales que periódicamente revisaría las existencias. Un consejo de revisión de materiales característico está compuesto por representantes de los departamentos de contabilidad, control de la calidad, técnico, ventas y materiales. Puede confiarse en la experiencia combinada de este grupo para determinar cuáles son los materiales invendibles.

UNIFORMIDAD DE LA VALORACIÓN

Independientemente del método de valoración de existencias, un requisito esencial es la uniformidad de un período a otro. A largo plazo, la base de valoración de las existencias no afectará al beneficio o pérdida de explotación. Sin embargo, de un trimestre a otro, o de un año a otro, el efecto sobre los beneficios puede ser significativo si se cambia de base o de método. Si las circunstancias requieren un cambio, deberá explicarse públicamente el motivo del mismo y el efecto que tendrá sobre los beneficios reflejados en los estados financieros presentados a la dirección y a los accionistas. Además, los puntos siguientes pueden causar cambios más sutiles en la valoración de las existencias:

— cambios en la lista de materiales o en las rutas de trabajo que afecten al coste de un artículo;
— cambios en el tamaño de las series de producción que modifiquen las rutas de trabajo con respecto a las del período anterior;
— cambios en el valor monetario del coste de mano de obra que afecten a los gastos generales de fabricación, puesto que éstos suelen calcularse como porcentaje de la mano de obra.

El fraude en las existencias y su control

Lo mismo que sucede en otros campos de una empresa, el controler debe conocer los fraudes específicos del área de existencias. En esta sección, vamos a tratar del fraude y de los controles más fundamentales de las existencias.

EL FRAUDE EN LAS EXISTENCIAS

El recuento de las existencias a fin de año puede aumentarse de forma fraudulenta, con el fin de reducir el coste de los productos vendidos y, con ello, crear un beneficio artificialmente elevado. Además, el personal de la empresa puede robar existencias y tratar de encubrir el robo con recuentos artificialmente altos. Por consiguiente, el equipo de recuento debe tratar de encontrar los siguientes fraudes que pueden producirse durante o antes del recuento de existencias:

— cajas vacías o con etiquetas erróneas;
— unidades de medida incorrectas;
— existencias líquidas diluidas;
— situaciones excesivamente avanzadas de ejecución de productos en curso;
— inclusión en el recuento de existencias propiedad de clientes.

Además, el controler debe vigilar los siguientes fraudes que pueden producirse cuando se lleva a cabo el corte de inventario (límite de inclusión) de las existencias:

— recuento doble de las existencias en tránsito entre dos emplazamientos propiedad de la empresa;
— recuento de existencias para las que no se han contabilizado las correspondientes cuentas a pagar.

Una problemática adicional se relaciona únicamente con las compras en el sistema *just in time*. Dado que dicho sistema impide la licitación competitiva, cabe la posibilidad de que los jefes de compras seleccionen proveedores que les devuelvan parte de los beneficios, a cambio de la concesión de la transacción. Este problema es real, pero se mitiga algo por la estrecha interacción entre los empleados de la empresa y el proveedor. El diseño del producto del sistema *just in time* requiere que los técnicos de la empresa trabajen en estrecha colaboración con los proveedores, y por consiguiente puedan reconocer a un proveedor fraudulento.

Controles de las existencias

Entre los controles de las existencias deberán figurar el control físico sobre las existencias, junto con la exactitud de la información sobre las mismas y de las listas de materiales que describen las existencias.

Pueden utilizarse los siguientes controles para *controlar físicamente* las existencias:

— hacer responsable al jefe de almacén de todas las faltas en las existencias;
— colocar vallas alrededor de los lugares de almacenamiento de existencias y cerrar todas las entradas;
— permitir la entrada al almacén sólo a su personal o requerir un acompañante para el personal que no pertenezca al mismo;
— registrar todas las transacciones de entradas y salidas de artículos del almacén y exigir la firma de la persona del almacén que los recibe, agrupa conjuntos de piezas o expide la transacción.

El controler deberá instituir también revisiones de la *información sobre existencias* por alguien que no dependa del responsable de existencias. La persona ideal sería el auditor interno; en ausencia de dicha persona, deberá realizar las revisiones el contable de costes u otra persona experta en inventarios. Si se dispone de un inventario permanente, la revisión deberá efectuase semanalmente. El revisor debe tomar una muestra al azar del informe de existencias (clasificado por ubicaciones y que incluya los costes totales), y revisar:

— que los elementos físicamente en inventario figuran enumerados en el informe;
— que los elementos enumerados en el informe están físicamente en existencia;
— que las unidades de medida son correctas;
— que los elementos de gran valor son correctos (muestrear el 100% de estos elementos).

El informe sobre existencias de la semana anterior debe conservarse, de manera que puedan revisarse también los puntos siguientes:

— que el número total de códigos de piezas en existencia no varía significativamente respecto de la semana anterior, o que tales variaciones pueden determinarse y explicarse;
— que el valor monetario total de las existencias no varía significativamente respecto de la semana anterior, o que tales variaciones pueden determinarse y explicarse.

Para controlar la *información proporcionada por la lista de materiales* se verifican desde fuentes distintas los elementos adicionales solicitados al almacén durante la producción de un trabajo, o devueltos al almacén a continuación de dicho trabajo. Estas transacciones indican que la lista de materiales de un producto es incorrecta. Además, se distribuyen formularios al personal de producción y que agrupa diversas piezas en conjuntos, los cuales pueden informar de las piezas que faltan o que están duplicadas. Por último, un comité de revisión puede revisar sistemáticamente todas las listas de materiales por si existen cantidades, códigos de piezas o unidades de medida inexactos. Dado que el controler basa las proyecciones de existencias de fin de año en los costes de los productos, que a su vez se basan en listas de materiales, la corrección de las listas puede eliminar la contrariedad de encontrarse con unas variaciones mayores en las existencias de fin de año.

En el sistema de fabricación *just in time,* las existencias se minimizan y, por consiguiente, el riesgo de un fraude significativo se reduce considerablemente. Sin embargo, para evitar la connivencia desleal entre los responsables de compras y los proveedores (que ya no tienen que ofertar para trabajar), el controler debe comparar periódicamente los precios del proveedor de la empresa con una muestra de precios de otros proveedores. El controler debe también revisar los precios aplicados por los proveedores respecto de los precios contratados.

Resumen

En la mayoría de las empresas, las existencias son el origen de un mayor número de cancelaciones de activo que ninguna otra cuenta de activo. En este capítulo, nos hemos ocupado detalladamente de los sistemas de inventario permanente, de manera que el controler pueda instalar un sistema que permita realizar un seguimiento de las cantidades y costes de las existencias, y con ello evite cancelaciones inesperadas de existencias a fin de año. Para las empresas sin sistema de inventario permanente, hemos detallado también los procedimientos necesarios para llevar a cabo el recuento físico. Hemos descrito una serie de métodos de valoración de existencias, incluyendo sus ventajas e inconvenientes. Otro elemento de valoración de las existencias es la provisión para existencias obsoletas. Hemos descrito cómo crear dicha cuenta y el papel del consejo de revisión de materiales para determinar las existencias obsoletas. Por último, hemos descrito varios tipos de fraude en las existencias y varios controles destinados a detener dicho fraude.

Capítulo 14

Activo fijo

Introducción

La planificación y control de las inversiones de capital son fundamentales para la fortaleza financiera a largo plazo de cualquier empresa que opere en el sistema de empresa privada. Las inversiones en activo fijo requieren importantes recursos financieros, es difícil dar marcha atrás y la inversión afecta a los resultados financieros durante un largo período de tiempo.

La inversión en bienes de capital tiene otras ramificaciones o consecuencias posibles que la diferencian de los gastos habituales de una empresa. Una vez que los fondos se han utilizado para la compra de instalaciones y equipo, puede transcurrir un largo período de tiempo antes de que se recuperen. Unos gastos de esta naturaleza, mal orientados, son difíciles de recuperar sin que el inversor incurra en una grave pérdida. No hace falta decir que los compromisos imprudentes a largo plazo pueden tener como consecuencia la quiebra u otras dificultades financieras.

Además, un aumento sustancial de la inversión en capital es probable que origine un punto de equilibrio mucho más alto para la empresa. Los grandes desembolsos para instalaciones, maquinaria y equipo llevan consigo unos mayores cargos de amortización, mayores costes de seguros y mayores impuestos sobre inmuebles y, posiblemente, un mayor gasto de mantenimiento. Todo esto tiende a aumentar el nivel de ventas necesario para que la empresa obtenga beneficios.

En el entorno altamente competitivo actual, es indispensable que las empresas realicen inversiones significativas en activo fijo para mejorar la productividad y sacar provecho de los progresos tecnológicos conseguidos en los bienes de equipo. Las sofisticadas técnicas de fabricación y elaboración disponibles hacen que las decisiones de inversión sean más importantes. Sin embargo, las cantidades invertidas permiten mayores recompensas en forma de un aumento de productividad y de una tasa más alta de rendimiento de la inversión. Esta oportunidad lleva consigo riesgos adicionales relativos a los costes crecientes de las instalaciones y equipos.

Estas circunstancias obligan a utilizar la prudencia y el buen criterio al realizar inversiones en bienes de capital. Las decisiones de la dirección deben tomarse utilizando enfoques analíticos. Existen numerosas técnicas matemáticas para ayudar a eliminar las inversiones antieconómicas y establecer prioridades de forma sistemática.

Misión del controler

Los conocimientos financieros del controler son necesarios para evaluar las necesidades de bienes de capital generadas por la dirección de primer nivel. En muchos casos, se ha incurrido en grandes pérdidas por haberse tomado la decisión de absorber una empresa de forma optimista, y sin el suficiente análisis financiero. El personal del controler debe efectuar una evaluación objetiva de los ahorros potenciales y del rendimiento de la inversión.

Una vez que el director general y el consejo de administración han tomado la decisión de realizar inversiones, el controler debe establecer la forma apropiada de rendición de cuentas, medir los resultados (la adquisición de los bienes de capital al precio presupuestado) e instituir procedimientos de registro y de generación de informes de control, con el fin de asegurar que el equipo se ha recibido e instalado y está satisfaciendo la necesidad a la que estaba destinado.

Las tareas del controler en relación con el activo a largo plazo son las siguientes:

- establecer un procedimiento para la planificación y el control del activo fijo;
- establecer tasas de actualización mínimas sobre las clases de activo fijo en consideración;
- revisar todas las peticiones de inversión de capital para verificar la probable tasa de rendimiento;
- cerciorarse de que las inversiones en activo fijo requeridas para cumplir los planes de fabricación y ventas están incluidas en el plan empresarial y de que se dispone de fondos para satisfacer los desembolsos;

— establecer controles para asegurarse de que las inversiones de capital se mantienen dentro de los límites autorizados;
— revisar las alternativas económicas a las compras de activo, tales como el arrendamiento o alquiler, o la compra a otros proveedores del artículo manufacturado;
— establecer un sistema de generación de informes que ponga al corriente a los directivos acerca de los costes de mantenimiento del equipo, el tiempo improductivo, la productividad y los costes reales frente a los presupuestados;
— mantener registros de bienes que identifiquen todos los elementos del activo, describan sus ubicaciones, sigan la pista de los traslados y ventas y den razón de la amortización;
— mantener una política de amortización para cada clase de equipo con fines contables y fiscales;
— asegurarse de que se mantiene una cobertura apropiada de seguros para el activo fijo;
— asegurarse de que se aplican procedimientos apropiados de control interno a la maquinaria y equipo.

Elaboración del presupuesto de inversiones

La parte principal de este capítulo se dedicará al proceso de elaboración del presupuesto de inversiones. El controler normalmente conoce la mayoría de las funciones contables y de elaboración de informes, pero debe fomentarse una mayor intervención en el proceso presupuestario. Dada la relativa inflexibilidad que existe, una vez que se han contraído los compromisos de inversión, es conveniente que el director general, y otros altos cargos, dispongan de una sistemática apropiada para seleccionar los proyectos esenciales o que están económicamente justificados, de entre los muchos propuestos, aunque su intuición pueda jugar un papel clave. Cuando se inicie la inversión, los desembolsos deben mantenerse dentro de los límites autorizados. Además, por lo menos para los proyectos más grandes, la dirección tiene derecho, una vez que el elemento de activo empieza a funcionar, a ser informada periódicamente de si los resultados se comparan, favorablemente o no, con los beneficios o ahorros previstos.

A continuación describimos los nueve pasos del proceso de elaboración de un presupuesto de inversiones bien concebido. No todos estos pasos los realiza el controler, sino más bien el ejecutivo de línea apropiado.

1. Para el período de planificación del presupuesto a corto plazo, determinar el rango permisible de los compromisos de capital, para la empresa en su conjunto, y para cada división importante. Esto permite a la dirección identificar cuánto puede gastar en el período.

2. Fomentar la presentación de proyectos de inversión de capital que merezcan la pena. Para los proyectos principales deberá suministrarse la tasa de rendimiento objetivo y cualquier otra directriz útil, como por ejemplo los objetivos corporativos y los planes de expansión.
3. Al recibir las propuestas, hacer una selección preliminar para eliminar las que no están alineadas con el plan estratégico, o que no son económica o políticamente justificables.
4. Después de la selección preliminar:

   — clasificar todos los proyectos en función de la urgencia de su necesidad;
   — calcular las ventajas económicas.

5. Revisar las propuestas de los proyectos en lo que se refiere a:

   — la validez de los datos no técnicos;
   — la tasa de rendimiento y cálculos conexos;
   — la compatibilidad con los recursos financieros disponibles y los criterios de financiación de proyectos.

6. Presentar los datos al consejo de administración y obtener su aprobación.
7. Cuando se acerque el momento de iniciar un proyecto importante, deberá revisarse la autorización específica y ser aprobada por los miembros apropiados del equipo directivo. Este proceso puede requerir una revisión de los datos básicos para asegurarse de que no ha cambiado ninguno de los elementos fundamentales.
8. Preparar informes periódicos para reflejar los costes incurridos hasta la fecha, así como los costes estimados para terminar el proyecto.
9. Realizar una auditoría una vez terminado el proyecto para comparar el cash flow real con el estimado.

Establecer el límite del presupuesto de inversiones

El proceso de la elaboración del presupuesto de inversiones empieza con la fijación del importe máximo que puede gastarse en inversiones de capital. La alta dirección de la empresa fijará la cantidad máxima a invertir en base a los siguientes factores:

— la generación interna de efectivo;
— la disponibilidad y coste de fondos externos;
— la estructura actual del capital de la empresa (por ejemplo, ¿existe un nivel de endeudamiento excesivo?);
— el plan estratégico;
— la fase del ciclo económico;
— las perspectivas de crecimiento a corto y medio plazo de la empresa y del sector industrial al que pertenece;

— los índices de inflación actuales y previstos;
— la tasa esperada de rendimiento de los proyectos de capital en comparación con el coste del capital u otras tasas de actualización;
— la antigüedad y situación de la actual instalación y del equipo;
— los avances tecnológicos y la necesidad de seguir siendo competitivos.
— las medidas que se prevé van a adoptar los competidores;
— la inversión relativa en activo fijo (activo fijo, dividido por el patrimonio neto) comparada con la del sector industrial o la de determinados competidores.

Información de apoyo para las propuestas de inversiones de capital

Cada propuesta de inversión debe tener el suficiente nivel de detalle para que la alta dirección tome una decisión informada sobre seguir adelante o no. Se necesitará la siguiente información para estas propuestas de inversión:

— Para la *sustitución* del equipo existente:

- el coste de la inversión e instalación del nuevo equipo;
- el valor residual del equipo antiguo;
- la vida económica del nuevo equipo;
- el coste operativo del nuevo elemento a lo largo de su vida;
- el motivo del desembolso.

— Para una *expansión* de las instalaciones, se necesita la anterior información acerca del nuevo equipo más los datos siguientes:

- el potencial de mercado del nuevo producto;
- la cantidad estimada de ventas y el valor de la producción;
- el coste del márketing del producto;
- el valor residual del nuevo equipo;
- la tasa de rendimiento del proyecto (en este capítulo se estudian varios métodos alternativos).

Métodos para evaluar los proyectos

Dado que la mayoría de las empresas no poseen los fondos suficientes para emprender todos los proyectos, deben encontrarse formas para evaluar las diferentes alternativas de actuación. El examen de la información cuantitativa debe conjugarse con un buen criterio, y quizá con buena suerte, para seleccionar las propuestas de inversión más apropiadas. Para las empresas que utilizan instrumentos analíticos son esenciales los siguientes tres elementos:

1) una estimación del desembolso estimado de capital así como el importe y la periodificación del cash flow futuro estimado;
2) una técnica para relacionar las ventajas futuras esperadas con un indicador del coste, como por ejemplo el coste del capital;

3) un medio de evaluar el riesgo, que incluya la probabilidad de alcanzar la tasa estimada de rendimiento.

Los métodos de evaluación más importantes son el método de la recuperación de la inversión y varios análisis relacionados con la tasa de retorno. En las secciones que siguen examinamos estos métodos.

El método de la recuperación de la inversión

Por el método de la recuperación de la inversión, se calcula el período de tiempo necesario para recuperar la inversión original de un proyecto con los cash flows procedentes del mismo. Este método ofrece las siguientes ventajas:

— Es útil cuando una empresa tiene un cash flow mínimo y debe aceptar propuestas que prometan una recuperación de la inversión en un breve plazo de tiempo.
— Es útil para evaluar las inversiones muy arriesgadas en las que las amenazas de expropiación o de pérdida del capital son elevadas y difíciles de predecir.
— Es un cálculo sencillo y fácil de comprender.
— Es un indicador aproximado de la rentabilidad y, como tal, permite al controler rechazar propuestas obviamente indeseables.

Sin embargo, el método de la recuperación de la inversión tiene también los siguientes inconvenientes:

— En él no se tienen en cuenta los beneficios obtenidos una vez recuperado el desembolso inicial, a pesar de que el cash flow después de la recuperación es el verdadero factor para determinar la rentabilidad. En esencia, en este método se confunde la recuperación de la inversión inicial con la rentabilidad.
— Se hace demasiado hincapié en la liquidez, puesto que el cash flow debe producirse inmediatamente después de terminado el proyecto, para mostrar una rápida recuperación de la inversión. Por consiguiente, se tiene la tendencia a rechazar los proyectos rentables que no ofrecen un cash flow elevado en sus primeros años.
— No se reconoce el carácter gradual del desgaste del activo. Dicho de otro modo, el período de tiempo durante el cual el activo será útil carece de importancia, por lo que con arreglo a este método, los activos que se descartan inmediatamente después de que se ha logrado la recuperación de la inversión serán aceptables.

El método del operador

Por el método del operador, se calcula el rendimiento de la operación sumando los beneficios anuales y la amortización y dividiendo la suma por la inversión original. Esta técnica puede variarse para incluir la inversión total requerida, incluyendo el capital circulante. El método del operador tiene las siguientes ventajas:

— Es sencillo de comprender y calcular.
— Al contrario que el método de la recuperación de la inversión, en él se tiene en cuenta la duración de la vida del proyecto y la rentabilidad global.
— Facilita la comparación con otras empresas, divisiones o proyectos, especialmente cuando la vida de los proyectos son comparables.

El inconveniente fundamental es que no se reconoce el valor temporal del cash flow. Los proyectos en competencia pueden tener rendimientos similares, pero la distribución en el tiempo de los beneficios, más la amortización, puede variar significativamente entre ellos. Además, el período total durante el que se reciben rendimientos similares puede variar entre los proyectos.

El método del contable

Con este método, se comparan los beneficios con la inversión media después de amortización, en lugar de con la inversión inicial o el activo empleado. Se basa en la premisa básica de que el capital recuperado como amortización está disponible para su uso en otros proyectos y no debe considerarse un cargo contra el proyecto original. Este método puede variarse para incluir el efecto de los impuestos sobre la renta y diferenciar los tipos de amortización.

En la tabla 14.1 puede verse el método del contable.

El método del contable tiene dos deficiencias. En primer lugar, está considerablemente influido por la tasa de amortización utilizada. La amortización acelerada reducirá la inversión media pendiente y aumentará la tasa de rendimiento. En segundo lugar, no refleja el valor temporal del dinero. En el ejemplo, si la inversión media fuera la misma, pero los beneficios se aceleraran en los primeros años y se desaceleraran en los últimos años, la tasa de rendimiento sería idéntica. La ventaja principal es que es más sencillo de calcular que el método del cash flow descontado.

Método del cash flow descontado

Es difícil comparar un proyecto con otro, especialmente cuando los patrones de cash flow varían. Cuándo se recibe el efectivo resulta muy importante ya que las entradas de efectivo pueden invertirse y obtener un rendimiento. En la técnica del cash flow descontado se tiene en cuenta la periodificación del cash flow y, como consecuencia, ha sido adoptado como un instrumento eficaz para clasificar y juzgar la rentabilidad de las inversiones. Esta técnica se utiliza en uno u otro de los dos métodos siguientes: el

TABLA 14.1. **El método del contable**

Año	Beneficios netos antes de amortización	Amortización	Beneficio neto pendiente	Inversión
1	300.000	100.000	200.000	950.000
2	300.000	100.000	200.000	850.000
3	300.000	100.000	200.000	750.000
4	300.000	100.000	200.000	650.000
5	300.000	100.000	200.000	550.000
6	300.000	100.000	200.000	450.000
7	300.000	100.000	200.000	350.000
8	300.000	100.000	200.000	250.000
9	300.000	100.000	200.000	150.000
10	300.000	100.000	200.000	50.000
Total	3.000.000	1.000.000	2.000.000	5.000.000

$$\text{Tasa de rendimiento} = \frac{\text{Beneficios después de amortización}}{\text{Inversión media}} = \frac{2.000.000}{5.000.000} = 40\ \%$$

método de la tasa interna de rendimiento (TIR) y el método del valor actual neto (VAN).

El método de la tasa interna de rendimiento (TIR) implica la determinación de la tasa de rendimiento a la que la suma de la corriente de ingresos actualizados en efectivo después de impuestos es igual al coste del proyecto. Dicho de otro modo, la tasa interna de rendimiento es la tasa constante de rendimiento que gana un proyecto desde el principio al fin de su vida cuando los ingresos compensan exactamente los desembolsos.

Describimos el método como sigue: supongamos que se hace una inversión de 1.000 dólares y, durante un período de cinco años, se obtiene un cash flow anual de 250 dólares. ¿Cuál es la tasa de rendimiento? Utilizando las tablas de valor actual, se obtiene un valor del 8%. La aplicación del 8% al cash flow da como resultado un valor actual de aproximadamente 1.000 dólares, como se ve en la tabla 14.2.

Mediante tanteos, aplicamos una serie de factores de descuento hasta que se encuentra el apropiado. En la tabla 14.3 se utiliza un tipo de descuento del 10% y otro del 40%, una inversión de un millón de dólares y un cash flow de 300.000 dólares anuales.

Los cuatro pasos para aplicar el método de la tasa interna de rendimiento son los siguientes:

1. Determinar la cantidad y el año de la inversión.
2. Determinar, por años, el cash flow después de impuestos generado por la inversión.
3. Actualizar los cash flows aplicando dos tipos de descuento distintos.

4. Seguir aplicando nuevos tipos de descuento hasta que el resultado se acerque a la inversión original y, por interpolación, calcular el tipo exacto.

Los inconvenientes del método del cash flow descontado son los siguientes:

— es más complejo que otros métodos;
— exige más tiempo de cálculo;
— una suposición intrínseca es que la reinversión será a la misma tasa que la tasa de rendimiento calculada.

TABLA 14.2. **Cálculo del valor actual de un cash flow predecible**

Año	Cash flow anual (a)	Factor de actualización (b)	Valor actual (a) x (b)
1	250	0,926	232
2	250	0,857	214
3	250	0,794	198
4	250	0,735	184
5	250	0,681	170
Total valor actual			998

TABLA 14.3. **Cálculo de la tasa interna de rendimiento (TIR)**

Años desde el comienzo de la operación	(Desembolso) o ingresos	Tasa de descuento del 10%		Tasa de descuento del 40%	
		Factor de actualización	Cantidad descontada (en millares)	Factor de actualización	Cantidad descontada (en millares)
0	(1.000.000)		(1.000,0)		(1.000,0)
1	300.000	0,953	285,9	0,844	253,2
2	300.000	0,866	259,8	0,603	180,9
3	300.000	0,788	236,4	0,431	129,3
4	300.000	0,716	214,8	0,308	92,4
5	300.000	0,651	195,3	0,220	66,0
6	300.000	0,592	177,6	0,157	47,1
7	300.000	0,538	161,4	0,112	33,6
8	300.000	0,489	146,7	0,080	24,0
9	300.000	0,444	133,2	0,060	18,0
10	300.000	0,404	121,2	0,041	12,3
Cash flow total	3.000.000				
Cash flow descontado			1.932,3		856,8

$$\text{Tasa interna de rendimiento} = 10\% + 30\% \ \frac{1.932 - 1.000}{1.932 - 857} = 36\%$$

Las ventajas de este método son las siguientes:

— se concede una ponderación apropiada al valor temporal de la inversión y del cash flow;
— la utilización del cash flow minimiza el efecto de las decisiones arbitrarias acerca de capital frente a gastos, como la amortización, etc.;
— es comparable al «concepto del coste del capital»;
— permite al analista financiero comparar proyectos alternativos.

En el método de evaluación de las inversiones de capital denominado método del valor actual neto (VAN), también se tiene en cuenta el valor temporal del dinero. La diferencia entre el método anterior y éste es que se utiliza una tasa previamente seleccionada: la tasa considerada por la empresa como la tasa mínima de rendimiento necesaria para asumir el riesgo de la inversión de capital. Si la suma de los valores actuales de la corriente de cash flows supera el coste de la inversión propuesta, la tasa de rendimiento supera al objetivo y satisface los requisitos de beneficios. Si el valor actual neto es negativo, la inversión propuesta no satisface la tasa de rendimiento requerida y el proyecto debe rechazarse. La tabla 14.4 muestra un cálculo del valor actual neto.

TABLA 14.4. **Cálculo del valor actual neto**

Año	Cash flow estimado	Factor de actualización al 22%	Valor actual
0	800.000	1,000	(800.000)
1	370.000	0,820	303.400
2	350.000	0,672	235.200
3	301.000	0,551	165.851
4	215.000	0,451	96.965
5	170.000	0,370	62.900
6	110.000	0,303	33.330
7	40.000	0,249	9.960
8	10.000	0,204	2.040
Valor actual a la tasa del 22 %			909.646

Cuando se utiliza el método del cash flow descontado para evaluar las inversiones en otro país, una prueba significativa es el cash flow para la casa matriz, no para la filial extranjera. Entre las dificultades que pueden impedir que el cash flow se reciba en la casa matriz, y que deben tenerse en cuenta para tomar la decisión, se encuentran aspectos tales como: las restricciones monetarias, las fluctuaciones del tipo de cambio, el riesgo político, la inflación y la retención de impuestos.

LAS TASAS CRÍTICAS

La tasa crítica es la tasa de rendimiento mínima que debe obtener un proyecto de inversión para que éste se considere aceptable. No se utiliza para proyectos especiales, tales como los exigidos por ley, que deben realizarse independientemente del rendimiento de la inversión (si lo hay). Un ejemplo de este tipo de proyectos especiales son los proyectos de reducción de la contaminación o los de dispositivos de seguridad. A causa de estos proyectos especiales, normalmente se añade un factor a la tasa crítica, lo que da por resultado una tasa crítica ligeramente más alta.

Algunas empresas con múltiples divisiones utilizan diferentes tasas críticas para cada negocio. Este modo de proceder puede justificarse por el hecho de que los negocios tienen diferentes riesgos empresariales (por ejemplo, amenaza de expropiación), las tasas de rendimiento esperadas son notablemente distintas y pueden requerir diferentes estrategias empresariales y diferentes tasas críticas.

La base de la tasa crítica es el coste del capital. Ésta es la tasa que los acreedores a largo plazo y los accionistas exigen para proporcionar el capital requerido. Por ejemplo, supongamos que:

1. El objetivo que se ha fijado una empresa para su estructura de capital es de 500.000 dólares, divididos entre un 25% de deuda y un 75% de recursos propios.
2. En el entorno de mercado actual, los inversores a largo plazo exigen un rendimiento del 10% (6% para la empresa después de los impuestos sobre la renta); una rentabilidad de un 17% para los recursos propios es la rentabilidad normal.

El coste del capital se calcularía tal como se indica en la tabla 14.5.

TABLA 14.5. **Cálculo del coste del capital**

Estructura	Capitalización	Tasa de rendimiento requerida después de impuestos	Cantidad de rendimiento requerida
Deuda	125.000.000	6,0%	7.500.000
Acciones	375.000.000	17,0%	63.750.000
Total	500.000.000		71.250.000

$$\text{Coste del capital} = \frac{71.250.000}{500.000.000} = 14\ \%$$

Basándose en el análisis anterior, si la empresa ha de atraer capital para continuar en el negocio, todas sus inversiones de capital deberán ganar en promedio, por lo menos el 14% después de impuestos. Si no ocurriera así, se diluiría la rentabilidad para los accionistas.

ANÁLISIS DEL RIESGO DEL PROYECTO

Al que ha de tomar la decisión le sería útil conocer, no solamente la tasa esperada de rendimiento, sino también la probabilidad de recibir esa tasa, así como la serie de rendimientos posibles, junto con la probabilidad de que se produzca cada uno de ellos. Si existe una gran probabilidad de que los cash flows desciendan por debajo de la tasa esperada, deberá presentársele al consejo de administración esta información, junto con la solicitud del presupuesto de inversiones.

El análisis de sensibilidad es una técnica matemática en la que pueden introducirse cambios en cualquiera de los factores de *input,* y observar los cambios que se producen en los resultados. Los que realizan estimaciones del rendimiento de las inversiones saben que los resultados dependen considerablemente de las hipótesis de partida. Es importante comprobar hasta qué punto un error en una hipótesis puede influir en el resultado. Tal conocimiento puede permitir a los analistas concentrar su atención en las variables más importantes. Esta técnica puede proporcionar una considerable comprensión de una propuesta de inversión.

Se hacen inversiones en bienes de capital con la esperanza de que el rendimiento será lo suficientemente alto, no sólo para recuperar el coste, sino además para superar la tasa de actualización mínima requerida para tal desembolso. Pero la naturaleza de la inversión es cambiante, como lo son los riesgos que existen en el nuevo entorno de fabricación. Este nuevo entorno ofrece las siguientes características:

— Aunque la automatización se considera una fuente fundamental de ingresos adicionales, a menudo este aumento va precedido del rediseño y la simplificación del proceso de fabricación. Muchas empresas han logrado ahorros significativos simplemente reordenando la disposición de los equipos, estableciendo procedimientos más modernos y eficaces y eliminando las actividades que no añaden valor, tales como el almacenamiento y la manipulación de materiales. Una vez lograda esta reorganización, puede estudiarse la posibilidad de una automatización.

— Las inversiones están resultando más significativas por sí mismas. Mientras una rectificadora puede costar un millón de dólares, una fábrica automatizada puede costar 50 o 100 millones de dólares. Además, una parte importante del coste puede localizarse en la concepción tecnológica, en el desarrollo de *software* y en la puesta en marcha.

— A menudo el equipo necesario es cada vez más complejo, y las ventajas pueden ser más indirectas y quizás más intangibles. Si se consiguen mejoras radicales en la calidad, en los plazos de entrega y en la satisfacción del cliente, pueden encontrarse métodos para medir estos beneficios.

Debido al elevado coste de las inversiones, el período requerido para obtener el rendimiento deseado de la inversión es más largo. Este horizonte a largo plazo, junto con los intangibles que han de tenerse en cuenta y la mayor incertidumbre, requieren que el controler sea más perspicaz en la realización del análisis. Usualmente, es necesario reconocer e incluir en el análisis de la inversión las economías indirectas y los beneficios intangibles.

INFLACIÓN

Los que realizan el análisis de las inversiones de capital pueden ponderar cómo debe tenerse en cuenta la inflación. En el proceso de elaboración del presupuesto de inversiones, deben tenerse en cuenta los siguientes aspectos:

— *¿Deben realizarse ajustes en los cash flows para tener en cuenta la inflación?* Muchas empresas no realizan ese ajuste porque es difícil conseguir una estimación fiable de la tasa de inflación. Además, por el mismo motivo, se utiliza una única tasa de inflación para el período analizado, en lugar de diferentes tasas para cada año.

— *¿Deben utilizarse tasas específicas de inflación para los diferentes factores de coste (por ejemplo, la mano de obra y los materiales)?* En determinados sectores industriales, existen índices de precios específicos para algunos materiales, o grupos de materiales, y para los salarios.

— *¿Debe ajustarse la tasa crítica para tener en cuenta la inflación?* Si los cash flows del análisis se ajustan para tener en cuenta la inflación, debe ajustarse también la tasa crítica.

JERARQUIZACIÓN DE LOS PROYECTOS DE INVERSIÓN

Una vez terminada la revisión, hay que jerarquizar los proyectos por un orden de prioridad, ya que suele haber más inversiones de bienes de capital propuestas de las que normalmente se emprenderían dentro de los límites de la capacidad financiera. Una agrupación práctica que entenderían la dirección y los ejecutivos funcionales por igual es la siguiente:

— *Proyectos absolutamente esenciales:*

- instalaciones exigidas por ley, tales como los dispositivos de seguridad o de reducción de la contaminación;
- sustitución de instalaciones ineficaces sin las cuales la empresa podría no continuar en el negocio.

— *Proyectos muy necesarios:*

- equipo que contribuye a aumentar la calidad del producto;
- equipo que reduce el coste de fabricar el producto.

— *Proyectos económicamente justificados:* nuevas instalaciones, robótica y equipos necesarios para fabricar productos nuevos o adicionales.
— *Todos los demás:* proyectos que no pueden justificarse con un análisis económico, tales como las donaciones, la iluminación del parking y las instalaciones del restaurante de la empresa.

Los proyectos basados en el rendimiento económico pueden jerarquizarse por la tasa de rendimiento. La información se presenta después al consejo de administración para su aprobación. Cuando se presente, la información deberá incluir la prioridad, la tasa de rendimiento, el coste total, los motivos, los beneficios y los riesgos que lleva aparejado cada proyecto. En un diagrama de Gantt separado, deberá destacarse la periodificación de los desembolsos para todos los proyectos.

Evaluaciones postproyecto

En muchas empresas ocurre que, aunque se efectúan análisis adecuados acerca de la aparente deseabilidad económica de un proyecto y los costes de adquisición se mantienen dentro de lo previsto, el proyecto no alcanza la tasa de rendimiento estimada. Algunas direcciones no son conscientes de esta situación porque no existe un seguimiento de los resultados. Para los grandes proyectos, después de un período de tiempo razonable posterior a su terminación, cuando se han resuelto todas las dificultades, debe hacerse una revisión a posteriori. La revisión podría hacerla el grupo de auditoría interna o quizá un equipo de dirección compuesto por los directivos de línea que intervienen en el proyecto y algunos miembros del equipo del controler. El objetivo es comparar los beneficios o economías reales con las previstas en el plan, averiguar por qué se produjo la desviación y qué medidas deberán tomarse para mejorar la planificación y el control de las inversiones de capital. El alcance podría extenderse desde aspectos de planificación estratégica hasta los procedimientos detallados de control.

De una revisión a posteriori inteligentemente planificada pueden obtenerse las siguientes ventajas:

— Pueden detectarse las deficiencias de la planificación estratégica, que originan decisiones erróneas, que a su vez afectan a los procedimientos de elaboración de los presupuestos de inversión.
— Podrían detectarse factores externos que influyen en la empresa, pero que no fueron identificados.
— La experiencia permitirá que la atención se centre en los defectos básicos de los planes, normas o procedimientos globales en cuanto que se relacionan con las inversiones en activo fijo.

— Pueden detectarse y corregirse las fortalezas o debilidades de la actuación individual, tales como la tendencia a realizar estimaciones demasiado optimistas.
— Puede permitir realizar correcciones en otros proyectos en curso antes de la finalización de los compromisos o desembolsos.

El informe de revisión a posteriori puede centrarse en el cash flow estimado hasta la fecha de la auditoría en comparación con el cash flow real, el punto de equilibrio antiguo frente al nuevo y los gastos operativos planeados frente a los reales.

Otros aspectos del activo fijo

La cuestión más importante que rodea al activo fijo, de la que nos hemos ocupado antes en este capítulo, es la fijación de las normas y los procedimientos que han de utilizarse para adquirirlo (es decir, la elaboración del presupuesto de inversiones). Sin embargo, hay multitud de otras pequeñas cuestiones de las que nos vamos a ocupar en esta sección:

— *Capital circulante*. En muchos casos, una inversión en activo fijo requiere también un aumento del capital circulante para pagar las existencias y cuentas a cobrar adicionales. Estos importes deberán incluirse siempre como elementos del importe de la inversión, al elaborar el presupuesto de capital, así como para calcular la tasa de rendimiento.
— *Arrendar o comprar*. Utilizar el método del valor actual neto para comparar una adquisición mediante *leasing* con una adquisición mediante compra. Si el coste marginal (deducidos los impuestos) de los fondos para comprar el elemento de activo se conoce, el mismo tipo de descuento puede aplicarse a los pagos por arrendamiento para obtener el valor actual neto. Por lo general, deberá elegirse la alternativa con un valor actual neto más bajo y unos ahorros mayores.
— *Fondos para sustitución y expansión de la fábrica*. La mayoría de las empresas no establecen fondos específicos para la expansión o sustitución de los inmuebles, sino que utilizan los fondos generales. Sin embargo, tales fondos pueden crearse, y algunos tratadistas creen que los servicios públicos y las industrias de activos agotables, tales como la minería, deben establecer dichos fondos.
— *Pérdidas o ganancias en la venta de elementos de activo*. Las pérdidas o ganancias en la venta de elementos de activo fijo deben pasarse a resultados a medida que se producen. Se trata básicamente de una corrección de beneficios anteriores. El modo de proceder habitual consiste en incluir dicha pérdida o ganancia en la sección no operativa (pérdidas y ganancias extraordinarias) de la cuenta de resultados.

— *Activos totalmente amortizados*. Si un activo totalmente amortizado no está ya en uso, su coste y la amortización correspondiente deberán eliminarse del mayor.
— *Obsolescencia*. Es probable que el equipo resulte obsoleto antes de que esté totalmente amortizado. Esta situación puede producirse debido a que el producto fabricado puede ser sustituido por otro, de manera que no exista ya la necesidad de la instalación. O puede desarrollarse un nuevo tipo de activo, uno que permite producir a un coste mucho más bajo, para sustituir al equipo actual de fabricación. En la práctica, la obsolescencia normal se combinará con la amortización tanto en la provisión como en la reserva. Una pérdida por obsolescencia anormal y significativa probablemente deberá separarse en la cuenta de resultados.
— *Contabilidad de la amortización*. La amortización distribuye el coste de un activo a lo largo de su vida útil. La determinación de la vida útil de un elemento de activo es en gran parte un problema técnico. Sin embargo, el controler entiende mejor las posibles consecuencias de una política de amortización (aspectos tales como el tratamiento de la obsolescencia, la contabilización de las bajas del activo, la determinación de los métodos de imputación y la selección de tipos individuales o colectivos).
— *Valoración del activo fijo*. El activo fijo se valora al coste, menos la provisión aplicable por depreciación, el agotamiento o la amortización. Además, la información sobre el coste de sustitución de la capacidad de producción actual es necesaria para ser incluida en el formulario del informe anual 10-K, exigido por la Comisión de Valores y Bolsa.
— *Equipo ocioso*. El controler debe informar a la dirección acerca de las pérdidas originadas por el equipo ocioso y asignar la responsabilidad para intentar eliminar los costes evitables e innecesarios. Esta información puede fomentar la enajenación de algún equipo permanentemente sobrante, teniendo en cuenta los planes a medio plazo. Entre las pérdidas generadas por las instalaciones no utilizadas figuran la amortización, los impuestos sobre bienes inmuebles, los seguros y el suministro eléctrico. Las causas del tiempo improductivo pueden ser de tres tipos:

1. *Las que son controlables por el personal de producción*. Algunas causas son la planificación deficiente; la carencia de materiales, herramientas o energía; las averías de las máquinas; o una supervisión inadecuada.
2. *Las resultantes de decisiones administrativas*. La dirección puede decidir crear capacidad adicional, y puede originar instalaciones ociosas a corto plazo, hasta que se cree demanda suficiente para ocupar la capacidad.

3. *Las derivadas de causas económicas*. Estas causas son ajenas a la voluntad de la empresa, como ocurre con la demanda estacional o el exceso de capacidad del sector.

NECESIDADES DE CONTROL INTERNO

Hay un pequeño número de cuestiones de control relacionadas con el equipo. El controler debe poner en práctica lo que se incluye en la lista siguiente:

— Identificar todos los elementos del activo fijo, posiblemente asignándoles a cada uno un número de serie. Los códigos de barras se utilizan algunas veces para facilitar los inventarios físicos del activo fijo.
— No transferir el equipo entre departamentos sin la aprobación por escrito del jefe del departamento responsable de la seguridad física del bien. Esto es necesario con el fin de realizar un seguimiento de las ubicaciones con fines relacionados con los seguros y para cargar correctamente la amortización a los departamentos correspondientes.
— Evitar que el equipo salga de la fábrica sin un permiso firmado por una autoridad apropiada.
— Realizar un inventario físico de todo el activo fijo.
— Mantener registros detallados de cada elemento del equipo, tal como se describe más adelante.
— Revisar las solicitudes de compra para asegurarse de que la fragmentación de las adquisiciones no se hace simplemente para evitar obtener la aprobación de una autoridad superior.
— Revisar las bajas de elementos del activo fijo para ver si el equipo puede ser utilizado por otros departamentos antes de desguazarlo o venderlo.
— Obtener ofertas para las transacciones de gran cuantía.
— Proporcionar la cobertura apropiada de seguros durante la construcción del equipo, así como cuando se termine.
— Revisar los gastos para asegurarse de que las inversiones en activo fijo no se tratan como gastos, evitando con ello los excesos presupuestarios.
— Seguir la pista de los siguientes aspectos de los proyectos de inversión:
  - cantidad autorizada,
  - compromisos reales hasta la fecha,
  - costes reales incurridos hasta la fecha,
  - coste estimado para terminar,
  - coste total dado a conocer,
  - diferencia prevista por encima o por debajo en comparación con el presupuesto del proyecto.

Registros de activo fijo

Además de un control efectivo es necesario mantener registros adecuados del activo fijo. Proporcionan una conveniente fuente de información para la planificación y el control, así como para la contratación de seguros y el cálculo de impuestos (por ejemplo, para el impuesto sobre bienes muebles e inmuebles).

Deben diseñarse registros detallados adaptados a las necesidades individuales de cada empresa. Los registros de bienes deben incluir la siguiente información:

- — nombre del elemento de activo,
- — clase de equipo,
- — código de control,
- — descripción,
- — tamaño,
- — modelo,
- — estilo,
- — número de serie,
- — número del motor,
- — nuevo o usado,
- — fecha de compra,
- — nombre del proveedor,
- — número de la factura,
- — número de la orden de compra,
- — ubicación (por ejemplo, fábrica, edificio, nave y departamento),
- — número de cuenta,
- — información sobre traspasos,
- — información sobre el coste original (por ejemplo, coste de compra, portes, impuestos, instalación, materiales, mano de obra y gastos generales),
- — adiciones o mejoras del equipo,
- — fecha de baja del activo,
- — vendido a,
- — desguazado,
- — coste recuperado,
- — información sobre amortización (por ejemplo, vida estimada, amortización anual, base).

El activo fijo en relación con los impuestos

Muchas comunidades locales y estados gravan con impuestos los bienes inmuebles y muebles o aplican un impuesto sobre concesiones administrativas o patentes basándose en los valores patrimoniales. El mantenimiento de unos registros adecuados puede ser un medio para tener satisfechas a las autoridades fiscales en relación con los problemas de valoración.

Los valores de los bienes muebles e inmuebles, a través de las amortizaciones resultantes, son importantes desde un punto de vista fiscal. Tal como se ha dicho antes, si la deducción por amortización admitida fiscalmente, es significativamente distinta de la amortización de carácter contable, se puede distorsionar el beneficio antes de impuestos y la carga impositiva. Cuando la estimación de la vida útil y de la base de carácter fiscal y de carácter contable no son significativamente diferentes, debe realizarse un esfuerzo para alinearlas. Puede ahorrarse el mantenimiento de registros separados. En cualquier caso, la carga de la prueba acerca de la exactitud de la amortización declarada recae en el contribuyente, el cual debe mantener los registros necesarios, u otros datos, para justificar la declaración.

Resumen

El proceso de elaboración del presupuesto de inversiones está relacionado con grandes desembolsos futuros de efectivo y, por consiguiente, es de gran interés para el controler. En este capítulo, hemos estudiado las responsabilidades del controler en relación con los bienes de capital y luego hemos profundizado en el proceso de la elaboración del presupuesto de inversiones. Hemos enumerado los pasos necesarios para preparar una propuesta de adquisición de elementos de activo fijo y la misión del controler en este proceso. Hemos descrito también las técnicas de evaluación utilizadas para jerarquizar las solicitudes de inversión, incluyendo el método de recuperación de la inversión, el valor actual neto y la tasa interna de rendimiento. Por último, hemos cubierto una serie de temas diversos relacionados con las inversiones en activo fijo, tales como las tasas críticas, el análisis del riesgo de los proyectos, las evaluaciones postproyecto y las necesidades de control interno en relación con el activo fijo. En su conjunto, estos temas deben dar al controler una visión general de los aspectos relacionados con la contabilización del activo fijo, así como con el control del proceso de elaboración del presupuesto de inversiones.

Capítulo 15

El pasivo

Introducción

Se ha dicho que la dirección, o la planificación y control, del activo de una empresa reside en gran parte en las manos de los directores operativos, pero que la dirección del pasivo y del patrimonio es responsabilidad de los directores financieros. Hasta cierto punto, esto es verdad: el controler debe planificar y vigilar cuidadosamente el pasivo para prever los cambios en las obligaciones de la empresa.

En este capítulo, estudiaremos algunas consideraciones prácticas en relación con la planificación, medición y control del pasivo, así como con diversas cuestiones relacionadas con las obligaciones, tales como las clasificaciones de los bonos, la capacidad de endeudamiento y el apalancamiento financiero.

Definiciones

El *pasivo* está constituido por las obligaciones económicas de una empresa que se contabilizan y miden de conformidad con los principios de contabilidad generalmente aceptados. Sin embargo, hay muchos tipos de pasivo. Los más corrientes son:

— *Pasivo circulante o exigible*. El pasivo clasificado como circulante se refiere a las obligaciones que hay que liquidar dentro del ciclo operativo (por lo general, un año). La importancia de la separación del pasivo circulante de otros pasivos radica en el papel desempeñado por varios ratios financieros, tales como la relación entre el activo realizable y el pasivo exigible, cuando se toma dinero prestado.

- *Efectos a pagar.* Éstos representan las obligaciones de la empresa con arreglo a instrumentos legales en los que existe una promesa explícita de pagar una cantidad especificada en un momento determinado.
- *Cuentas a pagar.* Éstas son en gran parte partidas a pagar por operaciones de tráfico y representan las obligaciones de la empresa con sus proveedores. Dado que estas obligaciones se contabilizan en el momento en que se transfiere la propiedad de las mercancías o se reciben los servicios, el controler debe convencerse de que existen claras separaciones de las obligaciones en cuanto al ejercicio al que pertenecen.
- *Gastos anticipados*. Cuando existe una obligación por razón de las ventajas que se han recibido, pero dicha obligación no ha vencido ni es pagadera todavía, normalmente se registrará como un gasto anticipado. Ejemplos de tales gastos serían los anticipos de sueldos, salarios, comisiones, alquileres, cánones, costes de pensiones e impuestos sobre la renta y otros.

— *Pasivo a largo plazo*. El pasivo clasificado como a largo plazo representa las obligaciones que vencen en un plazo superior a un año o las generadas por activo no circulante.

- *Arrendamientos a largo plazo*. De acuerdo al sistema de contabilidad actual, si en su comienzo un arrendamiento cumple uno o más de los siguientes criterios, se clasificará como arrendamiento de bienes de capital por el arrendatario y se indicará en el balance. En otro caso, se tratará como un arrendamiento operativo. Entre los criterios para la capitalización figuran:

  * El arrendamiento transfiere la propiedad de los bienes al arrendatario al final del período de arrendamiento.
  * El arrendamiento contiene una opción especial de compra.
  * El período de arrendamiento es igual al 75% o más de la vida económica estimada del bien arrendado.
  * El valor actual al comienzo del período de arrendamiento de los pagos mínimos por el arrendamiento es igual o sobrepasa al 90% del valor de mercado del bien, incluyendo las correspondientes deducciones de impuestos por inversiones que el arrendador retiene o espera utilizar.

- *Bonos*. En esencia, los bonos son pagarés empresariales a largo plazo emitidos con arreglo a un procedimiento legal formal y garantizados, ya sea por la pignoración de bienes específicos, por los ingresos o por el crédito general del emisor. Los bonos difieren de los pagarés en que cada uno representa una participación fraccionaria en un contrato colectivo, usualmente con un fideicomisario que actúa como intermediario. Las condiciones del control se exponen en la escritura de fideicomiso.
- *Otras obligaciones a largo plazo*. Según las circunstancias, pueden existir otras obligaciones y conceptos parecidos que se clasifican ya sea como obligaciones a largo plazo o como partidas incluidas en la sección a largo plazo del balance, por encima del activo neto. Éstas pueden incluir partidas tales como impuestos diferidos sobre la renta, retribuciones diferidas, garantías de productos anticipadas, fondo de comercio negativo y participaciones minoritarias.

Objetivos

La finalidad de la gestión del pasivo es asegurar que la empresa posee suficiente efectivo para hacer frente a las necesidades de financiación para cualquier propósito relevante para la fortaleza financiera a largo plazo de la empresa. Por tanto, no es meramente evitar la insolvencia o la quiebra. Desde el punto de vista del controler, los objetivos de la gestión del pasivo son los siguientes:

— Registrar y revelar las obligaciones financieras de la empresa de acuerdo con los principios de contabilidad generalmente aceptados.
— Informar del pasivo empresarial en la forma apropiada, tal como requieren las escrituras de emisiones de bonos y los contratos de crédito.
— Mantener una buena estructura financiera de la deuda en proporción a los recursos propios, a través de una planificación y un control efectivos.
— Obtener oportunamente la financiación ajena necesaria y a un coste que sea competitivo.
— Crear y mantener controles que limiten los compromisos dentro de unos límites bien definidos, de manera que no den como resultado unas obligaciones excesivas.
— Permitir a la empresa estar tan bien considerada en el mercado financiero que sus acciones puedan alcanzar una relación aceptable entre la cotización bursátil y el beneficio neto, y que las acciones reflejen un aumento gradual de los beneficios por acción y la consiguiente apreciación a largo plazo en beneficio de sus propietarios.

— Permitir a la empresa mantener una prudente política de dividendos.

Muchos de los objetivos anteriores de la gestión del pasivo están interrelacionados.

Controles

Debido a la diferente naturaleza de las diversas clases de pasivo, es práctico en las actividades de contabilidad, planificación y control tratar cada grupo por separado. He aquí algunas sugerencias sobre lo que puede hacer el controler para gestionar el pasivo.

Pasivo circulante

El controler puede planificar el pasivo por períodos. Esto se consigue después de estar planificados varios niveles de activo (efectivo, cuentas a cobrar, existencias, activo fijo) y cuando se hayan completado los planes operativos (ventas, gastos de fabricación, mano de obra directa, materiales directos, gastos de ventas y gastos generales y administrativos). Es útil agrupar el pasivo circulante de acuerdo con las partidas que deben identificarse en el balance de situación previsional, tales como las cuentas a pagar, los sueldos y salarios anticipados, los gastos anticipados, los impuestos sobre la renta diferidos y los efectos a pagar.

El controler puede también probar el plan con respecto al cumplimiento de los contratos de crédito u otros estándares internos, tales como la relación entre el activo realizable y el pasivo exigible, las rotaciones de las existencias, el capital circulante neto y el promedio del sector industrial o de los competidores.

Además, el controler puede analizar cada partida para buscar la forma de reducir la obligación. Por ejemplo, puede utilizar los métodos de existencias *just in time* para reducir las cuentas a pagar o los efectos a pagar. Otros modos de reducir el inventario son acordar con los proveedores recibir las mercancías en consignación o en condiciones especiales de pago. Y el controler puede vigilar los saldos del período para identificar si existe alguna tendencia desfavorable y tomar las medidas oportunas. Por último, el controler puede emitir los comunicados apropiados de control o informativos destinados, por ejemplo, al responsable de cuentas a pagar, al consejo de administración o a los acreedores. Esto podría incluir la actualización de la situación de la deuda proyectada a fin de año, el resumen de las obligaciones contingentes o la emisión de información acerca de la antigüedad de las cuentas a pagar, las obligaciones del plan de pensiones no dotadas, los riesgos relacionados con la moneda extranjera o las obligaciones pendientes por arrendamientos.

ACREEDORES A LARGO PLAZO

El controler puede planificar la deuda a largo plazo, por categorías, para incluirla en el plan anual. Puede comprobar si el plan permite cumplir los requisitos de los contratos de crédito o los estándares de la empresa con respecto a su capacidad de endeudamiento, incluyendo el que podría existir en el caso de que se produjeran las circunstancias menos favorables para la empresa, en el período de planificación. También puede realizar un seguimiento de los resultados obtenidos, durante el período del plan, para identificar aspectos desfavorables, además de informar sobre la situación y perspectiva financiera a los interesados (por ejemplo, los banqueros, los obligacionistas o el consejo de administración).

TODAS LAS PARTIDAS DE ENDEUDAMIENTO

En esta cuestión, el controler puede revisar la contabilidad para cerciorarse de que se siguen los principios de contabilidad generalmente aceptados. Puede comprobar también los controles internos, para asegurarse de que el sistema funciona correctamente. Sería también prudente que se mantuviera razonablemente informado acerca de la situación y tendencias probables del mercado de deuda y de cualesquiera instrumentos de deuda, tanto a corto como a largo plazo. Si fuera apropiado, este seguimiento debería incluir también el mercado internacional.

Además, deben instituirse procedimientos para asegurar que todas las obligaciones financieras están debidamente certificadas o aprobadas por la autoridad designada para ello. La comparación de los albaranes de recepción, las órdenes de compra y las facturas, por quienes manejan el proceso de pagos, reduce la responsabilidad de los ejecutivos; pero el pasivo no cubierto por estos canales debe someterse a revisión. El controler, por ejemplo, debe aprobar las nóminas antes de su pago. El jefe de compras debe aprobar las facturas de servicios, ya que no se emite normalmente ningún informe de recepción de los mismos. Ciertas transacciones especiales pueden requerir la aprobación del presidente del consejo de administración. Las facturas de componentes o servicios deben comprobarse con el archivo de justificantes, por si existieran pagos duplicados. En resumen, el controler deberá pensar en la posibilidad de que el sistema de registro de las cuentas a pagar sea de algún modo independiente del proceso de pagos, para dar una mayor seguridad de que existen los controles necesarios.

Por último, el controler debe tener en cuenta el efecto de las nuevas emisiones de deuda sobre los tenedores de la deuda existente.

Las estipulaciones de los contratos de crédito

Las escrituras o contratos de préstamo suelen adaptarse a los deseos tanto del prestamista como del prestatario. Sin embargo, un gran número de estipulaciones estándar son aplicables a la mayoría de los contratos de préstamo. El controler debe conocer las estipulaciones que se relacionan con los límites de endeudamiento y ciertos usos del efectivo. La lista de estipulaciones que sigue incluye ejemplos de limitaciones características:

— *El requisito de la relación entre el activo realizable y el pasivo exigible*. La empresa promete que no permitirá que el activo circulante sea menor en ningún momento que, por ejemplo, el 150% del pasivo exigible.
— *Limitación de los dividendos*. La empresa promete que no pagará ni declarará ningún dividendo por encima de un importe determinado. Sin embargo, suelen permitirse los pagos a accionistas preferentes.
— *Deuda*. La empresa y sus filiales no incurrirán ni garantizarán ninguna deuda adicional. También suele utilizarse un ratio, tal como la relación entre el activo tangible y la deuda, para establecer el importe máximo permitido de deuda. Este ratio es muy variable según la situación, pero una proporción de dos a uno es aceptable en la mayor parte de los casos. Deberá calcularse también esta relación con carácter consolidado, puesto que las empresas pueden desviar deuda hacia sus filiales con el fin de hacer aparecer algunas filiales teóricamente exentas de deuda y, por consiguiente, capaces de adquirir cantidades adicionales.
— *Deuda subordinada*. La empresa acuerda que no emitirá deuda adicional que pueda disminuir el derecho de los acreedores actuales sobre el activo de la empresa.
— *Capital circulante mínimo*. La empresa acuerda que mantendrá una cantidad fija de capital circulante para cubrir las necesidades operativas de efectivo de la misma.
— *Acuerdos negativos*. La empresa no tratará de adquirir deuda adicional sin el permiso de acreedores específicos o de aquellos acreedores que sean titulares de un porcentaje mínimo de la deuda de la empresa.
— *Venta, arrendamiento, etc*. La empresa no venderá ni transferirá ningún activo, distinto de las partidas obsoletas o desgastadas, siempre que el valor de tales partidas transferidas o vendidas no sobrepase un ratio específico, tal como la relación entre el activo y los recursos propios. Esta cláusula se utiliza para impedir que las empresas liquiden las partidas de activo que se utilizan como garantía de los préstamos. Evidentemente, las existencias no se incluyen en esta estipulación.

Indicadores

Debe comprobarse la aceptabilidad de los niveles de pasivo actuales y planificados. Esta comprobación puede realizarse en base a los requisitos legales, tales como los que figuran en los contratos de préstamos bancarios o en las escrituras de emisión de bonos, como vimos antes en este capítulo. Además, deben examinarse los ratios clave en cuanto a su razonabilidad y compararse con los promedios del sector industrial al que pertenezca la empresa, o con los puntos de referencia internos de la empresa. Dun & Bradstreet, por ejemplo, emite periódicamente ratios seleccionados de cada sector industrial, que muestran el cuartil medio, superior e inferior, para ciertos ratios operativos y situaciones financieras. El controler puede comparar los ratios de la empresa con los ratios sectoriales, con los resultados de competidores seleccionados o con los estándares utilizados por la banca comercial o los analistas financieros. Si estas pruebas muestran una situación inaceptable, deberán adoptarse medidas correctoras.

Entre los ratios utilizados para medir la aceptabilidad del pasivo circulante, figuran los siguientes:

- *Relación entre el activo realizable y el pasivo exigible*. Se calcula dividiendo el activo circulante por el pasivo exigible. Mide la protección que tienen los acreedores, incluso si el activo circulante resulta ser menos valioso de lo previsto. Un ratio de 2 es aceptable. Con unas cuentas a cobrar y un control de existencias adecuado, puede ser aceptable incluso un ratio de 1,5.
- *La relación entre el activo rápidamente realizable y el pasivo inmediatamente exigible*. Con este ratio se mide la relación de los activos muy líquidos (como por ejemplo, las inversiones en activos del mercado monetario y las cuentas a cobrar) con el pasivo circulante. Este ratio, denominado también ratio de liquidez inmediata o prueba ácida, es un indicador de los activos muy líquidos disponibles para satisfacer las demandas de los acreedores a corto plazo.
- *Mínimo capital circulante neto*. En este caso se trata de una cantidad absoluta: la diferencia entre el activo circulante y el pasivo circulante. Algunos contratos de préstamo y crédito exigen una cantidad mínima de capital circulante en todo momento. La cantidad neta indica hasta qué punto puede el activo circulante disminuir y sin embargo ser suficiente para satisfacer el pasivo exigible a corto plazo.
- *Relación entre la deuda a corto plazo y el activo neto*. En la medida en que el activo está financiado por los accionistas, hay mayor protección (es decir, más activo) para los acreedores. Un ratio bajo entre la deuda a corto plazo (la que vence antes de un año) y el activo neto es una medida de cómo los accionistas están suministrando una mayor proporción de fondos.
- *Relación entre la deuda a corto plazo corriente y las existencias*. Una proporción elevada de deuda a corto plazo respecto a las existencias

sugerirá que las mercancías se compran, elaboran y venden sin que se efectúen pagos a los proveedores. Si el ratio relativo, en comparación con el modo de proceder del sector industrial y comercial, es elevado, indicaría una financiación insuficiente.

— *Rotación de las cuentas a pagar.* La rotación de las partidas a pagar se determina dividiendo el saldo de la cuenta de partidas a pagar por el importe de las compras y multiplicando el resultado por los días del período. Una rotación inesperadamente baja indica que los clientes están haciendo uso de descuentos por pronto pago.

Capacidad de endeudamiento

El objetivo del ejecutivo financiero debe ser organizar las finanzas de manera que los propietarios de la empresa reciban la máxima ventaja económica a largo plazo, mediante el aumento del precio de las acciones y del nivel de los dividendos.

Puede demostrarse que, a lo largo de un período de tiempo, suponiendo una rentabilidad normal y el carácter deducible de los intereses a efectos fiscales, un endeudamiento prudente aumentará el rendimiento para el accionista. A pesar de esta posibilidad de ganancia, existe un poderoso factor disuasorio que desalienta la utilización de la deuda a largo plazo; ese factor disuasorio es el riesgo inherente con respecto al servicio de la deuda. El principal y los intereses deben pagarse cuando vencen, independientemente de la situación financiera de la empresa, y pueden generar limitaciones inoportunas o incluso la pérdida de la empresa. Estos pagos fijos reducen también las opciones de una empresa para igualar los precios de los competidores durante una guerra de precios, lo que da como resultado unas menores ventas, márgenes inferiores y posibles pérdidas.

Siendo los factores disuasorios de un excesivo nivel de deuda, tan importantes, ¿cómo sabe el controler qué nivel de deuda es el óptimo? Alguna orientación para tomar una decisión procede de:

Los prestamistas institucionales.—Los banqueros negocian préstamos a largo plazo con bastante frecuencia, en contraste con el director financiero de una empresa industrial. Por consiguiente, están más familiarizados con las condiciones de los contratos recientes. Presumiblemente, serán también conservadores y deberán ser capaces de juzgar si las condiciones propuestas serán aceptables en el mercado.

La actuación de los competidores.—Los estados financieros y los acuerdos de préstamo de las empresas que cotizan en bolsa son públicos. A partir de esta información, el controler puede obtener un rango de niveles de deuda con fines comparativos.

El análisis del modo de proceder en años anteriores.—El análisis histórico del comportamiento con respecto al nivel de endeudamiento y los ingresos de la empresa en épocas de adversidad y en condiciones normales puede proporcionar alguna orientación.

Convencionalmente, hay dos tipos de estándares mediante los cuales se puede juzgar la capacidad de endeudamiento a largo plazo: son el estándar de capitalización y el estándar de cobertura de los beneficios. Al definir la política de endeudamiento de una empresa, cada uno de estos estándares debe considerarse e interrelacionarse. Al trabajar con datos internos, el controler puede efectuar ajustes, que por lo general no son posibles con los datos publicados de otras empresas.

Un estándar muy utilizado, empleado a menudo como una limitación para los contratos de crédito, es *la relación entre la deuda a largo plazo y los recursos propios*. Por ejemplo, la deuda a largo plazo no debe ser más del 25% de los recursos propios. Puede también expresarse como porcentaje de la capitalización total. Para utilizar dicho estándar, deberán calcularse varias alternativas, que muestren, por ejemplo, el efecto de un ratio de deuda del 20% frente a otro del 25%, para evaluar el riesgo implicado. Posteriormente, también debe reconocerse la a menudo amplia variación entre el principal de la deuda y el gasto anual por intereses y reembolso de la misma. Aunque la relación entre la deuda y los recursos propios puede ser la misma durante muchos años, la cuantía del reembolso puede ser considerablemente diferente si se cancela en cinco años en lugar de en treinta años.

El *estándar de cobertura de los beneficios* mide el importe total anual requerido para el servicio de la deuda, con respecto a los beneficios netos disponibles para ello. Al relacionar las salidas anuales de efectivo para el servicio de la deuda con los beneficios netos disponibles para este fin, se trata de asegurar que, aún en épocas de adversidad, existan fondos suficientes para satisfacer la obligación. Evidentemente, cuanto mayor sea la probabilidad de cambios en el cash flow, mayor será el coeficiente deseado de cobertura. Este ratio varía considerablemente según las industrias y según las empresas. Normalmente, las empresas bien financiadas pueden tener una cobertura de quince veces o incluso superior.

Los ratios de cobertura deben calcularse para diversas circunstancias económicas, suponiendo tanto el peor cash flow posible como el cash flow más probable. Al final, la política de deuda o la estructura apropiada de capital sólo pueden determinarse mediante el examen de los factores de la empresa y de la industria que influyen en la posibilidad de reintegrar la deuda. Es una cuestión de buen criterio y previsión con respecto a las condiciones más probables.

Clasificación de los bonos

En Estados Unidos, existe una diferencia significativa en el coste de los intereses para una empresa según la clasificación de calidad asignada a sus títulos de deuda por las tres agencias de clasificación, y ésta es una consideración importante para seleccionar los límites totales de la deuda. Las tres agencias de clasificación de la deuda —Standard and Poor's Corporation, Moody's Investor Service y Fitch Investor's Service— asignan clasificaciones que juzgan la calidad o el riesgo intrínseco de cualquier título dado. La clasificación dependerá, entre muchos otros factores, del ratio de cobertura de la deuda.

Los símbolos que usa Moody's para las cuatro clasificaciones más altas son los siguientes:

Aaa	La mejor calidad; el menor grado de riesgo de inversión.
Aa	Se considera de gran calidad con arreglo a todos los estándares.
A	Deudas de clase media más alta, con algunos elementos que pueden sugerir una susceptibilidad al deterioro en algún momento futuro.
Baa	Clase media más baja. Carece de las características de inversión excepcional y, de hecho, tiene también características especulativas.

El objetivo de muchas empresas bien financiadas es conseguir, por lo menos, una clasificación Aa para sus bonos. Las presentaciones para obtener clasificaciones deberán prepararse cuidadosamente, porque una mala clasificación no es fácilmente superable.

Para determinar la clasificación de una deuda, las agencias necesitan datos financieros suficientes, tales como los siguientes:

- — Balances consolidados. Quizás, deban presentarse cinco años históricos y cinco años proyectados.
- — Estados consolidados de pérdidas y ganancias y beneficios no distribuidos de los cinco últimos años y cinco años proyectados. Estarían incluidos los dividendos pagados y los datos por acción, incluyendo:
  - • los beneficios,
  - • los dividendos,
  - • el valor contable.
- — Estados de cash flows consolidados. De nuevo deberán presentarse cinco años históricos y cinco años futuros.
- — Estados por grupos de productos para datos históricos y proyectados en cuanto a ventas, así como el margen operativo en dólares y como porcentaje.

Apalancamiento financiero

Al evaluar la estructura de capital, el controler ha de estudiar el efecto del apalancamiento. Éste supone la financiación de una empresa con deudas prioritarias para aumentar la tasa de rendimiento de los fondos propios (capital y reservas). También se denomina «sacar partido del capital». En la tabla 15.1 puede verse una aplicación del apalancamiento financiero. Supongamos que la dirección ha estado ganando, antes de impuestos sobre la renta, el 37% de la capitalización; que cree que continuará obteniendo el mismo rendimiento; y que la empresa puede tomar prestado al tipo del 11%. Si toma prestado el equivalente al 20% del capital y continúa generando la misma tasa de rendimiento del activo, los beneficios por acción, con el apalancamiento favorable, aumentan, pues pasan de 5,00 dólares a 5,70 dólares, y el rendimiento del capital pasa del 19,98% al 22,79%.

TABLA 15.1. **Apalancamiento favorable**

	100 % acciones ordinarias	Acciones ordinarias más capitalización de los bonos
Capitalización		
Bonos (11 %)		20.000.000
Acciones ordinarias	100.000.000	100.000.000
Total	100.000.000	120.000.000
Número de acciones ordinarias	4.000.000	4.000.000
Beneficios		
Beneficios antes de impuestos e intereses	37.000.000	44.400.000
Intereses de los bonos	—	2.200.000
Beneficios antes de impuestos	37.000.000	42.200.000
Impuestos sobre beneficios (46 %)	17.020.000	19.412.000
Beneficio neto para las acciones ordinarias	19.980.000	22.788.000
Rendimiento de los recursos propios	19,98%	22,79%
Beneficios por acción ordinaria	5,00	5,70
Dividendo (beneficio distribuido 40 %)	2,00	2,28

Sin embargo, si en condiciones de apalancamiento desfavorable, la dirección ha sido demasiado optimista y la tasa de beneficio ha sido menor que el tipo de interés de los bonos, los resultados podrían ser insatisfactorios, tal como puede verse en la tabla 15.2. En este caso, la tasa de rendimiento de la capitalización fue menor que el tipo de interés de los bonos.

Desde el punto de vista del inversor, en los buenos tiempos, el apalancamiento aumenta los beneficios por acción y el precio de las acciones. Sin embargo, en tiempos desfavorables, existen las condiciones inversas, y las acciones de una empresa apalancada resultan menos atractivas.

TABLA 15.2. **Apalancamiento desfavorable**

	100 % acciones ordinarias	Acciones ordinarias más capitalización de los bonos
Capitalización		
Bonos (11 %)		20.000.000
Acciones ordinarias	100.000.000	100.000.000
Total	100.000.000	120.000.000
Número de acciones ordinarias	4.000.000	4.000.000
Beneficios		
Beneficios antes de impuestos e intereses	10.000.000	10.000.000
Intereses de los bonos	—	2.200.000
Beneficios antes de impuestos	10.000.000	7.800.000
Impuestos sobre beneficios (46 %)	4.600.000	3.588.000
Beneficio neto para las acciones ordinarias	4.400.000	4.212.000
Rendimiento de los recursos propios	4,4%	4,21%
Beneficios por acción ordinaria	1,10	1,05
Dividendo (beneficio distribuido 40 %)	0,44	0,42

Resumen

El control sobre el pasivo exigible a corto plazo es decisivo, puesto que el controler ha de planificar la cancelación o el mantenimiento de niveles razonables de deuda a corto plazo, los efectos a pagar, los arrendamientos y las deudas a largo plazo. En este capítulo, hemos definido obligaciones tales como el pasivo exigible a corto plazo, las cuentas a pagar y el pasivo anticipado, y hemos descrito a continuación los controles normalmente utilizados para varias clases de pasivo. Existen una serie de ratios relacionados con el pasivo, por lo que hemos enunciado las fórmulas de varios de ellos. También nos hemos ocupado del concepto de apalancamiento financiero, detallando los distintos ratios relacionados con la deuda, así como el efecto del apalancamiento sobre los beneficios. El adecuado control sobre el pasivo contribuye a dar a la empresa la apariencia de estabilidad financiera y puede incluso originar una mejor clasificación de sus bonos.

Capítulo 16

Los recursos propios

Introducción

El capital, o recursos propios, es la participación de los accionistas o propietarios en el activo de la empresa y representa el resultado neto acumulado de las transacciones pasadas que afectan a este segmento del balance. Los recursos propios se crean inicialmente por la inversión de los propietarios en la empresa y pueden aumentarse de vez en cuando mediante inversiones adicionales, así como a través de los beneficios netos. Pueden reducirse por la distribución de los recursos entre los accionistas (normalmente en forma de dividendos). También pueden disminuir si la empresa no es rentable. Una vez satisfechas todas las obligaciones, el resto pertenece a los propietarios.

Los conceptos contables fundamentales rigen la contabilidad de los recursos propios de forma global, para cada tipología de accionistas, y para los diversos segmentos de capital, tales como el capital social, el capital aportado o el capital en forma de beneficios acumulados. En este capítulo, no nos ocuparemos de los aspectos más sutiles concernientes a la participación en la propiedad. Se supone que el controler está muy versado en el tratamiento apropiado o lo estará. Nuestras preocupaciones se relacionan con la participación global de los accionistas y no con ninguno de los segmentos especiales. Por consiguiente, en este capítulo nos limitaremos a temas tales como el coste del capital, la política de dividendos, la planificación de los recursos propios y la contabilización de las acciones.

Misión del controler

El controler debe dar adecuada cuenta y razón de los recursos propios, realizando los análisis y recomendando las medidas que sean coherentes con el aumento del valor para el accionista a largo plazo. Específicamente, debe realizar las siguientes tareas:

— Contabilizar los recursos propios de acuerdo con los principios contables generalmente aceptados. Esto incluye los análisis históricos del origen del capital y la segregación del capital acumulado por tipología de accionistas.
— Preparar los informes apropiados sobre la situación y los cambios en los recursos propios, tal como lo requieren los organismos oficiales, la dirección, los contratos de crédito y otros contratos.
— Realizar los análisis necesarios para ayudar a la planificación del origen más apropiado (por ejemplo, deuda o capital) de fondos adicionales, y la periodificación y la cantidad requerida de cada uno.
— Mantener en forma apropiada y económica registros del capital de cada uno de los accionistas, con el correspondiente análisis pertinente. En una empresa grande, estas funciones las podría realizar un departamento separado o un servicio exterior.
— Realizar periódicamente los análisis requeridos sobre cuestiones tales como:

- la política de dividendos;
- los planes de reinversión de dividendos;
- las emisiones gratuitas de acciones;
- las recompras de acciones;
- la estructura del capital;
- la tendencia y perspectiva de los beneficios por acción;
- el coste del capital para la empresa y para el sector industrial;
- la legislación fiscal en lo que afecta a los accionistas;
- el comportamiento de la cotización de las acciones e influencias sobre el mismo.

Las fórmulas de capital y los ratios de deuda

La tasa de crecimiento del capital está relacionada con el establecimiento de tasas objetivo de rendimiento del capital, con la selección de las fuentes de capital y con el seguimiento de la política de dividendos. El crecimiento anual de los recursos propios procedentes de fuentes internas puede definirse como la tasa del rendimiento obtenido sobre dicho capital multiplicada por el porcentaje de los beneficios no distribuidos. Se representa por la fórmula siguiente:

$$C = T\,(1 - P)$$

donde:

C = Tasa de crecimiento anual de los recursos propios.
T = Tasa neta anual de rendimiento de los recursos propios.
P = Relación entre dividendos distribuidos y beneficios por acción ordinaria o participación en los beneficios pagada anualmente en forma de dividendos.

A modo de ejemplo, si una empresa gana cada año el 23% de sus recursos propios y la relación entre dividendos distribuidos y beneficios por acción ordinaria es del 40%, los recursos propios crecerán a razón del 14% por año, calculados como sigue:

$$\begin{aligned} C &= 0{,}23\ (1 - 0{,}40) \\ &= 0{,}23\ (0{,}60) \\ &= 0{,}14,\ \text{o}\ 14\ \% \end{aligned}$$

Otra faceta del papel de los recursos propios es la relación entre la tasa de rendimiento del capital y la tasa anual de crecimiento de los beneficios por acción. Básicamente, la tasa de rendimiento de los recursos propios, una vez ajustada para tener en cuenta la relación entre dividendos distribuidos y beneficios por acción ordinaria, produce la tasa de crecimiento anual de los beneficios por acción. Se expresa con la fórmula siguiente:

Crecimiento anual de los beneficios por acción = Tasa de rendimiento del capital x Ratio de beneficios no distribuidos

En la tabla 16.1 se ilustra esta relación. Así, suponiendo una rentabilidad constante del 20% y una relación constante entre los dividendos distribuidos y los beneficios del ejercicio del 25%, la tasa de crecimiento de los beneficios por acción se calcula mediante la misma fórmula que para el crecimiento de los recursos propios:

$$\begin{aligned} C &= T(1 - P) \\ &= 0{,}20\ (1 - 0{,}25) \\ &= 0{,}20\ (0{,}75) \\ &= 0{,}15\ \text{o}\ 15\ \% \end{aligned}$$

Para fines aclaratorios para la dirección o el consejo de administración, estos mismos factores pueden traducirse en valor contable por acción, beneficios por acción y dividendos por acción tal como se indica en la tabla 16.2. Las explicaciones acerca de la participación de los accionistas suelen entenderse con mayor facilidad si se presentan de esta forma.

TABLA 16.1. **Rentabilidad constante de los recursos propios en comparación con el crecimiento de los beneficios por acción**

Año	Recursos propios iniciales	Beneficio neto	Dividendos pagados	Recursos propios finales	Rentabilidad de los recursos propios iniciales (%)	Pago de dividendos %	Beneficios por acción	Crecimiento de los beneficios por acción (%)
19X6	250.000	50.000	12.500	287.500	20	25	5,00	—
19X7	287.500	57.500	14.375	330.625	20	25	5,75	15
19X8	330.625	66.125	16.531	380.219	20	25	6,61	15
19X9	380.219	76.044	19.011	437.252	20	25	7,60	15
20X1	437.252	87.450	21.863	502.839	20	25	8,75	15
20X2	502.839	100.568	25.142	578.265	20	25	10,06	15
20X3	578.265	115.653	28.913	665.005	20	25	11,57	15

TABLA 16.2. **Por acción: rendimiento de los recursos propios en comparación con la tasa de crecimiento**

Año	1	2	3	4	5	6	7
Valor contable inicial	25,00	28,75	33,06	38,02	43,72	50,28	57,82
Beneficios[a]	5,00	5,75	6,61	7,60	8,75	10,06	11,57
Dividendos[b]	1,25	1,44	1,65	1,90	2,19	2,52	2,89
Beneficios no distribuidos	3,75	4,31	4,96	5,70	6,56	7,54	8,68
Valor contable final	28,75	33,06	38,02	43,72	50,28	57,82	66,50
Aumento en los beneficios por acción:							
Cantidad		0,75	0,86	0,99	1,15	1,31	1,51
Porcentaje		15	15	15	15	15	15
Aumento en los dividendos:							
Cantidad		0,19	0,21	0,25	0,29	0,33	0,37
Porcentaje		15	15	15	15	15	15

[a] Al 20 % de los recursos propios iniciales.
[b] Al 25 % de la relación entre dividendos pagados y beneficios por acción ordinaria

En una planificación financiera prudente debe tenerse en cuenta el efecto de las decisiones sobre los beneficios por acción. A la dirección le preocupa el crecimiento de los beneficios por acción, puesto que una de sus tareas es aumentar el valor para el accionista. Un aumento continuo en los beneficios por acción aumentará cada año el valor para el accionista a través de una mayor relación precio/beneficio y, usualmente, a través de un aumento de los dividendos. Además, el crecimiento de los beneficios por acción es un indicador que permite evaluar la gestión de la dirección, y así lo considera la comunidad financiera, incluyendo los analistas financieros. Dada la importancia de los beneficios por acción, el controler debe tener presente que éstos aumentarán como resultado de cualquiera de estas medidas:

— La reinversión de parte de los beneficios, incluso en el caso de que la rentabilidad del capital sea constante, como ilustran los cálculos de las tablas 16.1 y 16.2. (Un crecimiento de los beneficios por acción no significa necesariamente que la dirección esté logrando una mayor rentabilidad del capital.)
— Un aumento real de la tasa del rendimiento obtenido sobre los recursos propios.
— La recompra de acciones ordinarias siempre que la tasa de rentabilidad del capital no disminuya.
— El uso de un endeudamiento prudente (es decir, del apalancamiento financiero).
— La absorción de una empresa cuyas acciones se vendan a una menor relación precio/beneficio que la de la empresa que absorbe.
— La venta de parte de las acciones ordinarias por encima del valor contable de las acciones existentes, suponiendo que se mantenga la rentabilidad del capital.

Para la planificación financiera hay que tener presente todas las alternativas. Sin embargo, de todas estas actuaciones, la que es más probable que sea sostenible y traducible en un considerable crecimiento de los beneficios por acción es una rentabilidad constante o creciente de los recursos propios.

En la gestión de los recursos propios deben siempre tenerse en cuenta los ratios de deuda cuando se planifica la financiación futura, ya se trate de financiación mediante deuda o mediante capital. Las agencias de clasificación y el mercado financiero utilizan dos ratios principales para juzgar la bondad de la deuda (o el valor del capital) de una empresa:

1. *Relación entre la deuda a largo plazo y los recursos propios*. Con este ratio, se compara la inversión de los acreedores a largo plazo con la de los propietarios. Por lo general, un ratio mayor que 1 indica una deuda excesiva. Sin embargo, el ratio debe compararse con otros del sector al que pertenezca la empresa. Se calcula como sigue:

$$\text{Relación entre la deuda a largo plazo y los recursos propios} = \\ = \frac{\text{Deuda a largo plazo}}{\text{Recursos propios}}$$

2. *Relación entre la deuda a largo plazo y la capitalización total*. Un ratio mayor que el 50% refleja un uso excesivo de la financiación ajena. De nuevo, deberán hacerse comparaciones con los promedios del sector al que pertenezca la empresa. Este ratio se calcula como sigue:

$$\text{Relación entre la deuda a largo plazo y la capitalización total} = \\ = \frac{\text{Deuda a largo plazo}}{\text{Capitalización total (incluyendo la deuda a largo plazo)}}$$

Coste del capital

Los inversores están dispuestos a arriesgar fondos con la esperanza de recuperar dicho capital y obtener un rendimiento razonable. Algunos individuos o empresas podrían preferir invertir en valores casi exentos de riesgo, tales como los bonos del gobierno de los Estados Unidos; otros asumirán riesgos mayores, pero esperarán una tasa de rendimiento más alta. El coste del capital, pues, puede definirse como la tasa de rendimiento que ha de pagarse a los inversores para inducirles a suministrar los fondos necesarios. Por consiguiente, el coste de un bono estaría representado por los pagos de intereses más la recuperación del precio de compra del bono, y probablemente, añadiendo algunas ganancias de capital. El coste de las acciones ordinarias emitidas estaría representado por el dividendo pagado más la apreciación del valor de las acciones. El capital fluirá hacia los mercados en que los inversores esperan recibir una tasa de rendimiento coherente con su evaluación de los riesgos financieros y de otro tipo, y competitiva con las inversiones alternativas.

El conocimiento del coste del capital es importante por dos razones. En primer lugar, el controler debe conocer el coste del capital y ofrecer garantías de que proporcionará una tasa competitiva con el fin de atraer los fondos que necesita la empresa. En segundo lugar, al tomar decisiones de inversión, tales como las correspondientes al activo fijo, el controler debe asegurar un rendimiento que sea por lo menos tan alto como el coste del capital. En otro caso, no existe ninguna razón para hacer una inversión que sólo rinda el coste o menos. Por consiguiente, el coste del capital representa teóricamente la tasa mínima de rendimiento que debe obtenerse antes de que deba considerarse ninguna inversión.

Determinar el coste del capital es fácil en teoría, aunque en la práctica se requiere mucho discernimiento. Los pasos que hay que seguir son los siguientes:

- Seleccionar la estructura de capital apropiada para la empresa (es decir, la proporción relativa entre la deuda a largo plazo y los recursos propios).
- Determinar para cada segmento de la estructura de capital la tasa apropiada de rendimiento después de impuestos, para el inversor y para la empresa.
- Calcular el coste del capital aplicando la tasa apropiada a cada segmento ponderado.

En la tabla 16.3, se resume un ejemplo del coste del capital de la empresa.

El elemento principal para calcular el coste de los recursos propios es el precio de mercado de las acciones en relación con los beneficios. En el ejemplo de la tabla 16.3, los beneficios esperados tal como los percibe el mercado fueron 5,50 dólares por acción y el precio fue de 36,42 dólares. Por consiguiente, el coste del capital propio fue:

$$\frac{5{,}50}{36{,}42} = 15{,}1\ \%$$

Puesto que la dirección debe preocuparse de los costes futuros del capital durante el período en que debe recuperarse la inversión, los costes futuros estimados, por ejemplo en los próximos cinco años, deben ser los que se apliquen; esto lleva aparejado disponer de un buen criterio financiero. Las tasas para los valores pueden determinarse en base a las nuevas emisiones, ajustadas para tener en cuenta las tendencias probables.

TABLA 16.3. **Ejemplo del coste del capital de la empresa**

	Capitalización		Coste	
Segmento	Cantidad	Porcentaje	Cantidad	Porcentaje
Deuda prioritaria	100.000	24,40	8.970	8,97
Capitales propios	310.000	75,60	46.800	15,10*
Total	410.000	100,00	55.770	
Tasa ponderada				13,60%

* Obtenido a partir de los beneficios esperados por acción divididos por el precio de la acción.

Política de dividendos

La política de dividendos es un factor que ha de tenerse en cuenta en la gestión de los recursos propios ya que: 1) el pago de dividendos es la carga recurrente más grande a deducir de los beneficios no distribuidos para la mayoría de las empresas norteamericanas; 2) el importe de los dividendos pagados, que reduce la cantidad de capital remanente, tendrá un efecto sobre el importe de la deuda a largo plazo que puede emitirse prudentemente, en vista de la relación entre la deuda a largo plazo y el capital, que suele regir las finanzas; 3) el pago de dividendo influye en la recepción de nuevas emisiones de acciones; y 4) la política de dividendos es un elemento que se tiene en cuenta en la mayoría de los contratos de préstamo, con restricciones en cuanto a lo que puede pagarse.

Una determinada empresa puede no pagar dividendos basándose en que le es posible obtener una mayor rentabilidad de los beneficios reinvertidos de la que pueda obtener el accionista invirtiendo directamente en nuevas compras de acciones. Esto no siempre es verdad y, por tanto, la cuestión es si el pago de un dividendo aumentará o no la rentabilidad para el accionista a largo plazo. La empresa debe considerar el tipo de inversor atraído por las acciones de la empresa y las expectativas de los inversores. En general, la posibilidad de invertir todos los beneficios a una tasa de rendimiento aceptable no es una razón convincente para no pagar un dividendo. Después de todo, el dividendo está aquí y ahora, y el crecimiento futuro es más problemático. Probablemente, salvo en el caso de una situación altamente especulativa o de una empresa en severas dificultades financieras, deberá pagarse algún dividendo. Esta decisión, sin embargo, depende mucho del buen juicio.

Los pagos de dividendos están determinados por una serie de influencias, entre las cuales figuran:

— La necesidad de capital adicional para la expansión u otros motivos.
— El cash flow de la empresa.
— El modo de proceder del sector.
— Las expectativas de los accionistas.

La cantidad que ha de pagarse se calcula, ya sea por la relación entre los dividendos distribuidos y los beneficios del ejercicio, ya sea como porcentaje del activo neto inicial de cada año. El modo habitual de proceder consiste en medir los dividendos como porcentaje de los beneficios. La fórmula es la siguiente:

$$\text{Relación entre dividendos pagados y beneficios por acción ordinaria} = \\ = \frac{\text{Dividendos anuales pagados a los accionistas ordinarios}}{\text{Beneficios anuales disponibles para los accionistas ordinarios (después de los dividendos preferentes)}}$$

Otro modo de calcular los dividendos, aunque menos corriente que el método anterior, es un porcentaje del activo neto inicial. El cálculo es como sigue:

$$\text{Ratio del pago de dividendos} = \\ = \frac{\text{Dividendos anuales pagados a los accionistas ordinarios}}{\text{Valor contable inicial para los accionistas ordinarios}}$$

Los modos de actuar con respecto al pago de dividendos envían un mensaje a la comunidad financiera y a los inversores, y los analistas aceptan la pauta como un indicador de los pagos futuros. De ahí que, cuando se fije un porcentaje para el pago de dividendos, deberá evitarse, en la medida de lo posible, una reducción del dividendo. Los pagos de dividendos pueden seguir cualquiera de los siguientes patrones:

— Un pago trimestral constante o regular.
— Una pauta constante con aumentos que se repiten periódicamente.

— Una pauta constante con aumentos irregulares.
— Una pauta constante con aumentos extraordinarios periódicos para evitar comprometerse con aumentos regulares.

Al planificar, deberá evitarse cualquier pauta errática.

Planificación a largo plazo de los recursos propios

Para las empresas con un sistema práctico de planificación financiera, la secuencia de planificación a largo plazo podría ser como sigue:

1. La dirección financiera de la empresa determina una estructura aceptable de capital y obtiene la aprobación de la dirección y del consejo de administración.
2. Como parte del plan financiero a largo plazo, se determina anualmente, de forma aproximada, la cantidad de fondos requerida como exceso de los fondos disponibles.
3. Basándose en las necesidades a lo largo de varios años, la estructura de capital deseada, el coste relativo de cada segmento de capital (deuda o recursos propios), el coste de cada emisión de deuda y cualesquiera limitaciones impuestas por los contratos de crédito, o por el criterio de la dirección, se distribuyen las necesidades de fondos a largo plazo entre deuda a largo plazo y recursos propios.

Normalmente, las necesidades de recursos propios adicionales se conocen con antelación y en la planificación se saca partido de las condiciones propicias del mercado, dando normalmente como resultado un coste competitivo del capital.

Ahora bien, vamos a ofrecer algunos ejemplos. Supongamos que las recomendaciones del director financiero han sido aprobadas, tanto por el controler como por la dirección de la empresa, y que la estructura de capital es la que se indica en la tabla 16.4.

TABLA 16.4. **Estructura de capital propuesta**

Segmento	Estructura preferida (%)	Estructura mínimamente aceptable (%)
Deuda a largo plazo	20,0	25,0
Recursos propios	80,0	75,0
Total	100,0	100,0

Además, al final del año en curso, la estructura del capital se espera que sea la indicada en la tabla 16.5.

Mientras se completaba el ciclo de planificación estratégica y el correspondiente plan financiero a largo plazo, los fondos requeridos a largo plazo, sin especificar el tipo de fuente, se estimaron en 67 millones de dólares en tres años. En la tabla 16.6 se refleja este programa de crecimiento considerable. Además, después de una ligera vacilación en los años cuatro y cinco del plan, la dirección piensa que el ciclo se repetirá.

TABLA 16.5. **Estructura de capital proyectada**

Deuda a largo plazo	31,5 %
Recursos propios	68,5 %
Total	100,0 %

Hemos de hacer una serie de observaciones respecto a los anteriores planes de financiación, especialmente en lo que respecta al coste de los recursos propios, la separación entre los niveles reales y presupuestados de deuda/recursos propios y la necesidad de diferentes tipos de financiación en el futuro. Las observaciones son las siguientes:

— *Generales*. Dado que el coste de los recursos propios es el más alto, y la emisión de nuevas acciones tiende a diluir los beneficios, los recursos propios deben, por lo general, utilizarse parcamente: sólo para mantener la base de endeudamiento y alcanzar y permanecer en la estructura de capital deseada.

TABLA 16.6. **Necesidades de financiación a largo plazo**

Concepto	Año actual (estimación)	Año del plan					
		1	2	3	4	5	6
Fondos necesarios							
Capital circulante	25	30	36	42	55	30	193
Reembolso de la deuda a largo plazo	12	12	12	12	12	15	63
Activo fijo	15	14	40	50	15	40	159
Dividendos	8	9	10	12	14	15	60
Total	60	65	98	116	96	100	475
Fondos generados internamente							
Beneficio neto	40	45	50	60	70	75	300
Amortización	10	12	20	25	28	31	116
Total	50	57	70	85	98	106	416
Fondos necesarios (exceso)	10	8	28	31	(2)	(6)	59
Fondos acumulados requeridos (neto)	10	8	36	67	65	59	

— *Año actual.* Al final del año corriente, los recursos propios solamente proporcionarán el 68,5% del capital (tabla 16.7), en comparación con el objetivo de la dirección que es del 80% y con el nivel mínimamente aceptable del 75%. Evidentemente, la parte de la capitalización correspondiente a la deuda es demasiado alta.

— *Año del plan 19X5.* Dado el inicio de un crecimiento en los beneficios anuales, la dirección decide mantener en un 20% la relación entre el pago de dividendos y los beneficios anuales disponibles y tomar prestados con arreglo a un contrato de préstamo a plazo fijo (tipo de interés del 15%), los 8 millones de dólares necesarios. Aun así, la parte de la capitalización correspondiente a los recursos propios aumentará y pasará del 68,5% al 72%.

— *Año del plan 19X6.* Con los 28 millones de dólares de nuevas necesidades de fondos, y en vista de la cuantiosa inversión en activo fijo y la menor tasa de endeudamiento disponible, la empresa decide emitir bonos hipotecarios. Algunos de los fondos se recibirán en este año del plan y el resto en el año siguiente. A pesar del alto nivel de endeudamiento, la parte correspondiente a los recursos propios permanece en el 72%. La dirección decide «coexistir» con dicho nivel, durante un período de tiempo, dado el alto volumen de beneficios.

— *Año del plan 19X7.* Los ingresos obtenidos a partir de nuevos bonos hipotecarios cubren las necesidades de fondos, sin tener que reducir la parte de la capitalización correspondiente a los recursos propios.

— *Año del plan 19X8.* Con el nivel de beneficio neto ahora en 70 millones de dólares, y una propuesta de una compañía de seguros de proporcionar nuevos fondos a través de una nueva emisión de bonos hipotecarios, la dirección decide: (a) aceptar este nuevo préstamo de 58 millones de dólares y (b) liquidar el préstamo a plazo fijo más costoso. Dada la continuidad del nivel elevado de beneficios, al final del año los recursos propios proporcionarán el 76% de la capitalización, lo cual está dentro del estándar mínimamente aceptable utilizado por la empresa.

— *Año del plan 19X9.* En este último año del plan quinquenal a largo plazo, la dirección cree que el ciclo de crecimiento está listo para empezar de nuevo. Sin iniciar un nuevo proceso de planificación a largo plazo, exige al director financiero que calcule las necesidades de fondos para dos años más: los años con posibles imprevistos. Este rápido examen revela que se necesitarán otros 50 millones de dólares en el año 20X0, con la posibilidad de que se requiera una cantidad limitada, también en el año 20X1. Por consiguiente, para aumentar los fondos propios hasta el nivel deseado del 80%, y proporcionar la base de recursos propios necesarios para la expansión en años futuros, planifica una emisión de 50 millones de dólares en títulos.

TABLA 16.7. **Asignación de recursos a largo plazo (en millones de dólares)**

Año y concepto	Saldo inicial	Beneficio neto	Dividendos	Oferta de nuevos títulos	Saldo final	% de capitalización a fin de año
Recursos propios						
Año actual	260	40	8		292	
Años del plan						68,5
19X5	292	45	9		328	72,0
19X6	328	50	10		368	72,0
19X7	368	60	12		416	72,0
19X8	416	70	14		472	76,0
19X9	472	75	15	50	582	81,0
Años con posibles imprevistos						
20X0	582	80	16		646	80,0
20X1	646	85	17		714	83,0

	Saldo inicial	Reembolsos de la deuda	Nuevos fondos	Saldo final	% de capitalización a fin de año
Deuda a largo plazo					
Año actual, estimación	100	10	—	90	
Préstamo a plazo fijo	46	2	—	44	
Bonos hipotecarios, actuales	146	12	—	134	31,5
Años del plan					
19X5					
Préstamo a plazo fijo	90	10	8	88	
Bonos hipotecarios, actuales	44	2	—	42	
	134	12	8	130	28,0
19X6					
Préstamo a plazo fijo	88	10	—	78	
Bonos hipotecarios, actuales	42	2	—	40	
Bonos hipotecarios, nuevos	—	—	28	28	
	130	12	28	146	28,0
19X7					
Préstamos a plazo fijo	78	10	—	68	
Bonos hipotecarios, actuales	40	2		38	
Bonos hipotecarios, nuevos	28	—	31	59	
	146	12	31	165	28,0
19X8					
Préstamo a plazo fijo	68	68		—	
Bonos hipotecarios, actuales	38	2		36	
Bonos hipotecarios, nuevos	59	—	58	117	
	165	70	58	153	24,0
19X9					
Bonos hipotecarios, actuales	36	13		23	
Bono hipotecario, nuevos	117	2	—	115	
	153	15		138	19,0

TABLA 16.7. *(continuación)*

	Saldo inicial	Reembolsos de la deuda	Nuevos fondos	Saldo final	% de capitalización a fin de año
Años con posibles imprevistos					
20X0					
Bonos hipotecarios, actuales	23	13	—	10	
Bonos hipotecarios, nuevos	115	10	—	105	
Deuda no garantizada específicamente, nueva			50	50	
	138	23	50	165	20,0
20X1					
Bonos hipotecarios, actuales	10	10		—	
Bonos hipotecarios, nuevos	105	10		95	
Deuda no garantizada específicamente	50	—		50	
	165	20		145	17,0

La dirección y el consejo de administración se sienten cómodos con la base de recursos propios; en el caso de un cambio desfavorable en la coyuntura durante un período limitado, y estando en situación de endeudarse adicionalmente si esto resulta necesario. En la tabla 16.8, puede verse el resumen de la reducción planificada de deuda, el nuevo endeudamiento en que hay que incurrir, los recursos propios y los porcentajes de capitalización.

En lo que concierne a la gestión de los recursos propios, el énfasis debe recaer en la planificación, especialmente la de largo plazo, de manera que se

TABLA 16.8. **Resumen de los cambios planificados en la estructura de capital (en millones de dólares)**

		Saldo inicial		Aumento/(Disminución)					Saldo final	
Concepto	Tipo de interés (%)	Cantidad	%	19X5	19X6	19X7	19X8	19X9	Cantidad	%
Deuda a largo plazo										
Préstamo a plazo fijo	15	90		(10)	(10)	(10)	(68)		—	—
Bonos hipotecarios	14	44			(2)	(2)	(2)	(13)	23	
Bonos hipotecarios	12	—		(2)	28	—	—	(2)	26	
Bonos hipotecarios	11,5	—		—	—	31	58	—	89	
Total		134	31,5	—	16	19	(12)	(15)	138	19,0
Recursos propios				(4)						
Saldo inicial		292							292	
Beneficio neto		—		45	50	60	70	75	300	
Dividendos		—		(9)	(10)	(12)	(14)	(15)	(60)	
Emisión neta		—		—	—	—	—	50	50	
Subtotal		292	68,5	36	40	48	56	110	582	81,0
Total		426	100	32	56	67	44	95	720	100

logre la estructura de capital apropiada y utilizarla como base para un endeudamiento prudente. Además, los muchos otros aspectos ya estudiados necesitan ser revisados y hay que desarrollar o continuar normas y procedimientos que aumenten el valor para los accionistas. La parte del plan anual correspondiente a los cambios en los recursos propios debe ser similar a la que aparece en la tabla 16.9.

TABLA 16.9. **Presupuesto anual de recursos propios**

Mes	Saldo inicial	Beneficio neto estimado	Pago de dividendos	Acciones rescatadas	Reinversión estimada de dividendos	Opciones ejercidas estimadas	Saldo final
Enero	158.500	2.650		1.000			160.150
Febrero	160.150	2.410		1.000		500	162.060
Marzo	162.060	2.790	1.720		80		163.210
Abril	163.210	2.840					166.050
Mayo	166.050	2.620		1.200		500	167.970
Junio	167.970	2.530	1.620		100		168.980
Julio	168.980	2.600		1.000			170.580
Agosto	170.580	2.860				500	173.940
Septiembre	173.940	2.820	1.620		100		175.240
Octubre	175.240	2.770		1.000			177.010
Noviembre	177.010	2.710				700	180.420
Diciembre	180.420	2.800	1.520		100		181.800
Total	158.500	32.400	6.480	5.200	380	2.200	181.800

Recompra de acciones ordinarias

Desde el punto de vista conceptual, una empresa tiene derecho a invertir capital en la producción de bienes o servicios. De ahí que no deba invertir de forma intencionada en proyectos que no proporcionarán una rentabilidad suficientemente alta como para compensar adecuadamente a los inversores por el riesgo asumido. Dicho de otro modo, la empresa no debe invertir simplemente porque disponga de fondos. La dirección de la empresa debe detectar proyectos suficientemente rentables que sean coherentes con la estrategia de la empresa, determinar el capital necesario y efectuar la inversión. Los accionistas podrían interpretar la recompra de acciones ordinarias como falta de disponibilidad de oportunidades de inversión. Para algunos, la recompra de las acciones de una empresa no es una «inversión» sino una devolución del capital. Es «desfinanciar».

Algunos motivos legítimos para la recompra de las acciones ordinarias son los siguientes:

— Pueden necesitarse acciones para las opciones sobre acciones o los planes de compra de acciones por los empleados, y no desear la dirección que aumente el total de acciones en circulación.
— Pueden necesitarse acciones para el ejercicio de los derechos de suscripción pendientes o para la conversión de las obligaciones convertibles en circulación, sin emisión de «nuevas» acciones.
— Pueden necesitarse acciones para la absorción de una empresa.

Algunas directrices para decidir la recompra de acciones son:

— Si una empresa está excesivamente apalancada, podría utilizar el efectivo para amortizar la deuda existente a largo plazo con objeto de alcanzar la estructura de capital objetivo prevista y no recomprar acciones ordinarias.
— La dirección debe examinar sus necesidades de efectivo para un período de tiempo futuro razonable, incluyendo las necesidades de activo fijo, las de capital circulante y otras opciones de inversión, antes de llegar a la conclusión de que está disponible un exceso de efectivo y que los recursos propios superan verdaderamente las demandas a largo plazo.
— La política de pago de dividendos debe examinarse para ver si contribuye a aumentar el precio de mercado de las acciones.
— Solamente después de tal revisión, debe la dirección decidir enajenar el «exceso de recursos propios» comprando acciones de la empresa.

Dadas estas condiciones, el momento en que se realiza puede ser importante. Así, si el precio de mercado de las acciones está por debajo del valor contable, la compra de acciones aumenta de hecho el valor contable de las acciones restantes. Podría ser prudente comprar acciones por debajo del valor contable en lugar de a un precio que diluye el valor para el accionista.

Registros de acciones de capital

Una preocupación administrativa en la gestión de los recursos propios es la que se relaciona con el mantenimiento de registros de las acciones de capital. En las grandes empresas, los mayores de acciones y los registros de transferencias los mantiene un agente de transferencias. La información relativa al pago de los dividendos de las acciones en circulación, por ejemplo, se obtiene de esta fuente. A menudo, la base de datos está contenida en archivos informáticos, y su clasificación permite obtener datos relevantes en relación con la propiedad, tales como la dispersión geográfica, la historia y el ritmo de las compras, la actividad del precio de mercado y la naturaleza de los propietarios (por ejemplo, individuos o instituciones). En estas circunstancias, una cuenta de control en el mayor para cada clase de acciones es lo único que mantiene la empresa.

Si una empresa tiene su propio departamento de transferencias, puede mantener una cuenta separada de mayor para cada accionista con respecto a cada clase de acciones. El mayor debe contener información como, por ejemplo, el nombre y la dirección del accionista, la fecha de los cambios de propiedad, los números de los certificados emitidos y entregados, el número de acciones de cada transacción y el número total de acciones poseídas. Opcionalmente, el registro puede incluir información histórica del pago de dividendos. Los mayores de acciones deben estar respaldados por registros detallados de cada transacción.

La dirección de la empresa tiene interés en observar, quizá mensualmente, los grandes poseedores de acciones y los cambios en los mismos. Tal examen puede proporcionar indicios acerca de posibles intentos de absorción. Para este fin, así como para solicitar delegaciones de voto para las juntas, pueden utilizarse los servicios de asesores externos especializados en esas materias.

Resumen

El controler debe conocer una serie de cuestiones relacionadas con los recursos propios. En este capítulo, hemos estudiado el coste de capital, el efecto de los cambios de los recursos propios sobre los beneficios por acción, la forma de determinar la política de dividendos adecuada y la planificación de los recursos propios a largo plazo. Además, hemos estudiado las recompras de acciones ordinarias así como los apuntes detallados necesarios para registrar las transacciones relacionadas con los recursos propios.

Capítulo 17

Procedimientos de cierre

Introducción

A la dirección se le debe suministrar información resumida de los diversos períodos operativos: por meses, trimestres y años. Las decisiones de la dirección se basan en gran medida en la actuación pasada, en las tendencias y en los resultados reales en relación con el potencial o con el plan. Así, cuanto más actual sea la información, mayor será la posibilidad de adoptar medidas rápidas y efectivas. En cuanto a información se refiere, la dirección se interesa por los aspectos siguientes: el volumen de ventas, los márgenes operativos, los beneficios netos, la situación financiera o el balance y por una selección de datos estadísticos clave (por ejemplo, los pedidos comprometidos, la relación entre el activo realizable y el pasivo exigible, la rotación de las existencias y de las cuentas a cobrar, etc.). Además, el controler debe decidir sobre la fechas de terminación del ejercicio económico, el número de períodos de información provisional, las comparaciones que hay que hacer y el modo de preparar los informes de fin de período tan rápidamente como sea posible.

Selección del ejercicio económico

El controler debe establecer un ejercicio económico (si la empresa es nueva) o considerar si la base actual es la más adecuada. El ejercicio económico más corriente es el del año natural, que termina el 31 de diciembre. El año contable natural o año económico más apropiado a la actividad comercial es el período de doce meses consecutivos que termina cuando la actividad comercial ha alcanzado el punto más bajo de su ciclo anual. Por lo general, en esa época, las existencias están en el nivel más bajo, ha pasado ya el volumen máximo de ventas, las partidas a cobrar disminuyen y el endeudamiento y otras partidas del pasivo están en un nivel mínimo o se están reduciendo. Cada negocio suele tener un año contable o económico que frecuentemente no coincide con el año natural (el que empieza el 1 de enero y termina el 31 de diciembre). Las ventajas de adoptar un año contable económico radican en el hecho de que se facilitan ciertas operaciones esenciales para la realización del negocio:

— *Realización del inventario.* Unas existencias menores significan que el recuento puede hacerse, comprobarse y resumirse con mayor facilidad. El menor alcance del trabajo permite también un menor margen de errores en la valoración de las existencias.
— *Preparar unos estados financieros más exactos.* Los estados financieros son siempre una combinación de hechos y opiniones. Al ser menores las existencias y las partidas a cobrar, hay menos estimaciones o provisiones arbitrarias. Las reservas de valoración, tales como las de cuentas a cobrar y las existencias, son menores debido a que las cantidades son menores.
— *Obtener crédito.* Los banqueros o los acreedores prefieren los estados que terminan al final del año contable o económico porque pueden evaluar mejor el negocio. Además, es también ventajoso para la empresa si los estados financieros muestran su situación más líquida.
— *Llevar a cabo la auditoría anual.* Los auditores pueden prestar más atención a un cliente cuyo ejercicio económico no termina en la época de mayor trabajo para ellos, como son las fechas inmediatamente posteriores al final del año natural (año civil). Algunos auditores ofrecen descuentos en sus honorarios a los clientes cuyo ejercicio económico no coincide con el año del calendario para alentarles a apartarse de la época del año en que están más ocupados.

Es una cuestión relativamente simple determinar el año contable o económico de una empresa. El controler debe tabular los datos mensualmente para determinar qué mes es el de más baja actividad o mínima inversión en aspectos tales como el valor de la producción, las existencias, las ventas, las partidas a cobrar y las partidas a pagar. Esto puede hacerse listando los valores monetarios de cada partida para cada mes del año. Puede comprobarse la tendencia a lo largo de varios años con el fin de evitar las anomalías que puedan haberse producido en un año determinado.

Para las empresas que deseen cambiar su ejercicio económico, es importante obtener la aprobación del Fisco para efectuar el cambio deseado. Normalmente, se concede el permiso cuando se basa en motivos lógicos. Puede requerirse un permiso similar del Estado u otras autoridades, o lo único que se necesita puede ser una notificación del cambio o un informe especial, por ejemplo, a la Comisión de Valores y Bolsa. Al establecer una nueva empresa, se indica simplemente el ejercicio económico deseado en los estatutos sociales.

Selección de los períodos de información interinos

La mayoría de las empresas utilizan el mes natural como base para resumir e informar de los resultados operativos dentro del ejercicio económico. Las ventajas de este enfoque son que en las estadísticas del sector industrial al que pertenezca la empresa se suele utilizar este método, que las facturaciones suelen ser mensuales y que las relaciones con los clientes y proveedores es probable que lleven aparejado el mes natural como base de cálculo. El inconveniente es que los ingresos y gastos mensuales no son comparables debido al diferente número de días de cada mes.

Otra solución es el calendario de 13 meses, que consta de 13 meses de 28 días cada uno, lo que representa 364 días. El día extra no está en ningún mes ni es un día del año bisiesto. Este sistema evita el problema de comparar los meses de diferentes duraciones. Sin embargo, con arreglo a este esquema, cuando se preparan estados mensuales o de período para los accionistas o la Administración, han de hacerse ajustes para adaptarse a los períodos naturales, lo que requiere un esfuerzo y un coste adicional. Además, tiene como consecuencia un cierre más por año. Por último, los gastos fijos mensuales, tales como los pagos de alquileres, sólo se producen 12 veces al año, por lo que uno de los períodos no recibe los gastos fijos, lo que da como resultado unos beneficios artificialmente altos en el mismo.

Necesidad de una rápida generación de informes

Los informes del controler son una fuerza impulsora para la orientación de la política empresarial y para el control de costes e ingresos. Si los informes se elaboran tarde, no solamente se queda la dirección sin los datos que necesita, lo que tiene como consecuencia que no se resuelvan algunos problemas, sino que además se desperdicia el coste de preparar los informes.

Es posible que se tarde algunos días en cerrar un período; pero varios subsistemas se cerrarán y existirá información disponible antes del cierre final del período. Si se juzga definitiva y no sujeta a regularizaciones, entonces esta información de los subsistemas puede entregarse a la dirección como informes resumidos. Los informes resumidos característicos pueden ser sobre ventas (en unidades monetarias o físicas), existencias (divididas en materias primas, trabajos en curso y productos terminados), o partidas a cobrar (divididas en tramos de antigüedad), y sobre los desembolsos totales para nóminas y partidas a pagar.

Cierre rápido

En la mayoría de las empresas, la información puede estar disponible al cabo de unos días del fin del período. Los ordenadores pueden acelerar el proceso de entrega de la información a la dirección; pero los procesos que se automatizan precisan frecuentemente también de una revisión. En realidad, sin una cuidadosa revisión de los sistemas básicos, la informatización puede acelerar un proceso que ni siquiera se necesite. Esta sección contiene una serie de pasos para mejorar los procesos con el fin de eliminar las actividades innecesarias del proceso de cierre y, con ello, hacer más eficaz el proceso informático de las actividades restantes.

La calidad es un componente clave del cierre rápido. ¿Por qué debe el controler considerar la calidad del proceso de cierre? Hasta ahora, las operaciones de fabricación han sido el centro de atención principal de las actividades de mejora de la calidad. Recientemente, los controlers han utilizado las mismas técnicas de mejora para perfeccionar sus operaciones y controlar su personal. Se ha estimado que un buen programa de mejora de la «calidad» puede reducir las actividades de cierre entre un 25 y un 40%. Esa es la cantidad estimada de esfuerzo requerido por los contables para corregir errores, eliminar obstáculos y asegurar la exactitud de sus datos.

Un producto manufacturado de calidad es el que cumple las especificaciones del cliente y se entrega puntualmente al precio correcto. ¿Cómo puede aplicarse esta definición al proceso de cierre contable? Para responder a estas preguntas, debemos examinar con detalle cada parte de la definición:

¿Quién es el cliente?—El cliente es quienquiera que utilice el resultado del proceso. Por consiguiente, el cliente es cualquier usuario de los estados financieros, por lo general, los prestamistas, los inversores y la dirección.

¿Cuáles son las especificaciones del producto que hace el cliente?—La especificación de este conjunto de clientes consiste en recibir una información financiera que sea exacta. La definición de la palabra «exacta» es decisiva, pues la exactitud perfecta es costosa en trabajo y tiempo. Sin embargo, si la «exactitud» se define como la «información que no originará decisiones incorrectas por parte del cliente», el controler puede reducir tanto el trabajo como el tiempo requeridos para emitir los estados financieros, utilizando esti-

maciones de determinadas cuentas y ajustando las estimaciones una vez cerrado el período.

¿Cuándo se requiere la entrega?—El momento óptimo de la entrega debe ser a medianoche del último período contable. Esto parece imposible, pero debe fijarse ese objetivo. Si normalmente se necesitan 18 días para cerrar, hay que esforzarse en reducir un día el proceso y continuar esforzándose en acercarse a un cierre instantáneo como en un proceso continuo.

¿Cuál es el precio correcto?—Cerrar el período no añade ningún valor al producto recibido por el cliente final de la empresa, por consiguiente el esfuerzo empleado en él debe considerarse una actividad que no añade valor. Por consiguiente, el objetivo debe ser cerrar el período al mínimo coste, preferentemente utilizando cero trabajo y cero activos. De nuevo, este objetivo puede parecer imposible, pero debe establecerse un proceso continuo de reducción de costes.

Por tanto, ahora tenemos una definición del cierre de calidad de un período contable: el producto del cierre contable debe proporcionar una información a los prestamistas, los inversores y la dirección que no origine decisiones incorrectas de los usuarios. La información debe suministrarse inmediatamente después del cierre del período contable, al mínimo coste para la empresa.

Esto parece imposible. Examinemos la forma de hacerlo posible. El siguiente conjunto de pasos secuenciales, repetidos de forma continua, ayudarán al controler a reducir gradualmente el tiempo requerido para preparar los estados financieros. Nosotros hacemos hincapié en que este proceso debe repetirse continuamente, pues siempre es posible mejorar un proceso. Además, los avances tecnológicos reducen el esfuerzo del proceso todavía más, y deben incorporarse a éste a medida que se perfeccionan. Por ejemplo, la utilización del intercambio electrónico de datos para recibir las cuentas a pagar permitirá finalmente al controler cerrar el subsistema de proveedores inmediatamente después del final del período contable, sin demora alguna.

1. *Eliminar los trastos.* El proceso es similar a la limpieza de un garaje. El primer paso consiste en deshacerse de los trastos de manera que lo que quede pueda tener un mejor aspecto. En este caso, trate de hacer lo siguiente:

   — elimine los asuntos que requieran múltiples aprobaciones; con una, debe bastar;
   — elimine los elementos que deban archivarse varias veces (por ejemplo, alfabéticamente, numéricamente, por regiones, etc.); una debe ser suficiente;
   — limpie la zona de contabilidad; si está inundada de papeles, una de dos: archive el papel o (aún mejor) revise su utilidad y luego (quizá) tírelo.

2. *Documentar el proceso*. No poner en práctica soluciones sin revisar primero el proceso detalladamente. En este caso, hay varios modos de documentar el proceso. Usted puede utilizar todas estas técnicas antes de continuar:

— *Crear un flujograma del proceso*. Ésta es una revisión rápida del modo en que se desarrolla el proceso. Son pocos los símbolos que hay que recordar. Basta con enumerar las actividades secuencialmente. Además, indique el tiempo requerido para realizar cada paso, incluso el tiempo necesario para pasar de una actividad a otra. En la figura 17.1 puede verse un flujograma.

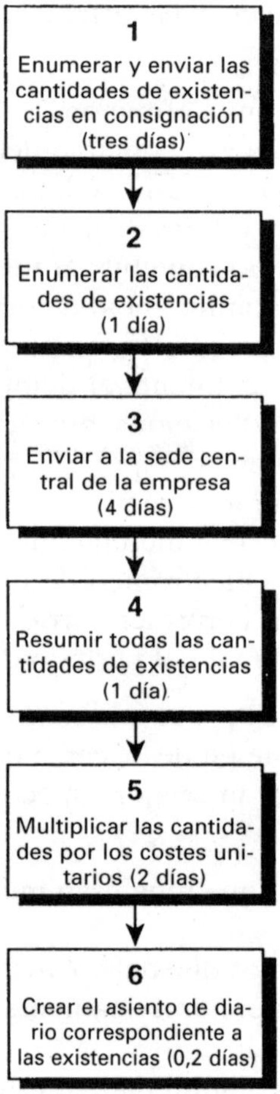

FIGURA 17.1. **Flujograma**

— *Crear un flujograma funcional,* que muestre cómo avanza el proceso entre departamentos o entre distintas personas de un departamento. Es muy útil para señalar dónde se acumula el tiempo durante el proceso. En la figura 17.2 puede verse un flujograma funcional.

— *Crear un flujograma geográfico,* que muestre por dónde viaja el papel durante un proceso, y permita al controler determinar dónde

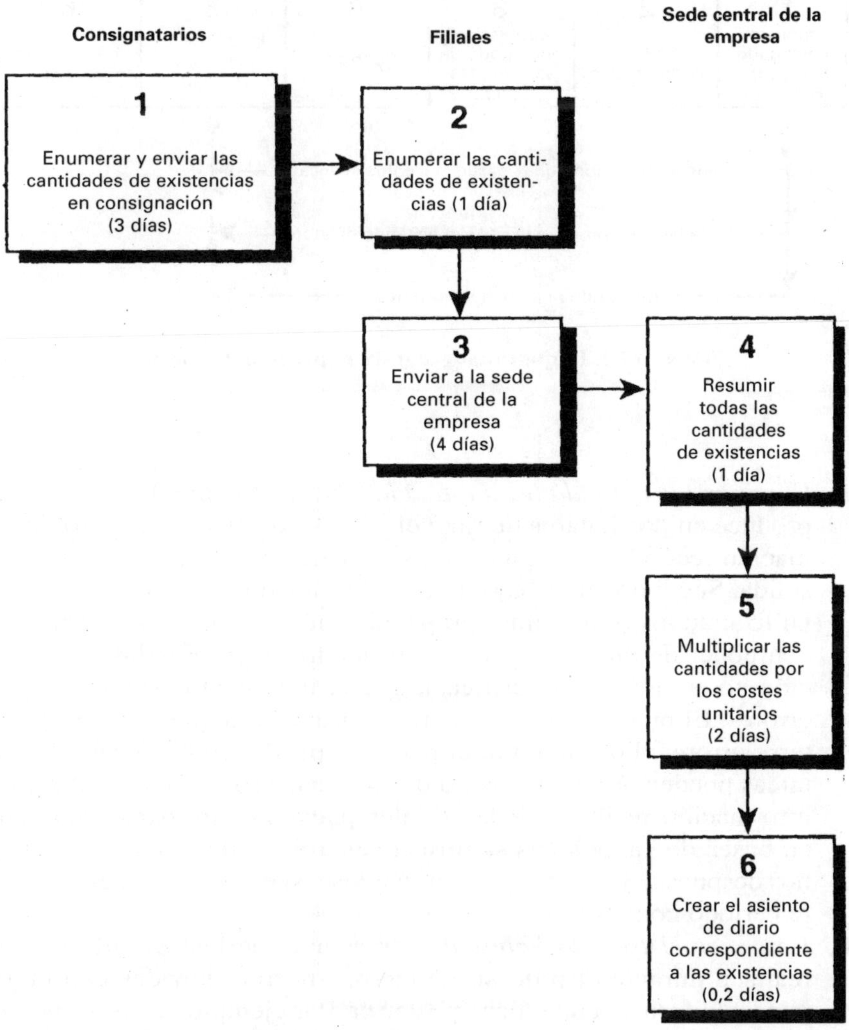

FIGURA 17.2. **Flujograma funcional**

se producen movimientos inútiles. La figura 17.3 corresponde a un flujograma geográfico. El diagrama indica que el controler debe permutar las ubicaciones del oficinista que se encarga de las cuentas a cobrar y del contable de costes, con el fin de reducir el tiempo de desplazamiento del primero hasta el fax, la fotocopiadora y el almacén.

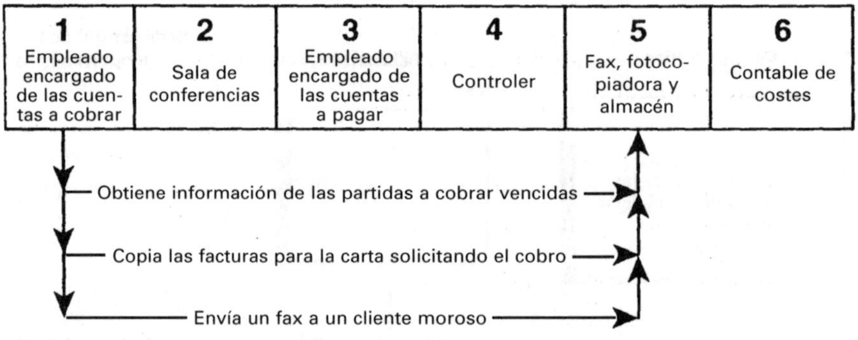

FIGURA 17.3. **Flujograma geográfico (proceso de cobros)**

3. *Eliminar las actividades duplicadas.* Normalmente, la duplicación se produce en dos lugares durante el proceso de cierre. Primero, la información recopilada en una filial se verifica en el lugar en que se consolida. Segundo, el trabajo de un subordinado lo revisa un supervisor. Utilizando los flujogramas preparados durante la fase anterior, se pueden poner de manifiesto las duplicaciones y eliminarlas. La eliminación no es fácil si la verificación se realiza para corregir numerosos errores. El proceso debe primero revisarse para que no puedan cometerse errores. Por ejemplo, el personal puede recibir formación, y las tareas pueden automatizarse o por lo menos simplificarse. Además, la información recibida de las filiales puede comprobarse rápidamente en busca de variaciones significativas, revisándose los errores pequeños después del cierre y regularizándose, si es necesario, en el siguiente período contable.
4. *Posponer el trabajo habitual.* Tomar nota de las actividades que se realizan durante el proceso de cierre, no relacionadas con él y que pueden diferirse a una fecha posterior. Por ejemplo, no es esencial realizar el análisis de las cuentas de suministros de oficina que puede esperar hasta que se hayan emitido los estados financieros.

5. *Automatizar los conceptos estándar.* Preparar ciertos asientos contables con carácter estándar y ajustarlos periódicamente, como en el caso de la amortización y de los seguros. Por favor, tome nota de que éste es un campo en el que se suelen cometer errores porque los asientos estándar pueden cambiar, y estos cambios no se tienen en cuenta. Para evitar que se produzcan equivocaciones, los documentos básicos que muestran las fechas de las modificaciones deben unirse a los documentos de los asientos de diario. Por ejemplo, el pago de un arrendamiento cambia una vez al año. En lugar de archivar por separado el calendario de cambios, puede unirse al asiento de diario o anotarse la fecha del cambio en el formulario del asiento de diario, haciendo referencia al documento fuente.
6. *Fijar los niveles de investigación.* Si las variaciones son de poca importancia, su efecto sobre la exactitud de los estados financieros será mínimo. La investigación puede realizarse después de haber emitido los estados financieros, realizándose ajustes en los estados financieros del período siguiente.
7. *Trasladar actividades al mes anterior.* Muchas tareas propias del cierre pueden realizarse antes del final del período. Por ejemplo:

   — *Preparar formularios con antelación.* Si los asientos de diario u otros informes están incluidos en el proceso de cierre, completar tanta información como sea posible por anticipado, como, por ejemplo, las descripciones, los nombres de las cuentas, los datos del plan o presupuesto y las cifras del período anterior.
   — *Prever los problemas.* Ser consciente de los campos en que pueden plantearse problemas y hacer el mayor análisis y conciliación posible antes del cierre. Éste podría ser el caso cuando las transacciones entre empresas sean numerosas y las conciliaciones puedan ser difíciles.
   — *Preparar distribuciones.* Crear tantas bases de imputación como sea posible antes del final del período. Las bases de imputación y ciertos ratios para la distribución de los costes pueden determinarse por adelantado.

8. Reducir la duración del ciclo. La duración del ciclo es el tiempo total requerido para realizar un proceso. Frecuentemente, el tiempo real de valor añadido es mínimo, mientras que el tiempo de espera entre tareas constituye la mayor parte de la duración del proceso. Seleccione los tiempos de espera más largos y tome medidas para reducirlos.
9. *Automatizar los procesos manuales.* Después de revisar las duraciones de los ciclos, seleccione los procesos manuales en los que se emplea mayor cantidad de tiempo y automatícelos. Por ejemplo, hacer inventario y multiplicar el número de unidades por su precio para obtener el

valor total de las existencias es una tarea que consume mucho tiempo. Sin embargo, con un inventario permanente *on-line* (véase el capítulo 13, «Existencias») y la recogida automática de costes unitarios a través del sistema de cuentas a pagar, esta actividad puede reducirse a pulsar unas cuantas teclas en un ordenador.

10. *Sustituir actividades en serie por actividades en paralelo*. Basándose en los flujogramas preparados antes, determinar los pasos que normalmente se ejecutan de forma secuencial, y que pueden ejecutarse en paralelo; y posteriormente, realice el proceso en paralelo. Por ejemplo, cuando la información contenida en un informe la necesitan tres personas con el fin de generar sus informes de cierre, no esperar a que pasen el informe de una persona a otra. Por el contrario, entregar copias a las tres para que puedan procesar la información en paralelo.
11. *Reordenar el espacio de trabajo*. Una vez que el proceso de cierre se ha depurado y que la circulación de los documentos se ha hecho más eficaz, el controler debe revisar el espacio de trabajo. Si la zona de trabajo puede reordenarse para minimizar el movimiento de papeles y rebajar el nivel del tráfico próximo (reduciendo con ello las interrupciones), está justificado el traslado del personal. Éste es también un buen momento para revisar la ubicación de las fotocopiadoras y máquinas de fax más cercanas, para ver si trasladando o aumentando dicho equipo puede reducirse el tiempo empleado en desplazamientos innecesarios. Los precios de las fotocopiadoras, máquinas de fax y tarjetas de fax/módem continúan bajando, lo que posiblemente justifique la compra de unidades básicas para el servicio de grupos pequeños (y tarjetas de fax/módem para todos los ordenadores personales).
12. *Formación del personal*. El personal de contabilidad debe estar bien adiestrado en los procedimientos de cierre. La formación del personal minimizará los problemas de las puntas de trabajo, los puntos conflictivos y el absentismo. La formación debe incluir el conocimiento del programa de cierre. Ésta deberá incluir:

    — las tareas que han de llevarse a cabo;
    — las responsabilidades de registro, preparación, análisis o transmisión de información;
    — los momentos exactos (día y hora) en que debe terminarse cada tarea;
    — las fechas específicas de corte por subsistemas;
    — los períodos de los que ha de informarse;
    — el número de semanas que tienen que incluirse en cada mes o trimestre;
    — el día de la semana en que se cierra el período.

Deben celebrarse revisiones con todos los directivos antes de que finalice el programa de formación para asegurarse de que todo el mundo entiende plenamente el proceso de cierre y puede ejecutarlo. Cualesquiera puntos conflictivos en períodos específicos (tales como las vacaciones programadas) deben analizarse y resolverse en este momento.

13. *Hacerlo de nuevo.* Este procedimiento de mejora debe repetirse una y otra vez con el fin de reducir continuamente la duración del proceso. Existen varios motivos para ello: en primer lugar, la burocracia tiende a entrar furtivamente en un proceso a través de los requisitos de archivo, así como de un mayor número de pasos y aprobaciones. Hay que guardarse de la burocracia mediante la constante revisión del proceso. En segundo lugar, los competidores siempre están refinando sus procesos. Si continúan reduciendo sus costes y la duración de sus ciclos mientras que la empresa de usted no lo hace, ellos obtendrán finalmente una ventaja a través de unos menores gastos generales. Por último, el estado de ánimo del personal será bueno siempre que usted atienda a sus necesidades. Si la revisión del proceso es siempre continua, el personal se sentirá importante y actuará mejor además de apoyar la mejora continua.

    Además, entreviste a sus clientes periódicamente para ver si se les puede enviar parte de la información que necesitan antes de la emisión de los estados financieros completos, si necesitan información adicional o si hay una información que ya no necesitan. Por último, lea la literatura especializada disponible en busca de ideas: hay muchas publicaciones que ayudan a los controlers a mejorar la calidad de sus procedimientos de cierre.

Para que un cierre rápido tenga éxito, se requieren una organización bien coordinada, trabajo en equipo y un buen liderazgo. El controler debe liderar el proceso de reducir constantemente el tiempo y el esfuerzo requeridos para lograr un cierre de calidad.

Cuando diseñe el proceso de cierre, el controler debe considerar los siguientes aspectos:

- *Crear un plan de cuentas.* Elaborar un plan práctico y uniforme de cuentas. Esto debe incluir una adecuada agrupación de las cuentas para conseguir uniformidad en la generación de informes, tanto entre segmentos del negocio como de un período a otro.
- *Fijar plazos para los informes.* Establecer un calendario firme de fechas de vencimiento de los informes a partir del cual se puedan determinar los cortes o separaciones de las distintas clases de transacciones y el registro de las acumulaciones, si corresponde.
- *Controlar el resultado.* Controlar la distribución de la información de

manera que no se le entreguen a la dirección datos prematuros o incompletos. En otro caso, puede requerirse una cantidad excesiva de tiempo para corregir la información inexacta. Además, la dirección puede tomar decisiones basándose en informaciones incorrectas.

— *Utilizar la generación de informes por excepción.* Cuando sea posible, utilice la generación de informes por excepción para economizar tiempo a la dirección. Se puede dar cuenta de ciertos niveles de variación, por debajo de los cuales no exista ningún impacto y por consiguiente no sea necesario informar.

— *Crear calendarios para las delegaciones.* Deben establecerse fechas de corte realista para las delegaciones, las actividades en el extranjero y localizaciones lejanas. Es muy importante que el controler de la empresa tenga claramente asignada la responsabilidad contable de todas las operaciones de la empresa, asegurando con ello que no existan lagunas en el registro, ni duplicaciones. Utilice los módem para transferir la información directamente al ordenador de la sede central y evitar con ello la reintroducción de datos. El formato de los datos es importante, puesto que el ordenador de la sede central puede no ser capaz de leer la información transmitida. Un buen enfoque de «técnica mínima» consiste en enviar por fax la información a la sede central o entregarla en disquete por correo urgente.

Resumen

La mayoría de las páginas de este capítulo tratan del cierre rápido. Éste es esencial en el entorno empresarial actual, donde los informes internos mensuales para la dirección deben suministrarse tan pronto como sea posible. En este capítulo, hemos detallado una serie de pasos que hay que seguir y que permitirán a cualquier controler reducir el tiempo necesario para emitir estados financieros exactos. Además, hemos estudiado también las cuestiones que rodean la selección del ejercicio económico apropiado y el número de períodos para la generación de informes provisionales.

Capítulo 18

Indicadores de rendimiento y tendencias

Introducción

Para que el controler pueda facilitar información de calidad a la dirección, es decisiva la posibilidad de examinar objetivamente la empresa. El controler debe estar familiarizado con los puntos fuertes y débiles, y debe comprender las interrelaciones existentes entre las funciones de la organización. Una parte importante de este conocimiento gira en torno a la información suministrada mediante los ratios que describen la situación de la empresa, así como las tendencias o las estadísticas operativas clave.

El consejo de administración y la dirección utilizan indicadores para juzgar y corregir la actuación de la empresa. En la banca, los responsables del área de préstamos utilizan ratios financieros para determinar la cuantía de la financiación que la empresa está cualificada para recibir. Los inversores, los proveedores y los analistas de valores utilizan la información para evaluar la solvencia crediticia y para valorar la empresa.

Se recomienda la utilización de *un número limitado de indicadores seleccionados* en lugar de inundar a la alta dirección con muchos ratios y tendencias. Sin embargo, el controler debe mantener una serie de gráficos que sea exhaustiva en su alcance, para explicar mejor a la dirección los antecedentes y razones de la situación. En general, debe hacerse hincapié en el *análisis detallado* por el controler y en la *sencillez* en lo que se presenta a la dirección.

Los indicadores de rendimiento que se describen en este capítulo tienden a reflejar patrones de comportamiento que representan las fases del crecimiento de la empresa. Estas fases pueden ser las de arranque, crecimiento rápido, madurez y declive; los ratios variarán considerablemente según la fase de este ciclo en que se encuentre la empresa. Por consiguiente, la bondad relativa de los ratios de una empresa puede depender, en cierto modo, del ciclo de la empresa y no de la actuación del equipo de dirección.

Los indicadores de rendimiento

En esta sección, estudiaremos algunos de los indicadores de rendimiento más frecuentemente utilizados. No todos ellos son aplicables a todas las empresas; pero si el controler selecciona los más pertinentes para su empresa, le proporcionarán una buena visión de los resultados financieros y operativos de la misma. Cuando se realiza una comparación de ratios seleccionados de la empresa con los de unos determinados competidores, gran parte de la información puede obtenerse de la memoria anual para los accionistas o del Informe 10K para la Comisión de Valores y Bolsa, si la medición se hace en comparación con una empresa que cotiza en Bolsa. Pueden resultar también útiles los promedios del sector industrial al que pertenezca la empresa. Las cifras para este tipo de comparación pueden obtenerse de una serie de fuentes, incluso de las *Almanac of Business of Industrial Financial Ratios,* de *Dun & Bradstreet's Key Business Ratios,* de los *Informes Trimestrales* de la Comisión Federal de Comercio, de las publicaciones de la Comisión de Valores y Bolsa y de las asociaciones sectoriales. A continuación se incluyen los indicadores de rendimiento.

INDICADORES DE RENTABILIDAD

Estos indicadores relacionan varios componentes del beneficio con un denominador significativo:

- *Rendimiento porcentual de las ventas netas.* Indica qué parte del importe de ventas se traduce en beneficio. Los promedios del sector industrial al que pertenezca la empresa están disponibles, con fines comparativos, en la Comisión Federal de Comercio y en la Comisión de Valores y Bolsa.
- *Relación entre el beneficio bruto y las ventas netas.* Éste es un ratio clave. Los cambios en el volumen de ventas, en los costes de fabricación y en la combinación de productos vendidos afectarán a este ratio. Un margen bajo puede ser prueba de una intensa competencia de precios, de una deficiente política de determinación de precios o de un volumen insuficiente para cubrir los costes fijos de fabricación.

— *Porcentaje de margen operativo en relación con las ventas*. Este porcentaje mide la rentabilidad no afectada por los cambios en la tarifa del impuesto sobre la renta u otros ingresos y gastos.

— *Porcentaje de rendimiento del activo empleado*. Este ratio mide el modo en que la dirección ha utilizado el activo de la empresa para producir un beneficio, y muchos lo consideran la medida principal de la actuación de la empresa. Posee varios componentes. Tal como puede verse en la figura 18.1, las mejoras de este ratio pueden producirse, ya sea por el aumento de los beneficios o por la reducción del activo empleado, la cual incluye tanto el activo fijo como el capital circulante.

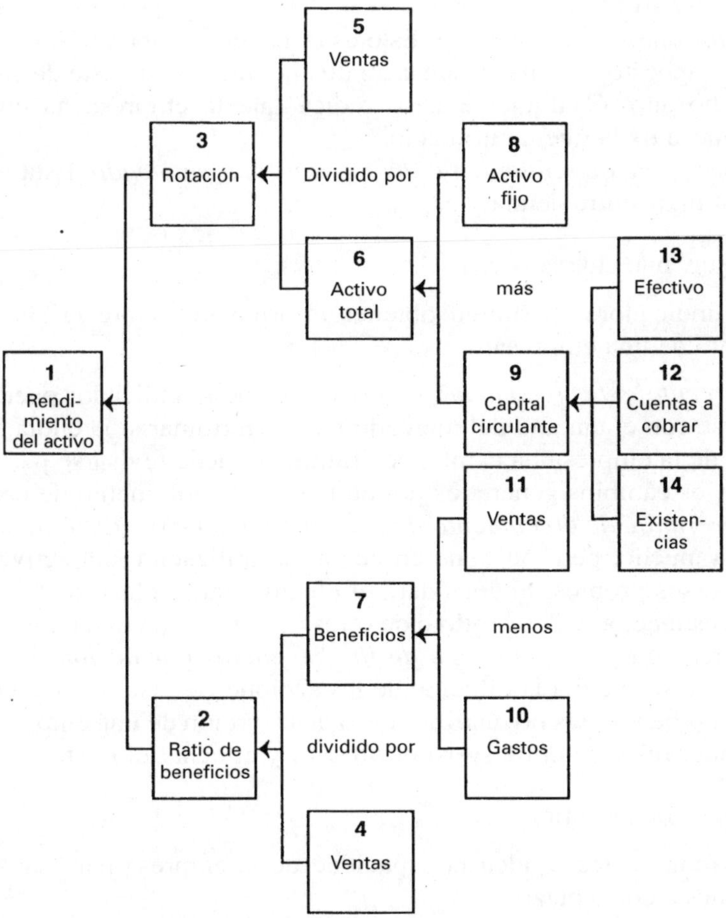

FIGURA 18.1. **Componentes del indicador sobre el porcentaje de rendimiento del activo empleado**

— *Porcentaje de rendimiento de los recursos propios.* Ésta es la otra medida principal de la actuación de una empresa. Refleja no solamente la eficacia operativa sino también el efecto del apalancamiento obtenido con la deuda, de manera que la dirección esté incentivada para utilizar la deuda, en lugar del capital, como fuente de fondos operativos.
— *Valor añadido de mercado.* Ésta es una medida de la creación de riqueza. Para ello se toma el valor de mercado del capital emitido (número de acciones multiplicado por su cotización en Bolsa) y de él se resta el capital de la empresa procedente de deuda, de las emisiones de acciones, de los préstamos bancarios y de los beneficios no distribuidos. Cualquier exceso indica que la empresa ha creado más riqueza de la que ha utilizado.
— *Valor añadido económico.* Éste es el beneficio operativo neto después de impuestos de una empresa en un año, menos su coste de capital para dicho año. Cualquier exceso indica que la empresa ha creado más riqueza de la que ha utilizado.
— *Porcentaje de rendimiento del capital total empleado.* Esta medida no distingue entre deuda y capital.

INDICADORES DEL CRECIMIENTO

Estos indicadores permiten obtener información sobre la capacidad de crecimiento de una empresa:

— *Porcentaje de crecimiento de las ventas.* Este indicador puede compararse con el tamaño del mercado para determinar si la cuota de mercado de la empresa ha cambiado. También puede revisarse para incorporar los cambios generados por aumentos de volumen o de precio.
— *Porcentaje de crecimiento de los beneficios netos.* Esta medida se utiliza mucho, pero no tiene en cuenta la utilización del activo o de los recursos propios; ni considera el efecto a largo plazo de los gastos en investigación y desarrollo o de otras decisiones de inversión de capital.
— *Porcentaje de crecimiento de los beneficios por acción.* Esta medida indica si se evita la dilución de las acciones, el uso de la deuda, el uso de los beneficios no distribuidos o la absorción de una empresa con una menor relación entre su valor bursátil y el beneficio neto.

INDICADORES DE LIQUIDEZ

Estos indicadores miden la capacidad de la empresa para satisfacer sus obligaciones a corto plazo:

— *Relación entre el activo realizable y el pasivo exigible.* Éste es uno de los ratios que más se utiliza, especialmente entre los miembros de los departamentos de crédito, para evaluar la liquidez. Desde hace mucho tiempo, se viene considerando que un ratio de 2 refleja una situación satisfactoria. Cuando se evalúa este ratio, deben también tenerse en cuenta los índices de rotación de las cuentas a cobrar y de las existencias, puesto que un bajo índice de rotación contribuye realmente a la mejora de este ratio.

— *Prueba del ácido o relación entre el activo rápidamente realizable y el pasivo inmediatamente exigible*. Se trata de un complemento del ratio anterior. En él se excluyen las existencias, en base a la suposición de que éstas tardan tiempo en liquidarse y no constituyen un indicador de la posibilidad que tiene la empresa de satisfacer sus obligaciones corrientes. Se considera aceptable un ratio de 1.

— *Capital circulante positivo (negativo)*. No se trata de un ratio. Las empresas se esfuerzan ahora por alcanzar una rotación negativa con el fin de liberar efectivo para otros fines, tales como inversiones de capital, compras de acciones para conseguir una participación mayoritaria, y absorciones. El capital circulante negativo se logra aumentando el número de cuentas a cobrar y la rotación de existencias, al tiempo que se alarga la rotación de las cuentas a pagar.

Indicadores de deuda

Los indicadores de deuda miden la posibilidad que tiene la firma de mantener y pagar la deuda:

— *Relación entre la deuda a largo plazo y los recursos propios*. Esta relación refleja la capitalización de la empresa. Los inversores y los banqueros comparan este ratio con el estándar aceptable para el sector industrial de que se trate. Un importe excesivo de deuda a largo plazo en relación con el activo neto —por ejemplo, más de un 80%— plantea cuestiones de solvencia en momentos desfavorables y suele incrementar el coste de la financiación de la deuda.

— *Número de veces que se ganan los intereses fijos*. Este ratio se utiliza para representar el margen de seguridad del acreedor. Se determina dividiendo el beneficio neto después de impuestos por los intereses sobre el endeudamiento fijo, incluida la amortización.

Indicadores de la actividad

El controler puede medir la capacidad de la firma para convertir el activo en ventas o en efectivo:

— *Rotación de las cuentas a cobrar*. Este ratio se calcula dividiendo las ventas netas a crédito por el saldo de cuentas a cobrar al final del período. Un apropiado índice de rotación dependerá de las condiciones normales de cobro de la industria de que se trate. Por ejemplo, las empresas de transporte cobran a los diez días, mientras que las compañías de tarjetas de crédito cobran a los treinta días. El alargamiento de la rotación puede estar causado por una excesiva prórroga del crédito, por una política ineficaz de cobro, por una política de crédito demasiado liberal o por un estudio ineficaz del crédito.

— *Rotación de las existencias.* Este ratio revela el número de veces que se venden las existencias durante el período. Se calcula dividiendo el coste de las mercancías vendidas por las existencias medias. Es necesario investigar las causas de un índice deficiente de rotación porque puede estar originado por unos precios bajos, un movimiento lento de las existencias, existencias obsoletas, cálculos incorrectos de costes, etc.

— *Rotación de las cuentas a pagar.* Este ratio revela la rapidez con que paga la firma sus obligaciones. Puede indicar que las cuentas a pagar están siendo alargadas demasiado o que se están aplicando todos los descuentos por pronto pago.

INDICADORES OPERATIVOS

Utilizando estos ratios, el controler puede expresar la relación existente entre conceptos de la cuenta de pérdidas y ganancias y/o del balance:

— *Relación entre los gastos de explotación y las ventas netas.* Éste es un ratio muy utilizado en la gestión interna. Puede calcularse por tipos de gastos, por agrupaciones de gastos o incluyendo los gastos totales de funcionamiento en relación con las ventas netas. Los porcentajes resultantes indican en parte la capacidad de la dirección para ajustar los gastos al cambiante volumen de ventas.

— *Relación entre las devoluciones y descuentos y las ventas brutas.* Este ratio refleja los cambios en el margen bruto causados por la reducción de los ingresos por ventas. Es un indicador de la presión del personal de ventas en favor de que se hagan concesiones en los precios y una veleta que señala la satisfacción del cliente. Un aumento de este ratio indica también unos mayores costes de transporte debido a las devoluciones, y unos mayores gastos para regularizar y manejar dichos aspectos.

— *Relación entre los descuentos en las compras y las compras.* Con este ratio se mide la eficacia del departamento de contabilidad para hacer uso de todos los descuentos disponibles. Puede también ser un indicio de una mala situación financiera, cuando una empresa no puede satisfacer sus obligaciones oportunamente y no puede aplicar en las facturas de los proveedores los descuentos por pronto pago.

— *Relación entre los gastos por reparaciones y mantenimiento y el activo fijo.* Este ratio es una guía valiosa para analizar la política de mantenimiento. En los períodos de beneficios escasos, algunas empresas retrasan el mantenimiento, dejando el equipo en mal estado de conservación, en un esfuerzo por continuar dando beneficios. Esta política tiende a aumentar los gastos de mantenimiento a largo plazo y probablemente a que se produzcan pérdidas en los bienes.

— *Relación entre la amortización y el activo fijo.* Este ratio permite evaluar de una forma aproximada la suficiencia de la política de amortización. Proporciona un medio sencillo de comparación con otras empresas. Las diferencias en la política contable, la política de mantenimiento y el porcentaje de activo fijo poseído afectan a este ratio.

— *Relación entre el activo fijo y los recursos propios.* Si es menor que 1, esta relación indica si los accionistas están contribuyendo al capital circulante. Un ratio elevado de activo fijo puede indicar una inversión excesiva en dicha clase de activo, según la industria.

INDICADORES DE CASH FLOW

Otro tipo de ratios que está difundiéndose es el de los ratios de cash flow. El creciente uso de este grupo se inició especialmente después de que el Comité Internacional para la Normalización de la Contabilidad Financiera (FASB) requiriera la preparación de un estado de cash flows: el que sucedió al estado de origen y aplicación de fondos.

Los ratios de cash flow pueden clasificarse en dos grupos: 1) los ratios de suficiencia y 2) los ratios de eficiencia. La primera clase describe la suficiencia de los cash flows para satisfacer las necesidades de la empresa. En cambio, el ratio de eficiencia indica con qué grado de acierto genera la empresa efectivo en relación con las medidas seleccionadas. Por supuesto, los ratios pueden compararse con los de otras empresas y con años sucesivos de la misma empresa.

En la tabla 18.1 se incluyen los *ratios de suficiencia.* Tenga en cuenta en relación con estos ratios que:

— *El ratio de suficiencia del cash flow* mide la capacidad de la empresa para generar efectivo suficiente para pagar sus deudas, reinvertir en sus operaciones y pagar dividendos a sus propietarios. Un valor superior a 1 durante un período de tiempo refleja la capacidad de cubrir satisfactoriamente estas necesidades principales de efectivo.

— Los siguientes tres ratios de *reembolso de la deuda a largo plazo,* de *pago de dividendos* y de *reinversión,* reflejan la suficiencia de efectivo para cumplir con cada uno de estos fines. Cuando se suman, y se expresan como ratio, el porcentaje resultante muestra la parte de efectivo requerida para estos tres fines combinados, sin necesidad de tomar prestado ni de utilizar otras fuentes de fondos.

TABLA 18.1. **Ratios de suficiencia**

Ratio	Obtención
Suficiencia de cash flow	Efectivo procedente de operaciones / Deuda a largo plazo pagada + Fondos procedentes del activo comprado + Dividendos pagados
Reembolso de la deuda a largo plazo	Pagos de la deuda a largo plazo / Efectivo procedente de operaciones
Pago de dividendos	Dividendos / Efectivo procedente de operaciones
Reinversión	Compra de activos / Efectivo procedente de operaciones
Cobertura de la deuda	Deuda total / Efectivo procedente de operaciones
Relación de amortización	Amortización / Efectivo procedente de operaciones

— *El ratio de cobertura de la deuda* refleja el número de años, al nivel actual de generación de efectivo, que se necesitan para devolver la deuda existente.
— *La relación de amortización* refleja qué parte del cash flow procedente de las operaciones se debe al efecto de los cargos por amortización y la posibilidad que tiene la empresa de mantener su base de activo.

En la tabla 18.2 pueden verse los tres *ratios de eficiencia* de uso creciente. Los ratios de eficiencia reflejan la efectividad o eficiencia con la que se genera efectivo procedente, ya sea de las operaciones, ya sea del activo. Específicamente:

— *La relación entre el cash flow y las ventas* refleja el porcentaje de cada dólar de ventas realizado como efectivo.
— *El índice de operaciones* refleja la relación entre el efectivo generado y los ingresos procedentes de las operaciones continuas.
— *El rendimiento en cash flow del activo* refleja la cantidad relativa de efectivo que es capaz de generar el activo (o el activo empleado).

TABLA 18.2. **Ratios de eficiencia**

Ratio	Obtención
Relación entre el cash flow y las ventas	Cash flow procedente de operaciones / Ventas
Índice de operaciones	Cash flow procedente de operaciones / Ingresos procedentes de las operaciones continuas
Rendimiento en cash flow del activo	Cash flow procedente de operaciones / Total del activo

OTROS INDICADORES NO FINANCIEROS

— *Ventas por empleado*. Algunas empresas miden la eficiencia expresándola en ventas por empleado. Esta medida puede mejorarse artificialmente mediante el empleo de mano de obra contratada.

— *Nuevos productos desarrollados*. Esta medida evalúa la capacidad de la firma para comercializar nuevos productos. Como mejor se mide es calculando el porcentaje de las ventas conseguidas a través de nuevos productos y puede dividirse también en ventas originadas por mejoras significativas del producto, por productos completamente nuevos, y por productos existentes vendidos en nuevos mercados.

— *Composición del personal*. La contratación de minorías es en Estados Unidos una preocupación considerable para muchas empresas. Puede medirse, no solamente como porcentaje del total, sino también por subgrupos del personal, como son la mano de obra directa, la plantilla de profesionales y el personal directivo.

Tendencias

El controler se ve a menudo tan profundamente absorbido por los problemas corrientes que no consigue identificar las tendencias. A veces es posible identificar algunas cifras muy reveladoras con un pequeño esfuerzo, a través del uso del análisis de tendencias. También es necesario investigar de forma detallada las fluctuaciones de las tendencias, de manera que se examine el motivo exacto del cambio y se adopten medidas correctoras, si son necesarias. Por supuesto, es más fácil mantener registros históricos de todas las estadísticas y ratios mencionados en este capítulo. Sin embargo, como mínimo, el controler deberá revisar las tendencias siguientes:

Tendencia del volumen de ventas.—Las tendencias deben examinarse por zonas geográficas y para cada producto.

Tendencia del margen bruto.—Deberán investigarse los márgenes por productos y volúmenes, de manera que el controler conozca la fuente del margen bruto de contribución de la empresa.

Tendencia de los precios.—El controler debe conocer los cambios en los precios y seguir la pista a la sensibilidad del volumen de ventas respecto de dichos cambios.

Tendencia de las devoluciones de productos.—Los cambios súbitos en las devoluciones de productos reflejan un problema de calidad en el producto, o que el canal de distribución está lleno y la empresa está colocando demasiado producto entre distribuidores.

Tendencia del coste de los canales de distribución.—El controler debe analizar periódicamente el coste de los distintos canales de distribución (a través de distribuidores, ventas directas, por catálogo, etc.) en comparación con el margen ganado a través de cada canal.

Tendencia de las cuotas de venta.—Algunos jefes de ventas predicen ventas más altas sin preparar presupuestos para una mayor plantilla de personal de ventas que obtenga ese mayor volumen de negocio. El controler puede descubrir este problema revisando la evolución de las cuotas por vendedor.

Tendencia del coste de las visitas de ventas.—El controler debe ver si es aplicable a su empresa la regla de 80/20: ¿Representan el 20% de los clientes el 80% del negocio? Si es así, el controler puede analizar el coste de servir a los clientes pequeños y recomendar que se abandonen algunos de ellos para mejorar la rentabilidad de la empresa.

Tendencia del coste del transporte.—La empresa puede extenderse hacia nuevas zonas geográficas sin considerar el coste de expedición del producto a dichas zonas. Una revisión del coste del transporte como porcentaje de las ventas pondrá de relieve este problema.

Tendencia de la cantidad de espacio de almacén utilizado.—Ésta puede ser una partida importante, pues puede poner de manifiesto multitud de problemas más pequeños, tales como existencias obsoletas, productos devueltos, componentes desguazados y una cantidad excesiva de productos terminados.

Tendencia de la capacidad de fábrica utilizada.—Este es un buen indicador de la necesidad de poner en marcha un segundo turno, de trabajar con horas extraordinarias, de unos mayores costes de mantenimiento y de contar con más instalaciones.

Tendencia de los costes de la mano de obra directa.—Esta tendencia puede indicarle al controler si los costes son demasiado bajos en comparación con el coste en el mercado local (quizás resultante de un personal descontento) o que, durante un período de despidos, el coste medio de la mano de obra está subiendo porque han sido despedidos los trabajadores de menor retribución y menor nivel.

Tendencia de la exactitud del inventario, de la lista de materiales y de la información de la secuencia de la mano de obra.—Estas tres cosas requieren todas ellas un nivel de exactitud del 98% o más si se quiere utilizar un sistema de planificación de las necesidades de materiales. Para un sistema *just in time* se requieren listas exactas de materiales.

Tendencia de la relación entre los gastos generales de fabricación y la mano de obra productiva.—Los gastos generales de fabricación de una empresa pueden aumentar de forma rápida y éste es un medio fundamental para detectar dicha tendencia.

Tendencia del rendimiento de los recursos propios y del rendimiento del activo.—Un declive significativo de estas medidas señala un menor cash flow, unas condiciones de préstamo más difíciles y otros muchos problemas tales como menores márgenes y un aumento de los gastos.

Interrelación de los indicadores

El controler se encontrará con que el centrar su atención en un ratio «problemático» y resolver los problemas de fondo, puede generar problemas en otros ratios conexos. Por ejemplo, el acuerdo de deuda de una empresa puede especificar una relación entre el activo realizable y el pasivo exigible de 2 a 1. Si el ratio es de 1,5 a 1, el controler puede tomar dinero prestado y conservar efectivo para mejorar dicho ratio. Sin embargo, esta medida tomada por el controler podría empeorar la relación entre la deuda a largo plazo y los recursos propios de la empresa. En la tabla 18.3 pueden verse ejemplos del efecto sobre ratios conexos de los esfuerzos por parte de la dirección para modificar diez ratios clave.

Efecto del intercambio electrónico de datos sobre los indicadores de rendimiento

La utilización del intercambio electrónico de datos puede ejercer un efecto significativo sobre la aceptabilidad de ciertos ratios. Si una empresa utilizara el intercambio electrónico de datos para todas las transacciones, se aceleraría considerablemente la rotación de las existencias, de las cuentas a cobrar y de las cuentas a pagar, lo que daría como resultado unas cantidades mínimas de los tres conceptos en el balance. Como consecuencia, los ratios siguientes en los que se incluyen las existencias, las cuentas a cobrar o las cuentas a pagar quedarían muy sesgados:

— Relación entre el activo realizable y el pasivo exigible.
— Prueba del ácido.

TABLA 18.3. **Interrelación de los cambios en los ratios**

Un cambio en este ratio...	Afecta a estos otros ratios
Relación entre el activo realizable y el pasivo exigible	La dirección mejora este ratio tomando dinero prestado y reteniendo efectivo; la *relación entre la deuda a largo plazo y los recursos propios* empeora porque ha aumentado la deuda.
Relación entre la deuda a largo plazo y los recursos propios	La dirección mejora este ratio liquidando inversiones a corto plazo para pagar la deuda a largo plazo; *la relación entre el activo realizable y el pasivo exigible* empeora porque se ha reducido la inversión.
Relación entre las ventas netas y las cuentas a cobrar	La dirección mejora este ratio descontando las cuentas a cobrar; *la relación entre el beneficio neto y las ventas netas* empeora porque hay un cargo por el servicio de *factoring* de las cuentas a cobrar.
Rotación de las existencias	La dirección mejora este ratio liquidando existencias; *la relación entre el beneficio bruto y las ventas netas* empeora porque la dirección tiene que pagar precios elevados para comprar materias primas en un plazo reducido y enviarlas a la empresa por transporte urgente.
Relación entre las ventas netas y el capital circulante	La dirección mejora este ratio prorrogando las cuentas a pagar; *la relación entre el beneficio bruto y las ventas netas* empeora porque los proveedores no enviarán materias primas adicionales, de manera que la dirección ha de pagar precios superiores para comprar dichas materias avisando con poca antelación y expidiéndolas a la empresa por transporte urgente.
Relación entre reparaciones y mantenimiento y activo fijo	La dirección mejora esta relación reduciendo la cantidad de mantenimiento del equipo; *la relación entre los beneficios netos y las ventas netas* empeora porque la capacidad de producción desciende cuando el equipo se avería.
Número de veces que se ganan los gastos fijos	La dirección mejora este ratio utilizando efectivo para pagar la deuda; empeora *la relación entre el activo realizable y el pasivo exigible* porque se utiliza efectivo.
Relación entre el beneficio bruto y las ventas netas	La dirección mejora esta relación aumentando los precios; empeora *la relación entre el beneficio neto y las ventas netas* porque un menor número de personas compra el producto a un precio más alto.
Relación entre los gastos operativos y las ventas netas	La dirección mejora este ratio reduciendo la nómina del departamento de contabilidad; *la relación entre el beneficio bruto y las ventas netas* empeora porque no hay ningún contable de costes que revise los mayores costes de los productos.
Relación entre el beneficio neto y las ventas netas	La dirección mejora esta relación vendiendo equipo de fabricación y registrando una ganancia en la venta; *la relación entre el beneficio bruto y las ventas netas* empeora porque se ha reducido la capacidad de producción, y la producción debe cederse a subcontratistas a un coste más alto.

— Relación entre las ventas netas y las cuentas a cobrar.
— Período medio de cobro.
— Rotación de las existencias.
— Rotación del activo circulante.
— Relación entre las ventas netas y el capital circulante.

Los cambios impuestos por el intercambio electrónico de datos pueden hacer inútiles las comparaciones dentro de un mismo sector industrial, puesto que los resultados de los ratios variarán considerablemente entre las empresas que utilizan dicho sistema y las que no lo utilizan, a menos que toda una industria adopte al mismo tiempo dicho intercambio, permitiendo que todas las empresas informen de los nuevos niveles de ratios.

Los ratios «just in time»

El controler necesita utilizar un conjunto diferente de ratios cuando evalúa los resultados de un sistema de fabricación *just in time*. Dicho sistema opera con arreglo al principio de que la instalación sólo debe recibir suficientes piezas de los proveedores para construir los componentes, producir sólo los componentes suficientes para fabricar el número deseado de productos, y producir solamente el número de productos suficiente para satisfacer la demanda. Para producir con el número exacto de piezas necesarias procedentes de los proveedores, las piezas deben entregarse a la empresa puntualmente, en las cantidades correctas y con una calidad perfecta (sin piezas defectuosas). Con el fin de producir sólo los componentes suficientes para fabricar el número deseado de productos, los tiempos de preparación deben minimizarse, los trabajos en curso han de sufrir una reducción importante y ha de realizarse un seguimiento detallado de las piezas defectuosas. En una palabra, el controler debe diseñar procedimientos de recogida de datos para la información que no aparece en el balance ni en la cuenta de resultados. El único ratio relacionado con el sistema *just in time* que puede obtenerse del balance es la rotación de las existencias.

En la tabla 18.4 se indican las medidas apropiadas para el sistema *just in time*. Tenga en cuenta que:

— El proveedor es quien debe realizar el seguimiento del indicador de entrega puntual de las piezas. El indicador deberá luego representarse en un gráfico como una línea de tendencia y ser compartida con el proveedor, de manera que un empeoramiento de la tendencia pueda discutirse y corregirse. La definición de «puntual» variará según las empresas, puesto que algunas deben contar con el producto a una hora concreta mientras que otras pueden esperar un día o más. Además, las entregas excesivamente tempranas no deben considerarse «puntuales»,

TABLA 18.4. **Ratios utilizados para medir el rendimiento en un entorno «just in time»**

Ratio	Obtención
Entrega puntual de las piezas	Número de piezas entregadas puntualmente / Número de piezas pedidas en la fecha de entrega
Entrega de las piezas en cantidades correctas	Cantidad de piezas entregadas / Cantidad de piezas pedidas
Calidad de las piezas entregadas	(Número total de piezas - Número de piezas sin defectos) / Número total de piezas
Tiempo medio de preparación	Tiempo desde el final de la serie de producción anterior hasta el comienzo de la siguiente serie de producción
Rotación de las existencias	Coste de los artículos vendidos / Existencias medias
Cantidad de productos defectuosos	Valor monetario de los productos defectuosos / Valor monetario de la producción

pues la empresa tiene entonces que almacenar los materiales durante más tiempo del que debiera.

— El proveedor debe realizar el seguimiento del indicador de *entrega de las piezas en cantidades correctas*. De nuevo, el indicador deberá representarse en un gráfico con una línea de tendencia, y la información ha de ser compartida con el proveedor. Las cantidades excesivas entregadas deberán considerarse incorrectas, puesto que la empresa tiene entonces que almacenarlas y tener en cuenta los excesos.

— El proveedor deberá realizar un seguimiento del indicador de *calidad de las piezas entregadas*. De nuevo, el indicador deberá representarse en un gráfico con una línea de tendencia, y la información habrá de ser compartida con el proveedor. Los límites permisibles de las tolerancias utilizadas para definir un producto como «dentro de las especificaciones» deberán reducirse de forma continua a medida que el proveedor alcance los objetivos de tolerancias más generosas, de manera que los niveles de calidad mejoren constantemente.

— El indicador del *tiempo medio de preparación* deberá calcularse y trazarse como una línea de tendencia. La dirección deberá seguir de cerca los tiempos de preparación de las máquinas que causen cuellos de botella y dar prioridad a los análisis de reducción de los tiempos de preparación de dichas máquinas.

— El indicador de *rotación de las existencias* deberá subdividirse en materias primas, trabajos en curso y productos terminados, de manera que puedan identificarse más fácilmente los campos en que la rotación es lenta.

— El indicador de *productos defectuosos* deberá subdividirse en pérdidas debidas a obsolescencia, los daños causados por el traslado de los materiales, y los robos. Utilizando este análisis detallado, la dirección puede centrar rápidamente su atención en los problemas más significativos en relación con los productos defectuosos.

Resumen

En este capítulo, hemos estudiado los ratios clave y los indicadores de tendencia necesarios para describir la situación financiera y operativa de una empresa, así como el efecto de las nuevas técnicas de gestión (tales como el sistema *just in time)* sobre los mismos. También hemos destacado la manera en que los ratios cambian cuando una empresa pasa a través de las fases de arranque, crecimiento, madurez y declive del ciclo de crecimiento empresarial. Cuando se utilizan con cierto conocimiento de la fase del ciclo de crecimiento en que se halla la empresa, los ratios y las tendencias de actuación proporcionan un cuadro exacto de la situación financiera de la misma.

Capítulo 19

Impuestos

Introducción

Las exigencias de presentación de informes por parte de todos los organismos oficiales han aumentado significativamente y se han hecho más complejas. Así ocurre sobre todo con los requisitos de presentación de informes para los impuestos federales y estatales. Son incontables las normas y reglamentos que cambian constantemente para ser coherentes con la política nacional y los objetivos económicos. Es obligatorio que las empresas preparen y mantengan registros adecuados para satisfacer los requisitos de las diversas legislaciones tributarias federal y local. Si no se planifican correctamente los registros y los sistemas de generación de informes, la empresa estará sujeta a un considerable riesgo financiero. Debe ponerse el acento en el registro apropiado de las transacciones financieras, en la exactitud de la preparación de los datos para las declaraciones tributarias y en la presentación puntual de declaraciones a las correspondientes administraciones tributarias.

Algunas empresas siguen un modo de proceder que consiste en remitir las cuestiones relacionadas con los tributos federales a auditores externos o a abogados especializados en derecho tributario. Por supuesto, hay veces en que dicha ayuda es deseable y necesaria. Sin embargo, la tendencia a poner dicha responsabilidad en manos ajenas es peligrosa y lleva consigo ciertos inconvenientes. El conocimiento de la legislación tributaria no asegura por sí mismo la mejor solución. Tal información debe aplicarse de manera que beneficie a la empresa en la mayor medida posible, lo cual requiere un íntimo conocimiento de la empresa y de sus transacciones, algo que el asesor tributario externo no puede conseguir en una visita ocasional o anual. Más todavía, la aplicación de la legislación tributaria debe tenerse en cuenta en muchas de las decisiones operativas cotidianas. Además, el controler tiene como función fundamental la determinación de los beneficios periódicos y anuales, y la legislación federal es un factor importante para tal determinación. El controler, pues, tiene la responsabilidad fundamental de estar plenamente informado de las cuestiones tributarias, especialmente en lo que se refiere a los impuestos sobre la renta y de utilizar este conocimiento para evitar pagar impuestos excesivos.

En resumen, el controler debe ser capaz de comprobar los cálculos de los impuestos más importantes. Todo el personal de contabilidad debe poseer un conocimiento general de la legislación tributaria y debe ser suficientemente consciente de los efectos fiscales de cualquier transacción para buscar información y obtener respuesta.

Organización de los aspectos fiscales

La responsabilidad de las actividades tributarias debe ponerse en manos de un ejecutivo financiero que comprenda la relación de la función contable con el cumplimiento de las obligaciones fiscales. En la medida en que la función tributaria afecta a los cash flows y a los cálculos contables, es una función del controler.

La creciente importancia de los impuestos como coste de la actividad empresarial y el significativo número de autoridades tributarias que han de tenerse en cuenta, hace imprescindible que la administración de los aspectos tributarios sea considerada una función separada de la organización. El organigrama de la mayoría de las empresas concede un reconocimiento formal a la función tributaria. En algunas empresas con problemas tributarios complejos y participaciones en empresas de ámbito mundial, la dirección considera los impuestos lo bastante importantes como para nombrar un director adjunto para impuestos. En otras situaciones, se establece un departamento separado, encabezado por un gestor responsable de todos los aspectos fiscales. Según la complejidad y dimensión de los problemas tributarios, el departamento fiscal puede organizarse por tipos de impuestos, tales como los impuestos federales sobre la renta, los impuestos estatales sobre la renta, los impuestos sobre ventas, los impuestos sobre bienes y los impuestos sobre la nómina.

Una consideración fundamental para la organización y dotación de personal del departamento de impuestos es el grado de centralización de la administración de actividades tributarias. Esto es particularmente importante cuando una empresa tiene varias fábricas, delegaciones, unidades operativas y operaciones internacionales. Normalmente, una organización tributaria centralizada controlará toda la política y procedimientos tributarios de la empresa. Además, se encargará de la administración de los impuestos de la sede central y, en algunos casos, dirigirá las actividades cotidianas del personal responsable de los impuestos descentralizados. Sin embargo, en cualquier caso, el control funcional sobre la organización fiscal descentralizada deberá ejercerlo el gestor de impuestos.

Existen algunas ventajas en hacer que el personal local se haga responsable de ciertas funciones tributarias debido a las relaciones con la Administración tributaria local, como en el caso de los impuestos sobre inmuebles. El responsable fiscal de la empresa deberá realizar revisiones periódicas en estos casos.

La preparación de las declaraciones impositivas puede centralizarse o descentralizarse según las circunstancias y los posibles ahorros. Si los datos están en la oficina local, puede ser ventajoso preparar la declaración localmente, con la apropiada revisión por el personal del responsable de impuestos. Los registros que hayan de mantenerse deberá prescribirlos el departamento de impuestos de la casa matriz. Algunas empresas, por ejemplo, hacen que el departamento de nóminas de cada empresa prepare las declaraciones impositivas correspondientes a la nómina, puesto que la información detallada está disponible en los registros de nóminas. Sin embargo, el gestor de impuestos revisará y probablemente firmará y presentará las declaraciones.

Como en cualquier función, existen ventajas para la centralización de las responsabilidades tributarias. Es más económica, permite un mayor grado de especialización, se hace un uso más eficaz de los recursos tributarios (por ejemplo una biblioteca centralizada sobre impuestos), promueve la uniformidad y permite una mayor flexibilidad en el manejo de la carga de trabajo. Puede también haber inconvenientes en una función centralizada de los impuestos, como, por ejemplo, la carencia de contacto suficiente con la Administración tributaria local. En aquellos casos en que se utiliza la descentralización, el departamento central de impuestos debe proporcionar orientación, instrucciones y servicios de revisión.

Misión del gestor de impuestos

Las funciones del gestor de impuestos variarán con la organización. Sin embargo, la relación que sigue es una indicación del alcance de las responsabilidades asignadas al departamento de impuestos en una gran empresa:

— Preparar, recomendar y poner en práctica los planes aprobados para un programa efectivo de gestión de los impuestos aplicable a todos los elementos de la empresa. Asegurar que la empresa cumpla con todas las leyes, normas y disposiciones reglamentarias aplicables de carácter fiscal.

— Seleccionar el personal, asignar obligaciones y establecer el control apropiado sobre las actividades.
— Planificar la administración de las funciones tributarias de las oficinas locales o delegaciones.
— Mantener registros impositivos adecuados, preparar formularios y papeles de trabajo así como definir la denominación de los ficheros.
— Preparar un manual detallado de tributos en el que se establezcan los procedimientos y responsabilidades.
— Evaluar el efecto de las leyes, las regulaciones y las decisiones judiciales sobre las obligaciones tributarias de la empresa y las posibles actividades empresariales.
— Preparar normas y procedimientos para minimizar los impuestos devengados por la empresa.
— Cerciorarse de que la empresa ha presentado todas las declaraciones tributarias exigidas por la ley.
— Recomendar las medidas concernientes a todos los ajustes tributarios propuestos por las distintas Administraciones tributarias o por los auditores públicos independientes de la empresa y representar a la empresa, o hacer que se la represente, en todas las negociaciones que afecten a la deuda tributaria de la misma.
— Iniciar la acción para obtener la aprobación de la Dirección General de Tributos, cuando se requiera, con respecto a los cambios en los métodos y procedimientos contables y a las cuestiones correspondientes a los planes de jubilación o ahorro.
— Preparar y presentar en cooperación con un asesor legal, demandas formales, reclamaciones, peticiones o acciones judiciales con respecto a cuestiones tributarias impugnadas en relación con la empresa, coordinando todas estas actividades con otras funciones implicadas, tales como el departamento jurídico y el de contabilidad.
— Iniciar los trámites, cuando se requiera, para recabar las decisiones de la Dirección General de Tributos en lo que se refiere a la obligación tributaria de la empresa.
— Analizar las consecuencias tributarias de las absorciones propuestas de empresas para determinar los problemas presentes o potenciales y examinar las posibilidades de trasladar pérdidas a ejercicios posteriores o anteriores con fines tributarios.
— Proporcionar información concerniente a las cuestiones tributarias federales, estatales, locales y extranjeras, basándose en el consejo del asesor tributario cuando sea necesario.
— Analizar el efecto tributario de los documentos legales que afectan a la empresa y aconsejar en lo que se refiere a las medidas apropiadas para

minimizar las obligaciones tributarias de la empresa con respecto a esa cuestión.

— Revisar los planes anuales y estratégicos para calcular las obligaciones tributarias de cada período e incorporar los resultados al plan aprobado.

— Investigar las obligaciones tributarias en el extranjero del plan empresarial; la empresa tiene derecho a una deducción en el impuesto de la renta federal por cualquier impuesto sobre la renta pagado en el extranjero.

Es indispensable que el departamento de impuestos se comunique con todas las unidades de la organización. Para ser eficaz, el departamento de impuestos deberá intervenir en las decisiones sobre absorciones de empresas; planes de pensiones y programas de prestaciones complementarias del salario; convenios financieros; establecimiento de filiales en el extranjero, incluyendo su localización y forma societaria; condiciones contractuales relacionadas con los impuestos; liquidación de unidades empresariales o productos; emplazamiento de las instalaciones y las distintas clases de acuerdos empresariales, tales como asociaciones temporales de empresas o acuerdos de asesoramiento. La planificación fiscal incluye hacer que todos los niveles de dirección conozcan la importancia de las implicaciones tributarias en el proceso de toma de decisiones. Un gestor de impuestos efectivo presentará regularmente a los miembros del equipo de dirección ideas tributarias bien fundadas y creativas.

El gestor de impuestos debe poseer un íntimo conocimiento de la empresa así como de sus productos, servicios y operaciones empresariales generales. Para lograrlo, debe estar en contacto con todos los que tengan algo que ver con dichas materias y crear una red de comunicaciones sensible a las situaciones que tienen consecuencias impositivas. Se alcanza el éxito cuando al departamento de impuestos se le consulta antes de que tengan lugar las transacciones que tengan implicaciones fiscales.

Documentación sobre tributos

Las leyes tributarias son tan complejas, tan numerosas y de naturaleza tan distinta que no es práctico conocer todas las disposiciones de las leyes y todos los hechos de la empresa que tienen una relación directa con la fiscalidad. Por consiguiente, la empresa debe tener la documentación y los registros necesarios para preparar la adecuada planificación tributaria si la dirección ha de tener una clara visión de la situación impositiva o si ha de tener éxito algún grado de control administrativo. Las penalizaciones por descuidos o por incompetencia son cuantiosas.

La naturaleza de los registros se regirá por la complejidad relativa del problema tributario. En general, sin embargo, se necesitan ciertos registros para fines de control administrativo, para justificar las declaraciones impositivas y para cumplir los requisitos específicos de la ley. Los registros sobre tributos se agrupan en cuatro clases principales:

1. *Calendario tributario*. Es un cuadro que sirve de recordatorio de las fechas de vencimiento para presentación de declaraciones impositivas, preparación de informes, pago de liquidaciones tributarias, fechas de vistas, fechas de revisiones de cuentas, fechas de valoraciones y cualquier otro acontecimiento tributario importante. Cuando se informatiza, este cuadro puede recordar automáticamente al personal las fechas límites próximas. En la tabla 19.1 puede verse un calendario tributario abreviado.

TABLA 19.1. **Calendario tributario**

Circunstancia	E	F	M	A	M	J	J	A	S	O	N	D
Pagos de impuestos estimados durante el año				15		15			15			15
Enviar por correo la documentación de impuestos de fin de año a las filiales	15											
Impuesto federal sobre utilización de bienes							31					
Declaración trimestral impuesto federal sobre el consumo	31			30			31			31		
Segundo pago anticipado mensual impuesto federal sobre el consumo	31	28	31	30	31	30	31	31	30	31	30	31
Primer pago anticipado mensual impuesto federal sobre el consumo	15	15	15	15	15	15	15	15	15	15	15	15

2. *Notas de información*. Éstas son resúmenes de la legislación tributaria y materias relacionadas que afectan a la empresa. Se utilizan como referencia cuando se prepara la declaración impositiva. En la tabla 19.2 puede verse un ejemplo de este tipo de notas. La información que ha de anotarse acerca de cada impuesto comprende:

— el nombre del impuesto;
— la descripción del impuesto;
— la base;
— los tipos impositivos;
— las exenciones del impuesto;
— la época de presentación de la declaración;
— el número y nombre del formulario del impreso de declaración;
— el tiempo aproximado que se requiere para su preparación;
— a quién y cuándo ha de enviarse la declaración;

TABLA 19.2. **Nota de información sobre impuestos**

Información necesaria	Impuesto federal sobre la renta
Descripción y tipo	Renta
Ubicaciones cubiertas	Todas, excepto las entidades jurídicas extranjeras
Quién debe presentar	Todas las entidades jurídicas nacionales consolidadas
Dónde hay que presentar (señas)	Dirección General de Tributos, Salt Lake City, Utah
Número de formulario	1.120, más cualquier otro formulario pertinente
Período(s) cubierto(s)	19XX
Fechas de vencimiento	15-3-XX (prórrogas hasta el 15-9-XX)
Tipo o base del impuesto	34 %
Importe aproximado del impuesto	5.000.000 dólares
Información requerida	Cuenta de resultados detallada, balance y análisis completo de las diferencias entre beneficio contable y beneficio imponible. Cálculo del Impuesto Mínimo Alternativo.
Fuente de los datos	Libros y registros de los distintos centros de beneficios
Cuenta de adeudo	Nº 260
Referencia del archivo	Archivo Federal nº 3, cajón nº 2
Comentarios	Revisar el calendario para la tabla de amortización del activo y los criterios para la amortización

— origen de los datos para preparar la declaración;
— por qué la empresa está sujeta al impuesto;
— la contabilización del impuesto;
— el procedimiento, incluyendo cualesquiera instrucciones especiales;
— sanción por falta de pago.

3. *Archivos de papeles de trabajo.* Estos archivos contienen los datos inherentes a las declaraciones del año hasta la fecha. Estos archivos operativos son de una variedad infinita y son quizá comparables con los archivos permanentes y con los de los papeles de trabajo creados en relación con una auditoría. En esencia, deben contener un registro completo y ordenado de la siguiente información, más el material adicional, que puede variar según el tipo de impuesto:

   — registro de los pagos;
   — registro de las valoraciones;
   — conciliación de los datos impositivos con los registros;
   — copias de la declaración;
   — registro de devoluciones de impuesto, incluida la base;
   — correspondencia sobre el impuesto.

4. *Mayores auxiliares.* Son los registros contables mantenidos por el departamento de contabilidad. El gestor de impuestos debe intervenir en la preparación de un plan de cuentas que registre la información necesaria para presentar las declaraciones impositivas, con el fin de evitar una laboriosa recopilación manual de la información.

Contabilidad con fines tributarios en contraste con la contabilidad correcta

La fuente principal de la información exigida por las declaraciones del impuesto federal sobre la renta es la de los registros contables normales de la empresa. Sin embargo, aunque la contabilidad con fines tributarios y la contabilidad correcta son por lo general una misma cosa, hay tres aspectos importantes en los que difieren:

1. *Ingresos y gastos específicamente excluidos con fines tributarios.* Entre los ejemplos pueden citarse las rentas exentas de impuestos de los bonos del Tesoro o los donativos que excedan del máximo concedido. Estos datos no son difíciles de contabilizar: aparecen en la conciliación y con eso suele terminar la cuestión.
2. *Diferencias resultantes del reconocimiento del tiempo en que pueden contabilizarse las pérdidas o las ganancias.* Se incluyen en este grupo las dotaciones de reservas y las correspondientes exenciones. Puede

registrarse esta información en hojas de trabajo suplementarias y no es necesario mantener libros mayores separados.

3. *Diferencias en las bases de coste.* Esta categoría general incluye las diferencias en los porcentajes y bases de amortización, el tratamiento de los costes de reparaciones y mantenimiento, así como la valoración de las existencias. Los principales problemas de registro de la información pueden surgir en relación con las diferentes bases de coste. Es necesario determinar si se necesita mantener una serie separada de cuentas suplementarias. Por ejemplo, cuando se utilizan bases y porcentajes de amortización muy diferentes, pueden requerirse mayores separados.

Un importante formulario que el controler debe revisar es la conciliación del beneficio incluido en la declaración del impuesto federal sobre la renta. Este formulario revela los principales puntos que diferencian la contabilidad para fines tributarios y la contabilidad correcta.

El controler y el gestor de impuestos se enfrentan con el problema de la manera en que deben tratarse estas diferencias en los registros. Evidentemente es necesario mantener un registro permanente de estas diferencias y conciliar las cifras de la contabilidad correcta con las de la contabilidad para fines tributarios, para conseguir todas las desgravaciones impositivas. El mantenimiento de tales registros es esencial para asegurar que la empresa no perderá ninguna desgravación a la que tenga derecho en un año subsiguiente. Sin embargo, esto no quiere decir que sea necesario mantener para fines fiscales un conjunto de libros completamente independiente.

Un plan de cuentas apropiado

Cuando se diseñan los registros contables y la estructura de las cuentas o plan de cuentas, el controler debe conocer y considerar los datos contables necesarios para la preparación de las declaraciones de impuestos. Si al establecer los registros contables se tiene esto en cuenta, se puede facilitar el trabajo relacionado con los tributos y proteger los intereses de la empresa desde el punto de vista tributario.

En la estructura de las cuentas, es deseable incluir la posibilidad de realizar análisis detallados de los distintos conceptos, tales como reparaciones y mantenimiento, de manera que pueda demostrarse fácilmente que las adiciones a la instalación no han sido gastos. Además, cuando ello resulte práctico, debe hacerse en las cuentas una segregación de los beneficios no imponibles o de las deducciones no admisibles. Tal estructura de las cuentas ahorrará un tiempo valioso al efectuar los costosos análisis en momentos críticos y hará menos probable la posibilidad de que se omitan dichos conceptos en la declaración impositiva.

Resumen

Muchos controlers utilizan especialistas externos para realizar todas las funciones relacionadas con los impuestos de la empresa. Sin embargo, hay algunas cuestiones tributarias que todos los controlers deben conocer. En este capítulo, hemos presentado las cuestiones fundamentales que incluyen el mantenimiento apropiado de registros tributarios, el establecimiento del plan de cuentas para facilitar la tarea de registrar la información relacionada con los impuestos y las diferencias entre la contabilidad para fines tributarios y la contabilidad correcta.

Capítulo 20

Seguros

Introducción

Un requisito básico de una empresa bien gestionada es que se prepare y ponga en práctica un programa completo de gestión de riesgos. Un elemento de la gestión del riesgo es la cobertura de seguros. Una parte de la cobertura es obligatoria, como el seguro de accidentes de los trabajadores; otra parte puede ser requerida por razones contractuales, como el seguro de incendios exigido con arreglo a un contrato de préstamo bancario; y por último, otra parte se lleva a cabo debido a los riesgos inherentes de la empresa.

La responsabilidad de un programa de seguros bien definido debe asignarse al ejecutivo financiero principal, para que pueda recibir la adecuada atención y orientación. Buena parte de la información requerida por los seguros se encuentra en los registros contables, por consiguiente, es lógico que la función de gestión de riesgos se asigne a un ejecutivo financiero. En cualquier caso, el controler debe intervenir y comprender los requisitos y procedimientos del seguro y proporcionar a la dirección información y orientación apropiadas.

Misión del gestor de riesgos

En la mayoría de las grandes empresas, la función de seguros se asignará normalmente a un gestor profesional de seguros y riesgos, que dependerá del director financiero, del tesorero o del controler. Este ejecutivo será responsable de poner en marcha procedimientos de seguros coherentes con la política y los objetivos de la empresa. La política deberá ser aprobada por el consejo de administración y puede incluir límites financieros a la asunción o retención de riesgos, los parámetros del autoseguro, los riesgos no asegurables, las compañías de seguros propiedad de la empresa y las responsabilidades organizativas. La función del gestor de riesgos consiste en elaborar un plan y poner en práctica los procedimientos para controlar los riesgos a los que está expuesta la empresa. Esta persona debe colaborar estrechamente con otros grupos funcionales, tales como los departamentos técnico, de higiene y seguridad, de personal y relaciones laborales, de producción, de seguridad de las instalaciones, jurídico y de contabilidad. Es indispensable que esta persona tenga un conocimiento completo de la empresa, sus operaciones y sus productos y servicios, de manera que los riesgos puedan ser evaluados correctamente. Por consiguiente, un empleado que lleve mucho tiempo en la empresa puede ser el que mejor sirva para esta misión. El gestor de riesgos debe asegurarse de que la empresa esté suficientemente protegida contra todos los riesgos significativos.

Un gestor de riesgos prudente actuará por anticipado para reducir el riesgo de pérdidas. Pueden utilizarse las técnicas siguientes:

1. *Duplicar.* La empresa puede conservar múltiples copias de registros para protegerse frente a la destrucción de información crítica. Además, los sistemas críticos tales como la red de área local, el sistema telefónico y el buzón de voz pueden ser duplicados en emplazamientos externos, para evitar una interrupción de la producción causada por daños en el emplazamiento principal. Por ejemplo, las líneas aéreas mantienen sistemas sofisticados de copias de seguridad para sus bases de datos de reservas de plazas.
2. *Segregar.* La empresa puede dividir los activos clave, tales como las existencias, y distribuirlos en múltiples emplazamientos (por ejemplo, almacenes). Los militares mantienen centros de mando alternativos en caso de guerra.
3. *Prevenir.* La empresa puede instituir programas para reducir la probabilidad y gravedad de las pérdidas. Por ejemplo, algunas empresas invitan a la Dirección de Seguridad e Higiene en el Trabajo a inspeccionar sus locales e informar de las condiciones peligrosas. Las empresas corrigen luego estas situaciones para reducir el riesgo de pérdidas. Si una empresa requiere que sus empleados usen cascos en las zonas en construcción, un ladrillo que cae puede causar un accidente, pero el casco reducirá la gravedad del mismo. Entre los ejemplos de técnicas de prevención figuran la mejora del alumbrado, la ins-

talación de dispositivos protectores en la maquinaria y poner en vigor normas de seguridad.

El gestor de riesgos es responsable de proporcionar ayuda y orientación cualificadas a toda la empresa, incluyendo las divisiones, las filiales y otras unidades operativas. En los procedimientos debe tenerse en cuenta la estructura organizativa global de la empresa, con el fin de controlar los riesgos y garantizar un programa objetivo de prevención de pérdidas. Algunas de las funciones que han de llevarse a cabo son las siguientes:

—*Revisar los riesgos.* Determinar y evaluar los riegos a través de una revisión completa de todas las operaciones y bienes. Esta revisión deberá incluir las obligaciones contractuales, las condiciones de los arrendamientos, las normas y procedimientos de la empresa, así como las disposiciones oficiales. La revisión puede realizarse con las listas de comprobación de riesgos asegurables que proporcionan las compañías de seguros, con la ayuda de un asesor o revisando los datos históricos de pérdidas suministrados por la firma aseguradora de la empresa.

—*Evaluar los riesgos.* Estimar la probabilidad de pérdidas debidas a los riesgos descubiertos.

—*Asegurar el cumplimiento.* Asegurar el cumplimiento de las exigencias estatales, federales y locales en lo que respecta a los seguros.

—*Proteger contra pérdidas.* Seleccionar el mejor método de protección contra pérdidas (por ejemplo, evitación, reducción del peligro, autoseguro o transferencia del riesgo a una compañía de seguros). La selección de una opción deberá producirse después de un análisis de la relación entre costes y beneficios que pondere el coste de cada riesgo frente al coste de evitarlo, incluyendo como elemento esencial la probabilidad de que se produzca el perjuicio.

—*Utilizar expertos.* Trabajar con agentes de seguros, corredores, asesores y representantes de compañías de seguros.

—*Liderar los esfuerzos de prevención.* Supervisar un programa de prevención de pérdidas, incluyendo una planificación para minimizar las pérdidas durante las crisis previstas.

—*Mantener registros.* Mantener registros apropiados para todos los aspectos de la administración de los seguros.

—*Revisar las actividades corrientes.* Evaluar continuamente y mantenerse al corriente de todas las operaciones y actividades de la empresa.

—*Tener información actualizada.* Mantenerse al día de las nuevas técnicas que surgen en el campo del seguro.

—*Revisar las coberturas.* Prever una auditoría o revisión periódica de las coberturas.

En las empresas pequeñas, donde no esté justificado económicamente un gestor de riesgos a tiempo completo, el director financiero debe buscar ayuda externa. Existen muchas personas especializadas en seguros, tales como los agentes de seguros, los corredores, los aseguradores, los especialistas de las empresas de seguros y los asesores.

Selección de los riesgos asegurables

El trabajo preparatorio de un buen programa de seguros consiste en un análisis inteligente de los bienes y de las operaciones de la empresa para determinar el grado y la clase de riesgos. Este análisis no debe ser superficial: es necesario preparar informes, hojas de trabajo y calendarios que muestren todos los detalles. Cuanto más esfuerzo se invierta en este análisis preliminar, más tiempo se ahorrará después, y se contribuirá a determinar la extensión de la cobertura de seguros requerida. Las listas de comprobación disponibles de fuentes externas, tales como las asociaciones profesionales, los reguladores estatales, los corredores y los aseguradores, pueden constituir una ayuda sustancial para determinar los riesgos que han de evaluarse. En el análisis y revisión hay varias cuestiones que tratar:

— *Edificios y equipo*. Debe indicarse el tipo de construcción, el emplazamiento y los peligros a los que está expuesta la empresa. Cada estructura y parte importante del equipo debe enunciarse por separado. Deberá determinarse la situación actual desde el punto de vista del desgaste, y evaluarse el coste de sustitución. Puede ser necesaria la ayuda de otros expertos tales como ingenieros, personal de seguridad y de la construcción.

— *Otros activos*. Deberá hacerse una revisión de los siguientes activos:

- El efectivo y los valores negociables.
- Las existencias: materias primas, trabajos en curso y productos terminados. En particular, las materias primas que contengan sustancias tóxicas deberán separarse, y deberán revisarse los correspondientes procedimientos de almacenamiento y manejo.
- Las cuentas a cobrar.

— *Interrupción de la actividad empresarial*. La empresa puede protegerse contra la pérdida de beneficios y la continuación de los gastos durante el tiempo que la producción pueda estar total o parcialmente interrumpida como resultado de un riesgo o peligro especificado.

— *Responsabilidad ante terceros*. Debe hacerse una revisión de las pérdidas o daños posibles a terceros y a sus bienes a causa de los productos, servicios u operaciones de la empresa o de actos de los empleados. Este análisis debe incluir una revisión de todos los contratos, órdenes de venta, órdenes de compra, arrendamientos y legislación aplicable para determinar qué compromisos se han asumido y qué riesgos existen.

En dicho análisis se indicará la naturaleza general de los riesgos, los peligros y la vulnerabilidad con que se enfrenta la empresa. El paso siguiente consiste en obtener cualesquiera datos adicionales necesarios y formular un plan de seguros coherente con la política de la empresa para la gestión y aseguramiento de los riesgos. Deben tomarse decisiones relativas a la asunción, evitación o aseguramiento de los riesgos con respecto a los siguientes aspectos:

— ¿Hay una cobertura de seguro disponible para cada tipo de peligro?
— ¿Cuál es el grado de vulnerabilidad? Esto implica una evaluación de la probabilidad, el grado y la frecuencia de las posibles pérdidas. Por ejemplo, ¿cuál es la mayor cantidad de efectivo que ha de transportarse al banco cada día? o ¿cuáles son las existencias máximas, mínimas y medias en ubicaciones determinadas?
— ¿Cuál es el coste de la protección del seguro contra el peligro? ¿Cuáles son las alternativas para reducir los riesgos, del autoseguro, de las franquicias o de los planes de tarificación retrospectiva?
— ¿Sería una decisión eficiente para la empresa convertirse en autoaseguradora de uno o más riesgos?

Para la decisión sobre asegurar o no un determinado riesgo, hay que ponderar la probabilidad de la pérdida frente al coste de la prima de seguro. La máxima pérdida probable de un solo hecho y el coste anual de todas las posibles pérdidas deberá compararse con la prima. Si la diferencia es pequeña, quizá no sea económico contratar el seguro. Por lo general, la mayoría de las empresas se aseguran contra las pérdidas catastróficas que tendrían un efecto adverso sobre su situación financiera.

Selección del agente y de la empresa aseguradora

Los métodos para seleccionar un agente de seguros se han hecho muy complejos debido a la tipología de servicios necesarios y a los requisitos que llevan aparejados. No es algo tan fácil como seleccionar el agente más barato. El agente puede aportar mucho en la preparación de una estrategia global de seguros. Al seleccionar un agente o una compañía de seguros, deberán revisarse los siguientes factores: las tarifas de seguro; los tipos de cobertura; la solidez financiera del asegurador; la reputación y las facilidades en cuanto al servicio, tales como la especialización técnica, de seguridad y en programas de inspección; la disponibilidad de los representantes comerciales; el conocimiento del tema y la posibilidad de avanzar con la empresa en nuevos productos y tecnologías.

Hay varios tipos de compañías de seguros, y el coste neto del seguro puede variar considerablemente entre ellas. He aquí algunos de ellos:

— *Mutualidades de seguros.* Cada tenedor de una póliza es propietario de la empresa, y los beneficios se distribuyen en forma de dividendos. Si se producen pérdidas netas, los asegurados pueden estar sujetos a derramas. En la mayoría de los casos, sin embargo, pueden emitirse pólizas no sujetas a derramas.
— *Sociedades por acciones.* Son similares a otras sociedades anónimas por cuanto los beneficios no retenidos en el negocio se distribuyen entre los accionistas en forma de dividendos, no a los tenedores de pólizas.
— *Lloyds de Londres.* Esta compañía de seguros opera con autorización especial del Parlamento inglés y puede proporcionar cobertura de seguros de una naturaleza que otras compañías no aceptan. Proporciona también las coberturas usuales.
— *Organizaciones de seguros recíprocos.* Se trata de asociaciones de asegurados administradas por un gestor. Se anticipan unos depósitos contra los cuales se carga el coste proporcional de las operaciones.
— *Compañías de seguros propiedad de la empresa.* Una sociedad anónima de seguros creada para asegurar los riesgos de su casa matriz o en algunos casos un grupo o asociación patrocinadora.

Otra forma de clasificar las compañías de seguros es por el tipo de servicios que ofrecen. Por ejemplo, una compañía *monoproducto* proporciona solamente un tipo de cobertura de seguro. Una compañía *multiproducto* proporciona más de un tipo de seguros. Una *compañía de servicios financieros* proporciona no sólo seguros sino también servicios financieros a los clientes.

Es muy importante evaluar la situación financiera de las compañías de seguros que se están considerando, antes de realizar una elección definitiva, puesto que compañías de seguros similares con un capital mínimo pueden ofrecer tarifas atractivas, pero también pueden verse obligadas a cesar en su actividad por un número reducido de grandes indemnizaciones. Hay varias fuentes de información para ayudar a realizar esta evaluación financiera:

— Los estados financieros publicados.
— Las calificaciones crediticias comparadas, tal como las publican A.M. Best Company y Standard & Poors.
— Los ratios financieros suministrados a los organismos supervisores de las compañías de seguros. Éstos están disponibles a través del Insurance Regulatory Information Systems (IRIS)*. Se resumen también

* Método de análisis financiero establecido por la National Association of Insurance Commissioners para detectar problemas en las compañías de seguros con arreglo a unos ratios de auditoría. *(N. de la T.)*

anualmente en el «Informe de las mejores tendencias» publicado por A.M. Best Company.

Además de estos análisis financieros, puede obtenerse información de revistas de seguros especializadas y de asociaciones profesionales, sobre las empresas que atraviesan por dificultades (por ejemplo, una alta rotación de la dirección y el retraso en el pago de indemnizaciones).

Las empresas pueden utilizar también el autoseguro, es decir, cuando la empresa deliberadamente planifica cubrir las pérdidas con sus propios recursos en lugar de los de un asegurador, lo cual puede ser apropiado para los casos de pérdidas pequeñas, en los que el coste administrativo de utilizar un asegurador supera el importe real de la pérdida, cuando la empresa tiene suficiente exceso de recursos disponibles para cubrir incluso la indemnización más elevada, cuando los pagos de primas excesivas son la única alternativa o cuando el seguro no está disponible a ningún precio. Una forma de *autoseguro parcial* es utilizar franquicias elevadas, es decir, cláusulas en las que se indica que una parte de la pérdida queda a cargo del asegurado, de manera que la empresa costea todos los siniestros salvo los muy grandes. Por último, la empresa puede crear una *compañía de seguros de su propiedad* que facilite cobertura de seguro a la casa matriz. Dichos aseguradores pueden ofrecer una cobertura adaptada a la organización matriz y pueden disminuir la dependencia de las irregularidades del mercado comercial del seguro. Una variante de estas compañías de seguros cautivas es un *programa de fachada,* cuando una casa matriz contrata un seguro con una compañía de seguros independiente, la cual reasegura luego el riesgo con una empresa cautiva de la casa matriz. Esta técnica se utiliza para evitar que la compañía cautiva tenga que contar con la autorización legal en todos los Estados en los que la casa matriz realiza negocios, aunque la cautiva deba, sin embargo, estar autorizada para aceptar reaseguros. La «fachada» permite también a la casa matriz obtener servicio local de la compañía de seguros independiente, aunque transfiera el riesgo a la compañía cautiva. Cualquiera que sea la forma que pueda adoptar el autoseguro, el controler debe apartar fondos en forma de reservas para siniestros para pagar las indemnizaciones cuando surjan.

En algunos estados norteamericanos, la empresa puede convertirse en autoaseguradora para el seguro de accidentes de los trabajadores. Para hacerlo, la empresa debe cualificarse con arreglo a la legislación estatal como autoaseguradora, comprar una cobertura de protección para riesgos catastróficos, pagar una fianza de caución y crear un departamento para tramitar las reclamaciones. Las ventajas de hacer esto son unos menores costes (al eliminar el beneficio del asegurador) y un mejor cash flow (puesto que aquí no hay pagos del seguro por adelantado). Los inconvenientes son unos costes administrativos adicionales y el coste de cualificar la compañía de seguros en cada Estado en que opera la empresa.

Clases de seguros

Hay muchas clases de cobertura de seguros. Para más información, el controler debe consultar al agente de seguros de la empresa. A continuación ofrecemos una breve descripción de las clases más corrientes:

— *Seguro de bienes comerciales.* La forma básica de este seguro cubre las pérdidas por incendios, explosiones, vendavales, granizo, vandalismo y otros peligros. La forma amplia incluye todo lo cubierto por la forma básica más objetos cayentes, peso de la nieve, daños causados por el agua y algunas causas de derrumbamiento de edificios. Entre las coberturas opcionales figuran una cláusula de ajuste por inflación, sustitución de las estructuras destruidas al coste real de sustitución y la cobertura de los productos terminados a su precio de venta en lugar de al coste.

— *Seguro contra toda clase de delitos.* Este seguro cubre los robos de bienes, los robos con intimidación o violencia, el robo de cajas fuertes, el robo en establecimientos, el fraude por los empleados. La empresa contrata un seguro contra el robo por los empleados, que puede cubrir ya sea a una persona designada, a un cargo concreto o a todos los empleados. Algunas pólizas cubren también los pagos de rescates.

— *Seguro de responsabilidad general.* Este seguro cubre las reclamaciones que impliquen accidentes en los locales de la empresa u ocasionados por productos, servicios, agentes o contratistas de la misma. Una póliza para el exceso de responsabilidad se aplica por lo general al seguro de responsabilidad civil y proporciona cobertura una vez agotada la cobertura principal. Dicha clase de póliza normalmente tiene pocas exclusiones.

— *Accidentes de trabajo.* Este seguro proporciona cobertura médica y por invalidez a los trabajadores que se lesionan mientras realizan obligaciones relacionadas con su trabajo. El seguro es obligatorio, el patrono paga todos los costes, y no se permite ningún recurso legal contra él. Hay muchas variantes en la cobertura, según los estados, del seguro de accidentes de los trabajadores, incluyendo distintos niveles de indemnización, tipos de ocupaciones no cubiertas y la admisibilidad de los litigios por negligencia.

— *Seguro general del automóvil.* La cobertura de este seguro suele ser obligatoria y requiere una cobertura mínima de la responsabilidad por daños a las personas y a las cosas.

— *Interrupción de la actividad empresarial.* Este seguro permite a la empresa atender a sus gastos permanentes y en algunos casos pagar la totalidad o parte de los beneficios previstos.

— *Seguro marítimo interior.* Este seguro cubre los bienes de la empresa que están siendo transportados. Ejemplos de conceptos cubiertos serían el material de las exposiciones comerciales y los productos terminados que se expiden.

— *Seguro marítimo oceánico y seguro de carga aérea.* Este seguro cubre el vehículo de transporte (incluso la pérdida de beneficios a causa de la pérdida del vehículo), la responsabilidad por las reclamaciones contra el propietario o el conductor del vehículo y la carga.
— *Seguro colectivo de vida, enfermedad e incapacidad.* Hay varias clases de seguros de vida. El seguro de vida de un empleado en el que el patrono ayuda al pago de la prima, el seguro de una persona esencial que cubre la pérdida financiera para la empresa en caso de que fallezca un individuo necesario, y el llamado «plan de compra cruzada» que permite al copropietario de un negocio adquirir la parte del propietario fallecido. El seguro de enfermedad cubre normalmente los gastos de hospital, médicos, quirúrgicos y dentales. El seguro de incapacidad proporciona ingresos al individuo que no puede trabajar debido a una lesión o enfermedad. El seguro de incapacidad se divide por lo general en incapacidad provisional (o pagos mientras se recupera la salud como consecuencia de una lesión o enfermedad) e incapacidad a largo plazo (pagos continuos sin ninguna expectativa de vuelta al trabajo).
— *Seguro de calderas y maquinaria.* Como su nombre indica, este seguro cubre los daños sufridos por las calderas y maquinaria de la empresa, así como el pago de las lesiones causadas por el equipo. Los aseguradores de calderas y maquinaria suelen revisar el equipo de la empresa y emitir un informe recomendando mejoras en la seguridad.
— *Seguro de directores y empleados de alto nivel.* Este seguro proporciona cobertura de responsabilidad para los directivos empresariales con respecto a sus actividades mientras actúan como tales.

El controler debe revisar las distintas clases de pólizas y comprender su necesidad y valor para cerciorarse de que la empresa está debidamente cubierta. Leer cuidadosamente los plazos y condiciones de cada póliza para cerciorarse de que la cobertura es necesaria. Por ejemplo, un *seguro a todo riesgo* cubrirá todas las pérdidas, excepto las excluidas específicamente, mientras que un *convenio en el que se individualicen los riesgos cubiertos,* cubrirá las pérdidas causadas por una lista específica de peligros (por ejemplo, terremotos, meteoritos, olas sísmicas). Muchas pólizas de seguro tienen también *exclusiones,* las cuales son pérdidas no cubiertas por la póliza de seguros. Por ejemplo, en una póliza se pueden excluir las pérdidas debidas a una guerra nuclear. Además, en las pólizas, se pueden excluir cosas concretas. Por ejemplo, una compañía de seguros puede estar de acuerdo en asegurar el edificio de la sede central de la empresa, pero no sus almacenes situados en otro país.

Administración de las reclamaciones

Es esencial que esté claramente definida la responsabilidad sobre el mantenimiento de registros adecuados de reclamaciones y sobre el establecimiento de procedimientos para su tramitación. Debe prestarse una atención apropiada al establecimiento de buenos controles para asegurarse de que las pérdidas se notifican con rapidez y son debidamente verificadas.

Debe prepararse un manual de procedimientos para las reclamaciones, especialmente si se trata de una estructura organizativa compleja o descentralizada. Dicho manual deberá contener:

1. Los nombres de los representantes de la compañía de seguros para cada ramo de seguros.
2. En casos especializados, pueden utilizarse tasadores externos.
3. El personal clave al que ha de notificarse.
4. Instrucciones para analizar las reclamaciones con objeto de determinar las medidas correctoras que es necesario tomar.
5. Directrices para la acumulación de los datos sobre pérdidas y la documentación de las reclamaciones.
6. Un programa de auditoría que cubra las reclamaciones para asegurar el cumplimiento de los procedimientos, la suficiencia de la documentación y la pericia con la que van a liquidarse las reclamaciones.

Es esencial disponer de registros de pérdidas completos y bien organizados para la administración adecuada de las reclamaciones. Es necesario saber qué clase de pérdidas se producen, dónde tienen lugar, cuáles son las causas y cuál es su importancia o cuantía. El personal de gestión de riesgos debe realizar revisiones periódicas de todas las pérdidas para determinar las tendencias y preparar medidas correctoras. Evidentemente, minimizar las pérdidas es un objetivo económico de todos los gestores de riesgos. Los registros de pérdidas que contienen los datos apropiados se mantienen en un formato sencillo, y, cuando se analizan debidamente, pueden contribuir a reducir el importe de las primas de seguros y aumentar la rentabilidad de la empresa. Un sistema de registros de seguros bien diseñado incluirá lo siguiente:

— *Información sobre pólizas*. En el fichero debe figurar la clase de cobertura, el asegurador, las fechas de vigencia, el número de póliza, el agente, los requisitos de notificación y las primas.
— *Registros administrativos*. El fichero debe incluir los siguientes detalles:
  - Lista de los activos asegurados en todas las ubicaciones de la empresa.
  - Registros de ubicación y movimientos de todos los vehículos de la empresa.

- Un memorándum para indicar los acontecimientos clave tales como las fechas de expiración de las pólizas y las fechas en que hay que enviar informes o efectuar pagos a los aseguradores.
- Las evaluaciones de los bienes que indiquen tanto los valores reales actualizados como los costes estimados de sustitución.
- Los pagos, devengos, cancelaciones con cargo a gastos, imputaciones a unidades operativas, y bases utilizadas para efectuar los cargos o imputaciones.
- Un registro histórico de los costes de las primas en comparación con las pérdidas. Los registros deberán utilizarse para determinar la conveniencia de la cobertura del seguro y la necesidad de cambios en el programa de control de las pérdidas.
- La situación de cada reclamación, la documentación justificativa, los nombres de los peritos de los siniestros, los planes de emergencia, los procedimientos de reclamación y las reservas establecidas para cubrir los siniestros autoasegurados.
- En una guía administrativa deberán enunciarse los procedimientos detallados para manejar todos los aspectos relacionados con los seguros. La guía debe incluir instrucciones para obtener la cobertura del seguro, los formularios de notificación, los procedimientos para formular las reclamaciones, las exigencias contables y los métodos de imputación, así como las bases para cargar las primas a las unidades operativas.

En caso de que se produzca una pérdida, deberán tenerse en cuenta los siguientes aspectos:

— Segregar los materiales dañados de los no dañados y salvaguardarlos hasta que los tasadores hayan completado su examen.

— Preparar una relación detallada de todas las pérdidas, incluyendo los cortes contables para determinar los valores de las existencias, las estimaciones, las evaluaciones y los costes de reposición.

— Preparar técnicas contables para acumular todos los costes incidentales a la pérdida, tales como la preparación de reclamaciones, la protección de valores y propiedades, la limpieza, los costes de reparación, la identificación de los bienes y los costes de almacenamiento.

El controler puede también hacer que las reclamaciones sean administradas por empresas de servicios externas y por el propio agente de seguros. Usualmente, entran en esta clase las reclamaciones de bajo coste unitario, tales como las prestaciones médicas. Cuando se utilizan servicios externos, el controler debe establecer con el proveedor los controles que tienen que realizarse y los informes que han de prepararse. Frecuentemente, los informes son similares a los que se preparan cuando las reclamaciones se gestionan en la propia empresa. El asegurado debe realizar auditorías periódicas de la operación de tramitación externa de las reclamaciones, para convencerse de que están siendo tramitadas de un modo controlado y efectivo.

Auditorías de seguros

Un programa de seguros bien preparado ha de ser revisado periódicamente para determinar la suficiencia de la cobertura del seguro en relación con los riesgos actuales de la empresa. El gestor de riesgos deberá hacer un examen, por lo menos anual, para asegurarse de que en todas las renovaciones de las pólizas se han tenido en cuenta las circunstancias que han cambiado. También puede ser apropiado utilizar los servicios de un asesor independiente, externo, con experiencia en auditar programas de seguros, evaluar riesgos, controlar los costes de los seguros y revisar las indemnizaciones, con el fin de preparar un informe completo.

Informe anual sobre seguros

Para mantener informada a la dirección acerca de los riesgos y las coberturas de los seguros, puede ser conveniente preparar un informe anual sobre seguros. El informe debe hacerse en forma resumida para su fácil consulta y ha de incluir lo siguiente:

- *Las descripciones de los seguros.* Una lista de las distintas clases de seguros, con una breve descripción de las coberturas.
- *Una comparación de los costes de los seguros.* Una lista de las coberturas de los seguros que indiquen los límites de la cobertura y los costes para cada uno de los últimos cinco años.
- *Los riesgos no asegurados.* Los riesgos que no son asegurables o que son tan pequeños que la mejor opción es el autoseguro.
- *Un análisis de las reservas para riesgos autoasegurados* que muestre las dotaciones al fondo de reserva y las retiradas del mismo durante los últimos cinco años.
- *Los cambios previstos en el programa de seguros para el año próximo.* Los cambios deberán incluir las nuevas tarifas, las coberturas, el mercado del seguro, la seguridad, las vulnerabilidades que hayan aumentado y los riesgos.
- *Un análisis de las pérdidas y su recuperación.*
- *Comentarios generales.* Señalar la suficiencia global del programa de seguros e incluir las recomendaciones apropiadas para su consideración por la dirección.

Resumen

El controler es responsable del seguro en muchas firmas pequeñas que no emplean un director financiero o un gestor de riesgos. Para dichos controlers, hemos incluido en este capítulo un estudio de las distintas clases de seguros, incluyendo los seguros de responsabilidad civil, de accidentes de trabajo y de incapacidad. También hemos tratado los criterios utilizados para seleccionar un agente y un asegurador, así como las opciones de autoseguro y el autoseguro parcial. Hemos señalado la necesidad del mantenimiento de registros requerido para una adecuada administración de las reclamaciones, las auditorías de los seguros y el informe anual de seguros. Esta información proporciona al controler una visión general de los seguros. Sin embargo, se necesitan una información más detallada y el asesoramiento de un agente experto para que el controler procure un seguro de calidad y lo administre de una manera eficaz en relación con el coste.

Capítulo 21

Informática de cliente-servidor*

Introducción

Dentro del campo de la tecnología de la información se está produciendo un cambio radical: la informática de cliente-servidor. Pregonada alternativamente como una panacea o como una caja de Pandora, la informática de cliente-servidor está aquí y está cobrando impulso. No puede subestimarse su repercusión sobre la adquisición de *hardware* y *software,* ni sobre la formulación de las estrategias de las empresas. Por consiguiente, es extremadamente importante que los controlers conozcan los conceptos y tendencias relacionados con la informática de cliente-servidor y el efecto que pueden tener sobre el presupuesto y la estrategia de tecnología de la información de la empresa.

El pasado: la arquitectura de terminal-ordenador central

Los sistemas informáticos de terminal-ordenador central están centralizados y dependen de la memoria y del procesador de un ordenador único,

---

* Este capítulo ha sido escrito por David Bassett, asesor, de BEST Consulting, Kirland, Washington.

como por ejemplo un gran ordenador central de IBM o un microordenador de Digital Equipment Corporation. La gestión de las bases de datos, los procesos lógicos y la gestión de los terminales son manejados por este único ordenador central («host»). Los terminales «tontos» conectados por redes de área local o de gran amplitud, se utilizan solamente como unidades periféricas de entrada-salida. Normalmente, muchas actividades de los procesos de transacciones en los sistemas basados en el ordenador central se ejecutan por lotes (es decir, en diferido, mientras el ordenador no funciona). Los sistemas de terminal-ordenador central son particularmente efectivos para procesar grandes volúmenes de transacciones. Por ejemplo, estos sistemas se utilizan frecuentemente para gestionar los sistemas de reserva de plazas de las líneas aéreas y las redes de cajeros automáticos, así como para procesar las reclamaciones de indemnizaciones de las compañías de seguros. Sin embargo, los sistemas de terminal-ordenador central suelen ser caros de mantener y de actualizar.

El futuro: la arquitectura de cliente-servidor

Una de las expresiones más ambiguas de la industria informática es la tecnología de cliente-servidor. Ha sido proclamada de muy diversas maneras desde «la moda del mes» hasta el «curalotodo» que será el facilitador de un nuevo «paradigma» de la informática. Una definición exhaustiva de lo que es y no es una arquitectura de cliente-servidor y las varias topologías de configuración están fuera del alcance de este capítulo. Sin embargo, expresado con brevedad, un sistema cliente-servidor es diferente de los sistemas basados en un ordenador central, en que en realidad se compone de dos ordenadores que procesan concurrente e independientemente información conexa. En la tabla 21.1 se enumeran los diez elementos principales de la informática de cliente-servidor.

Quizá uno de los modos más fáciles de definir el concepto de cliente-servidor es considerar la informática como un espectro de opciones de procesamiento. En un extremo del espectro, un usuario individual ejecuta programas (por ejemplo, Lotus 1-2-3, WordPerfect y Harvard Graphics) de forma independiente. En el otro extremo, muchos usuarios se conectan con un sistema central (es decir, de terminal-ordenador central) o ejecutan grandes programas tipo *batch* (véase la figura 21.1).

Las aplicaciones de tratamiento de datos pueden ejecutarse exclusivamente en ordenadores personales o en grandes ordenadores u ordenadores de la gama intermedia. Sin embargo, un número creciente de aplicaciones *ejecutan* parte de sus programas en ambos tipos de máquinas. Este entorno se considera un entorno de cliente-servidor.

TABLA 21.1. **Los diez elementos principales de la informática cliente-servidor**

1. Una arquitectura de cliente-servidor se compone de un proceso usuario y un proceso servidor que son distintos y sin embargo interactúan como si no lo fueran.
2. La parte del usuario y la parte del servidor pueden, y normalmente lo hacen, funcionar en plataformas informáticas separadas.
3. Cualquiera de las dos plataformas, la del usuario o la del servidor, pueden pasar a una potencia o capacidad superior sin que la otra tenga que hacerlo.
4. El servidor puede servir a múltiples usuarios al mismo tiempo. En algunos sistemas cliente-servidor, los usuarios pueden acceder a múltiples servidores.
5. El sistema cliente-servidor incluye cierta capacidad de gestión de redes.
6. Las aplicaciones se dividen, en diferentes proporciones, entre el usuario y el servidor, ejecutándolo todo algunas veces el usuario.
7. La actividad suele iniciarla el usuario, no el servidor. Sin embargo, los servidores de bases de datos pueden actuar basándose en «activadores» (es decir, en acontecimientos específicos), reglas empresariales y procedimientos memorizados.
8. Normalmente, en el usuario reside una Interfaz Gráfica de Usuario fácil de utilizar.
9. La mayoría de los sistemas cliente-servidor poseen una capacidad de lenguaje estructurado de interrogación.
10. El servidor de bases de datos proporciona protección y seguridad a los datos.

Fuente: Reproducido con permiso del *Software Magazine*, enero de 1993. Sentry Publishing Company Inc., 1900 West Park Drive, Westborough, MA 01581, Estados Unidos.

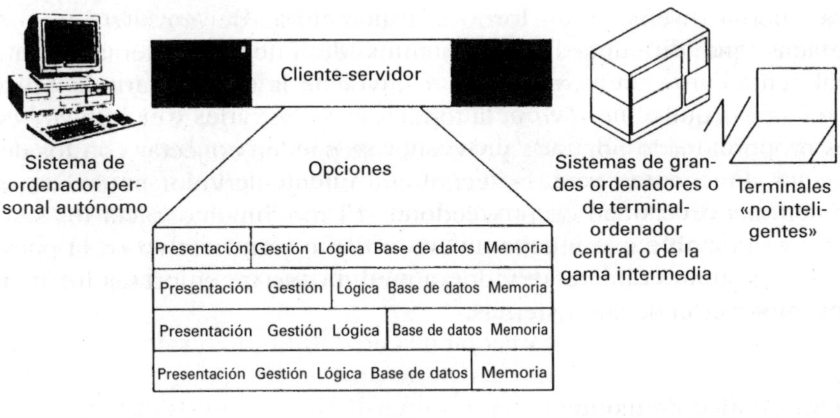

FIGURA 21.1

Un entorno cliente-servidor consta de dos programas participantes, uno que solicita servicio y otro que lo proporciona. El que «habla» primero es el usuario. Cliente-servidor significa más que ejecutar múltiples programas: debe haber una relación de tipo petición-servicio entre ellos.

Una de las razones clave de que se haya extendido tanto la informática de cliente-servidor es que permite adoptar el tamaño adecuado, tanto en sistemas de gama intermedia hasta los maxiordenadores, migrando a una plataforma informática más eficiente. El tratamiento de datos, tanto en el emplazamiento del usuario como en el del servidor, reduce la cantidad de información que ha de ser enviada bidireccionalmente por la red de transmisión de datos. En una disposición de cliente-servidor, solamente se envían al usuario los datos solicitados. El servidor gestiona los datos solicitados por el usuario. Una ventaja clave del sistema cliente-servidor es que se puede acceder a los datos en toda la organización. Los datos de un sistema de gestión de base de datos relacional (RDBMS) pueden ser diseñados para que sean independientes de la aplicación, de manera que los usuarios puedan acceder a los datos con una simple herramienta de interrogación o desarrollar sofisticadas aplicaciones departamentales que accedan a los datos comunes. Entre las principales RDBMS que se usan actualmente en las aplicaciones cliente-servidor figuran: Oracle, Sybase, Informix, Ingres, Microsoft SQL Server y DB2 de IBM.

La interoperabilidad y la integración de sistemas

La interoperabilidad se refiere a la capacidad de los sistemas para trabajar conjuntamente. La mayoría de los sistemas basados en terminal-ordenador central fueron diseñados en torno a arquitecturas de *hardware* y *software* patentadas que dificultaban los intentos de integrar sistemas múltiples. Actualmente existe un movimiento en favor de la arquitectura de «sistemas abiertos» en la que el *hardware,* la topología de las redes y el *software* de sistemas proporcionado por cada proveedor se pueden conectar con los de otro proveedor. Frecuentemente, la tecnología cliente-servidor se utiliza donde coexisten una diversidad de proveedores. El movimiento hacia los sistemas abiertos es probable que aliente un crecimiento significativo en la puesta en marcha de sistemas cliente-servidor, a medida que las empresas intenten una mayor integración de sus sistemas.

Interfaz gráfica de usuario

Una característica fundamental de los terminales periféricos actuales de cliente-servidor es la interfaz gráfica de usuario (es decir, la interfaz dirigida por ratón o de «señalar y pulsar»). La proliferación de interfaces gráficas de usuario está redefiniendo las expectativas de los usuarios finales en cuanto a la facilidad de uso. Una interfaz gráfica de usuario requiere menos adiestramiento y potencialmente puede producir ventajas considerables de productividad, especialmente en los entornos de bajo volumen de transacciones.

Tendencia hacia el cliente-servidor

Según una reciente encuesta realizada por Computerworld entre «los 100 primeros» ejecutivos de sistemas de información, la tecnología cliente-servidor y los sistemas abiertos se consideran decisivos para el éxito competitivo en los próximos cinco años. La encuesta ponía de relieve una demanda inmediata de nuevas aplicaciones y de control presupuestario, como las prioridades más altas.

El sistema de cliente-servidor y el rediseño de los procesos de trabajo

Según Clive Ingham de Unisys, «Algunas organizaciones están adoptando la informática cliente-servidor para reducir los costes; pero aquellos que tienen como motivación rediseñar la empresa obtendrán ventajas mucho mayores. Los directores generales y los jefes de informática necesitan comprender el valor de la tecnología de cliente-servidor como facilitadora del rediseño de los procesos empresariales». Ahora resulta evidente que dicha tecnología puede ser un componente importante del cambio en los procesos de negocio.

Uno de los facilitadores clave del rediseño de procesos es la integración de sistemas a través del uso de la tecnología cliente-servidor. Acerca de las posibilidades de la tecnología de la información Tom Davenport comentó:

> Durante aproximadamente 35 años, hemos tenido a nuestra disposición ordenadores comerciales y sistemas de comunicaciones de datos sofisticados. Desde el punto de vista del precio y la funcionalidad, estas tecnologías han resultado increíblemente útiles y utilizables. Es hora de sacar provecho plenamente de ellas empleándolas como facilitadoras de la innovación de los procesos empresariales[1].

Los sistemas contables, especialmente los basados en la tecnología de cliente-servidor, pueden contribuir al rediseño de los procesos de negocio acercando la información a donde tiene el mayor impacto.

Sistemas de información para la dirección

Una aplicación especializada de la integración de sistemas y de la tecnología cliente-servidor son los sistemas de información para la dirección. Se trata de una herramienta para la alta dirección, fácil de usar, y diseñada para

[1] Reproducido con permiso, Davenport, Thomas H., *Process Innovation: Reengineering Work through Information Technology,* p. 40. Copyright 1993.

presentar información obtenida a través de una diversidad de fuentes (por ejemplo, información financiera interna y bases de datos externas) en varios formatos (por ejemplo, gráficos sectoriales y gráficos de barras). Estos sistemas se basan, por lo general, en alguna interfaz gráfica de usuario y están diseñados para permitir que el usuario seleccione el nivel de detalle visualizado. Por ejemplo, un controler podría profundizar a través de las divisiones y centros para encontrar la fuente de una desviación presupuestaria. El sistema de información para la dirección puede tener interfaces con los datos de producción, expedición y otros datos dinámicos no relacionados con la contabilidad. Los sistemas de información para la dirección incorporan, por lo general, muchas fuentes de información. Por consiguiente, para aplicarlos el grado de integración de sistemas debe ser elevado.

Cuestiones relacionadas con la puesta en marcha

Arquitecturas patentadas y sistemas abiertos

La puesta en aplicación de un sistema cliente-servidor ha pasado de la vanguardia tecnológica a ser algo habitual. Una de las ventajas fundamentales de la tecnología cliente-servidor puede ser su independencia del *software* y *hardware* propietarios. (¡Lo que es a su vez una buena noticia y una mala noticia!). En un sistema propietario, se supone que la red, el *software* y el *hardware* de una organización funcionan juntos razonablemente bien. Si surgen dificultades, el proveedor único será probablemente capaz de detectar el problema y recomendar una solución, en un período de tiempo razonable. La reparación de averías en el contexto del entorno cliente-servidor y los sistemas abiertos no es tan fácil. Para la gestión de la tecnología de la información, es decisivo construir un sistema cliente-servidor con productos que hayan sido concienzudamente probados y que se haya demostrado que se integran bien. En la tabla 21.2 se enumeran otros pasos para realizar con éxito la transición a la tecnología cliente-servidor.

Precauciones

Contrariamente a las primeras predicciones, la transición a la tecnología cliente-servidor no siempre produce inmediatamente un ahorro de costes. Como consecuencia, la reducción de costes no debe ser la única consideración cuando se piense en la transición a la tecnología cliente-servidor. Por ejemplo, la transición a dicho entorno puede originar una mayor necesidad de soporte de sistemas, de servicio y de personal de administración. Estas funciones están en gran parte centralizadas en el sistema basado en el ordenador central, pero pueden crecer incrementalmente en una arquitectura distribuida cliente-servidor. Evidentemente, otros factores tales como un mejor acceso a los datos, una mejor facilidad de uso, una mayor integración de los sistemas y su contribución al rediseño de los procesos de negocio, deben incluirse como elementos esenciales de la decisión de transición.

TABLA 21.2. **Pasos para preparar una estrategia para la transición al entorno de cliente-servidor**

1. Establecer «guías» empresariales para una estrategia de transición al entorno de cliente-servidor y justificar los motivos para la transición.
2. Conseguir el apoyo de la alta dirección de la empresa para demostrar la viabilidad del sistema por su eficacia en relación con el coste y las ventajas para los resultados económicos de la empresa.
3. Definir los pasos de la transición, primero con un programa piloto y luego pasar a las aplicaciones más críticas.
4. Formar al personal en la nueva arquitectura.
5. Elegir productos de calidad probada que se integren bien.
6. Evitar ejecutar sistemas en paralelo siempre que sea posible.

Fuente: *Adaptado de Corporate Computing.*

CUESTIONES DE SEGURIDAD E INTEGRIDAD

Con los sistemas basados en un ordenador central funcionando en maxiordenadores y en miniordenadores, las medidas de seguridad e integridad de los datos son relativamente fáciles de poner en práctica y de administrar. El *software* de control de acceso comercialmente disponible como el RACF de IBM y el Top Secret y el ACF2 de Computer Associates existen desde hace tiempo y son productos perfectos, robustos y eficaces. En un entorno de cliente-servidor, la seguridad puede ser más difícil de vigilar y pueden existir mayores ocasiones de pérdida de datos y corrupción. Hasta la fecha, la creación de sistemas de seguridad para el ámbito de toda la empresa en un entorno cliente-servidor ha sido limitada. Sin embargo, esto cambiará en un futuro próximo.

La contabilidad basada en el sistema cliente-servidor

Muchos de los principales proveedores de *software* de contabilidad basado en maxiordenadores y en ordenadores personales adoptaron al principio una estrategia de «esperar y ver» en lo que se refiere al desarrollo de aplicaciones cliente-servidor. Dado que la tecnología se ha perfeccionado, estos proveedores han aumentado sus esfuerzos de desarrollo en el entorno cliente-servidor. Por ejemplo, los proveedores clave de maxiordenadores o de *software* propietario, tales como Dun & Bradstreet, American Management Systems, Ross y Lawson han lanzado recientemente versiones de sus productos basadas en la tecnología cliente-servidor. Estos sistemas rivalizarán con proveedores como Oracle y PeopleSoft en la competencia cada vez más despiadada del mercado de *software* contable para el entorno de cliente-servidor.

Algunas de las posibles ventajas de los sistemas de contabilidad basados en la tecnología cliente-servidor, en comparación a los sistemas de terminal-ordenador central, pueden ser las siguientes:

— Más fáciles de aprender debido al componente de interfaz gráfica de usuario.
— Más rápidos y fáciles de modificar debido a la arquitectura del sistema de gestión de bases de datos relacionales.
— Escalabilidad. En general, el *software* cliente-servidor puede ejecutarse en diversidad de plataformas de *hardware*.
— En algunos casos, menos costosos de operar debido a los menores gastos generales del sistema inherentes al entorno de cliente-servidor.

Los paquetes de contabilidad basados en el sistema cliente-servidor no son una panacea. Sin embargo, han evolucionado hasta una fase en la que ahora pueden considerarse una alternativa viable al *software* basado en maxiordenadores o en ordenadores personales. (Por favor, vea en el capítulo 23 un enfoque estructurado para definir las necesidades del sistema y seleccionar el *software*.)

Resumen

Evidentemente, la informática de cliente-servidor es una estrategia viable para satisfacer las necesidades de tratamiento de la información y para la generación de informes de una organización. En muchos casos, puede ofrecer una alternativa factible al entorno de maxiordenador o de terminal-ordenador central. Sin embargo, como con cualquier tecnología relativamente nueva, el comprador necesita tener cuidado antes de adoptarla. Es decisivo que las organizaciones evalúen cuidadosamente los costes y ventajas, en relación con las finanzas y los recursos humanos, de la transición a un nuevo entorno informático. Además, una vez tomada la decisión de cambiar al entorno cliente-servidor, deben vigilarse y gestionarse cuidadosamente los aspectos técnicos y humanos del cambio.

Capítulo 22

Sistemas automatizados de contabilidad financiera*

Introducción

Los sistemas automatizados de contabilidad financiera ejecutan las tareas contables cotidianas con mayor rapidez y con menor número de errores que los seres humanos. Los sistemas actuales permiten la introducción inmediata de datos y la visualización también inmediata de los resultados.

Aunque los sistemas de contabilidad financiera más difundidos entre las empresas están representados por paquetes de *software,* los sistemas desarrollados internamente pueden proporcionar una utilidad única que no se encuentra en el *software* del mercado. Otra opción a disposición de las empresas es el *outsourcing* o aprovisionamiento externo de las aplicaciones financieras. El *outsourcing* es una tendencia reciente que resulta cada vez más atractiva cuando se abordan unos requerimientos funcionales complejos, como por ejemplo el proceso de nómina, o en circunstancias que lo justifican en parte, tales como un corto plazo de tiempo para la puesta en marcha.

---

* Este capítulo ha sido escrito por Sandra Borchardt, gerente senior de Ernst & Young LLP, Boston.

Este capítulo proporciona una visión general de los sistemas automatizados de contabilidad financiera, y en él se estudia el papel que estos sistemas desempeñan en una organización, y se exponen sus características y funcionalidades. En este capítulo:

— Se indicarán las ventajas e inconvenientes de la automatización.
— Se mostrará el efecto del sistema financiero sobre una organización y sus funciones.
— Se proporcionará una idea de cómo funcionan algunas aplicaciones financieras clave.

Impacto en la organización

Casi todas las organizaciones, ya sean lucrativas o no lucrativas, cuentan con algún tipo de sistema contable. Muchas organizaciones automatizan sus sistemas de contabilidad para aprovechar las características y posibilidades no disponibles en un sistema manual. Los sistemas automatizados de contabilidad financiera van desde las hojas de cálculo electrónicas hasta los sistemas elaborados según diseño del comprador, pasando por los paquetes de software. Estos sistemas funcionan en diversidad de plataformas, que van desde los microordenadores hasta los grandes ordenadores. En todos estos casos, sin embargo, el propósito del sistema contable sigue siendo el mismo: realizar un seguimiento, medir e informar de los acontecimientos financieros de la organización.

El papel que desempeña el sistema de contabilidad financiera en una organización

Una de las misiones de los sistemas informáticos de contabilidad financiera es la de procesar las transacciones financieras habituales que constituyen las operaciones corrientes de la organización. En una empresa minorista, estas transacciones comprenden el efectivo y las ventas a crédito; en un banco, los depósitos y los reintegros; y en un organismo oficial, la contabilidad de los compromisos relacionados con los contratos no ejecutados de bienes y servicios, incluyendo las órdenes de compra. En este sentido, el sistema informático de contabilidad facilita la función contable dentro de la organización.

El sistema informático de contabilidad desempeña también un papel clave en la medición de los resultados financieros globales de la organización. La generación de informes financieros permite a la alta dirección evaluar la actuación de la organización en comparación con el plan o el presupuesto, con los indicadores de mercado y con la actuación de los competidores.

La transmisión de información, desde los resultados financieros a los resultados de las transacciones, es otro papel facilitado por el sistema automatizado de contabilidad financiera. Los inversores, los acreedores y los empleados tienen todos ellos interés en la estabilidad financiera de la organización. Los informes trimestrales y anuales, producidos por el sistema de contabilidad financiera, comunican los resultados financieros de la organización.

Es importante mencionar varias características clave de los sistemas automatizados de contabilidad financiera. Los sistemas de contabilidad no suministran toda la información acerca de una organización, sino solamente acerca de los acontecimientos financieros. Por tanto, la información no financiera debe obtenerse de alguna otra fuente. Los sistemas de contabilidad no sólo son aplicables a las empresas sino también a los individuos y a otras organizaciones tales como los hospitales, iglesias y universidades. Por último, durante la vida de cualquier organización, puede haber muchos individuos o grupos que deseen información sobre la situación económica y las actividades de la organización. Por consiguiente, los sistemas de contabilidad deben ser flexibles y capaces de servir a muchos usuarios diferentes de la información financiera.

CLASES DE INFORMACIÓN CONTABLE FINANCIERA

Hay dos clases de usuarios que utilizan la información contable como base para tomar decisiones: los que son externos a la organización y los que son internos (la dirección). (Véase la figura 22.1.) El sistema automatizado de contabilidad financiera debe ser capaz de servir a ambas clases de usuarios.

Normalmente, las clases de información deseadas por los usuarios externos comprenden una visión global de la situación de la empresa en un momento determinado, del activo que posee la organización, de las obligaciones con que se enfrenta y de si ha tenido éxito en sus actividades destinadas a obtener un beneficio, desde el último informe financiero. Estas necesidades de información se satisfacen mediante la publicación de los estados financieros generales, tales como el balance y la cuenta de resultados.

En algunos casos, los usuarios externos requieren una información más específica. Los clientes exigen un recibo por las ventas al contado o una factura por las ventas a crédito. En muchos casos, los clientes exigen una oferta de precios o una estimación antes de comprometerse con una transacción. Los proveedores requieren frecuentemente documentos tales como las órdenes de compra y las órdenes de pago. Además, si no se acepta una orden, debe suministrarse al proveedor la información correspondiente a la devolución.

Los accionistas reciben informes anuales y trimestrales y, posiblemente, cheques para el pago de dividendos, así como la información sobre los dividendos necesaria para preparar su declaración fiscal al final de año. Las empresas deben suministrar información sobre las deducciones por prestaciones sociales y al final del año deben enviar formularios W-2 a todos los empleados. Los prestamistas solicitan estados financieros y presupuestos antes de autorizar una línea de crédito o de prorrogar un préstamo. Los gobiernos exigen información acerca de los beneficios de la organización, el importe de los impuestos devengados, los impuestos sobre ventas cobrados y las retenciones de impuestos a los empleados.

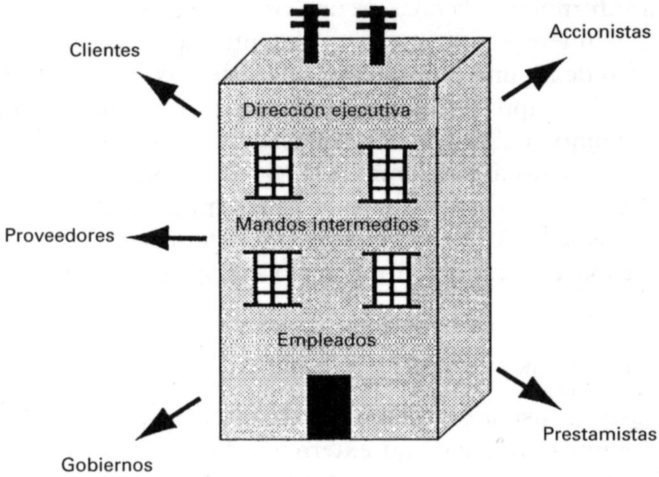

FIGURA 22.1. **Usuarios de la información financiera**

Los usuarios internos necesitan diversas clases de información que usualmente se basa en el nivel del usuario y en la forma en que se utiliza la información. La dirección ejecutiva utiliza la información financiera, junto con otra información interna y externa, para vigilar y cambiar la orientación de la empresa, y para evaluar el rendimiento de los mandos intermedios y de los productos o servicios ofrecidos. Los mandos intermedios utilizan la información financiera para detectar y corregir situaciones puestas de manifiesto por una variación significativa, y para ayudar en las actividades de gestión cotidianas, tales como la determinación de precios y la toma de decisiones sobre compras.

Tanto si el usuario es externo como si es interno, el sistema automatizado de contabilidad financiera debe ser capaz de adaptarse rápidamente a los cambios de las exigencias reguladoras u oficiales o a las necesidades de la dirección u organizativas. Si se recibe información insuficiente, si la información no llega a tiempo, o si no es exacta, los usuarios externos pueden imponer sanciones en forma de multas o de impuestos adicionales, y los usuarios internos actuarán con menor eficacia. Por consiguiente, el sistema automatizado de contabilidad financiera desempeña un papel importante en la efectividad de la organización.

Alternativas de proceso

Con los sistemas informáticos actuales de contabilidad financiera, se dispone de varias opciones de procesamiento. La mayoría de los sistemas proporcionan dos tipos de introducción de transacciones —por lotes y en línea— y dos tipos de procesos: por lotes y en tiempo real. Históricamente, los sistemas informáticos de contabilidad financiera ofrecían solamente la introducción por lotes. En este supuesto, un fichero secuencial de transacciones, creado como fichero de salida por un interfaz (ya sea un sistema financiero o algún sistema de introducción de datos) se procesa mediante el sistema informático de contabilidad financiera, actualizando los registros financieros. Si estas transacciones se editan antes de ser procesadas por el sistema contable, el fichero es mínimo. La mayoría de las ediciones de transacciones tienen lugar durante la actualización de los registros financieros.

La introducción *on-line* permite introducir las transacciones financieras de forma inmediata a través de un diseño interactivo que utiliza un terminal para recoger las transacciones a través del teclado. La mayoría de los sistemas utilizan sistemas de edición para detectar los errores de tecleo, o valores incorrectos, en el momento de la introducción de datos; las transacciones deben corregirse antes de que el sistema las contabilice y actualice los registros financieros.

La actualización de los registros financieros con introducción *on-line* puede producirse por lotes o en tiempo real. En la actualidad, la mayoría de los sistemas facilitan el proceso por lotes para la mayor parte de las aplicaciones de contabilidad financiera. Normalmente, el proceso por lotes se ejecuta por la noche, cuando no se utiliza el sistema *on-line*. En un ciclo de lotes, las transacciones introducidas durante el día actualizan los registros financieros durante el ciclo nocturno. Otras actividades de mantenimiento del sistema se procesan mediante el ciclo de lotes, incluso las ediciones adicionales de las entradas, las actualizaciones de los totales contables para fines de generación de informes, los cambios de fecha del sistema, etc.

Alternativas a los sistemas

Los sistemas informáticos de contabilidad financiera pueden desarrollarse internamente, comprarse como un paquete de *software*, o encargar a una empresa que procese las transacciones en su sistema y proporcione a la organización los informes y documentación financiera necesarios.

La mayoría de las empresas compran paquetes de *software*, en lugar de emprender la actividad de creación interna de sistemas de contabilidad financiera. Con la superioridad, variedad y capacidades de los paquetes de *software* de contabilidad financiera, crear una aplicación en la propia empresa suele ser menos eficaz desde el punto de vista del tiempo y del esfuerzo. El *software* estándar tiene la ventaja de estar probado en el mercado, y por consiguiente la mayor parte de los problemas han sido ya detectados y corregidos. Además, los costes del *software* comercial se distribuyen entre todo el mercado, lo que suele traducirse en un coste inferior al de una actividad desarrollada en la propia empresa.

Una tercera opción del sistema se está difundiendo hoy cada vez más: el *outsourcing* de las aplicaciones financieras. En este supuesto hipotético, la organización contrata con una segunda empresa el procesamiento de sus transacciones contables. Un ejemplo bien conocido es el uso de una organización externa para procesar la nómina. Entre las razones para optar por el *outsourcing* figuran:

— *Evitar el riesgo.* Las empresas proveedoras de servicios centran su atención en aplicaciones particulares y han desarrollado procedimientos, controles y *software* de eficacia demostrada.
— *Costes.* En algunos casos, la compra de un paquete de *software* tendrá un coste inferior al del aprovisionamiento externo; pero debe tenerse en cuenta la reducción o eliminación de personal interno para implantar y soportar la aplicación.

Los contratos de aprovisionamiento externo pueden redactarse de manera que sean beneficiosos para la organización. Por ejemplo, en el caso del inicio de una empresa los honorarios pueden basarse en la producción, o en un porcentaje de los beneficios en situaciones más avanzadas y puede establecerse una tasa de devolución si la empresa proveedora no cumple con los plazos previstos. Finalmente, las aplicaciones subcontratadas pueden llegar a ser tan grandes que puede ser menos costoso mantenerlas internamente. En la tabla 22.1 se resumen las ventajas e inconvenientes relativos de las aplicaciones a medida, de los paquetes de *software* estándar y de la subcontratación con empresas externas.

Características estándar

Entre las características más frecuentes facilitadas por la mayoría de los sistemas informáticos de contabilidad financiera figuran las siguientes:

— *La ayuda on-line* a la que los usuarios acceden inmediatamente desde un terminal y que suministra información adicional sobre la forma de utilizar el *software*.
— *Unas pantallas de ayuda definidas por el usuario* permiten a éste personalizar la función de ayuda.

— *Unas opciones de menú en la parte superior de la pantalla y referencias a las teclas de función en la parte inferior,* informan al usuario de las funciones y opciones de menú disponibles en la pantalla.
— *La consulta on-line* permite a los usuarios acceder a la información, ya sea pulsando una tecla de función de la pantalla o a través de un menú autónomo o una opción de comando. La posibilidad de realizar una consulta a una base de datos mientras se ejecuta una función del sistema es muy valiosa. Por ejemplo, durante una introducción *on-line* de una transacción de diario, puede utilizarse la consulta *on-line* para verificar una cuenta de la base de datos de cuentas.

TABLA 22.1. **Evaluación de las alternativas de sistemas**

	Alternativas		
	Aplicación a medida	Paquetes de *software*	Contratación externa
Tiempo para la puesta en marcha	--	-	+
Control	++	+	-
Probada en el mercado	-	+	+
Coste del *software*	+	-	+
Coste del *hardware*	+	-	+
Retribución contractual mensual	+	+	-
Coste permanente de mantenimiento	-	-	+
Coste de programación	-	+	+
Coste de las operaciones	-	-	+
Coste de formación del usuario	-	-	+

+ Ventaja – Desventaja

Generación de informes.—Los sistemas informáticos de contabilidad financiera pueden ofrecer la posibilidad de generar informes de varias clases. Entre las características más comunes figuran:

— *Informes estándar.* La mayoría de los sistemas automatizados de contabilidad financiera proporcionan un conjunto de informes financieros prediseñados y precodificados.
— *Posibilidades de generar informes ad hoc.* La mayoría de los sistemas automatizados de contabilidad financiera ofrecen la posibilidad de redactar informes que complementen los informes estándar y permitan su personalización por el usuario.
— *Entrada de información por teleproceso.* Muchos sistemas facilitan el proceso de carga de la información por teleproceso (la transferencia de datos a una plataforma más pequeña) a un fichero legible por hojas de cálculo o por otro *software* de microordenador.

Seguridad.—La descripción de seguridad recogida en esta sección se limita a la seguridad de acceso al *software*. La mayoría de los sistemas automatizados de contabilidad financiera permiten que el acceso sea definido por uno o más de los siguientes elementos:

— *Terminal/sistema.* Este tipo de seguridad permite la definición de las unidades periféricas que pueden acceder al sistema financiero.
— *Usuario.* Identifica el procedimiento de comunicación y la contraseña de acceso. Pueden entonces utilizarse verificaciones automáticas a posteriori para realizar un seguimiento de los accesos a las aplicaciones por usuarios específicos, incluyendo los intentos de acceso a áreas protegidas.
— *Aplicación.* La seguridad de la aplicación permite definir el acceso a nivel de aplicación: por ejemplo, un usuario puede tener acceso al mayor general, pero no a la aplicación de cuentas a cobrar.
— *Unidad organizativa.* Este tipo de seguridad permite que el acceso sea definido por la unidad organizativa a la que pertenece el usuario: un usuario sólo puede acceder a la información financiera de su departamento.
— *Función.* Para la seguridad por funciones se especifican tipos de acceso, tales como la posibilidad de leer solamente, de leer e introducir, pero no actualizar, posibilidades de actualizar solamente, etc.
— Pantalla. La seguridad de pantalla limita el acceso a pantallas concretas: solamente ciertos usuarios deben tener acceso a las pantallas con las instrucciones de seguridad del sistema.
— Campo. El acceso a nivel de campo permite que sean accesibles ciertos campos para la introducción de datos: las descripciones de cuentas pueden no ser accesibles para el mantenimiento de la pantalla de pases al diario.

Ediciones. En los sistemas informáticos de contabilidad financiera, una edición es un mensaje de error o un mensaje de diagnóstico generado por el programa de *software*. La mayoría de los sistemas de contabilidad financiera *on-line* facilitarán un número de ediciones para la introducción *on-line*. Estas ediciones varían desde las ediciones de formato de campo hasta las ediciones de valor correcto.

Las ediciones de formato de campo incluyen comprobaciones para campos que deben ser numéricos, tales como los campos de importes en dólares, o la introducción con un cierto formato (un formato de campo de fecha de mes/día/año significa que el 1 de enero de 1996 deberá introducirse como 01/01/96 en lugar de 1/1/96). Las comprobaciones de valores correctos incluyen ediciones para fechas incorrectas (13/34/95 sería una fecha incorrecta) o para un conjunto de valores previamente designados (la cuenta debe estar definida en la base de datos del cuadro de cuentas). Las ediciones *on-line* reducen el número de transacciones erróneas que entran en el sistema, al obligar a corregir los errores antes de que el sistema acepte la transacción y actualice los registros financieros.

Las ediciones adicionales de entrada se ejecutan en el ciclo por lotes. Una transacción puede pasar con éxito todas las ediciones *on-line,* pero todavía puede ser forzada a una lista/fichero de corrección de errores basada en estas ediciones de lotes. Frecuentemente, las ediciones de lotes repiten las ediciones *on-line* debido a que las transacciones entran en el sistema en lotes desde sistemas interactivos.

Mantenimiento.—Todos los sistemas automatizados de contabilidad financiera facilitan algún tipo de función de mantenimiento. Las funciones de entrada única son necesarias para crear un plan de cuentas de mayor general o para establecer un registro de cuentas a pagar a proveedores. Un mantenimiento de gran volumen es una característica que permite actualizar múltiples registros a la vez. Las características de mantenimiento de alto volumen son particularmente valiosas, por ejemplo, cuando se establece un nuevo centro, para copiar un centro ya establecido o cuando se define una nueva cuenta que deberá utilizar cada centro.

Navegación.—Las características de navegación o exploración (movimiento de pantalla a pantalla o de función a función dentro del *software)* difieren de un sistema a otro y normalmente tienen algunos de los siguientes formatos:

— *Menús.* Listas de opciones que aparecen en una pantalla de visualización que permite al usuario seleccionar con qué parte del *software* quiere trabajar.
— *Comandos.* Instrucciones suministradas por el usuario que accede a la parte del *software* con la que intenta trabajar. Permiten a los usuarios más sofisticados la introducción por teclado de caracteres específicos o secuencias de palabras que, cuando se ejecutan, llaman a la pantalla específica representada por el comando.

Documentación, apoyo, formación y actualizaciones.—Otras características del *software* son:

— *Documentación,* que comprende los manuales de usuario, las guías de instalación, las guías de ejecución, etc.
— *Apoyo,* que incluye a los representantes de servicios de apoyo al cliente, el apoyo in situ, la ayuda a la instalación, el apoyo mediante la línea directa 900, el apoyo local de mantenimiento, los contratos de mantenimiento, los contratos de actualización, los servicios de desarrollo a medida, etc.
— *Formación,* que incluye la formación in situ, en cursos, así como clases particulares.

— *Actualizaciones,* que incluyen las mejoras del *software* para cambios reglamentarios, los cambios patrocinados por grupos de usuarios, etc. Los grupos de usuarios son organizaciones sociales independientes que se reúnen para estudiar el uso y la puesta en funcionamiento de un paquete particular y comparten ideas y estrategias para satisfacer necesidades singulares del proceso.

Aplicaciones típicas y características generales

En esta sección, ofrecemos una visión general de las características y la utilidad del *software* de contabilidad financiera actualmente disponible en el mercado. Aunque la lista de las aplicaciones de contabilidad financiera es larga, el estudio que sigue lo hemos limitado a cuatro aplicaciones.

1. Mayor general.
2. Cuentas a cobrar.
3. Cuentas a pagar.
4. Nómina.

Estas aplicaciones se eligieron porque frecuentemente constituyen el núcleo de las aplicaciones financieras utilizadas por las empresas.

Mayor general

El mayor general recoge la información financiera resumida de los mayores auxiliares detallados —cuentas a cobrar, cuentas a pagar y nómina— y partiendo de dicha información genera informes financieros y de gestión (figura 22.2). En la mayoría de las organizaciones, el mayor general es la fuente de los informes financieros de fin de período, de los informes de gestión y de la presentación de informes a organismos oficiales, así como de la generación de estados financieros.

Normalmente, la información financiera entra en el mayor general en forma de transacción de diario. Puede tener su origen en diversas fuentes, incluyendo una interfaz automática de un sistema auxiliar, una serie de transacciones que se introducen manualmente y que actualizan las cuentas financieras, una transacción en tiempo real que se introduce manualmente e inmediatamente actualiza las cuentas financieras, y apuntes de diario especiales y automáticos tales como transacciones de diario recurrentes, *shell* y de reversión.

Una vez actualizadas las cuentas financieras, por lo general como consecuencia de un ciclo de apuntes, se generan los informes de transacciones. Estos informes documentan la introducción de las transacciones en el diario e identifican las transacciones que están incompletas, no saldadas o que son erróneas por algún otro motivo.

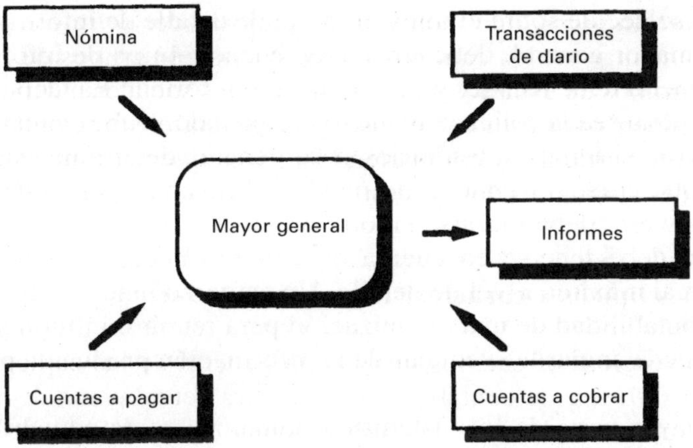

FIGURA 22.2. **Diagrama del sistema de mayor general**

Al final de un período de rendición de cuentas, por lo general mensual o trimestral, se generan informes de fin de período y se completan ciertas actividades de mantenimiento para preparar el sistema para recoger el período siguiente de transacciones financieras. Al final del ejercicio económico, se realizan las actividades adicionales de mantenimiento, incluyendo el traspaso de los saldos finales de las cuentas del balance a los saldos iniciales del nuevo ejercicio económico, la puesta a cero de las cuentas de ingresos y gastos, la actualización del año fiscal del sistema, etc.

Código de las cuentas.—El código de las cuentas es la base para la estructura de registros en el mayor general. En la mayoría de los sistemas informatizados de mayor general, el código de cuenta se compone de entradas que contienen por lo menos tres elementos definibles por el usuario: un elemento que indica la compañía o entidad jurídica, un elemento que indica una unidad organizativa (departamento, centro, división) y un elemento que refleja el elemento contable o cuenta. Debido a las necesidades adicionales de generación de informes, especialmente en la industria de servicios financieros, muchos sistemas proporcionan elementos adicionales disponibles para su definición.

Definir el código de cuenta es un proceso importante. Deben considerarse cuidadosamente las necesidades de generación de informes de mayor general. Si el nivel de detalle requerido por los informes no lo recoge el mayor general mediante la utilización de códigos de cuentas, no pueden generarse los informes. Por consiguiente, es importante diseñar el código de cuenta para captar el mayor nivel de detalle de información requerido por los informes.

Cuando se decide sobre el máximo nivel de detalle de información requerido por el mayor general, debe tenerse en cuenta el tipo de información que el mayor general debe recoger y de la que debe informar. Es fácil permitir que el mayor general sea la aplicación que lo recoja todo. Debe evaluarse si deben utilizarse otros sistemas subsidiarios para generar determinados informes o identificar que el mayor general no puede cubrir un requisito de generación de informes y éste debe lograrse en otra parte.

También debe tenerse en cuenta el esfuerzo necesario para recoger la información al máximo nivel de detalle. Un esfuerzo innecesario del departamento de contabilidad de una organización para reunir e introducir este nivel de detalle puede anular las ventajas de la información producida por el mayor general.

En la mayor parte de los sistemas automatizados de contabilidad financiera, el detalle puede agregarse de diferentes formas a través de la función de preparación de informes. Por ejemplo, si el centro es el nivel más bajo de preparación de informes de la organización y si los centros se combinan para formar departamentos, los cuales se combinan a su vez para formar divisiones, entonces no hay necesidad de recoger la entrada de mayor general al nivel de departamento y de división. La posibilidad de generar informes de mayor general debe permitir que se informe de estos niveles simplemente combinando los centros.

Transacciones de diario.—En los mayores generales automatizados actuales se dispone de varios tipos de transacciones de diario:

- —*Los asientos de diario estándar* son los apuntes normales que se hacen en el mayor general. Los asientos de diario estándar permiten registrar la compra de un activo o corregir un error.
- —*Se establecen asientos de diario shell* (concha) para aquellas transacciones en las que se utilizan las mismas cuentas, pero con diferentes importes monetarios en cada período. Los gastos de electricidad y otras transacciones de fin de mes entran en esta categoría. Un asiento de diario *shell* se crea con las correspondientes cuentas. Antes de pasar los asientos al mayor, se introducen los importes monetarios para completar el asiento.
- —*Los asientos de diario recurrentes* son los destinados a aquellas transacciones para las que se utilizan las mismas cuentas y los mismos importes en cada período. Los pagos por alquileres, préstamos y arrendamientos pueden entrar en esta categoría de transacciones de diario.
- —*Asientos de reversión.* En muchos mayores generales automatizados, los asientos de diario estándar, *shell* o recurrentes, o unos y otros, pueden definirse como asientos de reversión. Por ejemplo, si la característica del asiento *shell* es preparar para una transacción de acumulación

mensual, esta transacción puede también definirse como un asiento de reversión y por consiguiente será revertido al comienzo del nuevo período. En algunos sistemas, pueden definirse fechas o períodos específicos de reversión para las transacciones de reversión.

— *El tratamiento de los errores* puede llevarse a cabo de diversos modos: las ediciones *on-line,* estudiadas en la sección anterior, detectan los errores de introducción de datos para su corrección inmediata. Las transacciones erróneas de diario detectadas durante el proceso *«batch»* pueden tratarse a través de una cuenta puente o a través de un fichero de errores, o pueden eliminarse del ciclo. El pase a una cuenta puente pasa la transacción errónea a una cuenta definida por el usuario, una cuenta puente de errores. Luego, siempre que la cuenta tenga saldo, la transacción errónea se investiga de nuevo y se introduce la transacción subsiguiente para anular el saldo de la cuenta puente y pasarlo a la cuenta que corresponda.

Elaboración de presupuestos o planificación.—La mayoría de los mayores generales automatizados permiten la introducción de presupuestos y la generación de informes sobre los mismos, normalmente a nivel de cuenta. Entre las características presupuestarias adicionales disponibles en algunos, pero no en todos los sistemas, se encuentran la generación de informes y las comparaciones presupuestarias con el año o años anteriores y futuros; el archivo y la generación de informes de las versiones original, aprobada, revisada y otras del presupuesto; y funcionalidades de preparación de presupuestos que incluyen el proceso de simulación, el uso de cifras reales o de presupuesto del último año como base para el presupuesto del año en curso, el aumento o la disminución de las cantidades presupuestadas multiplicando por un factor, etc.

Imputaciones.—Otra característica de muchos mayores generales automatizados es una función de imputación. Las imputaciones suponen la distribución de costes o ingresos de una unidad de la organización a otra unidad de la misma o a los productos o servicios correspondientes. Las funcionalidades de imputación pueden ser tan sencillas como imputar automáticamente una transacción de entrada (como, por ejemplo un alquiler) a unidades organizativas en base a un porcentaje fijo previamente determinado (porcentaje de los metros cuadrados totales) mediante la utilización de una transacción de diario. Sin embargo, las imputaciones pueden ser tan complejas que requieran cantidades estadísticas (ya sean de entrada o calculadas) y unidades y cuentas organizativas de origen y destino.

Otras funcionalidades de imputación son la posibilidad de asignar cantidades reales, presupuestadas, estadísticas o previamente imputadas; la posibilidad de imputar en base a un porcentaje fijo o variable; la posibilidad de redondear las imputaciones de manera que al importe último se le asigne la cantidad restante (de manera que el redondeo evite imputaciones menores o mayores que un 100%); la posibilidad de efectuar imputaciones de cantidades mensuales, trimestrales o anuales; y la posibilidad de generar informes de imputación que documenten qué importes fueron imputados desde qué unidades organizativas o productos o servicios de la empresa, y a qué unidades o productos o servicios.

Consolidaciones.—Muchos sistemas de mayor general automatizado ofrecen opciones de consolidación que combinan entidades separadas (por ejemplo, sociedades, divisiones, filiales) para la generación de informes consolidados de todo el ámbito de la organización. Entre dichas opciones, figuran generar automáticamente asientos de eliminación, permitir la consolidación de sociedades con planes de cuentas similares o diferentes.

Cuentas a cobrar

El sistema de cuentas a cobrar es el sistema principal de ingresos en efectivo para las organizaciones que no requieren el pago inmediato cuando entregan mercancías o prestan servicios. La aplicación de cuentas a cobrar está diseñada para vigilar las entradas de efectivo procedentes de ventas y cobros y proporcionar la información que ayudará a la gestión de cobro de los saldos pendientes. El sistema de cuentas a cobrar conecta con el mayor general mediante el pase de transacciones resumidas que actualizan las cuentas afectadas por ventas y pagos a cuenta. Muchas organizaciones conectan el sistema de tramitación de pedidos con el sistema de cuentas a cobrar. Este último comunica los límites de crédito de los clientes y otros datos demográficos de clientes al sistema de tratamiento de pedidos y, a su vez, recibe información de facturación y pedidos expedidos desde el sistema de tratamiento de pedidos. El sistema de cuentas a cobrar puede también conectarse con un sistema de facturación, si el primero no permite la generación de facturas o recibos para clientes. Por último, un sistema de cuentas a cobrar puede conectarse con el de cuentas a pagar, transmitiendo información de los reembolsos a clientes para su pago mediante el sistema de cuentas a pagar. La figura 22.3 ilustra los flujos del sistema hacia y desde el sistema de cuentas a cobrar.

Entre las opciones frecuentes de un sistema automatizado de cuentas a cobrar figuran:

- —*Aplicación de efectivo.* La mayoría de los sistemas de cuentas a cobrar permiten varias opciones que gobiernan el modo de asignar los fondos recibidos a las cuentas a cobrar pendientes. La elección entre tales opciones se denomina aplicación del efectivo.
- —*Consulta on-line.* Muchos sistemas permiten la consulta *on-line* en el sistema de cuentas a cobrar, incluyendo todas los saldos pendientes, los importes pendientes de aplicación dentro de una gama específica, todas

las notas de cargo, todas las notas de abono, el último pago introducido, o toda la información sobre una factura concreta.

— *Informes de vencimientos*. La mayoría de los sistemas permiten formatos de informes de vencimiento definidos por el usuario y la definición de períodos de vencimiento para la generación de informes. Entre los formatos figuran el resumen por clientes, el resumen por facturas y los resúmenes por empresas, departamentos, divisiones o comerciales.

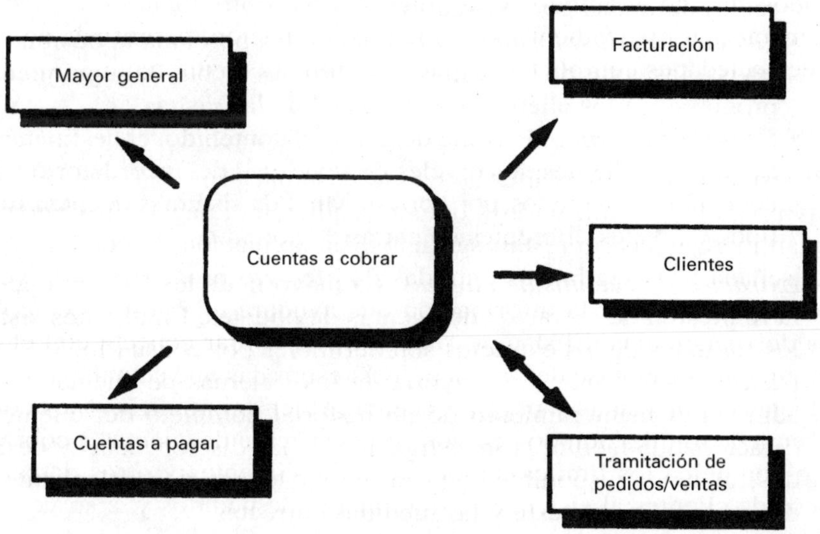

FIGURA 22.3. **Diagrama del sistema de cuentas a cobrar**

— *Opciones de cobro*. La mayoría de los sistemas de cuentas a pagar aceptan diversas opciones de cobro incluyendo:

- *Comentarios o notas on-line*. Permite al cobrador realizar un seguimiento de las llamadas a clientes, los desacuerdos, los compromisos y acciones de seguimiento.
- *Fichero recordatorio on-line*. Recuerda los compromisos contraídos por el cobrador y el cliente para su seguimiento, y un recordatorio de las fechas de seguimiento en base al grado de apremio; notifica al cobrador sobre las nuevas facturas vencidas y ayuda a dar prioridad a las tareas de cobro.
- *Retención de crédito y servicio*. Proporciona la posibilidad de situar un cliente problemático en retención de crédito o retención de servi-

cio (como motivador para que pague) y a establecer límites de crédito por clientes. Algunos sistemas permiten esta característica automáticamente en base a reglas definidas por el usuario.

- *Cancelaciones de saldos pequeños*. Ofrece la posibilidad de cancelar saldos de importes pequeños, dentro de unos límites de tolerancia, para conseguir que los cobradores concentren su atención en las cuentas más importantes.
- *Estadística por cobrador*. Mide la efectividad de los cobradores e informa de ello utilizando reglas automatizadas o en, algunos casos, reglas definidas por el usuario.
- *Generación de informes sobre cobros*. Proporciona la posibilidad de revisar las notas de las visitas de cobro, las fechas de seguimiento, las promesas de los clientes y el historial de las visitas.
- *Cartas de apremio*. Permite describir el contenido, el destinatario, las facturas pendientes, los niveles de severidad del recordatorio y la frecuencia de los envíos por correo. Muchos sistemas aceptan muchos tipos y niveles diferentes de cartas de apremio.

— *Extractos de cuentas de clientes*. La mayoría de los sistemas permiten la impresión de extractos de cuentas de clientes. En algunos sistemas, los formatos de los extractos son definibles por el usuario.

— *Historia del cliente*. La mayoría de los sistemas de cuentas a cobrar admiten el mantenimiento de un historial completo del cliente. Esta característica facilita la investigación de las discrepancias y desacuerdos, al tener disponible toda la actividad anterior del cliente, para determinar la respuesta y las medidas correctas.

— *Otras opciones*. Otras opciones de pago que suelen permitir los sistemas de cuentas a cobrar son: los descuentos, los intereses, los ajustes, otras entradas de efectivo (tales como las rentas de inversiones o los reembolsos), la insuficiencia de fondos y la tramitación de los pagos anticipados. Suele disponerse de opciones de generación de informes tales como los informes sobre pagos, sobre cuentas a cobrar y productividad de los cobros, y de opciones de previsión de efectivo. Entre otras características, figuran las conexiones con las agencias que informan de la solvencia de los clientes.

Cuentas a pagar

Un sistema de cuentas a pagar es un sistema importante para los desembolsos de efectivo de la organización. La nómina es el otro. En su misión de apoyo al desembolso organizado y controlado de fondos a organizaciones externas, el sistema de cuentas a pagar supervisa las cantidades debidas a los proveedores por mercancías y servicios, emite cheques y proporciona información para la gestión del efectivo. Además, el sistema de cuentas a pagar debe controlar los desembolsos de manera que no se produzcan salidas de efectivo más pronto de lo necesario. En muchas organizaciones, el sistema de cuentas a pagar se utiliza también para otras actividades de desembolso de efectivo, tales como tramitar las devoluciones de clientes, los pagos de impuestos, los anticipos a empleados y las cantidades pendientes de pago a los empleados.

El sistema de cuentas a pagar puede conectarse con varios sistemas de la organización. Alguna de estas interfaces son:

— Mayor general.
— Ventas/compras.
— Recepción.
— Cuentas a cobrar.
— Activo fijo.
— Determinación del coste de proyectos.

Otras interfaces son la de inventario, para la determinación del coste de las existencias o para la contabilidad de costes, y la determinación del coste de las órdenes de trabajo, para las órdenes de trabajo que incluyen su proceso por un proveedor externo. La figura 22.4 ilustra los flujos del sistema hacia y desde el sistema de cuentas a pagar.

Entre las características frecuentes de un sistema automatizado de cuentas a pagar figuran:

— *Proceso de facturación.* Los sistemas automatizados incluyen la utilización de exclusiones del fichero de proveedores, para facilitar la tramitación de las facturas con una mínima introducción de información como el nombre del proveedor, el número de la factura, la fecha y el importe.
— *Personalización de cheques.* Entre sus características figuran aceptar múltiples formatos de cheque, múltiples cuentas bancarias, múltiples monedas, múltiples métodos de pago (cheques automáticos y manuales, transferencias electrónicas de fondos, transferencias telegráficas, etc.), aviso separado de remesas e invalidación de pagos.
— *Conciliación.* Entre sus características figuran el proceso de cintas bancarias o la introducción de cheques compensados. Entre las características de generación de informes figuran el cálculo del promedio de días pendientes de cobro por proveedor, de manera que los pagos puedan ajustarse para optimizar la gestión de efectivo.
— *Gestión de tesorería.* Entre sus características figuran la determinación de la cantidad que hay que pagar y cuándo hay que pagarla. Las opciones de previsión incluyen la determinación de las necesidades de efectivo. Entre las características de generación de informes figuran la gestión de efectivo, las cuentas a pagar vencidas y otros informes.

— *Optimización de los pagos.* Permite la determinación de las facturas sin saldar y la posibilidad de retener los pagos, crear pagos parciales o permitir que se pague cualquier otra cantidad.

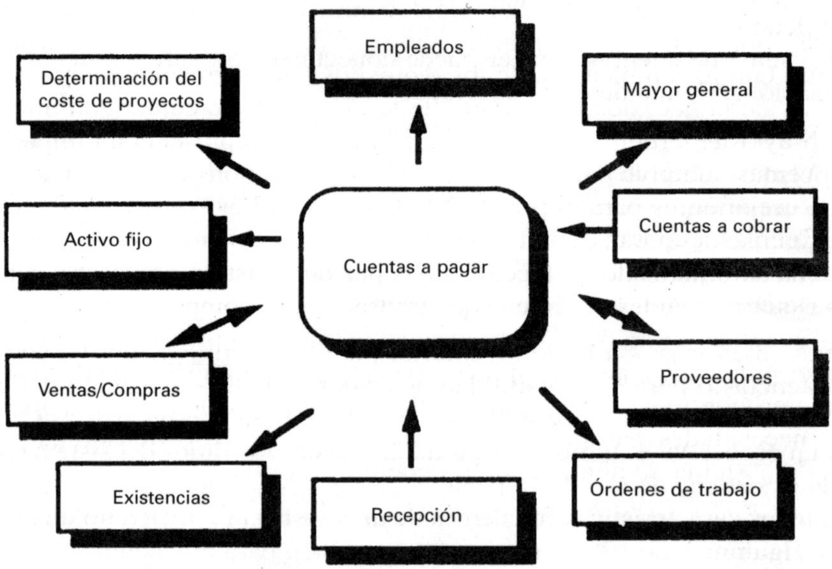

FIGURA 22.4. **Diagrama del sistema de cuentas a pagar**

— *Análisis de proveedores.* Incluye el mantenimiento de estadísticas sobre todas las actividades de proveedores y cuentas a pagar, tales como importes de facturas por períodos, volúmenes de facturas, descuentos aceptados o perdidos y número de facturas con incidencias.

— *Otras opciones.* Incluye la posibilidad de hacer pedidos ocasionales a proveedores sin almacenar permanentemente dicha información del proveedor; permite el seguimiento de direcciones y contactos ilimitados de proveedores (por ejemplo, direcciones de los pedidos, direcciones de los pagos, direcciones para solicitar información); produce listas de proveedores, etiquetas y cartas tipo personalizadas; y acepta la comprobación de facturas (por ejemplo, la comprobación cuádruple requiere que antes de programar el pago se examine la orden de compra, la factura, el albarán de recepción y la petición o aceptación; la triple comprobación requiere la orden de compra, la factura y el albarán de recepción antes de programar el pago). Otras opciones son el pago automático de la deuda tributaria y el seguimiento de los impuestos sobre ventas pagados a los proveedores.

NÓMINA

El sistema de nómina de una organización es muy importante porque el mantenimiento de buenas relaciones con los empleados hace necesario que el pago de la nómina se realice de forma fiable y puntual. Sin embargo, la función actual de nómina es muy compleja, como consecuencia de las múltiples clases de empleados, de la proliferación de deducciones, de los acuerdos especiales con los empleados, de los requisitos de información a organismos oficiales y de la necesidad, por parte de la dirección, de contar con información sobre costes. Además, debido a que la nómina representa un importante desembolso de efectivo para una organización, la gestión y el control del efectivo son importantes para el proceso de la nómina. Por consiguiente, no hay que extrañarse de que el departamento de nóminas considere que se necesita un sistema automatizado perfeccionado capaz de registrar, procesar y generar informes sobre grandes volúmenes de transacciones complejas.

Los sistemas de nómina están diseñados para simplificar el proceso de pago a los empleados, para disminuir los costes de administración de la nómina y para proporcionar a una organización una flexibilidad máxima para definir sus necesidades particulares con respecto al proceso de nóminas. Las entradas al sistema de nómina comprenden:

— *Registros de tiempo*. Documentos que registran el tiempo trabajado por cada empleado. Esta información se utiliza para el cálculo y la preparación de la cantidad a pagar. En los formularios en que se registran los tiempos, se recogen también los días de enfermedad, los días de vacaciones y las horas extraordinarias.

— *Ajustes de la nómina*. Comprenden las adiciones, supresiones y ajustes de varias clases a los registros de nómina de los empleados. Como ejemplo, pueden citarse los cambios de tarifa salarial, las rescisiones de contratos de trabajo, las incorporaciones de nuevos empleados, los cambios de dirección, las transferencias entre departamentos, las modificaciones en la exención de impuestos y los cambios en la autorización de deducciones.

Los resultados o productos del sistema de nómina incluyen los cheques para el pago a los empleados (o las transferencias a las cuentas bancarias), los certificados de retribución de los trabajadores, los diversos informes exigidos por las autoridades gubernamentales y varios informes útiles para el *staff* del departamento de nóminas y de personal o para la dirección.

El sistema de cálculo de la nómina conecta con el mayor general comunicándole un resumen de los resultados y de las deducciones. Otra información requerida por el sistema de nómina puede ser introducida a través de otro sistema: por ejemplo, la actividad de ventas, que constituye la base para retribuir al personal de ventas, se incorpora a la nómina desde el sistema de ventas. A su vez, el sistema de cálculo de la nómina puede proporcionar información a un sistema de prestaciones para los trabajadores o a un sistema de distribución de trabajo. La figura 22.5 ilustra las entradas y salidas del sistema de nómina.

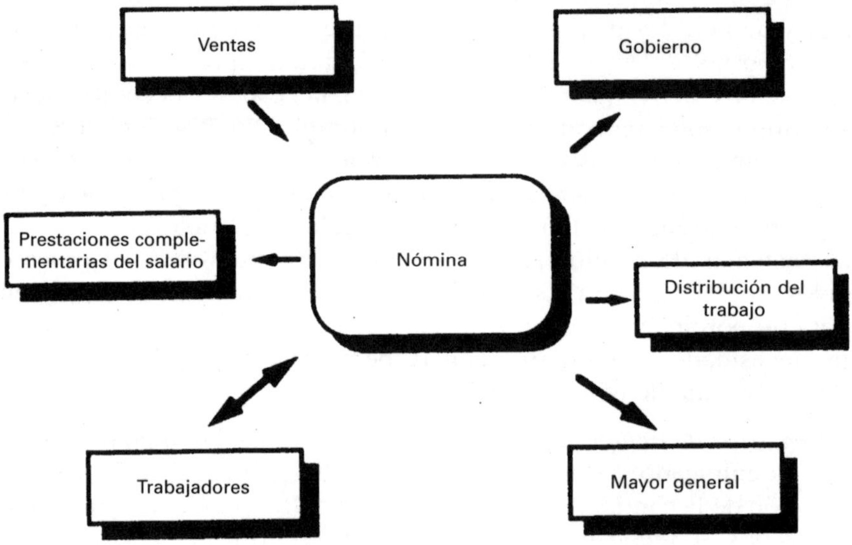

FIGURA 22.5. **Diagrama del sistema de nómina**

Prestaciones y nuevas características

Las empresas que venden *software* de contabilidad financiera automatizada han añadido tantas características y tantas prestaciones a sus sistemas que es difícil determinar las ventajas exactas de los sistemas de los diferentes proveedores. Así, cuando selecciona un *software* de contabilidad financiera, una organización debe, en primer lugar, evaluar sus necesidades singulares y armonizar estas necesidades con las correspondientes características y prestaciones proporcionadas por los paquetes de *software* disponibles.

Por ejemplo, los módulos deseados por una organización pueden incluir el mayor general, las cuentas a pagar, el activo fijo y los proyectos de inversión. Muchos paquetes de *software* pueden no ofrecer este último módulo. Por tanto, la organización debe buscar primero los paquetes que incluyan todos estos módulos y evaluar, posteriormente, si cada módulo puede satisfacer sus necesidades singulares. Análogamente, si la organización tiene necesidad de una contabilidad de gravámenes, de operaciones multidivisa o de soporte a la normativa contable de una filial en el extranjero, deberán evaluarse primero los sistemas de *software* que satisfacen estas necesidades.

Hay que advertir que las interfaces automáticas entre módulos, tales como el de mayor general y el de cuentas a pagar, suelen ser estándar en los paquetes de *software* que se compran a un determinado proveedor. Sin embargo, si las prestaciones de un módulo del sistema no satisfacen las necesidades de la organización, el valor de la interfaz estándar disminuye considerablemente. Aunque la compra de *software* a un proveedor facilita la formación, instalación y mantenimiento, una organización no debe dudar en comprar módulos a múltiples proveedores si estos módulos satisfacen mejor las necesidades de la organización. Sin embargo, habrán de construirse interfaces personalizadas para conectar los módulos de forma automática. (Muchos sistemas de *software* tienen recursos que ayudan a conectar con módulos externos.)

Algunas de las características más recientes son:

— *Software independiente de la plataforma.* Las grandes organizaciones se enfrentan con la creciente necesidad de un *software* que se ejecute en múltiples plataformas situadas en diferentes ubicaciones. Para una organización más pequeña, también es importante la posibilidad de actualizar una plataforma, pasar a una plataforma superior o seleccionar *software* específico de una plataforma. En el pasado, primero se seleccionaba el *software* y luego se seleccionaba la plataforma en base a las opciones disponibles para el *software*. Los proveedores actuales reconocen la necesidad de *software* independiente de la plataforma y están trabajando hacia ese fin.

— *Interfaz gráfica de usuario.* La expresión «fácil de utilizar» ha adquirido un nuevo significado en los años noventa, con el desarrollo de las interfaces gráficas de usuario. Steven R. Anderson, en un artículo en el *Hewlett-Packard Journal* [1990], estudia los tres principios básicos de estas interfaces: 1) seleccionar de una lista de alternativas (un menú) es más fácil que recordar todas las alternativas; 2) elegir alternativas por manipulación directa —pulsando un botón en un ratón o arrastrando un icono— se prefiere a menudo a introducir por teclado comandos de texto; y 3) utilizar metáforas del mundo real (un cubo de basura) puede facilitar la comprensión. Las herramientas importantes para las interfaces gráficas de usuario incluyen el ratón, los menús, los iconos gráficos y las ventanas superpuestas.

— *Arquitectura de cliente-servidor.* Aunque quizá no sea fácil llegar a un consenso sobre la definición de la arquitectura de cliente-servidor, esta frase se refiere a la capacidad de interconexión en la que el servidor es una instalación central que presta servicio a todos los nodos o estaciones de trabajo (los clientes). El servidor y el cliente pueden hallarse en la misma plataforma o en plataformas diferentes, emitiendo el servidor los comandos de anfitrión, que son invisibles para el cliente. Por.ejemplo, el servidor puede coordinar el uso del *software* entre varios usuarios o clientes. (Véase el capítulo 24 para un estudio de las tendencias del *hardware* informático.)

En los años ochenta, los proveedores de sistemas informáticos de contabilidad financiera hicieron grandes progresos para igualar las características y las prestaciones de sus competidores. Por tanto, este decenio ofrece la oportunidad de descubrir nuevas prestaciones, debido a la necesidad de diferenciar un proveedor de *software* de otro.

Resumen

Un sistema automatizado de contabilidad financiera flexible, que disponga de todas las funciones, exacto, fiable y oportuno es decisivo para el éxito de una organización. En este capítulo hemos proporcionado una visión general de los sistemas financieros y algunas de las características y funciones clave de estos sistemas. También hemos analizado las ventajas y los costes de la automatización y cómo los sistemas financieros afectan a una organización, y hemos dado también una idea aproximada de cómo funcionan las aplicaciones financieras clave.

Capítulo 23

Selección de un sistema de información financiera

Introducción

El controler es responsable de procurar que el sistema de información financiera satisfaga las necesidades de quienes reciben y utilizan sus resultados: la dirección, los accionistas, los acreedores, los proveedores, los clientes, los organismos oficiales y las Bolsas de valores, así como el público en general.

Este capítulo contiene un método de eficacia comprobada para seleccionar y poner en marcha un sistema automatizado de información financiera. Incluye una visión general de los motivos por los que el *software* del sistema financiero debe comprarse en lugar de crearse internamente, una explicación de cómo definir concienzudamente los requerimientos del sistema, un enfoque para preparar una solicitud de oferta y la forma de evaluar el *software* y el *hardware,* así como a los proveedores que lo venden. La selección y la puesta en marcha de un sistema de información financiera son extremadamente importantes para el funcionamiento financiero de una organización. Como consecuencia, la organización debe estar dispuesta a dedicar una cantidad considerable de tiempo y esfuerzo a estas actividades o contratar asesores externos para que colaboren en ellas.

Para los fines de este capítulo, se supone que el proceso de selección comprende tanto el *hardware* como el *software*. Muchas organizaciones tienen ya instalado el *hardware*. Sin embargo, cuando es posible, se recomienda que la organización seleccione el *software* que mejor satisfaga sus necesidades sin estar limitada por el *hardware* que actualmente tiene instalado.

Motivos para la compra de «software»

En general, se recomienda que en lugar de crearlos internamente, se compren paquetes de *software*, para satisfacer las necesidades operativas financieras de la organización.

Entre los motivos que hay para ello figuran:

— *Rapidez de puesta en marcha*. Los paquetes de *software* pueden, por lo general, ponerse en marcha con mucha mayor rapidez que el *software* desarrollado internamente.

— *Menores problemas de software*. Normalmente, los paquetes de *software* ya han sido concienzudamente probados y depurados antes de venderlos.

— *Coste global inferior*. El coste total de un paquete de *software* tiende a ser significativamente menor que el coste del *software* desarrollado internamente.

— *Ayuda del proveedor de software*. La mayoría de los proveedores de *software*, especialmente los del mercado de gama intermedia (microordenadores) y los de grandes ordenadores, proporcionan asistencia y mantenimiento continuos para su *software*.

— *Mejoras de los paquetes*. Para mantener su posición en el mercado y las ventas, los proveedores de *software*, por lo general, proporcionan mejoras en las prestaciones y nuevos módulos.

— *Documentación*. La mayoría de los paquetes de *software* incluyen diversos manuales, incluidos los de usuario, los técnicos y los de funcionamiento.

— *Formación*. La inmensa mayoría de los proveedores de *software* proporcionan diversos tipos de formación para los usuarios y el personal técnico.

— *Investigación y desarrollo*. La actividad de los proveedores de *software* consiste en vender soluciones informáticas. Para mantener (y mejorar) su situación competitiva en el mercado han de invertir una cantidad considerable de dinero en investigación y desarrollo.

— *Personal de soporte a los sistemas de información*. En general, es mucho más fácil localizar personal que esté familiarizado con los paquetes de *software*, y que pueda soportarlos, que encontrar buen soporte para los sistemas desarrollados internamente.

— *El grupo de usuarios*. Los proveedores de paquetes de *software* tienden a apoyar y potenciar la creación de «grupos de usuarios». La participación en estos grupos puede ser un medio eficiente de detectar las formas más eficaces de utilizar un sistema.

Definición de las necesidades de sistemas

Antes de seleccionar el *software,* han de definirse con exactitud los requisitos específicos que se necesitan. Las áreas comprendidas normalmente en un sistema de información financiera son: elaboración de presupuestos, compras, cuentas a pagar y conciliación de cheques, mayor general, cuentas a cobrar y contabilización de ingresos, activo fijo, contabilidad de costes, existencias y entrada de pedidos, y facturación.

Si no se definen y documentan en detalle los requerimientos que deben cubrir las aplicaciones, el *software* seleccionado probablemente no satisfará las necesidades de la organización. Será útil crear un documento de «definición de las necesidades de sistemas» que:

— Sirva de base para la solicitud de ofertas.
— Comunique las necesidades de la organización a los proveedores.
— Ayude a seleccionar el *software* que satisfaga las necesidades actuales y futuras de la organización.
— Mejore la comprensión por parte de la organización de cada aplicación (por ejemplo cuentas a pagar y cuentas a cobrar) y el modo en que la automatización puede ayudar a mejorar el acceso a la información en dicha área.
— Priorice las áreas que deban informatizarse.
— Compare las necesidades con las posibilidades del *software* para determinar dónde es deficiente y dónde deben prepararse modificaciones.

Hay una serie de enfoques que pueden utilizarse para definir los requisitos de un sistema de información financiera. Estos enfoque son los cuestionarios, las entrevistas con personal directivo, la revisión de documentos y la utilización de fuentes externas.

CUESTIONARIOS

Pueden utilizarse cuestionarios para conocer de forma global una organización, sus objetivos y el entorno en que funciona. Pueden utilizarse también para definir las principales tareas financieras, analizar las transacciones, determinar las principales interfaces de sistemas y ayudar a definir los requisitos del sistema de información financiera.

El cuestionario no debe ser tan largo que desaliente su cumplimentación. Por otra parte, no debe ser tan breve que no determine los requisitos específicos. La figura 23.1 ilustra los tipos de preguntas que pueden aparecer en este tipo de cuestionario.

Cuestionario para definir los requisitos del sistema de información financiera

1. ¿De qué funciones es usted responsable?
2. ¿Cuáles son los objetivos fundamentales de su trabajo?
3. ¿Con qué departamentos se relaciona usted?
4. ¿Qué tareas principales realiza?
5. ¿Qué informes prepara? (Por favor, adjunte un ejemplo de cada informe.)
6. ¿Qué formularios utiliza usted? (Por favor, adjunte una copia de cada formulario.)
7. ¿Dónde se originan esos formularios?
8. ¿Adónde van los formularios que usted cumplimenta?
9. ¿Qué información financiera recibe usted de otros departamentos?
10. ¿Qué cambios predice usted que se producirán en su puesto de trabajo durante los próximos uno a tres años?
11. ¿Qué información adicional podría usted utilizar?
12. ¿Qué sistema informático utiliza actualmente?

FIGURA 23.1. **Ejemplo de cuestionario para definir los requisitos de la aplicación**

Entrevistas con personal directivo

Entre los objetivos a conseguir a través de las entrevistas con personal directivo pueden citarse:

— Desarrollar una comprensión global de la organización: sus estrategias, entorno y objetivos.
— Definir las necesidades de información de los ejecutivos.
— Conocer la opinión de los ejecutivos sobre el sistema actual.
— Determinar los objetivos y los factores críticos de éxito de la organización.
— Conocer lo que los ejecutivos esperan del sistema.
— Predecir las áreas de crecimiento o las nuevas necesidades que debe tener en cuenta el sistema de información.
— Mejorar la aceptación del proceso de selección por la dirección.

Las entrevistas con los ejecutivos no deben diseñarse para obtener información detallada de las especificaciones del sistema. Más bien, deben contribuir a identificar las necesidades generales de información y los objetivos estratégicos de la organización.

Es importante que las necesidades de información y de generación de informes del personal directivo se determinen al principio del proceso de selección. A menudo, sólo se incorporan las necesidades del *staff* y de los mandos intermedios. Con frecuencia, el sistema de información financiera resultante no le proporciona a la dirección los informes necesarios para gestionar con eficacia las áreas cubiertas.

Revisión de documentos

Otra forma de definir los requisitos de los sistemas es revisar los formularios e informes generados. Esta revisión permite preparar una relación de los elementos actuales de entrada de información y definir las necesidades mínimas de generación de informes del sistema de información financiera propuesto.

Fuentes externas

Otra fuente de información que debe incluirse en la definición de los requisitos de los sistemas es el entorno en que desarrolla su actividad una organización. Las tendencias económicas, los cambios en la legislación y en los modos de proceder y las revisiones de las reglamentaciones oficiales pueden afectar a los requisitos de generación de informes de un sistema de información financiera y, por consiguiente, deberán ser revisados.

Esta recopilación de requisitos de los sistemas supone un coste. Como consecuencia, la organización no debe dedicar una cantidad excesiva de tiempo a documentarlos porque quizá nunca llegue a la selección del *software*.

DEMOSTRACIONES DE LOS PROVEEDORES

Una fuente final de requisitos son las demostraciones del *software* que realizan los proveedores. Estas demostraciones pueden proporcionar a las organizaciones nueva información acerca de las características del sistema.

Documentación del sistema existente

Una vez completados los cuestionarios y las entrevistas con los ejecutivos y examinadas las otras fuentes de información, es decisivo que se documente el manual o sistema financiero automatizado actual. En esta documentación deben estar incluidos los siguientes factores:

— Los objetivos clave del sistema (por ejemplo, mantener el mayor general y generar informes financieros).
— Quién soporta el sistema.
— Las principales entradas, ediciones, controles y resultados (informes) del sistema.
— Todas las interfaces y características especiales del sistema.
— El volumen de transacciones procesadas por el sistema.
— Los costes aproximados de la explotación del sistema.

Además, si el sistema está automatizado, es importante considerar la plataforma de *hardware* en la que funciona, el lenguaje en que está escrito, su antigüedad y la cantidad aproximada invertida en él.

Sesiones conjuntas

Un medio efectivo y eficaz de asegurar un estudio completo de los requisitos del sistema es llevar a cabo sesiones conjuntas con los empleados que utilizarán y soportarán el sistema. Entre las ventajas de llevar a cabo sesiones conjuntas figuran la elaboración de una definición de requisitos del sistema más completa y una mejor aceptación por parte del usuario. Los pasos necesarios para llevar a cabo una sesión conjunta son:

— Preparar requisitos «propios para personas incompetentes» para cada aplicación. Estos requisitos por lo general se basan en la investigación previamente realizada por la organización, en la información obtenida de los proveedores de *software,* de la literatura informática, o de los consultores de sistemas de información.

— Distribuir el documento de requisitos entre los empleados que estén interesados o afectados por la aplicación específica.
— Celebrar una sesión conjunta para cada área. Durante estas sesiones, que por lo general serán facilitadas por un miembro del equipo de selección o por un consultor, a los participantes se les pide que:

• Prioricen cada requisito (digan si el requisito se requiere, se desea, es opcional o no corresponde).
• Identifiquen requisitos adicionales.

Una vez documentados los sistemas financieros actuales y celebradas las sesiones conjuntas, ha llegado la hora de completar la definición de los requisitos del sistema. El propósito de dicha definición, que formará parte de la solicitud de oferta, es comunicar a los proveedores de *software* los requisitos de sistemas de una organización y permitir a los proveedores identificar los productos de *software* que pueden satisfacer dichos requisitos. La definición de los requisitos de sistemas debe dividirse por tipos de aplicación (mayor general y cuentas a pagar). Cada aplicación deberá ser dividida posteriormente en los temas siguientes: explicación general de los sistemas, requisitos de proceso, requisitos de consulta, requisitos de generación de informes y requisitos de los datos.

Los requisitos deberán recogerse en una única frase. La tabla 23.1 ofrece un ejemplo muy abreviado de estos factores para un sistema de cuentas a cobrar.

TABLA 23.1. **Requisitos del sistema de cuentas a cobrar**

Explicación del sistema de cuentas a cobrar

El sistema de cuentas a cobrar debe diseñarse para que gestione todas las cuentas a cobrar y las condiciones de cobro de la organización. El sistema debe conectarse tanto con el sistema de entrada de pedidos (para obtener información para la facturación), como con el sistema de mayor general, para pasar a éste los asientos de diario correspondientes a las facturas, las entradas de efectivo y los créditos incobrables.

Requisitos del proceso

El sistema de cuentas a cobrar debe ser capaz de realizar las siguientes funciones:

❑ Pasar los apuntes a las diferentes cuentas de ingresos según el tipo de servicio realizado.
❑ Introducir datos no contables en el fichero maestro *on-line*.
❑ Impedir la supresión de datos con un saldo de cuenta mayor que cero.
❑ Conectar con el sistema de entrada de pedidos/facturación.

Requisitos de consulta

El sistema de cuentas a cobrar debe incluir las siguientes características y posibilidades de consulta:

- ❑ Consultar la situación de una factura utilizando diversidad de elementos de datos, incluyendo:
  - — El nombre del cliente.
  - — El número del cliente.
  - — El número de la factura.

Requisitos de generación de informes

El sistema de cuentas a cobrar debe generar los siguientes informes:

- ❑ *Informe de antigüedad de las cuentas a cobrar:* un informe que indique la cantidad de tiempo que ha estado pendiente el saldo de una partida a cobrar.
  Frecuencia: semanal y a petición.
- ❑ *Registro de entradas de efectivo:* un registro que contenga información sobre:
  - — La fecha de entrada.
  - — El número del cheque.
  - — El nombre y número del cliente.
  - — El importe.
  - — El número de la factura a la que se aplica.
  - — La cuenta del mayor general a la que se pasa.

  Frecuencia: diaria y a petición.

Requisitos de los datos

El fichero maestro de clientes debe contener los siguientes elementos de datos:

- — Número del cliente: 60 caracteres alfanuméricos.
- — Número del cliente: 20 caracteres alfanuméricos.
- — Dirección del cliente 1:
  - Calle: 60 caracteres alfanuméricos.
  - Ciudad: 20 caracteres alfabéticos.
  - Estado: 2 caracteres alfabéticos.
- — Dirección del cliente 2:
  - Calle: 60 caracteres alfanuméricos.
  - Ciudad: 20 caracteres alfanuméricos.
  - Estado: 2 caracteres alfabéticos.
- — Persona de contacto 1:
  - Nombre: 40 caracteres alfanuméricos.
  - Número de teléfono: 9 caracteres numéricos.
  - Calle: 60 caracteres alfanuméricos.
  - Ciudad: 20 caracteres alfabéticos.
  - Estado: 2 caracteres alfabéticos.

Los documentos de los requisitos del sistema pueden tener desde cinco a más de cien páginas por aplicación, según el número y el nivel de detalle deseado. Tenga cuidado de no definir en exceso los requisitos ni hacer su definición tan general que permita que todos los paquetes de *software* satisfagan sus necesidades.

Después de completar la definición de los requisitos del sistema, deberá realizar una priorización de las aplicaciones. Es esencial que la organización defina claramente cada aplicación por orden de importancia para facilitar la evaluación de la solicitud de oferta cumplimentada y determinar los factores con arreglo a los cuales se decidirá la selección del *software*. Los factores que hay que considerar cuando se asignan prioridades a las aplicaciones que han de ser automatizadas incluyen:

- — La repercusión del sistema sobre la organización y sus clientes.

— Los costes y ventajas del sistema.
— La necesidad del sistema
— La dependencia del sistema respecto de otros sistemas

Preparación de la solicitud de oferta

Para comunicar efectivamente los requisitos del sistema de información financiera a los proveedores de *software* o *hardware,* se utiliza una solicitud de oferta. Se prepara después de la definición de los requisitos del sistema y sirve para los siguientes propósitos:

— Comunica los requisitos de sistemas de la organización a los proveedores y facilita una respuesta uniforme a dichos requisitos.
— Solicita compromisos específicos a los proveedores tales como las prestaciones del sistema, el nivel de apoyo y documentación suministrados, los costes y las cláusulas contractuales.
— Sirve como herramienta para comparar efectivamente los proveedores. La solicitud de oferta debe diseñarse de un modo que permita a la organización seleccionadora comparar fácilmente las ofertas de varios proveedores.

Según la situación de la organización, las solicitudes de oferta pueden prepararse para el *software,* el *hardware* o para ambas cosas. Sin embargo, cualquiera que sea la organización que seleccione, la solicitud de oferta debe estar bien estructurada y ser precisa, con el fin de obtener una respuesta clara y concisa por parte de los proveedores. Una solicitud de oferta vaga y deficientemente estructurada es probable que dé lugar a ofertas demasiado generales y difíciles de comparar y que carezcan de detalles en muchos campos. La tabla 23.2 muestra una página del contenido normal de una solicitud de oferta.

TABLA 23.2. **Índice de una solicitud de oferta**

Solicitud de oferta *Índice*	
I.	Carta de remisión
II.	Información general y directrices para la oferta
III.	Información de interés para el proveedor
IV.	Cuestionario sobre el proveedor
V.	Resumen de costes facilitado por el proveedor
VI.	Requisitos del sistema

CARTA DE REMISIÓN

En la carta que acompaña a la solicitud se notifica al proveedor de *hardware* o *software* que la organización solicita una oferta para aplicaciones específicas o para *hardware*. Además, la carta debe contener la siguiente información: las fechas tope importantes (como, por ejemplo, la fecha de la reunión de los licitadores y cuándo vence la oferta) y las fechas de instalación y puesta en marcha; el objetivo global de la solicitud de oferta; la persona de la organización con la que hay que contactar para las posibles dudas; y el formato y contenido de la solicitud de oferta.

Información general y directrices de la oferta

La sección de información general y directrices de la oferta contiene información sobre cómo ha de cumplimentarse la oferta, cómo se realizará el proceso de selección y la importancia de una respuesta concisa y puntual. Además, en esta sección se indica si se visitarán las oficinas del proveedor, una declaración de que el coste de preparar la oferta es totalmente responsabilidad del proveedor, que la organización se reserva el derecho de rechazar las ofertas y que se garantiza la confidencialidad del contenido de la oferta entregada.

Información de interés para el proveedor

En este apartado, se incorpora información acerca de la organización de interés para el proveedor. Por lo general, en esta sección se incluye una descripción de las diferentes funciones comerciales que la organización actualmente lleva a cabo, y a través de qué departamentos; estadísticas de volumen (por ejemplo el número de cheques de nómina y cuentas a pagar emitidos cada mes y el número de transacciones de mayor general); el *hardware,* el *software* y los módulos del sistema financiero y del sistema operativo actual, si los hay; y las horas de funcionamiento. Estos datos son muy útiles para los proveedores cuando preparan sus ofertas.

Cuestionario sobre el proveedor

En el cuestionario sobre el proveedor, se formulan diversas preguntas sobre los antecedentes del proveedor, sus clientes, su capacitación y evolución; la fiabilidad de los sistemas, su seguridad y ejecución; cómo se gestionan los cambios; cómo se generan los informes; el calendario de pruebas para la aceptación y puesta en marcha; el control de datos; la dotación de personal; las inversiones en investigación y desarrollo; la documentación; y el *hardware* ofertado, si corresponde. Las respuestas a estas preguntas ayudarán a la organización a determinar el proveedor definitivo. Esta sección debe estar extremadamente bien construida y las preguntas concisamente formuladas (véase la tabla 23.3, para ejemplos de criterios de evaluación de los proveedores).

TABLA 23.3. **Criterios de evaluación de los proveedores**

Factores clave que hay que tener en cuenta cuando se evalúan los proveedores:

Soporte del producto

— Localización de la oficina comercial y de soporte más cercana.
— Número de miembros del equipo de soporte en la oficina más próxima y sus cualificaciones.
— Disponibilidad de diagnóstico remoto.
— Disponibilidad de soporte durante las 24 horas y coste correspondiente.
— Tiempo de respuesta garantizado para los problemas del sistema.
— Enfoque y normas de mantenimiento preventivo.
— Procedimientos de resolución de problemas.
— Disponibilidad de soporte para la instalación y puesta en marcha.
— Existencia y nivel de apoyo de un grupo de usuarios.
— Existencia de documentación completa de usuario y técnica.
— Frecuencia de las actualizaciones de la documentación y del sistema.

Reputación y estabilidad

— Número de años en la industria informática.
— Número de instalaciones similares del sistema que todavía funcionan.
— Tasa de crecimiento de las ventas de las aplicaciones que se examinan.
— Situación financiera del proveedor o de su casa matriz.
— Presupuesto de investigación y desarrollo y número de personas que componen su dotación.

RESUMEN DE COSTES FACILITADO POR EL PROVEEDOR

En este resumen, se le pide al proveedor que cumplimente un cuadro de costes en el que se especifiquen los costes del sistema de información financiera ofertado. A cada proveedor se le pide, por lo general, que proporcione información sobre los costes recurrentes y no recurrentes a lo largo de un período de cinco años y cuadros complementarios para explicar la obtención de todos los costes y qué es lo que se incluye en partidas tales como los honorarios de instalación y mantenimiento. En la figura 23.2 ofrecemos un ejemplo de un cuadro resumen de costes facilitado por el proveedor.

REQUISITOS DEL SISTEMA

La sección de requisitos del sistema expone los requisitos de proceso, de consulta, de generación de informes y de los datos, preparados durante el proceso de definición de los requisitos del sistema. A cada uno de los proveedores se le pide que cumplimente una matriz que contiene todos los requisitos de las aplicaciones. Al proveedor se le pide que responda a las siguientes categorías para cada requisito:

— Si el sistema actual puede o no satisfacer los requisitos. Las únicas respuestas aceptables son sí o no.

Resumen de costes facilitado por el proveedor

	Año 1	2	3	4	5	Total
Costes recurrentes						
Hardware						
Alquiler de la unidad central						
Alquiler de terminales						
Alquiler de impresoras						
Otros alquileres						
Mantenimiento de la unidad central						
Mantenimiento de terminales						
Mantenimiento de impresoras						
Otros mantenimientos						
Software						
Licencia del *software*						
Soporte al *software*						
Otros honorarios						
Suministros						
Discos, cintas magnéticas						
Cintas de máquina de escribir, papel						
Otros						
Total						
Costes no recurrentes						
Hardware						
Compra de la unidad central						
Compra de terminales						
Compra de impresoras						
Otras compras						
Software						
Compra de *software*						
Instalación						
Transporte						
Cableado						
Preparación del lugar						
Formación						
Personalización						
Inicialización del sistema						
Instalación						
Otros						
Total						
TOTAL						

FIGURA 23.2. **Resumen de costes facilitado por el proveedor**

— Referencia cruzada; dónde se describe el requisito en la documentación del proveedor.
— Comentarios: cualesquiera comentarios que el proveedor pueda hacer en relación con el requisito específico.

La tabla 23.4 reproduce una página de una sección de los requisitos de información del sistema de cuentas a pagar junto con una posible respuesta de proveedor.

TABLA 23.4. **Requisitos del sistema de cuentas a pagar**

	Respuesta			
Requisito	Sí	No	Ref. cruzada	Comentarios
1. Introducir facturas *on-line*	X		Manual usuario pp. 5-22	
2. Introducir notas de abono a los proveedores para pagos futuros	X		Manual usuario pp. 6-21	5.000, honorarios adicionales
3. Extender cheques automáticamente en base a la fecha de factura y un período de pago predefinido (por ejemplo, 30 días desde la fecha de factura).	X		Manual usuario pp. 3-22	
4. Procesar automáticamente los pagos recurrentes		X	Manual usuario pp. 2-10	
5. Procesar y pasar cheques extendidos a mano a la cuenta correcta del proveedor y mayor general	X		Manual usuario pp. 3-12	
6. Conectar automáticamente con el sistema de mayor general	X		Manual usuario pp. 7-12	
7. Editar en busca de números duplicados de factura al mismo proveedor	X		Manual usuario pp. 6-10	3.000, honorarios adicionales
8. Permitir condiciones de descuento estándar (por ejemplo 1% a 10 días fecha factura, sin descuento a 30 días fecha factura)	X		Manual usuario pp. 3-20	

Distribución de la solicitud de oferta

Una vez cumplimentada la solicitud de oferta, la organización debe determinar los proveedores a quienes se le enviará. Con más de 50.000 paquetes de *software* disponibles, acotar la selección puede constituir una tarea difícil. Sin embargo, hay que tener en cuenta algunos factores básicos:

— *Ubicación geográfica*. La posibilidad de recibir soporte puntual es extremadamente crítica. Dado que muchos proveedores de *software* pueden no tener oficinas situadas cerca de la organización, este factor puede utilizarse para eliminar muchos proveedores.

— *Consideraciones sobre el hardware*. Muchos programas de *software* se ejecutan solamente en ciertas configuraciones de *hardware* (por ejemplo, *hardware* de IBM o de Hewlett Packard solamente). Por consiguiente, si la organización posee ya un *hardware* o tiene preferencia por cierto fabricante, las opciones de *software* se reducen significativamente.

— *Tamaño de la organización*. El tamaño de la organización influye en el tamaño del sistema informático que debe adquirirse. El *software* se diseña, por lo general, para ejecutarse en microordenadores, sistemas de la gama intermedia o maxiordenadores. Como consecuencia, el número de proveedores de *software* a los que la organización puede enviar la solicitud de oferta es limitado.

— *Preferencia organizacional*. Algunas organizaciones prefieren tratar con firmas que sólo crean *software*. Otras organizaciones prefieren tratar con proveedores que sirven paquetes de *software* y que suministran tanto *software* como *hardware*. La decisión de la organización en este campo influirá en el número de proveedores a los que puede enviarse la solicitud de oferta.

— *Características del proveedor*. Frecuentemente es posible preseleccionar proveedores para determinar si es apropiado enviarles una solicitud de oferta. Esto puede llevarse a cabo visitando a un representante del proveedor, examinando la literatura sobre los proveedores, examinando algún manual de consulta de *software*, tales como *Data Pro* o *Data Decisions* o cambiando impresiones sobre proveedores con organizaciones similares a la de usted. Cuando preseleccione un proveedor, considere factores tales como su estabilidad y experiencia, los precios de catálogo y la flexibilidad.

Otros medios de determinar los proveedores que deben recibir la solicitud de oferta son contratar un consultor experimentado en selecciones de *hardware* y *software*, examinar revistas de informática, entrar en contacto con proveedores de *hardware* para que proporcionen listas de posibles proveedores de *software* y conectar con otras organizaciones.

En general, la solicitud de oferta debe enviarse a entre cinco y diez proveedores; si el número excede de éstos, el proceso resulta engorroso; si el número es menor, la selección resultará demasiado limitada. Al proveedor debe concedérsele tiempo suficiente —entre tres y seis semanas— para cumplimentar la solicitud de oferta de forma exacta y concienzuda.

Examen de la oferta cumplimentada por el proveedor

Cuando se reciben las ofertas, deberá efectuarse un breve examen inicial. Este breve examen eliminará muy probablemente las ofertas que no satisfacen las necesidades críticas mínimas de la organización.

En general, las decisiones sobre sistemas deberán estar más influidas por el *software* que por el *hardware*. Por consiguiente, la organización debe examinar en primer lugar el *software* ofertado por los proveedores. El objetivo de este examen es seleccionar dos o tres finalistas.

Hay dos clases de *software* que la organización necesita evaluar: el de aplicación y el del sistema. El *software* de aplicación es el que ejecuta las funciones que necesita el usuario final, tales como generar el pago de facturas, preparar estados financieros y registrar las entradas de efectivo. Se utiliza para llevar a cabo tareas específicas de proceso o cálculo. Entre los ejemplos del *software* de aplicación pueden citarse los sistemas de cuentas a pagar, de cuentas a cobrar y de mayor general. El *software* del sistema hace posible utilizar el *software* de aplicación. En esta amplia clase están incluidos los sistemas operativos, los sistemas de gestión de bases de datos, los programas de edición de informes, los compiladores de bases de datos y las herramientas de puesta a punto. La sección «requisitos del sistema» de la solicitud de oferta se utiliza para revisar el *software* de aplicación del proveedor. Tal como se ha dicho antes, a cada proveedor se le pide que responda a cada requisito. La organización que selecciona debe tabular estas respuestas para determinar hasta qué punto el *software* del proveedor satisface las necesidades de la organización. Utilice las siguientes directrices:

1. Prepare una hoja de cálculo con la relación de todas las necesidades. Dicha hoja debe tener exactamente el mismo aspecto que la sección de requisitos de los sistemas de información que figura en la tabla 23.4.
2. Determine el número de puntos que vale una respuesta. Por ejemplo, una respuesta afirmativa puede valer 10 puntos para un requisito «requerido», pero solamente 6 puntos para una característica «deseada». (Vea a continuación un ejemplo de puntuación).
3. Haga el cómputo de las respuestas del proveedor.
4. Totalice la puntuación por áreas de aplicación.
5. Determine la puntuación total del proveedor.

Respuesta	Requerido	Deseado	Opcional
Sí	10	6	4
No	0	0	0

La hoja de cálculo debe tener exactamente el mismo aspecto que los requisitos de los sistemas de información que figuran en la tabla 23.4. La hoja de evaluación de la tabla 23.5 puede ser eficaz para evaluar las respuestas del proveedor. Además, la organización debe revisar las siguientes características de cada software de aplicación del proveedor:

TABLA 23.5. **Hoja de evaluación del software de aplicación**

Requisito	Requerido o deseado	Respuesta		Comentarios
		Sí	No	
1. Introducir facturas *on-line*	R			
2. Introducir las notas de abono del proveedor *on-line* y aplicar los abonos a pagos futuros	R			
3. Extender cheques automáticamente en base a la fecha de factura y un período de pago predefinido (por ejemplo, 30 días desde la fecha de factura)	R			
4. Procesar automáticamente los pagos recurrentes	D			
5. Procesar y pasar los cheques extendidos a mano a la cuenta correcta del proveedor y mayor general	R			
6. Conectar automáticamente con el sistema de mayor general	R			
7. Editar en busca de números duplicados de factura	R			
8. Permitir condiciones de descuento estándar (por ejemplo, 2 % a 10 días fecha factura y sin descuento a 30 días fecha factura)	D			

— *Flexibilidad.* ¿Es fácil de modificar el *software?* ¿Satisfará las necesidades de la organización en los cinco años posteriores a la instalación? ¿Es fácil de depurar?

— *Documentación.* ¿Es fácil de utilizar? ¿Es exacto y completo? ¿Se actualiza regularmente? ¿Describe todos los mensajes de error? ¿Están presentes todos los formatos de pantalla? ¿Describe claramente los procedimientos de recuperación? ¿Se definen los plazos? ¿Quién lo mantiene?

— *Controles.* ¿Se dispone de una clara verificación *a posteriori* de las transacciones? ¿Se validan los datos antes de actualizar los ficheros? ¿Existe protección por contraseña de acceso? ¿Se indican todos los errores? ¿Se proporciona una lista de intentos de entrada en el sistema? ¿Se dispone de diferentes niveles de autorización? ¿Pueden utilizarse dígitos de control? ¿Se dispone de totales de control?

Analizar el *software* de sistemas puede ser más laborioso que analizar el *software* de aplicación porque es más difícil de cuantificar. Sin embargo, pueden ser útiles las siguientes directrices:

— *Determinar los factores del software de sistemas que han de evaluarse*. Por ejemplo, es probable que la organización que efectúa la selección quiera examinar lo siguiente:

- El sistema operativo y de gestión de bases de datos.
- Las funciones multiusuarios.
- El lenguaje de programación utilizado.
- Las velocidades de compilación.
- Las utilidades del sistema tales como las de mantenimiento de ficheros, de seguridad y de restauración de los ficheros y editores de clasificación y de textos.
- El *software* de apoyo al sistema, como, por ejemplo, los procesadores de gestión de ficheros, la protección por contraseña de acceso, los formateadores de pantalla, los programas de edición de informes y las colas de impresión.
- La compatibilidad del sistema con otros productos de *software*.
- Las posibilidades de interactividad y de comunicaciones.
- La facilidad de manejo.

— *Una vez determinados los factores, priorícelos y asígneles valores numéricos*.

— *Examine la oferta del proveedor y asígnele una puntuación a cada factor.* La asignación de puntuaciones es un proceso algo subjetivo. Sin embargo, es importante efectuarlo.

— *Totalice la puntuación del proveedor en esta sección*. La tabla 23.6 proporciona un ejemplo de cómo puede establecerse un orden de precedencia y puntuarse el *software* de sistemas.

Tal como se dijo antes, la decisión sobre el *software* suele tener preferencia sobre la decisión del *hardware*. Sin embargo, es extremadamente importante realizar un examen concienzudo del *hardware* ofertado para asegurarse de que el sistema de información financiera satisfará las necesidades de la organización. El tamaño del sistema de *hardware* ofertado depende de tres factores.

1. Las estadísticas de volumen enumeradas en la sección de observaciones generales para orientación del proveedor
2. Las tasas de crecimiento previstas de la organización.
3. La experiencia del proveedor con clientes similares.

Es extremadamente importante adquirir un sistema que satisfaga las necesidades actuales y futuras de una organización. Un especialista interno en sis-

TABLA 23.6. **Puntuación del software de sistemas**

Factor	Puntos asignados	Puntuación del proveedor A
1. Sistema operativo	18	16
2. Sistema de gestión de bases de datos	12	12
3. Funciones multiusuario	10	6
4. Lenguaje de programación	6	6
5. Velocidad de compilación	6	2
6. Utilidades de los sistemas	8	6
7. *Software* de soporte a los sistemas	10	7
8. Compatibilidad	8	8
9. Posibilidades interactivas y de comunicaciones	10	9
10. Facilidad de manejo	12	8
Puntuación total	100	80

temas de información o un consultor experimentado en dicho campo deben examinar las posibilidades y la flexibilidad de la configuración de *hardware* ofertada. Otros aspectos del *hardware* que han de examinarse son:

— Unidad central de proceso.
— Unidades periféricas (tales como discos y unidades de cintas magnéticas).
— Unidades remotas (tales como el equipo de comunicaciones).
— Consideraciones del entorno.
— Flexibilidad y posibilidad de ampliación.
— Fiabilidad de los sistemas.

Una vez determinados los factores de evaluación del *hardware,* debe establecerse un orden de prioridad y asignárseles un valor numérico. (Esto es similar al método recomendado para examinar el *software* de sistemas.) Posteriormente, cada oferta debe ser revisada, asignándole una puntuación a cada factor. A continuación, se determina la puntuación total del *hardware*.

Una vez evaluado el *hardware* y el *software,* el paso siguiente consiste en evaluar al proveedor o proveedores. Según el sistema deseado, esto puede implicar la revisión de un proveedor de *software* y de un proveedor de *hardware*. Los factores fundamentales que han de tenerse en cuenta cuando se evalúe a un proveedor son:

— Soporte del producto.
— Reputación y estabilidad financiera.
— Experiencia.
— Disponibilidad y mejoras de los productos.
— Documentación.
— Formación que puede ofrecer.

Una vez evaluado concienzudamente el *software*, el *hardware* y el proveedor, puede tener lugar la selección de los proveedores finalistas. Éstos son analizados ulteriormente mediante visitas de comprobación de referencias, asistencia a demostraciones y visitas a oficinas de usuarios. Debido a la cantidad considerable de tiempo y dinero que se invierte en examinar a los proveedores finalistas, es esencial que la organización que efectúa la selección elija los proveedores que realmente proporcionan un sistema de información financiera que satisfaga sus necesidades.

Visitas de comprobación de referencias

Uno de los aspectos más importantes del proceso de selección de sistemas es efectuar visitas a los usuarios existentes del sistema para comprobar las referencias. Dichas visitas son un medio a través del que la organización puede averiguar lo que el proveedor quizá no quiera que se sepa. Por ejemplo, la organización puede descubrir que la documentación y el soporte del proveedor no son tan buenos como se afirma en los folletos de propaganda comercial.

Las preguntas formuladas durante una visita de comprobación de las referencias deberán estar orientadas tanto a hechos como a opiniones. Deberá pedir a los usuarios la lista del *software* puesto en marcha y su opinión global sobre el mismo. Los temas que han de tratarse cuando se hace una visita de comprobación de referencias son:

— Tipo de organización.
— Estadísticas de volumen.
— Paquetes de *software* comprados.
— Paquetes de *software* puestos en marcha.
— Facilidad de instalación.
— Sistema operativo.
— Sistema de gestión de bases de datos.
— *Hardware* instalado.
— Fiabilidad del *hardware*.
— Seguridad de los sistemas.
— Tiempo de respuesta.
— Calidad de los informes.
— Método para la selección de los sistemas.
— Por qué fueron elegidos el proveedor o proveedores.
— Facilidad de manejo.
— Calidad de la formación.
— Calidad de la documentación.
— Modificaciones efectuadas.
— Calidad del soporte.

— Fiabilidad del proveedor.
— Costes imprevistos.
— Pertenencia a un grupo de usuarios y nivel de satisfacción.
— Satisfacción global.
— Nombres de otros usuarios.

Es importante conocer los nombres de otros usuarios de los sistemas porque los proveedores sólo suelen proporcionar los nombres de los usuarios satisfechos. Cuando se pregunta a un usuario por los nombres de otros usuarios puede identificarse uno que no esté satisfecho con el sistema.

Demostración

Una vez terminadas las visitas de comprobación de referencias, la organización debe considerar la asistencia a demostraciones de los proveedores, para obtener información adicional sobre el *software* y el proveedor, para ver cómo funciona el *software* y examinar el aspecto y la sensación que proporciona el sistema, su facilidad de uso y el grado de complejidad.

Antes de asistir a la demostración del proveedor, la organización debe preparar una agenda para el proveedor, desarrollar un formulario para que los asistentes valoren los distintos aspectos del *software* y también al proveedor (por ejemplo, la disposición de la pantalla y la facilidad de uso) y preparar una lista de preguntas y ejemplos de transacciones para que el proveedor los introduzca en el sistema (por ejemplo, comparar una orden de compra con una factura).

Es importante recordar que los proveedores, evidentemente, presentarán su *software* en su mejor aspecto. Debe estar usted en situación de evaluar esta información.

Visitas a oficinas de usuarios

Después de efectuar las visitas de comprobación de las referencias y de asistir a demostraciones, la organización debe disponer lo necesario para ver el sistema en una instalación en funcionamiento, no en la oficina central del proveedor. Las visitas a oficinas de usuarios tienen por objeto:

— Examinar el sistema en un ambiente real.
— Responder a las preguntas que puedan haber surgido durante el proceso de selección.
— Ayudar a la organización a decidir si el sistema satisfará o no sus necesidades actuales y futuras.

La visita debe realizarse en el lugar de actividad de los usuarios y deberá ser en un sistema real y no en un sistema de demostración, de manera que el proveedor no tenga la posibilidad de manipular la demostración en su provecho. Aunque la mayoría de los proveedores son honrados, no es inusitada la manipulación de posibles clientes.

Entre los individuos presentes en la demostración debe hallarse el personal interno de sistemas de información, los usuarios potenciales de los sistemas, tales como el supervisor de cuentas a pagar; y el consultor de sistemas de información, si se está utilizando. La visita no debe durar más de un día. Los representantes de la empresa deben preparar una serie de preguntas para formulárselas a la otra organización y un formulario en el que puedan registrar su evaluación del proveedor.

Si es posible, la organización debe disponer lo necesario para efectuar estas visitas en un período de dos semanas para comparar más fácilmente los sistemas.

Coste del sistema

El coste de la compra del *hardware* y del *software* y el soporte para la puesta en marcha pueden ser factores críticos del proceso de selección y deben analizarse cuidadosamente. La sección de la oferta denominada resumen de costes, facilitada por el proveedor, puede utilizarse para comparar los costes de los sistemas ofertados. Sin embargo, es preciso aclarar otros factores de coste antes de comparar los costes totales de los sistemas ofertados. Tenga en cuenta lo siguiente:

- — ¿Cuál será el coste de las mejoras propuestas?
- — ¿Cómo se determinará el coste de las mejoras futuras?
- — ¿Existen unos honorarios adicionales por la instalación?
- — ¿Existen unos honorarios adicionales por la formación?
- — ¿Cuánto cuesta el mantenimiento?
- — ¿Existen honorarios adicionales por el soporte permanente durante las 24 horas del día?
- — ¿Hay algún cargo por las actualizaciones del sistema?
- — ¿Obtendrá la empresa un descuento si compra otras aplicaciones?
- — ¿Permite la licencia de *software* utilizar el *software* en múltiples emplazamientos? Si no es así, ¿cuál es el cargo para los emplazamientos adicionales?
- — ¿Cuánto cuesta la garantía y cuál es su duración?
- — ¿Cuándo entra en vigor la garantía? (Teóricamente, la garantía debe entrar en vigor en la fecha en que se acepte el sistema, no en la fecha en que se instale éste).
- — ¿Garantiza el proveedor por escrito el reembolso total si el *software* no da el resultado prometido?

— ¿Está incluido el precio de la documentación en el precio total?
— ¿Puede la organización duplicar los manuales o debe pagar por las copias adicionales? Si es así ¿cuál es el coste de dichas copias?
— ¿Está el código fuente (una copia de los programas) incluido en el precio del sistema? Si no es así, ¿cuál es el cargo por el código fuente?

Selección definitiva

Una vez examinados concienzudamente el *software*, el *hardware* y el proveedor, y finalizadas las visitas de comprobación de referencias, las demostraciones y las visitas a usuarios, la organización está en situación de seleccionar el sistema. Si la organización ha terminado los pasos descritos en este capítulo, debe encontrar un sistema de información financiera que satisfaga las necesidades actuales y futuras. Una vez efectuada la selección definitiva, la organización está en situación de empezar la negociación del contrato.

Negociación del contrato

Una vez seleccionado el *software* y el *hardware*, lo que sigue es la preparación para la negociación del contrato entre la organización y el proveedor o proveedores. Los objetivos de dicha negociación son:

— Definir claramente las expectativas de la organización para evitar malos entendidos.
— Definir exactamente de qué remedios se dispone si el proveedor no cumple lo prometido.
— Proteger la organización contra acontecimientos inesperados, tales como la quiebra del proveedor.
— Conseguir las mejores condiciones posibles para la empresa.

Negociar un contrato puede ser una tarea larga y costosa. Cuando se negocia, hay que recordar varias cosas:

1. No aceptar el contrato tipo del proveedor.
2. Negociar con alguien que tenga autoridad para vincular al proveedor.
3. No aceptar nunca promesas verbales.
4. No exigir cosas que no sean razonables.
5. Obtener asesoramiento de un profesional experimentado en las negociaciones de contratos.

Para negociar eficazmente un contrato mutuamente beneficioso, son esenciales estos cuatro pasos:

1. Elegir un equipo de negociación para representar a la organización que efectúa la selección que incluya un especialista en sistemas de información, un individuo que esté utilizando el sistema, un abogado o un asesor con experiencia significativa en contratos relacionados con la informática y un representante del departamento de compras.
2. Determinar los objetivos específicos de la negociación y preparar un plan de acción para emplearlo si la negociación fracasa.
3. Revisar las condiciones del contrato tipo ofrecido por el proveedor, detectar los posibles problemas e indicar los puntos que faltan.
4. Reunirse con el proveedor para negociar el contrato.

El contrato debe especificar claramente el coste del *hardware, software,* mantenimiento, soporte a la instalación, verificación de las modificaciones y mejoras. La organización debe intentar protegerse de cualquier aumento de precio sin su consentimiento escrito. El contrato debe determinar claramente las condiciones de pago. La organización debe retener una parte considerable del precio de compra (del 10 al 30%) hasta que el sistema sea totalmente operativo durante un período especificado de tiempo y haya superado todas las pruebas de aceptación.

Revisión posterior a la puesta en marcha

Una vez puesto en marcha el sistema, deberá realizarse una revisión posterior. Debe tener los siguientes objetivos:

— Determinar si se han alcanzado los resultados previstos de la selección y del proceso de puesta en marcha.
— Comparar el coste original estimado con los costes reales.
— Determinar las deficiencias en el soporte, la documentación, la formación y las prestaciones.
— Revisar la suficiencia de los informes, la seguridad y la facilidad de uso.
— Determinar qué mejoras adicionales de los sistemas pueden ser necesarias.
— Revisar la puntualidad de la preparación y distribución de informes.

El mejor momento para realizar una revisión posterior a la puesta en marcha es aproximadamente de seis a dieciocho meses después de instalado el sistema. Durante este período, los usuarios se habrán familiarizado con el nuevo sistema. Este período permite también que se pongan de manifiesto los problemas o aspectos significativos del sistema. La realización de la revisión antes de seis meses no concederá tiempo para que las personas renuncien a los viejos hábitos. Las áreas que han de examinarse durante la revisión son:

— Hasta qué punto ha tenido éxito la puesta en marcha del sistema.
— La eficacia y efectividad del sistema.
— Con qué grado de eficacia se utiliza el sistema.
— Si existen características del sistema que no han sido puestas en marcha o utilizadas.
— Si se han satisfecho las necesidades del usuario.
— Si el sistema es suficientemente seguro.

Entre los pasos que han de darse para efectuar una revisión posterior a la puesta en marcha figuran:

1. Revisar el pliego de condiciones, la solicitud de oferta y la oferta del proveedor seleccionado.
2. Entrevistar a los individuos clave del comité de selección, del equipo de puesta en marcha, del personal del sistema de información al grupo de usuarios y a la auditoría interna.
3. Revisar la puesta en marcha del sistema, la formación, la documentación, el soporte, la seguridad, las operaciones, los formularios de entrada de información y los informes.
4. Evaluar el proceso de puesta en marcha.
5. Recoger en un informe los hallazgos, las conclusiones y las recomendaciones.

Entre las ventajas de la realización de una revisión posterior a la puesta en marcha pueden citarse:

— Detectar las dificultades relacionadas con el sistema.
— Evaluar la efectividad de la formación y determinar si se requiere o no formación adicional.
— Determinar si es necesaria o no una documentación adicional.
— Determinar si se han conseguido o no las ventajas esperadas.
— Preparar recomendaciones sobre mejoras del sistema con objeto de maximizar su utilización.
— Proporcionar orientación y comprensión para las futuras implantaciones de sistemas.

Resumen

Seleccionar un nuevo sistema de información no es una ciencia espacial. Sin embargo, es una de las actividades más importantes de las que debe ser responsable el controler. Este capítulo ha proporcionado un método estructurado y de eficacia comprobada para definir los requisitos de los sistemas y seleccionar el *software*. Si se siguen sus indicaciones, este método puede ayudar considerablemente a una organización en este campo crítico.

Capítulo 24

Integración de paquetes de «software»

Introducción

Los proyectos de integración de paquetes de *software* (por ejemplo, la puesta en marcha de un sistema de contabilidad o de recursos humanos) difieren de los proyectos personalizados en que la aplicación que ha de integrarse está ya codificada, es operativa y, en la mayoría de los casos, ha sido probada por el mercado. Una vez seleccionado el paquete de *software,* sólo falta integrarlo en la organización. Esta integración puede dar como resultado un proyecto afortunado o un proyecto que ha fracasado lamentablemente.

A muchas organizaciones les resulta difícil estructurar, planificar y presupuestar un proyecto de integración y luego cumplir dichas estimaciones en un proyecto de integración ejecutado con éxito (es decir, uno que dé como resultado una aplicación que satisfaga al usuario y los requisitos de la organización). Los proyectos de puesta en marcha de sistemas no suelen fracasar por problemas técnicos sino más bien por falta de dirección. Los controlers y los directores financieros suelen ser responsables de la puesta en marcha con éxito de diversos sistemas, por consiguiente, es particularmente importante para ellos cerciorarse de que se utilizan las técnicas apropiadas y se dan los pasos apropiados para asegurar mejor el éxito del proyecto.

El enfoque de este capítulo es doble: primero se presentan las cuatro técnicas de dirección que, si se emplean a lo largo de todo el proyecto de integración, contribuirán a asegurar el éxito del proyecto. Después de dichas técnicas, se describen los pasos específicos de un proyecto de integración. Adviértase que cada proyecto es diferente y que, por tanto, exige una evaluación individual y la determinación subsiguiente de las técnicas de gestión y las actividades más adecuadas para gestionar las características y aspectos singulares del proyecto. Sin embargo, si este enfoque se aplica, el proyecto tendrá una mayor probabilidad de asimilar las sorpresas durante la integración y concluir de manera que dé como resultado un sistema eficaz en relación con su coste y que satisfaga los objetivos y requisitos que justificaron el proyecto.

TÉCNICAS DE GESTIÓN PARA LA INTEGRACIÓN DE PAQUETES DE «SOFTWARE»

La integración afortunada del *software* en una organización depende de muchos factores, entre los que figuran un liderazgo efectivo del proyecto, una clara comprensión de éste y el compromiso y adaptabilidad de la organización. Además de estos factores, pueden utilizarse ciertas técnicas de gestión de proyectos para aumentar la probabilidad de éxito al superar los obstáculos habituales. En las páginas que siguen, se exponen cuatro técnicas de gestión específicas: gestión de proyectos, gestión de riesgos, gestión del cambio y gestión de la calidad (figura 24.1).

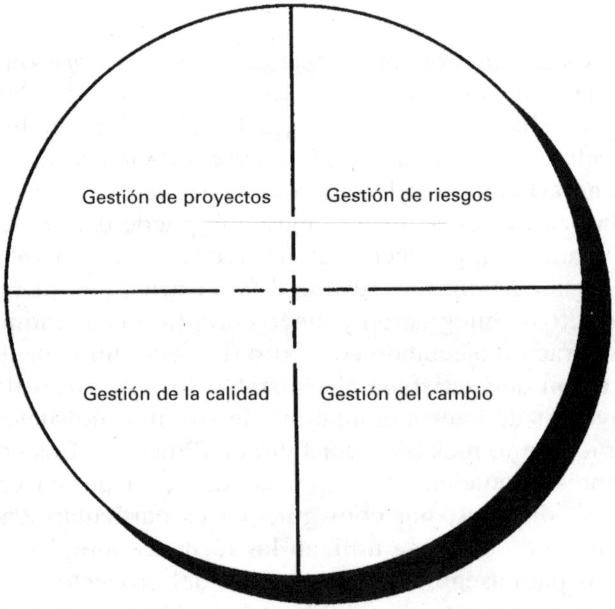

FIGURA 24.1. **Técnicas de gestión para la integración de «software»**

Gestión de proyectos

La gestión de proyectos es el proceso mediante el cual un proyecto se planifica, ejecuta y termina. El objetivo de la gestión de proyectos es llevar a cabo el proyecto de un modo sistemático y organizado con el fin de reducir la incertidumbre y fomentar la productividad.

La gestión de proyectos es difícil por la propia naturaleza de los proyectos. En el mejor de los casos, el proceso de comunicación es inexacto, causa posibles malentendidos sobre el alcance del proyecto, los requisitos y las expectativas. Los cambios en el entorno regulador o en la propia empresa pueden modificar los objetivos del proyecto o incluso hacer innecesario éste. La estimación de un proyecto es simplemente eso: la mejor conjetura de lo que se tardará en terminar el proyecto; cuántos recursos, cuándo y con qué conjunto de destrezas serán necesarios; y en qué costes se incurrirá. Los resultados o productos del proyecto pueden tardar más tiempo del esperado en completarse. Para lograr una alta productividad, los miembros del equipo del proyecto deben estar liderados, motivados, aconsejados e informados de su actuación. Para combatir estas dificultades, sin embargo, pueden utilizarse ciertas técnicas de gestión de proyectos. La planificación del proyecto, aunque en el mejor de los casos es una estimación, puede proporcionar el enfoque inicial y la orientación paso a paso para el proyecto. Puede entonces utilizarse el seguimiento del proyecto para observar el progreso real respecto del plan, detectar las excepciones a tiempo y permitir la revisión de la planificación en base a estas experiencias.

La gestión de proyectos

La gestión de proyectos empieza al comienzo de un proyecto y continúa hasta su terminación. Las técnicas de gestión de proyectos han sido probadas previamente en otros proyectos y se han utilizado con éxito para integrar paquetes de *software* en una organización. Algunas técnicas frecuentes de gestión de proyectos incluyen los siguientes aspectos:

— *Planificación.* El proceso de planificación empieza por determinar y confirmar el problema empresarial que ha de resolverse.

— *Estimación.* El proceso de estimación se basa en la información preparada durante el proceso de planificación. Se preparan planes detallados para lograr los objetivos del proyecto dentro de los plazos definidos en el alcance.

— *Definición de los productos a entregar.* Después de que en el proceso de planificación se han descrito los tipos de productos a entregar requeridos por el proyecto, en este proceso se adaptan dichos elementos a cada proyecto específico.

— *Supervisión*. El proceso de supervisión es un proceso continuo en el que se mide el progreso real frente al planificado y se determinan las áreas que requieren medidas correctoras o ajustes al plan.
— *Gestión de riesgos*. El proceso de gestión de riesgos consiste en la determinación y el control de los riesgos del proyecto, a través del uso de herramientas y técnicas para detectarlos, evaluar su criticidad y desarrollar y poner en práctica estrategias para gestionarlos. (La gestión de riesgos se estudiará con mayor detalle más adelante en este capítulo.)
— *Gestión del cambio*. En el contexto de la gestión de proyectos, la gestión del cambio tiene dos significaciones importantes:

1. *Es una técnica dirigida a los recursos humanos afectados por el proyecto*. En este tipo de gestión del cambio se determina la resistencia a los cambios originados por el proyecto, se trabaja para comprender la naturaleza de esta resistencia y se ponen en marcha estrategias de gestión del cambio para superarla. (El concepto de gestión del cambio se estudiará más adelante en este capítulo y en el capítulo 29.)
2. *Es un mecanismo a través del cual los cambios del proyecto pueden solicitarse, hacerse su seguimiento, investigarse y rechazarse o aprobarse*. Un cambio de esta naturaleza es una adición a, supresión de, o modificación de, un sistema durante su diseño, desarrollo o puesta en marcha.

— *Gestión de la calidad*. El proceso de gestión de la calidad consiste en el uso de herramientas y técnicas para introducir la calidad en un proyecto.

Las herramientas de gestión de proyectos apoyan las técnicas de gestión desde el principio hasta el fin de la vida del proyecto. Algunas de las herramientas más corrientes de la gestión de proyectos son:

— *Documento sobre el alcance*. El documento sobre el alcance del proyecto determina qué se conseguirá con el proyecto y qué no se conseguirá. Contiene la definición del proyecto, sus límites y los criterios para su ejecución. Otra información acerca del proyecto, como, por ejemplo, el presupuesto, el marco temporal y las necesidades de recursos pueden figurar también en el documento de alcance.
— *Plan de trabajo*. El plan de trabajo del proyecto es un plan detallado, paso a paso, que define claramente qué actividades es preciso realizar, cuánto tiempo se necesitará, quién lo hará y cuándo se terminarán. El plan de trabajo del proyecto proporciona una herramienta con la cual puede medirse el progreso real. La figura 24.2 corresponde a un ejemplo de un plan de trabajo detallado. La figura 24.3 ofrece un plan de alto nivel en un formato PERT.

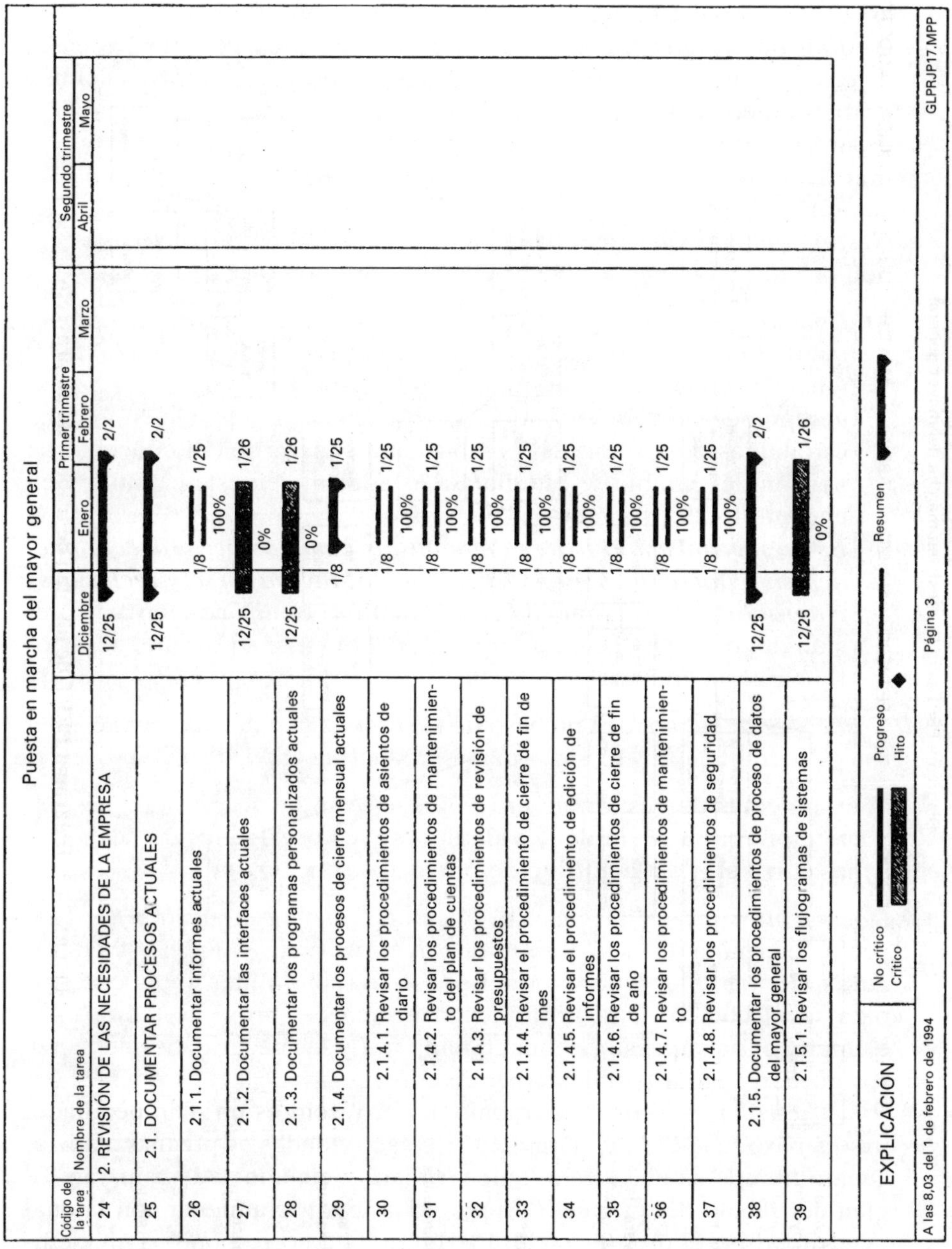

FIGURA 24.2. **Una página de un plan detallado de trabajo**

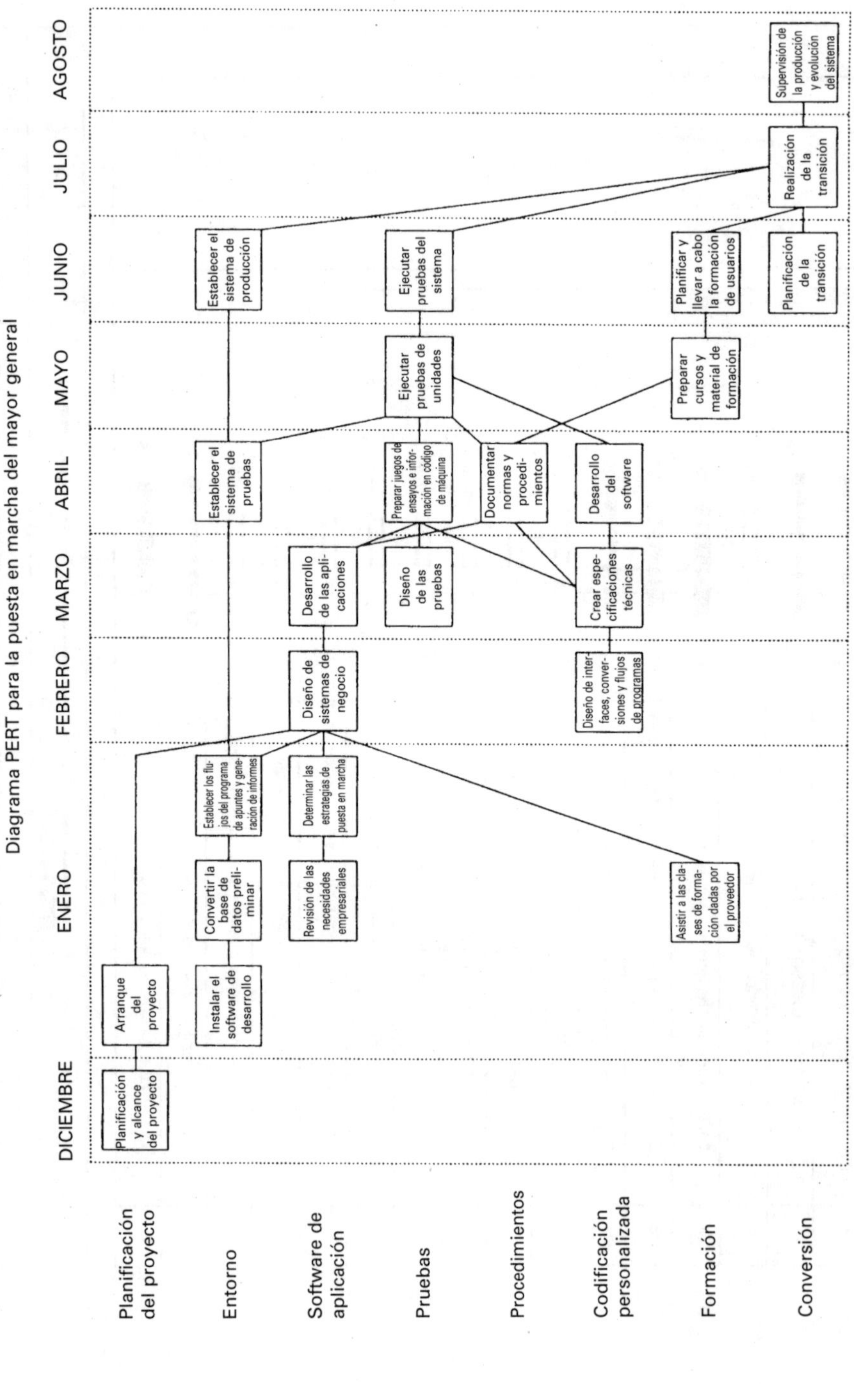

FIGURA 24.3. **Diagrama PERT de un plan de trabajo de un proyecto**

— *Informes de situación.* Los informes de situación indican los resultados conseguidos, el trabajo en curso y las tareas en las que, cuando se comparan con el plan del proyecto, se pone de manifiesto que llevan retraso. Los informes de situación deben generarse frecuente y regularmente por los miembros del equipo de proyecto. Estos informes comunican los progresos en comparación con el plan y las cuestiones pendientes.
— *Diario de problemas.* Los problemas detectados durante el proyecto (por ejemplo, en los informes de situación) se recogen, se informa de ellos y se les hace el seguimiento utilizando un diario de problemas. Los problemas son asuntos que requieren decisiones que han de tomar los miembros del equipo de proyecto u otros representantes de la organización. Los problemas pueden repercutir en el progreso del proyecto y deben analizarse en el momento adecuado.
— *Reuniones de proyecto.* Las reuniones frecuentes y regulares de los miembros del proyecto y las reuniones separadas con los patrocinadores del mismo proporcionan un foro para debatir el progreso hasta la fecha, las cuestiones pendientes y los asuntos objeto de seguimiento. Para orientar estas reuniones, pueden utilizarse las presentaciones de los informes de situación y los diarios de problemas. Las reuniones de proyecto son un instrumento excelente de comunicación y sirven también para evaluar los progresos en comparación con el plan.
— *Peticiones de cambio.* Las peticiones de cambio son la documentación formal de una adición a, supresión de, o modificación de un sistema durante su diseño, desarrollo o puesta en marcha. Las peticiones de cambio permiten el seguimiento apropiado de los cambios y su resultante desestimación o aprobación.
— *Documentación del proyecto.* La documentación del proyecto organiza la información de gestión de proyectos utilizada para gestionar el proyecto. La documentación del proyecto contiene el alcance, organización y planes detallados del mismo, las normas y procedimientos, los productos y todas las autorizaciones y correspondencia relacionadas con el proyecto.

Gestión de riesgos

El riesgo en un proyecto de integración de *software* es la probabilidad de que el proyecto no termine a tiempo o dentro del presupuesto, o que, una vez terminado, el sistema no funcione como se esperaba. Otros riesgos son la posibilidad de que la aplicación no se integre con el *hardware* o con las demás aplicaciones, no satisfaga las expectativas de ejecución técnica o no consiga proporcionar las ventajas esperadas. La gestión de riesgos es la detección y control tempranos de éstos y otros riesgos de proyecto, a través del uso de instrumentos y técnicas para detectar los riesgos del proyecto, evaluar su criticidad y desarrollar y poner en marcha estrategias para gestionarlos (véase la figura 24.4).

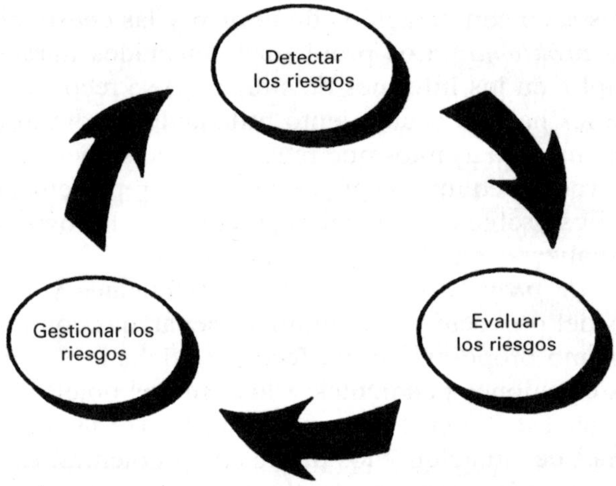

FIGURA 24.4. **Técnicas de gestión para la integración de «software»**

DETECCIÓN DE LOS RIESGOS

El proceso de detección de los riesgos debe empezar al principio de un proyecto de puesta en marcha y debe ser revisado y ajustado desde el principio hasta el final del proyecto. La detección temprana permite una amplia selección de opciones para hacer frente al riesgo. A menudo se utilizan cuestionarios detallados de los riesgos habituales de un proyecto para realizar la detección inicial y el seguimiento de los mismos. Estos cuestionarios cubren temas que van desde la dimensión del proyecto hasta la estructura y tecnología del mismo.

Ejemplos de riesgos relacionados con la dimensión de un proyecto son: el número de horas estimadas para su terminación, el período de tiempo necesario para su ejecución (estimado en meses o años naturales), el tamaño del equipo del proyecto, el número de interfaces y el número de departamentos de la organización que intervendrán en el proyecto. Cuanto mayor es la magnitud de cualquiera de estos indicadores de la dimensión del proyecto, mayor es el riesgo del mismo.

Entre los riesgos relacionados con la estructura del proyecto, figuran:

— ¿Hasta qué punto están bien definidos el alcance, los productos a entregar, las ventajas y los requisitos del proyecto?

— ¿Incluye el equipo del proyecto especialistas en las aplicaciones, la tecnología y el negocio?
— ¿Cuenta el proyecto con un patrocinador y con el apoyo de la dirección y de los usuarios?
— ¿Hasta qué punto cambiará el sistema los flujos actuales de trabajo, las normas, los procedimientos y la estructura organizativa?

Un proyecto bien definido, dotado de personal bien formado, que cuenta con el soporte de la organización y se espera que tenga poca repercusión sobre el funcionamiento actual, es un proyecto mucho menos arriesgado que cualesquiera de las alternativas.

EVALUACIÓN DE LOS RIESGOS

Una vez detectados los riesgos potenciales del proyecto, éstos deben ser evaluados en cuanto a su criticidad. En diferentes proyectos pueden detectarse riesgos similares; sin embargo, la magnitud de estos riesgos es específica del proyecto. Por ejemplo, los riesgos detectados para los siguientes dos proyectos son:

— Proyecto I. Puesta en marcha de un sistema automatizado para sustituir procesos manuales.
— Proyecto II. Puesta en marcha de opciones informáticas adicionales para mejorar procesos ya automatizados.

Entre los tipos de riesgos que pueden encontrarse en estos dos proyectos, figuran:

— *La planificación en el tiempo.*
— *La aceptación por el usuario.*

En este ejemplo, el proyecto I es mucho más arriesgado que el proyecto II. La planificación no es tan problemática en el proyecto II, porque los cambios de los procesos serán menos radicales que en el proyecto I. Además, los planes para casos imprevistos es más probable que estuvieran ya hechos y experimentados en el proyecto II como resultado de la automatización actual, mientras que en el proyecto I tendrán que ser elaborados como parte de la integración del nuevo sistema.

La aceptación por el usuario también tendría menos riesgo en el proyecto II, porque los usuarios son expertos y se sienten cómodos con la automatización; por consiguiente, será más probable que los cambios en los procesos actuales, en los flujos de trabajo y en las descripciones de los puestos de trabajo sean menos severos.

En la detección y evaluación de los riesgos deben intervenir todos los niveles del equipo de proyecto, incluyendo a su patrocinador, el gerente del proyecto y los representantes de los usuarios y técnicos. Conciliar estas percepciones diferentes del riesgo permitirá a todas las partes llegar a la misma comprensión del riesgo del proyecto. Con esta base, estos miembros del proyecto pueden entonces reducir el riesgo revisando las hipótesis en las que se ha basado el proyecto, o aceptando el riesgo al convenir en que el resultado es coherente con los objetivos de la organización.

GESTIÓN DE LOS RIESGOS

Aunque la mayoría de los enfoques recomendados para la gestión de los riesgos se centran en los aspectos específicos del proyecto (por ejemplo, la dimensión, la estructura o la tecnología), hay algunas estrategias generales para gestionar el riesgo global de un proyecto, como por ejemplo:

- — Comprender y documentar las expectativas y lo que se hará durante el proyecto.
- — Asignar al proyecto personal apropiado, incluyendo especialistas en la industria, en la aplicaciones y en la tecnología.
- — Dividir el trabajo en segmentos manejables.
- — Reducir la dependencia del proyecto de las demás actividades de desarrollo.
- — Hacer intervenir a los usuarios en el proyecto.
- — Preparar la organización para los cambios que se producirán como consecuencia de la puesta en marcha del sistema.

Las estrategias específicas de gestión de riesgos se refieren a los riesgos específicos detectados. Por ejemplo, los riesgos inherentes a un período de tiempo prolongado de puesta en marcha incluyen los siguientes:

- — Los miembros del equipo pueden abandonar el proyecto y otro personal no experto en los pormenores del proyecto puede ser designado para sustituirles.
- — La motivación y la sensación de perentoriedad de los miembros del equipo son difíciles de mantener en un proyecto de larga duración y es posible que ello dé como resultado unos niveles más bajos de productividad.
- — Un cambio en las actividades de la organización podría originar un cambio en los requisitos del usuario.
- — Un cambio en los niveles directivos de la organización podría originar la revisión de las prioridades.

Entre las estrategias para gestionar estos riesgos figuran:

- — La división del trabajo en subproyectos que se fundamenten unos en otros y muestren los resultados frecuentemente.
- — Determinar hitos y productos a entregar desde el principio hasta el final del proyecto.

— Reconocer las necesidades individuales de los miembros del equipo y consiguientemente proporcionarles variedad en el trabajo.
— Utilizar herramientas de desarrollo de aplicaciones (por ejemplo, herramientas de ingeniería de *software* asistida por ordenador), para mejorar la productividad, reduciendo con ello el tiempo necesario para realizar tareas concretas. Obsérvese que esta estrategia puede significar la introducción de una nueva tecnología, lo cual puede aumentar el riesgo en ese campo.
— Reducir el alcance del proyecto para disminuir la cantidad de trabajo que ha de realizarse, lo cual a su vez reduce el período de tiempo total del proyecto.

Al formular estrategias para gestionar el riesgo, examine las relaciones y las dependencias entre los factores de riesgo. En algunos casos, una estrategia para reducir el riesgo en un campo aumenta realmente el riesgo en otro. Por ejemplo, la decisión de reducir el riesgo de un proyecto de larga duración aumentando el número de miembros del equipo puede incrementar el riesgo de una coordinación y comunicación ineficaces en el equipo.

Gestión del cambio

La gestión del cambio en un proyecto de integración de *software* es una técnica orientada a los recursos humanos afectados por el proyecto. Un proyecto de una aplicación de *software* puede integrarse con éxito, pero si el nuevo sistema y los cambios producidos en los flujos de trabajo, normas y procedimientos no son aceptados por los usuarios, puede fracasar la totalidad del proyecto. En el capítulo 29 se ofrece una visión general de la gestión del cambio.

Gestión de la calidad

La gestión de la calidad es el uso de herramientas y técnicas para introducir la calidad en un proyecto. A través del uso de las técnicas de gestión de la calidad, los proyectos deben satisfacer mejor las expectativas, requisitos, estimaciones presupuestarias y períodos de tiempo planificados.

El aseguramiento de la calidad es el conjunto de medidas puestas en marcha para introducir la calidad en un proyecto. El control de la calidad comprueba y corrige las excepciones en los productos o proyectos terminados. La diferencia entre los dos es que la técnica de aseguramiento de la calidad consiste en medidas preventivas mientras que las técnicas de control de la calidad son medidas que se toman a posteriori.

Se ha demostrado que las medidas preventivas son más eficaces en relación con su coste que las medidas basadas en la inspección. Sin embargo, es importante señalar que el control de calidad puede utilizarse para supervisar el programa de aseguramiento de la calidad, indicando hasta qué punto el proyecto se acerca a la satisfacción de las expectativas y requisitos y en qué áreas son necesarias mejoras para proporcionar un proyecto de mayor calidad.

Gestión de la calidad

El proceso de gestión de la calidad se basa en introducir estrategias de calidad en el proyecto, empezando al comienzo del mismo. A continuación analizamos cada una de las estrategias de gestión de la calidad que se indican en la figura 24.5:

— *Sobrepasar las expectativas.* Cada miembro del equipo del proyecto —en realidad, el proyecto en su conjunto— debe esforzarse en sobrepasar las expectativas de la organización, de la gestión de proyectos y de los usuarios.
— *Hacerlo bien la primera vez.*
— *Seguir una metodología para la puesta en marcha*
— *Utilizar técnicas de planificación y seguimiento de proyectos.* Un plan detallado, elaborado por gerentes de proyectos cualificados y experimentados, definirá claramente qué trabajo es necesario realizar, cuánto se tardará en hacerlo, quién lo hará y cuándo se terminará.

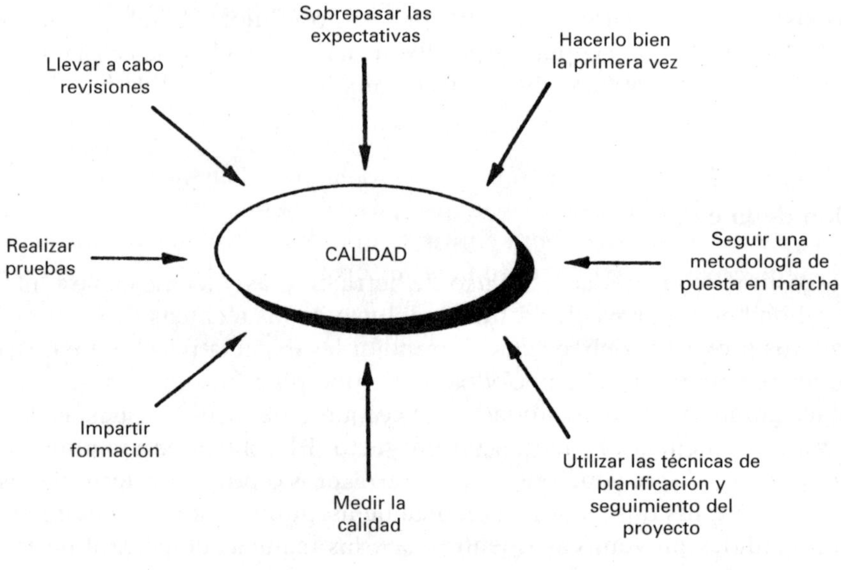

FIGURA 24.5. **Estrategias de gestión de la calidad**

— *Medir la calidad.* Aunque muchos indicadores de calidad no se miden con facilidad, ciertos indicadores tales como los costes del proyecto, el período de tiempo durante el cual se desarrolla el proyecto, y los resultados, pueden medirse comparándolos con el coste inicial, las estimaciones de la duración y los requisitos del usuario.
— *Impartir formación.* Formar a los miembros del equipo del proyecto es esencial para que el proyecto sea de calidad, especialmente si los miembros del equipo nunca han intervenido antes en un proyecto de integración de *software*.
— *Realizar pruebas.* Por distintas razones, es esencial para la calidad del proyecto una prueba formal y rigurosa antes de poner el sistema en producción. La comprobación de los nuevos programas asegura que el código se ejecuta sin error y satisface todos los requisitos documentados en las especificaciones técnicas. La comprobación unitaria de los módulos del *software* asegura que cada módulo se ejecuta tal como se esperaba, sin ningún error. La comprobación de la integración de la totalidad del sistema asegura que todos los módulos interactúan entre sí como se esperaba y sin ningún error. La comprobación de la aceptación asegura que el sistema cumple los requisitos de un modo aceptable por el conjunto de usuarios.
— *Llevar a cabo revisiones.* Cuanto antes se detecte una desviación con respecto a los resultados esperados, más amplias serán las opciones para gestionarla. Entre los distintos tipos de revisiones recomendados para los proyectos de integración se encuentran los siguientes:

  • *Revisión del equipo de proyecto.* La dirección del proyecto revisa los productos generados para asegurar la uniformidad del proyecto, la integridad de cada una de las partes del proyecto y para proporcionar la revisión final y exhaustiva de un producto a entregar antes de que se presente a la organización para su aprobación.
  • *Revisión organizativa.* La dirección de la organización y los usuarios revisan los productos para asegurarse de que satisfacen las expectativas y requisitos, para emitir su opinión sobre posibles problemas o sugerencias, para comunicar información sobre el proyecto y su situación y para hacer intervenir a los ejecutivos responsables de las principales decisiones organizativas y operativas relacionadas con el proyecto.

Las revisiones pueden ejecutarse leyendo el producto a entregar y reuniéndose con los miembros apropiados del equipo del proyecto para cuestionar diversos aspectos y proporcionar retroinformación. Las revisiones pueden llevarse a cabo también mediante presentaciones formales, donde el miembro o los miembros del equipo del proyecto responsables del producto a entregar presentan sus ideas y conclusiones a un auditorio de revisores. Este tipo de presentación estructurada proporciona retroinformación y un foro para revisar los resultados del proyecto.

Los pasos de la integración

En esta sección nos ocuparemos de los pasos concretos necesarios para integrar el *software*. En algunos casos, no son aplicables ciertos pasos. Por ejemplo, un paso de integración se refiere a la instalación del *hardware* o *software*. Si el *software* que ha de ser integrado funciona en un *hardware* ya instalado en la organización, el paso de la instalación del *hardware* no es aplicable a este proyecto de integración. Por consiguiente, al empezar un proyecto de integración, todos los pasos deben ser revisados y ampliados sus detalles en cuanto a su papel específico en el proyecto objeto de consideración.

Organización del proyecto

La organización del proyecto es un aspecto crítico del proceso de planificación. Antes de que el proyecto comience, es necesario determinar los roles principales del proyecto y las responsabilidades que acompañan a dichos roles. Posteriormente se seleccionarán las personas que deberán asumir dichos roles, en base a su habilidad y su experiencia para resolver problemas similares.

La organización de un proyecto depende de su naturaleza: el paquete de *software* que se instala, la responsabilidad de la organización con respecto al proyecto, el proveedor y otras características del proyecto. Sin embargo, ciertos roles son comunes a varios proyectos. En los párrafos siguientes estudiamos estos roles y la figura 24.6 muestra cómo encajan en un ejemplo de organización de proyecto.

- —*Los patrocinadores del proyecto*. Tienen la autoridad final sobre el proyecto y son responsables del mismo. Los patrocinadores son los ejecutivos que tienen un derecho adquirido sobre los resultados del proyecto. Financian el proyecto, resuelven los conflictos sobre normas u objetivos y proporcionan orientación de alto nivel.
- —*Coordinadores de los recursos*. Tienen funciones directivas en la organización y de algún modo están afectados por el proyecto. Los coordinadores de los recursos proporcionan soporte al proyecto al dotar de personal para las tareas del proyecto y proporcionar conocimientos especializados sobre las funciones de las que son responsables.
- —*Gerentes del proyecto*. Tienen una responsabilidad o participación directa en los resultados del proyecto. Los gerentes del proyecto no son solamente responsables de aprobar el trabajo del equipo del proyecto desde el principio al fin del proyecto, sino también de asegurar que el

sistema resultante de la integración satisfará los requisitos y se integrará debidamente en la organización.

—*Director del proyecto.* Tiene la responsabilidad fundamental de la dirección de todo el proyecto, incluyendo la administración, planificación y programación, resolución de problemas y liderazgo técnico.

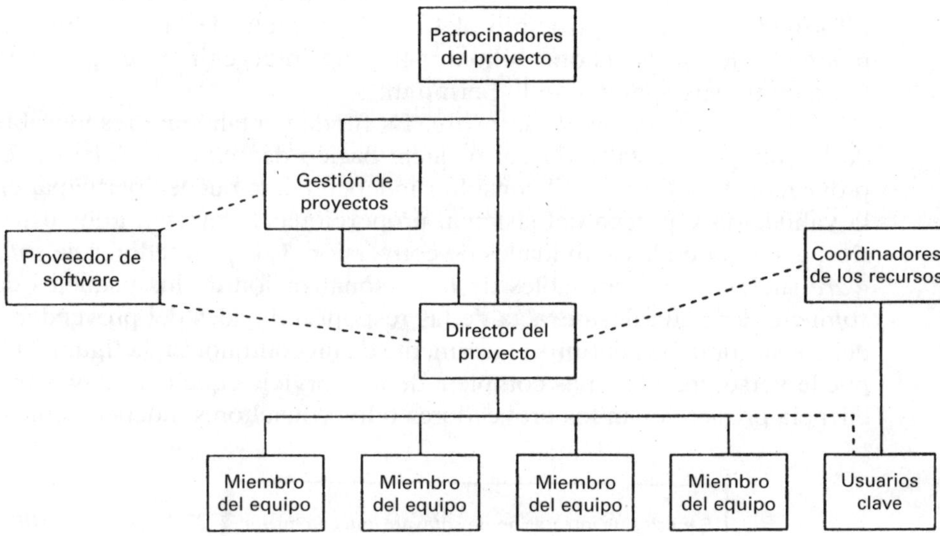

FIGURA 24.6. **Ejemplo de organización de proyecto**

—*Equipo del proyecto.* Está compuesto por varios individuos con diferentes conjuntos de destrezas que en combinación proporcionan las habilidades necesarias para integrar con éxito la aplicación en la organización. Analistas de sistemas, diseñadores, programadores, especialistas en documentación y formadores son miembros importantes del equipo del proyecto. Estos miembros pueden representar a todas las áreas de la organización afectadas por el esfuerzo de integración, incluso a las organizaciones usuarias y técnicas. Aunque el equipo básico del proyecto apoyará la actividad de integración desde el principio hasta el final, otros miembros del equipo pueden ser introducidos en él (por ejemplo, para la prueba de aceptación del sistema) cuando se necesite una determinada especialización.

—*Usuarios clave.* Pueden no apoyar el proyecto directamente en la forma en que lo hacen los miembros del equipo del proyecto, pero son importantes para el proyecto de integración por dos motivos. La intervención de los usuarios es esencial para conseguir que la nueva aplicación se diseñe e integre de manera que satisfaga los requisitos de los usuarios y para que la transición al nuevo sistema esté claramente definida (porque los usuarios han intervenido y participan en el esfuerzo). Los usuarios clave pueden completar el equipo del proyecto cuando sea necesario para el diseño de la aplicación, así como para cualquier decisión con respecto a las prestaciones. Los usuarios clave deben estar informados desde el principio al fin del proyecto de la situación del mismo y de las decisiones clave y han de intervenir en el proyecto tanto como sus agendas se lo permitan.

— *Proveedor de paquetes de software*. Es fundamentalmente responsable de la entrega e instalación del paquete básico de *software*. Además, el proveedor de *software* o el consultor independiente pueden participar en la validación y prueba del sistema, proporcionar formación a los usuarios, y ayudar en las actividades de conversión. Los proveedores de *software* suelen ser responsables de la personalización de los paquetes de *software*. La naturaleza exacta de las responsabilidades del proveedor y del consultor deben definirse claramente en un contrato. En la figura 24.7 puede verse una lista más completa de los servicios que con mayor frecuencia proporcionan los proveedores o los consultores independientes.

Servicios de integración de *software* que con mayor frecuencia suelen contratarse externamente con proveedores o asesores independientes

- Instalación de *software* o *hardware*
- Personalización del *software*
- Interfaces
- Conversión
- Pruebas
- Formación
- Documentación

FIGURA 24.7. **Lista de los servicios de integración prestados por los proveedores o consultores**

GESTIÓN DE PROYECTOS

Tal como se vio antes en este capítulo, el objetivo de la gestión de proyectos es planificar y controlar el proyecto de integración desde el inicio hasta su fin, con un nivel elevado de productividad y calidad y bajos niveles de incertidumbre. Y de nuevo, la gestión de proyectos empieza en el inicio del proyecto y continúa hasta su terminación.

El papel del director del proyecto es el de líder y director del proceso. Como líder, el director del proyecto es responsable de gestionar y comunicar una clara visión de los objetivos del proyecto y de motivar al equipo para alcanzarlos. Como director del proceso, el director del proyecto debe conseguir que se realice el trabajo en el tiempo previsto, con los recursos apropiados y en la secuencia correcta, para crear los productos a entregar en los plazos y con el presupuesto fijados.

Las actividades de gestión de proyectos pueden agruparse en seis procesos principales, como se representan en la figura 24.8.

1. *Estructurar el proyecto*. El objetivo de este proceso de gestión de proyectos es documentar los objetivos del mismo, la consecución del patrocinador del proyecto, la definición del enfoque y la estimación

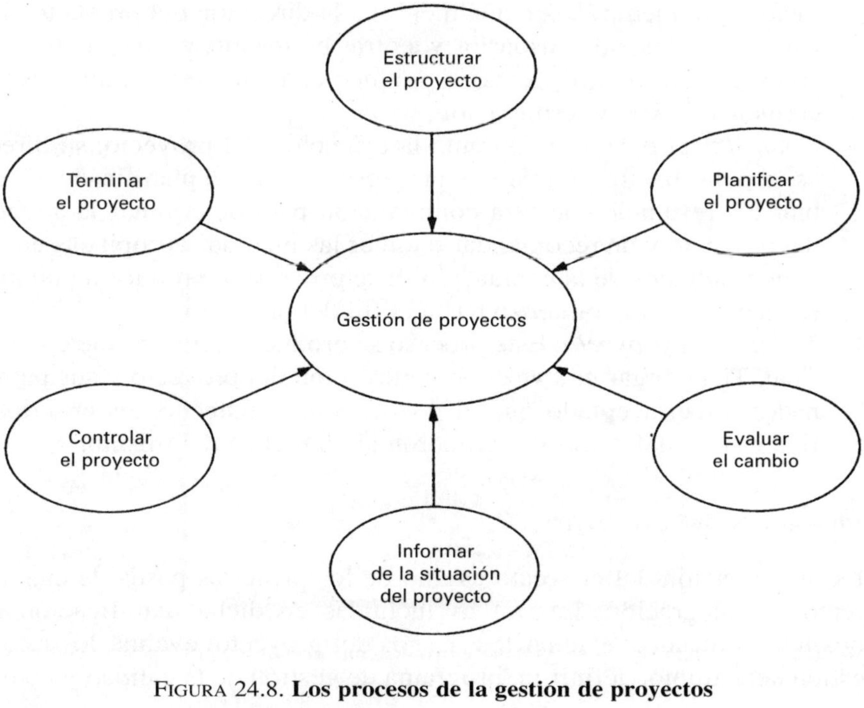

FIGURA 24.8. **Los procesos de la gestión de proyectos**

del proyecto desde el punto de vista del esfuerzo, duración y coste. Estas tareas se llevan a cabo al comienzo del proyecto, pero también se vuelve sobre ellas a lo largo del proyecto a medida que éste evoluciona y cambia.

2. *Planificar el proyecto*. Entre las tareas del proceso de planificación merecen citarse las siguientes: desarrollar un plan de trabajo detallado, incluyendo un presupuesto y la asignación de recursos; definir un plan para gestionar los riesgos, la calidad, los problemas y el alcance; y obtener la aprobación de los patrocinadores y la dirección ejecutiva con respecto a los planes del proyecto.
3. *Evaluar el cambio*. En el contexto de la gestión de proyectos, la gestión del cambio tiene dos significaciones importantes:

   a) una técnica dirigida a los recursos humanos afectados por el proyecto y
   b) un mecanismo a través del cual pueden solicitarse cambios en el proyecto, hacerles el seguimiento, investigarlos y rechazarlos o aprobarlos.

4. *Informar de la situación del proyecto*. Estos informes determinan la situación de un proyecto o de una parte del mismo en un momento determinado. Los informes de situación deben transmitirse frecuentemente (por ejemplo, semanalmente) a la dirección del proyecto, a sus patrocinadores, a los usuarios y a otras partes interesadas. Este proceso de gestión de proyectos se produce con carácter regular desde su comienzo hasta su terminación.
5. *Controlar el proyecto*. Durante la ejecución del proyecto, su director es responsable de comparar el progreso real con el planificado, de evaluar los resultados de esta comparación para determinar la situación del proyecto y de recomendar o tomar las medidas apropiadas en base a los resultados de la evaluación. Este proceso se produce de un modo regular desde el comienzo hasta el fin del proyecto.
6. *Terminar el proyecto*. Este proceso se produce normalmente en la fase final. Tiene lugar una vez que la dirección del proyecto y sus patrocinadores han aceptado que el proyecto ha satisfecho sus criterios de finalización tal como se definieron al comienzo del mismo.

Planificación del proyecto

La planificación del proyecto es uno de los primeros pasos de cualquier proyecto de integración. Las tareas incluidas en dicha planificación son: documentar el alcance, evaluar los riesgos del proyecto, evaluar los retos de la gestión del cambio, definir un programa de gestión de la calidad y elaborar un plan de trabajo detallado. Cada uno de estos productos a entregar fueron estudiados en las secciones anteriores de este capítulo.

INICIO DEL PROYECTO

Entre las tareas correspondientes al inicio o arranque del proyecto figuran: designar los miembros del equipo de proyecto que cumplirán con los requisitos de recursos indicados en el plan; establecer el entorno del proyecto (por ejemplo, mesas, teléfonos, suministros, equipo informático, acceso al sistema); informar al equipo del proyecto, a la comunidad de usuarios y a otras partes interesadas de los objetivos, enfoque y calendario del proyecto; y establecer el sistema de control del proyecto (por ejemplo, las normas sobre documentación, la captura y los mecanismos de control de los problemas, la información sobre el tiempo trabajado y los requisitos de archivo).

REUNIONES DE PROYECTO

Aunque, a primera vista, este paso parecería lógico incluirlo como una tarea de otro paso del proyecto y no como una actividad en sí misma, se trata de forma independiente a causa del número de horas invertidas en la preparación de reuniones, la asistencia a las mismas y su documentación. Entre las reuniones de proyecto incluidas en este paso, figuran las siguientes:

— *Reuniones del equipo del proyecto.* Dirigidas por el director del proyecto con carácter frecuente (por lo general semanalmente), estas reuniones facilitan la comunicación en lo que respecta al progreso hasta la fecha de las tareas asignadas, a las cuestiones pendientes y a los asuntos que han de ser objeto de seguimiento.
— *Reuniones de gestión de proyectos.* Dirigidas por el director del proyecto, estas reuniones pueden celebrarse con menor frecuencia que las reuniones del equipo. Sirven para mantener informado al gerente del proyecto en cuanto a su situación y a las cuestiones principales.
— *Reuniones de los altos ejecutivos.* Celebradas con carácter más infrecuente o sólo cuando son necesarias, estas reuniones sirven como instrumento de comunicación para los altos ejecutivos de la organización. Las dirige el director del proyecto o un miembro del equipo de gestión de proyectos.
— *Reuniones de los coordinadores de recursos.* Tal como se ha dicho antes, los coordinadores de recursos son representantes de la organización afectados por el proyecto de integración, pero que no participan directamente en el equipo del proyecto. Por lo general, los coordina-

dores de recursos apoyan al equipo del proyecto de distintas maneras, proporcionando recursos adicionales para realizar las tareas del proyecto o completando los conocimientos del equipo con la experiencia de su función organizativa.

— *Reuniones de usuarios.* Los usuarios que no forman parte del equipo del proyecto deben mantenerse al día en lo que respecta al proyecto. Esta comunicación empieza al comienzo del proyecto, a menudo a través de una reunión formal en la que se exponen los objetivos, el enfoque y el calendario del proyecto. Desde el principio al fin del proyecto, la intervención de los usuarios es decisiva, no solamente para el diseño e integración de una aplicación que satisfaga sus necesidades, sino también para facilitar el proceso de cambio, de manera que una vez que se disponga de la nueva aplicación para su utilización cotidiana, los usuarios se sientan cómodos y seguros con ella.

— *Reuniones de la organización.* Cualquier proyecto importante de integración será de interés para la organización en su conjunto. La comunicación a través de reuniones formales con representantes de la organización (o con toda la organización) proporcionará a la organización información real con respecto al proyecto, en lugar de permitir la comunicación informal, que podría tergiversar los elementos del mismo.

EXAMEN DE LAS NECESIDADES EMPRESARIALES

Los resultados del paso que denominamos «examen de las necesidades empresariales» constituyen el fundamento de la nueva aplicación. Para el éxito del proyecto de integración, es decisivo examinar las necesidades empresariales para confirmar o redefinir las necesidades de la aplicación. Para lograr esto, los miembros clave del equipo del proyecto se reúnen y completan la información sobre las necesidades de integración de las áreas empresariales con los directivos y personal de la empresa apropiados. Como consecuencia de estas entrevistas, los miembros del equipo del proyecto documentan, a alto nivel, las entradas y salidas actuales, los procesos, los flujos de trabajo manuales y los controles. Estas entrevistas proporcionarán también al equipo del proyecto la información necesaria para desarrollar modelos de información de alto nivel. Además, se revisarán las especificaciones de alto nivel para las interfaces clave así como los requisitos sobre los datos operacionales y técnicos. Por último, como parte de este paso, se prepara un archivo de formularios e informes sobre los sistemas actuales.

Los productos a entregar de este paso incluyen un documento de requisitos y documentación de los procesos frecuentes. La figura 24.9 proporciona un ejemplo de la documentación para uno de los procesos frecuentes de sistemas: un diagrama de interfaces de alto nivel.

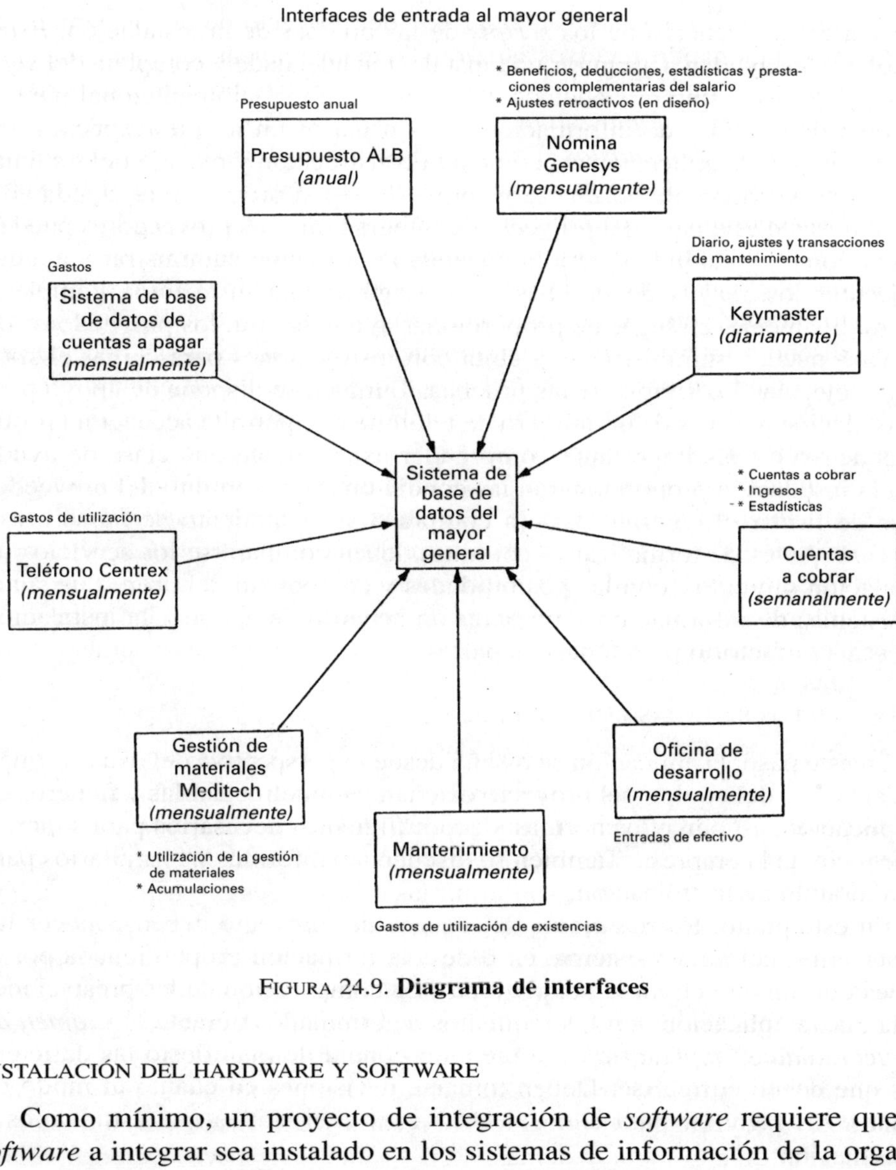

FIGURA 24.9. **Diagrama de interfaces**

INSTALACIÓN DEL HARDWARE Y SOFTWARE

Como mínimo, un proyecto de integración de *software* requiere que el *software* a integrar sea instalado en los sistemas de información de la organización. Ocurre a menudo, sin embargo, que es necesario instalar también un nuevo *hardware* o *software* del sistema (es decir, el sistema necesario para que funcionen conjuntamente el *hardware* y las aplicaciones de *software)*. En este paso del proyecto, se describe esta instalación así como las pruebas necesarias para asegurar que el nuevo *software* y *hardware* son operativos. Los representantes del departamento de sistemas de información suelen participar en la instalación del *software* y *hardware,* y los usuarios deben participar también en la ejecución de los *scripts* de las pruebas de la instalación. Éstas no solamente ayudan a asegurar una instalación adecuada y completa del *software* y *hardware* sino que además proporcionan formación adicional para el personal de sistemas de información y los usuarios en lo que respecta a las prestaciones de la aplicación así como a la construcción y manejo del sistema.

Los proveedores de *hardware* y *software* suelen proporcionar ayuda adicional durante este paso del proyecto de integración. Los proveedores pueden proporcionar ayuda in situ para la instalación, así como suministrar y ayudar a ejecutar los *scripts* de pruebas para asegurar una instalación completa. Alternativamente, en lugar de proporcionar ayuda in situ, los proveedores de *software* pueden suministrar una cinta con instrucciones para cargar el *software* y ejecutar los *scripts* de las pruebas. También se dispone de apoyo para la instalación a través de un número de teléfono que permite acceder a las oficinas de ayuda. Es importante comprender exactamente qué clase de ayuda para la instalación proporcionarán las condiciones del contrato del proveedor antes de firmar el contrato para la compra o arrendamiento de *hardware* y *software*. Antes de formalizar el contrato, deben compararse los servicios de instalación ofrecidos, con las posibilidades y comodidad del propio personal de sistemas de información y preparar un acuerdo de apoyo a la instalación que sea satisfactorio para todas las partes.

Diseño de los sistemas empresariales

En este paso, la aplicación se diseña desde la perspectiva del usuario final. Los analistas del equipo del proyecto diseñan parámetros, tablas y ficheros de la aplicación, así como las normas y procedimientos necesarios para soportar el negocio de la empresa. También se diseñan los informes y formularios para cada módulo de la aplicación.

En este punto, los miembros del equipo del proyecto deben conocer las prestaciones del nuevo sistema, en base a la formación proporcionada por el proveedor durante el *inicio del proyecto*. La comparación de las prestaciones de la nueva aplicación con los requisitos determinados durante el *examen de las necesidades empresariales,* a menudo pondrá de manifiesto las deficiencias que deben corregirse. Deben tomarse decisiones en cuanto al modo de llenar estas lagunas. Para ello existen varias alternativas que estudiamos a continuación:

— *Adaptar la aplicación.* Esta alternativa requiere el diseño, la puesta en marcha y prueba de las adaptaciones de la aplicación que llenarán las lagunas en las prestaciones requeridas. Hay que advertir que las adaptaciones aumentan la complejidad y duración del proyecto, por lo general, significativamente. Además, pueden invalidar la garantía del *software* y hacer extremadamente difíciles las mejoras de la aplicación. Por consiguiente, las adaptaciones deberán ser examinadas cuidadosamente y habrá de hacerse todo lo posible para evitarlas por estas mismas razones.

— *Crear una aproximación gradual.* En lugar de adaptar la aplicación, esta alternativa sugiere el desarrollo de un proceso dentro o en torno de la aplicación que manejará el requisito no cubierto.
— *Rechazar el requisito.* En muchos casos, el requisito no cubierto por la aplicación no es decisivo para el éxito de la aplicación para resolver una necesidad del negocio. En estos casos, se recomienda integrar la aplicación tal como está, hacerla funcionar por lo menos durante seis meses y luego determinar si se necesitan dichas prestaciones. Si se determina que éstas son necesarias, la organización puede empezar el proceso de especificación del diseño de las prestaciones y contratar al proveedor para adaptar la aplicación de manera que incluya las prestaciones.

Cualquiera que sea la alternativa que se determine como óptima para la gestión de esta carencia, el resultado de esta tarea debe incorporarse al plan de trabajo del proyecto.

Otra tarea incluida en este paso es la evaluación y rediseño del proceso. En el pasado, las organizaciones han integrado nuevas aplicaciones para resolver sus necesidades empresariales sin prestar ninguna atención, o muy poca, a los procesos existentes antes o después de la integración de la nueva aplicación. Esta tarea particular sugiere que deben revisarse los procesos de negocio existentes y eliminarse los no valiosos o redundantes. Después, en base a las prestaciones de la nueva aplicación, los procesos deberán ser rediseñados para sacar partido de la misma. El producto a entregar en este caso particular es un diseño de los nuevos procesos de trabajo que maximice las ventajas de la nueva aplicación.

Por último, se definen a nivel global las estrategias para los pasos futuros del proyecto de integración. Se desarrollan como parte de este paso la estrategia de conversión de datos, de pruebas, de formación y de operación. Por ejemplo, una declaración de estrategia para la conversión de datos incluiría un análisis de alto nivel de los siguientes aspectos de la conversión: el alcance y ritmo del esfuerzo; las técnicas de conversión de datos; el enfoque para la conciliación, mantenimiento y sincronización de los datos; el plan para la seguridad de los datos; y una estrategia para casos imprevistos en la transición de la producción.

Entre los productos a entregar para este paso, figuran:

— Una breve descripción de los datos que se cargarán en los parámetros, las tablas y los ficheros de la nueva aplicación; de dónde procederán los datos; las necesidades de recursos; y el plazo de tiempo necesario para realizar la carga de datos.
— La descripción de los manuales de procedimientos propuestos para el

proyecto, el diseño de la estructura de estos manuales, la determinación de las necesidades de recursos y el plazo de tiempo necesario para completar la actividad de documentación.

— El diseño de los nuevos informes y formularios necesarios para la nueva aplicación.
— El informe con el análisis de las deficiencias, con recomendaciones de cómo habrá de resolver el proyecto las deficiencias en las prestaciones.
— El diseño de los procesos que rodean la nueva aplicación.
— Las declaraciones de estrategia de alto nivel para los pasos clave del proyecto de información: conversión de datos, pruebas, formación, operaciones, etc. La tabla 24.1 proporciona un ejemplo de una declaración de estrategia.

TABLA 24.1. **Ejemplo de estrategia de formación**

Durante el proyecto se emprenderán dos clases de actividades de formación de mayor general: 1) formación del equipo de puesta en marcha y 2) formación de los usuarios finales.

El equipo de puesta en marcha se compone de los usuarios que ayudarán a definir el proceso de implantación del *software* mejorado y a ejecutar este diseño. Según cuál sea su papel en la puesta en marcha, los miembros del equipo de puesta en marcha asistirán a cursos de formación dados por el proveedor sobre el mayor general o ambos editores de informes. Nosotros proporcionaremos también formación interna a los miembros del equipo del proyecto que no asistan a las sesiones del proveedor. Prevemos que esta formación interna se producirá en varias ocasiones durante la puesta en marcha, según sea necesaria.

La formación de los usuarios finales se programará para finales de junio o primeros de julio, pues a finales de julio esperamos sincronizar la formación de los usuarios con el uso real del sistema. En ese momento del proyecto, creemos que sería beneficiosa para los usuarios finales una sesión de formación fuera de los locales de la empresa por varios motivos:

— Motivación. Alejarse de la oficina durante una jornada y pasar el día en una instalación agradable de formación tendrá un efecto motivacional para el aprendizaje de las nuevas características y prestaciones y para centrar la atención en el modo de aplicar estas características a su propio entorno.
— Relaciones públicas positivas para la mejora. Un día fuera de la oficina en una instalación agradable con instructores profesionales fomentará decididamente la buena voluntad hacia el sistema.
— Enfoque. Un día fuera de la oficina permitirá a los usuarios finales centrar totalmente su atención en el tema en cuestión: aprender a utilizar el nuevo mayor general.
— Pericia en la formación. Los instructores profesionales establecerán *scripts* y ejercicios que no solamente cubrirán el material necesario sino que reforzarán el modo de usar el mayor general a través de ejercicios y períodos de preguntas y respuestas.

Puesto que hemos preparado clases de formación interna, necesitaremos evaluar si la formación fuera de la oficina será o no impartida por la organización en su centro de formación o por el proveedor en sus locales de formación.

En uno u otro caso, prevemos que la formación del usuario final consistirá en una sesión de un día que cubrirá los siguientes temas: proceso básico del diario, proceso especial del diario, mantenimiento, y corrección de errores. Tenemos previsto incluir información específica sobre la organización en la sesión de formación, tal como el número de lotes de diario, el modo de utilizar el código fuente, la manera de codificar los diarios interempresas, etc.

También tenemos previsto preparar cursos de formación sobre generación de informes y elaboración de presupuestos, con objeto de utilizarlos inicialmente para formar a los miembros del equipo de puesta en marcha. Estos cursos se ofrecerán después a un subconjunto de usuarios finales: los que intervendrán activamente en la edición de informes o en la elaboración de presupuestos para el departamento.

Una vez que se haya practicado con el mayor general mejorado, cada área operativa será responsable de formar en el uso del mayor general a nuevos empleados o de formar de nuevo a los empleados actuales.

Interfaz y diseño del desarrollo de los programas

Este paso define un enfoque específico para el desarrollo de interfaces automatizadas a, o desde, la nueva aplicación. Además, como parte de este paso, se completa, si es necesario, el diseño técnico del desarrollo de los programas y el proceso nocturno por lotes. Cada uno de ellos será estudiado por separado.

Cuando se investiguen qué interfaces podrían ser las apropiadas para la nueva aplicación, realice las siguientes pruebas:

— Si la nueva aplicación sustituye a un sistema previamente automatizado, cualesquiera interfaces automatizadas establecidas a, o desde, la aplicación que ha de ser sustituida son las primeras candidatas para la sustitución (y probablemente deberán ser sustituidas).

— Si los datos necesarios como entradas a la nueva aplicación están disponibles en un informe generado por un sistema automatizado, es completamente factible una interfaz desde el sistema fuente.

— Si los datos necesarios como entradas en la nueva aplicación están disponibles en otro sistema automatizado, deberá evaluarse una interfaz automatizada.

— Si los datos que se espera estén en el nuevo sistema se necesitan en un sistema posterior, deberá investigarse una interfaz automatizada desde la nueva aplicación al sistema.

Muchos proyectos de integración de sistemas limitan el número de interfaces que han de ponerse en marcha a solamente las que sustituyen a una interfaz previamente automatizada. Esto se hace por varios motivos, pero fundamentalmente para limitar el alcance del proyecto, y al hacerlo así, asegurar mejor el éxito del mismo (cumpliendo fechas límites agresivas y estimaciones de presupuesto moderadas). Debido a que por lo general dan por resultado una codificación personalizada, las interfaces aumentan el tiempo y recursos del proyecto de integración para diseñar, codificar, probar, etc. Además, las interfaces definidas, pero no implantadas durante la integración inicial de la aplicación, siempre pueden ser implantadas una vez que la aplicación esté funcionando.

Como parte del diseño de interfaces, debe determinarse su relación con el modo en que funciona la aplicación. Por ejemplo, si se propone una interfaz diaria de un paquete de cuentas a cobrar a una nueva aplicación de mayor general, y si las transacciones de cuentas a cobrar se pasan a la aplicación del mayor general una vez recibidas, un posible escenario de desarrollo del programa podría ser ejecutar la interfaz (que carga las transacciones en el mayor general) y ejecutar luego el programa de pases al mayor general. Cada interfaz debe revisarse individualmente para ver dónde encaja mejor con respecto a los programas de la nueva aplicación, dando como resultado un nuevo diseño de los flujos.

Además, pueden suministrarse aplicaciones para diferentes escenarios de programas que también deben diseñarse en este paso. Por ejemplo, supongamos que las expectativas para la nueva aplicación de mayor general incluyen el pase nocturno (cinco días a la semana), la generación de informes semanales y, en el último día laborable del mes, el pase de todas las imputaciones de gastos generales e interfaces mensuales y la generación de informes mensuales. De ese modo, el flujo de los programas de lunes a jueves (excepto a final de mes) incluiría el pase, pero no incluiría la generación de informes, las imputaciones o las interfaces. El flujo de los programas en viernes (excepto a final de mes), incluiría el pase y la generación de informes semanales, pero no las imputaciones, las interfaces o la generación de informes mensuales. Los ciclos del sábado y el domingo no incluirían el pase al mayor, ni la generación de informes, ni las imputaciones, ni las interfaces. El último día del mes, todos los ciclos mensuales habrían sido ejecutados (incluyendo el pase al mayor de las imputaciones e interfaces). En la figura 24.10 puede verse un calendario mensual para este ejemplo. Es fácil ver que la determinación del flujo de los programas, diario, semanal, mensual, etc. no es fácil y debe planificarse cuidadosamente. Además, permite que un proceso inserte programas *ad hoc* en un flujo de programas establecido según sea necesario (por ejemplo, si los programas de generación de informes semanales necesitan ser ejecutados a mitad de semana).

Los productos a entregar para este paso del proyecto y de la integración incluyen las especificaciones funcionales para todas las interfaces automatizadas, los informes de interfaces y el flujo o desarrollo de los programas.

Diseño de la conversión de datos

En este paso, se define un método específico para la necesaria conversión de los datos, desde cada sistema fuente que ha de ser sustituido a la base de datos de destino. En las conversiones de datos dos clases de enfoques son los utilizados más a menudo:

Junio

DOMINGO	LUNES	MARTES	MIÉRCOLES	JUEVES	VIERNES	SÁBADO
			1 Pases al mayor general	2 Pases al mayor general	3 Pases al mayor general y generación de informes semanales	4
5	6 Pases al mayor general	7 Pases al mayor general	8 Pases al mayor general	9 Pases al mayor general	10 Pases al mayor general y generación de informes semanales	11
12	13 Pases al mayor general	14 Pases al mayor general	15 Pases al mayor general	16 Pases al mayor general	17 Pases al mayor general y generación de informes semanales	18
19	20 Pases al mayor general	21 Pases al mayor general	22 Pases al mayor general	23 Pases al mayor general	24 Pases al mayor general y generación de informes semanales	25
26	27 Pases al mayor general	28 Pases al mayor general	29 Pases al mayor general	30 Pases al mayor general de las imputaciones de gastos generales e informes mensuales		

FIGURA 24.10. **Un ejemplo de calendario mensual de procesos informáticos**

1. Automatizado. Mediante este método se transfieren los datos automáticamente desde el sistema fuente a la base o bases de datos de la nueva aplicación, al tiempo que se proporciona una verificación a posteriori del proceso.
2. Manual. Este otro método se utiliza cuando no es factible el anterior y consiste en procedimientos manuales para cargar la base o bases de datos de la aplicación.

La mayoría de las conversiones están compuestas por ambos métodos. El método automatizado es ideal para convertir una base de datos fuente que sea muy similar a la base de datos de destino. Por ejemplo, la mayoría de los saldos de cuentas del mayor general. Si se sustituye un mayor general y el plan de cuentas es muy similar, puede ser aconsejable un programa automatizado para convertir el plan de cuentas y los saldos de cuentas a la nueva aplicación. Cuando se decide un enfoque de conversión de datos, deben ponderarse factores tales como la cantidad de tiempo que se tardaría en convertir manualmente una base de datos respecto de la cantidad de tiempo que se tardaría en diseñar, codificar y probar un programa de conversión automatizado. Entre los factores que pueden dificultar la conversión automatizada está la combinación de datos de múltiples fuentes, en las que los registros de datos no coinciden uno a uno, cuando los datos no pueden clasificarse de la misma manera, o cuando los elementos de datos se utilizaron de modo no uniforme entre y dentro de cada sistema.

Antes de la conversión, utilizando uno u otro método, se recomienda que la organización haga un esfuerzo de revisión, corrección o supresión de la información que ha de ser convertida, de manera que la base de datos que al final se convierta sea exacta, completa y oportuna. Un proyecto de integración de *software* es una oportunidad perfecta para depurar la información actual y establecer una base de datos exacta y completa en el nuevo sistema.

Existe una tercera opción de conversión: no convertir. Algunas situaciones justifican la ejecución de transacciones abiertas en el sistema actual mientras se ejecutan todas las nuevas transacciones en el nuevo sistema. Por ejemplo, podría ser más beneficioso en cuanto al coste ejecutar las órdenes de compra pendientes en el sistema de cuentas a pagar actual en lugar de convertirlas al nuevo sistema. Entre las razones para hacerlo así figura la de la complejidad de convertir los registros de transacciones de un sistema al formato de otro sistema; muchas veces, esta conversión no es fácil. Además, el esquema de numeración del nuevo sistema suele diferir del sistema antiguo, sin embargo, toda la correspondencia del proveedor referente a la orden de compra del sistema antiguo incluirá el número de orden de compra del sistema antiguo. Este enfoque, sin embargo, tiene sus costes, incluyendo el de mantener el viejo sistema y el del personal para hacerlo funcionar, clasificar las facturas y peticiones de cheques entre las transacciones del sistema antiguo y las del nuevo, así como responder a las solicitudes de información, algunas referentes a las transacciones del sistema antiguo y otras referentes a las transacciones del nuevo. En algún punto, resulta más beneficioso convertir las restantes transacciones del sistema antiguo y eliminar gradualmente dicho sistema. Por lo general, esta conversión puede llevarse a cabo manualmente debido al pequeño número de transacciones que quedan en el sistema antiguo.

Los productos a entregar de este paso del proyecto de integración incluyen:

— Un documento global de diseño en el que se analizan los enfoques, estrategias, necesidades de recursos, sincronización y planes para situaciones imprevistas que han de utilizarse para establecer las bases de datos en el sistema nuevo.

— Una especificación funcional para cada conversión automatizada de datos que se considera, incluyendo el enfoque, la estrategia y el análisis global de la conversión particular de datos; establecer la correspondencia del mantenimiento de los ficheros del sistema fuente con el mantenimiento de los ficheros del sistema de la nueva aplicación; consideraciones de sincronización; las necesidades de recursos; las necesidades de seguridad; los procesos de conciliación; los planes para casos imprevistos; y la estrategia de documentación para satisfacer las necesidades de auditoría interna y externa. Esta especificación funcional la utilizarán los programadores para desarrollar los programas de conversión.
— Una especificación funcional para cada proceso de carga por teleproceso automatizado que se considere. De nuevo estos procesos de carga automatizados por teleproceso consistirán en unos datos del sistema fuente formateados en un documento de entrada que represente la pantalla de entrada de la nueva aplicación. En esta especificación, están incluidos el enfoque, la estrategia y el análisis global del proceso de carga de ficheros por teleproceso; la correspondencia de los registros de datos del sistema fuente con las posiciones del documento de entrada; los planes para revisar, confirmar y completar los documentos de entrada; las necesidades de recursos; los esquemas de priorización; los procesos de control de documentación; los planes para casos imprevistos; y las estrategias de documentación para satisfacer las necesidades de las auditorías interna y externa. Los programadores utilizarán esta especificación de funciones para desarrollar los programas destinados a crear las hojas de entrada.

Diseño de las pruebas

Durante este paso, se desarrollan los planes de alto nivel para las pruebas de unidades o módulos, de la información y aceptación de los componentes del *software*. Los planes de pruebas definen el enfoque, los controles, los objetivos, las condiciones y los *scripts* para realizar las pruebas del *software*. Los tres objetivos fundamentales de las pruebas son:

1. Demostrar que la aplicación resuelve los problemas empresariales y satisface las necesidades del usuario.
2. Descubrir los defectos de la aplicación.
3. Ayudar a conseguir la calidad desde el principio al final del proyecto.

Para este paso, se planifican varias clases de pruebas, entre ellas:

— *Las pruebas de unidades*. El nivel más básico de comprobación para verificar que el código de *software* funciona de acuerdo con sus especificaciones y para validar la lógica del programa. Las pruebas de unidades son independientes de las pruebas de prestaciones de la aplicación e incluyen las pruebas del *software* de base, de las interfaces, de los programas de conversión y de cualesquiera otras adaptaciones. El objetivo de esas pruebas es asegurar que cada función de la aplicación funciona tal como se esperaba. Normalmente, el equipo de pruebas es responsable de la ejecución de las pruebas unitarias.

— *Las pruebas de integración.* Las pruebas de las combinaciones de las partes del código individualmente comprobadas cuando se unen en una unidad completa (es decir, la comprobación de la aplicación en su conjunto). Mientras la comprobación de las unidades asegura que cada función de la aplicación puede funcionar de forma independiente, la comprobación de la integración asegura que todas las funciones que interactúan en un entorno real simulado, funcionan como se esperaba. A menudo, el personal de sistemas de información será responsable de la aplicación y una vez que ésta se halle en explotación, participará para simular el entorno real. El equipo de pruebas desempeña su labor, por lo general, como lo haría el usuario en el entorno real.

— *Las pruebas de los sistemas.* Como parte de las pruebas de los sistemas, se llevarán a cabo muchas clases de pruebas, entre ellas: las de utilidad, las de los requisitos finales, las de volumen y estrés, las de prestaciones, las de seguridad y control, las de recuperación, las de documentación y procedimientos y las pruebas en múltiples ubicaciones. Aunque todas estas pruebas son importantes, es decisivo concentrar la atención en las de volumen, estrés y prestaciones para asegurar que la aplicación funcionará como se esperaba con arreglo a las situaciones normales de funcionamiento.

— *Las pruebas de aceptación.* Estas pruebas demuestran que la aplicación satisface los objetivos empresariales originales, así como los requisitos del departamento de sistemas de información y del usuario. Si el usuario no interviene en la ejecución de las pruebas de unidades o de integración, es ineludible la prueba de aceptación. Las pruebas de aceptación las ejecuta el usuario de manera que éste, además de sentirse cómodo, pueda confirmar que la aplicación funcionará como se esperaba en condiciones normales de funcionamiento. Por lo general, en la prueba de aceptación se utiliza un subconjunto de pruebas integradas en las que la atención se centra en la simulación de una situación característica cotidiana, de fin de mes y de fin de año. Al final de estas pruebas, los usuarios suelen aprobar sus resultados y aceptar la aplicación. Es importante advertir que parte de la formación del usuario debe tener lugar antes de que intervenga en las pruebas de aceptación, de manera que sepa cómo llevar a cabo las pruebas. Incluso después de haber participado en la formación, los usuarios que participan en la prueba de aceptación pueden necesitar ayuda para su ejecución.

Se recomienda también que la formación del usuario tenga lugar antes de las pruebas de aceptación, de manera que éste, con una mínima cantidad de adiestramiento sobre el modo de llevar a cabo las pruebas de aceptación, sea capaz de ejecutarlas de forma independiente.

— *Las pruebas «en banco»*. Otra clase de pruebas llevadas a cabo como parte de un proyecto de integración y relacionadas con el desarrollo del código personalizado. Las pruebas «en banco» son las primeras de todas las que se realizan y las ejecuta el programador para asegurarse de que el código personalizado desarrollado satisface los requisitos indicados en las especificaciones funcionales y técnicas. El código personalizado se desarrolla para las interfaces y los programas de conversión, por ejemplo, y de ese modo la comprobación «en banco» forma parte del desarrollo de dicho código. Estas pruebas se analizarán con más detalle en la sección de «Desarrollo del software» de este capítulo.

Un plan o diseño de pruebas consta de varios componentes: una estrategia global de pruebas; el sistema de control de las pruebas; y los objetivos, condiciones y *scripts* de las pruebas. A continuación describimos cada uno de estos componentes:

— *Estrategia de pruebas*. Con esta estrategia se analiza el plan global de realización de pruebas durante el proyecto de integración. Una estrategia de pruebas determina las pruebas que se realizarán, quién las realizará y en qué plazos de tiempo. Con la estrategia se define también el alcance y enfoque de cada una de las pruebas que han de ejecutarse.

— *Sistema de control de las pruebas*. Este sistema se desarrolló para documentar y controlar cuándo y quién ha de ejecutar las pruebas, qué pruebas están completas, qué pruebas han de ser ejecutadas todavía y que pruebas no se completaron como se esperaba y requieren un seguimiento. El resultado normal de un sistema de control de pruebas es un calendario de las pruebas por días y responsabilidades, un diario de todas las pruebas y su situación y un diario de las pruebas de las que es preciso hacer el seguimiento (usualmente denominado diario de problemas). En el diario de problemas se indica la prueba específica que no se ejecutó como se esperaba, quién fue responsable de su ejecución, quién lo es del seguimiento y de la resolución del problema, la prioridad del problema, la situación actual y resolución del mismo, y la fecha en que se resolvió. El diario de problemas se utiliza para gestionar las pruebas incompletas y su resolución puntual.

— *Objetivo, condiciones y scripts de las pruebas*. Una vez entendida la estrategia de pruebas, pueden documentarse las pruebas detalladas. Éstas se componen de tres elementos principales: objetivo, condiciones y *scripts* tal como se presentan en la tabla 24.2. El objetivo de las pruebas es una declaración global en cuanto al propósito de la comprobación.

TABLA 24.2. **Ejemplo de objetivo, condiciones y script de pruebas**

Script de prueba unitaria
Cuentas a pagar—introducción de facturas

N.°de la casilla: AP01

Objetivo de la prueba:	Comprobar unitariamente la función facturas utilizando todos los tipos de facturas de la organización	Formularios e informes utilizados	Factura de proveedor
Ciclo de la prueba:	1	Informes producidos:	Calendario de transacciones Diario de transacciones
Fecha del programa de prueba:	4 de junio de 1994		

N.° de condición	Descripción de la actuación	Actividades	Resultados esperados	Verificados por	Fecha	N.° de problema
I.AP01.01	Coincidencia completa: el total de la factura coincide con la orden de compra y con el receptor	Procesar la factura, utilizando el procedimiento de introducción de facturas y la(s) factura(s) marcada(s) para ser utilizada(s) para esta condición	La factura puede ser introducida en un resumen debido a la coincidencia completa.	B. Scott	4/6/94	Ninguno
I.AP01.03	Coincidencia incompleta: el total de la factura no coincide con la orden de compra y el receptor, pero está dentro de la tolerancia.	Procesar las facturas utilizando el procedimiento de introducción de facturas y la(s) factura(s) marcada(s) para ser utilizada(s) para esta condición	La factura está dentro de la tolerancia y puede ser introducida en el detalle.	B. Scott	4/6/94	9
I.AP06	Introducir una factura una segunda vez	Procesar las facturas utilizando el procedimiento de entrada de facturas y la(s) factura(s) marcada(s) para ser utilizada(s) para esta condición	El sistema replica «ya en el fichero» de factura duplicada	B. Scott	4/6/94	Ninguno
I.AP01.57	Processar una factura de pedido pendiente	Procesar las facturas utilizando el procedimiento de introducción de facturas y la(s) factura(s) marcada(s) para ser utilizada para esta condición	La factura del pedido pendiente puede ser procesada. El saldo de pedidos pendientes ajustado es correcto	B. Scott	4/6/94	11

DISEÑO DE LA FORMACIÓN

Durante este paso, se desarrollan los programas de formación detallados para los usuarios y para el personal de apoyo a los sistemas de información. La documentación de formación incluye los manuales de formación de los participantes, los materiales de presentación que se utilizarán y ejercicios prácticos. Antes de desarrollar la documentación, deben determinarse los tipos de formación necesarios y su contenido. Para ello, deben evaluarse quienes participarán en la formación y su conjunto de habilidades. A menudo, el proveedor proporciona la formación y la documentación; sin embargo, la formación que imparte el proveedor suele ser general y no adaptada a las necesidades de la organización. La formación adaptada y que refleja el uso del cotidiano del sistema es mucho más beneficiosa y más fácil de comprender por el usuario. Es más difícil aprender un sistema cuyos ejemplos reflejan un distribuidor de automóviles y traducir ese uso a una organización manufacturera, que aprender un nuevo sistema utilizando ejemplos de las transacciones frecuentemente procesadas en la organización manufacturera. Sin embargo, la documentación de formación del proveedor es un punto de partida para elaborar los programas de formación adaptados a la organización.

Determinar quién llevará a cabo la formación es otra tarea cubierta por este paso en un proyecto de integración. De nuevo, el proveedor suele poder proporcionar un instructor, no gratuitamente, (la formación del proveedor puede contratarse para cuando el *software* se compre o arriende). Sin embargo, es importante formar instructores internamente, no solamente para proporcionar formación continua a los nuevos usuarios o para actualizar a los usuarios actuales sino también para eliminar la dependencia y coste de recurrir a la formación del proveedor, una vez que está funcionando el sistema.

Puede utilizarse un programa de formación de instructores para formar a una serie de empleados, que se convierten en instructores, sobre las prestaciones del *software*. Un programa de formación de instructores es aquel en que miembros expertos del equipo del proyecto o un representante del proveedor forman a un grupo de usuarios, sobre cómo llevar a cabo las clases de formación para el *software*. Estos nuevos instructores enseñan luego conjuntamente con el proveedor o el instructor del equipo del proyecto, hasta que se sienten cómodos haciéndose cargo ellos mismos de las clases. El instructor del equipo de proyecto o el proveedor revisan y apoyan entonces a los instructores hasta que están lo suficientemente experimentados para manejar las clases por sí mismos. Las evaluaciones de los asistentes pueden servir también para diagnosticar los problemas de los instructores, así como el contenido, formato y otras cuestiones y se recomiendan para todas las clases de formación.

Otras tareas incluidas en este paso son la determinación de la responsabilidad sobre las sesiones de formación y la programación de las mismas; la preparación del *hardware* e instalaciones en las que ha de llevarse a cabo la formación, la determinación de las bases de datos necesarias para la ejecución de los cursos de formación y la preparación de la base de datos de los sistemas de manera que los ejercicios de formación puedan realizarse en clase.

DESARROLLO DEL «SOFTWARE»

Todo el *software* adaptado (es decir, las interfaces, los programas de conversión y las adaptaciones de la aplicación) se codifica y se comprueba «en banco» como parte de este paso. (La comprobación «en banco», tal como se describe en el paso de «Diseño de las pruebas», es la comprobación llevada a cabo por el programador para asegurarse de que el código del programa se ejecuta sin ningún error y satisface los requisitos indicados en la especificación funcional). Este paso incluye la preparación de una especificación técnica partiendo del desarrollo de la especificación funcional en los pasos de «Diseño de los sistemas empresariales», «Interfaz y diseño del desarrollo de los programas» y «Diseño de la conversión de datos». Una especificación técnica, por lo general desarrollada por un analista técnico, es una especificación más detallada de cómo han de diseñarse, codificarse y enlazarse los módulos del programa para lograr las prestaciones documentadas en la especificación funcional. A menudo, en la especificación técnica se utiliza un pseudo lenguaje de codificación. Este lenguaje lo traduce un programador fácilmente a código de programa. En la especificación técnica también se abordan los requisitos de construcción y del entorno de pruebas «en banco» y el desarrollo y pruebas de modelos comunes y esquemas de programas. Estos componentes se utilizan luego para desarrollar el *software* específico.

Tal como se estudió antes, puede recurrirse al proveedor para desarrollar buena parte de los componentes del *software* adaptado. Entre las áreas que requieren la intervención de la organización figura la programación para proporcionar al proveedor la interfaz o datos de conversión directamente desde los sistemas fuentes de la organización. El proveedor toma luego los datos y los reestructura en un formato aceptable para la nueva aplicación. El proveedor puede también proporcionar una interfaz de salida en un formato legible por los sistemas de destino de la organización. Sin embargo, la organización puede necesitar desarrollar programas que reformateen los datos en ficheros que puedan ser aceptados por el sistema de destino.

DESARROLLO DE LAS APLICACIONES

Este paso del trabajo incluye la carga de las aplicaciones de *software* según las especificaciones desarrolladas durante el «Diseño de los sistemas empresariales». Entre las tareas figura la carga de los parámetros, tablas, ficheros, pantallas e informes establecidos. Obsérvese que, en algunos casos, los ficheros de las aplicaciones puede cargarlos automáticamente el programa de conversión diseñado en el paso de «Diseño de la conversión de datos» y construido en el paso de «Desarrollo del *software*».

Si ciertos ficheros no pueden cargarse automáticamente, tal como se estudió en el paso de «Diseño de la conversión de datos», en este paso, el de «Desarrollo de las aplicaciones», es donde los formularios de introducción de datos pueden introducirse manualmente en el nuevo sistema. Adviértase que la creación de un fichero de esta naturaleza puede no ser trivial. Por ejemplo, si la aplicación que ha de integrarse es una aplicación de compras o de cuentas a pagar, la creación manual del fichero de proveedores no es sencilla, especialmente si el fichero actual de proveedores mantiene información sobre miles de proveedores (como ocurre en muchos casos). Asegúrese de reservar una buena cantidad de tiempo para reunir y validar toda la información necesaria de ficheros, así como el tiempo necesario para introducir los ficheros necesarios. Si existen limitaciones de tiempo, puede utilizarse un enfoque para crear un fichero utilizable, cuando no completo. Utilizando el fichero de proveedores como ejemplo, clasifique todos los proveedores del sistema actual en términos de volumen de compra, actividad actual o volumen monetario. Utilice este criterio de clasificación para dar prioridad a los proveedores que han de completarse primero. De ese modo, si sólo se construye la mitad del fichero de proveedores para el momento en que el sistema sea operativo, por lo menos la mitad construida debe representar el 80% o algo así de las compras. Luego, cuando se necesiten nuevos proveedores, pueden construirse los restantes ficheros de proveedores como parte de las operaciones cotidianas.

DESARROLLO DE PROCEDIMIENTOS

En este paso, se completan los manuales de usuario requeridos para la puesta en marcha y la gestión de la nueva aplicación. Estos manuales se preparan de acuerdo con los principios generales generados y aprobados durante el paso de «Diseño de los sistemas empresariales». Los procedimientos cubren áreas tales como los procedimientos de usuario, las operaciones del centro de datos, la oficina de ayuda, la seguridad y control de los datos, la recuperación de desastres y el mantenimiento de las aplicaciones.

Los procedimientos documentados en este paso pueden variar desde los procedimientos de usuario abreviados (véase la figura 24.11 para un ejemplo) —que se centran solamente en el modo de hacer funcionar el sistema— hasta la política completa y los manuales de procedimientos —que cubren no solamente los procedimientos necesarios para que funcione el sistema, sino también los procedimientos de trabajo requeridos en el sistema y en torno al mismo y las declaraciones de política organizativa referentes a la transacción particular que se documenta. Al comienzo del proyecto, debe elaborarse una estrategia de procedimientos para determinar el tipo, contenido y alcance del procedimiento que ha de documentarse como parte de la actividad de integración. Esta estrategia puede luego dirigir los principios generales desarrollados en el paso de «Diseño de los sistemas empresariales» así como los procedimientos finales documentados en este paso.

H1.4 ANULACIÓN DE UN ASIENTO ENTERO DE DIARIO

La pantalla de ELIMINACIÓN DE DIARIOS (JRNLDEL) se utiliza para borrar la cabecera y las líneas de detalle del sistema sin tener que borrar cada elemento de información por separado. Para borrar tanto la cabecera como los registros de detalle del diario del sistema, seleccione la pantalla de ELIMINACIÓN DE DIARIOS como sigue:

PASO 1: Ponga una X a la izquierda de la transacción JRNLDEL ELIMINACIÓN DE DIARIOS de la pantalla de menú del diario.
Pulse ENTER.
En el terminal aparecerá la pantalla ANULACIÓN DE DIARIOS (H1.4).

```
OGLDDDJRO                SISTEMA DE GESTIÓN FINANCIERA
JRNLDEL                       ELIMINACIÓN DE DIARIOS                          PASO

ORG ID:    NOMBRE DEL ORG
JRNL ID:   DESCRIPCIÓN:

LN $ T/  EFEC E/DIARIO      D/C                               Contraasiento nº

NO # T   FECHA H/FUENTE   G  TOTAL DE CONTROL   XLAT SJE   STA   ERR OOB FECHA
                                                000                00/00/00
¿BORRAR? (S/N):                              Nº DE LÍNEA:
FUNCIÓN SIGUIENTE:   JRNLDEL                 CLAVE SIGUIENTE:
DC800003 ORGANIZACIÓN NO DEFINIDA
```

PASO 2: Introduzca la clave del diario para identificar el asiento de diario.
Pulse ENTER
Recuerde que la clave del diario está compuesta de cinco elementos:
- ORG ID
- JRNL ID
- S/#
- T/T
- EFECT DATE

El sistema presentará la información de la cabecera ampliada de diario asociada a la clave de diario. No se presentará la información de los elementos de detalle. Observe también el mensaje BORRAR? (S/N) en la parte inferior de la pantalla. El cursor aparecerá a la derecha del mensaje. Compruebe que se visualiza el diario apropiado.

PASO 3: Si éste es el diario que ha de anularse, sustituya la N por una S en el campo BORRAR? (S/N).
Pulse ENTER
El sistema responderá con el mensaje REGISTRO BORRADO.
Si ha sido seleccionado un diario erróneo, no sustituya la N en el campo BORRAR?(S/N) y pulse ENTER.

PASO 4: Para volver al menú de diarios.
Pulse CLEAR

FIGURA 24.11. **Ejemplo de procedimiento de autoedición**

Cualquiera que sea la estrategia que se ponga en práctica para la documentación de los procedimientos, dos clases de documentos contribuirán al desarrollo de los mismos: los manuales de procedimientos de los proveedores y la política organizativa y los manuales actuales de procedimientos. La documentación del proveedor proporciona una base sólida para el desarrollo de procedimientos para hacer funcionar el sistema. Similares a los comentarios correspondientes al uso de la formación del proveedor exclusivamente, los procedimientos de utilización del sistema deben adaptarse empleando ejemplos de la organización.

Los manuales actuales de normas y procedimientos proporcionan una base sólida para preparar los manuales que cubren no solamente la utilización del sistema, sino los demás procedimientos de trabajo que han de utilizarse en el nuevo sistema, así como las declaraciones de normas de la empresa en lo que se refiere a las transacciones en cuestión. Obsérvese que las normas sobre ciertas transacciones pueden no cambiar como resultado de la integración del nuevo sistema. Sin embargo, en muchos casos, los flujos de trabajo sí lo harán. La documentación actual puede ayudar al diseño y formato del nuevo manual de normas y procedimientos (o mejorarlo), así como proporcionar una lista de comprobación para asegurarse de que el nuevo manual de normas y procedimientos está completo (en comparación con los temas analizados en el manual actual).

Ejecución de las pruebas

Los miembros del equipo del proyecto, los usuarios y los representantes de sistemas de información ejecutarán las pruebas desarrolladas en el paso de «Diseño de las pruebas» para asegurarse de que el sistema cumple los objetivos especificados a nivel de prestaciones y nivel de servicio. La ejecución de las pruebas consiste en seguir las instrucciones contenidas en los *scripts* de pruebas y comparar los resultados reales con los resultados esperados (documentados además en los *scripts* de pruebas). Si el resultado real no corresponde al resultado esperado, se documenta en un diario de problemas (véase la tabla 24.3 para un ejemplo de diario de problemas).

Se analizarán las cuestiones que surgen como consecuencia de las diferencias entre los resultados reales y los criterios de aceptación y se tomarán medidas correctoras. Por lo general, las cuestiones entran dentro de una de estas cuatro categorías:

1. *Errores del programa*. Los problemas de este tipo son aquellos en los que el *software* funciona incorrectamente.
2. *Lo esperado es incorrecto*. Los problemas de este tipo son aquellos en los que el *software* no actúa como se esperaba, lo cual no significa que el *software* esté funcionando incorrectamente. En realidad, lo más probable es que funcione como se espera desde el punto de vista

TABLA 24.3. **Ejemplo de diario de problemas**

Problema	Función	Ciclo de prueba	Pase de prueba	Nº de casilla	Nº de condición prueba	Nombre del responsable de la prueba	Función de software de la prueba	Descripción del problema
1.	Compras	1	1	ACQ1-11	Todos	E. Smith	2.10.3.11.8	La orden de compra detallada no está en el formato de la organización
2.	Compras	1	1	ACQ5 ACQ7	Todos	E. Smith	2.10.3.1	No se puede imprimir el resumen de la orden de compra
3.	Compras	1	1	ACQ2	Todos	E. Smith	Ninguna	Es necesario modificar las peticiones para que coincidan con la casilla de prueba real
4.	Compras	1	1	ACQ7	Todos	E. Smith	Ninguna	Las peticiones tienen que modificarse para que coincidan con la casilla de prueba real
5.	Existencias	1	1	INV1-INV2	1.INV1.04 1.INV2.04	T. Jones	2.9.5.2	A/xxxxxx - La búsqueda del nº de referencia alternativo no funciona en el entorno de la prueba
6.	Compras	1	1	ACQ1-11	Todos	E. Smith	2.10.8.2	Mensaje visualizado «**Aviso**» Vendedor primario: (blanco) cuando se desplaza hacia arriba el artículo del catálogo sin proveedor en el catálogo
7.	Existencias	1	1	INV1-INV5	Todos	T. Jones	Ninguna	Se necesita un informe que muestre la cantidad existente, por ubicaciones, por números de artículos, pero no por proveedores
8.	Existencias	1	1	INV1-INV5	Todos	T. Jones	Ninguna	Se necesita un informe que muestre las unidades de envasado del proveedor, y la ubicación y presentar las unidades de envasado en el mismo informe
9	Cuentas a pagar	1	1	APO1	0,03 y 0,57	B. Scott	4.1.1.1	La dirección del proveedor difiere de la dirección de la orden de compra
10.	Cuentas a pagar	1	1	AP01	44.52a52b	B. Scott	2.10.3.1	No pudo imprimir una orden de compra resumen; véase el problema nº 2 anterior
11.	Cuentas a pagar	1	1	APO1	57	B. Scott	Ninguna	El proveedor era un proveedor que concede descuentos; tendría que haberse utilizado otro procedimiento

del proveedor, pero quizá no como la organización esperaba que funcionara.

3. *El script es incorrecto.* Los problemas de este tipo son consecuencia de los errores en el *script* de pruebas. Dicho de otro modo, los resultados reales de la prueba se corrigieron basándose en el modo en que estaba escrito el *script* de las pruebas.
4. *El script fue ejecutado incorrectamente.* Los problemas de este tipo son consecuencia de los errores en la ejecución del *script* de pruebas (es decir, pulsación incorrecta de teclas).

Obsérvese que, al realizar la comprobación, deberán ejecutarse las pruebas unitarias, resolverse todos los problemas y repetir las pruebas antes de empezar las pruebas de integración. A su vez, estas últimas deberán completarse antes de llevar a cabo las pruebas del sistema, y lo mismo cabe decir para las pruebas de aceptación. Los auditores internos y externos deberán ser advertidos, al comienzo de la ejecución de las pruebas, de manera que puedan planificar la observación de las pruebas con la revisión de la documentación, si es necesario, durante la actividad de comprobación. Los *scripts* de pruebas, la documentación de control y los resultados de las pruebas deberán acumularse, archivarse y almacenarse para el caso de que los auditores internos y externos necesiten revisar las pruebas en una fecha posterior.

Al completar las pruebas, se obtendrá la aceptación del nuevo sistema de aplicación por el usuario y la dirección antes de seguir con el proyecto de integración.

Realización de la formación

Este paso consiste en llevar a cabo la formación diseñada en el paso de «Diseño de la formación». La realización de la formación debe llevarse a cabo lo suficientemente pronto al final del proyecto de integración de manera que esté terminada antes de trabajar con datos reales. Sin embargo, la formación no debe realizarse demasiado pronto, ya que los usuarios podrían olvidarse de ella o no se reforzaría como resultado de utilizar el nuevo sistema.

Es posible que sea necesario realizar los cursos de formación más de una vez para el mismo subconjunto de empleados, con el fin de reforzar los conceptos o para permitir que los empleados adquieran conocimientos adicionales no entendidos claramente la primera vez. El proporcionar una base de datos de formación y pedir a todos los empleados a quienes se imparte la formación que dediquen cierto tiempo a estudiar por sí mismos, para reforzar los conceptos enseñados en una sesión de formación, representa otra vía de formación adicional. Obsérvese que los ejemplos deben estar disponibles en la base de datos de formación para ayudar a los empleados que se están formando a estudiar por su cuenta.

Por último, la formación no termina cuando el sistema llega a ser operativo. Dentro de los primeros meses de funcionamiento del nuevo sistema, un curso de repaso ayudará a llenar las lagunas de lo que no se haya comprendido antes o no se haya utilizado o reforzado con el uso cotidiano del sistema. Además, debe tenerse en cuenta la formación de los nuevos contratados. ¿Será responsabilidad de un área organizativa formar a sus nuevos usuarios? o ¿la organización patrocinará unos cursos de formación en todo el ámbito de la misma sobre la nueva aplicación con intervalos frecuentes? Si el área organizativa es responsable, es importante que la formación la lleve a cabo alguien que se encuentre cómodo con el material y que posea recursos para enseñarlo con eficacia. Análogamente debe emplearse un instructor experto familiarizado con el modo en que la organización utiliza la nueva aplicación para proporcionar formación en todo el ámbito de la organización. Por último, el material de formación debe ser revisado y actualizado a medida que la organización amplíe o revise el uso de la aplicación a través de la operativa real.

Planificación de la transición

La planificación de la transición incluye el establecimiento del entorno de explotación y el desarrollo del plan de transición a la nueva organización de sistemas de información. Durante este paso, se terminan todos los manuales de procedimientos y programas de formación para que reflejen los cambios. El sistema antiguo y su documentación operativa se eliminan gradualmente y se reúne y distribuye la documentación del sistema definitivo (a menos que el sistema antiguo vaya a continuar funcionando durante algún tiempo; véase el estudio de conversión en lo que se refiere al enfoque de no conversión en el paso de «Diseño de la conversión de datos»). En este paso, se establecerá el entorno de mantenimiento y comprobación de manera que las nuevas versiones y actualizaciones del *software* puedan ser probadas antes de instalarlas en el entorno de explotación y se planificará un proceso de vigilancia de las prestaciones del nuevo sistema.

Se desarrolla un calendario detallado de transición como parte de este paso. En el calendario se incluye qué actividades relacionadas con la puesta en explotación de la nueva aplicación se ejecutarán cada día durante el período de transición. Por ejemplo, si la aplicación que ha de integrarse es una aplicación de existencias, deberán programarse y dotarse apropiadamente de personal actividades tales como la realización de un inventario físico final y la carga de los saldos iniciales de inventario en el nuevo sistema. Además, se documenta un plan para el modo en que se llevarán a cabo las transacciones de inventario que sea necesario que continúen durante el tiempo asignado para la realización del inventario físico. Además, debe planificarse y programarse en qué día empezarán a introducirse en el nuevo sistema todas las entradas de existencias y cómo serán agrupadas las órdenes de compra de estas entradas en el nuevo sistema.

Un calendario detallado de, como mínimo, las operaciones del primer mes se prepara también durante este paso y en él se incluyen actividades tales como: los informes que han de imprimirse cada día, qué proceso por lotes se producirá cada tarde, cuándo estará la aplicación disponible para el usuario durante los días laborales y los fines de semana, etc. Deben indicarse tareas como las de cómo tratar a los empleados que no utilicen los nuevos formularios, documentarse en cuanto a qué respuesta debe darse y asignarse la responsabilidad de hacer frente a esta situación. Por último, debe comunicarse la implantación del nuevo sistema a toda la organización para permitir que la totalidad de ésta conozca qué sucederá y cuándo. Esta comunicación puede realizarse a través de diversos medios, como por ejemplo, reuniones, artículos en un boletín interno y memorándums.

Apoyo a la transición por parte de la dirección y del departamento de producción

Este paso cubre la ejecución real del plan de transición, así como el apoyo del departamento de producción y los ajustes necesarios durante los primeros meses de funcionamiento del nuevo sistema, especialmente el primer cierre de fin de período. Si el plan de transición está bien definido y documentado, la ejecución del plan no encontrará dificultades. Lo cual no quiere decir que la transición no tenga que gestionarse. En realidad, debe ser gestionada de cerca porque muchas tareas de la transición están interrelacionadas. Si no se consigue ejecutar correcta y completamente alguna de las tareas de la transición, ello puede tener graves consecuencias para las tareas subsiguientes y, por tanto, para la transición de las operaciones a la nueva aplicación. Además, no todos los acontecimientos pueden planificarse. En realidad, la mayoría de las transiciones a una nueva aplicación no están exentas de dificultades. Pero los proyectos en los que se elabora un plan de transición detallado y bien definido es más probable que mitiguen con éxito los problemas no previstos que los proyectos en los que la transición se hace sin un plan.

El proyecto no ha terminado una vez ejecutado el plan de transición. En los primeros días y semanas de funcionamiento del nuevo sistema se aprende mucho. Los procedimientos, los flujos de trabajo y la formación deben ser revisados y ajustados en cuanto a los aspectos de la aplicación no tenidos en cuenta durante el proyecto de integración. Además, la «sintonización» del sistema (es decir, el conseguir que el sistema funcione más eficientemente desde un punto de vista técnico) suele llevarse a cabo durante los primeros meses de operación de una aplicación. Por último, hasta que el sistema no se pruebe por lo menos una vez diaria, semanal, trimestralmente y a fin de año, estos procesos iniciales de fin de período pueden estar llenos de baches en el mejor de los casos.

Resumen

Los proyectos de integración de *software,* por su propia naturaleza, no están exentos de dificultades. Su complejidad y su probable fracaso son consecuencia de factores tales como el número de áreas afectadas por la aplicación, la capacidad de cambio de una organización y el número y alcance de otros proyectos de integración en marcha en una organización. Sin embargo, las posibilidades de éxito de un proyecto de integración pueden aumentar considerablemente consiguiendo el compromiso y apoyo de la alta dirección, utilizando técnicas de gestión de proyectos, logrando formar un equipo que satisfaga las estimaciones de recursos y las habilidades necesarias y ejecutando el proyecto siguiendo un proceso estructurado.

El centro de atención de este capítulo es el de proporcionar técnicas de gestión de proyectos y un proceso estructurado para integrar con éxito el *software* en una organización. De nuevo, teniendo en cuenta que no existen dos proyectos de integración iguales, cada una de las técnicas y pasos descritos en este capítulo deben ser examinados y adaptados para satisfacer mejor las necesidades de un proyecto particular antes de empezar la actividad de integración. Una vez que esté terminada la adaptación, puede iniciarse la estructuración y planificación del proyecto utilizando las técnicas y pasos adaptados como *input* para las estimaciones del plan.

De nuevo, cualquier proyecto de integración puede describirse en un principio como de alto riesgo. La manera en que la organización mitigue este riesgo a través de la gestión y estructuración del proyecto tendrá como consecuencia un proyecto afortunado o bien uno que está destinado a fracasar desde el principio.

Capítulo 25

Intercambio electrónico de datos*

Introducción

El intercambio electrónico de datos (EDI, *electronic data interchange)* se considera una interesante nueva tecnología. Ha sido el tema de admirables artículos en revistas y periódicos. Los ejecutivos de las empresas oyen decir a muchos de sus colegas que el EDI contribuye a facilitar los procesos de información y económicos de la empresa. Muchos ejecutivos están expuestos al EDI a través de iniciativas de sus proveedores y de sus clientes o de unos y otros. Sin embargo, el EDI no es nuevo. Lo que es nuevo es la creciente aceptación del mismo como un modo habitual de hacer negocios.

El EDI, lo mismo que la fabricación *just in time,* la calidad total, el rediseño de los procesos de negocio y muchas otras estrategias empresariales basadas en acrónimos, está convirtiéndose en un aspecto corriente de las organizaciones competitivas. Las firmas que tienen éxito están combinando estas estrategias para lograr una mayor ventaja y fuerza competitiva.

Lo que los ejecutivos deben saber acerca del EDI

Cualquier director general, o director financiero o ejecutivo de alto nivel debe poseer un conocimiento práctico de las tecnologías o estrategias empre-

---

* Este capítulo ha sido escrito por Jeffrey L. Sturrock, de Texas Instruments.

sariales que transformarán la manera de llevar a cabo los negocios. El EDI es una de las pocas tecnologías que es también un nuevo enfoque estratégico de la empresa. El EDI cruza todos los límites de la empresa, requiere un cambio profundo de la organización, una mejor gestión de la relación cliente-proveedor, y puede cambiar los procesos habituales basados en el papel. En algunos casos, el EDI define de nuevo las transacciones legales, elimina los métodos de archivo de datos históricos y puede cambiar los límites del activo y del pasivo. Los ejecutivos empresariales no necesitan convertirse en expertos en EDI, pero es necesario la posesión de un conocimiento general de las posibilidades y problemas del mismo.

Definición

El intercambio electrónico de datos (EDI) es el intercambio de información de ordenador a ordenador en un formato normalizado. Hay tres elementos clave en esta definición:

1. El intercambio de ordenador a ordenador, más exactamente definido, es el intercambio de datos de aplicación a aplicación (por ejemplo, de la aplicación de compras a la aplicación de entrada de pedidos) sin ninguna intervención manual.
2. La información está constituida por cualesquiera datos que sean necesarios para realizar un negocio, y normalmente se intercambia en forma de una transacción mercantil (una orden de compra o una factura).
3. Finalmente, una parte importante de la definición del EDI requiere la utilización de formatos de datos normalizados y recíprocamente aceptados para la definición estructurada de los datos de intercambio.

El EDI no es un fax, ni un correo electrónico, ni una entrada electrónica de pedidos, ni informática distribuida, aunque cada uno de estos aspectos tiene un lugar apropiado en las estrategias del sistema informatizado de gestión de la empresa. Las técnicas de intercambio de información pueden situarse en aproximadamente cuatro categorías (véase la figura 25.1). Las técnicas de intercambio de persona a persona, tales como el teléfono, el fax o el correo tradicional, están destinadas a las comunicaciones interpersonales. Las técnicas de intercambio de persona a aplicación, tales como la entrada electrónica de pedidos o las aplicaciones de terminales cautivos, se utilizan para la introducción de datos de persona a ordenador. Las técnicas de aplicación a persona, tales como la generación de informes por lotes o la notificación automatizada de espera por error, son comunicaciones automatizadas de ordenador a persona. El EDI es una de las pocas técnicas de comunicaciones de aplicación a aplicación (de ordenador a ordenador). Ofrece intercambio automatizado de información integrada sin intervención manual.

De persona a persona	De persona a aplicación
Teléfono Fax Buzón de voz Correo electrónico Correo tradicional	Entrada electrónica de pedidos Terminal cautivo Diseño por ordenador/ fabricación informatizada
Generación de informes por lotes Espera automatizada por errores Proceso distribuido	Intercambio electrónico de datos (EDI)
De aplicación a persona	De aplicación a aplicación

FIGURA 25.1. **Matriz de intercambios**

Varias encuestas recientes han indicado que, aunque las empresas se han informatizado con el tiempo, todavía se realizan una gran cantidad de procesos manuales. Las estimaciones indican que aproximadamente el 80% de toda la información que circula entre empresas que comercian la imprime un ordenador y se vuelve a introducir en otro ordenador a través del teclado para procesarla (véase la figura 25.2).

El EDI permite a los empresas que comercian eludir este proceso de imprimir-enviar-introducir que habitualmente ha causado demoras y errores y ha aumentado el coste de los gastos generales. Dicho con brevedad, el

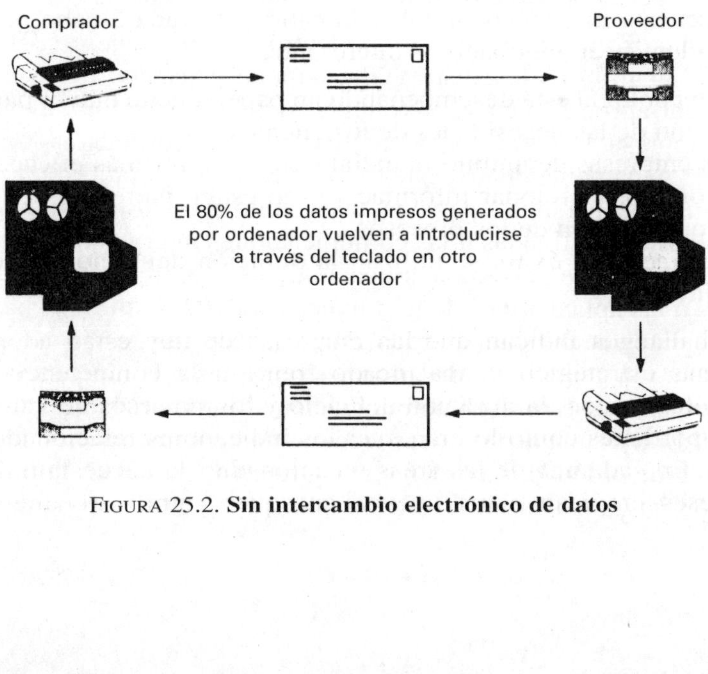

FIGURA 25.2. **Sin intercambio electrónico de datos**

EDI permite a las empresas realizar negocios en un entorno sin papel y gestionar el flujo de información de un modo mucho más eficaz (véase la figura 25.3).

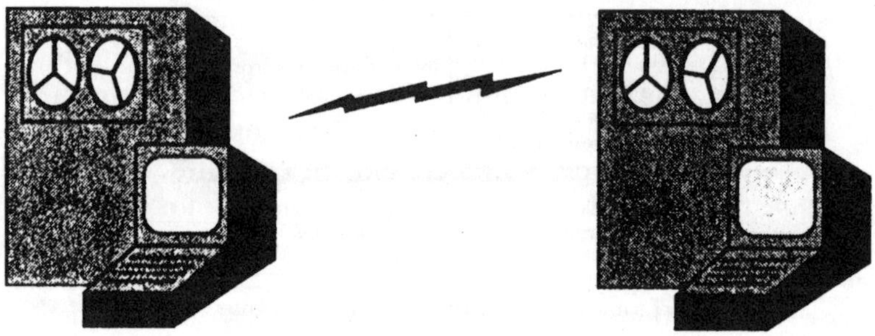
Sin intervención manual

FIGURA 25.3. **Con intercambio electrónico de datos**

EL EDI COMO ESTRATEGIA EMPRESARIAL

Aunque el EDI parece ser una tecnología de sistemas de información de gestión, realmente es mucho más que eso. El EDI tiene una repercusión mayor sobre los departamentos y procesos de negocio fundamentales que sobre el departamento de sistemas de información. El mercado mundial actual es cada vez más competitivo y exige nuevos enfoques empresariales. En una reciente encuesta internacional sobre la calidad llevada a cabo por Ernst & Young, se identifican tres factores interesantes:

1. La tecnología está desempeñando un papel mucho mayor para la satisfacción de las necesidades de los clientes.
2. Las empresas de ámbito mundial quieren hacer más eficaces los procesos y proporcionar información; no están interesadas en la simple automatización de los procesos.
3. Para medir el éxito, se utilizan la duración del ciclo y otros índices indirectos.

Estos hallazgos indican que las empresas de hoy están adoptando un enfoque más estratégico y apalancado frente a la competencia mundial, donde la información, la duración del ciclo y los procesos de valor añadido son tan importantes como lo eran ayer los indicadores relacionados con los beneficios. En cada una de las áreas mencionadas, la encuesta indicaba que los japoneses emplean estos nuevos enfoques significativamente más a menudo de lo que lo hacen los participantes de Canadá, Alemania y los Estados Unidos.

Las empresas líderes a nivel mundial, tanto privadas como públicas, utilizan a diario el EDI. Se considera que el mercado del EDI norteamericano se doblará en los próximos cinco a diez años, y predicciones moderadas del mercado internacional indican un crecimiento todavía mayor. Aunque el EDI no es la razón de que estas empresas tengan éxito, cada una de estas organizaciones se da cuenta de que es importante compartir la información entre empresas. Parte de esta información se comparte entre varias áreas funcionales dentro de la estructura de una sociedad. Si el EDI se integra adecuadamente en los sistemas de información de la empresa y los procesos de negocio fundamentales se rediseñan, los responsables de la toma de decisiones pueden adoptar decisiones adecuadas de gestión comercial.

El EDI es simplemente uno de los muchos instrumentos que apoyan las prioridades empresariales. La combinación del EDI con otros instrumentos estratégicos, tales como la utilización de un sistema de códigos de barras, la fabricación *just in time,* la fabricación asistida por ordenador, el diseño por ordenador y los acuerdos de facturación en base a cantidades estimadas, ofrece importantes ventajas a quien la pone en práctica.

Historia

En realidad, el EDI existe desde hace más de veinte años. La expresión EDI fue acuñada a mediados de los años setenta. En sus comienzos, los datos se intercambiaban entre empresas utilizando formatos definidos conjuntamente en medios tales como la cinta magnética, las tarjetas perforadas, etc. A mediados de los años setenta y hasta el final de ese decenio, varios sectores precursores de la industria empezaron a convertir el EDI en una estrategia formal para toda la industria.

Una de las primeras industrias que se puso a la cabeza en el área del EDI fue la del sector del transporte. Los transportistas por ferrocarril y oceánicos estaban siendo inundados por el gran volumen de papel necesario para trasladar las mercancías a través de la cadena de transporte. A menudo, se requerían más de quince o veinte documentos diferentes para trasladar una única expedición desde un remitente, a través de varios puntos de transporte, hasta los últimos consignatarios.

A medida que la industria del transporte empezó a automatizarse e informatizarse, se dio cuenta de que muchos de los datos que figuraban en cada uno de los documentos eran redundantes. Consiguientemente, la industria del transporte formó un grupo denominado «El comité de datos del transporte», al que se le encargó el desarrollo de un formato de intercambio electrónico de datos estándar para las empresas de transporte miembros de dicho comité. A comienzos de los años 80, la mayoría de las transacciones que requerían trasladar mercancías a través de la cadena de transporte habían sido diseñadas y se habían desarrollado unos estándares para el formato de intercambio electrónico de datos. Estos estándares de formato se denominaron *conjuntos de transacciones*.

Durante este período, otros grupos industriales de los Estados Unidos y del extranjero estuvieron desarrollando también normas específicas de la industria para el intercambio de datos. Se hizo evidente que era necesario el intercambio de datos entre industrias. La definición de formatos estándar específicos de cada industria no permitía que diferentes sectores industriales se comunicaran eficazmente. En 1979, el Instituto Estadounidense de Normas (ANSI) autorizó al Accredited Standards Committee para EDI-X12 (ASC X12), para empezar a establecer normas EDI entre industrias o de carácter general. En la actualidad, hay más de 100 normas ANSI que definen una gama completa de formatos de datos que aceptan el intercambio efectivo de datos desde el principio al fin de toda la duración del ciclo empresarial (véase la figura 25.4). Esencialmente, todo el ciclo, desde la solicitud inicial de una oferta hasta el pago final, puede ahora realizarse electrónicamente utilizando las normas X12 EDI. Del mismo modo, un conjunto de normas EDI internacionales denominado EDIFACT (EDI para administración, comercio y transporte) está siendo desarrollado para cubrir las necesidades del comercio internacional. Las normas EDIFACT se redactan bajo los auspicios de las Naciones Unidas y de la Organización Internacional de Normalización (ISO).

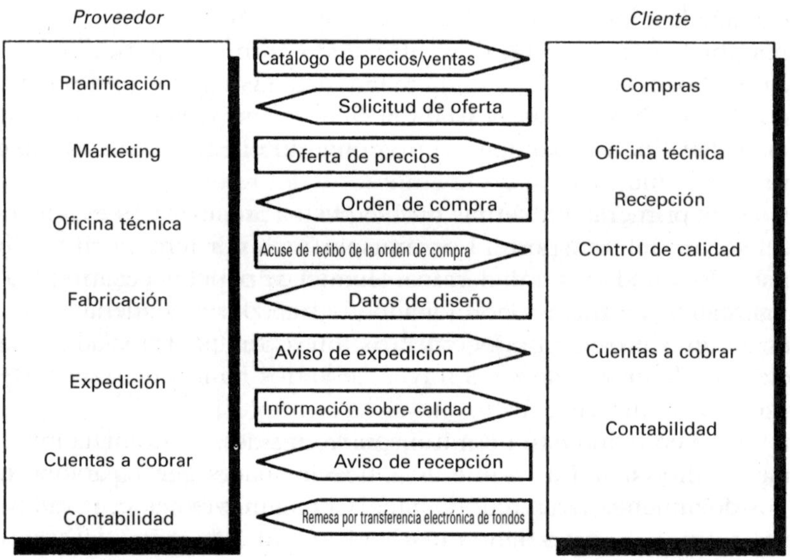

FIGURA 25.4. **Duración del ciclo de información electrónica**

Se estima que hay entre 25.000 y 35.000 empresas en todo el mundo que utilizan el EDI para reducir los costes y aumentar la calidad de su servicio al cliente, y que esta base se está duplicando cada año.

Ventajas

Aunque la aplicación del EDI lleva aparejados unos ahorros inmediatos, las mayores ventajas pueden obtenerse a través de su integración en los sistemas de información de la empresa, combinado con el rediseño de los procesos de negocio fundamentales. Por consiguiente, el EDI cambia la manera en que las empresas realizan su actividad. Algunas de las ventajas del EDI son:

— Un menor número de errores de transcripción y de introducción.
— Una mayor capacidad para soportar la fabricación bajo pedido, a través del intercambio electrónico de la oferta de precios, el diseño y los datos del pedido.
— Unos mejores procesos *just in time* en los puntos de interfaz, tanto del proveedor como del cliente.
— Disminución de los gastos generales y de los costes indirectos inherentes al proceso mediante papel.
— Mejor cash flow a través de la gestión electrónica del efectivo y de la transferencia electrónica de fondos.
— Mayor disponibilidad de información sin aumento del coste de los gatos generales.
— Mayor ventaja competitiva gracias a los servicios de información y tecnología de valor añadido.

Los ahorros finales y las posibilidades de disminución de costes de cada uno de estos aspectos dependen del nivel y grado de integración del EDI con los sistemas de información de la empresa y del rediseño de los procesos de negocio fundamentales. La simple réplica de los procesos de negocio basados en el papel, sólo magnificará los errores existentes, mientras que el rediseño de los procesos ofrecerá verdaderamente valor añadido y ventajas. Los ejemplos de ahorro de costes proporcionado por el EDI en empresas importantes se detallan semanalmente en las publicaciones principales y de mayor difusión.

Aunque cada uno de estos testimonios es impresionante, el EDI será sólo una parte de la solución que permitió a cada una de las organizaciones lograr las ventajas expuestas. Las primeras aplicaciones del EDI, que simplemente emulaban los procesos manuales de papel, ofrecieron pocas ventajas, si es que ofrecieron alguna. Los usuarios sofisticados del EDI indican claramente que el uso estratégico del EDI con el rediseño de los procesos de negocio cambia la forma de trabajar y ofrece las mayores ventajas. Además de cambiar los procesos de negocio básicos, el EDI está siendo ahora utilizado en áreas distintas de las de compras y facturación. Algunas de las posibles aplicaciones del EDI en las empresas son:

- — La planificación de los datos puede pasar del cliente al proveedor para apoyar un sistema *just in time*.
- — La petición de oferta y la respuesta pueden negociarse electrónicamente.
- — Pueden eliminarse las facturas a través de la conciliación de las órdenes electrónicas de compra con las notificaciones electrónicas de expedición y con la recepción física de mercancías.
- — Los proveedores pueden gestionar los niveles de reposición de los clientes a través de la recepción de la demanda y de los datos de consumo.
- — Los datos del diseño por ordenador pueden pasarse entre cliente y proveedor a través del EDI durante las fases de diseño y desarrollo del producto.
- — Los pagos pueden hacerse a través del EDI y de la transferencia electrónica de fondos y pueden incluir información sobre la remesa para la conciliación final de las cuentas del proveedor.
- — Las listas de las mercancías transportadas, los conocimientos de embarque y las cartas de porte pueden ser intercambiadas, conciliadas y pagadas electrónicamente.
- — Los catálogos de precios/ventas, la información sobre productos y las especificaciones de los productos pueden intercambiarse a través del EDI.
- — Los datos que informan de la calidad y los datos paramétricos pueden intercambiarse electrónicamente y ser automatizados en los programas de calidad del ámbito de toda la empresa.

Éstos son solamente algunos de los posibles usos del EDI. Sin embargo, muchos ejecutivos que evalúan el posible uso del EDI se preguntan qué ventajas les ofrece su utilización. En una encuesta realizada por el Instituto Estadounidense de Normas, el Acredited Standards Committee para EDI-X12, los 500 usuarios principales del EDI de los Estados Unidos citaron unas mejores relaciones y la ventaja competitiva como los dos beneficios principales conseguidos a través del EDI.

La mayoría de los usuarios norteamericanos del EDI nunca realizaron una justificación del coste antes de la utilización del EDI. Los nuevos usuarios del EDI, sin embargo, desean saber qué ventajas se reflejan en los resultados finales de la cuenta de resultados por el uso del EDI y el rediseño de los procesos de negocio. A continuación, ofrecemos información obtenida a través del estudio de casos prácticos de empresas que han puesto en marcha con éxito programas de EDI, conjuntamente con el rediseño de los procesos de negocio, otras herramientas tecnológicas y de gestión del cambio.

Mecánica

Técnicamente, el EDI no es difícil. Una sencilla puesta en aplicación del EDI puede llevarse a cabo con un microordenador, *software* y un módem. Teóricamente, hay cinco componentes básicos en cualquier sistema de EDI. El *hardware,* las aplicaciones de *software* (por ejemplo el sistema de compras y de cuentas a cobrar), el *software* de traducción, los soportes de telecomunicaciones y las normas EDI (véase la figura 25.5). El EDI puede ser ejecutado en cualquier tipo o tamaño de *hardware,* desde un ordenador personal o Macintosh hasta un gran ordenador, pasando por los ordenadores de la gama intermedia. Las aplicaciones de *software* del negocio, tal como el sistema de compras, son el emisor o el receptor de las transacciones comerciales del EDI (orden de compra y acuse de recibo de ésta). El *software* de traducción se utiliza para formatear el lenguaje de datos propietario de la aplicación empresarial a un lenguaje de formato empresarial EDI, comprensible por el receptor comercial a quien está destinado. Las normas ofrecen un lenguaje electrónico común fácilmente comprensible por la comunidad empresarial del mundo entero.

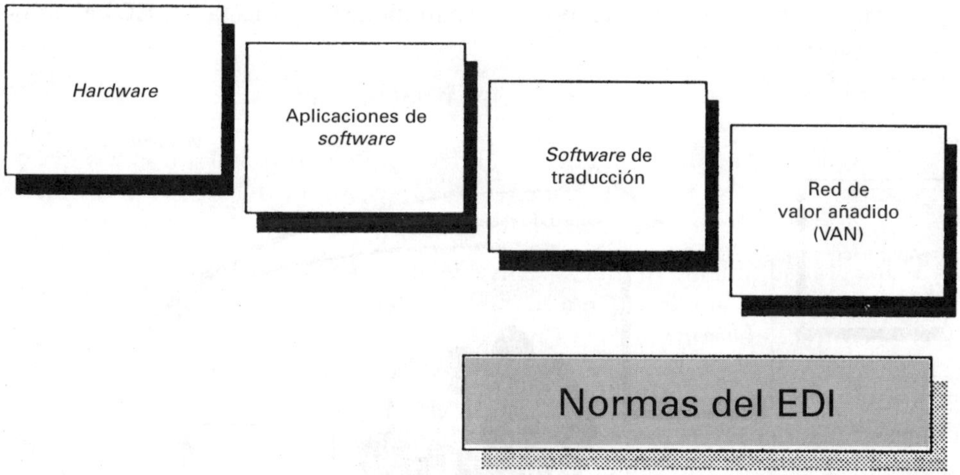

FIGURA 25.5. **Componentes del sistema del EDI**

Un ejemplo de transacción EDI característica podría incluir los pasos siguientes (véase la figura 25.6):

— El jefe de compras de un comprador introduce una orden de compra en un sistema de compras.

— Periódicamente, las órdenes de compra individuales se agrupan hacia el *software* de traducción del EDI.
— El *software* de traducción reformatea los datos de la orden de compra convirtiéndolos a un formato estándar común del EDI y prepara los datos para la comunicación al proveedor.
— El *software* de comunicaciones envía los datos estándar del EDI por las líneas telefónicas públicas o a través de los recursos de buzón de mensajería electrónica de una red de valor añadido (VAN) al receptor al que están destinados.
— El *software* de traducción del receptor (del proveedor) reformatea los datos de la orden de compra procedentes del formato estándar del EDI, convirtiéndolos a un formato interno y agrupa los datos de la orden de compra hacia el sistema de registro de pedidos del proveedor.
— El sistema de entrada de pedidos del proveedor evalúa los datos de la orden de compra y genera una orden interna en el sistema de registro de pedidos.
— Después de la evaluación, validación y revisión, un representante de ventas confirma las condiciones de la orden de compra en el sistema de entrada de pedidos.
— El sistema de registro de pedidos genera un acuse de recibo de la orden de compra, que a su vez pone en marcha una respuesta del EDI al comprador original.

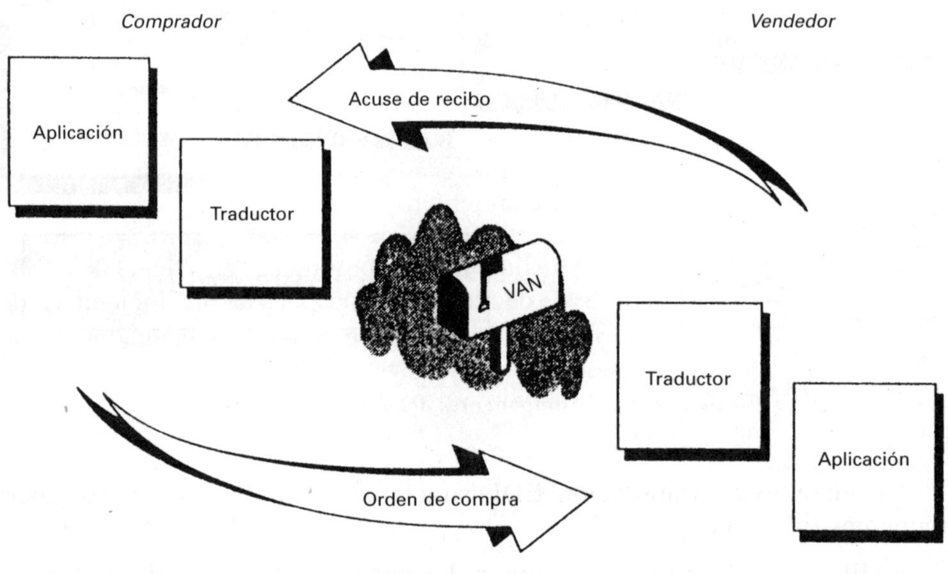

FIGURA 25.6. **Funcionamiento del EDI**

Aunque el EDI no es técnicamente difícil, su puesta en aplicación puede serlo desde el punto de vista logístico. Para disfrutar de las ventajas descritas antes, es necesaria una planificación efectiva para integrar plenamente el EDI en la estructura de sistemas de información de la empresa. Han de considerarse y resolverse algunos problemas comerciales y técnicos.

PROBLEMAS Y CONSIDERACIONES TÉCNICAS

— ¿Existen aplicaciones de la propia empresa capaces de enviar y recibir las transacciones del EDI o son necesarios cambios en las aplicaciones para integrar plenamente el EDI en el flujo de los procesos de información?
— ¿Qué plataforma de *software* debe apoyar el proceso del EDI?
— ¿Debe el intercambio de datos con la aplicación fuente producirse en una modalidad de proceso por lotes o basarse en un proceso de transacciones?
— ¿Existen puntos de comprobación del *software* para validar (y corregir) los datos de entrada del EDI antes de su introducción en la aplicación?
— ¿Han sido todos los datos de cada transacción potencial identificados para soportar los requisitos de los datos empresariales, tanto internos como de las empresas con las que se mantienen relaciones comerciales?
— ¿Ha sido establecida una correspondencia correcta con el formato estándar del EDI de todos los datos identificados?
— ¿Debe el *software* de traducción desarrollarse en la propia empresa o adquirirse en el exterior?
— ¿Han sido implantados todos los instrumentos de gestión de flujo de datos para apoyar operativamente al EDI?
— ¿Deben transmitirse los datos directamente por sistemas de comunicaciones telefónicas conmutadas o a través de los recursos de buzón de mensajería electrónica por almacenamiento y reexpedición de una red de valor añadido (VAN) de un tercero?
— ¿Se han implantado las herramientas de *hardware* y *software* necesarias para soportar los requisitos de las comunicaciones de datos?
— ¿Existen planes operativos de rearranque después de una incidencia, de reparación de averías u otras incidencias y para la recuperación de errores?
— ¿Están implantadas las medidas apropiadas de seguridad para proteger los sistemas internos?

CUESTIONES Y CONSIDERACIONES EMPRESARIALES

La puesta en aplicación del EDI requiere normalmente cierto nivel de rediseño de los procesos de negocio y de cambio organizativo. La planificación de la puesta en marcha del EDI requiere la participación de todas las áreas funcionales del entorno corporativo. Como mejor se dirige una puesta en marcha efectiva del EDI es por un comité de dirección a nivel de empresa, con representación de la más alta dirección de todas las áreas funcionales (por ejemplo, compras, planificación, fabricación y cuentas a pagar). Es esencial que el líder del proyecto comprenda bien todas las áreas funcionales y tenga autoridad para llevar a cabo los cambios necesarios en apoyo del EDI.

Algunas cuestiones empresariales que deben considerarse durante la puesta en marcha del EDI son:

— ¿Se ejecutan todos los procesos de negocio de una manera eficaz en apoyo de las necesidades funcionales del negocio?
— ¿Qué datos son necesarios para completar una transacción comercial y cuándo y dónde se necesitan ciertos datos?
— ¿Qué transacciones comerciales son candidatas para el EDI?
— ¿Qué otros instrumentos tecnológicos deben integrarse con el EDI?
— ¿Qué empresas con las que se mantienen relaciones comerciales son candidatas para el EDI?
— ¿Qué cambios organizativos serán necesarios como consecuencia de la puesta en marcha del EDI?
— ¿Existe un plan realista de implantación?
— ¿Se ha establecido un proceso de revisión para evaluar los beneficios y el período de recuperación de la inversión de la implantación del EDI?
— ¿Existen todos los procedimientos de auditoría, jurídicos y de seguridad para soportar un proceso EDI sin papeles?
— ¿Han sido informados el personal interno y las empresas externas con las que se mantienen relaciones comerciales y se les ha instruido en lo que concierne a los efectos posibles de la utilización del EDI?

Éstas son solamente algunas de las cuestiones técnicas y empresariales que deben tenerse en cuenta antes de la utilización del EDI. Lo mismo que cualquier programa empresarial, la planificación estratégica de la puesta en marcha puede proporcionar una herramienta excelente para resolver estas cuestiones. Para la implantación del EDI pueden hacer falta entre 4 y 60 semanas. El promedio actual de la industria para la implantación del EDI es de 32 semanas.

Implantación

La decisión por parte de la dirección de la empresa de poner en marcha el EDI puede afectar a todos los aspectos de la cultura de la empresa. El EDI no es simplemente otra tecnología del sistema de información de gestión: es una estrategia comercial premeditada que utiliza herramientas tecnológicas para apoyar las prioridades económicas de las empresas.

Hay varios pasos que pueden mejorar el proceso de puesta en marcha del EDI:

— Aprender más acerca de cómo puede funcionar el EDI para necesidades específicas.
— Conseguir el consenso y el compromiso de la dirección.
— Organizarse para la puesta en marcha del EDI.
— Elaborar un plan estratégico del EDI.
— Realizar análisis y un diagnóstico de los procesos y la tecnología.
— Diseñar un sistema y un programa del EDI para todo el ámbito de la empresa.
— Preparar una estrategia de despliegue que incluya a las empresas con las que se mantienen relaciones comerciales.

Resumen

El EDI es un instrumento que puede ser un facilitador de los objetivos estratégicos de la empresa. Aunque técnicamente no es difícil, requiere la comprensión y el compromiso de la dirección. En sí mismo, el EDI no es una solución. Sin embargo, junto con otras iniciativas estratégicas de la empresa, puede convertirse en un poderoso facilitador. La mayoría de las principales industrias norteamericanas e internacionales utilizan ahora el EDI. La información y la formación están fácilmente disponibles.

Capítulo 26

«Groupware» («software» para el trabajo en equipo)*

Introducción

El *groupware (software* para el trabajo en equipo) se está convirtiendo rápidamente en uno de los temas de los que más se habla en los círculos directivos. Sin embargo, aunque muchas personas han oído esta expresión, han leído artículos o han asistido a una demostración del producto, todavía siguen preguntándose «¿De qué se trata?» y «¿Para qué sirve?».

La palabra *groupware* se refiere al *software* diseñado para apoyar el trabajo de un grupo y, más específicamente, al *software* diseñado para facilitar las actividades de colaboración de los equipos de trabajo. El objetivo de las aplicaciones de *groupware* es mejorar la productividad del trabajo en grupo.

Historia

Los sistemas informatizados se dividen en dos categorías principales: 1) sistemas para todo el ámbito de la organización, que procesan las transaccio-

---

* Este capítulo ha sido escrito por Hans Hultgren, presidente de Integrated Systems Group, Inc., Golden, Colorado.

nes centralmente y producen información para la dirección, y 2) sistemas personales con una amplia serie de instrumentos designados para mejorar la productividad individual: herramientas tales como la automatización de oficinas, el *software* de tratamiento de textos, las hojas de cálculo y las aplicaciones de bases de datos.

Las tendencias actuales en informática incluyen las aplicaciones de cliente-servidor, la conexión a través de redes informáticas, la informática distribuida, la búsqueda de la dimensión correcta, la informática de usuario final, el intercambio electrónico de datos, las estaciones de trabajo personales, la interfaz gráfica de usuario, la tecnología orientada a objetos y los sistemas abiertos. Todas estas tecnologías comparten una serie de características comunes: son más pequeñas y más rápidas de lo que solían serlo los ordenadores; son también escalables, fáciles de utilizar, accesibles para el usuario y permiten compartir la información.

Entretanto, las tendencias actuales de dirección indican un enfoque hacia el trabajo en equipo, las estructuras organizativas planas, la dirección participativa, la delegación de responsabilidades en los empleados, la dinámica de grupos de trabajo, las organizaciones mundiales descentralizadas, los equipos de calidad total y un aumento de las comunicaciones. En particular, el concepto de trabajo en equipo parece estar creciendo rápidamente si los equipos se crean para un propósito específico (basándose en sus habilidades, no en su categoría o ubicación) y para un período de tiempo limitado. El *groupware* representa la respuesta lógica a estas tendencias de la informática y de la dirección. Se saca partido de las tendencias tecnológicas para centrar la atención en el trabajo real del equipo.

El *groupware* está diseñado para sacar provecho del creciente entorno de redes de áreas locales al facilitar la colaboración y el acceso a la información compartida en los proyectos de equipo.

Definición

El *groupware* es básicamente un *software* diseñado para equipos de personas que trabajan juntas utilizando información compartida. Se utiliza para diseminar y organizar la información y permitir su uso interactivo o en colaboración. Se diseña en torno a los procesos de trabajo y los apoya.

Las posibles funcionalidades del *groupware* son las posibilidades de correo, de acceso a información compartida, de gestión de documentos (incluyendo la actualización interactiva) y el *groupware* de apoyo para reuniones. (Véase la figura 26.1.)

MATRIZ TIPO DE «GROUPWARE»-PRESTACIONES

Tipo de *groupware*	Localización	Momento	Producto a entregar al equipo	Interactiva con los miembros del equipo	Compartir aplicación	Compartir documento
Posibilidades de correo	En cualquier parte	En cualquier momento	No	No	No	Sí
Acceso compartido a la información	En cualquier parte	En cualquier momento	No	Quizá	Quizá	Sí
Gestión de documentos	En cualquier parte	En cualquier momento	Quizá	Quizá	Quizá	Sí
Apoyo a las reuniones En un momento diferente	En cualquier parte	En cualquier momento	Quizá	Quizá	Sí	Sí
Apoyo a las reuniones Mismo tiempo/diferente lugar	En cualquier parte	Mismo	Sí	Sí	Sí	Sí
Apoyo a las reuniones Mismo tiempo/mismo lugar	Mismo	Mismo	Sí	Sí	Sí	Sí

FIGURA 26.1. **Prestaciones del *groupware***

Correo

En la primera categoría, las posibilidades de correo, una persona crea los documentos y los transmite a otra persona del mismo sistema. El correo electrónico está muy difundido en la actualidad y normalmente incluye características avanzadas, tales como los envíos de uno a muchos, los informes sobre correo abierto y no abierto, la posibilidad de enlazar con otros sistemas, y la gestión del correo (archivo, depuración y generación de informes). Con las herramientas avanzadas de *groupware,* el expedidor puede adjuntar otros documentos, incluyendo hojas de cálculo, gráficos, diagramas e informes.

Con frecuencia, el *groupware* incluye aplicaciones capaces de generar un envío: el correo puede iniciarse desde dentro de la propia aplicación. Por ejemplo, mientras revisa un informe financiero en una aplicación de hoja de cálculo, tiene usted que hacer una pregunta a Susana sobre las cifras presentadas por la delegación de la Costa Este. Sin dejar su aplicación de hoja de cálculo, selecciona usted la parte del informe financiero relacionada con su pregunta, inicia el correo, escribe un rápido memorándum y envía ambos documentos a Susana.

Aparece un mensaje en el ordenador personal de Susana alertándola sobre el correo de entrada. Cuando abre el correo ve inmediatamente la hoja de cálculo adjunta.

Acceso compartido a la información

El acceso compartido a la información se inicia con las posibilidades básicas de redes de área local para el acceso compartido a los ficheros. Además del concepto característico de fichero-servidor, el *groupware* puede permitir que muchos usuarios compartan datos simultáneamente. Este tipo de *software* suele denominarse *software* de comunicaciones en grupo. Una red de área local permite a un usuario recuperar y visualizar los mismos documentos, en una aplicación de *groupware,* varias personas pueden utilizar la misma versión del documento a la vez.

Gestión de documentos

La gestión de documentos incluye el seguimiento, el control de la versión y la ayuda para la visualización en tiempo real, la anotación y la edición de documentos. Además, la aplicación de *groupware* hará el seguimiento y consignará cualesquiera actualizaciones y manejará cualesquiera situaciones de conflicto en la utilización de datos.

Esta prestación es apropiada para los sistemas de seguimiento. Por ejemplo, el miembro de un equipo puede estar observando la situación de varias auditorías u otros proyectos. Normalmente, estos proyectos se organizarán en torno a una carpeta de auditoría o proyecto que contiene todos los datos originales y la documentación conexa. Los sistemas habituales de seguimiento podrían seguir la pista de dónde está la carpeta, si lleva o no retraso, y cualesquiera cuestiones relacionadas con ella. El *groupware* desempeñará estas mismas funciones. Sin embargo, puede mantener también la carpeta entera *on-line* con todas sus conexiones. En este supuesto hipotético, cualquier miembro del equipo podría visualizar en cualquier momento la versión más actualizada de la auditoría, plan de proyecto o diseño de *software*.

Apoyo a reuniones

La última categoría es el *groupware* de apoyo a las reuniones: el *software* utilizado para mejorar la productividad de una reunión. Este tipo de *groupware* centra la atención en la transformación de una reunión normal, donde los participantes hablan acerca del trabajo que ha de hacerse, en una reunión en la que el trabajo se realiza realmente. Esto se logra a través de la posibilidad de solicitar ideas a más de una persona a la vez, captar automáticamente toda la información de la reunión y permitir a los participantes expresar sus opiniones anónimamente. Cada persona de la reunión tiene un ordenador personal que utiliza para ofrecer recomendaciones, hacer comentarios, priorizar o cualquier otro tipo de comunicación.

Existen ineficiencias inherentes a la manera en que normalmente se celebran las reuniones. Estas ineficiencias se traducen en grandes costes para una empresa normal, donde, en promedio, los profesionales pueden dedicar entre el 30 y el 70% de su tiempo a reuniones. Muchas reuniones no permiten que todo el mundo exprese su opinión. La regla 20/80 es aplicable a las reuniones: el 20% de las personas hablan durante el 80% del tiempo. Al permitir que muchas personas den su opinión al mismo tiempo, a las personas que normalmente no participan en las reuniones se les ofrece la oportunidad de hacerlo. Las ideas y las aportaciones de aquellos que temen hablar frente a otros pueden ser captadas haciendo que participen de forma anónima. Pueden exponerse ideas polémicas que normalmente no se debatirían. Los participantes no se sienten preocupados porque sus ideas puedan parecer ridículas. (Esto es importante porque la mayoría de las ideas que se desvían de los paradigmas probablemente entrarán en esta categoría.)

El *groupware* de apoyo a reuniones reduce la frecuencia del llamado «pensamiento colectivo», donde todos los miembros de un grupo reprimen sus preocupaciones por una idea determinada en apoyo de la opinión que perciben en el grupo. Esto es especialmente importante cuando un equipo se enfrenta con la necesidad de tomar una decisión difícil (una reducción del presupuesto, cómo reducir personal, la eliminación de una división, etc.). El *groupware* de apoyo a las reuniones saca el máximo partido de las reuniones al hacerlas más productivas, más flexibles y más breves.

Las aplicaciones del *groupware* de apoyo de reuniones varían, según cuál de las siguientes clases de reunión estén destinadas a apoyar:

— Reuniones simultáneas en el mismo lugar, donde las personas interactúan cara a cara.
— Reuniones simultáneas en diferente lugar, donde las personas se reúnen a través del sistema de *groupware* desde varios emplazamientos.
— Reuniones en diferentes momentos, donde, independientemente del emplazamiento, las personas mantienen una reunión durante cierto período de tiempo, pero no se requiere que interactúen en tiempo real.

En una reunión que se celebra al mismo tiempo y en el mismo lugar, es necesario una reunión interactiva cara a cara. En este caso, la clave está en facilitar la reunión (no en la tecnología). Se considera que será difícil mantener la atención de muchas personas sin las sugerencias no verbales y los otros tipos de interacción que se producen en las reuniones cara a cara con personas enfocadas en una tarea específica.

En una reunión al mismo tiempo y en diferente lugar, varias personas pueden estar en emplazamientos diferentes. En este caso, el *groupware* se esfuerza en emular al máximo posible a una reunión en el mismo lugar. A menudo, se emplea el concepto de reunión virtual: unas pantallas de vídeo permiten a personas situadas en varios lugares interactuar como si estuvieran frente a frente. Este tipo de reunión exige que las personas se sienten ante los ordenadores personales frente a grandes pantallas en diferentes ubicaciones. Las pantallas crean entonces la ilusión de que todos los miembros del equipo están en la misma habitación.

En las reuniones no simultáneas, el *groupware* se concentra en gestionar y hacer el seguimiento de las reuniones. Puede crearse un orden del día, asignar personas concretas y determinar los productos a entregar. El *groupware* puede entonces hacer el seguimiento del progreso del equipo y ayudar a mantener viva la reunión.

Entre los usos característicos del *groupware* de apoyo a las reuniones figuran la teleconferencia de grupo, la generación de informes de situación, la gestión de proyectos, los coloquios de grupo, la tormenta de ideas, la tormenta de ideas global, la revisión y edición de borradores de documentos, el examen de candidatos o solicitudes de ofertas, la planificación estratégica, los cambios organizativos, la auditoría y las encuestas entre empleados.

Por ejemplo, una persona presenta planes anuales, un presupuesto, un plan de márketing o algún otro documento a un grupo de colegas o miembros de un equipo, que proporcionan simultáneamente correcciones, ideas, comentarios y críticas constructivas. Los comentarios se examinan después en privado por el presentador que no sabe quién los ha escrito y sin la obligación de responder a los comentarios ni contradecirlos. Todas las ideas tienen el mismo peso porque nadie sabe quién las presentó.

Situación actual de la industria

Los productos de *groupware* varían considerablemente, según las funciones a las que han de apoyar. Existen varios productos que apoyan las posibilidades de correo, incluyendo varias aplicaciones de tratamiento de textos.

Dentro de las categorías de acceso a la información compartida y de la gestión de documentos, Lotus Notes es un producto completo que aborda estas funciones y algunas más. Notes es también un instrumento de desarrollo de aplicaciones que permite al usuario crear aplicaciones personalizadas para adaptarse a necesidades específicas.

Resumen

El *groupware* es una nueva orientación creciente y viable del *software* que puede traducirse en grandes ventajas para cualquier organización. Específicamente, las organizaciones que tienden a una estructura del trabajo en grupo deben considerar la aplicación del *groupware*. La revisión de las necesidades de compartir datos, de esfuerzos cooperativos y de disponer de herramientas de seguimiento de documentos servirá como base para analizar las ventajas del *groupware*.

Las actividades que requieren reuniones frecuentes —la planificación continua, priorización, tormenta de ideas y otros esfuerzos de colaboración— pueden encontrar grandes ventajas en las aplicaciones del *groupware* de apoyo a las reuniones. Una revisión del tiempo dedicado a las reuniones, el grado en que los resultados de las reuniones se producen a través de un proceso interactivo y la necesidad de ideas creativas y que fluyan libremente, proporcionará la información necesaria para evaluar las aplicaciones de *groupware* de apoyo de reuniones.

Las herramientas para el desarrollo de *software* están destinadas a automatizar algunos procesos. Esta automatización puede proporcionar grandes ventajas si el proceso es eficiente. Sin embargo, automatizar un proceso ineficiente o ineficaz dará como resultado por lo general un mal sistema. Las organizaciones que no están en favor del concepto de equipo y del libre acceso a la información no obtendrán ventajas de las aplicaciones de *groupware*.

Capítulo 27

El diseño gráfico en las empresas*

Introducción

¿Qué le viene a usted a la memoria cuando alguien menciona la palabra diseño gráfico? ¿Se representa usted unos gráficos en forma de tarta y unos diagramas de barras? ¿Logotipos de empresas o algún dibujo? Todos estos conceptos y muchos, muchos más, abarca la palabra diseño gráfico. En este capítulo, exploraremos brevemente las finalidades del diseño gráfico, los distintos tipos de gráficos y algunas de las herramientas actuales de desarrollo de *software* que soportan gráficos de tipo empresarial.

Propósito

La creación de cualquier documento empresarial implica tres elementos clave:

1. *Objetivos.* El documento responde a la pregunta: «¿Por qué se crea este documento?»
2. *Auditorio.* El documento responde a la pregunta: «¿A qué auditorio está destinado este documento?»

* Este capítulo ha sido escrito por Melissa W. Bragg. Gerente de Ernst & Young LLP, en Denver.

3. *Limitaciones del entorno*. Se responde a dos preguntas: «¿En qué momento se requiere la creación del documento?» y «¿De qué herramienta se dispone para apoyar la creación de documentos?»

Cuando se combinan estos tres elementos, las decisiones se toman de acuerdo con la naturaleza del documento resultante. ¿Es un breve memorándum que presenta los resultados de un proceso lo único que se requiere, o es necesario un informe más importante que detalla el proceso y sus resultados? Cada conjunto de objetivos de un documento, cada auditorio al que está destinado y las limitaciones del entorno dan por resultado una solución diferente.

¿Por qué se crean los diseños gráficos? Por dos razones principales:

1. *Lograr una transferencia efectiva de la información*. Todo el mundo ha oído el viejo refrán «Una imagen vale más que mil palabras».
2. *Conseguir y mantener la atención del auditorio*. Si el auditorio al que está destinado un documento es el cajón de un archivador, olvídese de los gráficos. Sin embargo, si el auditorio al que está destinado está compuesto total o parcialmente de seres humanos, usted quizá quiera algo que haga más probable que ellos realmente lean y presten atención al documento.

Para determinar en qué medida deben incluirse elementos gráficos como parte de un documento empresarial, los objetivos del documento, el auditorio al que está destinado y las limitaciones ambientales, todo esto debe tenerse en cuenta.

Elementos

La mayoría de las personas probablemente piensan en una imagen de algún tipo cuando piensan en un diseño gráfico: un gráfico informativo (un gráfico tipo tarta o un diagrama de barras), un organigrama, o quizá un dibujo de un comic. Sin embargo, si considera usted como diseño gráfico todos los elementos que pueden ayudar a transferir información o conseguir y mantener la atención del auditorio, las posibilidades aumentan. Los elementos gráficos pueden incluir entonces:

— *Juegos de caracteres*. Cuando estudiamos los juegos de caracteres, necesitamos abordar tres componentes:

1. *El tipo*. El nombre específico del juego de caracteres. Por ejemplo:

   Times
   Courier
   Univers

2. *El tamaño*. La altura y anchura de los caracteres. Los tamaños de los juegos de caracteres se describen como «caracteres por pulgada» (cpi); otros se describen con «puntos» (cuanto mayor es el número de puntos más grande es el carácter resultante). Por ejemplo:

   Courier 10 cpi
   Courier 12 cpi
   Univers 12 pt
   Univers 14 pt

3. *El aspecto*. El estilo de los caracteres del juego. Por ejemplo:

   Subrayado
   Negrita
   Cursiva
   Sombreada y hueca
   ~~Tachada~~

— *Símbolos de caracteres*. El • o topo es probablemente el símbolo más universalmente utilizado y reconocido. Sin embargo, la mayor parte del *software* de tratamiento de textos proporciona al usuario otros muchos símbolos. Por ejemplo, ✓ y ❑ pueden utilizarse en lugar del topo. Otros ejemplos son:

◆ ❂ ✎ ➟ ★ ▲

— *Recuadros o marcos*. Líneas horizontales y verticales que, utilizadas solas o en combinación, pueden «encuadrar» los textos o imágenes y de ese modo atraer la atención hacia los mismos. Por ejemplo:

> Un recuadro de texto sombreado le permite a usted atraer la atención a un mensaje o un fragmento de información concretos. Puede utilizarse también para interrumpir el flujo visual del documento y de ese modo aumentar el nivel de atención del auditorio.

Las tablas son otro modo de encuadrar la información de manera que se presente con más claridad, como puede verse en la tabla 27.1.

TABLA 27.1. **Cuota de mercado.* Tres productos de presentaciones gráficas en tres categorías, en unidades norteamericanas expedidas**

DOS	Macintosh	Windows
Software Publishing Corp. Harvard Graphics WordPerfect Corp. DrawPerfect Lotus Development Corp. Freelance	Microsoft Corp. PowerPoint Deltapoint, Inc. DeltaGraph Aldus Corp. Persuasion	Microsoft Corp. PowerPoint Micrografx, Inc. Charisma Lotus Development Corp. Freelance para Windows

* De «CW Guide: Presentation Software», *Computerworld,* 25 de enero de 1993. Copyright 1993 by CW Publishing, Inc. Framingham, MA 01701. Reimpreso de *Computer World.*

— *Formas.* El empleo de formas habituales para presentar gráficamente la información es una técnica de gráficos empresariales frecuentemente utilizada. Los organigramas y los flujogramas son ejemplos de esta técnica gráfica. La figura 27.1 muestra un organigrama.
— *Gráficos de datos.* Los gráficos de datos pueden ilustrar concisa y persuasivamente los datos numéricos. Algunos de los tipos más frecuentes de gráficos de datos se describen más adelante en este capítulo.

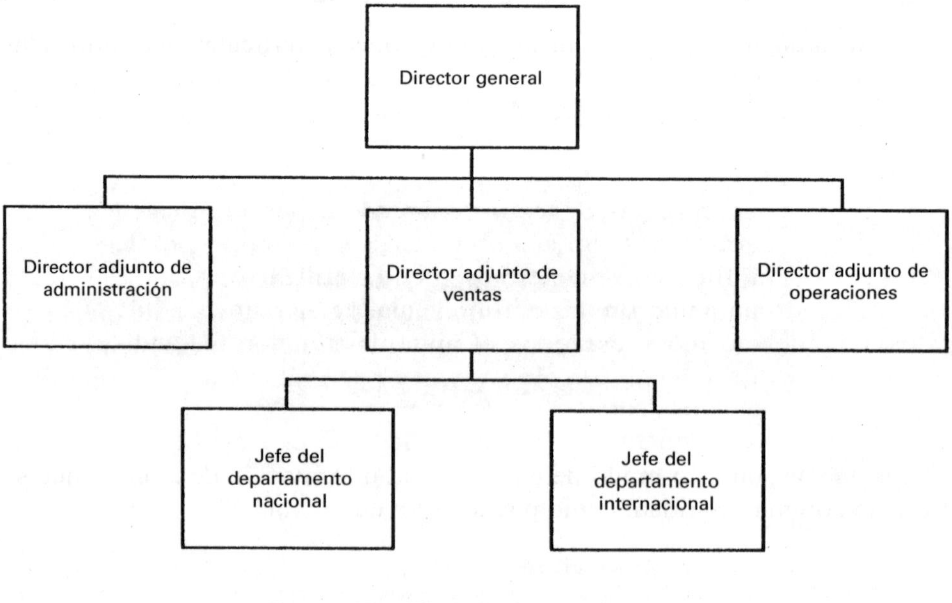

FIGURA 27.1. **Ejemplo de organigrama**

—*Ilustraciones*. Éstas pueden variar desde dibujos parecidos a los de la escuela primaria, hasta los dibujos de cómics, obras realizadas por profesionales o los objetos y dibujos realizados en la pantalla del ordenador. Las fuentes de las ilustraciones van desde el trabajo original hasta el *clip art* comercialmente disponible (figura 27.2).

FIGURA 27.2. **Ejemplo de *clip art***

—*El color*. El uso del color se ha difundido ampliamente en el escenario empresarial de forma reciente. Con impresoras y fotocopiadoras en color de una efectividad cada vez mayor en relación con su coste, el color se está convirtiendo rápidamente en un componente cotidiano de los documentos empresariales.

«Software»

La creación de los documentos empresariales actuales puede llevarse a cabo utilizando un único tipo de herramienta (el *software* de tratamiento de textos) o combinando los resultados de múltiples tipos de herramientas (tratamiento de textos, hoja de cálculo y *software* de gráficos para presentaciones). A continuación presentamos las aportaciones gráficas que pueden hacer varias clases de herramientas de *software*. Se pone el acento en el *software* gráfico para presentaciones[1]

[1] El hecho de que el *software* actual disponga de toda clase de opciones o funciones hace que aquí sólo sea necesario un examen superficial. Animamos a los lectores a que aumenten su conocimiento del diseño gráfico mediante una ulterior investigación de las posibilidades gráficas de sus herramientas de *software* y de las muchas ofertas de productos disponibles.

«SOFTWARE» GRÁFICO PARA PRESENTACIONES

Los siguientes paquetes de *software* están fundamentalmente orientados a la creación de datos, texto y diapositivas gráficas sobre papel:

Aldus Persuasion	Freelance Graphics
Charisma	Harvard Graphics
DeltaGraph Professional	Microsoft PowerPoint
DrawPerfect	Softcraft Presenter

Todos estos paquetes ejecutan un conjunto similar de tareas básicas y normalmente cuentan con las siguientes prestaciones:

— *Gestión de presentaciones.* Estos paquetes proporcionan un esquema central de creación y organización de diapositivas que permite lograr un aspecto uniforme en toda una presentación. Pueden utilizarse plantillas o maestros para ambas cosas. También suele admitir el empleo de fondos comunes de diapositivas.

— *Diagramas de texto.* Estos paquetes permiten la entrada de texto directo o importado para los diagramas preformateados de texto. Entre las prestaciones suelen estar comprendidas la distribución automática del texto, la justificación de textos, las etiquetas de formato libre y las listas con viñetas definidas por el usuario. Muchos de los paquetes proporcionan también un *software* de verificación de ortografía. En las figuras 27.3 y 27.4 pueden verse ejemplos de dos diagramas corrientes de textos: un diagrama de títulos y una lista con viñetas.

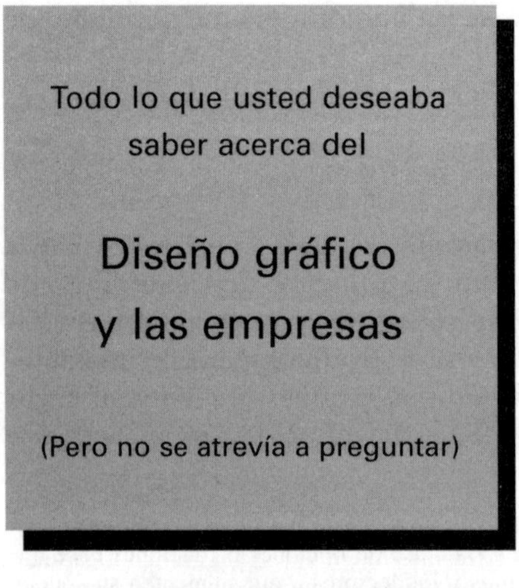

FIGURA 27.3. **Ejemplo de diagrama de títulos**

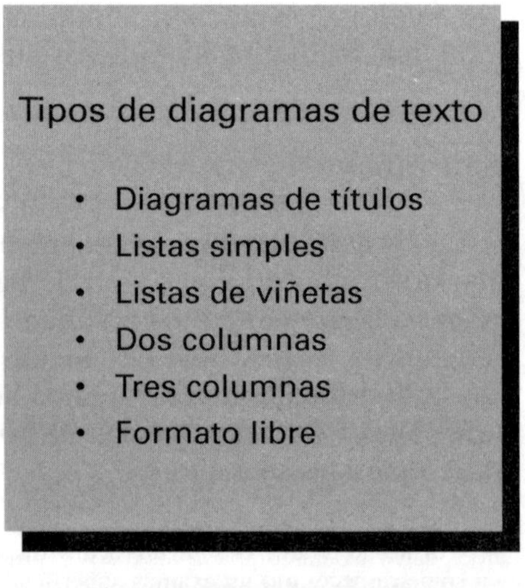

FIGURA 27.4. **Ejemplo de lista con viñetas**

— *Gráficos informativos o de gestión.* El *software* de gráficos admite frecuentemente los siguientes tipos de gráficos (véase la figura 27.5 para algunos ejemplos y descripciones):

- Gráficos de barras simples, apiladas, superpuestas y agrupadas.
- Gráficos de barras tridimensionales proyectados y sombreados.
- Gráficos de sectores bidimensionales y tridimensionales.
- Gráficos lineales y de dispersión.
- Gráficos de área (no apilados, área total apilada y área apilada cien por cien).
- Diagramas de máximo-mínimo-apertura-cierre

La tabla 27.2 proporciona sugerencias sobre qué estilos de gráfico representan mejor las diferentes clases de datos.

Las prestaciones adicionales de gráficos informativos o de gestión suelen incluir escalas semilogarítmicas y logarítmicas[2], edición interactiva de diagramas e importación de ficheros WKI (formato Lotus):

— *Clip art.* La importación del *clip art* de vectores es una capacidad frecuente del *software* de gráficos para presentaciones. Además, estos paquetes incluyen normalmente una biblioteca de imágenes de *clip art.* En la figura 27.6 pueden verse algunos ejemplos.

— *Anotación e ilustración.* Las herramientas básicas de dibujo permiten la creación de líneas, líneas múltiples, encuadres y círculos para anotación de gráficos y la creación de diagramas. La posibilidad de trasladar un objeto hacia adelante y hacia atrás o de redimensionar es también característica.

— *Presentación electrónica.* Estos paquetes permiten normalmente la creación de sombreados de pantalla. Además, la mayoría ofrecen reproductores autónomos de presentaciones que permiten presentaciones automáticas sobre pantalla.

— *Presentación en papel.* Con estos paquetes, puede usted imprimir una única diapositiva o toda una presentación. Muchos incluyen *software* de comunicaciones para transmitirlas a servicios de generación de diapositivas.

— *Posibilidades multimedia.* El *software* actual de presentaciones gráficas varía considerablemente en su posibilidad de apoyar las prestaciones multimedia (sonido, vídeo y animación). Sin embargo, dichas posibilidades están convirtiéndose gradualmente en características estándar.

[2] Pueden utilizarse las escalas logarítmicas para mostrar el cambio relativo de una gran variación en los datos y para comparar los datos expresados en diferentes magnitudes. Un gráfico logarítmico muestra también un tipo de cambio y comprime grandes variaciones dentro de una serie. Debido a la independencia de los ejes X e Y, puede usted trazar un gráfico semilogarítmico (usualmente el eje Y está a escala) o un gráfico doblemente logarítmico (ambos ejes, X e Y están a escala).

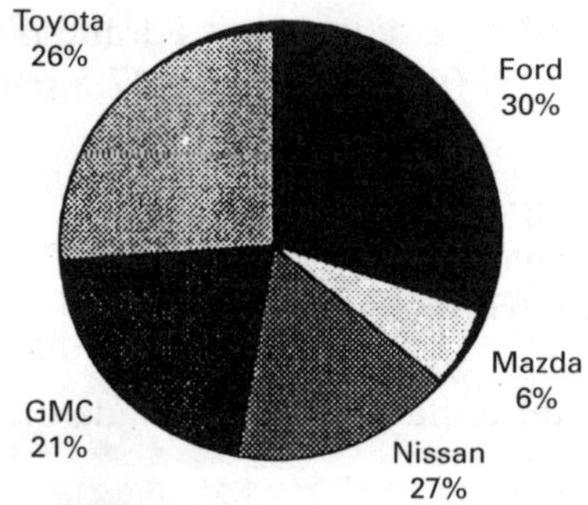

— **Gráficos de sectores** Se utilizan con gran frecuencia para mostrar las partes en relación con el todo. En este ejemplo, el número total de camiones vendidos se subdivide por porcentajes de cada tipo representados por un «trozo de la tarta»

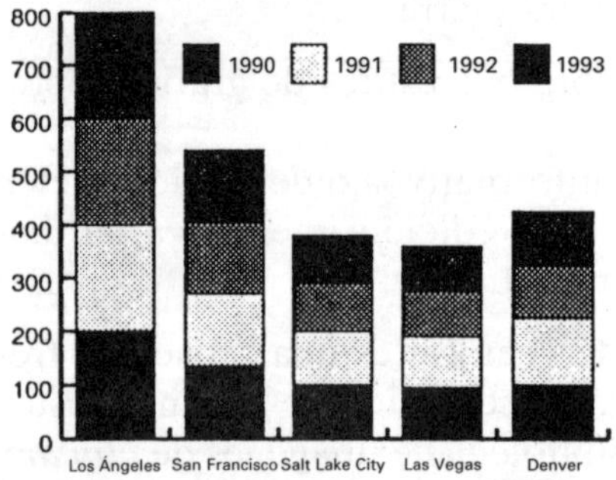

— **Gráficos de columnas o barras.** Se utilizan frecuentemente para comparar agrupaciones separadas.
En este ejemplo se representa el número de participantes por ciudades en una encuesta. Cada año está representado por un modelo diferente (o color, si se dispone de él). Tanto el total como la subdivisión por años pueden presentarse de un modo fácil y sencillo.

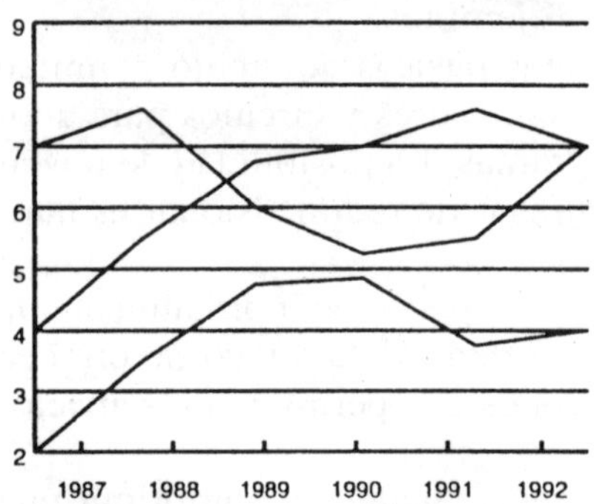

— **Gráficos de líneas.** Son muy útiles si ha de mostrarse información sobre tendencias. Con las posibilidades del *software* para gráficos actual, los valores de las líneas rectas pueden suavizarse para convertirlos en curvas, a opción del usuario.

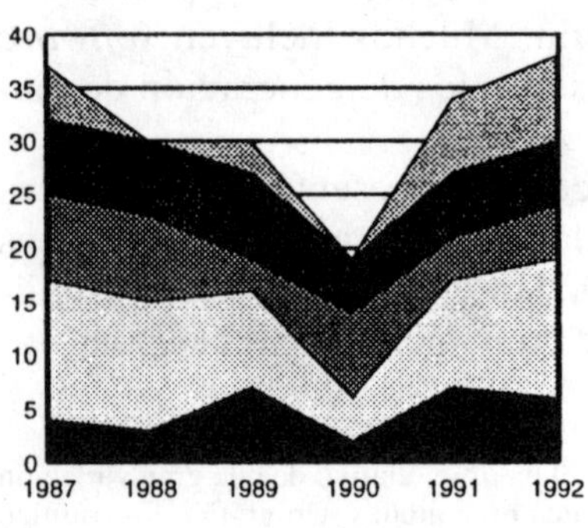

— **Gráficos de superficie.** Se utilizan a menudo para mostrar la aportación que varios elementos hacen a un total durante un período de tiempo. Este ejemplo podría ilustrar las ventas por clases de productos a lo largo del tiempo, estando representada cada clase de producto por una línea de color diferente.

FIGURA 27.5. **Tipos de gráficos informativos frecuentes**

TABLA 27.2. **Utilización de gráficos**

Lo que usted desea mostrar	Tipo de gráfico sugerido
Efecto del cambio de volumen	Área/área con efecto tridimensional Lineal con efecto de superposición tridimensional
Cambios a lo largo del tiempo	
Durante varios períodos de tiempo	Barras (horizontales o verticales) Combinación de barras y líneas Lineal (zigzag o curvas)
Durante muchos períodos de tiempo	Superficie Combinación de superficie y línea Lineal (zigzag o curvas) Lineal con efecto de superposición tridimensional Máximo-mínimo-cierre con estilo de superficie
Énfasis	
En una parte de un todo	De sectores, con un sector separado
En el volumen	Área&área con efecto tridimensional
En una de varias series	Combinación de barras y líneas Lineal (zigzag o curvas)
En el total de una serie en relación con otra	De sectores proporcionales
En la continuidad y fluctuación de datos mínimos/máximos	Máximo-mínimo-cierre con estilo de superficie
Partes de un todo	
En un momento concreto	Sectorial/Columnas
En dos momentos diferentes	Dos sectoriales/columnas Dos barras apiladas
Durante varios períodos de tiempo	Barras apiladas 100 % barras
Durante muchos períodos de tiempo	Superficie Barras apiladas 100 % barras
Relación entre dos series	
Durante varios períodos de tiempo	Barras (verticales u horizontales) Combinación de barras y líneas
Durante muchos períodos de tiempo	Lineal (zigzag o curvas)
Relación entre dos (o más) series	
Que difieren ampliamente en magnitud	Doble eje de la Y Doble eje de la Y con escalado 108
Para las que se utilizan diferentes unidades de medida	Doble eje de la Y
Comparación de dos series con la misma clasificación del eje de la X	Barras apareadas
Correlación	Barras apareadas Gráfico de puntos

TABLA 27.2. *(continuación)*

Lo que usted desea mostrar	Tipo de gráfico sugerido
Totales acumulados	Superficie Barras Línea acumulada
Precios de las acciones y bonos	Máximo-mínimo-cierre
Una serie sobre otra y distribución de frecuencia	Histograma
Porcentaje de cambio	Logarítmico
Tendencias	
Tendencias estadísticas	Lineal (tendencia)
Durante varios períodos de tiempo	Lineal (zigzag, tendencia o curvas)
Durante muchos períodos de tiempo	Barras (vertical)

FIGURA 27.6. **Algunos ejemplos de *clip art***

«SOFTWARE» DE TRATAMIENTO DE TEXTOS

Muchos de los paquetes actuales de tratamiento de textos proporcionan prestaciones extremadamente completas relacionadas con los textos, y permiten una capacidad gráfica cada vez mayor. Entre los ejemplos del *software* más difundido de tratamiento de textos figuran:

Ami Professional	WordPerfect
Microsoft Word	WordPerfect para Windows
Word para Windows	WordStar

Muchos de los usuarios actuales de paquetes de tratamiento de textos se sorprenderían de las posibilidades gráficas que su herramienta puede proporcionar.

«SOFTWARE» DE HOJAS DE CÁLCULO

Las hojas de cálculo están diseñadas para realizar diversas tareas, incluyendo análisis y construcción de modelos, fusión y vinculación, construcción de gráficos, edición de hojas electrónicas, interoperabilidad y desarrollo de aplicaciones. Entre los ejemplos de paquetes de hojas de cálculo más difundidos, merecen citarse:

CA-Superscale	Microsoft Excel
Lotus 1-2-3	Quattro Pro

Estos paquetes y otros ofrecen varios niveles de capacidades de representación gráfica.

«SOFTWARE» INTEGRADO

La mayoría de los paquetes de *software* integrado incluyen, como mínimo, tratamiento de textos, base de datos y hoja de cálculo. Otros ofrecen también una o más de las siguientes prestaciones: gráficos de gestión, trazado de vectores, importación y edición de gráficos, y telecomunicaciones. Ejemplos del segundo tipo de *software* son:

Eight-In-One para Windows	Microsoft Works
Framework XE	PFS: WindowWords
Lotus Works	WordPerfect Works para DOS

En el lado positivo, estos paquetes de *software* integrado pueden ofrecer a un precio razonable, la comodidad de tenerlo «todo en uno», y fácil acceso a los datos compartidos. Sin embargo, probablemente renunciará a una riqueza global de características. Cada una de las partes es improbable que ofrezca las mismas prestaciones sofisticadas y complejas que ofrecen los correspondientes paquetes autónomos. Sin embargo, según sean sus necesidades, incluyendo las relacionadas con el diseño gráfico, un paquete integrado podría más que satisfacerlas.

«SOFTWARE» PARA AUTOEDICIÓN

Estos productos están destinados a usuarios que crean publicaciones comerciales. Sus prestaciones incluyen formateo de textos, manejo de gráficos, distribución (colocación) del texto e impresión. La sofisticación y las correspondientes posibilidades de los paquetes de autoedición varían considerablemente. Entre los ejemplos de los productos de autoedición, merecen citarse:

Avagio	PagePlus
Express Publisher	PageMaker
Microsoft Publisher	Ventura Publisher

Estos productos, y otros, le permitirán a usted crear disposiciones complejas mediante la distribución automática del texto alrededor de las figuras, encadenar bloques de texto y bifurcar historias a páginas no contiguas. Un componente clave de este tipo de *software* es su posibilidad de importar texto y gráficos de otras fuentes (*software* de tratamiento de textos y *software* de gráficos para presentaciones). Con tales prestaciones, puede usted crear boletines, formularios empresariales, folletos y otros tipos de publicaciones.

«SOFTWARE» DE ILUSTRACIONES COMERCIALES

A diferencia del *software* profesional de ilustraciones, el *software* de ilustraciones comerciales complace a los no artistas. Estos paquetes ofrecen normalmente herramientas habituales de trazado de vectores, manipulaciones sencillas de las imágenes (por ejemplo, rotación y *flip)*, varios efectos de texto, manejo limitado de los colores, una biblioteca de *clip art*, diversas posibilidades relacionadas con los juegos de caracteres y la posibilidad de importar y exportar ficheros en uno o varios formatos estándar (por ejemplo, PCX). Los paquetes siguientes son ejemplos de este tipo de *software:*

Arts & Letter Apprentice	KeyDraw! Plus
ComputerEasy Draw	Windows Draw 3.0 plus OLE

VARIOS

Un estudio del diseño gráfico no estaría completo sin una mención de dos tipos de *hardware:* los escáneres y las impresoras. Los primeros son dispositivos que permiten leer en un sistema informático imágenes gráficas preexistentes, tales como fotografías e impresos, y luego situarlas en una herramienta de *software* apropiada (*software* de presentaciones y *software* de autoedición) donde pueden manipularse. Los dispositivos disponibles van desde los de la escala de grises sostenidos con la mano (¡no intente utilizarlos después de haber tomado demasiado café!) hasta los escáneres de escala de grises *flatbed* pasando por los escáneres *flatbed* de color. Dependiendo de sus necesidades, un escáner puede resultar inestimable. Algunos usos posibles para un escáner son:

— El logo de su empresa para utilizarlo en informes, presentaciones y documentos similares.
— Ilustraciones preexistentes para utilizarlas en una presentación (por ejemplo, presentaciones de productos, viñetas cómicas y dibujos).
— Ofertas a posibles clientes.

Sin una impresora que permita la impresión de imágenes gráficas, su trabajo puede fracasar. Afortunadamente, existe una amplia gama de productos entre los cuales puede elegir. Tanto si necesita usted función de color como si necesita monocromo, existe una impresora que satisfará sus necesidades.

Resumen

Una cantidad significativa de comunicaciones empresariales, incluyendo los documentos escritos, llevan implícita la persuasión. Los diseños gráficos, cuando se utilizan apropiadamente —es decir, cuando están claramente definidos los objetivos del documento, el auditorio al que está destinado y las limitaciones ambientales inherentes— pueden ayudar a presentar eficaz y convincentemente la información. Con las prestaciones gráficas que proporcionan los productos actuales de *software,* sólo su imaginación (y quizá su billetero) limitarán sus posibilidades de crear documentos que transmitan eficazmente la información y mantener la atención de su auditorio.

Capítulo 28

Seguridad de los sistemas de información

Introducción

Se estima que el fraude informático cuesta a las empresas norteamericanas entre 300 y 5.000 millones de dólares al año. Para reducir la susceptibilidad de su organización al fraude, se requiere un enfoque bien planificado e implantado con respecto a la seguridad de los sistemas de información.

La seguridad de los sistemas de información puede definirse como la protección del activo informático —su *hardware, software* y datos correspondientes— con respecto a una revelación, modificación o destrucción no autorizada o deliberada. Además, bajo el paraguas de la seguridad de los sistemas de información, se encuentran los pasos necesarios para controlar el acceso a los recursos de sistemas y las maneras en que hay que responder si se produce un acceso no autorizado o no deliberado a los sistemas. La seguridad de los sistemas de información debe diseñarse para asegurar la integridad, confidencialidad y accesibilidad, cuando esté autorizada, al activo de la organización representado por la información.

Clases de amenazas

Existe una amplia variedad de amenazas a la seguridad de los sistemas de información. Fundamentalmente, estas amenazas pueden resumirse en las siguientes clases:

— *Perjuicio internacional.* Causado por robo, destrucción deliberada de datos y otros activos del sistema de información, y por piratas informáticos (los individuos que consiguen el acceso no autorizado a un ordenador).
— *Carencia de una efectiva política de seguridad de los sistemas de información.* Como, por ejemplo, no realizar con regularidad copias de seguridad del sistema (no guardar el *software* y los datos de su ordenador en cinta o disco) o permitir que los usuarios del sistema compartan sus contraseñas de acceso.
— *Accidentes y errores humanos.* Como, por ejemplo, derramar café sobre el teclado de un ordenador o equivocarse de unidad de disco y originar una pérdida de datos. (La seguridad de los sistemas de información no puede evitar los accidentes y errores humanos. Sin embargo, puede reducir el riesgo y la pérdida originada por ellos limitando el acceso a los sistemas de información.)
— *Amenazas del suministro de energía.* Las súbitas caídas o subidas de tensión que pueden originar la pérdida o la confusión de datos.
— *Desastres naturales.* Los terremotos, incendios, inundaciones y huracanes se localizan en esta clase.
— *Acceso a la red.* El acceso no autorizado a su buzón de voz o la red de transmisión de datos.
— *Virus.* Programas intencionados (en general) que atacan a los programas legítimos y destruyen datos o códigos de máquina (por ejemplo, el virus Michelangelo).
— *Falsificación de datos.* La alteración no autorizada de los datos cuando se introducen en un ordenador o el cambio de los datos almacenados en el mismo (por ejemplo, cambiar las calificaciones de los estudiantes, eliminar las multas por exceso de velocidad, reducir las cantidades debidas a la organización y transferir dinero de una cuenta a otra).

¿Qué puede hacer una organización para protegerse contra estas numerosas amenazas? En la sección que sigue estudiaremos una serie de medidas de comprobada eficacia que pueden utilizarse para proteger el sistema de información de la organización.

Protección del activo representado por los sistemas de información

Dada la gran inversión en el activo de sistemas de información y la dependencia de los mismos, es razonable protegerla desde el punto de vista económico y empresarial. A continuación, se describen algunos de los medios clave mediante los cuales una organización puede ayudar a asegurar la integridad, accesibilidad y confidencialidad de los recursos de los sistemas de información.

SEGURIDAD FÍSICA

Son muchas las medidas físicas que una organización puede poner en práctica para mejorar la seguridad en torno a sus sistemas:

— *Controles del acceso físico.* Restringiendo el acceso a los sistemas de información, una organización puede reducir la oportunidad del uso no autorizado y del daño malicioso a sus ordenadores. La sala de ordenadores debe estar situada lejos de las zonas públicas y protegida por un sistema de seguridad (por ejemplo, una tarjeta con una clave o una cerradura con una combinación).
— *Sistema contra incendios.* La sala de ordenadores debe estar protegida por un sistema de extinción de incendios (por ejemplo, un sistema automático de nebulización de agua o sistema Halon, es decir, de espuma expansionante). Además, la sala debe tener extintores de incendios y mantenerse lo más limpia posible para reducir la posibilidad de que se extienda el fuego.
— *Sistema de detección y control del agua.* Anualmente, el agua produce una cantidad importante de daños en las salas de ordenadores. Las causas principales son la rotura de cañerías, las fugas de los sistemas de acondicionamiento de aire y las goteras. Para reducir la posibilidad de que se produzcan estos daños, las organizaciones deben revisar periódicamente las tuberías, los sistemas de aire acondicionado y los tejados. Además, la sala de ordenadores debe estar equipada con un sistema de detección de agua y con fundas de plástico que protejan el equipo informático si se produce una fuga.
— *Sistemas de supervisión del suministro de energía.* Para protegerse contra las fluctuaciones e interrupciones del fluido eléctrico, las organizaciones deben considerar el invertir en un sistema de suministro continuo de energía. Estos sistemas filtran las fluctuaciones del suministro eléctrico y aseguran un suministro constante de energía a los ordenadores. Además, si se produce una interrupción del suministro o un apagón pueden proporcionar energía durante cierto período de tiempo. Esta energía puede permitir a la organización apagar sus ordenadores sin peligro de pérdida de datos.
— *Almacenamiento de cintas y discos de seguridad fuera de las instalaciones.* Una de las maneras más fáciles con que una organización puede proteger sus sistemas de información es almacenar copias de todo su *software* en locales externos debidamente protegidos. El *software* que ha de ser almacenado en instalaciones externas debe incluir copias del sistema operativo y otro *software* de sistemas, *soft-*

ware de aplicaciones (por ejemplo, el de mayor general) y todos los datos, incluyendo los ficheros maestros y el detalle de las transacciones.

Medidas técnicas de seguridad

Hay una serie de medidas técnicas de seguridad que una organización puede poner en práctica para mejorar el entorno de seguridad del activo representado por sus sistemas de información. Entre estas medidas, figuran:

—*La codificación.* Consiste en hacer indescifrables los datos, en base a un algoritmo matemático que los hace ilegibles para quienes no poseen la clave. La codificación puede ser una medida eficaz de seguridad para una organización que transmite datos entre diferentes localidades.

—*Los dispositivos de retrollamada (conocidos también como dispositivos de protección de puertos).* Constituyen un medio relativamente eficaz de controlar el acceso por teléfono a los ordenadores de una organización. Después de llamar a un sistema, el usuario debe suministrar un código de identificación y una contraseña de acceso para la autentificación por el dispositivo. Éste desconecta luego al usuario y llama al número de teléfono previamente autorizado del usuario para confirmar la identidad de éste.

—*La contraseña de acceso.* Es una secuencia de caracteres alfabéticos o numéricos, o de ambas clases, que debe introducirse al comienzo de una sesión para verificar la identidad del usuario y conseguir el acceso al sistema. Las contraseñas de acceso pueden ser un medio eficaz de limitar el acceso a un sistema, especialmente si frecuentemente se cambian al azar (por ejemplo, cada sesenta días y no con el apellido de una persona o su fecha de nacimiento), y no se comparten con otras personas.

—*El software de control de acceso.* Principalmente disponible para los sistemas de maxiordenador y grandes sistemas de la gama intermedia (miniordenadores), ésta puede ser una valiosa medida de seguridad. El *software* de control de acceso proporciona un estrato adicional de seguridad además de la seguridad de la aplicación y del sistema operativo. Proporciona también la posibilidad de limitar el acceso sólo a los empleados designados, la de vigilar las infracciones de los usuarios (por ejemplo, intentos no autorizados de acceder al sistema de nómina) y la de informar de las infracciones de la seguridad.

—*Los dispositivos biométricos.* Son instrumentos que efectúan un análisis matemático de las características biológicas. En la actualidad, existe una amplia variedad de estos tipos de dispositivos, entre ellos:

- sistemas de reconocimiento y verificación de la voz;
- sistemas de comprobación dinámica de la firma;

- sistemas de verificación del patrón retiniano;
- sistemas de verificación de la geometría de la salida impresa;
- identificación de huellas dactilares.

Los sistemas biométricos llevan ya algún tiempo en uso. Antes de seleccionar algunos de estos sistemas, la organización debe considerar: 1) su coste en comparación con las ventajas, ya que los dispositivos biométricos pueden ser muy caros; 2) el coeficiente de error debe ser muy bajo. Esto significa que el sistema ha de ser capaz de señalar las falsificaciones al tiempo que admite las variaciones normales (por ejemplo, una ampolla en una mano o un resfriado); 3) el tiempo requerido para inscribir a las personas en el sistema.

SEGURIDAD INFORMÁTICA DEL USUARIO FINAL

Las redes de microordenadores y de área local están cada vez más difundidas. A medida que aumenta su difusión, también lo hacen los riesgos con respecto a su seguridad. Desgraciadamente, la mayoría de las organizaciones tienden a centrar la seguridad en el maxiordenador y no reconocen la importancia de la seguridad de los microordenadores y de la red de área local. Para aumentar la seguridad en torno a estos sistemas, pueden tomarse una serie de medidas:

— *Convenios de seguridad.* Conseguir que todos los miembros del personal firmen un convenio en el que declaren que:

  - No compartirán su contraseña de acceso.
  - No cargarán y descargarán ningún *software* ni datos de los ordenadores de la organización a menos que reciban instrucciones para hacerlo así.
  - No piratearán (no harán copias ilegales de) el *software* de la organización.

— *Seguridad física.* Verificar que los microordenadores y redes de área local de la organización están apropiadamente situados (por ejemplo, en una sala separada de ordenadores) y protegidos de las fluctuaciones del fluido eléctrico, de incendios y de daños provocados por el agua.

— *Seguridad de los datos.* Asegurarse frecuentemente, por ejemplo a diario, de que el *software* y los datos de los microordenadores y redes de área local están protegidos y de que las cintas y discos de seguridad se almacenan fuera de los locales.

SEGURIDAD DE LOS EMPLEADOS

La organización puede adoptar una serie de medidas clave para limitar los riesgos a la seguridad de los sistemas de información. Entre estas medidas figuran:

— *Realización de comprobaciones de antecedentes.* Antes de contratar a un empleado, la organización debe realizar una comprobación concienzuda de sus antecedentes. La comprobación debe incluir un análisis del historial educativo y laboral del empleado en perspectiva.
— *Analizar la actitud de los empleados ante la seguridad.* Anualmente debe investigarse la actitud de todos los empleados ante la seguridad. Esta investigación debe determinar si ha cambiado la situación jurídica o la solvencia de los empleados.
— *Obtener la firma del convenio de seguridad.* Todos los empleados deben ser requeridos a firmar un convenio de seguridad.
— *Comunicación con el departamento de personal.* El departamento de personal debe notificar formal e inmediatamente al departamento de sistemas de información todos los cambios del personal (por ejemplo, empleados que abandonan la empresa o cuyas obligaciones se han modificado). El hacerlo así, puede contribuir a precaverse contra el acceso no autorizado al sistema de empleados antiguos o transferidos.

Cobertura de seguro

Las organizaciones deben mantener un seguro suficiente para reducir la exposición a pérdidas por inundación, incendio, robo y otras clases de desastres. Las clases de cobertura de seguro que deben mantenerse incluyen el equipo e instalaciones informáticas, la reconstrucción de medios, la interrupción de la actividad empresarial y los errores y omisiones cometidos por los empleados.

Planificación de la recuperación en caso de desastre

La planificación de la recuperación en caso de desastre, denominada también planificación de casos imprevistos o planificación de la reanudación de la actividad, es uno de los aspectos más importantes de la seguridad de los sistemas de información. Un plan de recuperación para situaciones de desastre es un enfoque organizado y documentado para responder a un desastre. A continuación indicamos un método de probada eficacia para preparar y mantener un plan de esta clase:

— *Fase I: Evaluar la situación.* Durante esta fase, la organización determina las clases de riesgos a la que es vulnerable (por ejemplo, incendios, huracanes o terremotos) y su posible repercusión.
— *Fase II: Analizar las estrategias de recuperación.* Los pasos clave que han de darse durante esta fase incluyen la determinación de los recursos de sistemas de información instalados y luego analizar las alternativas para su recuperación. Estas alternativas pueden incluir lo siguiente:

- *Construir un centro para las copias de seguridad.* Esto implica construir un centro de datos en una ubicación suficientemente alejada del centro principal de datos de manera que no esté sujeto a los mismos desastres.
- *Utilizar una oficina de servicios.* Esta opción implica la utilización de recursos informáticos de un tercero inmediatamente después del desastre.
- *Compartir instalaciones informáticas.* De acuerdo con esta opción, la organización comparte los sistemas informáticos y el *software* de otra organización durante un período limitado de tiempo.
- *Obtener las instalaciones de un lugar «caliente» o «frío» de un proveedor.* Esta opción implica contratar el uso de una instalación informática mientras se restaura el centro de datos de la propia organización. Un lugar «frío» es una sala «lista para la informática» a la que una organización puede trasladar su ordenador existente o su sustitución. Un lugar «caliente» es una instalación completamente operativa con un ordenador y una red ya instalada.

— *Fase III: Preparar un plan de recuperación en caso de desastre.* Durante esta fase, la organización prepara su plan de recuperación de desastres. El plan debe incluir las siguientes áreas:

- Una visión general del plan (por ejemplo su finalidad, las estrategias de recuperación y restauración de información, las actividades clave de recuperación) y cómo se actualizará y probará.
- *Procedimientos de emergencia.* Los procedimientos que han de seguirse para proteger vidas humanas, limitar los daños del centro de datos y minimizar la pérdida de datos.
- *Plan de acción de respuesta.* Los pasos necesarios para responder a un desastre (por ejemplo, cómo evaluar los daños, los procedimientos de notificación y los miembros y obligaciones del equipo de recuperación).
- *Operaciones de recuperación.* Una descripción de las principales tareas de recuperación (por ejemplo, la logística, el almacenamiento fuera de los locales de la empresa y los planes para el sistema operativo, las redes, los datos y el personal).
- *Plan de restauración.* Un enfoque para restaurar el centro de datos (por ejemplo, el calendario de construcción y preparación del emplazamiento) y los planes de adquisición del *hardware, software* y las telecomunicaciones.

— *Estrategia de comprobación y revisión del plan.* Un enfoque para garantizar que el plan de recuperación en caso de desastre se prueba de forma periódica.

— *Mantenimiento del plan de recuperación en caso de desastre*. Un enfoque organizado para mantener, actualizar y archivar el plan.
— *Fase IV: Probar y mantener el plan de recuperación en caso de desastre*. Entre los objetivos de este plan figuran:
  - Probar concienzudamente el plan de recuperación en caso de desastre para asegurarse de que, si ocurriera un desastre, la organización podría recuperarse de él de una manera oportuna y eficaz.
  - Preparar un enfoque para mantener el plan con carácter regular.

Misión del controler

El controler o el director financiero deben desempeñar un papel clave en la implantación de las normas de seguridad y conseguir la adhesión de los empleados. Estos individuos deben ser líderes de la puesta en práctica de la política de seguridad y vigilar su cumplimiento. Específicamente deben:

— Comunicar las normas de seguridad a todos los empleados dentro de su ámbito de control. Esto puede lograrse elaborando un programa de concienciación, exigiendo a los empleados que firmen convenios de seguridad y proporcionando formación en seguridad.
— Asegurarse de que los empleados comprenden los riesgos para la seguridad.
— Evaluar el riesgo periódicamente.
— Comprobar que todo el activo representado por los sistemas de información está inventariado.
— Asegurarse de que se realizan regularmente copias de seguridad y de que se almacenan fuera de los locales de la empresa.
— Revisar el plan de recuperación en caso de desastre con carácter regular (por ejemplo cada año) y asegurarse de que se prueba anualmente.
— Verificar que las autorizaciones de acceso son las apropiadas.
— Investigar las infracciones contra la seguridad.
— Asegurarse de que los empleados despedidos o transferidos se retiran del sistema.
— Transmitir una actitud positiva hacia la seguridad.
— Promover auditorías o revisiones periódicas e independientes de la seguridad informática en la organización.

El controler puede delegar algunas de estas funciones en un responsable de seguridad u otro empleado apropiado. Sin embargo, él debe ser, en definitiva, el responsable de que estas tareas se realizan.

Resumen

Tal como se dijo antes, la seguridad de los sistemas de información es un campo extremadamente importante. Muchas son las amenazas a que está sometido el activo representado por los sistemas de información. Sin embargo, hay muchas maneras de proteger ese activo. Corresponde al controler desempeñar un papel activo para garantizar que los sistemas de información de la organización están protegidos y seguros.

Capítulo 29

La gestión del cambio*

Introducción

La mayoría de las empresas están sometidas a cambios significativos. Buena parte de estos cambios están impuestos por el entorno económico, ya que las empresas tienen que responder a las mejoras de los competidores. El departamento del controler no ha escapado a esta necesidad de cambiar. Actualmente es muy corriente que un controler tenga simultáneamente en marcha varias iniciativas significativas, tales como la implantación de un nuevo sistema financiero, un nuevo plan de cuentas y unos nuevos procesos de contabilidad. La tecnología de la información es habitualmente un área en la que las organizaciones introducen cambios para mejorar su situación competitiva en el inestable entorno empresarial actual.

Frecuentemente, las empresas se sienten decepcionadas por los resultados de sus proyectos. En realidad, la investigación ha demostrado que una gran mayoría (más del 90%) de los proyectos importantes no logran alcanzar sus objetivos a tiempo y dentro del presupuesto. Algunos proyectos fracasan porque son abandonados antes de ser implantados. Sin embargo, aunque el proyecto se finalice, a menos que el calendario y el presupuesto originales se cumplan, probablemente no se conseguirán la totalidad de los beneficios esperados.

---

* Este capítulo lo escribió Sara Moulton, gerente senior de IBM, Denver, Colorado.

¿Por qué es tan frecuente que los proyectos importantes no consigan todos sus beneficios potenciales? Curiosamente, la mayor parte de las veces, la solución diseñada es suficiente para resolver el problema o aprovechar la oportunidad existente. Por tanto, la búsqueda de una mejor solución no es probable que mejore el resultado. Por el contrario, la mayoría de los fracasos son directamente atribuibles a la puesta en práctica de la solución.

La mayoría de los proyectos importantes implican cambios en los procesos tecnológicos y de negocio.

Estos cambios afectarán al modo en que trabaja la gente: lo que hacen y cómo lo hacen.

Poner en marcha un nuevo sistema financiero, por ejemplo, puede requerir que las personas utilicen un nuevo equipo, comprendan y naveguen por nuevos paquetes de *software,* manejen las transacciones de un modo diferente y utilicen nuevos tipos de información o formatos de informes. Al poner en práctica un proyecto así, normalmente se considera cuidadosamente la tecnología, la plataforma de *hardware,* las necesidades de datos y de generación de informes, las interfaces, etc. Aunque se dedica un elevado grado de atención a estas necesidades técnicas, normalmente a la gestión del impacto de estos cambios técnicos sobre las personas, se dedica menos del 5% de la actividad de un proyecto.

Como seres humanos, sabemos que la transición es incómoda. Para las organizaciones, es extremadamente costosa. Un reciente estudio demuestra que durante el cambio se consume una gran cantidad de tiempo productivo tanto en el chismorreo social como en las necesidades de formación. Este estudio demostró que el tiempo productivo durante la transición puede alcanzar tan sólo un 25% de su nivel normal. Los datos muestran claramente lo importante que es gestionar los aspectos relacionados con el cambio, de manera que pueda alcanzarse la productividad normal tan rápidamente como sea posible.

La gestión de los elementos humanos relacionados con los proyectos se denomina gestión del cambio. La mayoría de las empresas luchan contra la gestión del cambio. Por consiguiente, la mayoría de los proyectos no logran alcanzar sus objetivos a tiempo y dentro del presupuesto originalmente establecido. Aunque quizá sea un consuelo formar parte de la mayoría, existe una oportunidad competitiva para las empresas que puedan aumentar su eficacia en este difícil terreno.

Definición

Ernst & Young LLP ha identificado varios principios de gestión del cambio que se ha demostrado que conducen al éxito de la implantación de los proyectos. Estos principios se han desarrollado a través de la experiencia de gesción de muchos proyectos importantes de implantación y a través de las aportaciones de empresas tales como ODR, Inc. Estos principios orientadores pueden utilizarse para aumentar la probabilidad de éxito en cualquier puesta en marcha de un proyecto.

El paso inicial más importante para gestionar con éxito un proyecto es definir el reto de la gestión del cambio. Dicho de otro modo, ¿cuánto tiempo y atención ha de dedicarse a gestionar el difícil período de transición, de manera que las personas puedan alcanzar plena productividad en su nuevo trabajo? Comprender la dificultad de la tarea de gestión del cambio es un aspecto fundamental para desarrollar un calendario y un presupuesto realistas para cualquier proyecto.

Hay varios factores que pueden ayudar a un equipo directivo a definir el reto de la gestión del cambio. Cuando el patrocinador de un proyecto, quizá con la ayuda del nivel directivo superior, considere cuidadosa y sinceramente estas áreas, empezará a aumentar la probabilidad de éxito del proyecto. Lo más importante es considerar estos factores en la etapa inicial de la vida del proyecto, cuando hay tiempo para dedicar atención a los aspectos humanos de su implantación.

Una lista completa de los factores relacionados con la gestión del cambio sobrepasa el alcance de este libro. Sin embargo, varios factores importantes que pueden ayudar a la organización a definir el reto de gestión del cambio son:

— el historial de ejecución de otros proyectos;
— los proyectos que compiten entre sí;
— el grado de ruptura;
— el coste del fracaso;
— los riesgos de la gestión del cambio.

Historial de ejecución de otros proyectos

Lo mismo que las personas, las organizaciones tienden a seguir las pautas que han establecido en el pasado. Por consiguiente, una revisión cuidadosa del historial de ejecución de los proyectos anteriores de la empresa es valiosa para comprender el reto planteado por el proyecto actual. La mayoría de las pautas aplicables surgen cuando el proyecto actual se compara con los proyectos recientes que implicaron los mismos tipos de cambios o en los que intervinieron los mismos grupos de personas.

Al considerar el historial de ejecución de otros proyectos de la empresa, es importante determinar las facetas que fueron eficaces, así como las ineficaces, para que los proyectos alcanzaran el éxito. Después de esto, han de explorarse las causas de los resultados eficaces e ineficaces. Ambas informaciones son valiosas. Superar las deficiencias del pasado suele ser una clave importante para alcanzar el éxito en el proyecto actual. Además, cada organización tiene sus propias razones para el éxito y estas fuerzas deben utilizarse lo más provechosamente posible. Al considerar el historial de ejecución de proyectos anteriores, empiece por determinar cuáles fueron los proyectos que pueden proporcionar lecciones valiosas para el proyecto actual. Clasifique estos proyectos por el nivel de éxito logrado. Las clases pueden incluir proyectos en los que:

— Los objetivos se alcanzaron a tiempo y dentro del presupuesto.
— Los objetivos se alcanzaron, pero con algún retraso y sobrepasando el presupuesto.
— Los objetivos se alcanzaron, pero con un significativo retraso o superando excesivamente el presupuesto.
— Los objetivos no se alcanzaron, aunque se ejecutó el proyecto.
— El proyecto se desechó antes de su implantación.

Después de clasificar los proyectos, busque qué pautas surgen de la forma en que se gestionó la ejecución del proyecto. Haga preguntas difíciles, tales como:

— ¿Hasta qué punto fueron realistas los presupuestos y los calendarios de la ejecución?
— ¿Qué apoyo, además de la formación, se prestó a las personas que tuvieron que modificar la forma de realizar su trabajo como consecuencia del proyecto?
— ¿Hasta qué punto se informó al personal antes de que tuviera lugar el cambio?
— ¿Se concedió a la gente tiempo suficiente para aprender sus nuevas actividades mientras se equilibraban las obligaciones normales del trabajo?
— ¿Hasta qué punto hubo comunicación, y qué tipos de métodos de comunicación parecen haber sido los más eficaces?
— ¿De qué maneras intervinieron los empleados de nivel medio e inferior en el proceso de toma de decisiones?
— ¿Cómo se responsabilizó a la gente del cumplimiento de los requisitos del nuevo trabajo?
— ¿Cómo se recompensó a la gente por cumplir adecuadamente los requisitos del nuevo trabajo?
— ¿Hasta qué punto se gestionaron eficazmente los proyectos?
— ¿Cómo se hizo frente a los acontecimientos inesperados durante la ejecución del proyecto?
— ¿Cómo se consiguió centrar a la gente en el proyecto cuando las actividades cotidianas competían por la atención de la gente?

— ¿Cuál fue la percepción de la gente acerca de la eficacia global del historial de los proyectos anteriores y cómo pudo esta percepción afectar positiva o negativamente al proyecto actual?

Aunque el ejercicio de tener en cuenta los éxitos y fracasos pasados puede ser difícil y humillante, quizá inspire al equipo directivo con respecto a las medidas concretas que deben tomarse para que tenga éxito el proyecto actual. Si la organización tiene un historial de ejecución que revela que hubo dificultades, es importante reconocer que puede ser extremadamente difícil de superar. Sin embargo, es posible superar un historial accidentado cuando la organización se compromete con un esfuerzo extraordinario y gestionan los aspectos humanos para superar las deficiencias del pasado.

Al evaluar críticamente sus historiales de ejecución de proyectos anteriores, algunas empresas descubren que sus empleados tienen mucha memoria. Incluso problemas que se produjeron muchos años antes, pueden viciar la opinión de la gente, en cuanto a las posibilidades de que su organización sea eficaz. Cuando evaluó su historial de ejecución, una empresa privada del sector eléctrico tuvo que hacer frente a los problemas que recordaban los empleados desde casi un decenio antes. Para proyectar una luz positiva sobre estos antiguos recuerdos, el director recordó una época en la que la organización era muy respetada por sus empleados. Los miembros del equipo del proyecto recibieron unas insignias que representaban el logotipo de la empresa en esa época positiva de su historia. Estos distintivos aportaron prestigio al proyecto y a los miembros del equipo. Sin embargo, mucho más importante que este símbolo fue el hecho de que el director, que normalmente se inhibía en estas ocasiones, intervino activamente en las tareas del proyecto. Esta demostración de patrocinio y de apoyo fue considerada muy positivamente como un paso hacia la superación de algunas de las accidentadas realizaciones más recientes de la empresa.

Los proyectos en competencia

Muchas empresas emprenden un gran número de iniciativas a la vez. Aparte del drenaje de recursos y de los problemas de coordinación que ello suele plantear, esta agenda de iniciativas afecta frecuentemente a los mismos grupos de personas, que disponen de poco o de ningún descanso entre los diversos proyectos. La proliferación de cambios realizados con demasiada rapidez pueden someter a las personas a estrés, lo que reduce la productividad incluso más allá de lo normalmente esperado durante la transición. Las personas que se sienten abrumadas son menos productivas, están más inclinadas al conflicto, es más probable que falten al trabajo, etc. Para subrayar esta preocupación, es importante recordar que los cambios que se producen en el trabajo sólo son uno de los tipos de cambio que se producen en la vida de una persona en un momento dado. La persona que pertenece al departamento del controler y que intenta aprender el nuevo sistema financiero puede estar también preocupada por el nacimiento de un hijo, por una enfermedad en la familia, o por un divorcio.

Para poder apreciar la magnitud total del cambio que la organización exige a su gente, es importante hacer un inventario completo de los proyectos. No es inusitado que este ejercicio produzca una lista sorprendentemente larga de proyectos. Después, estos proyectos pueden analizarse desde varias perspectivas:

— ¿Hasta qué punto cada proyecto refuerza la dirección estratégica de la empresa y los objetivos a largo plazo de la división o del departamento? ¿Se explican la dirección estratégica y los objetivos a largo plazo a la organización a medida que se desarrollan estos proyectos?
— ¿Hasta qué punto se relacionan los proyectos entre sí y se apoyan unos a otros? ¿Restan valor los proyectos a otros o a los objetivos de otros departamentos o grupos? ¿Existen vínculos suficientes entre proyectos afines? ¿Están todos los grupos afectados adecuadamente representados en los equipos del proyecto o en los grupos de asesoramiento de la dirección?
— ¿Qué personas van a ser afectadas por cada proyecto y hasta qué punto va a ser significativa la repercusión? ¿Cuál va a ser la adecuación temporal de la repercusión? ¿Existen repercusiones que se superponen y plazos de tiempo que debieran gestionarse o reconsiderarse?
— ¿Quiénes percibirán que van a ganar algo como consecuencia del proyecto? ¿Quiénes percibirán que van a perder algo?

Reforzado con esa información, el equipo de gestión tiene que responder a las siguientes preguntas:

— ¿Cuáles son las prioridades del proyecto? ¿Qué proyectos pueden ser retrasados o eliminados? ¿Cuáles son los plazos de tiempo realistas para la ejecución, teniendo en cuenta todos los proyectos y las repercusiones superpuestas de los mismos?
— ¿Cómo deben gestionarse los proyectos cuyos efectos o plazos de tiempo se superponen para reducir el posible agobio de la gente?
— ¿Cómo deben comunicarse a toda la organización las prioridades del proyecto y otra información importante como, por ejemplo, la orientación estratégica?

Es importante reconocer que las personas sólo tienen una capacidad limitada de asimilar cambios durante un determinado período de tiempo. Si esta capacidad no se evalúa de forma adecuada, la empresa pagará un precio en forma de una productividad perdida que excederá de lo necesario. Una empresa optó por poner en práctica un sistema integrado de información, al mismo tiempo que su industria estaba siendo desregulada y que los puestos de trabajo se modificaban para acomodarse a los cambios del sector. Los cambios en el sistema fueron significativos y cuando se añadieron al trabajo originado por los cambios departamentales simultáneos, el efecto fue casi desastroso. Hubo un momento, en que casi la mitad de la organización participó en el «Programa de ayuda a empleados» para problemas tales como una elevada tensión, alcoholismo, etc. Para ayudar a resolver estos problemas, la empresa eligió utilizar actividades de gestión del cambio conjuntamente con la documentación y confirmación de los procesos requeridos por el nuevo sistema. Aunque las dificultades se mitigaron con el tiempo, la situación a corto plazo podía haber sido menos penosa y menos costosa para la organización y su gente, si la gestión del cambio se hubiera empleado antes en lugar de después de la puesta en práctica del sistema.

Grado de ruptura

La mayoría de las personas se sorprenden al descubrir que realmente no se oponen al cambio. Sin embargo, se oponen a la ruptura que el cambio lleva consigo. Ésta es una importante distinción porque las personas pueden oponerse a proyectos en los que creen y que quieren ver puestos en práctica. Por consiguiente, la medición del grado de ruptura es el primer modo de empezar a predecir el grado de resistencia esperado a causa del proyecto.

La medición del grado de ruptura causado por un proyecto no es especialmente fácil, y no existen medios cuantitativos exactos para hacerlo. Sin embargo, hay varias preguntas específicas que ayudan a definir este grado de ruptura:

— ¿Hasta qué punto afectará el proyecto a la manera en que trabaja la gente?
— ¿Hasta qué punto será fácil que la gente comprenda el proyecto y predecir exactamente cómo les afectará?
— ¿En qué grado posee actualmente la gente los conocimientos y destrezas necesarios?
— ¿Hasta qué punto sus tareas diarias diferirán una vez ejecutado el proyecto?
— ¿Cómo afectará el proyecto a las estructuras de poder e influencia de la organización?
— ¿Cuánto cambio se esperó en el pasado de la gente y hasta qué punto estuvieron dispuestos a aceptarlo?

Al definir el grado de ruptura, es importante advertir que la dirección suele subestimar el grado de ruptura que creará un proyecto en las vidas de las personas afectadas por el mismo. Por este motivo, es deseable pedir a las personas afectadas por el proyecto que contesten a las mismas preguntas.

Al definir la ruptura, dos consideraciones relacionadas pueden ser útiles. Primero, el historial de la organización en lo que respecta al mismo puede ayudar a definir las expectativas de la gente acerca del cambio. Segundo, las organizaciones que tienen un personal que siente una elevada presión de tiempo pueden encontrarse con que prácticamente cualquier cambio va a ser perjudicial.

Coste del fracaso

Cuando fracasa un proyecto, se producen unos costes que habrá de pagar la organización. Los más evidentes son el tiempo, el dinero y el esfuerzo perdidos y el hecho de que poco o nada se consiguió al abordar los problemas y oportunidades que originaron el proyecto. Sin embargo, estos costes realmente pueden tener menos repercusión en la organización que costes que parecen menos evidentes.

Además de los costes económicos inherentes al fracaso, hay otros que son más difíciles de definir desde el punto de vista económico. Entre estos costes figuran la disminución de la moral, especialmente para las personas que trabajaron en el proyecto y para quienes estuvieron muy comprometidos con sus objetivos. Además, la gente puede empezar a dudar del liderazgo de la organización. Finalmente, la gente puede aprender a ignorar las directrices, creyendo que los nuevos proyectos fracasarán como lo hicieron los del pasado. Estos costes no económicos pueden tener efectos devastadores sobre la posibilidad de iniciar y mantener proyectos.

El equipo de dirección necesita considerar cuidadosamente lo que sucedería si el proyecto no alcanzara sus objetivos a tiempo y dentro del presupuesto. Durante este análisis, es especialmente importante evaluar los costes no económicos, porque pueden tener la mayor repercusión sobre la organización. Debido a que algunos proyectos son mucho más importantes para la organización que otros, este tipo de análisis puede ayudar a determinar los proyectos que justifican un mayor grado de atención, especialmente en el campo de la gestión de riesgos para las personas.

Una vez considerados los costes inherentes al fracaso, es necesario formular una pregunta muy importante: ¿puede la organización permitirse el coste del fracaso? Si es así, puede haber más iniciativas importantes que justifiquen un mayor énfasis y atención. Si no es así, es importante asegurarse de que se producen calendarios y presupuestos realistas y que se dedica un esfuerzo significativo a la gestión de los aspectos humanos del proyecto. En una organización que emprendió una importante iniciativa de rediseño, a los diez miembros del personal directivo se les formularon preguntas acerca del coste del fracaso. Luego, a cada ejecutivo se le preguntó si la organización podría permitirse fracasar en el intento. El resultado indicó que seis de los ejecutivos consideraban que el proyecto era decisivo y que no podían permitirse fracasar. Los otro cuatro, aunque creían que el proyecto era muy importante, consideraron que no era decisivo para la organización. La respuesta correcta no era tan importante como conseguir que estos patrocinadores clave estuvieran de acuerdo en el carácter decisivo del proyecto. En este caso, esas diferencias de opinión habían empezado a afectar al calendario y a la calidad del proyecto. Los ejecutivos que creían que la organización podía permitirse el fracaso del proyecto estaban dedicando recursos insuficientes para conseguir el éxito en cuanto al calendario y al presupuesto que habían sido aprobados. Descubrir estas diferencias a tiempo en el ciclo de vida del proyecto, permite el ajuste necesario para que se produzcan repercusiones mínimas en los objetivos, calendarios y presupuestos del proyecto.

Los riesgos de la gestión del cambio

Hay una serie de elementos que pueden contribuir a definir el riesgo de un proyecto desde la perspectiva de la gestión del cambio. La investigación ha demostrado que la gestión activa de estos riesgos es muy beneficiosa para lograr los objetivos del proyecto a tiempo y dentro de un presupuesto. Aplicando los modos de proceder que se sabe que son inherentes a los proyectos que tienen éxito, así como evitando las equivocaciones que otros han cometido, pueden aumentar considerablemente las posibilidades de éxito de cualquier proyecto. La lista completa de estos elementos de riesgo es bastante larga, pero puede ser muy ventajoso hacer un esfuerzo por abordar los factores siguientes:

— Un patrocinador adecuado.
— La suficiencia de la motivación.
— La claridad de visión.
— El grado de resistencia.

Un patrocinador adecuado

El patrocinio es el factor de riesgo más importante de la gestión del cambio. Sin un patrocinio suficientemente demostrado, es prácticamente seguro que el proyecto no alcanzará sus objetivos a tiempo y dentro del presupuesto. La mayoría de las personas que están en una organización conocen la importancia del patrocinio; pero es difícil para muchas personas determinar si será o no efectivo.

Al considerar el patrocinador de un proyecto, la mayoría de la gente piensa en un miembro de la alta dirección o, quizá, en la persona responsable de la gestión cotidiana del proyecto. En realidad, para que un proyecto tenga éxito, debe existir una red de patrocinadores a lo largo de la cadena de dirección, y esa cadena debe empezar en la persona o grupo de personas que tengan el poder para iniciar y detener el proyecto. Los directivos y supervisores deben también patrocinar el proyecto porque ellos tienen acceso directo a las personas que han de cambiar como consecuencia de las necesidades del mismo. Los directivos y supervisores pueden también enviar mensajes convincentes acerca de la importancia del proyecto utilizando decisiones de la dirección tales como el ascenso, la mejora de la retribución y las recompensas para motivar a las personas hacia el logro de los objetivos del proyecto.

El patrocinador principal ha de trabajar con los empleados que dependen directamente de él, y otras personas influyentes dentro de la organización, para ayudarles a comprender las razones para el proyecto y su importancia para la organización. Según el modo en que el proyecto haya sido definido y lanzado, puede existir la necesidad de formar al patrocinador principal en este importante campo. Dicha persona necesita también detalles acerca de la visión. Este es el primer paso para crear la red de patrocinadores necesaria para conseguir que el proyecto tenga éxito.

Una equivocación frecuente acerca del patrocinio es que puede ser delegado en otras personas. A menos que esté absolutamente claro que el proyecto pertenece a la persona o personas que tienen autoridad para iniciarlo y detenerlo, es posible que la gente conceda al proyecto menos prioridad y apoyo del que necesita para tener éxito. Por esta razón, el patrocinio no puede ser un deporte para espectadores: para que sea efectivo deben realizarlo las personas adecuadas. Las siguientes son algunas de las características de los patrocinadores eficaces:

- —Los patrocinadores eficaces dedican tiempo y atención suficientes a informar sobre el proyecto, su importancia, sus objetivos y su situación.
- —Los patrocinadores eficaces hacen sacrificios para aumentar la probabilidad de que tenga éxito el proyecto.
- —Los patrocinadores eficaces consiguen que se dediquen recursos suficientes al proyecto y mantienen estos recursos desde el principio hasta el fin del mismo. Entre los recursos, figuran el tiempo de los individuos clave de la organización, aunque esta elección afecte a otras prioridades.
- —Los patrocinadores eficaces están dispuestos a tomar decisiones difíciles en cuanto a la dotación de personal, pero solamente después de haber considerado la repercusión sobre los individuos y la organización. Frecuentemente, los patrocinadores han de dedicar una gran cantidad de tiempo a individuos concretos para ayudarles a comprender la importancia del proyecto y lo que estas personas tienen que hacer —y no hacer— para que tenga éxito.

Por último, los patrocinadores tienen que darse cuenta de que las personas escuchan varias cosas. Primero, escuchan lo que dicen los patrocinadores y cómo lo dicen. Además, escuchan lo que los patrocinadores *no* dicen. Por último, escuchan lo que los patrocinadores *hacen,* lo cual tiene la mayor repercusión porque ello indica la verdadera intención del patrocinador. Al patrocinar un proyecto, es más importante considerar cuidadosamente cada actuación y asegurarse de que la gente percibe estas actuaciones como coherentes con el logro de los objetivos, el calendario y el presupuesto del proyecto.

UNA MOTIVACIÓN SUFICIENTE

La transición es incómoda. En particular, la transición ataca los sentimientos de confianza, competencia, comodidad y control de una persona, al sustituir lo conocido y familiar por lo desconocido y poco familiar. Se necesitan una emoción y energía mental significativas para aprender cosas nuevas y adquirir nuevos hábitos. Por consiguiente, las personas no inician de buena gana un cambio, si no parece necesario o si las ventajas no superan el esfuerzo que requerirá realizar la transición. Cuanto más significativa sea la transición, más motivación necesitará una persona para iniciar y avanzar a través de ella.

La motivación se crea por la comprensión del problema que tiene que abordarse o las oportunidades que pueden utilizarse ventajosamente. Estos problemas u oportunidades pueden existir en el presente o se puede esperar que ocurran en el futuro. Para muchas personas, los problemas crean más motivación para el cambio que las oportunidades. Además, las condiciones existentes tienden a ser más motivadoras que las condiciones previstas. Sin embargo, puede crearse una motivación suficiente incluso para las oportunidades previstas. La clave para crear motivación es centrarse en las razones que existen para realizar el cambio. Dicho de otro modo, ¿cuáles son las ventajas que se obtienen con la ejecución del proyecto? Inversamente, sin la ejecución del proyecto, ¿qué se perdería? Con frecuencia, la información acerca de los proyectos se centra casi exclusivamente en los detalles sobre la solución y se descuida crear la motivación suficiente entre las personas para iniciar la transición hacia esa solución.

Por inusitado que parezca, para motivar a las personas a cambiar es necesario hacerles sentirse insatisfechas o incómodas con la situación actual. Si las personas se sienten cómodas con el modo en que están las cosas, tienen poca o ninguna motivación para sufrir la incomodidad de la transición. La creación de una motivación suficiente consiste en ayudar a la gente a ver y sentir lo inaceptable que sería mantener el status quo.

La creación de una motivación suficiente empieza por la comprensión de lo que la organización percibe acerca de su estado actual. Si las personas están insatisfechas con la manera en que están las cosas hoy, quizá exista ya la motivación necesaria. Si, no obstante, hay algunas personas que se oponen al proyecto, un buen primer paso para hacer frente a esta resistencia es comprobar su nivel de motivación:

- ¿Comprende realmente la gente lo que sucederá si los objetivos del proyecto no se alcanzan de un modo oportuno y eficaz en relación con el coste? ¿Comprende la gente cómo podrían verse afectados si el proyecto no tuviera éxito?
- ¿Cree realmente la gente que el proyecto se materializará? ¿Qué puede hacerse para superar cualquier escepticismo que pueda existir?
- ¿Están llegando a la gente mensajes coherentes desde todos los niveles de la dirección y de los diferentes departamentos acerca de la importancia del proyecto?

Algunas actividades que la organización ha utilizado para elevar el grado de motivación hacia un proyecto son:

- El establecimiento de un punto del orden del día permanente para que en las reuniones del *staff* se debata la situación del proyecto y el desarrollo de informes periódicos de actualización para entregárselos a los directivos durante estas reuniones del *staff*.
- Visitas periódicas a los ejecutivos y altos directivos departamentales para sesiones de preguntas y respuestas.
- Distribución de actualizaciones periódicas de los proyectos a la dirección y a los empleados a través de diversidad de medios, como, por ejemplo, boletines interiores, memorandos, mensajes telefónicos, etc.
- Reuniones de los ejecutivos y de los altos directivos frente a frente con personas importantes, influyentes o que se oponen al proyecto.

Claridad de visión

Una vez que las personas están suficientemente motivadas para alcanzar los objetivos del proyecto, deben saber que la visión del proyecto representa una solución a los problemas u oportunidades que constituyen su motivación. El sentirse motivados para emprender una acción sin saber qué es lo que hay que hacer, produce en las personas una sensación de desesperanza o frustración. En el fondo, sin una visión clara, se les está pidiendo a las personas que avancen hacia algo que no entienden y que no creen que les proporcionará el alivio que buscan. En esta situación, la mayoría de las personas no harán nada, pero otras harán algo para aliviar la inquietud que sienten. Sin embargo, sin una visión que les guíe, es muy improbable que incluso las personas que sí avanzan lleguen al fin deseado.

La mayoría de los ejecutivos comprenden la necesidad de proporcionar una visión a su gente. Sin embargo, donde la mayoría de las visiones de los proyectos no alcanzan su objetivo es en proporcionar a las personas una imagen clara de cómo será el futuro. Dicho de otro modo, ¿cuáles serán las condiciones de trabajo cotidianas de cada persona una vez que la visión se haga realidad? Frecuentemente, las visiones contienen conceptos grandiosos, lugares comunes y un lenguaje políticamente correcto. Aunque pocas personas estarían en desacuerdo con estas visiones, un número aún menor de personas saben cómo crear y trabajar hacia ellas. Las visiones efectivas se construyen sabiendo que su propósito es dirigir las actividades de la gente. Esto requiere que las visiones sean claras y factibles.

La creación de una visión eficaz requiere tiempo. Además, sus patrocinadores deben intervenir activamente en el proyecto para conseguir que los autores de la visión revelen sus expectativas e ideas acerca del futuro. La visión debe responder a varias preguntas importantes, tales como:

— ¿Cuáles son los objetivos que esta visión pretende alcanzar?
— ¿Cuáles son los cambios detallados que se producirán, en qué momento del tiempo y qué etapas?
— ¿Cuáles son los requisitos para alcanzar la visión?
— ¿Cuáles serán las condiciones de trabajo cotidianas para puestos de trabajo concretos después de la realización de la visión? Por ejemplo:
  • ¿Qué equipo y procedimientos utilizará la gente?
  • ¿Qué tipos de decisiones tomarán?
  • ¿Cómo se relacionarán con otros para realizar su trabajo?
  • ¿Cómo se evaluarán, retribuirán y recompensarán sus actuaciones?
  • ¿Cómo se estructurarán los departamentos, los grupos y los equipos?
  • ¿Qué conocimientos y destrezas serán necesarios para realizar el trabajo?

Evaluar estas preguntas en detalle con los patrocinadores y el equipo del proyecto es un paso importante de clarificación en cualquier proyecto. Un equipo de proyecto descubrió directamente la importancia de dedicar tiempo a la aclaración de su visión de la siguiente manera. Después de la presentación de la visión a los patrocinadores, ésta fue aprobada; el equipo documentó cuidadosamente la visión aprobada, fundamentalmente para permitir su fácil comunicación a los grupos que no habían intervenido en su elaboración. Sin embargo, cuando se presentó en el nuevo formato escrito, con mayor detalle, resultó que la visión difería de las expectativas y comprensión de los patrocinadores. Este problema se descubrió y corrigió rápidamente, y se evitó la posibilidad de que se malograra el intento.

Una vez que la visión ha sido documentada, debe comunicarse de manera que las personas la comprendan y conozcan su repercusión. Un modo que las organizaciones han utilizado para comunicar sus visiones es transmitir a sus empleados información que describa cómo será la vida en ciertos departamentos o puestos de trabajo utilizando artículos de periódico ficticios escritos en el futuro, juegos de roles, herramientas prototipo, etc. Además, hay que reconocer que para comunicar una visión eficazmente es necesario hacerlo de forma repetida y utilizando múltiples medios porque los mecanismos de comunicación no son todos igualmente eficaces, ni alcanzan todos ellos al auditorio al que están destinados con el mensaje deseado.

Una nota final acerca de la comunicación de una visión: cuando la gente empiece a entender el futuro, empezará también a comprender la ruptura que causará. Hasta que una visión está bien comprendida, es frecuente que se observe poca resistencia por parte de la organización. Sin embargo, una vez que la visión y su nivel de ruptura han sido entendidas, la organización empieza a ofrecer resistencia. Esto puede dejar a los patrocinadores y al equipo del proyecto preguntándose en qué se han equivocado, por qué parecía que todo iba relativamente bien hasta ese momento. Ésta es una oportunidad para diferenciar entre objeciones reales basadas en el contenido frente a las objeciones que representan resistencia a la ruptura, y gestionar cada una de ellas como corresponde.

El grado de resistencia

Para repetir un concepto importante: las personas no se oponen al cambio; más bien se oponen a la ruptura causada por éste. Este concepto es importante para explicar por qué las personas se oponen a un cambio que consideran positivo y que quizás iniciaron ellas mismas. Por este motivo, hay que esperar resistencia y planificar teniéndola en cuenta, ya que no puede evitarse. Es también importante advertir que la resistencia no es necesariamente una indicación de que algo está mal. Por el contrario, frecuentemente es una indicación de que las personas entienden lo que se les pide que hagan y, correspondientemente, lo que hará falta para que el proyecto se realice. Desde esta perspectiva, la resistencia puede ser una buena muestra de que ha tenido lugar una comunicación efectiva. La resistencia tiene diversas causas. Algunas de las más frecuentes son:

- La confusión acerca de la visión del proyecto.
- Una motivación insuficiente.
- Mensajes poco claros o incoherentes de los patrocinadores y otras personas clave acerca de la importancia del proyecto (por ejemplo, cambio de prioridades en conflicto).
- Un pobre historial de realizaciones.
- Falta de tiempo suficiente para responder a los cambios y para asimilarlos.
- Un historial de fracasos de la organización para tratar adecuadamente con las personas que hacen caso omiso de las directrices del proyecto.

Es importante crear un ambiente en el que pueda expresarse abiertamente la resistencia sin temor al castigo. La resistencia reprimida continuará todavía ejerciendo un efecto negativo sobre los objetivos del proyecto, pero será mucho más difícil descubrirla y hacerle frente.

La resistencia se resuelve averiguando primero cuál es su origen. Una causa de la resistencia es la falta de conocimientos y habilidades para actuar de acuerdo con las nuevas expectativas. Esto contribuye a que las personas tengan sentimientos de insuficiencia e incompetencia. Este tipo de resistencia se resuelve mediante la formación y la capacitación. Una concepción «justo a tiempo» de la educación y la formación es especialmente eficaz porque permite a la persona utilizar los conocimientos y destrezas poco después de haberlos adquirido. El segundo origen de la resistencia procede de la falta de voluntad para cumplir los requisitos del proyecto. Para hacer frente a la resistencia procedente de este origen, es necesario responder a estas preguntas:

— ¿Comprende realmente la persona la necesidad del cambio? (Véase «Una motivación suficiente».)
— ¿Existen incoherencias que hayan de ser corregidas? (Véase «Un patrocinador adecuado» y «Claridad de visión».)
— ¿Existen recompensas adecuadas por cumplir los requisitos del proyecto y castigos para la negligencia o el cumplimiento deficiente de estos mismos requisitos?

El paso final requiere que se preparen medidas específicas para evaluar el progreso del proyecto y cada uno de los logros del mismo. Después deben evaluarse periódicamente con estas medidas los logros sucesivos. Este paso requiere también un compromiso con las personas para el seguimiento de los resultados de dichas evaluaciones: ya sea concediendo recompensas valiosas, ya sea originando consecuencias que motiven mejoras en el futuro.

Este tipo de programa puede ser difícil de administrar porque implica tener que enfrentarse con la falta de cumplimiento, lo cual resulta perturbador para muchas personas. Sin embargo, dejar que las personas se opongan a un proyecto voluntariamente, y que se salgan con la suya, provoca su fracaso.

Resumen

El cambio va a ser el modo de vida de las organizaciones en el futuro previsible. Las condiciones empresariales imponen la necesidad de proyectos en todos los campos de una organización, incluyendo en la función del controler. Desgraciadamente, la investigación demuestra que la mayoría de estos proyectos no consiguen alcanzar sus objetivos a tiempo y dentro del presupuesto.

La diferencia entre los proyectos que tienen éxito y los que fracasan es con gran frecuencia el grado en que los factores humanos de un proyecto reciben el nivel apropiado de atención. Al definir el nivel de atención apropiado para un proyecto particular, es importante examinar el historial de realizaciones anteriores de la organización, las iniciativas que compiten entre sí, el grado de ruptura que causará el proyecto y los costes que tendrá que pagar la organización si el proyecto fracasa. También es importante saber el grado de riesgo con que se enfrenta el proyecto, especialmente en los campos del patrocinio, la motivación, la visión y la resistencia u oposición. Es más deseable considerar estos factores en la primera fase de la vida del proyecto, de manera que haya tiempo para tomar medidas que aumenten la probabilidad de éxito.

El manejo de estos factores de gestión del cambio consume tiempo y esfuerzo. Sin embargo, este tiempo y este esfuerzo son recompensados por el aumento de la probabilidad de que el proyecto consiga todos sus beneficios.

Índice alfabético

OTROS TÍTULOS DE INTERÉS

Amortización del inmovilizado
Jesús Omeñaca

Bolsa, La. Funcionamiento y técnicas para invertir
Oriol Amat

Contabilidad de la calidad total
Michael D. Woods

Coste, precio, valor
Shlomo Maital

Definir las funciones y tareas en la empresa
Gérard Voirin

Gestión financiera, La
Jaime Loring

Manual del Cash Management
Francisco J. López Martínez

Opciones, futuros e instrumentos derivados
Pablo Fernández

Software Deusto
— Análisis de balances y ratios
— Gestión de activos
— Análisis de proyectos
— Gestión de tesorería

Transformar la cuenta de resultados:
gestión de la última línea con cifras reales
Tony Hope - Jeremy Hope